독학사 2단계
컴퓨터공학과

자료구조

시대에듀

머리말 INTRO

학위를 얻는 데 시간과 장소는 더 이상 제약이 되지 않습니다. 대입 전형을 거치지 않아도 '학점은행제'를 통해 학사학위를 취득할 수 있기 때문입니다. 그중 독학학위제도는 고등학교 졸업자이거나 이와 동등 이상의 학력을 가지고 있는 사람들에게 효율적인 학점 인정 및 학사학위 취득의 기회를 줍니다.

학습을 통한 개인의 자아실현 도구이자 자신의 실력을 인정받을 수 있는 스펙인 독학사는 짧은 기간 안에 학사학위를 취득할 수 있는 가장 빠른 지름길로써 많은 수험생들의 선택을 받고 있습니다.

이 책은 독학사 시험을 준비하는 수험생분들이 단기간에 효과적인 학습을 할 수 있도록 다음과 같이 구성하였습니다.

01 '기출복원문제'를 수록하여 최근 시험 경향을 파악하고 이에 맞춰 학습할 수 있도록 하였습니다.

02 시행처의 평가영역을 바탕으로 시험에 출제될 수 있는 내용을 정리하여 '핵심이론'으로 구성하였으며, '더 알아두기'와 '체크 포인트'를 통해 관련 내용까지 파악할 수 있도록 하였습니다. (2022년 시험부터 적용되는 개정 평가영역 반영)

03 해당 영역에 맞는 출제 포인트를 분석하여 구성한 '실전예상문제'를 수록하였습니다.

04 최신 출제 유형을 반영한 '최종모의고사(2회분)'를 통해 자신의 실력을 점검해 볼 수 있도록 하였습니다.

05 요점을 정리한 '핵심요약집'으로 전반적인 내용을 한눈에 파악할 수 있도록 하였습니다

시간 대비 학습의 효율성을 높이기 위해 방대한 학습 분량을 최대한 압축하여 정리하였으며, 출제 유형을 반영한 문제들로 구성하도록 노력하였습니다. 이 책으로 학위취득의 꿈을 이루고자 하는 수험생 여러분의 합격을 응원합니다.

편저자 드림

독학학위제 소개 BDES

독학학위제란?

「독학에 의한 학위취득에 관한 법률」에 의거하여 국가에서 시행하는 시험에 합격한 사람에게 학사학위를 수여하는 제도

- 고등학교 졸업 이상의 학력을 가진 사람이면 누구나 응시 가능
- 대학교를 다니지 않아도 스스로 공부해서 학위취득 가능
- 일과 학습의 병행이 가능하여 시간과 비용 최소화
- 언제, 어디서나 학습이 가능한 평생학습시대의 자아실현을 위한 제도
- 학위취득시험은 4개의 과정(교양, 전공기초, 전공심화, 학위취득 종합시험)으로 이루어져 있으며 각 과정별 시험을 모두 거쳐 학위취득 종합시험에 합격하면 학사학위 취득

독학학위제 전공 분야 (11개 전공)

※ 유아교육학 및 정보통신학 전공 : 3, 4과정만 개설
   (정보통신학의 경우 3과정은 2025년까지, 4과정은 2026년까지만 응시 가능하며, 이후 폐지)
※ 간호학 전공 : 4과정만 개설
※ 중어중문학, 수학, 농학 전공 : 폐지 전공으로, 기존에 해당 전공 학적 보유자에 한하여 2025년까지 응시 가능

※ 시대에듀는 현재 4개 학과(심리학과, 경영학과, 컴퓨터공학과, 간호학과) 개설 완료
※ 2개 학과(국어국문학과, 영어영문학과) 개설 중

독학학위제 시험안내 INFORMATION

⬢ 과정별 응시자격

단계	과정	응시자격	과정(과목) 시험 면제 요건
1	교양	고등학교 졸업 이상 학력 소지자	• 대학(교)에서 각 학년 수료 및 일정 학점 취득 • 학점은행제 일정 학점 인정 • 국가기술자격법에 따른 자격 취득 • 교육부령에 따른 각종 시험 합격 • 면제지정기관 이수 등
2	전공기초		
3	전공심화		

4	학위취득	• 1~3과정 합격 및 면제
		• 대학에서 동일 전공으로 3년 이상 수료
		  (3년제의 경우 졸업) 또는 105학점 이상 취득
		• 학점은행제 동일 전공 105학점 이상 인정
		  (전공 28학점 포함)
		• 외국에서 15년 이상의 학교교육과정 수료
			없음(반드시 응시)

⬢ 응시방법 및 응시료

- 접수방법 : 온라인으로만 가능
- 제출서류 : 응시자격 증빙서류 등 자세한 내용은 홈페이지 참조
- 응시료 : 20,700원

⬢ 독학학위제 시험 범위

- 시험 과목별 평가영역 범위에서 대학 전공자에게 요구되는 수준으로 출제
- 독학학위제 홈페이지(bdes.nile.or.kr) ➡ 학습정보 ➡ 과목별 평가영역에서 확인

⬢ 문항 수 및 배점

과정	일반 과목			예외 과목		
	객관식	주관식	합계	객관식	주관식	합계
교양, 전공기초 (1~2과정)	40문항×2.5점 =100점	–	40문항 100점	25문항×4점 =100점	–	25문항 100점
전공심화, 학위취득 (3~4과정)	24문항×2.5점 =60점	4문항×10점 =40점	28문항 100점	15문항×4점 =60점	5문항×8점 =40점	20문항 100점

※ 2017년도부터 교양과정 인정시험 및 전공기초과정 인정시험은 객관식 문항으로만 출제

합격 기준

■ 1~3과정(교양, 전공기초, 전공심화) 시험

단계	과정	합격 기준	유의 사항
1	교양	매 과목 60점 이상 득점을 합격으로 하고, 과목 합격 인정(합격 여부만 결정)	5과목 합격
2	전공기초		6과목 이상 합격
3	전공심화		

■ 4과정(학위취득) 시험 : 총점 합격제 또는 과목별 합격제 선택

구분	합격 기준	유의 사항
총점 합격제	• 총점(600점)의 60% 이상 득점(360점) • 과목 낙제 없음	• 6과목 모두 신규 응시 • 기존 합격 과목 불인정
과목별 합격제	매 과목 100점 만점으로 하여 전 과목(교양 2, 전공 4) 60점 이상 득점	• 기존 합격 과목 재응시 불가 • 1과목이라도 60점 미만 득점하면 불합격

시험 일정

■ 컴퓨터공학과 2단계 시험 과목 및 시간표

구분(교시별)	시간	시험 과목명
1교시	09:00~10:40(100분)	논리회로, C프로그래밍
2교시	11:10~12:50(100분)	자료구조, 객체지향프로그래밍
중식 12:50~13:40(50분)		
3교시	14:00~15:40(100분)	웹프로그래밍, 컴퓨터구조
4교시	16:10~17:50(100분)	운영체제, 이산수학

※ 시험 일정 및 세부사항은 반드시 독학학위제 홈페이지(bdes.nile.or.kr)를 통해 확인하시기 바랍니다.
※ 시대에듀에서 개설된 과목은 빨간색으로 표시하였습니다.

독학학위제 출제방향 GUIDE

국가평생교육진흥원에서 고시한 과목별 평가영역에 준거하여 출제하되, 특정한 영역이나 분야가 지나치게 중시되거나 경시되지 않도록 한다.

독학자들의 취업 비율이 높은 점을 감안하여, 과목의 특성을 반영하는 범주 내에서 학문적이고 이론적인 문항뿐만 아니라 실무적인 문항도 출제한다.

단편적 지식의 암기로 풀 수 있는 문항의 출제는 지양하고, 이해력·적용력·분석력 등 폭넓고 고차원적인 능력을 측정하는 문항을 위주로 한다.

이설(異說)이 많은 내용의 출제는 지양하고 보편적이고 정설화된 내용에 근거하여 출제하며, 그럴 수 없는 경우에는 해당 학자의 성명이나 학파를 명시한다.

교양과정 인정시험(1과정)은 대학 교양교재에서 공통적으로 다루고 있는 기본적이고 핵심적인 내용을 출제하되, 교양과정 범위를 넘는 전문적이거나 지엽적인 내용의 출제는 지양한다.

전공기초과정 인정시험(2과정)은 각 전공영역의 학문을 연구하기 위하여 각 학문 계열에서 공통적으로 필요한 지식과 기술을 평가한다.

전공심화과정 인정시험(3과정)은 각 전공영역에 관하여 보다 심화된 전문적인 지식과 기술을 평가한다.

학위취득 종합시험(4과정)은 시험의 최종 과정으로서 학위를 취득한 자가 일반적으로 갖추어야 할 소양 및 전문지식과 기술을 종합적으로 평가한다.

교양과정 인정시험 및 전공기초과정 인정시험의 시험방법은 객관식(4지택1형)으로 한다.

전공심화과정 인정시험 및 학위취득 종합시험의 시험방법은 객관식(4지택1형)과 주관식(80자 내외의 서술형)으로 하되, 과목의 특성에 따라 다소 융통성 있게 출제한다.

독학학위제 합격수기 COMMENT

" 저는 학사편입 제도를 이용하기 위해 2~4단계 시험에 순차로 응시했고 한 번에 합격했습니다. 아슬아슬한 점수라서 부끄럽지만 독학사는 자료가 부족해서 부족하나마 후기를 쓰는 것이 도움이 될까 하여 제 합격전략을 정리하여 알려 드립니다.

#1. 교재와 전공서적을 가까이에!

학사학위 취득은 본래 4년을 기본으로 합니다. 독학사는 이를 1년으로 단축하는 것을 목표로 하는 시험이라 실제 시험도 변별력을 높이는 몇 문제를 제외한다면 기본이 되는 중요한 이론 위주로 출제됩니다. 시대에듀의 독학사 시리즈 역시 이에 맞추어 중요한 내용이 일목요연하게 압축·정리되어 있습니다. 빠르게 훑어보기 좋지만 내가 목표로 한 전공에 대해 자세히 알고 싶다면 전공서적과 함께 공부하는 것이 좋습니다. 교재와 전공서적을 함께 보면서 교재에 전공서적 내용을 정리하여 단권화하면 시험이 임박했을 때 교재 한 권으로도 자신 있게 시험을 치를 수 있습니다.

#2. 시간확인은 필수!

쉬운 문제는 금방 넘어가지만 지문이 길거나 어렵고 헷갈리는 문제도 있고, OMR 카드에 마킹까지 해야 하니 실제로 주어진 시간은 더 짧습니다. 앞부분에 어려운 문제가 있다고 해서 시간을 많이 허비하면 쉽게 풀 수 있는 뒷부분 문제들을 놓칠 수 있습니다. 문제 푸는 속도가 느려지면 집중력도 떨어집니다. 그래서 어차피 배점은 같으니 아는 문제를 최대한 많이 맞히는 것을 목표로 했습니다.
① 어려운 문제는 빠르게 넘기면서 문제를 끝까지 다 풀고 ② 확실한 답부터 우선 마킹한 후 ③ 다시 시험지로 돌아가 건너뛴 문제들을 다시 풀었습니다. 확실히 시간을 재고 문제를 많이 풀어봐야 실전에 도움이 되는 것 같습니다.

#3. 문제풀이의 반복!

여느 시험과 마찬가지로 문제는 많이 풀어볼수록 좋습니다. 이론을 공부한 후 예상문제를 풀다보니 부족한 부분이 어딘지 확인할 수 있었고, 공부한 이론이 시험에 어떤 식으로 출제될지 예상할 수 있었습니다. 그렇게 부족한 부분을 보충해가며 문제유형을 파악하면 이론을 복습할 때도 어떤 부분을 중점적으로 암기해야 할지 알 수 있습니다. 이론 공부가 어느 정도 마무리되었을 때 시계를 준비하고 모의고사를 풀었습니다. 실제 시험시간을 생각하면서 예행연습을 하니 시험 당일에는 덜 긴장할 수 있었습니다.

학위취득을 위해 오늘도 열심히 학습하시는 수험생 여러분에게도 합격의 영광이 있길 기원하면서 이만 줄입니다. "

이 책의 구성과 특징 STRUCTURES

01 기출복원문제

'기출복원문제'를 풀어 보면서 독학사 시험의 기출 유형과 경향을 파악해 보세요.

02 핵심이론

평가영역을 바탕으로 꼼꼼하게 정리된 '핵심이론'을 통해 꼭 알아야 하는 내용을 명확히 파악해 보세요.

합격의 공식 Formula of pass | 시대에듀 www.sdedu.co.kr

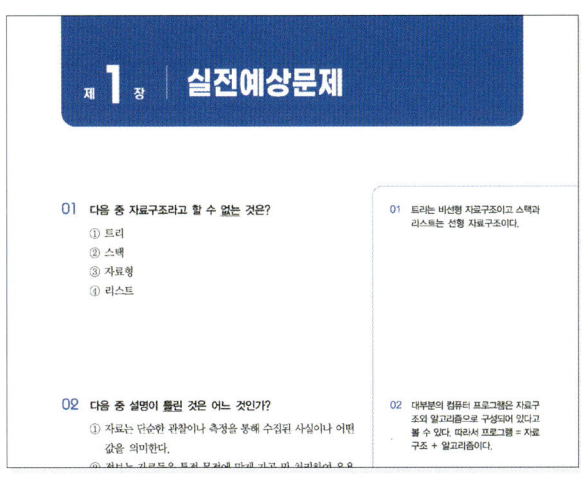

03 실전예상문제

'핵심이론'에서 공부한 내용을 바탕으로 '실전예상문제'를 풀어 보면서 문제를 해결하는 능력을 길러 보세요.

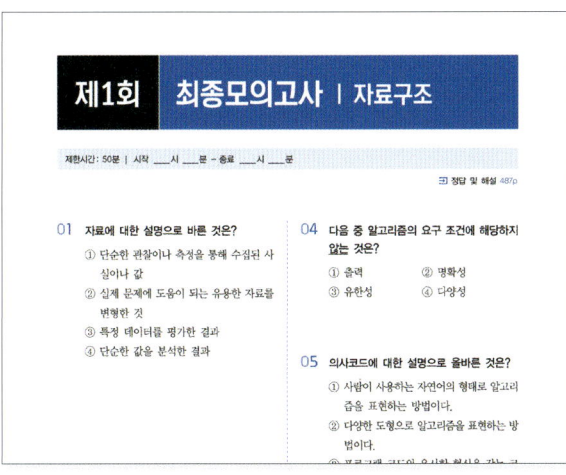

04 최종모의고사

'최종모의고사'를 실제 시험처럼 풀어 보며 실력을 점검해 보세요.

05 핵심요약집

요점을 정리한 '핵심요약집'으로 전반적인 내용을 한눈에 파악해 보세요.

목차 CONTENTS

PART 1 기출복원문제

기출복원문제 · 003

PART 2 핵심이론 & 실전예상문제

제1장 기본 개념
제1절 자료구조와 알고리즘 · 003
제2절 자료 추상화 · 014
제3절 SPARKS · 015
제4절 순환 알고리즘 · 028
제5절 성능 분석 · 031
실전예상문제 · 045

제2장 배열
제1절 개요 · 057
제2절 순서 리스트 · 063
제3절 배열의 표현 · 068
제4절 희소 행렬 · 070
실전예상문제 · 075

제3장 스택과 큐
제1절 스택 · 085
제2절 큐 · 099
제3절 데크 · 114
제4절 스택을 이용한 수식 계산과 표기식 변환 · 118
제5절 스택의 응용 · 127
제6절 다중 스택 · 132
실전예상문제 · 136

제4장 연결 리스트

- 제1절 연결 리스트의 필요성 · · · · · · · · · · · 149
- 제2절 단순 연결 리스트 · · · · · · · · · · · · · · · 156
- 제3절 동적 연결된 스택과 큐 · · · · · · · · · · 166
- 제4절 비사용 기억 공간 · · · · · · · · · · · · · · · 174
- 제5절 희소 행렬 · 179
- 제6절 연결 리스트의 응용 · · · · · · · · · · · · · 187
- 제7절 연결 리스트의 기타 연산 · · · · · · · · 199
- 제8절 이중 연결 리스트 · · · · · · · · · · · · · · · 206
- 제9절 일반 리스트 · 213
- 실전예상문제 · 219

제5장 트리

- 제1절 트리 · 231
- 제2절 이진 트리 · 246
- 제3절 이진 트리의 표현 방법 · · · · · · · · · · 252
- 제4절 이진 트리 순회 · · · · · · · · · · · · · · · · · 255
- 제5절 이진 트리의 응용 · · · · · · · · · · · · · · · 264
- 제6절 스레드 이진 트리 · · · · · · · · · · · · · · · 266
- 제7절 트리의 이진 트리 변환 · · · · · · · · · · 269
- 제8절 히프 · 272
- 제9절 이진 탐색 트리 · · · · · · · · · · · · · · · · · 281
- 제10절 m원 탐색 트리 · · · · · · · · · · · · · · · · 292
- 실전예상문제 · 300

제6장 그래프

- 제1절 정의 및 용어 · · · · · · · · · · · · · · · · · · · 313
- 제2절 그래프 표현 방법 · · · · · · · · · · · · · · · 325
- 제3절 그래프의 순회 · · · · · · · · · · · · · · · · · 331
- 제4절 최소 비용 신장 트리 · · · · · · · · · · · · 343

제5절 그래프의 응용	350
실전예상문제	362

제7장 탐색과 정렬
제1절 탐색	377
제2절 정렬	390
실전예상문제	429

제8장 해싱
제1절 심볼 테이블과 해싱 개념	449
제2절 정적 해싱	450
실전예상문제	461

PART 3 최종모의고사

최종모의고사 제1회	473
최종모의고사 제2회	480
최종모의고사 제1회 정답 및 해설	487
최종모의고사 제2회 정답 및 해설	492

PART 4 시험장에 가져가는 핵심요약집

제1장 기본 개념	003
제2장 배열	012
제3장 스택과 큐	018
제4장 연결 리스트	041
제5장 트리	057
제6장 그래프	072
제7장 탐색과 정렬	079
제8장 해싱	084

자료구조

기출복원문제

출/제/유/형/완/벽/파/악/

훌륭한 가정만한 학교가 없고, 덕이 있는 부모만한 스승은 없다.

— 마하트마 간디 —

  보다 깊이 있는 학습을 원하는 수험생들을 위한
시대에듀의 동영상 강의가 준비되어 있습니다.
www.sdedu.co.kr → 회원가입(로그인) → 강의 살펴보기

자료구조

기출복원문제

※ 본 문제는 다년간 독학사 컴퓨터공학과 2단계 시험에서 출제된 기출문제를 복원한 것입니다. 문제의 난이도와 수험경향 파악용으로 사용하시길 권고드립니다. 본 기출복원문제에 대한 무단복제 및 전제를 금하며 저작권은 시대에듀에 있음을 알려드립니다.

01 다음 중 선형 구조인 것은?
① 트리
② 스택
③ 방향 그래프
④ 무방향 그래프

01 선형 구조는 데이터가 일직선으로 나열된 형태의 자료구조를 말하며, 이러한 구조에서는 각 요소가 앞뒤로 연결되어 있다. 배열, 연결 리스트, 스택, 큐 등이 이에 해당한다.

02 알고리즘이 만족해야 하는 조건으로 옳지 <u>않은</u> 것은?
① 명확성 : 알고리즘의 각 단계는 명확하고 애매하지 않아야 한다.
② 유한성 : 알고리즘은 유한한 단계 후에 반드시 종료되어야 한다.
③ 입출력 : 알고리즘은 0개 이상의 입력과 하나 이상의 출력을 가져야 한다.
④ 가변성 : 알고리즘은 다양한 상황에 따라 동적으로 변경될 수 있어야 한다.

02 알고리즘은 명확성, 유한성, 유효성, 입력, 출력의 조건을 만족해야 한다. 가변성은 알고리즘이 만족해야 하는 조건에 해당하지 않는다.

정답 01 ② 02 ④

03 x^n을 구하는 알고리즘을 반복문으로 작성하려면 단순 반복문을 사용하여 x를 n번 곱하면 된다. 따라서 반복문에서 ㉠에는 p = p * x가 들어가야 한다.
재귀 함수는 입력값 n이 감소하면서 재귀 호출을 반복하고, 결국 n이 0이 될 때까지 재귀적으로 계산을 수행하여 최종 결과를 반환하면 되므로, ㉡에는 x * power(x, n − 1)가 들어가야 한다.

03 다음은 x^n을 구하는 알고리즘을 반복문과 순환문으로 작성한 것이다. 괄호 안에 들어갈 내용을 순서대로 고른 것은?

반복문	순환문

double power(double x, int n) {
    double p = 1.0;
    for (int i = 0; i < n; i++) {
        ㉠ ;
    }
    return p;
}
	double power(double x, int n) {
	    if (n == 0) {
	        return 1.0;
	    } else {
	        return ㉡ ;
	    }
	}

	㉠	㉡
①	p = p * x	x * power(x, n − 1)
②	p = p * i	x * power(x, n)
③	p = p + x	x + power(x, n)
④	p = p + i	x + power(n − 1, x)

04 주어진 코드에서 add 함수는 배열의 모든 요소를 한 번씩 순회하면서 더하고 있으므로, 시간 복잡도는 O(n)이 된다.

04 주어진 add 함수가 1차원 배열의 요소의 합을 구하는 경우 시간 복잡도는 얼마인가?

```
int add(int arr[], int n) {
    int sum = 0;
    for (int i = 0; i < n; i++) {
        sum += arr[i];
    }
    return sum;
}
```

① O(1)
② O(logn)
③ O(n)
④ O(n^2)

정답 03 ① 04 ③

05. 점근 표시법으로 나타낸 ㉠~㉣ 중에 시간 복잡도를 바르게 표현한 것을 모두 고른 것은?

구분	점근 표시법	시간 복잡도
㉠	T(n) = 5	O(logn)
㉡	T(n) = 3n + 2	O(n)
㉢	T(n) = 4n² + 3n + 1	O(n²)
㉣	T(n) = log(n) + 7	O(n)

① ㉠, ㉡
② ㉠, ㉣
③ ㉡, ㉢
④ ㉢, ㉣

05 ㉠ T(n) = 5의 시간 복잡도는 O(1)
㉣ T(n) = log(n) + 7의 시간 복잡도는 O(logn)

06. 다음 중 배열로 구현할 수 없는 연산은 무엇인가?

① 특정 인덱스의 요소 접근
② 배열의 끝에 요소 추가
③ 특정 인덱스에 요소 삽입
④ 배열 크기의 동적 변경

06 배열의 크기는 고정되어 있으므로, 배열 자체로는 크기를 동적으로 변경할 수 없다.

07. 배열에 대한 설명으로 옳은 것을 모두 고른 것은?

㉠ 배열의 요소들은 동일한 데이터 타입을 가져야 한다.
㉡ 배열의 요소들은 메모리 상에서 연속적으로 배치된다.
㉢ 배열의 특정 인덱스에 접근하는 시간 복잡도는 O(n)이다.

① ㉠
② ㉠, ㉡
③ ㉠, ㉢
④ ㉠, ㉡, ㉢

07 ㉢ 배열은 인덱스만 알면 한 번에 접근할 수 있다. 따라서 특정 인덱스에 접근하는 시간 복잡도는 O(1)이다.

정답 05 ③ 06 ④ 07 ②

08 희소 행렬은 대부분의 요소가 0인 행렬을 의미하며, 일반적으로 (행, 열, 값)로 표현된다. 주어진 행렬을 변경할 경우 다음과 같으며, 두 번째 행은 (1, 1, 3)이다.
$$\begin{bmatrix}(0,3,5)\\(1,1,3)\\(2,0,4)\\(3,2,2)\end{bmatrix}$$

08 다음과 같은 희소 행렬을 (행, 열, 값)의 형태로 변경할 경우 두 번째 행의 값으로 옳은 것은?

$$\begin{bmatrix}0&0&0&5\\0&3&0&0\\4&0&0&0\\0&0&2&0\end{bmatrix}$$

① (0, 3, 5)
② (1, 1, 3)
③ (2, 4, 1)
④ (3, 2, 2)

09 스택은 후입선출(LIFO, Last In First Out) 구조로, 가장 마지막에 삽입된 데이터가 가장 먼저 삭제된다.

09 다음 중 맨 마지막에 삽입한 데이터가 가장 먼저 삭제되는 후입선출 구조에 해당하는 자료구조는?

① 큐
② 스택
③ 배열
④ 연결 리스트

10 원형 큐가 비어 있는 상태는 rear == front이며, 원형 큐에서 rear 포인터와 front 포인터가 같으면 큐가 비어 있는 상태로 간주한다.

10 원형 큐의 삽입·삭제 연산에 대한 설명으로 옳지 않은 것은?

① 원형 큐에서 삽입 연산은 rear 포인터를 이동시킨다.
② 원형 큐에서 삭제 연산은 front 포인터를 이동시킨다.
③ 원형 큐가 비어 있는 상태는 rear와 front가 모두 0이다.
④ 원형 큐가 가득 찬 상태는 (rear + 1) % 큐의 크기 == front 이다.

정답 08 ② 09 ② 10 ③

11 다음 중 큐를 응용할 수 있는 연산으로 적절한 것은?

① 트리의 깊이 우선 탐색
② 함수 호출을 관리하는 콜 스택
③ 운영체제의 프로세스 스케줄링
④ 중위 표기식을 후위 표기식으로 변환

11 프로세스 스케줄링에서는 프로세스들을 큐를 사용하여 순서대로 처리한다.
① 깊이 우선 탐색(DFS)은 되돌아갈 때 최근 방문한 정점을 추적하기 위해 스택을 사용한다.
② 함수 호출 관리에서는 함수 호출 순서를 저장하고 복귀 주소를 관리하기 위해 스택이 필요하다.
④ 수식 표기식에서는 연산자와 피연산자의 순서를 처리하기 위해 스택을 사용한다.

12 주어진 중위 표기법을 후위 표기법으로 올바르게 변환한 것은?

$$A+B \times (C-D)$$

① $+A \times B - CD$
② $AB+CD- \times$
③ $AB+CD \times -$
④ $ABCD- \times +$

12 후위 표기법은 연산자 우선순위와 괄호 처리를 먼저 하게 되며 스택을 사용하여 변환한다. 따라서 $A+B \times (C-D)$를 후위 표기법으로 변환하면 $ABCD- \times +$이 된다.

13 다음 중 데크에 대한 설명으로 옳지 않은 것은?

① 데크는 양방향 리스트로 구현될 수 있다.
② 데크는 큐와 스택의 기능을 모두 제공할 수 있다.
③ 데크는 FIFO(First In First Out) 원칙만을 따른다.
④ 데크는 양쪽 끝에서 삽입과 삭제가 모두 가능한 자료구조이다.

13 데크(Deque, Double-ended Queue)는 양쪽 끝에서 삽입과 삭제가 모두 가능한 자료구조로, 앞쪽이나 뒤쪽에서 모두 삽입 및 삭제가 가능하다. 따라서 스택과 큐의 기능을 모두 포함하므로, FIFO(큐)나 LIFO(스택) 동작을 할 수 있다.

정답 11 ③ 12 ④ 13 ③

14 후위 표기식을 스택으로 계산할 때는 먼저 피연산자는 스택에 PUSH한다. 그리고 연산자를 만나면 스택에서 두 개의 피연산자를 POP하고, 연산을 수행한 후 결과를 다시 스택에 PUSH한다. 따라서 ABC*+를 스택으로 연산하는 과정에서는 PUSH 연산이 총 5번 발생한다.

14 후위 표기식 ABC*+를 스택으로 연산할 경우 PUSH 연산의 횟수는 총 몇 번인가?
① 2번
② 3번
③ 4번
④ 5번

15 순차 자료구조는 배열과 같은 구조로, 데이터가 연속된 메모리 위치에 저장된다.
② 순차 자료구조에서 삽입과 삭제는 평균적으로 O(n) 시간이 소요된다.
③ 순차 자료구조는 랜덤 접근 가능한 것도 있으나, 랜덤 접근이 불가능한 경우도 있다.
④ 순차 자료구조라고 해서 모두 연결 리스트로 구현하는 것은 아니다.

15 순차적으로 자료를 표현하는 자료구조에 대한 설명으로 옳은 것은?
① 순차 자료구조는 각 요소가 인접한 메모리 위치에 저장된다.
② 순차 자료구조는 삽입과 삭제가 O(1) 시간에 이루어진다.
③ 순차 자료구조는 요소에 랜덤하게 접근할 수 없다.
④ 순차 자료구조는 연결 리스트로 구현된다.

16 연결 리스트의 각 노드는 데이터와 다음 노드를 가리키는 포인터를 포함한다.
①・② 연결 리스트는 데이터에 순차적으로 접근하기 때문에 랜덤 접근이 불가능하고, 노드들이 메모리 내에서 비연속적으로 배치된다.
④ 연결 리스트에서 삽입과 삭제는 해당 위치를 찾는 데 O(n) 시간이 소요되며, 위치가 주어지면 O(1) 시간에 수행된다.

16 다음 중 연결 리스트에 대한 설명으로 옳은 것은?
① 연결 리스트는 배열보다 랜덤 접근이 빠르다.
② 연결 리스트의 각 노드는 메모리 내에서 연속적으로 배치된다.
③ 연결 리스트의 각 노드는 다음 노드를 가리키는 포인터를 포함한다.
④ 연결 리스트의 삽입과 삭제는 중간에서 이루어질 때 O(n) 시간이 소요된다.

정답 14 ④ 15 ① 16 ③

17 단순 연결 리스트로 구현한 경우 'p -> next'에 대한 설명으로 옳은 것은?

① p 노드의 다음 노드를 가리킨다.
② p 노드의 이전 노드를 가리킨다.
③ p가 연결 리스트의 맨 앞의 노드임을 의미한다.
④ p가 연결 리스트의 맨 마지막 노드임을 의미한다.

17 단순 연결 리스트에서 각 노드는 데이터와 다음 노드를 가리키는 포인터를 포함한다. 'p -> next'는 p 노드의 다음 노드를 가리키는 포인터이다.

18 다음 중 원형 연결 리스트에 대한 설명으로 옳은 것은?

① 원형 연결 리스트의 마지막 노드는 NULL을 가리킨다.
② 원형 연결 리스트는 이중 연결 리스트로만 구현할 수 있다.
③ 원형 연결 리스트의 마지막 노드는 첫 번째 노드를 가리킨다.
④ 원형 연결 리스트는 선형 연결 리스트와 달리 첫 번째 노드가 존재하지 않는다.

18 원형 연결 리스트는 마지막 노드가 첫 번째 노드를 가리키도록 연결된 자료구조이다.
　① · ④ 원형 연결 리스트는 마지막 노드가 첫 번째 노드를 가리키며, 첫 번째 노드가 존재한다.
　② 원형 연결 리스트는 단일 연결 리스트 또는 이중 연결 리스트로 구현할 수 있다.

19 다음 그림에 해당하는 자료구조와 관련된 설명으로 옳은 것은?

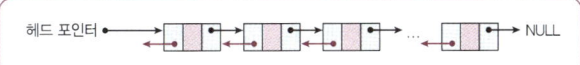

① 각 노드는 오직 다음 노드만을 가리킨다.
② 마지막 노드는 첫 번째 노드를 가리킨다.
③ 각 노드는 이전 노드를 가리키는 포인터를 포함하지 않는다.
④ 각 노드는 다음 노드와 이전 노드를 가리키는 포인터를 포함한다.

19 제시된 자료구조는 이중 연결 리스트에 해당한다.
　① · ③ · ④ 이중 연결 리스트에서 각 노드는 다음 노드와 이전 노드를 가리키는 포인터를 포함한다.
　② 일반적인 이중 연결 리스트의 마지막 노드는 NULL을 가리킨다.

정답　17 ①　18 ③　19 ④

20 이진 트리에서 각 노드는 최대 두 개의 자식을 가질 수 있다. 각 노드는 자식에 대한 포인터(왼쪽 자식, 오른쪽 자식)를 가지고 있으며, 자식이 없는 경우 해당 포인터는 null을 가리킨다. n개의 노드를 가진 이진 트리에서 null 포인터의 개수는 n+1개이다.

21 완전 이진 트리는 마지막 레벨을 제외한 각 레벨은 자식 노드가 2개씩 완전히 채워지고, 마지막 레벨에서는 노드들이 왼쪽부터 채워진다. 완전 이진 트리에서 각 노드를 레벨 순서로 왼쪽에서 오른쪽으로 A, B, C, D, E, F, G, H, I, J, K, … 라고 명명한다고 할 때 C의 왼쪽 자식 노드는 F이고, I의 부모 노드는 D이다.

22 이진 탐색 트리에서 특정 노드의 삽입, 삭제, 검색 등의 연산을 수행할 수 있다. 이진 탐색 트리에서 왼쪽 서브트리의 모든 노드의 값은 루트 노드의 값보다 작아야 한다. 또한 오른쪽 서브트리의 모든 노드의 값은 루트 노드의 값보다 커야 한다. 이러한 조건을 만족하여 주어진 숫자를 차례로 삽입하면 70의 왼쪽 자식 노드는 60이 된다.

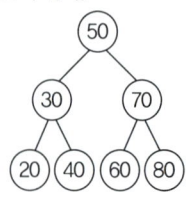

정답 20 ② 21 ① 22 ③

20 n개의 이진 트리에서 null 포인터의 개수는?

① n개
② n+1개
③ n+2개
④ n−1개

21 다음 내용에서 괄호 안에 들어갈 용어를 순서대로 고른 것은?

> 각 노드는 레벨 순서로 왼쪽에서 오른쪽으로 A, B, C, D, E, F, G, H, I, J, K, … 라고 명명한다. 이때 완전 이진 트리에서 C의 왼쪽 자식 노드는 (㉠)이고, I의 부모 노드는 (㉡)이다.

	㉠	㉡
①	F	D
②	G	D
③	F	H
④	G	E

22 다음 숫자들을 차례대로 삽입하여 이진 탐색 트리를 구성하였을 때, 70의 왼쪽 자식 노드는 무엇인가?

> 50, 30, 70, 20, 40, 60, 80

① 50
② 30
③ 60
④ 80

23 다음 중 스레드 트리에 대한 설명으로 옳지 <u>않은</u> 것은?

① 스레드 트리의 모든 null 링크는 트리의 다른 노드를 가리킨다.
② 스레드 트리는 이진 트리의 null 링크를 이용해 스레드를 만든다.
③ 스레드 트리의 노드가 항상 왼쪽 자식과 오른쪽 자식을 가지는 것은 아니다.
④ 스레드 트리는 중위 순회에서 기존의 NULL 포인터를 활용하여 다음 노드를 가리키도록 한다.

23 스레드 트리는 이진 트리의 null 포인터를 이용하여 순회를 더 효율적으로 하기 위한 자료구조이다. 스레드 트리의 대부분의 null 포인터는 중위 순회 시 다음 노드를 가리키도록 설정되지만, 모든 null 포인터가 트리의 다른 노드를 가리키는 것은 아니다. 특히, 트리의 마지막 노드의 경우 여전히 null 포인터를 가질 수 있다. 스레드 트리의 노드는 자식이 없을 수 있으며, NULL 포인터를 스레드로 활용한다.

24 다음 중 히프 구조에 대한 설명으로 가장 옳지 <u>않은</u> 것은?

① 히프는 완전 이진 트리 형태로 구현된다.
② 히프는 배열을 사용하여 구현할 수 없다.
③ 최소 히프에서 부모 노드의 킷값은 항상 자식 노드의 킷값보다 작다.
④ 최대 히프에서 부모 노드의 킷값은 항상 자식 노드의 킷값보다 크다.

24 히프는 완전 이진 트리의 형태를 가지며, 배열을 사용하면 자연스럽게 완전 이진 트리 구조를 유지할 수 있다.

25 다음과 같은 최대 히프에 45가 들어갈 경우 부모 노드의 교환 횟수는 총 몇 번인가?

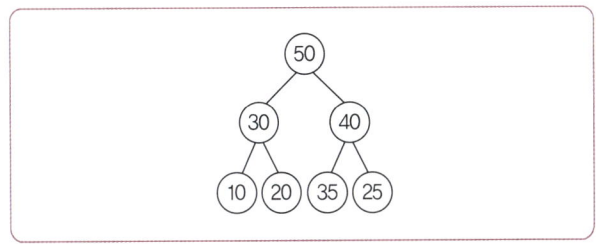

① 1
② 2
③ 3
④ 4

25 히프에서 새로운 데이터는 맨 마지막 위치에 삽입된다. 따라서 문제의 최대 히프의 가장 마지막 위치인 10의 왼쪽 자식 노드에 45가 삽입된다. 그런데 최대 히프이므로 45는 부모 노드인 10보다 작아야 하는데, 크므로 교환이 이루어진다. 원래 10이 있던 위치에 45가 위치하게 되는데, 다시 45의 부모 노드인 30과 비교한다. 30이 45보다 작으므로 45와 30이 교환된다. 따라서 최종적으로 최대 히프에 45가 들어가는 경우 교환되는 총 횟수는 2번이 된다.

정답 23 ① 24 ② 25 ②

26 이진 탐색 트리에서 왼쪽 서브트리의 모든 노드의 킷값은 루트 노드보다 작고, 오른쪽 서브트리의 모든 노드의 킷값은 루트 노드보다 크다. 따라서 문제에서 주어진 이진 탐색 트리에서 10을 삽입하려면 먼저 루트 노드인 75와 비교한다. 10이 75보다 작으므로, 75의 왼쪽 자식 노드인 57과 크기를 비교한다. 57보다 작으므로 다시 왼쪽 자식 노드인 20과 크기를 비교한다. 20보다 작으므로 20의 왼쪽 자식 노드 위치에 10이 들어간다. 따라서 총 비교 연산 횟수는 3번이다.

26 다음과 같은 이진 탐색 트리에서 10이 삽입되는 경우 비교 연산은 몇 번 이루어지는가?

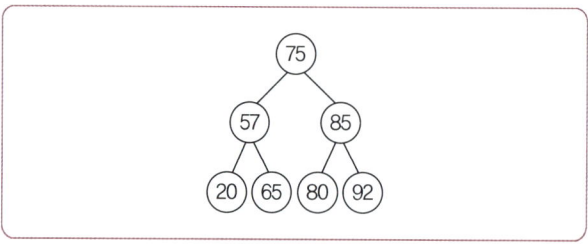

① 1
② 2
③ 3
④ 4

27 B-트리는 다중 자식 노드를 허용하는 균형 트리로, 데이터베이스 및 파일 시스템에서 자주 사용된다. B-트리는 균형 트리이며, 모든 리프 노드는 같은 깊이(레벨)에 위치한다.
② B-트리에서 각 노드는 최대 m-1개의 키를 가질 수 있다.
③·④ B-트리에서 각 노드는 최소 ⌈m/2⌉개의 자식을 가져야 하며, 최대 m개의 자식을 가질 수 있다.

27 차수가 m인 B-트리에 대한 설명으로 옳은 것은?

① 모든 리프 노드는 같은 깊이에 있다.
② 각 노드는 최대 m개의 키를 가진다.
③ 각 노드는 최소 m/3개의 자식을 가진다.
④ 각 노드는 최대 m+1개의 자식을 가질 수 있다.

28 정점의 개수가 n인 경우 각 정점은 나머지 n-1개의 정점과 연결될 수 있다. 각 정점에서 다른 모든 정점으로 가는 간선의 수는 n-1개이다. 정점의 개수가 6일 때 각 정점에서 나머지 5개의 정점으로 향하는 간선이 존재한다. 방향 그래프에서 완전 그래프의 간선의 총 개수는 'n × (n-1)'이다. 따라서 정점이 6이므로, 6 × 5 = 30개가 된다.

28 방향 그래프이면서 완전 그래프의 정점의 개수가 6일 때 간선의 개수는 얼마인가?

① 12
② 18
③ 30
④ 60

정답 26 ③ 27 ① 28 ③

29 다음과 같은 인접 행렬을 가진 방향 그래프 G에 대한 설명으로 옳지 <u>않은</u> 것은?

$$\begin{array}{c|ccccc} & 0 & 1 & 2 & 3 & 4 \\ \hline 0 & 0 & 1 & 0 & 0 & 0 \\ 1 & 0 & 0 & 1 & 1 & 0 \\ 2 & 1 & 0 & 0 & 0 & 1 \\ 3 & 0 & 0 & 1 & 0 & 0 \\ 4 & 0 & 0 & 0 & 1 & 0 \end{array}$$

① 정점은 5개이다.
② 정점 1에 인접된 정점은 2개이다.
③ 정점 4에서 정점 1로 가는 간선이 존재한다.
④ 정점 2에서 정점 0으로 가는 간선이 존재한다.

29 (4, 1)의 값이 0이므로 정점 4에서 정점 1로 가는 간선은 존재하지 않는다.

30 깊이 우선 탐색과 너비 우선 탐색을 구현할 때 쓰는 자료구조가 각각 바르게 연결된 것은?

	깊이 우선 탐색	너비 우선 탐색
①	스택	큐
②	큐	스택
③	연결 리스트	스택
④	데크	큐

30 깊이 우선 탐색은 한 방향으로 갈 수 있는 만큼 최대한 깊이 들어가면서 탐색하며, 주로 스택을 사용한다. 너비 우선 탐색은 현재 노드의 모든 인접 노드를 먼저 탐색한 후에 그 다음 수준의 인접 노드로 이동하며, 주로 큐를 사용한다.

정답 29 ③ 30 ①

31 깊이 우선 탐색은 한 방향으로 갈 수 있는 만큼 최대한 깊이 들어가면서 탐색한다. 재귀적으로 또는 스택을 사용하여 구현할 수 있다. 깊이 우선 탐색 결과는 여러 개가 있을 수 있으며, A → B → E → D → C → F는 깊이 우선 탐색의 결과에 해당한다.

32 최소 신장 트리는 주어진 그래프에서 모든 정점을 연결하는 간선들의 가중치 합이 최소가 되는 트리이다. 최소 신장 트리는 트리의 성질을 가지며, 최소 신장 트리를 구하는 대표적인 알고리즘으로는 프림 알고리즘과 크루스칼 알고리즘이 있다.

33 최소 신장 트리는 주어진 그래프에서 모든 정점을 연결하는 간선들 중에서 가중치 합이 최소인 트리이다. 프림 알고리즘과 크루스칼 알고리즘은 최소 신장 트리를 구하는 알고리즘에 해당한다. 이 중 크루스칼 알고리즘은 사이클을 형성하지 않는 최소 가중치의 간선을 반복적으로 선택함으로써 최소 신장 트리를 구하는 알고리즘이다. 선택하는 간선이 기존 선택된 간선들에 연결되어 있지 않더라도 최소 가중치이면서 사이클을 형성하지 않으면 선택해나간다.

정답 31 ③ 32 ④ 33 ③

---

31 다음과 같은 그래프에서 깊이 우선 탐색을 할 경우 노드 방문 순서로 옳은 것은?

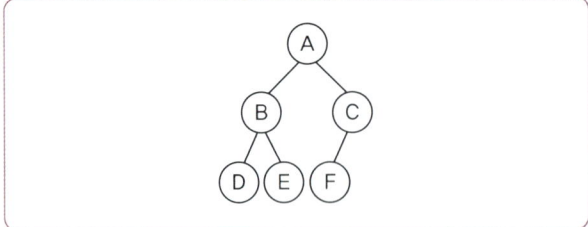

① A → C → F → E → B → D
② A → B → C → D → E → F
③ A → B → E → D → C → F
④ A → C → B → D → E → F

32 다음 내용에 해당하는 트리는 무엇인가?

> 그래프의 모든 정점을 포함하는 트리 중에서 간선의 가중치 합이 최소인 트리이다.

① 완전 이진 트리
② 포화 이진 트리
③ 이진 탐색 트리
④ 최소 신장 트리

33 다음 내용에 해당하는 알고리즘은 무엇인가?

> 모든 정점을 각각 하나의 트리로 간주하고 간선의 가중치를 기준으로 오름차순으로 정렬한 후 가장 작은 간선부터 선택해 나간다. 이때 사이클을 형성하지 않는 간선을 추가함으로써 점차적으로 숲(Forest)을 확장해 나간다. 결국 모든 정점이 하나의 트리에 포함되면 최소 신장 트리가 완성된다.

① 솔린 알고리즘
② 프림 알고리즘
③ 크루스칼 알고리즘
④ 다익스트라 알고리즘

34 AOE 네트워크에서 임계 경로의 정의는 무엇인가?

① 가장 적은 간선으로 연결된 경로
② 가장 짧은 시간(가중치)을 가지는 경로
③ 시작 노드에서 끝 노드로의 임의의 경로
④ 프로젝트 완료에 필요한 최소 시간을 결정하는 경로

> **34** 임계 경로(Critical Path)는 프로젝트 완료에 필요한 최소 시간을 결정하는 경로이다.

35 다음 중 정렬이 되었을 때 사용할 수 있는 탐색은?

① 순차 탐색
② 이진 탐색
③ 깊이 우선 탐색
④ 너비 우선 탐색

> **35** 이진 탐색은 데이터가 정렬되었을 때 수행할 수 있다.

36 데이터 집합에서 평균수량을 가장 효율적으로 계산하기 위해 사용할 수 있는 자료구조는?

① 힙
② 배열
③ 해시 테이블
④ 연결 리스트

> **36** 평균수량을 계산하기 위해서는 전체 데이터를 순회하면서 합을 구하고, 데이터 개수로 나누는 과정이 필요하다. 배열은 반복문을 통해 전체 합을 쉽게 구할 수 있기 때문에 평균 계산에 적합하다. 힙은 최댓값 또는 최솟값을 빠르게 찾는 데 사용되며, 평균수량 계산에는 적합하지 않다.

37 다음 중 값을 직접 비교하는 대신 함수의 계산을 통해 키를 저장하는 자료구조에 해당하는 것은?

① 힙
② B-트리
③ 해시 테이블
④ 이진 탐색 트리

> **37** 해시 테이블은 킷값을 비교하지 않고 해시 함수를 사용하여 데이터를 관리하는 것이 특징이다.

정답 34 ④ 35 ② 36 ② 37 ③

38 주기억장치에 데이터를 모두 적재할 수 없을 때 사용하는 정렬 방법은 외부 정렬이다. 외부 정렬은 주로 대용량의 데이터 집합을 정렬할 때 사용되며, 이러한 데이터는 주기억장치에 한 번에 모두 적재할 수 없기 때문에 디스크와 같은 보조기억장치를 사용하여 정렬을 수행한다.

39 해시 함수는 항상 고유한 해시 값을 생성하진 않는다. 해시 테이블의 크기와 입력 키의 개수에 따라 충돌이 발생할 수 있다.

40 선형 조사법(Linear Probing)은 해시 테이블에서 충돌 해결 방법 중 하나이다. 선형 조사법은 해시 함수에 의해 계산된 해시 값의 위치에 이미 다른 데이터로 저장되어 있는 경우 해시 테이블의 다음 연속된 위치를 검사하여 첫 번째 빈 자리에 데이터를 저장한다.

38 다음 중 주기억장치에 데이터를 적재할 수 없어서 사용하는 정렬 방법은?

① 퀵 정렬
② 병합 정렬
③ 히프 정렬
④ 외부 정렬

39 다음 중 해싱 기법에 대한 설명으로 옳지 <u>않은</u> 것은?

① 해시 함수는 항상 고유한 해시 값을 생성한다.
② 해시 함수는 키를 해시 테이블의 인덱스로 변환하는 역할을 한다.
③ 충돌(Collision)은 두 개 이상의 키가 동일한 해시 값을 가지는 경우 발생한다.
④ 체이닝(Chaining)과 개방 주소법(Open Addressing)은 충돌을 해결하기 위한 방법이다.

40 다음 내용에 해당하는 충돌 해결 기법은?

> 해싱에서 충돌이 발생했을 때 특정 간격을 따라 이동하며 최초 빈 곳에 데이터를 저장하는 충돌 해결 방법이다.

① 체이닝(Chaining)
② 이중 해싱(Double Hashing)
③ 선형 조사법(Linear Probing)
④ 이차 조사법(Quadratic Probing)

정답 38 ④ 39 ① 40 ③

제 1 장

기본 개념

제1절	자료구조와 알고리즘
제2절	자료 추상화
제3절	SPARKS
제4절	순환 알고리즘
제5절	성능 분석
실전예상문제	

교육은 우리 자신의 무지를 점차 발견해 가는 과정이다.

— 윌 듀란트 —

보다 깊이 있는 학습을 원하는 수험생들을 위한
시대에듀의 동영상 강의가 준비되어 있습니다.

www.sdedu.co.kr → 회원가입(로그인) → 강의 살펴보기

제 1 장 | 기본 개념

제1절 자료구조와 알고리즘 중요

1 자료구조

(1) 자료와 정보

최근 정보 통신 기술의 발달로 인해 많은 사람들이 다양한 자료를 공유하고 활용하고 있다. 컴퓨터로 여러 실세계의 문제들을 해결하고 있으며 자료의 저장과 검색을 통한 정보 처리 기능의 중요성이 강조되고 있다. 수많은 정보의 홍수 시대에 자료의 양보다는 얼마나 효율적으로 이 자료들을 관리하고 사용하는가가 훨씬 중요해졌다. 따라서 컴퓨터는 다양한 데이터를 처리하여 필요한 정보를 생성해내는 정보 처리의 도구로써 이 자료를 얼마나 효율적으로 표현하고 관리할 것인가가 가장 중요한 요소이다.

자료는 단순한 관찰이나 측정을 통해 수집된 사실이나 어떤 값을 의미한다. 정보는 이러한 **자료들을 특정 목적을 위하여 가공 및 처리하여 실제 문제에 도움이 되는 유용한 형태로 변환한 것**을 뜻한다. 컴퓨터는 현실 세계에 존재하는 반복적이거나 복잡한 자료들을 효율적으로 처리하기 위한 기계 장치이다. 컴퓨터를 이용하여 자료를 처리하려면 먼저 자료를 컴퓨터가 잘 다룰 수 있는 형태로 표현해 주어야 한다. 그리고 이렇게 표현된 자료를 컴퓨터는 일정한 절차를 통해 처리하게 된다.

(2) 자료구조

사람들이 사물을 편리하고 효율적으로 사용하기 위해 정리하는 것과 마찬가지로 컴퓨터에서도 자료들을 정리하고 조직화하는 여러 가지 구조들이 있다. 이를 자료구조(data structure)라고 한다. 자료구조는 **자료를 효율적으로 사용하기 위해서 자료의 특성에 따라서 분류하여 구성하고 저장 및 처리하는 모든 작업**을 의미한다. 자료의 사용 방법이나 성격에 따라 효율적으로 사용하기 위해 자료를 조직하고 저장하는 방법이라 할 수 있다. 자료구조는 알고리즘을 작성하는 데 사용하는 기본 구조들이라 할 수 있다. 알고리즘을 구성하는 일종의 부품(component)으로 생각할 수 있다.

> **더 알아두기**
>
> **자료구조란?**
> 데이터를 효율적으로 표현하고 저장하기 위해 구조화하는 것이다. 자료가 얼마나 잘 구조화되어 있느냐에 따라 프로그램의 속도, 개발 시간, 유지보수의 비용이 달라진다.

일상생활에서 자주 사용하는 물건들을 용도에 맞게 일정하게 정리해놓으면 깔끔하고 다음에 필요한 물건을 찾는 속도도 빨라진다. 컴퓨터도 마찬가지이다. 컴퓨터에서 이러한 정리가 필요한 공간이 바로 자료를 보관하는 '기억 장치'이다. 이 기억 장치에 자료를 보관할 때 처리할 작업의 종류에 따라 적절한 자료 보관 방법 즉, 자료구조를 선택하게 된다. 어떤 자료구조를 사용하느냐에 따라 처리 시간과 기억 장치 공간의 효율이 달라지며 자료구조를 잘 활용하면 컴퓨터의 작업 속도도 향상될 수 있다.

컴퓨터는 사람이 적절한 명령어를 입력해야 작동한다. 컴퓨터가 효율적으로 문제를 처리하기 위해서는 문제를 정의하고 분석하여 그에 대한 최적의 프로그램을 작성해야 한다. 이런 경우 자료구조에 대한 개념과 활용 능력이 필요하다. 컴퓨터를 이용해 자료를 처리할 때 필요한 것이 프로그래밍이다. 그리고 컴퓨터 프로그래밍에 있어 사용되는 가장 중요한 기본 개념이 자료구조와 알고리즘에 관한 것이다. 자료는 컴퓨터에 의해 처리되어야 하며 알고리즘은 이러한 **자료들을 처리하기 위한 일련의 절차와 방법**을 말한다. 즉, 자료구조로 표현된 자료들을 이용하여 자료들을 처리하는 절차들의 모임을 알고리즘이라 할 수 있다. 대부분의 컴퓨터 프로그램은 자료구조와 알고리즘으로 구성되어 있다.

> 프로그램 = 자료구조 + 알고리즘

알고리즘이 특정한 목적을 달성하기 위한 절차라고 한다면 자료구조는 알고리즘에 필요한 자료의 집합이다. 동일한 알고리즘이라도 자료구조가 달라지면 전혀 다른 프로그램이 될 수 있기 때문에 자료에 알맞은 자료구조를 만드는 것이 매우 중요하다. 자료구조에는 미리 정의된 여러 개의 형태가 있는데 배열, 연결 리스트, 큐, 스택, 그래프, 트리 등이 있다. 작성된 알고리즘은 다양한 자료구조들을 포함할 수 있다.

(3) 자료의 형태에 따른 분류 [기출]

컴퓨터의 자료를 효율적으로 관리하고 구조화시키는 방법인 자료구조 중 자료의 형태에 따른 분류에는 단순 구조와 선형 구조, 비선형 구조, 파일 구조가 있다.

단순 구조는 정수, 실수, 문자, 문자열 등의 기본 자료형이 있다. 선형 구조는 데이터가 연속적으로 연결된 모양인 자료구조이며 자료 간의 연결 관계가 일대일 관계를 맺는 형태이다. 선형 구조는 데이터를 저장할 때 연속적인 기억 공간에 배정하는 자료구조이며 자료 간의 앞뒤 관계가 일대일의 선형 관계를 의미한다. 선형 구조에는 **리스트, 연결 리스트, 스택, 큐, 데크** 등이 있다. 비선형 구조는 비순차적인 성질을 지닌 자료들을 표현하는 데 적합한 구조이다. 비선형 구조는 자료 간의 앞뒤 관계가 일대다 또는 다대다의 관계를 맺으며 **트리, 그래프** 등이 있다. 파일 구조는 파일에서 자료 처리를 쉽게 하려고 사용되는 자료구조를 말한다. 하나의 파일 내에서 레코드의 편성이나 배열 및 레코드의 신속한 검색을 위한 색인 등의 구조라고 할 수 있다. 파일 구조에는 순차 파일, 색인 파일, 직접 파일 등이 있다.

> **자료의 형태에 따른 분류**
> - 단순구조 : 정수, 실수, 문자, 문자열
> - 선형구조 : 리스트, 연결 리스트, 스택, 큐, 데크
> - 비선형구조 : 트리, 그래프
> - 파일구조 : 순차 파일, 색인 파일, 직접 파일

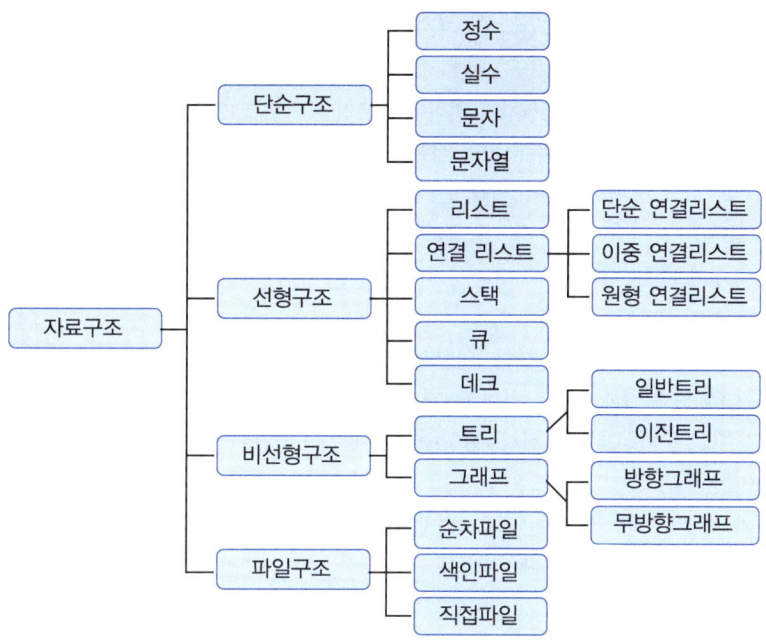

[그림 1-1] 자료의 형태에 따른 분류

어떤 문제를 해결하기 위해 자료구조를 사용해야 할 때 주어진 데이터를 처리하는 데 가장 적절한 자료구조를 선택해야 한다. 이때 다음과 같은 요인들에 따라 선택이 좌우된다.

> 📂 **자료구조 선택 시 고려 요소**
> - 포함된 데이터의 양
> - 데이터를 사용하는 방법과 횟수
> - 데이터의 정적 혹은 동적인 특성
> - 자료구조에 의해 요구되는 기억 장치의 양
> - 하나의 데이터를 수정하는 데 걸리는 시간
> - 프로그래밍의 복잡도

자료구조 선택 시 고려해야 할 사항으로는 데이터의 양, 사용 빈도, 컴퓨터 기억 장치의 양, 데이터에 대한 접근 시간과 데이터가 일정한 형태를 유지하는지 또는 계속 변경되는지에 대한 데이터의 성격 등을 고려해야 한다.

(4) 자료의 단위와 종류

컴퓨터 내부에서는 수의 처리가 전기적인 펄스(pulse)에 의해 이루어지므로 우리가 사용하는 10진법의 수를 사용하기에는 많은 어려움이 있다. 컴퓨터 내부에서는 펄스가 올라가 있는 상태를 1로 나타내고 펄스가 내려가 있는 상태를 0으로 나타내는 2진법의 수의 체계를 사용한다. 2진법은 이처럼 전기적인 두 가지 상태를 표현하기가 쉽기 때문에 컴퓨터에서 사용된다.

컴퓨터에서 사용되는 자료의 단위는 그 크기와 성질에 따라 다음과 같이 구분할 수 있다.

① **비트(bit)**
  컴퓨터 내부에서 데이터를 표현하기 위하여 비트라는 단위를 사용한다. 비트는 정보 표현의 최소 단위로 2진수 0 또는 1을 나타낸다. 가장 작은 단위의 자료에 해당하며 컴퓨터 작동의 기본인 on, off를 나타내기도 하고 어떤 사실의 진위를 나타내는 데 사용되기도 한다.

② **니블(nibble)**
  니블은 4개의 bit로 구성되며 $16(=2^4)$개의 정보를 표현할 수 있다.

③ **바이트(byte)**
  8개의 bit를 모아 바이트라고 한다. 일반적으로 하나의 문자를 표현하는 기본 단위가 된다. 즉, 시스템에서는 8비트를 기본 단위로 하여 한 개 또는 여러 개를 사용하여 모든 정보를 표현하는데 이 정보의 기본 단위를 바이트라고 한다. 1바이트는 $256(=2^8)$개의 데이터를 표현할 수 있다.

④ **문자(character)**
  컴퓨터가 기억하거나 처리하는 기호, 숫자, 영문자, 한글 등이며 컴퓨터 내부에서의 단어 구성 요소가 되기도 한다. 보통 7비트나 8비트로 표현된다.

⑤ **단어(word)**
  바이트의 모임으로 컴퓨터 내부의 명령 처리 단위이다. 컴퓨터 주기억 장치와 기타 장치(주로 CPU) 사이에 전송되는 비트의 모임을 말한다.

⑥ **필드(field)**
  파일을 구성하는 최소 단위로 항목(item)이라고도 하며 레코드를 구성하는 논리적 자료 단위이다. 보다 의미 있는 정보를 구성하는 최소 단위라고도 할 수 있다.

⑦ **레코드(record)**
  레코드는 하나 이상의 필드들이 모여서 구성된 자료 처리 단위이다. 즉, 서로 관련 있는 필드들이 모여서 레코드를 구성한다.

⑧ **파일(file)**
  파일은 여러 개의 레코드가 모여 구성되며 디스크의 저장 단위로 사용한다. 프로그램 구성의 기본 단위이다.

기본적으로 자료는 수치 자료와 비수치 자료로 구분한다. 수치 자료는 사칙 연산의 대상이 되는 자료를 말하는 것이다. 컴퓨터에서 다루는 수치 자료는 정수와 실수가 있고 2진법, 8진법, 16진법, 10진법 등 서로 다른 진법을 사용하기도 하며 그 표현 방법이 다양하다. 컴퓨터가 표현하는 문자 데이터에는 숫자, 영문자, 특수문자, 한글 등을 말하며 이들이 서로 연속으로 연결된 것을 스트링(string)이라고 한다. 이러한 문자는 컴퓨터마다 표현하는 방법이 여러 가지이다. 일반적으로 7비트로 표현하는 ASCII와 8비트로 표현하는 EBCDIC을 많이 사용한다.

> **더 알아두기**
>
> **ASCII**
> 초창기에는 다양한 방법으로 문자를 표현했는데 호환 등 여러 문제가 발생했다. 이런 문제를 해결하기 위해 ANSI에서 컴퓨터에서 영문자, 숫자, 그 외 기호를 표현하기 위한 표준 코드인 ASCII(American Standard Code for Information Interchange)를 제시했다. 현재 이 코드가 일반적으로 사용되고 있는데 ASCII는 각 문자를 7비트로 표현하므로 총 128(=2^7)개의 문자를 표현할 수 있다.
>
> **EBCDIC**
> 8자리의 2진수를 사용하여 문자, 숫자, 구두점 등을 부호화하는 IBM의 시스템이다. 7자리의 2진수를 사용하는 ASCII 코드보다 두 배의 기호와 제어 기능을 표현한다.

논리 자료는 값을 참(true) 또는 거짓(false)의 두 가지 값 중에서 하나만을 갖는 자료를 말한다. 보통 논리 자료는 1비트로 표현할 수 있지만, 컴퓨터에서는 자료를 바이트 단위나 단어 단위로 취급하므로 그 표현 방법이 컴퓨터나 프로그래밍 언어마다 다양하다. 컴퓨터의 기억 장치에는 바이트 또는 비트 단위로 주소가 할당된다. 따라서 기억 장치에 저장된 자료는 그 위치에 대한 주소를 알 수 있고 이 주소를 가지고 자료를 읽고 쓰는 등의 처리를 할 수 있다. 이러한 자료의 주소를 따로 저장하면 자료를 효율적으로 관리할 수 있다.

2 알고리즘

(1) 알고리즘의 개요 (중요)

알고리즘(algorithm)이란 주어진 문제를 해결하기 위한 문제 해결 과정을 묘사하는 것으로 절차와 방법, 명령 등을 명확하게 기술해 놓은 것이다. 알고리즘이라는 단어는 페르시아의 수학자인 알 콰리즈미(Al Khwarizmi)의 이름에서 유래되었다. 알고리즘은 어떤 입력에 대해 계산을 수행하여 결과를 생성하는 역할을 한다.

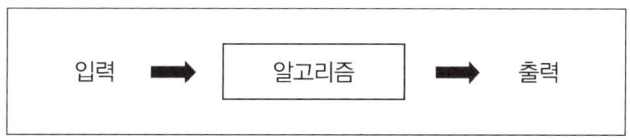

[그림 1-2] 알고리즘의 개념

컴퓨터 프로그램은 특정한 목적의 일을 하거나 문제를 해결하기 위해 만들어진다. 이때 프로그램 내부에서 프로그램이 만들어진 목적대로 작업을 수행하도록 하는 것이 알고리즘이라고 할 수 있다. 따라서 프로그램 작성 시 가장 중요한 부분이 알고리즘의 설계이다.

알고리즘의 예를 들면 요리나 게임 등이 있다. 요리의 경우 어떤 음식을 만드는 방법이 요리 알고리즘이다. 요리를 완성하기 위해 순서에 따라 단계적으로 서술하는 것을 알고리즘이라 할 수 있다. 게임의 경우 출발지에서 목표 지점까지 도달하기 위한 효율적인 접근 방법과 과정을 기술한 것이 알고리즘이 될 수 있다.

알고리즘을 설계하기 위해서는 해야 할 작업을 명확하게 명시해야 하며 문제 해결이나 처리 과정에서의 순서를 단계적으로 서술해야 한다. 알고리즘은 **모호하지 않고 이해하기 쉽고 명확해야 한다**. 컴퓨터 과학에서 알고리즘은 프로그램 작성에 가장 기초가 되는 작업이며, 컴퓨터에 정보를 어떻게 입력하고 입력된 정보를 어떻게 처리하며 처리된 결과를 어떤 형식으로 출력할 것인지에 관한 모든 문제를 총괄하는 개념이다.

> **알고리즘의 정의**
> 문제를 해결할 수 있는 잘 정의된 유한 시간 내에 종료되는 체계적인 절차

정의가 잘 되었다는 것은 알고리즘을 읽었을 때 누구든지 동일한 내용으로 이해할 수 있도록 알고리즘이 기술되어야 한다는 것을 의미한다. 유한 시간 내에 종료된다는 것은 그 알고리즘을 적용하여 유한 시간 내에 문제를 해결하여 결과를 구해준다는 것을 의미한다. 알고리즘을 개발한다는 것은 주어진 문제를 해결하는 명령어들의 단계를 찾고 그 명령 단계를 수행한 후에 문제에 대한 출력 결과를 얻는 과정을 의미한다.

수학에서는 문제를 풀기 위해 정의나 정리들을 활용하는데 비해 컴퓨터에서는 알고리즘을 이용한다. 이때 문제를 철저하게 분석하여 알고리즘을 논리적이고 체계적으로 표현해야 추후 프로그램으로 작성할 수 있다. 하나의 문제를 해결하기 위한 알고리즘은 다양하게 존재하는데 그 중 가장 효과적인 알고리즘을 찾는 것 또한 알고리즘 개발 과정의 일부라고 할 수 있다. 알고리즘 개발 시 입력 값들을 표현하기 위해 자료들을 구조화하고 조직화하는 과정에서 자료구조의 개념이 필요하다.

알고리즘은 프로그램 개발 초기 단계에서 계획을 세우고 총괄하는 역할을 한다. 즉, 주어진 문제를 해결할 때 필요한 입력을 파악하고 입력을 처리하는 명령을 단계별로 나열하여 필요한 출력을 낼 수 있도록 한다. 그러므로 하나의 문제를 해결하기 위해 만들 수 있는 알고리즘이 다양하게 존재할 수 있다. 하지만 이 알고리즘을 모두 사용할 수 없으므로 하나를 선택해야 하는데 그 선택의 기준이 되는 것이 알고리즘의 효율성이다. 여러 알고리즘 중 가장 효율적이고 효과적인 알고리즘을 선택하는 것이 중요하다.

알고리즘을 개발하거나 적절한 알고리즘을 선택하기 위해 고려해야 할 요구조건은 다음과 같다.

> **알고리즘의 요구조건** 기출
> - 입력 : 외부에서 제공되는 0개 이상의 입력 데이터가 존재해야 한다.
> - 출력 : 입력 값으로부터 적어도 하나 이상의 결과가 출력되어야 한다.
> - 명확성 : 기술된 명령들이 모호하지 않고 명확해야 한다.
> - 유한성 : 제한된 수의 명령 단계를 거친 후에는 반드시 종료해야 한다.
> - 유효성 : 모든 명령은 실행 가능해야 한다.

일반적으로 알고리즘이라고 부르기 위해서는 외부에서 제공되는 0개 이상의 입력이 있어야 한다. 알고리즘에는 입력은 없어도 되지만 출력은 반드시 하나 이상 있어야 한다. 또한 각 명령이 명확해야 하며 모호한 방법으로 기술된 명령어들의 집합은 알고리즘이 될 수 없다. 반드시 종료되어야 한다는 유한성이 있어야 하며 무한히 반복되는 명령어들의 집합은 알고리즘이 아니다. 모든 명령이 실행 가능해야 한다는 유효성을 만족해야 하며 컴퓨터가 실행할 수 없는 명령어를 사용하면 역시 알고리즘이 될 수 없다.

(2) 알고리즘의 기술 방법

알고리즘은 여러 가지 방법으로 표현할 수 있다. 알고리즘을 기술하는 방법은 자연어를 사용하는 방법, 순서도를 사용하는 방법, 의사코드를 사용하는 방법, 프로그래밍 언어를 사용하는 방법이 있다.

> **알고리즘의 기술 방법**
> ① 영어, 한국어와 같이 사람이 사용하는 자연어(natural language)
> ② 순서도(flow chart)
> ③ 의사코드(pseudo code)
> ④ C, C++, java 등과 같은 프로그래밍 언어(programming language)

알고리즘의 기술 방법은 각각의 장·단점을 갖고 있다.

① 자연어

알고리즘은 누구나 이해할 수 있도록 명확하게 기술하는 것이 매우 중요하다. 바람직한 알고리즘은 이해하기 쉽고 가능하면 간명하도록 작성해야 하며 명확해야 한다. 지나치게 기호적 표현은 오히려 명확성을 떨어뜨린다. 명확성을 해치지 않으면 알고리즘을 자연어로 기술해도 무방하다. 자연어로 알고리즘을 기술하면 사람이 사용하는 문장으로 설명할 수 있어서 매우 쉽고 편리하게 알고리즘을 작성할 수 있다. 그러나 알고리즘이 매우 길어질 수도 있고 의미가 애매할 수도 있다. 하나의 단어에 대해 서로 다른 사람 간에 사용하는 정의가 다를 경우 내용 전달이 정확하지 않을 수 있다. 따라서 명령어로 쓰이는 단어들을 명백하게 해야만 알고리즘이 될 수 있다. 자연어는 복잡한 알고리즘을 기술하는 데는 적절하지 않다.

다음은 10명의 학생 점수가 저장된 배열 A[0], …, A[9]에서 최고점을 찾는 알고리즘을 자연어를 이용하여 기술한 것이다.

> **최고점 찾기 알고리즘의 자연어 기술**
> 배열의 맨 처음 데이터를 임시로 최댓값 max로 설정한다. 배열의 다음 데이터들로 이동하면서 읽은 데이터와 max를 비교해서 배열의 데이터가 더 크면 그 데이터를 max로 재설정한다. 그렇지 않으면 배열의 현재 읽은 데이터 다음의 오른쪽 데이터로 이동하면서 동일한 작업을 반복 수행한다. 배열의 마지막 데이터까지 이동하게 되고 이 과정을 모두 마치면 max에 저장된 데이터가 최댓값이 된다.

② **순서도**

순서도는 알고리즘의 논리적인 흐름이나 연결 관계 등을 쉽게 파악하기 위해 다양한 도형으로 표현하는 방법이다. **명령의 종류와 기능에 따라 도표를 만들고 명령들의 순서대로 도표를 나열해 표현한 방식이다.** 화살표를 이용하여 단위 작업의 흐름 관계를 표현한다. 문제를 해결하는 데 필요한 작업을 도형들의 관계로 표현하는 방법이므로 순서도에서는 도형들의 관계가 작업의 논리적인 흐름을 나타낸다. 따라서 작업의 연관 관계와 선후 관계를 시각적으로 보여준다. 순서도는 누구나 이해할 수 있는 약속된 기호를 사용하여야 한다. 순서도에 사용하는 기호는 국제 표준화 기구(ISO)에서 정한 것을 사용하며 다음과 같은 것들이 있다.

기호	기호의 설명	보기
(둥근 사각형)	순서도의 시작이나 끝을 나타내는 기호	시작(끝)
(사각형)	값을 계산하거나 대입 등을 나타내는 처리 기호	A=B+C
(마름모)	조건이 참이면 '예', 거짓이면 '아니오'로 가는 판단 기호	A>B 예/아니오
(문서 모양)	서류로 인쇄할 것을 나타내는 인쇄 기호	인쇄 A
(평행사변형)	일반적인 입·출력을 나타내는 입·출력 기호	입력(출력)
(화살표)	기호를 연결하여 처리의 흐름을 나타내는 흐름선	시작 → A, B 입력

[그림 1-3] 순서도 기호

순서도에서는 다양한 도형이 사용되고 도형마다 나타내는 특정한 의미가 있다. 순서도는 도형, 화살표, 도형 내의 설명을 통해 수행해야 할 작업을 설명한다. 순서도는 한눈에 전체적인 작업의 내용을 알 수 있다는 장점이 있다. 순서도를 이용하여 알고리즘을 표현하면 절차를 매우 명확하게 표현할 수 있고 알고리즘의 흐름 파악이 용이하다. 그러나 알고리즘이 조금만 복잡해져도 매우 복잡하게 표시되는 단점이 있다. 따라서 순서도는 복잡한 알고리즘을 표현하기에는 적합하지 않다. 10명의 학생 점수 중에 최고점을 찾는 알고리즘을 순서도로 표현하면 다음과 같다.

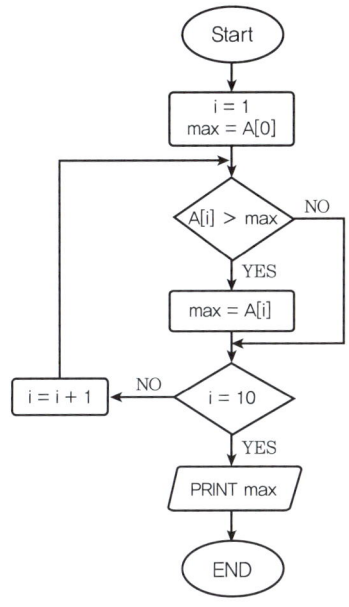

[그림 1-4] 최고점 찾는 알고리즘

예제

1부터 5까지의 합을 구하는 알고리즘을 순서도로 표현하시오.

풀이

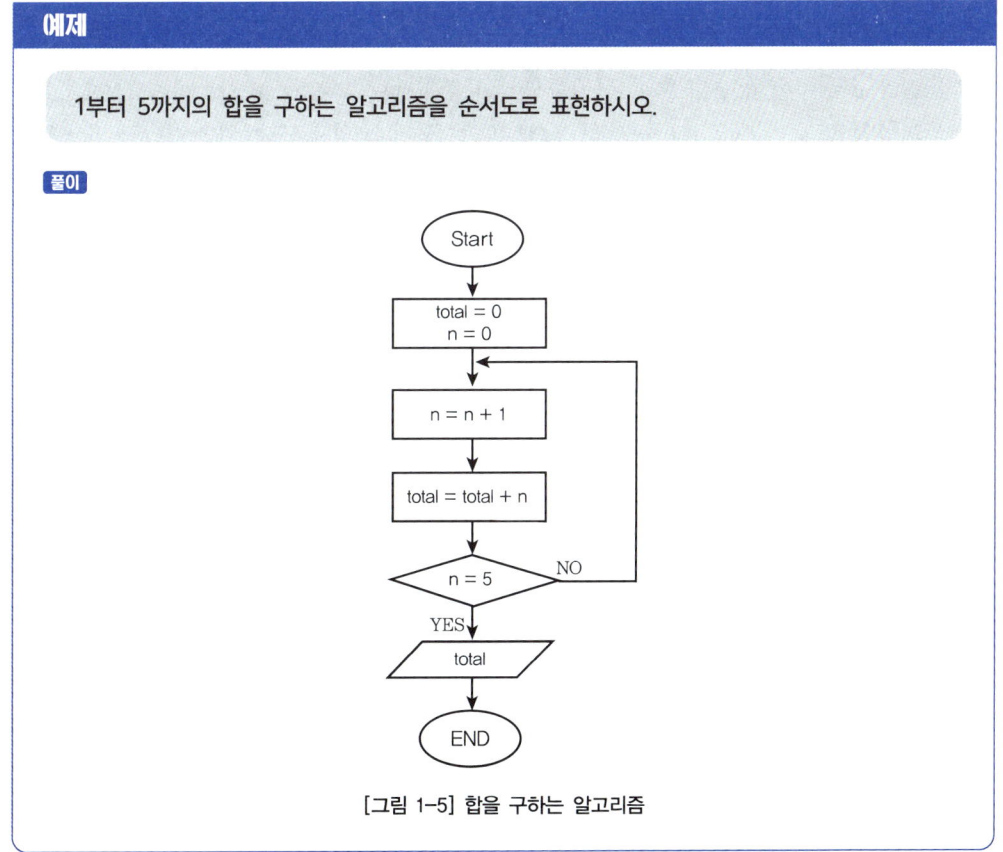

[그림 1-5] 합을 구하는 알고리즘

> **더 알아두기**
>
> **순서도**
> 컴퓨터로 처리해야 할 작업 과정을 약속된 기호를 사용하여 순서대로 일관성 있게 그림으로 나타낸 것이다.
>
> **순서도의 역할**
> - 프로그램 작성의 직접적인 자료가 된다.
> - 업무 내용과 프로그램을 쉽게 이해할 수 있고 다른 사람에게 전달이 쉽다.
> - 프로그램의 정확성 여부를 판단하는 자료가 되며 오류가 발생하였을 때 그 원인을 찾아 수정하기가 쉽다.
> - 프로그래밍 언어와 관계없이 공통으로 사용할 수 있다.

③ **의사코드**

의사코드는 프로그램 코드는 아니지만, 프로그램 코드와 유사한 형식을 갖는 코드를 말한다. 특정 프로그래밍 언어의 문법에 따라 쓰인 것이 아니라 일반적인 언어로 코드를 흉내 내어 알고리즘을 써놓은 것을 말한다. 알고리즘을 이해하기 쉽도록 너무 복잡하거나 형식적이지 않은 프로그램 코드와 유사한 형식이라 할 수 있다. 의사코드는 자연어보다 더 체계적이지만 프로그래밍 언어보다는 덜 엄격한 언어라고 할 수 있다.

실제 프로그래밍 언어와 비슷하여 이해하기가 쉽고 프로그래밍 언어의 엄밀한 문법을 따를 필요가 없다. 따라서 알고리즘의 핵심적인 내용에 대한 표현에만 집중할 수 있어서 가장 선호되는 표기법이며 의사코드는 실제 알고리즘을 표현할 때 흔히 사용된다. 의사코드는 일반적으로 C언어 형식으로 작성한다. 그러나 의사코드는 말 그대로 흉내만 내는 코드이기 때문에 프로그래밍 언어로 작성된 코드처럼 컴퓨터에서 직접 실행은 불가능하다. 그러나 일반적인 프로그래밍 언어의 형태이므로 원하는 특정 프로그래밍 언어로의 변환이 용이하다.

10명의 학생 점수 중에 최고점을 찾는 알고리즘을 의사코드로 표현하면 다음과 같다.

> **최고점 찾기 알고리즘의 의사코드**
> - 입력 : 배열 A[ ]에 저장된 10개의 데이터
> - 출력 : 최댓값
>
> ```
> max = A[0];
> for i = 1 to 9
>   if A[i] > max then
>     max = A[i];
> print max;
> ```

의사코드의 형식을 살펴보면 기본적인 요소로는 기호, 자료형, 연산자 등이 있다. 기호는 변수, 자료형 이름, 프로그램 이름, 레코드 필드명, 문장의 레이블 등을 나타낼 수 있으며 문자나 숫자의 조합으로 사용할 수 있다. 자료형은 정수형과 실수형의 수치 자료형, 문자형, 논리형, 포인터, 문자열 등의 모든 자료형을 사용한다. 연산자는 산술 연산자, 관계 연산자, 논리 연산자 등이 있다.

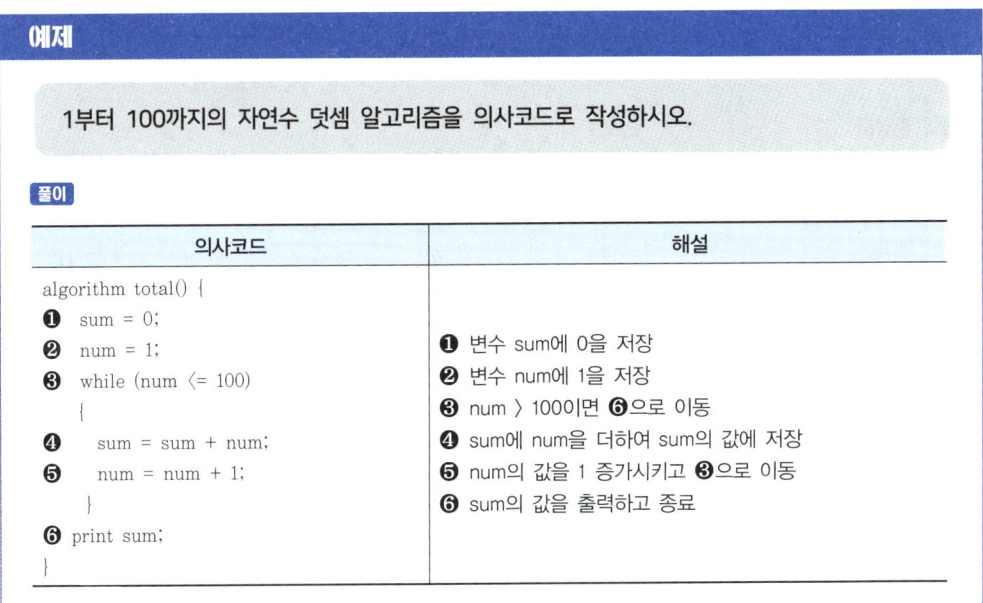

④ 프로그래밍 언어
알고리즘은 특정 프로그래밍 언어를 사용하여 표현할 수도 있다. 프로그래밍 언어를 사용하여 기술하는 방법은 알고리즘을 가장 정확하게 표현하는 방법이라 할 수 있다. 그러나 구현을 위한 많은 구체적인 사항들을 포함하고 있어 알고리즘의 전체적인 내용을 파악하고 이해하는 데 어려움이 있을 수 있다.

제2절 자료 추상화

추상화란 불필요한 부분을 삭제하거나 중요한 특징을 찾아낸 후 간단하게 표현하는 것으로 요소들의 공통부분을 별도로 만들어서 사용하는 것이라고 할 수 있다. 컴퓨터를 이용한 문제 해결에서의 추상화는 크고 복잡한 문제를 단순화시켜 쉽게 해결하려는 방법이라 할 수 있다. 이는 문제 해결에 필요한 부분만 취하고 불필요한 부분은 제거하여 간결하고 이해하기 쉽게 만드는 것을 의미한다.

> **추상화**
> 필수적이고 중요한 속성만을 골라서 일반화시키는 과정

좋은 추상화는 사용자에게 중요한 정보는 강조되고 반면 중요하지 않은 구현 세부 사항은 제거되는 것이다. 이를 위하여 정보 은닉(information hiding)이 개발되었고 추상 자료형의 개념으로 발전하였다. 문제 분할이 큰 문제를 작은 문제로 쪼개가는 것이라면 추상화는 여러 문제를 하나로 통합해 가는 것이라 할 수 있다. 이들은 서로 반대되는 방향을 갖지만 복잡한 것을 단순하게 한다는 같은 목적을 가지기도 한다. 자료 추상화(data abstraction)는 이미 알고 있는 잘 정의된 기본 개념을 이용하여 표현한다. 객체를 사용하는 이에게 불필요한 자료는 숨기고 필요한 자료형은 접근시키는 동작이라 할 수 있다.

> **추상 자료형(Abstract Data Type : ADT)**
> - 자료형의 일반화로 정의
> - 데이터가 무엇이고 무슨 기능을 수행하는가만을 정의
> - 데이터 구조 및 연산의 구현 방법은 불포함(이유 : 프로그램 언어마다 구현 방법이 다름)
> - 객체와 연산을 정의

자료 추상화에 이용하는 기본 개념에는 자료, 연산, 자료형이 있다. 처리할 자료 집합과 자료에 가해지는 연산들의 집합, 자료형을 논리적으로 추상화하여 정의한 자료형이다. 이러한 추상 자료형은 그 자료형의 구현으로부터 분리된 자료형을 의미한다. 즉, 자료나 연산이 무엇인가는 정의되지만, 이들을 어떤 프로그래밍 언어를 이용해 어떻게 구현할 것인지는 정의하지 않는다.

[표 1-1] 자료와 연산의 추상화와 구체화

구분	자료	연산
추상화	추상 자료형	알고리즘 정의
구체화	자료형	프로그램 구현

추상 자료형을 컴퓨터 프로그램으로 구현할 때는 보통 구현에 관한 세부 사항들은 외부에서 모르게 하고 외부에서 간단한 인터페이스만을 공개한다. 구체적인 구현을 포함하지 않기 때문에 문제 해결 방법인 알고리즘 개발이 훨씬 단순해진다. 그리고 원하는 프로그래밍 언어를 사용하여 프로그램으로 구체화하여 실행한다. 사용자는 공개된 인터페이스만 사용하고 이것이 어떻게 구현되었는지를 알 필요가 없다. 다음에 구현 방법이 변경될 수 있지만, 인터페이스만 정확하게 지켜진다면 사용자는 변경된 내용을 알 수도 없고 사용하는데도 전혀

문제가 없다. 이것이 정보 은닉의 기본 개념이다. 즉, 구현으로부터 명세의 분리가 추상 자료형의 중심 아이디어이다.

> **더 알아두기**
>
> **추상 자료형(ADT)의 정의**
> 추상적으로 정의된 자료형
>
> **자료형이란?**
> int, double, float, char 등을 말함
>
> **추상 자료형이란?**
> - int, double, float, char 이외에 내가 필요한 자료형을 추상적으로 표현한 것
> - 사물이나 현상을 데이터적인 측면과 기능적인 측면으로 나누어 표현한 것

제3절 SPARKS

SPARKS는 Structured Programming A Reasonably Komplete Set의 약어이며 알고리즘을 기술하는 데 사용되는 언어의 일종이다. 자료구조와 자료구조를 이용하는 알고리즘을 기술하기 위하여 사용되는 언어라고 할 수 있다. Horwltz와 Shani에 의해 제안되었으며 컴퓨터에서 직접 실행될 수는 없지만, PASCAL 또는 C언어 등과 같은 구조화된 프로그램 언어로 쉽게 변환될 수 있다. SPARKS는 선언문, 지정문, 조건문, 입·출력문 등이 있다.

1 선언문

선언문은 프로그램의 일반적인 특성과 그 프로그램을 다루는 데이터의 특성을 지정하는 비실행문이다. 자료형을 사용하여 여러 가지 형태의 변수를 선언한다.

2 지정문

변수란 말 그대로 변할 수 있는 수를 의미하며 데이터를 저장할 수 있는 메모리 공간에 붙여진 이름을 말한다. 변수의 지정에서는 정수, 실수, 참과 거짓, 문자를 사용한다. 표현하는 언어에 따라 타입은 조금씩 차이가 있다. 지정문은 상수나 변수 또는 연산식의 결과를 변수에 지정하는 문장을 의미한다.

> **<지정문 형식>**
>
>   변수 ← 값;

대입 연산자(←)의 오른쪽에 있는 값(식의 계산 결과값이나 변숫값)을 대입 연산자(←)의 왼쪽에 있는 변수에 저장하라는 의미이다.

> **<지정문의 예>**
>
>   sum ← num; x ← 0 ; 여러 문장은 세미콜론(;)으로 구분하여 한 줄로 표현 가능
>   LINK(y) ← Y
>   x ← x + 1; 산술식, 논리 연산자, 관계 연산자, 부울식, 문자식 표현 가능

첫 번째 문자 'sum ← num'은 num이라는 변수에 저장된 값을 sum이라는 변수에 대입하는 것이다. 'x ← 0'은 0을 변수 x에 대입하는 문장이다. 여러 문장은 세미콜론(;)으로 구분하여 한 줄로 표현할 수도 있다.

3 조건문 중요 기출

프로그램은 보통 위에서 아래로 하나씩 순서대로 처리해 나가는 순차적 처리 구조로 되어 있다. 하지만 때에 따라서는 특정 문장을 피해가거나 여러 번 반복을 해야 할 때가 있다. 프로그램이 다양한 상황에 대처하려면 상황에 따라 다른 명령을 실행할 수 있어야 한다. 이처럼 프로그램의 흐름을 필요에 따라 피해가거나 반복하는 문장이 바로 제어문이다. 이러한 제어문에는 조건문, 반복문 등이 포함된다. 조건문은 주어진 조건이 참이냐 거짓이냐에 따라 서로 다른 명령을 처리하도록 하는 프로그램 명령문을 의미한다. 조건에 따라 실행할 명령문이 결정되는 선택적 제어 구조이며 대표적인 조건문으로는 if 문이 있다. if 문은 주어진 **조건이 참이냐 거짓이냐에 따라 다른 명령을 처리하도록 만든** 수행문이다. 조건문 중에서 가장 기본이 되는 명령문은 if 문이다. if는 '만약'이라는 의미인데 주로 가정하거나 조건을 내걸 때 사용하는 단어이다. 컴퓨터도 조건문을 작성할 때 if 문을 사용한다. 주로 'if (조건)-then (B)-else (C)' 형태로 쓰는데 이 문장이 바로 조건문이다. if 뒤에 있는 조건이 참이면 then 뒤에 있는 B의 명령을 실행하고 아닌 경우에는 C의 명령을 실행하는 것이다. 예를 들어, 수학 점수가 60점 이상일 경우는 '합격', 60점 미만일 경우에는 '불합격'이라는 단어를 출력하는 상황을 조건문을 이용하여 작성하면 다음과 같다.

if 문	설명

❶ if 점수 ≥ 60 then
   print = "합격";
	❶ 만일 점수가 60점 이상이면
	   '합격'을 출력한다.

❷ else
   print = "불합격";
	❷ 60점 이상이 아니면
	   '불합격'을 출력한다.

프로그래밍 언어마다 조건문의 형태는 다양하지만 대체로 참일 때만 명령을 실행하는 형태와 참과 거짓일 때 서로 다른 명령을 실행하는 형태가 있으며, 여러 조건 중 하나를 선택해서 실행하는 다중 조건문도 있다. 프로

그램은 다양한 조건에 따라 서로 다른 명령문이 처리될 수 있어야 한다. 따라서 정확한 조건에 따라 다양한 조건문을 구성한다면 원하는 정보를 더욱 쉽게 얻어낼 수 있다.

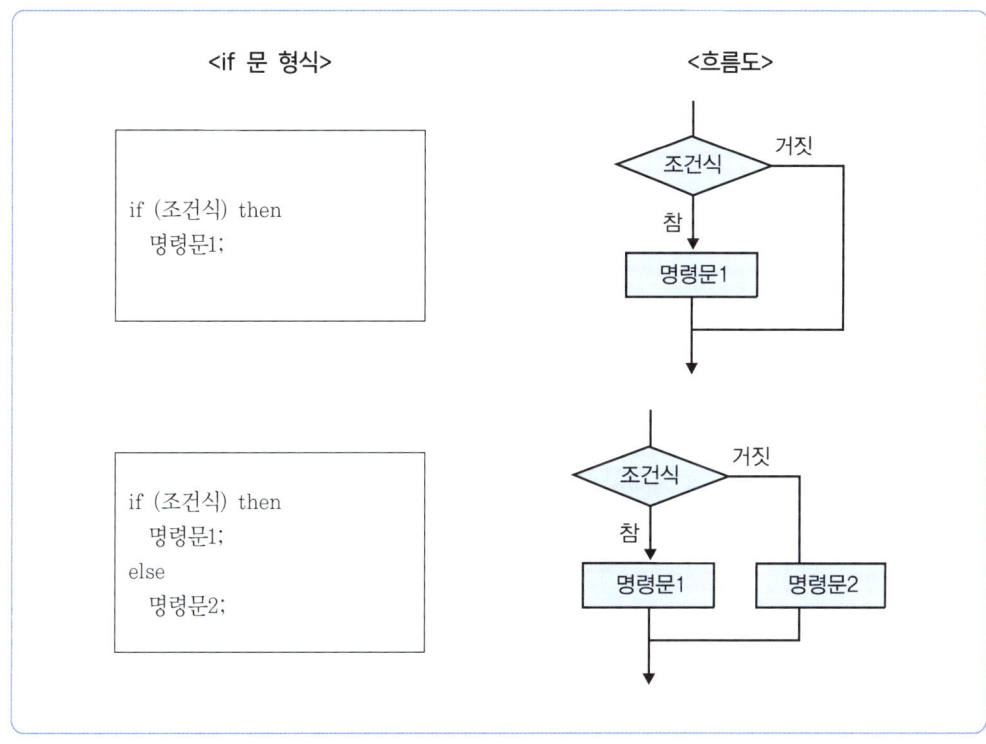

[그림 1-6] if 문 형식

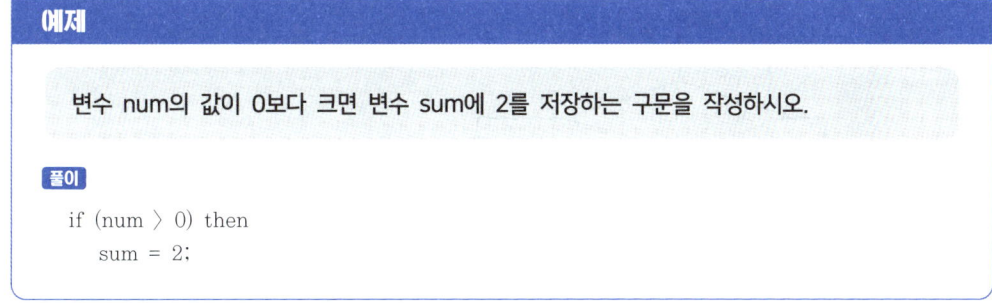

조건을 검사해서 서로 다른 명령을 실행하도록 하는 제어 구조가 선택 구조이다. 조건문은 프로그래밍 언어에서 선택 구조를 작성할 수 있도록 만든 명령문이다. 대부분의 프로그래밍 언어에서는 조건문의 안에 조건문 혹은 반복문이 들어갈 수 있다. 다중 if 문은 조건 비교가 한 가지로 충분치 않을 경우에 사용하는 문법이다. 조건이 여러 개인 경우는 다음과 같이 작성할 수 있다.

<다중 if 문 형식>
```
if (조건식1) then
   명령문1;
else if (조건식2) then
   명령문2;
else if (조건식3) then
   명령문3;
   …
else
   명령문n;
endif
```

예제

평균 점수에 따른 학점 계산하기

```
if   Average >= 90   then
     grade = "A" ;
else  if Average >= 80   then
     grade = "B" ;
else  if Average >= 70   then
     grade = "C" ;
else  grade = "F" ;
```

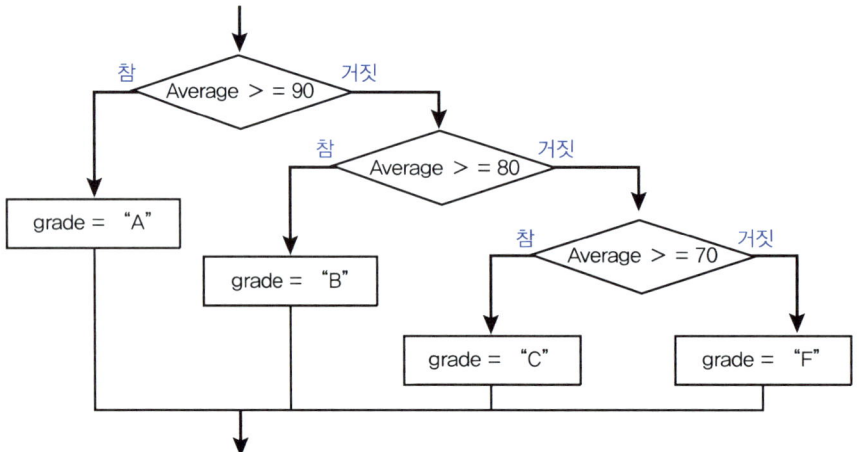

[그림 1-7] 학점 계산하기

4 case 문

case 문은 여러 조건식 중에서 해당 조건을 찾아서 그에 대한 명령문을 수행한다. case 문은 다양한 경우의 수가 있을 때 사용하며 중첩 if 문으로도 표현할 수 있으나 중첩 if 문보다 구문을 깔끔하게 표현할 수 있다. 반복적인 내포 관계에서는 case 문으로 표현하면 if 문보다 가독성이 높아진다.

```
<형식>
 case {
   조건식1 : 명령문1;
   조건식2 : 명령문2;
    …
   조건식n : 명령문n;
   else : 명령문n+1;
 }
```

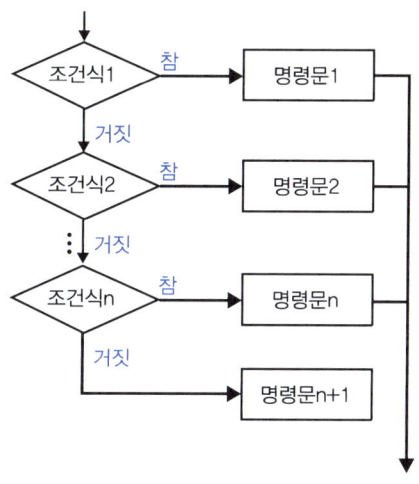

[그림 1-8] case 문 흐름도

예제

평균 점수에 따른 등급 계산하기

```
case {
  Average>=90 : grade="A";
  Average>=80 : grade="B";
  Average>=70 : grade="C";
  else : grade="F";
}
```

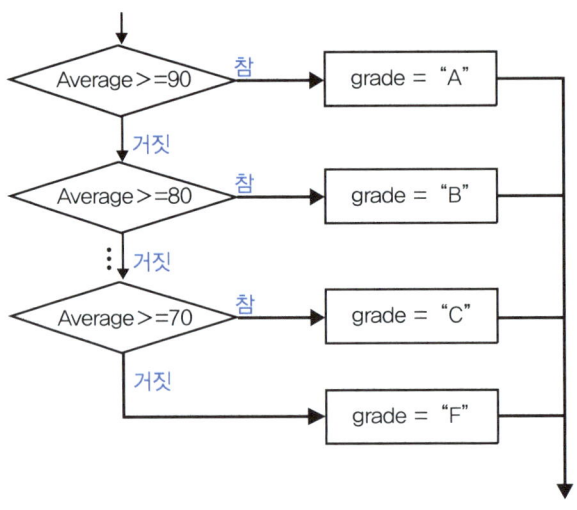

[그림 1-9] 등급 계산하기

5 반복문 중요 기출

같은 명령이 여러 번 반복되는 경우에 명령문을 순서대로 나열하는 것만으로는 효과적으로 표현할 수 없다. 반복되는 만큼 같은 명령문을 반복해서 써 주어야 하고 조건에 따라 반복하는 경우에는 명령문을 몇 번을 써야 하는지 알 수 없다. 이처럼 같은 명령을 반복하는 것을 지정하는 제어 구조가 반복 구조이며 반복문은 프로그래밍 언어에서 반복 구조를 작성할 수 있도록 만든 명령문이다. 대부분의 프로그래밍 언어에서는 반복문 안에 조건문이나 반복문이 들어갈 수 있다. 반복문은 프로그래밍에서 가장 중요한 요소 중 하나이다. 반복문에는 반복 횟수를 지정하는 형태와 반복 조건을 제시하는 형태가 있다. 반복 조건을 제시하는 형태는 명령어들을 실행하는 조건을 제시하는 형태와 반복을 끝내는 종료 조건을 제시하는 형태 등이 있다.

(1) for 문

for 문은 반복문의 일종으로 가장 많이 사용하며 **반복하는 부분을 제어하기 위해 초깃값, 조건식, 증감값 등의 세 부분으로 구성**된다. 초깃값은 반복문을 시작하는 시작값이고 한 번 수행할 때마다 증감값에 따라 증가 또는 감소하면서 조건식을 검사하여 참이면 명령문을 반복 수행한다. 명령문은 하나일 수도 있고 여러 개를 중괄호({ })로 묶어서 만든 명령문의 그룹일 수도 있다.

<형식>
for (초깃값; 조건식; 증감값)
  명령문;

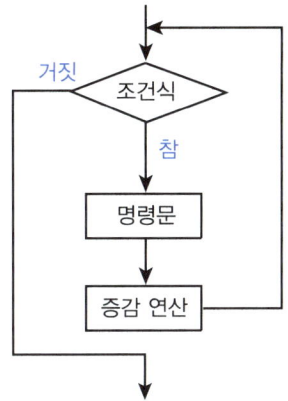

[그림 1-10] for 문 흐름도

> **예제**
>
> 1부터 10까지의 합 구하기
>
> sum = 0;
> for (i = 1; i <= 10; i++)
>   sum = sum + i;

(2) while 문

while 문은 **조건식이 참인 동안 명령문을 반복 수행한다.** 먼저 조건식을 비교하여 참이면 해당 명령문을 수행하고 다시 조건식을 비교하여 참이면 계속해서 해당 명령문을 수행한다. 반복 수행 도중 조건식이 거짓이면 while 문을 벗어난다. 만약 처음부터 조건식이 거짓이면 해당 명령문은 수행하지 않고 while 문을 빠져나온다.

> **<형식>**
>
> while (조건식)
>   명령문;

while 문의 제어 흐름은 다음과 같다.

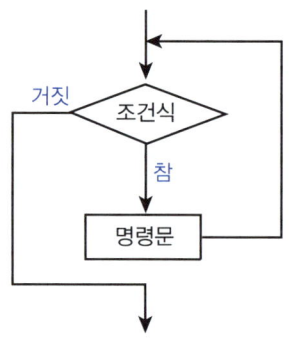

[그림 1-11] while 문 흐름도

<예>
　while (true)
　　print "안녕?";

더 알아두기

while 문은 조건이 참(true)이면 구문을 반복적으로 실행한다. 조건이 거짓(false)이면 반복문이 실행되지 않는다. 여기서 true와 false는 종료 조건이 되는데 반복문에서 종료 조건을 잘못 지정하면 무한 반복이 되거나 반복문이 실행되지 않는다.

6 procedure 문

어떤 문제를 처리하는 프로그램을 작성할 때 프로그램을 한 개로 구성하는 것보다 처리할 작업별로 작은 단위 프로그램을 여러 개 구성하는 것이 좋을 수도 있다. 전체 프로그램 중 같은 작업은 하나의 단위 프로그램에서 독립적으로 수행하게 하면 프로그램 크기가 줄어들고 수정이나 관리도 쉽고 다른 프로그램에서도 단위 프로그램을 재사용할 수 있다. 예를 들어 다음과 같이 하나의 프로그램 안에 기능A가 여러 번 실행하는 구조를 가진 경우 기능A를 하나의 단위로 만들 수 있으며 이것을 프로시저(procedure)로 작성할 수 있다.

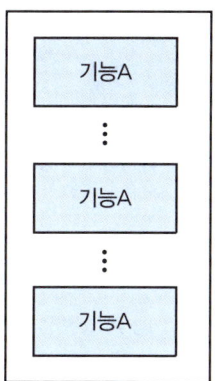

[그림 1-12] 기능A를 여러 번 실행하는 프로그램 구조

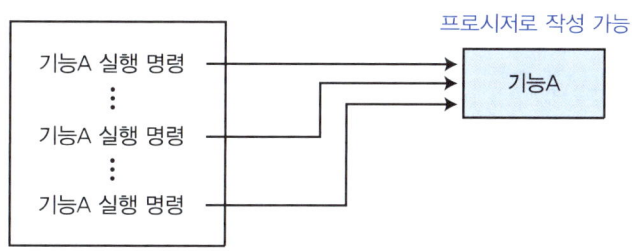

[그림 1-13] 기능A를 하나의 단위로 만든 프로그램 구조

이처럼 프로시저는 **특정 작업을 수행하기 위한 프로그램의 일부**로써 특정 동작이나 연산을 위한 명령들을 별도로 마련하고 필요할 때마다 호출하여 사용할 수 있다. 프로시저는 **일련의 반복적인 명령을 수행하는 블록을 별도의 블록으로 표현한 것**이다. 따라서 한 프로그램 안에서 반복적으로 실행되거나 여러 프로그램에서 공통으로 실행되는 기능들을 프로시저로 작성하여 사용하면 유용하다. 알고리즘은 하나 이상의 프로시저로 구성되는데 프로시저에서 사용하는 값을 매개변수를 통하여 전달하기도 한다. 프로시저들은 서브루틴이나 함수가 될 수도 있다.

<형식>
```
procedure NAME(parameter list)
  명령문
end
```

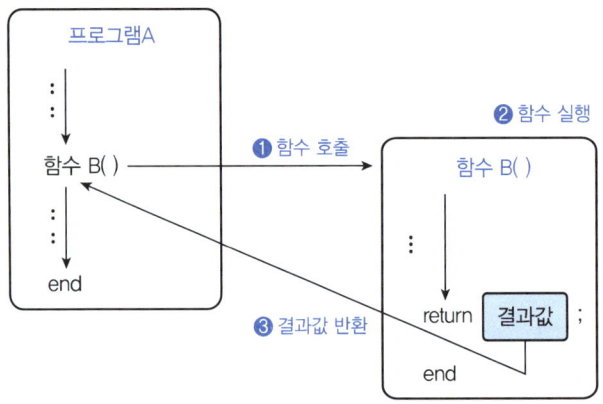

[그림 1-14] 함수 호출과 실행 및 결과값 반환

위의 그림은 간단한 함수 호출과 실행 및 결과값 반환에 대한 제어 흐름을 보여준다. 프로그램 A에서 함수 B를 호출하여 함수 B를 실행한 후에 결과값을 return 문을 통해 반환한다. return 문은 함수의 실행 결과값을 함수를 호출한 위치로 반환한다.

> **더 알아두기**
>
> **프로시저**
> - 소프트웨어에서 특정 동작을 수행하는 일정한 코드 부분임
> - 프로시저를 사용하면 반복되는 코드를 여러 번 쓰지 않음으로써 프로그램의 용량을 줄일 수 있음
> - 다른 부분이나 다른 프로그램에서 필요한 경우 언제든지 해당 프로시저를 호출하여 사용할 수 있음
> - 수정이 필요한 경우 해당 프로시저만 수정하면 되므로 수정이 쉽고 코드를 일목요연하게 만들 수 있어 코드의 가독성이 높아짐

7 프로시저 간의 자료 전달 방법

프로시저를 작성하여 사용하면 프로시저 간에 호출할 수 있는데 이때 프로시저 간의 자료 전달 방법에는 call by value, call by reference, call by name 등이 있다. 프로시저 간에 자료를 전달하기 위해서는 실 매개변수(actual parameter)와 형식 매개변수(formal parameter)가 필요하다.

실 매개변수는 프로시저에게 전달되는 실제값을 저장하고 있는 인자를 의미한다. 형식 매개변수는 프로시저 선언에 사용하는 인자를 의미한다. 대부분 언어에서 형식 매개변수와 실 매개변수의 대응은 위치에 의해서 이루어진다. 매개변수를 이용하면 호출 프로그램에서 프로시저에게 어떤 정보를 전달할 수 있다.

> **예제**
>
> main 프로그램에서 sub 프로시저를 호출함
>
> main() 프로그램
> ```
> ⋮
> sub(i, j);
> ⋮
> ```
>
> 프로시저
> ```
> void sub(int x, int y)
> {
>     ⋮
> }
> ```
>
> **풀이**
> 실 매개변수 : sub 프로시저를 호출하는 문장의 매개변수 i와 j
> 형식 매개변수 : 프로시저 정의 부분의 매개변수 x와 y

(1) call by value

매개변수 전달 기법의 한 가지로 프로시저 호출 시 가장 흔하게 사용되는 방식이다. **실 매개변수 값 자체를 서브 프로시저의 형식 매개변수에 전달하는 방법**이다. 프로시저에 단순히 값만 전달하는 방식이라고 할 수 있다. 호출된 프로시저에서는 지역변수와 같이 취급하므로 전달받은 인자를 통해 main 함수 내에 선언된 변숫값을 변경하지 못한다. 값을 복사해서 프로시저로 전달하기 때문에 원래 값을 전달한 곳에는 아무런 영향을 미치지 않는다. 따라서 원본의 데이터가 변경될 가능성이 없다.

(2) call by reference

실 매개변수 값이 저장된 기억 장소를 가리키는 포인터나 실제 주소를 형식 매개변수에 전달하는 방법이다. 실 매개변수의 주소가 형식 매개변수로 전달되어 형식 매개변수가 간접 주소법을 이용하여 실 매개변수를 참조한다. 따라서 형식 매개변수의 값이 변경되면 대응하는 실 매개변수의 값도 변하게 된다. 예를 들어 함수의 인자로 단순 값이 아닌 배열을 전달하는 경우를 보면 배열은 함수로 전달할 때 call by value를 사용하지 못한다. 원소 하나하나가 아닌 배열 전체를 매개변수로 선언할 수 없기 때문이다. 따라서 포인터를 이용해 배열의 주소를 함수로 전달하면 되는데 이러한 방법이 call by reference다. 호출 받은 함수는 주솟값을 받기 때문에 주소를 찾아가서 원래 변수에 저장된 값을 변경하는 것이 가능하다.

(3) call by name

실행 중에 형식 매개변수를 만나면 실 매개변수는 원시 코드 상에 대응하는 형식 매개변수와 대치된다. 즉, 형식 매개변수의 이름이 사용될 때마다 그에 대응되는 실 매개변수의 이름으로 대치하는 방식이다. call by name을 사용하는 프로시저 동작은 형식 매개변수의 이름을 실 매개변수의 이름으로 대치하여 실행한 결과와 같다. call by name은 구현이 어렵고 프로그램 가독성이 저해된다는 단점이 있다.

다음 프로그램은 C언어로 표현한 프로그램이다. 각각의 매개변수 전달 방법에 따라 처리되는 과정을 설명하면 다음과 같다.

```c
main()
{
    i = 1;
    A[1] = 2;
    A[2] = 4;
    sub(A[i]);
    print A[i];
}
sub(int a);
{
    a = 3;
    i = 2;
    print a;
}
```

① call by value
- sub 함수가 호출할 때 실 매개변수 A[i]의 값은 A[1]의 값임
  즉, 2를 지역변수인 형식 매개변수 a에 복사해 놓고 시작함
- A[i]의 출력되는 값: 2
- 비지역변수 할당문인 a=3과 i=2 문장은 지역변수 A[i]에 아무런 영향을 주지 않음

② call by reference
- 함수 호출 시 i의 값이 1이므로 실 매개변수 A[i]는 A[1]을 의미함
- 형식 매개변수 a는 A[1]과 동일한 기억 장소를 사용함
- a 값을 출력하면 전역 변수의 A[1]과 동일한 것이므로 3이 출력됨

③ call by name
- 형식 매개변수가 사용되는 시점에서 대응되는 실 매개변수의 값이나 기억 장소 위치를 구하여 사용함
- 출력문에서 a의 값은 그때의 A[i]의 값인데, 바로 직전에 I=2를 수행했기 때문에 A[2]의 값인 4가 출력됨

8 입·출력문

입·출력문은 입·출력에 관련 동작을 하는 문장이다. read 문은 데이터 값을 입력받을 때 사용하고 print 문은 변수의 내용이나 계산 결과를 출력할 때 사용한다.

> <형식>
> read(argument list)
> print(argument list)

9 기타 명령과 규칙

(1) 주석

주석은 실제 프로그램에 영향을 주지 않으며 단지 소스 코드의 기능이나 동작을 설명하기 위해 사용되는 문장이다. 주석은 프로그램의 명령문에 대한 부가 설명을 기록한 것이므로 프로그램을 쉽게 이해하기 위해 사용한다. 주석을 작성하면 프로그램을 작성한 후 추후 유지보수를 할 때 도움이 된다. 컴파일러는 해석 단계에서 주석문의 내용을 완전히 무시하므로 주석문은 프로그램의 동작 상태에 아무런 영향을 주지 않는다. 주석은 두 개의 슬래쉬(//)를 사용하여 알고리즘의 어떠한 위치에서도 사용할 수 있다. 만약 주석을 여러 문장으로 기술하고자 하면 /*와 */ 사이에 작성하면 된다.

(2) stop 문

stop 문은 현재 진행 중인 프로그램을 중단하는 구문이다. 프로그램의 코드에 중단점을 설정하는 것과 비슷하다. 프로그램 실행을 중지하기 위하여 프로시저 안의 어느 곳에서든 stop 문을 사용할 수 있다.

(3) SPARKS 언어의 사용 규칙

SPARKS는 알고리즘을 기술하는 언어이다. 알고리즘을 명확하게 기술하기 위해서는 몇 가지 사용 규칙을 지켜야 한다. 먼저 변수를 사용할 때는 변수의 의미를 알 수 있게 정의해야 한다. 또한 모든 프로시저의 입·출력 변수는 명확히 명시해야 하며 알고리즘의 제어 흐름은 되도록 순차적으로 표현한다. 각 문장은 들여쓰기(indentation)를 사용하여 가독성을 높인다. 주석은 짧으면서 의미는 명확히 기술해야 하며 함수를 적절히 사용한다.

제4절 순환 알고리즘 (중요)

순환(recursion)이란 정의하려는 개념 자체를 정의 속에 포함하여 사용하는 방법이다. 어떤 문제 안에 크기만 다를 뿐 성격이 똑같은 작은 형태의 문제들이 포함된 것이라 할 수 있다. 알고리즘이나 함수가 수행 도중에 자기 자신을 다시 호출하여 문제를 해결하는 기법이다. 순환에는 직접 순환과 간접 순환이 있다. 직접 순환은 함수가 직접 자신을 호출하는 것을 의미하며 간접 순환은 다른 제3의 함수를 호출하고 그 함수가 다시 자신을 호출하는 방법이다. 순환은 어떤 복잡한 문제를 직접 간단하게 풀 수 있는 작은 문제로 분할하여 해결하려는 방법인 분할 정복의 특성을 가진 문제에 적합하다.

> **순환**
> 문제 내에 문제 자체의 작은 형태가 또 존재하는 형태로 자기 자신을 다시 호출하여 문제를 해결하는 기법

순환 알고리즘은 문제 자체가 순환적으로 정의된 경우에 적용할 수 있다. 예를 들어, 팩토리얼(factorial)을 살펴보면 같은 연산을 계속 반복적으로 수행하는 것을 알 수 있다. n!를 계산하기 위해 n×(n-1)!의 순환 과정을 반복한다.

<팩토리얼>

$$n! = \begin{cases} 1 & \text{if } n = 0, 1 \\ n \times (n-1)! & otherwise \end{cases}$$

예제

n=5일 때 n!의 값 구하기

풀이

$5! = 5 \times 4!$
$ = 5 \times 4 \times 3!$
$ = 5 \times 4 \times 3 \times 2!$
$ = 5 \times 4 \times 3 \times 2 \times 1!$
$ = 5 \times 4 \times 3 \times 2 \times 1$
$ = 120$

> 📁 **팩토리얼 알고리즘**
>
> procedure factorial(n)
>   if n <= 0 then
>   return 1;
>   else
>   return (n * factorial(n-1));
>   end factorial

위 알고리즘의 경우 factorial 함수 안에 factorial 함수를 호출함으로써 순환 알고리즘을 형성하였다. 순환 알고리즘은 순환 호출을 하는 부분과 순환 호출을 멈추는 부분을 포함한다. 팩토리얼 알고리즘에서 순환 호출을 하는 부분과 순환 호출을 멈추는 부분을 살펴보면 다음과 같다.

알고리즘	설명
if n <= 0 then 　　return 1;	순환 호출을 멈추는 부분
else 　　return(n * factorial(n-1));	순환 호출을 하는 부분

만약 순환 호출을 멈추는 부분이 없다면 시스템 스택을 다 사용할 때까지 순환적으로 호출되다가 결국 오류를 내며 멈추게 된다. 따라서 순환 호출을 종료하는 조건을 주어야 한다.

순환을 가진 또 다른 예로는 **피보나치**(fibonacci) **수열**이 있다. 피보나치 수열은 처음 두 항을 1로 한 후 세 번째 항부터는 바로 앞의 두 개의 항을 더해 만드는 수열을 말한다. 따라서 피보나치 수열에서 n번째 항을 fib(n)으로 표시한다면 fib(n)은 fib(n-1)과 fib(n-2)를 더하여 구할 수 있다.

> 📁 **피보나치 수열의 정의**
>
> fib(1) = 1, fib(2) = 1
> fib(n) = fib(n-1) + fib(n-2), n ≥ 3

fib(3) = fib(2) + fib(1) = 1 + 1 = 2가 되며 피보나치 수열은 다음과 같다.

> 1, 1, 2, 3, 5, 8, 13, 21, 34, 55, …

피보나치 수열 fib(n)을 계산하는 알고리즘은 다음과 같다.

```
int fib(n)
{
   if (n<=2)
      return 1;
   else
      return fib(n-1) + fib(n-2);
}
```

여기서 fib(n)을 계산하기 위해 fib(n-1)과 fib(n-2)를 호출하고 있으므로 순환을 사용하고 있다. 이진 탐색 알고리즘도 순환을 사용하고 있는데 이진 탐색은 특정한 데이터를 찾기 위해 주어진 리스트의 중간값을 기준으로 2개의 부분 리스트로 분할한다. 중간값과 찾고자 하는 데이터를 비교하여 찾고자 하는 값이 큰지 작은지를 판별하여 해당 부분 리스트에 대하여 똑같은 알고리즘을 다시 적용한다. 찾고자 하는 데이터를 찾거나 리스트를 모두 검색할 때까지 반복한다. 이밖에 순환 알고리즘을 사용하는 예로는 수열의 점화식, 이항 계수, 하노이의 탑, 병합 정렬 등을 들 수 있다. 순환은 문제 내에 같은 연산을 계속 반복적으로 수행하는 경우 적용할 수 있으며 대부분의 순환은 반복으로 바꾸어 작성할 수도 있다.

> **더 알아두기**
>
> **순환**
> - 자신의 정의에 자신을 다시 사용하는 것이다.
> - 순환을 이용하면 함수의 정의를 단순하게 표시할 수 있다.
> - 하나의 문제 내에 매개변수(파라미터)만 다른 동일한 문제가 있을 때 사용된다.
> - 일반적으로 프로그램을 단순화시키고 이해하기 쉽게 하기 위해 순환을 사용한다.
> - 순환의 정의에서 초기의 조건을 잘 정의하여야 한다.

제5절 성능 분석 중요

최근의 컴퓨터는 예전에 비하여 엄청난 속도와 방대한 기억 장치를 가지고 있으며 계속해서 발전하고 있다. 프로그램의 규모도 매우 커지고 있으며 처리해야 할 자료의 양 또한 많아지고 있다. 알고리즘은 효율적이어야 하는데 자료의 양이 많아질수록 알고리즘의 효율성은 더욱 중요해진다. 또한 하나의 문제를 해결하는 알고리즘은 여러 개 존재할 수 있으며 각 알고리즘의 수행 시간은 수백만 배 이상 차이가 날 수 있다. 사용자들은 빠른 프로그램을 선호한다. 따라서 프로그램 개발자는 하드웨어와는 상관없이 최선의 효율성을 갖는 알고리즘을 개발하기 위해 노력한다. 알고리즘을 설계하고 나면 이 알고리즘이 자원을 얼마나 소모하는지 분석해야 하는데 이때 자원이란 소요 시간, 메모리, 통신 대역 등을 의미한다.

효율적인 알고리즘이란 **전체 실행 시간이 짧으면서 메모리와 같은 컴퓨터의 자원들을 적게 사용하는 알고리즘**이다. 일반적으로 실행 시간이 기억 장치 공간보다 더 중요하게 생각되기 때문에 알고리즘의 실행 시간을 효율적인 알고리즘의 기준으로 삼는다. 알고리즘의 효율성을 측정하는 가장 단순하지만 확실한 방법은 알고리즘을 프로그램으로 만들어 실제로 컴퓨터에서 실행시키고 실행 시간을 측정하는 것이다.

예를 들어 동일한 작업을 하는 서로 다른 알고리즘 A와 B가 있다고 하자. 동일한 컴퓨터에서 실행했을 때 알고리즘 A는 10초가 걸렸고 B는 50초가 걸렸다면 알고리즘 A가 더 효율적인 알고리즘이라고 말할 수 있다. 그러나 이러한 측정 방법은 알고리즘을 반드시 구현해야 가능하다. 알고리즘이 비교적 단순한 경우에는 쉽게 구현할 수 있지만 복잡한 경우에는 구현이 큰 부담이 될 수 있다. 또한 반드시 동일한 조건의 하드웨어를 사용하여 실행 시간을 측정해야 한다. 그뿐만 아니라 구현에 사용된 프로그래밍 언어에 따라서도 실행 속도가 크게 달라질 수 있어 소프트웨어 환경도 동일해야 한다. 그렇다면 구현하지 않고서도 알고리즘의 효율성을 따져보는 방법은 없을까?

알고리즘을 직접 구현하지 않고서도 대략적인 효율성을 살펴보는 것이 있는데 이를 알고리즘의 복잡도 분석이라 한다. 이 방법은 구현하지 않고도 모든 입력에 대해 실행 하드웨어나 소프트웨어 환경과는 관계없이 알고리즘의 효율성을 평가할 수 있다. 좋은 알고리즘은 실행 시간이 빠르고 알고리즘이 필요로 하는 메모리가 적은 알고리즘이다. 이것을 알고리즘의 복잡도라고 하는데 시간 복잡도와 공간 복잡도가 있다.

> **알고리즘의 복잡도**
> - 공간 복잡도
> - 시간 복잡도

시간 복잡도는 알고리즘이 수행되는 시간을 의미하며 공간 복잡도는 알고리즘이 수행될 때 필요한 메모리 공간을 의미한다. 시간의 분석은 최악의 경우와 평균적인 경우에 대한 분석이 대표적이다. 알고리즘의 시간 분석을 하면 알고리즘이 어느 정도의 입력에서 어느 정도의 시간이 필요한지 미리 짐작할 수 있으며 주어진 시간에 요구하는 작업이 완료 가능한지를 알 수 있다.

> **더 알아두기**
>
> **성능 분석**
> 알고리즘이 어떤 문제를 푸는데 필요한 시간이나 공간 혹은 자원들이 얼마나 되는지 비교한다. 모든 알고리즘이 동일한 성능을 가진 컴퓨터에서 절대적인 수행 시간을 측정하는 건 힘들기 때문에 이를 객관적으로 비교하기 위해 점근적 분석이나 점근적 표기법을 사용한다.

1 공간 복잡도

공간 복잡도(space complexity)란 어떤 알고리즘이 수행될 때 필요한 메모리 공간을 의미한다. 알고리즘을 프로그램으로 실행시켜 완료하는 데까지 소요되는 총 저장 공간을 의미한다. 공간 복잡도는 고정 공간과 가변 공간 모두를 포함한다. 고정 공간은 프로그램의 크기나 입·출력의 횟수와 관계없이 고정적으로 필요한 저장 공간을 의미한다. 코드 저장 공간, 단순 변수, 고정 크기의 구조 변수(struct), 상수 등이 이에 해당한다. 가변 공간은 실행 과정에서 자료구조와 변수들이 필요로 하는 저장 공간이 포함된다. 함수가 순환 호출(재귀 함수)을 할 경우 요구되는 추가 공간이나 동적으로 필요한 공간이 이에 해당한다.

> 공간 복잡도 = 고정 공간 + 가변 공간

공간 복잡도의 계산은 간단하다. 예를 들어 크기가 n인 배열을 입력했는데 알고리즘 내부에서 n×n의 이차원 배열을 생성한다면 이 알고리즘의 공간 복잡도는 n^2이 된다. 공간 복잡도는 보통 시간 복잡도보다 중요하게 생각하지 않는 경우가 많다. 그러나 빅 데이터를 처리할 경우 공간 복잡도가 위와 같이 제곱으로 증가하게 되면 프로그램이 메모리에 한 번에 올라가지 않아 프로그램을 실행할 수 없는 문제가 발생할 수 있다. 따라서 빅 데이터 처리 시 데이터를 나눠서 처리하고 다시 합치는 방법을 사용하게 된다.

알고리즘 작성 시 공간 복잡도를 아예 생각하지 않게 되면 문제가 발생할 수도 있으므로 공간 복잡도도 신경을 써서 작성하는 게 좋다. 하지만 일반적으로 알고리즘을 평가할 때 메모리의 사용량보다 실행 속도에 초점을 맞춘다. 과거에는 메모리의 용량이 크지 않았기 때문에 각각의 데이터가 얼마만큼 효율적으로 공간을 차지하는지를 확인하는 것이 필요했지만 최근에는 대용량 컴퓨터가 많아져서 공간 복잡도를 중요하게 생각하지 않기도 한다.

2 시간 복잡도 중요 기출

시간 복잡도(time complexity)는 **알고리즘을 실행시켜 완료하는 데까지 걸리는 시간**을 의미한다. 시간 복잡도는 알고리즘의 절대적인 실행 시간을 나타내는 것이 아니라 **알고리즘을 이루고 있는 연산들이 몇 번이나 실행되는지를 숫자로 표시**한다. 연산에는 산술 연산, 대입 연산, 비교 연산, 이동 연산 등이 모두 포함되는데 복잡도 분석에 이들 연산의 실행 횟수를 사용한다.

만약 동일한 조건에서 동일한 일을 하는데 알고리즘 A는 10번의 연산이 필요하고 알고리즘 B는 100번의 연산이 필요하다면 알고리즘 A가 알고리즘 B보다 더 효율적이라고 할 수 있다. 이것이 시간 복잡도 분석의 기본 개념이다. 어떤 작업의 시간이 오래 걸린다는 것은 그 작업이 CPU를 점유하는 시간이 길어지므로 CPU가 다른 일을 하지 못 하기 때문에 그만큼 손해가 된다. 그렇기 때문에 어떤 알고리즘을 작성할 때 시간 복잡도 측면에서의 성능을 고려해서 작성해야 한다.

알고리즘을 프로그램으로 실행하여 완료하기까지의 총 소요 시간을 의미하는 시간 복잡도는 컴파일 시간과 실행 시간의 합이라 할 수 있다.

> 시간 복잡도 = 컴파일 시간 + 실행 시간

컴파일 시간은 프로그램마다 거의 고정적인 시간이 소요된다고 할 수 있다. 실행 시간은 컴퓨터의 성능에 따라 달라질 수 있으므로 실제 실행 시간보다 명령문의 실행 빈도수에 따라 계산할 수 있다. 실행 빈도수를 계산할 때 지정문, 조건문, 반복문 내의 제어문과 반환문은 실행 시간 차이가 거의 없으므로 하나의 단위 시간으로 갖는 기본 명령문으로 취급한다. 알고리즘의 실행 시간을 좌우하는 기준으로는 for 루프의 반복 횟수, 특정한 행이 수행되는 횟수, 함수의 호출 횟수 등을 들 수 있다.

시간 복잡도는 어떤 알고리즘을 실행했을 때 결과를 반환할 때까지 걸리는 실제 실행 시간을 의미하는 것이 아니다. 시간 복잡도는 연산의 횟수를 센다. 즉, 시간 복잡도의 단위는 시간이 아닌 실행 횟수인 것이다. 연산 횟수를 바탕으로 시간 복잡도를 산출할 경우의 이점은 다음과 같다.

> **연산 횟수를 시간 복잡도로 계산할 경우의 장점**
> - 실행이 필요하지 않다(즉, 코딩이 필요 없다).
> - 하드웨어, 소프트웨어가 필요하지 않다(의사코드로 충분히 계산할 수 있다).
> - 모든 플랫폼에서 동일한 결과를 산출한다.

> **더 알아두기**
> 프로그램의 실제 실행 시간을 시간 복잡도로 계산할 경우 다음과 같은 단점이 있다.
> ① 측정을 위한 완성된 프로그램이 필요하다.
> ② 일반 컴퓨터, 슈퍼컴퓨터 등의 모든 플랫폼에서 동일한 결과를 산출하지 못한다.

다음은 피보나치 수열 알고리즘이다. n < 0, n = 0, n = 1의 경우에는 행 번호 1부터 4까지의 알고리즘이 실행되는데 for 반복문이 수행되지 않기 때문에 실행 빈도수가 작다.

⟨피보나치 수열 알고리즘⟩

행번호	알고리즘
1	fibonacci(n)
2	if (n < 0) then
3	stop;
4	if (n ≤ 1) then
5	return n;
6	f1 = 0;
7	f2 = 1;
8	for (i = 2 ; i ≤ n ; i = i + 1) {
9	fn = f1 + f2;
10	f1 = f2;
11	f2 = fn;
12	}
13	return fn;
	end

(행 번호와 알고리즘 줄 대응은 표에 표시된 바와 같다.)

[표 1-2] n < 0, n = 0, n = 1의 경우에 대한 실행 빈도수

행 번호	n < 0	n = 0	n = 1
1	1	1	1
2	1	0	0
3	0	1	1
4	0	1	1
5 ~ 13	0	0	0

그러나 n > 1의 경우에 대한 실행 빈도수를 살펴보면 for 반복문이 반복 수행되는 것을 알 수 있다. 위의 피보나치 수열 알고리즘의 각 행 번호의 명령문이 실행되는 실행 빈도수를 정리하면 다음과 같다.

[표 1-3] 각 행의 실행 빈도수

행 번호	실행 빈도수	행 번호	실행 빈도수
1	1	8	n−1
2	0	9	n−1
3	1	10	n−1
4	0	11	0
5	1	12	1
6	1	13	0
7	n		

따라서 1행부터 13행까지 각 행의 실행 빈도수를 모두 합하면 총 실행 빈도수를 계산할 수 있다. 총 실행 빈도수는 1 + 0 + 1 + 0 + 1 + 1 + n + (n−1) + (n−1) + (n−1) + 0 + 1 + 0 = 4n + 2가 된다. 따라서 전체 실행 시간은 4n + 2가 되며 점근적 표기법으로 $O(n)$으로 표시할 수 있다.

예제

다음 알고리즘의 시간 복잡도를 구하시오.
```
int sum = 0;
for(i = 0; i < 1000000; i++)
{
   sum = sum + i;
}
```

풀이

이 알고리즘은 1,000,000(=10^6)보다 작은 정수의 합을 구하는 알고리즘이다. 이 알고리즘은 for 문 내에서 10^6번의 sum = sum + i의 연산을 거치므로 시간 복잡도는 10^6이 된다.

예제

n을 입력 데이터의 개수로 정하고 T(n)을 데이터 수에 대한 연산 횟수를 구하는 함수로 지정해 보자. 다음 알고리즘의 시간 복잡도 T(n)을 구하시오.
```
for(i = 0; i < n; i++)
{
   // application code
}
```

풀이

n개의 데이터가 들어왔을 때 for 문에서 n번 반복하므로 T(n) = n이 된다.

예제

다음 알고리즘의 시간 복잡도 T(n)을 구하시오.
```
for(i = 1; i <= n; i++) {
   for(j = 1; j <= n; j++) {
      // application code
   }
}
```

풀이

이 알고리즘은 중첩 for 문을 사용한다. 따라서 입력 데이터가 증가함에 따른 연산의 횟수 증가값이 아주 높으며 T(n) = n^2이다. 이러한 알고리즘은 n이 크면 클수록 많은 연산 횟수를 수행하므로 많은 데이터를 처리할 때 바람직하지 못한 알고리즘이다.

3 연산 시간 표기법

주어진 문제를 푸는 알고리즘은 딱 하나만 있는 것이 아니라 여러 개 존재할 수 있다. 하드웨어나 운영체제, 프로그래밍 언어 등의 특징에 따라 최적화된 여러 가지 알고리즘이 존재한다. 어떤 문제를 해결하는데 항상 다수개의 알고리즘이 존재할 수 있으므로 알고리즘의 성능을 비교할 필요가 있다. 그러나 알고리즘의 성능을 분석할 때 사용되는 데이터의 형태나 시스템의 성능 등 다양한 요소에 의해 공평한 결과가 나오기 힘들고 비교 결과가 항상 일정하지 않을 수도 있다. 이러한 문제를 효과적으로 해결하는 방법이 점근적 분석법이다. 점근적 분석법은 각 알고리즘이 주어진 데이터의 크기를 기준으로 수행 시간 혹은 사용 공간이 얼마나 되는지를 객관적으로 비교할 수 있는 기준을 제시해준다. 입력 크기가 작은 문제는 알고리즘의 효율성이 중요하지 않지만, 입력 크기가 충분히 큰 문제에서 비효율적인 알고리즘은 치명적이다. **입력의 크기가 충분히 큰 경우에 대한 분석을 점근적 분석이라 한다.**

점근적 분석은 데이터의 개수 n이 무한대(∞)가 될 때 수행 시간이 증가하는 증가율로 시간 복잡도를 표현하는 기법이다. 알고리즘에 포함된 연산들의 실행 횟수를 표기하는 하나의 기법이며 최고차항의 차수만으로 표시한다. 따라서 가장 자주 실행되는 연산 혹은 문장의 실행 횟수를 고려하는 것으로 충분하다. 점근적 분석법(asymptotic notation)은 어떤 함수의 증가 혹은 감소 양상을 다른 간단한 함수와 비교로 표현하는 방법이다. 이러한 점근적 분석법을 표기하는 방법에는 O(빅-오), Ω(빅-오메가), Θ(빅-세타) 표기법이 있다.

> **더 알아두기**
>
> 점근적 분석법은 유일한 분석법도 아니고 가장 좋은 분석법도 아니지만, 알고리즘을 분석하는데 상대적으로 가장 간단하며 알고리즘의 실행 환경에 비의존적이기 때문에 가장 광범위하게 사용되고 있다.

(1) 빅-오(Big-Oh) 표기법 기출

일반적으로 시간 복잡도는 입력의 개수 n에 대한 상당히 복잡한 수식으로 나타날 수 있다. 그러나 자료의 개수가 많아질수록 즉, n이 커질수록 차수가 가장 큰 항의 영향이 절대적이 되고 다른 항들은 무시될 수 있을 정도로 작아진다.

빅-오(Big-Oh) 표기법으로 복잡도를 표시할 때는 실행 빈도수를 구하기 위해 실행 시간 함수를 찾는다. 실행 시간 함수의 값에 가장 큰 영향을 주는 n에 대한 항을 선택하여 계수는 생략하고 O(Big-Oh)의 오른쪽 괄호 안에 표시하여 사용한다. n이 무한대로 갈 때를 기준으로 평가하며 입력 데이터가 최악일 때 알고리즘이 보이는 효율을 기준으로 한다. 시간 복잡도 함수에서 불필요한 정보를 제거하여 알고리즘 분석을 쉽게 할 목적으로 시간 복잡도를 표시하는 방법을 빅-오(Big-Oh) 표기법이라고 한다.

> 📘 **빅-오(Big-Oh) 표기법**
>
> f(n)과 g(n)이 주어졌을 때 모든 n ≥ n_0에 대하여 f(n) ≤ cg(n)을 만족하는 상수 c와 n_0가 존재하면 f(n) = O(g(n))이다.

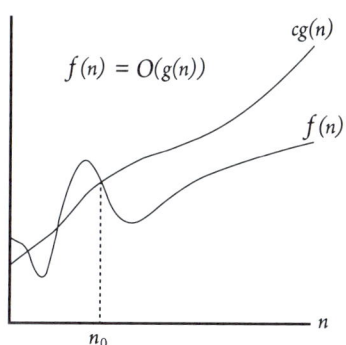

[그림 1-15] 빅-오(Big-Oh) 표기법

n_0를 기준으로 n_0보다 오른쪽에 있는 모든 n값에 대해 함수 f(n)은 함수 cg(n)보다 작거나 같다는 의미이다. 그래프가 아래에 있을수록 수행 시간이 짧은 것이므로 성능이 좋은 것이다. **점근적 상한선(asymptotic upper bound)**이라 할 수 있으며 주어진 알고리즘이 아무리 나빠도 비교하는 함수와 같거나 좋다. 빅-오(Big-Oh) 표기법은 O(n), O(nlogn), O(n^2), O(2^n), … 등과 같이 나타낼 수 있다. 주어진 함수를 빅-오 표기법으로 작성하는 방법은 다음과 같다. 만약 실행 시간이 4n+2인 함수가 있다면 이 중 최고차항에 해당하는 4n을 선택한다. 그런 다음 계수 4는 생략하고 O(n)과 같이 O(Big-Oh)의 오른쪽 괄호 안에 표시한다. 주어진 함수의 가장 높은 차수의 항만 끄집어내되 계수를 1로 하면 된다.

> **<예>**
>
> f(n) = 5이면 O(1)이다.
> f(n) = 2n + 1이면 O(n)이다.
> f(n) = $3n^2$ + 100이면 O(n^2)이다.
> f(n) = 5·2^n + $10n^2$ + 100이면 O(2^n)이다.

예를 들어 $O(n^2)$은 $3n^2 + 2n$, $7n^2 - 100n$, nlogn + 5n, 3n 등을 포함한다고 할 수 있다. 그러나 이 중 nlogn+5n을 빅-오(Big-Oh) 표기법으로 작성하면 O(nlogn)인데 굳이 $O(n^2)$으로 쓸 필요는 없다. 마찬가지로 3n도 빅-오(Big-Oh) 표기법으로 작성하면 O(n)인데 굳이 $O(n^2)$으로 쓸 필요는 없다. 따라서 점근적 표기법은 엄밀하지 않은 만큼 정보의 손실이 일어날 수 있다.

5n + 12와 같은 함수는 O(n)으로 표시할 수도 있지만 $O(n^2)$ 또는 $O(n^3)$ 또는 $O(n^4)$ 또는 $O(2^n)$와 같이 표시할 수도 있다. 이는 실행 시간의 상한선을 표시하는 것으로 "길어야 이 정도 시간이면 된다."라는 의미이다. "길어야 n시간이면 된다."가 사실이라면 당연히 "길어야 n^2시간이면 된다."라거나 "길어야 n^3시간이면 된다."도 사실이라 할 수 있다. 이를 좀 더 근접하게 표현하면 함수 5n + 12는 O(n)이 가장 근접한 상한이 된다. 알고리즘의 특성을 표현하는 데는 이처럼 가장 근접한 상한을 사용한다.

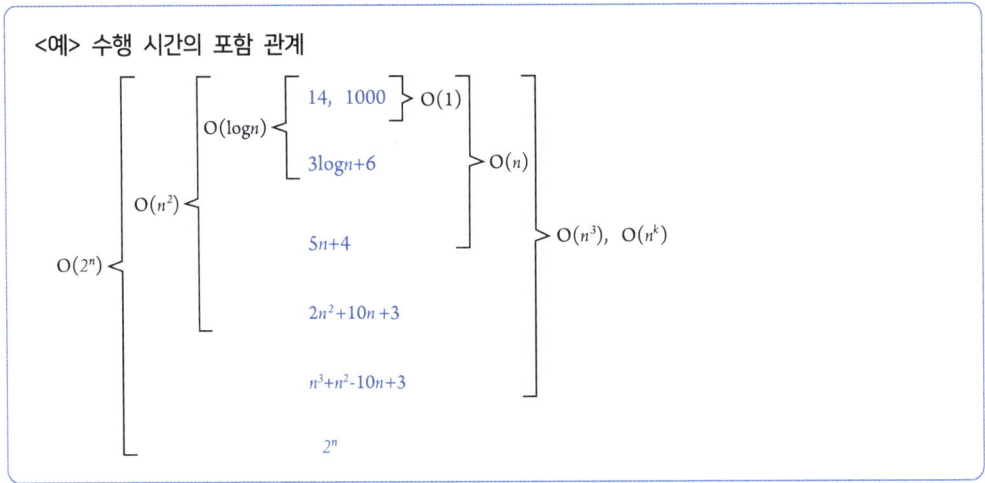

<예> 수행 시간의 포함 관계

다음은 빅-오(Big-Oh) 표기법을 복잡도 순으로 표시한 것이다.

📁 연산 시간의 크기 순서

$O(1) < O(\log n) < O(n) < O(n \log n) < O(n^2) < O(n^3) < O(2^n) < O(n!)$

예를 들어, O(n) 알고리즘은 O(n²) 알고리즘보다 훨씬 빠르다고 할 수 있다.

- $O(1)$ 상수 시간(Constant time)
- $O(\log n)$ 로그 시간(Logarithmic time)
- $O(n)$ 선형 시간(Linear time)
- $O(n \log n)$ 로그 선형 시간(Log-linear time)
- $O(n^2)$ 제곱 시간(Quadratic time)
- $O(n^3)$ 세제곱 시간(Cubic time)
- $O(2^n)$ 지수 시간(Exponential time)
- $O(n!)$ 계승 시간

예제

다음 알고리즘의 복잡도를 빅-오(Big-Oh) 표기법으로 표기하시오.

```
algorithm sum(int n)
{
   x = 0;
   for i = 0 to n
      x = x + 1;
   next i
}
```

풀이

이 알고리즘은 i가 0부터 n까지 반복하여 x = x + 1 문장을 n + 1번 반복하여 수행한다. x = x + 1 문장에서 대입 연산은 n + 1번, 덧셈 연산도 n + 1번 수행된다. 따라서 복잡도는 f(n) = 2(n + 1) = O(n)이 된다.

예제

다음 함수의 복잡도를 빅-오(Big-Oh) 표기법으로 표기하시오.

① $f(n) = 210n^2 + 90n + 200$
② $f(n) = 10n^3 + 40n^2 + 90n + 200$
③ $f(n) = 5n + 15$

풀이

① $f(n) = 210n^2 + 90n + 200 = O(n^2)$
② $f(n) = 10n^3 + 40n^2 + 90n + 200 = O(n^3)$
③ $f(n) = 5n + 15 = O(n)$

(2) 빅-오메가(Big-Ω) 표기법

빅-오메가(Big-Ω)는 빅-오(Big-Oh)와 반대되는 형태의 정의이다. 빅-오(Big-Oh) 표기법이 점근적 상한선이었다면 빅-오메가(Big-Ω)의 경우는 점근적 하한선(asymptotic lower bound)으로 볼 수 있다. 이는 알고리즘 수행 시간의 하한으로 "최소한 이만한 시간은 걸린다."라는 의미이다.

> **빅-오메가(Big-Ω) 표기법**
> $f(n)$과 $g(n)$이 주어졌을 때 모든 $n \geq n_0$에 대하여 $f(n) \geq cg(n)$을 만족하는 상수 c와 n_0가 존재하면 $f(n) = \Omega(g(n))$이다.

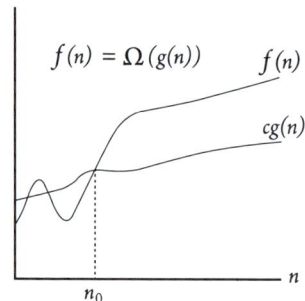

[그림 1-16] 빅-오메가(Big-Ω) 표기법

n_0를 기준으로 n_0보다 오른쪽에 있는 모든 n값에 대해 함수 $f(n)$은 함수 $cg(n)$보다 크거나 같다는 의미이다. 적어도 $g(n)$의 비율로 증가하는 함수이며 주어진 알고리즘이 아무리 좋아도 비교하는 함수와 같거나 나쁘다. $g(n)$은 n_0보다 큰 모든 n에 대해서 항상 $f(n)$보다 작다는 것을 보여준다.

(3) 빅-세타(Big-Θ) 표기법

점근적 상한선과 점근적 하한선의 교집합(asymptotic tighter bound)이라 할 수 있다. 주어진 알고리즘이 아무리 좋아지거나 나빠지더라도 비교하는 함수의 범위 안에 있다.

> **빅-세타(Big-Θ) 표기법**
> $f(n)$과 $g(n)$이 주어졌을 때 모든 $n \geq n_0$에 대하여 $c_1 g(n) \leq f(n) \leq c_2 g(n)$을 만족하는 상수 c_1, c_2와 n_0가 존재하면 $f(n) = \Theta(g(n))$이다.

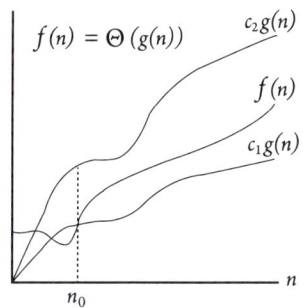

[그림 1-17] 빅-세타(Big-Θ) 표기법

n_0를 기준으로 n_0보다 오른쪽에 있는 모든 n값에 대해 함수 f(n)은 함수 c_1g(n)보다 크거나 같고 c_2 g(n)보다 작거나 같다는 의미이다. 이들 점근적 표기법 중에서 가장 정밀한 것은 빅-세타(Big-Θ) 표기법이지만 실질적으로 빅-오(Big-Oh) 표기법을 많이 사용한다.

4 실용적인 복잡도

알고리즘의 복잡도는 처리해야 하는 데이터의 양이나 표현 방법, 컴파일러 등에 따라 달라지므로 성능 측정에 어려움이 있다. 입력 데이터가 많을수록 실행 속도나 성능이 저하되므로 입력 데이터가 무한히 많아질 때의 알고리즘의 성능을 주로 평가한다. 같은 알고리즘도 입력의 종류에 따라 다른 실행 시간을 보일 수 있다. 알고리즘의 효율성은 주어지는 자료 집합에 따라 **최선의 경우**(best case), **평균적인 경우**(average case), **최악의 경우**(worst case)로 나누어서 평가할 수 있다.

최선의 경우는 실행 시간이 가장 적은 경우를 말하는데 알고리즘 분석에서는 큰 의미가 없다. 평균적인 경우는 알고리즘의 모든 입력을 고려하고 평균적인 실행 시간을 의미한다. 따라서 평균적인 경우가 좋아 보이지만 계산하기 어려운 경우도 많고 특히 최악의 상황에 대한 시간을 보장하지 못한다는 문제가 있다. 최악의 경우는 자료 집합 중에서 알고리즘의 실행 시간이 가장 오래 걸리는 경우를 말하는데 대부분의 경우 알고리즘에 최대한 불리한 입력 데이터를 사용하는 최악의 경우의 실행 시간이 가장 중요하다.

알고리즘의 복잡도는 서로 다른 알고리즘을 비교하는 데 사용할 수 있다. 예를 들어, 어떤 문제를 해결하는 두 개의 알고리즘 A와 B가 있을 때 각 알고리즘이 얼마만큼의 복잡도를 가졌는지에 따라 빠른 알고리즘을 선택할 수 있다. 만일 알고리즘 A의 복잡도는 O(n)이고 알고리즘 B의 복잡도는 $O(n^2)$인 경우 알고리즘 A가 알고리즘 B보다 빠르다고 말할 수 있다. 복잡도를 표현한 함수를 그래프로 표현하면 다음과 같다. x축은 데이터의 개수(n)이고 y축은 연산 횟수이다. 다음 페이지의 그래프에서 보듯이 데이터 개수에 대한 연산 횟수의 증가 추세가 완만한 것이 효율적인 알고리즘이라 할 수 있다.

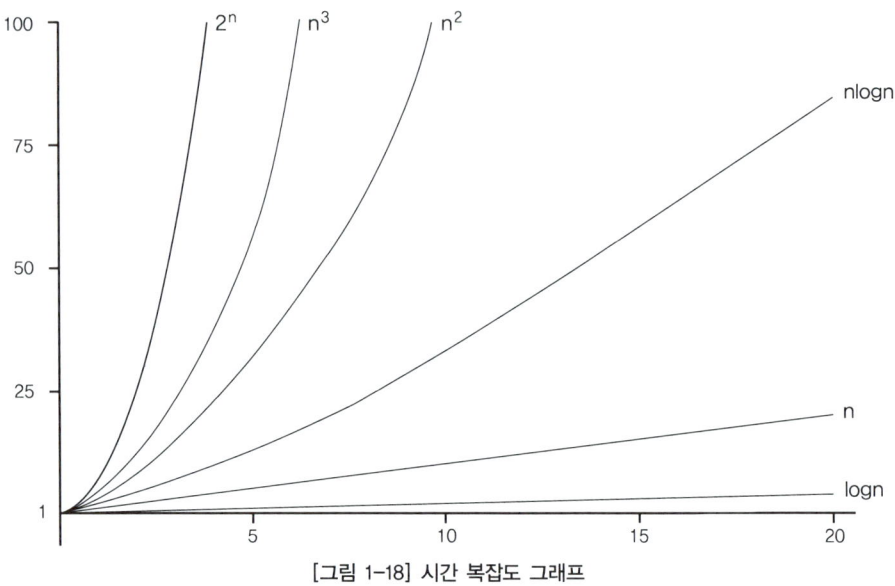

[그림 1-18] 시간 복잡도 그래프

각 실행 시간 함수에서 데이터의 개수 n값의 변화에 따른 실행 빈도수를 비교하면 다음과 같다.

logn	<	n	<	nlogn	<	n^2	<	n^3	<	2^n
0		1		0		1		1		2
1		2		2		4		8		4
2		4		8		16		64		16
3		8		24		64		512		256
4		16		64		256		4096		65536
5		32		160		1024		32768		4294967296

[그림 1-19] n값의 변화에 따른 실행 빈도수

빅-오(Big-Oh)는 자료의 개수 n에 따른 연산 횟수의 증가 형태를 나타낸 것이다. 이를 직관적으로 보여주는 것이 위의 그래프이다. 연산 횟수가 적을수록 좋은 성능이기에 그래프에서 아래부터 좋은 성능의 함수라고 할 수 있다.

○✕로 점검하자 | 제1장

※ 다음 지문의 내용이 맞으면 ○, 틀리면 ✕를 체크하시오. [1~8]

01 자료구조는 데이터를 효율적으로 표현하고 저장하기 위해 구조화하는 것이다. (   )

🔍 자료구조는 자료의 사용 방법이나 성격에 따라 효율적으로 사용하기 위하여 조직하고 저장하는 방법이다.

02 알고리즘은 문제를 해결할 수 있는 잘 정의된 유한 시간 내에 종료되는 체계적인 절차이다. (   )

🔍 알고리즘은 주어진 문제를 해결하기 위한 문제 해결 과정을 묘사하는 것으로 절차와 방법, 명령 등을 명확하게 기술해 놓은 것이다.

03 알고리즘의 요구조건 중 유한성은 알고리즘의 모든 명령은 실행 가능해야 한다는 것이다. (   )

🔍 유한성은 알고리즘이 제한된 수의 명령 단계를 거친 후에는 반드시 종료해야 한다는 것이다. 알고리즘의 모든 명령이 실행 가능해야 한다는 것은 유효성이다.

04 알고리즘은 컴퓨터에서 실행되어야 하므로 영어, 한국어와 같이 사람이 사용하는 자연어로는 기술하면 안 된다. (   )

🔍 알고리즘은 자연어, 순서도, 의사코드, 프로그래밍 언어로 기술할 수 있다. 명확성을 해치지 않으면 알고리즘을 자연어로 기술해도 무방하다.

05 프로시저를 사용하면 반복되는 코드를 여러 번 쓰지 않음으로써 프로그램의 용량을 줄일 수 있다. (   )

🔍 프로시저는 소프트웨어에서 특정 동작을 수행하는 일정한 코드 부분이다. 따라서 반복되는 코드를 프로시저로 작성한 후 필요한 경우 해당 프로시저를 호출하여 사용하면 되므로 프로그램의 용량을 줄일 수 있다.

06 call by value는 실 매개변수 값이 저장된 기억 장소를 가리키는 포인터나 실제 주소를 형식 매개변수에 전달하는 방법이다. (   )

🔍 call by value는 실 매개변수 값 자체를 서브 프로시저의 형식 매개변수에 전달하는 방법이다. 실 매개변수 값이 저장된 기억 장소를 가리키는 포인터나 실제 주소를 형식 매개변수에 전달하는 방법은 call by reference이다.

정답 1 ○ 2 ○ 3 ✕ 4 ✕ 5 ○ 6 ✕

07 순환(recursion)은 정의하려는 개념 자체를 정의 속에 포함하여 사용하는 방법이다. ( )

>>🔍 순환은 문제 내에 문제 자체의 작은 형태가 또 존재하는 형태이며, 자기 자신을 다시 호출하여 문제를 해결하는 기법이다.

08 빅-오(Big-Oh) 표기법의 정의는 다음과 같다. ( )

> f(n)과 g(n)이 주어졌을 때 모든 n ≥ n_0에 대하여 f(n) ≤ cg(n)을 만족하는 상수 c와 n_0가 존재하면 f(n) = O(g(n))이다.

>>🔍 빅-오(Big-Oh) 표기법은 n_0를 기준으로 n_0보다 오른쪽에 있는 모든 n값에 대해 함수 f(n)은 함수 cg(n)보다 작거나 같다는 의미이다.

정답 7 O 8 O

제 1 장 | 실전예상문제

01 다음 중 자료구조라고 할 수 <u>없는</u> 것은?
① 트리
② 스택
③ 자료형
④ 리스트

> 01 트리는 비선형 자료구조이고, 스택과 리스트는 선형 자료구조이다.

02 다음 중 설명이 <u>틀린</u> 것은?
① 자료는 단순한 관찰이나 측정을 통해 수집된 사실이나 어떤 값을 의미한다.
② 정보는 자료들을 특정 목적에 맞게 가공 및 처리하여 유용한 형태로 변환한 것이다.
③ 자료구조는 자료를 효율적으로 사용하기 위해서 자료의 특성에 따라서 분류하여 저장 및 처리하는 모든 작업을 의미한다.
④ '프로그램 = 자료 + 정보'라 할 수 있다.

> 02 대부분의 컴퓨터 프로그램은 자료구조와 알고리즘으로 구성되어 있다고 볼 수 있다. 따라서 '프로그램 = 자료구조 + 알고리즘'이다.

03 다음 중 정보(information)에 대한 설명으로 <u>틀린</u> 것은?
① 현실 세계에서 현상이나 관찰을 통해 얻은 값이다.
② 자료(data)를 처리하여 얻은 결과이다.
③ 사용자가 목적하는 값이다.
④ 의사 결정을 위한 값이다.

> 03 현실 세계의 현상이나 관찰을 통해 얻은 데이터를 가공하여 만든 것이 정보이다.

정답 01 ③ 02 ④ 03 ①

04 데크는 선형 구조에 해당한다.

04 다음 중 자료의 형태에 따른 분류에 대한 설명으로 <u>틀린</u> 것은?

① 단순 구조에는 정수, 실수, 문자, 문자열 등이 있다.
② 선형 구조에는 리스트, 연결 리스트, 스택, 큐 등이 있다.
③ 비선형 구조에는 데크, 트리, 그래프가 해당한다.
④ 파일 구조에는 순차 파일, 색인 파일, 직접 파일이 있다.

05 자료구조 선택 시에 고려해야 할 사항으로는 데이터의 양, 사용 빈도, 컴퓨터 기억 장치의 양, 데이터에 대한 접근 시간 등이 있다.

05 다음 중 어떤 문제를 해결하기 위해 사용될 자료구조를 선택할 때 고려해야 할 사항이 <u>아닌</u> 것은?

① 자료구조에 의해 요구되는 기억 장치의 양
② 데이터를 사용하는 방법과 횟수
③ 포함된 데이터의 양
④ 프로그래머의 능력

06 알고리즘은 외부로부터 0개 이상의 입력 데이터가 있어야 하고 출력은 1개 이상 있어야 한다. 또한 알고리즘은 순서도, 자연어, 의사코드 등으로 기술할 수 있다.

06 다음 중 알고리즘의 특성에 대해 올바르게 설명한 것은?

① 각 명령은 애매모호하지 않고 명확해야 한다.
② 알고리즘은 의사코드로만 표현되어야 한다.
③ 입력은 반드시 내부에서만 제공되어야 한다.
④ 출력되는 결과는 없어도 된다.

정답 04 ③ 05 ④ 06 ①

07 다음 중 선형 구조에 해당하는 것은?

① 스택, 큐, 데크
② 큐, 데크, 그래프
③ 트리, 그래프, 스택
④ 스택, 큐, 트리

07 선형 구조는 리스트, 연결 리스트, 스택, 큐, 데크이고 비선형 구조는 트리, 그래프이다.

08 다음 중 알고리즘에 대해 잘못 설명한 것은?

① 알고리즘은 단계적으로 기술되어 있다.
② 알고리즘은 특정 프로그래밍 언어를 사용하여 표현할 수는 없다.
③ 어떤 문제를 해결하기 위한 체계적인 절차를 기술한 것이다.
④ 의사코드는 프로그램 코드는 아니지만, 프로그램 코드와 유사한 형식으로 알고리즘을 기술하는 방법이다.

08 알고리즘은 자연어, 순서도, 의사코드로 표현할 수 있으며 특정 프로그래밍 언어를 사용하여 표현할 수도 있다.

09 다음 중 알고리즘의 요구조건과 거리가 먼 것은?

① 무한성
② 입력
③ 명확성
④ 유효성

09 알고리즘에 대한 요구조건으로는 입력, 출력, 명확성, 유한성, 유효성이 있다. 알고리즘은 제한된 수의 명령 단계를 거친 후에는 반드시 종료해야 한다. 즉, 유한성이 있어야 하며 무한성이 있으면 안 된다.

정답 07 ① 08 ② 09 ①

10 선언문은 비실행문에 해당하며 프로그램의 일반적인 특성과 그 프로그램을 다루는 데이터의 특성을 지정한다.

10 다음 중 SPARKS(Structured Programming A Reasonably Komplete Set)에 대한 설명으로 틀린 것은?
    ① SPARKS는 자료구조와 자료구조를 이용하는 알고리즘을 기술하기 위하여 사용되는 언어라고 할 수 있다.
    ② 프로그램의 흐름을 필요에 따라 피해가거나 반복하는 문장은 제어문이다.
    ③ 선언문은 실행문이며 자료형(data type)을 사용하여 여러 가지 형태의 변수를 선언하는 구문이다.
    ④ 지정문은 상수나 변수 또는 연산식의 결과를 변수에 지정하는 문장이다.

11 call by value는 실 매개변수 값을 전달하는 방법이고, call by reference는 실 매개변수가 저장된 장소의 주소를 전달하는 방법이다. call by name은 실 매개변수의 이름을 넘기는 형식이다.

11 다음 중 프로시저 간 자료 전달 방법이 아닌 것은?
    ① call by value
    ② call by reference
    ③ call by name
    ④ call by parameter

12 call by reference는 실 매개변수 값이 저장된 기억 장소를 가리키는 포인터나 실제 주소를 형식 매개변수에 전달하는 방법이다.

12 프로시저 간 전달 방법 중에서 실 매개변수와 형식 매개변수가 기억 장소를 공유하는 방법은 무엇인가?
    ① call by value
    ② call by name
    ③ call by reference
    ④ call by address

정답 10 ③ 11 ④ 12 ③

13 순환(recursion) 알고리즘에 대한 설명으로 <u>틀린</u> 것은?

① 팩토리얼(factorial)은 순환 알고리즘으로 작성할 수 있다.
② 피보나치(fibonacci) 수열은 순환 알고리즘으로 작성할 수 없다.
③ 순환이란 정의하려는 개념 자체를 정의 속에 포함하여 사용하는 방법이다.
④ 이진 탐색은 특정한 데이터를 찾기 위해 주어진 리스트의 중간값을 기준으로 2개의 부분 리스트로 분할하므로 순환 알고리즘을 사용할 수 있다.

13 순환이란 문제 내에 문제 자체의 작은 형태가 또 존재하는 형태로, 자기 자신을 다시 호출하여 문제를 해결하는 기법이다. 순환 알고리즘을 사용하는 예로는 팩토리얼, 피보나치 수열, 이진 탐색 알고리즘, 수열의 점화식, 이항 계수, 하노이의 탑, 병합 정렬 등이 있다.

14 다음은 팩토리얼(factorial)을 순환 알고리즘으로 작성한 것이다. 괄호 안에 들어갈 명령어는 무엇인가?

```
procedure factorial(n)
  if n <= 0 then
    return 1;
  else
    return (           );
end factorial
```

① n * factorial(n − 1)
② n * factorial(n + 1)
③ (n + 1) * factorial(n)
④ (n − 1) * factorial(n − 1)

14 순환은 함수가 자기 자신을 호출하는 것을 의미한다. n!를 계산하기 위해 n*(n − 1)!의 순환과정을 반복해야 한다. 따라서 factorial() 함수 자신을 호출해야 하므로 n*factorial(n − 1)이 들어가야 한다.

정답 13 ② 14 ①

15 가변 공간은 실행 과정에서 자료구조와 변수들이 필요로 하는 저장 공간을 포함한다.

15 공간 복잡도의 각 항목에 대한 설명으로 틀린 것은?

> 공간 복잡도 = 고정 공간 + 가변 공간

① 고정 공간은 프로그램의 크기나 입・출력의 횟수와 관계없이 고정적으로 필요한 저장 공간을 의미한다.
② 가변 공간은 명령어를 저장하는 공간이다.
③ 공간 복잡도는 최악의 경우나 평균의 경우를 표현한다.
④ 공간 복잡도는 어떤 알고리즘이 수행될 때 필요한 메모리 공간을 의미한다.

16 빅-오(Big-Oh) 표기법은 n_0를 기준으로 n_0보다 오른쪽에 있는 모든 n값에 대해 함수 f(n)은 함수 cg(n)보다 작거나 같다는 의미이다. 점근적 상한선(asymptotic upper bound)이라 할 수 있으며 주어진 알고리즘이 아무리 나빠도 비교하는 함수와 같거나 좋다.

16 다음과 같은 정의에 해당하는 시간 복잡도 표기법은 무엇인가?

> f(n)과 g(n)이 주어졌을 때 모든 $n \geq n_0$에 대하여 f(n) $\leq$ cg(n)을 만족하는 상수 c와 n_0가 존재할 때 f(n)을 표기하는 방법이다.

① 빅-오(Big-Oh) 표기법
② 빅-오메가(Big-Ω) 표기법
③ 빅-세타(Big-Θ) 표기법
④ 빅-입실론(Big-ϵ) 표기법

17 시간 복잡도의 연산 시간의 크기순서는 다음과 같다.
$O(1) < O(\log n) < O(n) < O(n\log n) < O(n^2) < O(n^3) < O(2^n) < O(n!)$

17 알고리즘의 분석 결과에 대한 다음 시간 복잡도 중 가장 효율적인 것은 무엇인가?

① $O(n)$
② $O(n!)$
③ $O(n^2)$
④ $O(\log n)$

정답 15 ② 16 ① 17 ④

18 알고리즘의 빅-오(Big-Oh) 표기법으로 표시할 때 <u>틀린</u> 것은?

① $4n^2 + 5n = O(n^2)$

② $n^2 + 5n + 1 = O(n^2)$

③ $O(n!) + O(2^n) = O(n!)$

④ $O(2^n) + O(3n^8) = O(n^8)$

18 $O(2^n) + O(3n^8) = O(2^n)$이 된다.

19 다음 중 가장 느리게 수행하는 알고리즘은 무엇인가?

① $O(n\log n)$

② $O(2^n)$

③ $O(n)$

④ $O(n^3)$

19 연산 시간의 크기 순서는 다음과 같다.

$O(1) < O(\log n) < O(n) < O(n\log n)$
$< O(n^2) < O(n^3) < O(2^n) < O(n!)$

20 다음 알고리즘의 시간 복잡도는 얼마인가?

```
for i = 1 to n
  for j = 1 to i
    for k = 1 to j
      x = x + 1;
```

① $O(n)$

② $O(n^2)$

③ $O(n^3)$

④ $O(n\log n)$

20 for 문이 3번 중첩되었다.

```
for i = 1 to n    //n번 수행됨
  for j = 1 to i    //i번 수행됨
    for k = 1 to j    //j번 수행됨
      x = x + 1;    // n*i*j번 수행됨
```

따라서 시간 복잡도는 $O(n^3)$이 된다.

정답 18 ④ 19 ② 20 ③

Self Check로 다지기 | 제1장

➡ 자료구조(data structure)
① 데이터를 효율적으로 표현하고 저장하기 위해 구조화하는 것
② 자료의 사용 방법이나 성격에 따라 효율적으로 사용하기 위하여 조직하고 저장하는 방법

➡ 자료의 형태에 따른 분류
① 단순 구조 : 정수, 실수, 문자, 문자열
② 선형 구조 : 리스트, 연결 리스트, 스택, 큐, 데크
③ 비선형 구조 : 트리, 그래프
④ 파일 구조 : 순차 파일, 색인 파일, 직접 파일

➡ 알고리즘(algorithm)
① 문제를 해결할 수 있는 잘 정의된 유한 시간 내에 종료되는 체계적인 절차
② 주어진 문제를 해결하기 위한 문제 해결 과정을 묘사하는 것으로 절차와 방법, 명령 등을 명확하게 기술해 놓은 것
③ 컴퓨터에 정보를 어떻게 입력하고 입력된 정보를 어떻게 처리하며 처리된 결과를 어떤 형식으로 출력할 것인지에 관한 모든 문제를 총괄하는 개념

➡ 알고리즘의 요구조건
① 입력 : 외부에서 제공되는 0개 이상의 입력 데이터가 존재해야 한다.
② 출력 : 입력값으로부터 적어도 하나 이상의 결과가 출력되어야 한다.
③ 명확성 : 기술된 명령들이 애매모호하지 않고 명확해야 한다.
④ 유한성 : 제한된 수의 명령 단계를 거친 후에는 반드시 종료해야 한다.
⑤ 유효성 : 모든 명령은 실행 가능해야 한다.

➡ 알고리즘의 기술 방법
① 영어, 한국어와 같이 사람이 사용하는 자연어
② 순서도(flow chart)
③ 의사코드(pseudo code)
④ C언어, java 등과 같은 프로그래밍 언어

➡ 추상화
① 불필요한 부분을 삭제하거나 중요한 특징을 찾아낸 후 간단하게 표현하는 것으로 요소들의 공통부분을 별도로 만들어서 사용하는 것
② 크고 복잡한 문제를 단순화시켜 쉽게 해결하는 방법

➡ 추상 자료형(Abstract Data Type : ADT)
① 자료형의 일반화로 정의
② 데이터가 무엇이고 무슨 기능을 수행하는가 만을 정의
③ 데이터 구조 및 연산의 구현 방법은 불포함(이유 : 프로그램 언어마다 구현 방법이 다름)
④ 객체와 연산을 정의

➡ 프로시저
① 소프트웨어에서 특정 동작을 수행하는 일정한 코드 부분
② 프로시저를 사용하면 반복되는 코드를 여러 번 쓰지 않음으로써 프로그램의 용량을 줄일 수 있음

➡ 프로시저 간의 자료 전달 방법
① call by value : 실 매개변수 값 자체를 서브 프로시저의 형식 매개변수에 전달하는 방법
② call by reference : 실 매개변수 값이 저장된 기억 장소를 가리키는 포인터나 실제 주소를 형식 매개변수에 전달하는 방법
③ call by name : 형식 매개변수의 이름이 사용될 때마다 그에 대응되는 실 매개변수의 이름으로 대치하는 방식

➡ 순환(recursion)
① 정의하려는 개념 자체를 정의 속에 포함하여 사용하는 방법
② 문제 내에 문제 자체의 작은 형태가 또 존재하는 형태
③ 자기 자신을 다시 호출하여 문제를 해결하는 기법

➡ 성능 분석
① 공간 복잡도 : 어떤 알고리즘이 수행될 때 필요한 메모리 공간
② 시간 복잡도 : 알고리즘을 실행시켜 완료하는 데까지 걸리는 시간

➡ 연산 시간 표기법
① 빅-오(Big-Oh) 표기법

> f(n)과 g(n)이 주어졌을 때 모든 $n \geq n_0$에 대하여 f(n) ≤ cg(n)을 만족하는 상수 c와 n_0가 존재하면 f(n) = O(g(n))이다.

> <연산 시간의 크기순서>
>
> O(1) 〈 O($\log n$) 〈 O(n) 〈 O($n \log n$) 〈 O(n^2) 〈 O(n^3) 〈 O(2^n) 〈 O($n!$)

② 빅-오메가(Big-Ω) 표기법

> f(n)과 g(n)이 주어졌을 때 모든 n $\geq n_0$에 대하여 f(n) $\geq$ cg(n)을 만족하는 상수 c와 n_0가 존재하면 f(n) = Ω(g(n))이다.

③ 빅-세타(Big-Θ) 표기법

> f(n)과 g(n)이 주어졌을 때 모든 n $\geq n_0$에 대하여 c_1g(n) $\leq$ f(n) $\leq c_2$g(n)을 만족하는 상수 c_1, c_2와 n_0가 존재하면 f(n) = Θ(g(n))이다.

제 2 장

배열

제1절	개요
제2절	순서 리스트
제3절	배열의 표현
제4절	희소 행렬
실전예상문제	

교육이란 사람이 학교에서 배운 것을 잊어버린 후에 남은 것을 말한다.

– 알버트 아인슈타인 –

보다 깊이 있는 학습을 원하는 수험생들을 위한
시대에듀의 동영상 강의가 준비되어 있습니다.
www.sdedu.co.kr ➜ 회원가입(로그인) ➜ 강의 살펴보기

제 2 장 배열

제1절 개요 기출

변수는 프로그램에서 자료를 저장할 수 있는 기억 장소이다. 변수의 값은 계속 변할 수 있으며 하나의 값만 저장할 수 있다. 프로그램에는 많은 변수들이 사용되고 있는데 만약 한꺼번에 많은 자료를 처리해야 하는 경우에는 어떤 방법을 사용해야 할까? 많은 자료를 변수로 처리하게 되면 각 자료를 저장할 변수들의 이름을 다르게 지정해 주어야 한다. 이런 경우 변수마다 다른 이름을 지정해 주는 것도 어렵고 변수별로 명령들을 사용하는 것도 복잡하다. 예를 들어, 100명의 학생 점수에 대한 전체 평균을 계산하고자 할 때 변수를 사용하여 프로그램을 작성하려면 100명의 점수를 저장할 100개의 변수를 작성해야 한다.

[그림 2-1] 100명의 학생 점수

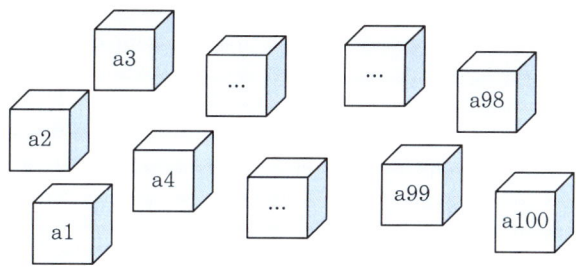

[그림 2-2] 100개의 변수 선언

이렇게 프로그램에서 한꺼번에 많은 자료를 표현해야 하는 경우 배열(array)을 사용할 수 있다. 배열은 여러 개의 동일한 자료형의 데이터를 한꺼번에 만들 때 사용한다. 컴퓨터 내부에서 여러 항목을 나타낼 때 이들을 하나의 집단으로 취급하는 것이 편리한 경우 배열을 사용할 수 있다. 배열은 연속적인 기억 공간에 배정하며 **배열의 원소를 간단히 구별하기 위해 번호를 사용하는데 이를 인덱스(index)라고 한다.** 배열은 동일한 크기와 성질을 가지고 있는 몇 개의 원소를 일정한 규칙에 따라 나열하는 형태로 표현하고 각 값들은 인덱스로 구분하면 된다.

> **더 알아두기**
>
> **인덱스**
> - 배열의 원소를 간단히 구별하기 위해 사용하는 번호
> - C언어에서 인덱스는 항상 0부터 시작

100명의 학생 점수에 대한 평균을 계산하는 경우에도 배열을 사용하면 학생들의 점수를 저장하는 배열을 하나 만든 후 이 배열의 인덱스를 사용하여 각 값을 구분하면 된다. 즉, 하나의 배열에 100개의 점수를 저장해 놓고 모든 점수의 평균을 계산하는 연산을 반복하는 명령문을 사용하면 프로그램이 간단해진다.

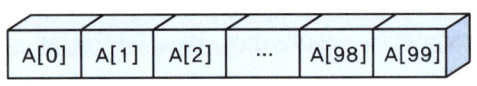

[그림 2-3] 배열 선언

배열의 각 원소들은 동일한 자료형으로 〈인덱스, 값〉의 쌍으로 표현한다.

> **〈인덱스, 값〉 쌍의 집합**
> - 인덱스가 주어지면 해당되는 원소가 대응되는 구조
> - 모든 원소는 동일한 자료형

요일을 나타내는 월요일, 화요일, 수요일, 목요일, 금요일, 토요일, 일요일을 각각 변수로 선언하면 변수를 7개 만들어서 개별적으로 사용해야 한다. 하지만 하나로 묶어 배열로 만들면 배열을 한번만 선언해 만들 수 있고 각 요일이 배열의 원소가 되어 다루기가 편리해진다. 배열에는 1차원 배열, 2차원 배열, 3차원 배열, … 등이 있다. 배열은 많은 프로그래밍 언어에서 지원되고 많이 사용되는 핵심 요소이므로 잘 이해하고 활용할 수 있어야 한다.

> **더 알아두기**
>
> **배열**
> - 배열의 원소들은 순차적인 방법으로 기억 장소에 저장됨
> - 임의의 원소에 접근하려면 배열의 인덱스를 지정하여 구분
> - 자료형이 같은 자료를 나열하여 메모리에 연속적으로 저장하여 만든 자료 그룹
> - 비슷한 특성을 가진 자료를 묶어 놓은 집합
> - 같은 형의 변수를 여러 개 만드는 경우에 사용
> - 모든 자료형에 대해서 배열로 구성 가능
> - 구성 형태에 따라 1차원 배열, 2차원 배열, 3차원 배열, … 등이 있음
>
> 배열은 그 표현 구조가 다차원의 논리적인 구조와 실질적으로 메모리 내에 표현되는 물리적 구조로 존재한다. 배열을 지원하는 프로그램 언어는 배열을 구성하고 있는 임의의 원소에 대한 기억 장소 내의 위치를 쉽게 계산하고 특정 배열에 할당될 기억 장소의 크기를 계산할 수 있는 방법 즉, 사상 방법이 필요하다.

1 1차원 배열 중요

배열은 여러 개의 동일한 자료형의 데이터를 한꺼번에 만들 때 사용한다. 가장 단순한 배열의 형태는 1차원 배열이다. 배열 원소의 첨자는 배열 안에서 원소의 위치를 표시하며 배열 원소는 그 자체의 이름을 갖지 않으며 배열 이름에 인덱스를 사용하여 배열 안에서 그 원소의 상대적인 위치를 나타내므로 배열 원소의 이름을 대신한다.

1차원 배열을 선언하는 방법은 다음과 같다.

> 자료형 배열이름[배열의 개수];

- 자료형 : 배열 원소들의 자료형으로 모든 원소들은 같은 자료형으로 만들어짐
- 배열이름 : 배열의 원소에 접근할 수 있는 유일한 이름이며 변수 이름과 같은 규칙으로 정함
- 배열의 개수 : 배열 원소의 개수를 나타내는 정수이며 배열 원소의 인덱스는 0부터 (배열의 크기 − 1)이 됨

더 알아두기

변수 이름 규칙
- 영문자, 숫자, 밑줄을 사용함
- 첫 글자는 숫자를 사용할 수 없음
- 키워드나 예약어는 사용할 수 없음

배열에서는 모든 원소들이 메모리의 연속된 공간에 저장된다. 다음과 같이 간단한 정수 배열을 만들 수 있다.

> int A[6];

- A라는 변수가 6개로 구성됨
- A[0], A[1], …, A[5]를 A[i]로 표시하며 i를 변수로 하여 0부터 5까지 변경시키면 같은 의미가 됨
- A와 같은 묶음을 대표하는 것을 배열명이라 함

이 배열은 크기가 6개이며 배열 A의 첫 번째 원소는 A[0]이고 마지막 원소는 A[5]이다. 컴퓨터 메모리는 바이트로 구성되어 있고 각 바이트마다 순차적으로 주소가 매겨져 있는데 A는 배열이 저장된 공간의 시작 주소(또는 기본 주소)가 된다. 각 항목들의 주소는 기본 주소로부터 일정하게 계산된다.

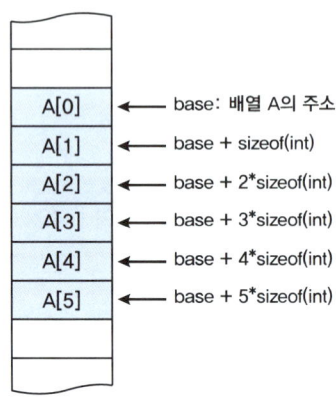

[그림 2-4] int형 1차원 배열과 각 원소의 주소

1차원 배열을 이용해 구현한 예를 살펴보자. 정수형 배열 sale에 4개의 데이터가 저장되어 있다.

int sale[4] = {157, 209, 251, 312}

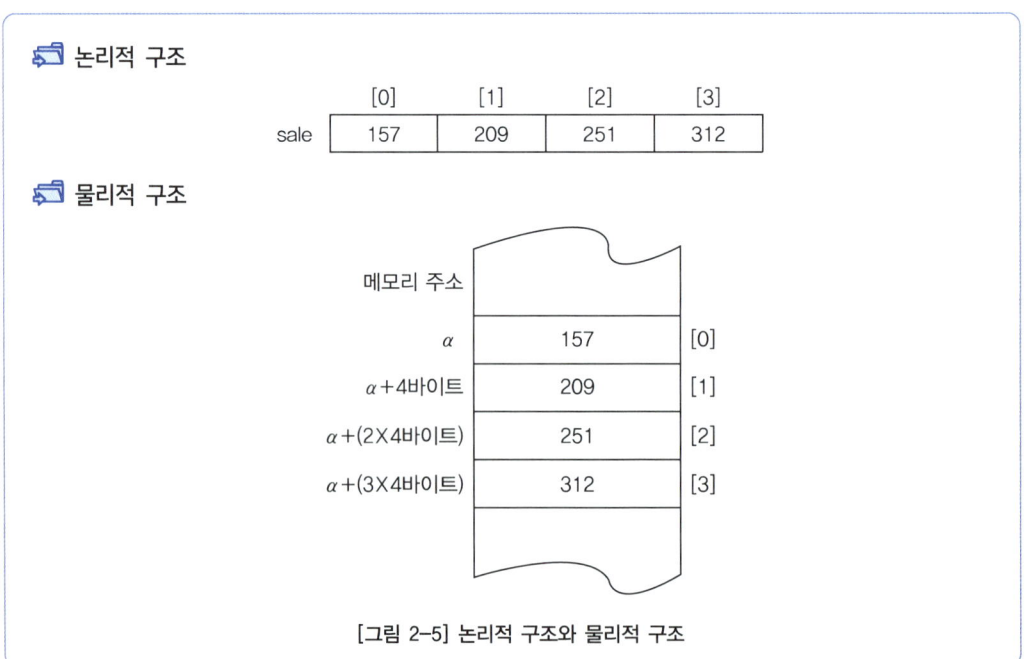

[그림 2-5] 논리적 구조와 물리적 구조

물리적 구조에서 배열의 첫 번째 원소인 157은 메모리의 주소 α에 저장되어 있다. 두 번째 원소 209는 157이 저장된 주소인 α에 4바이트 더한 α+4바이트 주소에 저장된다. 나머지 원소도 같은 방법으로 저장된다.

> **더 알아두기**
>
> 배열은 선언하면서 초기화할 수 있다. 데이터가 일부만 주어져 있다면 앞에서부터 초기화되고 나머지 항목들은 0이 된다.

2 2차원 배열

2차원 배열은 2개의 1차원 배열로 구성되며 첨자는 2개를 사용한다. 2차원 배열에서 가로줄을 행(row), 세로줄을 열(column)이라고 하는데 2개의 첨자인 행과 열을 이용하여 각각의 원소를 나타낸다.

자료형 배열이름[행의 개수][열의 개수];

- 배열이름 : 2차원 배열의 이름
- 행의 개수 : 2차원 배열에서 가로줄의 개수
- 열의 개수 : 2차원 배열에서 세로줄의 개수

다음과 같이 2차원 배열을 선언하였다고 하자.

int A[4][3];

배열이름은 A가 되고 행 4개, 열 3개의 행렬과 같은 형태의 배열이 된다.

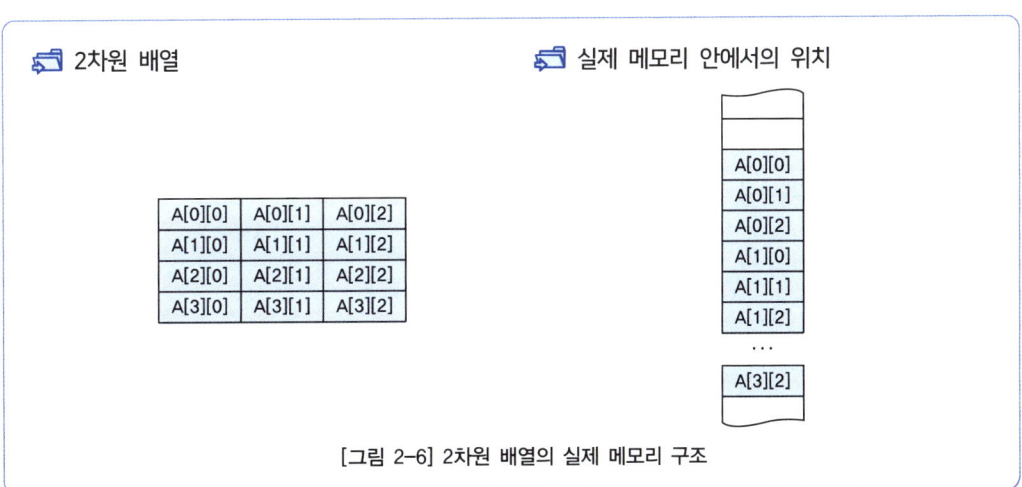

[그림 2-6] 2차원 배열의 실제 메모리 구조

3 3차원 배열

3차원 배열은 n개의 2차원 배열로 구성된다. 면, 행, 열 3개의 첨자를 이용하여 각각의 원소를 대응시킨다. 3차원 배열을 선언하려면 2차원 배열 선언형식에서 차수만큼 대괄호([ ])를 추가하고 그 안에 면의 개수를 지정한다.

> 자료형 배열이름[면의 개수][행의 개수][열의 개수];

- 면의 개수 : 3차원 배열의 면의 개수
- 행의 개수 : 3차원 배열에서 가로줄의 개수
- 열의 개수 : 3차원 배열에서 세로줄의 개수

다음과 같이 3차원 배열을 선언하였다고 하자.

> int A[2][3][4];

배열이름은 A가 되고 면 2개와 행 3개와 열 4개로 구성된 3차원 배열이다.

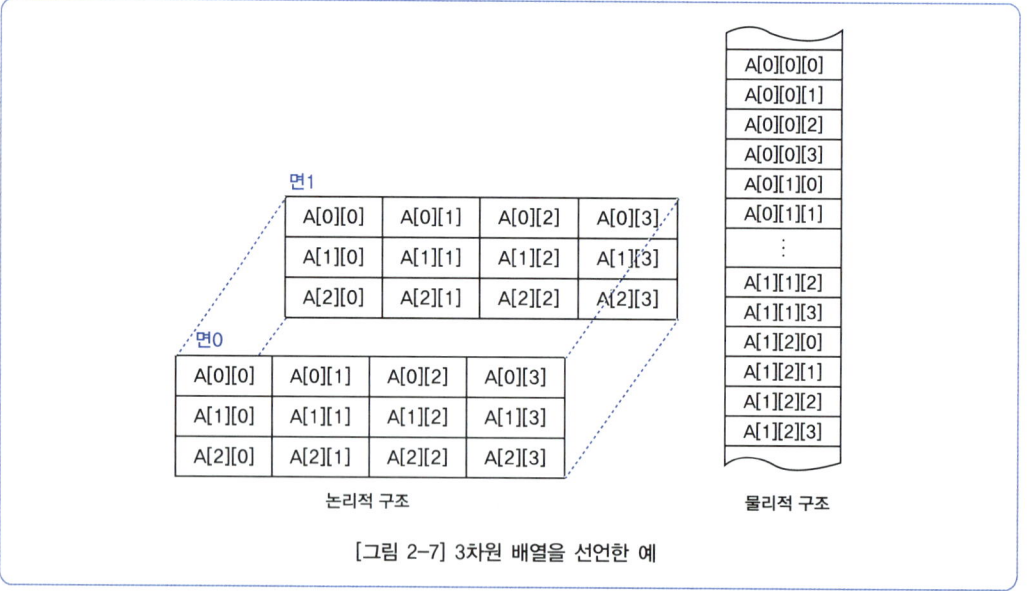

[그림 2-7] 3차원 배열을 선언한 예

제2절 순서 리스트

1 개요

현실 세계에는 많은 자료들이 서로 관련되어 존재한다. 이렇게 관련된 자료들이 일정한 순서를 이루어 나열되어 있는 구조를 리스트(list)라고 한다. 리스트는 비슷한 특성을 가진 자료들을 연결해 놓은 것이며 자료를 나열한 목록이다. 일상생활에서 가장 많이 쓰이는 자료 형태라고 할 수 있는데 학생의 명단이나 은행 거래 고객 명단, 월별 판매액 등도 리스트로 표현할 수 있다. 이처럼 리스트는 가장 간단하면서도 매우 일반적으로 사용되는 데이터의 모양이라고 할 수 있다.

> **리스트의 예**
> - 사계절 리스트는 [봄, 여름, 가을, 겨울]
> - 대학교의 학년 리스트는 [1학년, 2학년, 3학년, 4학년]

리스트는 필요에 따라 확장이나 축소가 가능하며 어느 위치에서나 원소를 삽입하거나 삭제할 수 있다. 따라서 크기가 가변적이면서 원소가 순서를 이루는 응용에 적합한 자료구조이다. 또한 리스트는 인덱스나 포인터를 이용하여 비순서적으로 검색할 수도 있다. 리스트 구조는 컴퓨터 내에서 배열이나 연결 리스트(linked list)로 표현될 수 있다.

> **더 알아두기**
>
> **리스트**
> - 자료구조의 하나로 순서가 붙여진 0개 이상의 원소들의 집합
> - 리스트의 각 원소에 순서대로 번호를 붙일 수도 있으며 이 번호를 사용해서 임의의 원소를 찾을 수 있는 연산을 추가할 수도 있기 때문에 배열을 리스트의 일종으로 볼 수도 있음

어떤 자료를 사용해야 할 때는 자료의 특징이나 사용할 연산에 따라 가장 적합한 형태로 구조화해야 한다. 이처럼 자료를 구조화하는 가장 기본적인 방법은 자료들을 나열하는 것이다. 다음과 같이 학생 이름, 좋아하는 음식, 오늘 할 일 등을 순서대로 나열할 수 있는데 이렇게 나열한 목록을 리스트라고 한다.

> **리스트의 예**
>
> | 학생 이름 | 좋아하는 음식 | 오늘 할 일 |
> | --- | --- | --- |
> | 김철수 | 된장찌개 | 자료구조 수업 |
> | 이지연 | 스파게티 | 과제물 제출 |
> | 박영철 | 불고기 | 운동 |
> | 유현규 | 김치찌개 | 동아리 회식 |
> | 전혜진 | 미역국 | 영화보기 |

자료들 간에 순서를 갖는 리스트를 순서 리스트라고 한다.

📑 **순서 리스트의 예**

학생 이름		좋아하는 음식		오늘 할 일	
1	김철수	1	된장찌개	1	자료구조 수업
2	이지연	2	스파게티	2	과제물 제출
3	박영철	3	불고기	3	운동
4	유현규	4	김치찌개	4	동아리 회식
5	전혜진	5	미역국	5	영화보기

순서 리스트는 물리적으로 일렬로 연결되어 있는 자료구조이기 때문에 배열을 이용하여 구현할 수 있다. 배열은 〈인덱스, 값〉 쌍으로 구성되고 순서를 가진 배열 원소들을 메모리에 순차적으로 구성한다. 따라서 배열을 사용하면 순차 자료구조 방식의 순서 리스트를 쉽게 구현할 수 있다.

> **더 알아두기**
>
> **순차 자료구조**
> 원소들의 논리적 순서 = 원소들이 저장된 물리적 순서
>
> **배열**
> - 프로그래밍 언어에서 리스트를 저장하는 자료형이다.
> - 배열을 이용하면 리스트를 쉽게 표현할 수 있다.

2 표현 방법

자료구조의 모든 형태는 실제적으로 여러 종류의 리스트이다. 문자 스트링도 리스트이고 배열도 리스트이다. 파일도 자기디스크나 자기테이프 같은 보조기억장치에 저장된 리스트이다. 순서 리스트는 매우 간단하고 일반적인 자료구조이며 리스트의 원소들이 연속적으로 기억 장치의 저장 공간에 있다는 것을 의미한다. 순서 리스트에서 원소를 나열한 순서는 원소들의 순서가 된다.

📑 **리스트의 표현 형식**

리스트 이름 = (원소1, 원소2, …, 원소n)

학생 이름을 순서 리스트로 표현하면 다음과 같다.

> 학생 = (김철수, 이지연, 박영철, 유현규, 전혜진)

순서 리스트는 원소들의 논리적 순서와 같은 순서로 메모리에 저장한다. 공백 리스트는 원소가 하나도 없는 리스트이며 빈 괄호를 사용하여 표현한다.

공백 리스트 이름 = ( )

[그림 2-8] 학생 순서 리스트가 메모리에 저장된 물리적 구조

순차 자료구조는 원소들이 순서대로 연속하여 저장되기 때문에 시작 위치와 원소 크기를 알면 특정 원소의 위치를 쉽게 알 수 있다. 시작 위치가 α이고 원소 크기가 ℓ인 순서 리스트에서 두 번째 원소의 위치는 $\alpha + \ell$이고 세 번째 원소의 위치는 $\alpha + 2\ell$이다. 따라서 i번째 원소의 위치는 $\alpha + (i-1) \times \ell$이 된다.

> **순차 자료구조의 원소 위치 계산**
> - 순서 리스트가 저장된 시작 위치: α
> - 원소의 길이: ℓ
> - i번째 원소의 위치 = $\alpha + (i - 1) \times \ell$

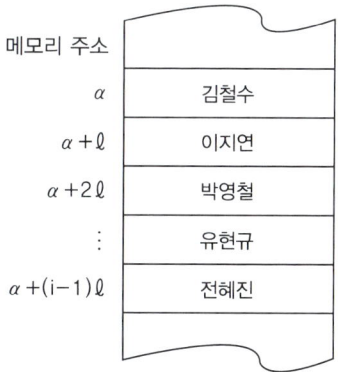

[그림 2-9] 학생 순서 리스트에서 원소의 위치

순서 리스트에 원소를 삽입하려면 먼저 삽입할 빈자리를 만들기 위해 삽입할 자리 이후의 원소들을 한 자리씩 뒤로 이동시킨다. 그런 다음 빈 자리에 원소를 삽입한다.

다음과 같이 순서 리스트에 데이터가 저장되어 있다고 하자. 이 리스트의 3번째 자리에 30을 삽입하고자 한다. 그러면 30이 들어갈 3번째 자리를 빈자리로 만들기 위해 3번째 이후의 원소들을 한자리씩 뒤로 이동시킨다. 총 4번의 자리 이동이 발생한다. 자리 이동이 완료된 후 3번째 자리에 30이 삽입된다.

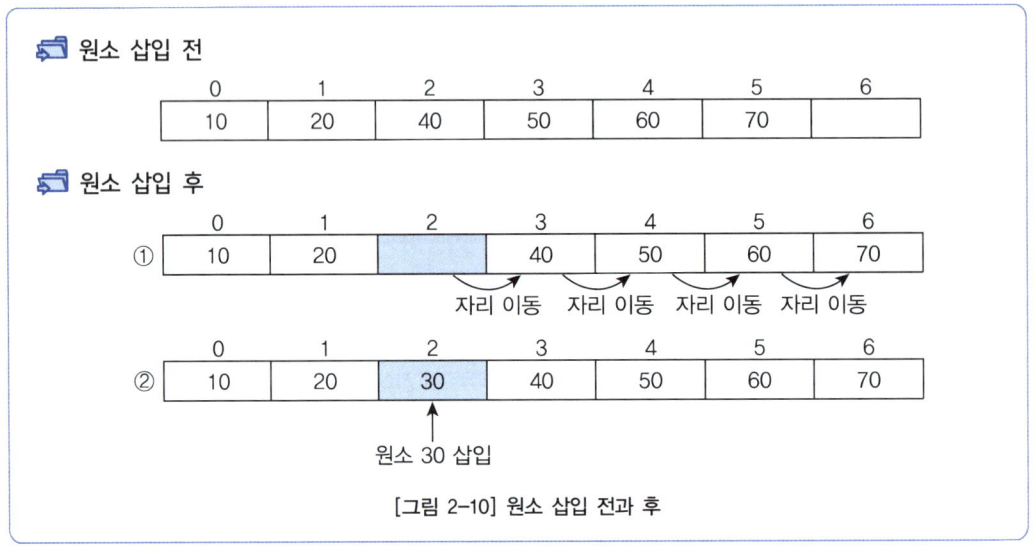

[그림 2-10] 원소 삽입 전과 후

순서 리스트에서 데이터를 삽입하기 위해 몇 번의 자리 이동이 일어나는지 알아보자. 만약 (n + 1)개의 원소로 이루어진 순서 리스트에서 k번째 자리에 원소를 삽입하는 경우에는 k번째 위치부터 마지막 n번 원소까지 (n − k + 1)개의 원소를 이동시켜야 한다.

순서 리스트에 원소를 삭제하는 방법을 살펴보자. 먼저 순서 리스트에서 원소를 삭제한 후 삭제한 자리 이후의 원소들을 한 자리씩 앞으로 이동시킴으로써 삭제한 빈자리를 채운다. 삭제 후 총 4번의 자리 이동이 발생한다.

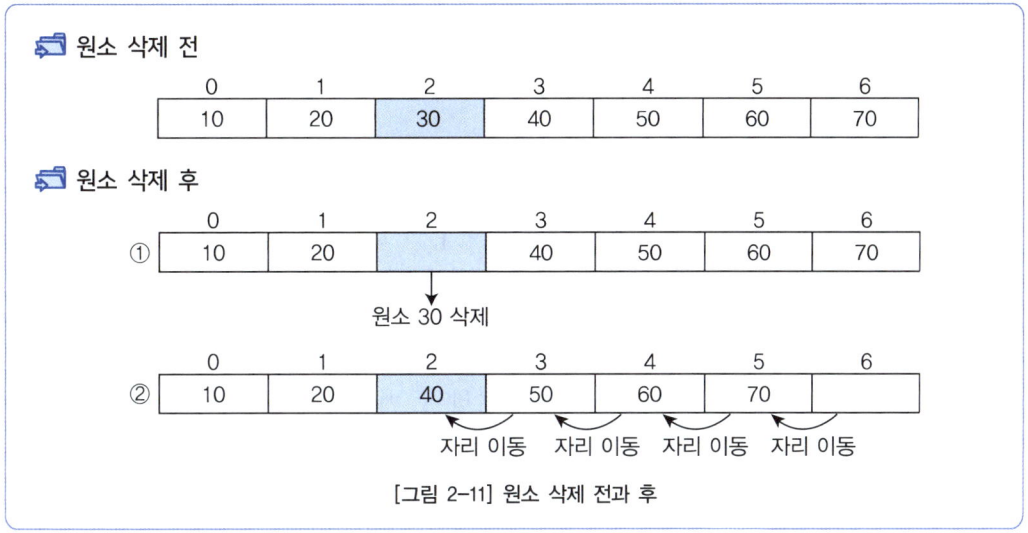

[그림 2-11] 원소 삭제 전과 후

삭제 후 빈자리를 채우기 위한 자리 이동 횟수를 살펴보자. (n + 1)개 원소로 이루어진 순서 리스트에서 k번 자리의 원소를 삭제한 경우 (k + 1)번 원소부터 마지막 n번 원소까지 (n − (k + 1) + 1)개의 원소를 이동하게 된다.

순서 리스트는 인덱스를 사용하여 주소를 계산할 수 있으므로 특정 원소를 쉽게 액세스할 수 있다. 그러나 원소를 삽입하거나 삭제할 경우 원소들을 뒤로 밀거나 앞으로 당겨서 연속 저장 순서를 유지해야 하므로 오버헤드가 발생한다. 따라서 삽입, 삭제 연산이 많이 필요한 문제에서는 순서 리스트가 비효율적이다. 이러한 문제점을 해결하기 위하여 순서 리스트를 연결 리스트로 구현할 수 있다. 연결 리스트로 구현하는 방법은 복잡하지만 연결 리스트로 구현하면 삽입, 삭제 연산을 효율적으로 할 수 있다.

제3절 배열의 표현

1 다차원 배열의 행우선과 열우선

배열은 일련의 항목들이 동일 크기의 순서를 갖고 배열된 자료구조이다. 배열은 사용하는 첨자의 수에 따라 1차원 배열, 2차원 배열, ⋯ n차원 배열 등으로 구분할 수 있다. 다차원 배열은 2차원 이상의 배열로 구성되는데 2개 이상의 첨자를 사용하여 각 원소와 대응시킨다. 1차원 배열은 기억 장소에 순서대로 저장한다. 즉, 1차원 배열의 물리적 저장은 논리적 순서와 같다. 다차원 배열 저장 기법은 행우선(row major) 방식과 열우선(column major) 방식이 있다. 행우선 방식은 배열의 원소들이 물리적 저장 장치에 저장될 때 1행, 2행, 3행, ⋯ 순으로 즉, 행의 순서대로 저장되는 방식이다. 열우선 방식은 배열의 원소들이 1열, 2열, 3열, ⋯ 순으로 즉, 열의 순서대로 저장되는 방식이다. 다음과 같은 2차원 배열 A[3][3]에서 행우선 방식과 열우선 방식의 저장 순서를 살펴보면 다음과 같다.

	열번호 0	열번호 1	열번호 2
행번호 0	A[0][0]	A[0][1]	A[0][2]
행번호 1	A[1][0]	A[1][1]	A[1][2]
행번호 2	A[2][0]	A[2][1]	A[2][2]

[그림 2-12] 배열 A[3][3]의 논리적 구조

행우선 방식은 2차원 배열의 첫 번째 인덱스인 행 번호를 기준으로 하는 방법이다. 배열 A가 행우선 방식으로 저장된다면 A[0][0], A[0][1], A[0][2], A[1][0], A[1][1], A[1][2], A[2][0], A[2][1], A[2][2] 순으로 저장된다. 열우선 방식은 2차원 배열의 마지막 인덱스인 열 번호를 기준으로 하는 방법이다. 배열 A가 열우선 방식으로 저장된다면 A[0][0], A[1][0], A[2][0], A[0][1], A[1][1], A[2][1], A[0][2], A[1][2], A[2][2] 순으로 저장된다.

예를 들어, 다음과 같은 배열 A[3][3]이 있다고 하자.

```
int A[3][3] = {5, 6, 14, 15, 18, 27, 31, 35, 37}
```

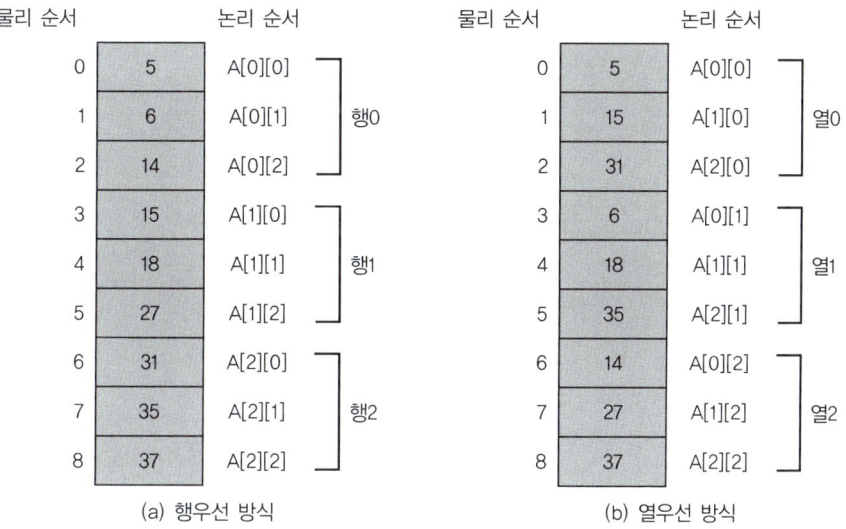

이 배열을 행우선 방식과 열우선 방식으로 저장한 형태는 다음과 같다.

[그림 2-13] 배열 A의 물리적 구조

행우선 방식으로 저장된다면 배열 A의 원소들은 A[0][0], A[0][1], A[0][2], …, A[2][0], A[2][1], A[2][2] 순으로 저장되게 된다. 따라서 데이터는 5, 6, 14, 15, 18, 27, 31, 35, 37 순으로 저장된다. 배열 A가 열우선 방식으로 저장된다면 A[0][0], A[1][0], A[2][0], …, A[0][2], A[1][2], A[2][2] 순으로 저장되게 된다. 따라서 데이터는 5, 15, 31, 6, 18, 35, 14, 27, 37 순으로 저장되게 된다. 2차원 배열 A[m][n]의 시작 주소가 α 라고 하고 각 데이터가 k byte의 크기를 가진다고 하자. 배열이 행우선 방식으로 저장되었다면 m개의 행과 n개의 열을 가진 2차원 배열 A[m][n]에서 i행, j열의 원소인 A[i][j]의 행우선 주소는 $\alpha + (i \times n + j) \times k$가 된다. 배열이 열우선 방식으로 저장되었다면 A[i][j]의 열우선 주소는 $\alpha + (j \times m + i) \times k$가 된다.

제4절 희소 행렬 (중요)

1 희소 행렬의 표현 (기출)

행렬(matrix)은 자연과학에서 많은 문제를 해결하는 데 사용된다. 물리학에서는 전기회로, 광학, 양자역학 등에서 쓰이고 컴퓨터 그래픽스에서는 3차원 이미지를 2차원 평면에 투영하거나 사실적인 움직임을 그려내기 위해서 사용한다. 따라서 행렬을 프로그램에서 표현하는 것은 중요한 문제이다. 행렬은 여러 개의 숫자를 가로와 세로의 직사각형 모양으로 배열한 것이다. 행렬의 가로 줄을 행(row), 세로 줄을 열(column)이라고 한다. m개의 행과 n개의 열로 이루어진 행렬을 m×n 행렬이라고 한다. m×n 행렬의 원소의 개수는 m×n개이며 행렬의 각 원소는 그것이 위치하는 행과 열의 첨자로 나타낸다.

$$A = \begin{bmatrix} a_{11} & a_{12} & \cdots & a_{1n} \\ a_{21} & a_{22} & \cdots & a_{2n} \\ & & \cdots & \\ a_{m1} & a_{m2} & \cdots & a_{mn} \end{bmatrix}$$

[그림 2-14] 행렬의 표현

예를 들면, 다음과 같은 행렬은 3×2 행렬이다.

$$A = \begin{bmatrix} a_{11} & a_{12} \\ a_{21} & a_{22} \\ a_{31} & a_{32} \end{bmatrix}$$

다음은 6개의 원소를 가진 2×3 행렬의 예이다.

$$A = \begin{bmatrix} 1 & 9 & -13 \\ 20 & 5 & -16 \end{bmatrix}$$

행렬에 대해서는 덧셈, 뺄셈, 곱셈과 역행렬(inverse matrix) 등의 연산이 정의되며 행렬의 특성을 나타내는 행렬식(determinant)도 정의된다. 행렬은 특히 현대 수학에서 널리 사용되는 편리한 도구이며 2차원 배열이다.

희소 행렬(sparse matrix)이란 행렬 안의 많은 항들이 0으로 되어 있는 행렬이다. 엄청나게 큰 희소 행렬인 경우에는 메모리 낭비가 심해진다. 희소 행렬의 원소 전부를 기억 장소에 저장하는 것은 필요하지 않은 데이터인 0을 많이 저장해야 하므로 낭비가 된다. 경우에 따라서 희소 행렬은 특정 컴파일러에서 사용하지 못할 수도 있다. 희소 행렬은 자연과학이나 공학에서 종종 발생한다. 따라서 희소 행렬을 표현하는 다른 방법을 생각해봐야 한다.

행렬은 2차원 배열로 표현할 수 있다. m×n 행렬은 m행, n열의 2차원 배열로 표현할 수 있다. [그림 2-15]는 행렬을 2차원 배열로 표현한 것이다. 그런데 (b) 8×7 행렬 B는 값이 0인 원소가 매우 많은 희소 행렬이다. 이를 배열로 표현하였을 때 기억 공간의 낭비가 많이 발생하는 것을 알 수 있다.

(a) 3×4 행렬 A와 배열 A[3][4]

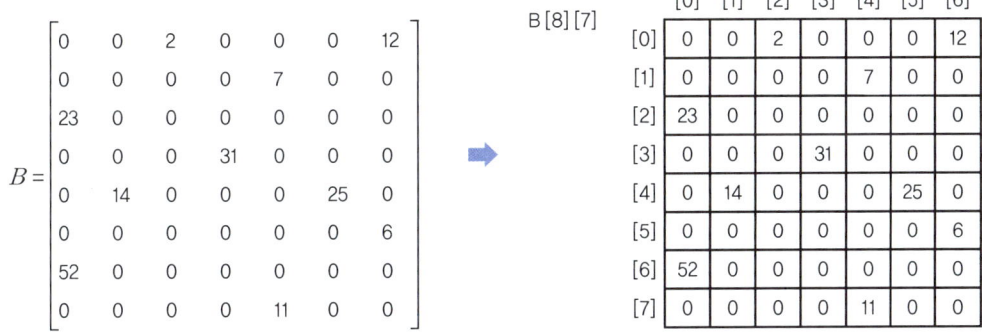

(b) 8×7 행렬 B와 배열 B[8][7]

[그림 2-15] 행렬에 대한 2차원 배열 표현

8×7 행렬 B는 전체 56개의 원소 중에서 0이 아닌 원소는 10개뿐이므로 0에 해당하는 46개의 메모리 공간이 낭비된다고 할 수 있다. 이를 해결하는 한 가지 방법은 배열을 이용하되 0이 아닌 원소들만을 나타내는 방법이다. 희소 행렬 배열에서 0이 아닌 원소만을 저장하게 되면 낭비되는 기억 장소를 줄일 수 있다. 0이 아닌 각 원소만을 〈행, 열, 값〉 쌍으로 배열에 저장하는 것이다. 〈0, 2, 2〉의 의미는 0행 2열에 있는 원소 2를 의미한다. 〈0, 6, 12〉는 0행 6열에 있는 원소 12를 의미한다. 이렇게 표현하면 0이 아닌 원소만 추출되므로 저장해야 할 항목의 수가 줄어든다. 희소 행렬에 대한 원래 정보는 〈전체 행의 수, 전체 열의 수, 0이 아닌 원소의 수〉의 쌍으로 작성하여 첫 번째 행에 저장하여 표시한다.

	[0]	[1]	[2]	[3]	[4]	[5]	[6]
[0]	0	0	2	0	0	0	12
[1]	0	0	0	0	7	0	0
[2]	23	0	0	0	0	0	0
[3]	0	0	0	31	0	0	0
[4]	0	14	0	0	0	25	0
[5]	0	0	0	0	0	0	6
[6]	52	0	0	0	0	0	0
[7]	0	0	0	0	11	0	0

B [8] [7]

⟨0, 2, 2⟩
⟨0, 6, 12⟩
⟨1, 4, 7⟩
⟨2, 0, 23⟩
⟨3, 3, 31⟩
⟨4, 1, 14⟩
⟨4, 5, 25⟩
⟨5, 6, 6⟩
⟨6, 0, 52⟩
⟨7, 4, 11⟩

[그림 2-16] 희소 행렬에 대한 2차원 배열 표현

원래의 8 × 7 행렬을 2차원 배열에 저장하려면 8 × 7 = 56개의 배열 원소에 대한 공간이 필요하다. 그러나 0이 아닌 원소만 표현하면 11 × 3 = 33개의 배열 원소에 대한 공간만 사용한다. 원래 희소 행렬은 8행 7열의 행렬이고 10개의 0이 아닌 값을 갖고 있으므로 ⟨8, 7, 10⟩와 같이 작성하여 첫 번째 행에 저장한다.

	[0]	[1]	[2]
[0]	8	7	10
[1]	0	2	2
[2]	0	6	12
[3]	1	4	7
[4]	2	0	23
[5]	3	3	31
[6]	4	1	14
[7]	4	5	25
[8]	5	6	6
[9]	6	0	52
[10]	7	4	11

⟨0, 2, 2⟩
⟨0, 6, 12⟩
⟨1, 4, 7⟩
⟨2, 0, 23⟩
⟨3, 3, 31⟩
⟨4, 1, 14⟩
⟨4, 5, 25⟩
⟨5, 6, 6⟩
⟨6, 0, 52⟩
⟨7, 4, 11⟩

[그림 2-17] 배열에 의한 희소 행렬의 표현

m × n 행렬을 표현하는 데 필요한 기억 장소의 크기는 m × n개이다. 만약 m과 n의 값이 크다면(m = 1,000, n = 10,000) 행렬을 표현하는 데 필요한 기억 장소의 크기는 1,000 × 10,000 = 10,000,000이 된다. 즉, 기억 공간의 활용이 비효율적이다. 따라서 이와 같이 0이 아닌 원소들만을 표현하면 기억 장소 활용의 비효율성을 개선할 수 있다. 그러나 희소 행렬을 배열로 표현하면 연산 측면에서는 반복적인 패턴을 찾을 수 없으므로 비효율적인 표현 방법이 될 수 있다. 따라서 희소 행렬을 배열로 표현하는 방법보다 희소 행렬의 0이 아닌 값들만 연결 리스트로 표현하면 기억 장소의 효율을 높일 수 있다. 뿐만 아니라 삽입과 삭제 연산이 자유롭다. 이렇게 연결 리스트로 만들 때는 필요한 부분만 리스트로 만들기 때문에 자료구조가 간단하며 메모리도 절약된다.

2 전치 행렬

전치 행렬(transposed matrix)은 행렬의 행과 열을 서로 교환하여 구성한 행렬이다. 임의의 행렬 A, B의 모든 i, j에 대하여 $b_{ij} = a_{ji}$이면 B는 A의 전치 행렬이라고 한다. 원소의 위치 (i, j)를 (j, i)로 교환하여 만들 수 있다. m×n 행렬을 n×m 행렬로 변환한 행렬 A^T는 행렬 A의 전치 행렬이 된다.

$$A = \begin{bmatrix} a_{11} & a_{12} & \cdots & a_{1n} \\ a_{21} & a_{22} & \cdots & a_{2n} \\ \vdots & \vdots & \vdots & \vdots \\ a_{m1} & a_{m2} & \cdots & a_{mn} \end{bmatrix} \qquad A^T = \begin{bmatrix} a_{11} & a_{21} & \cdots & a_{m1} \\ a_{12} & a_{22} & \cdots & a_{m2} \\ \vdots & \vdots & \vdots & \vdots \\ a_{1n} & a_{2n} & \cdots & a_{mn} \end{bmatrix}$$

[그림 2-18] 행렬 A와 전치 행렬 A^T

다음은 전치 행렬의 예이다. 행렬 A의 각 원소에 대해 행과 열의 값을 서로 바꿔주면 전치 행렬 A^T를 구할 수 있다. 예를 들어, [그림 2-19]의 행렬 A의 1행 3열의 값은 3인데 전치 행렬 A^T에서는 3행 1열에 이 값이 놓이게 된다. 같은 방법으로 행렬 B와 행렬 C에 대해서도 전치 행렬 B^T, C^T를 구할 수 있다.

$$A = \begin{bmatrix} 1 & 2 & 3 \\ 4 & 5 & 6 \\ 7 & 8 & 9 \end{bmatrix} \qquad A^T = \begin{bmatrix} 1 & 4 & 7 \\ 2 & 5 & 8 \\ 3 & 6 & 9 \end{bmatrix}$$

$$B = \begin{bmatrix} 1 & 2 \\ 4 & 5 \\ 7 & 8 \end{bmatrix} \qquad B^T = \begin{bmatrix} 1 & 4 & 7 \\ 2 & 5 & 8 \end{bmatrix}$$

$$C = \begin{bmatrix} 4 & 5 & 6 \end{bmatrix} \qquad C^T = \begin{bmatrix} 4 \\ 5 \\ 6 \end{bmatrix}$$

[그림 2-19] 전치 행렬의 예

○✕로 점검하자 | 제2장

※ 다음 지문의 내용이 맞으면 O, 틀리면 ✕를 체크하시오. [1~7]

01 배열은 여러 개의 동일한 자료형의 데이터를 한꺼번에 만들 때 사용한다. (   )
>> 배열은 비슷한 특성을 가진 자료를 묶어 놓은 집합으로, 같은 형의 변수를 여러 개 만드는 경우에 사용한다.

02 C언어에서 배열의 인덱스는 항상 0부터 시작한다. (   )
>> 인덱스는 배열의 원소를 간단히 구별하기 위해 사용하는 번호이며, C언어에서 인덱스는 항상 0부터 시작한다.

03 리스트는 연결 리스트로는 표현할 수 없다. (   )
>> 리스트는 관련된 자료들이 일정한 순서를 이루어 나열되어 있는 구조이며, 배열이나 연결 리스트로 표현 가능하다.

04 순서 리스트는 삽입, 삭제 연산이 많이 필요한 문제에서 매우 효율적이다. (   )
>> 순서 리스트는 원소를 삽입하거나 삭제할 경우 원소들을 앞이나 뒤로 이동시켜 연속 저장 순서를 유지해야 하므로, 오버헤드가 발생한다. 따라서 삽입, 삭제 연산이 많은 문제에서는 비효율적이다.

05 다차원 배열의 행우선 방식은 2차원 배열의 첫 번째 인덱스인 행 번호를 기준으로 하는 방법이다. (   )
>> 행우선 방식은 배열의 원소들이 물리적 저장 장치에 저장될 때 1행, 2행, 3행, … 순으로 즉, 행의 순서대로 저장되는 방식이다.

06 희소 행렬은 행렬 안의 많은 항들이 0으로 되어 있는 행렬이며 배열로만 구현할 수 있다. (   )
>> 희소 행렬은 0인 원소가 많은 행렬이며, 메모리 낭비가 심해질 수 있다. 희소 행렬은 배열뿐만 아니라 연결 리스트로도 구현 가능하다.

07 전치 행렬은 행렬의 행과 열의 원소 위치를 서로 교환하여 구성한 행렬이다. (   )
>> 전치 행렬은 행과 열을 서로 교환하여 원소의 위치 (i, j)를 (j, i)로 교환하여 만들어진 행렬이다.

정답 1 O 2 O 3 ✕ 4 ✕ 5 O 6 ✕ 7 O

제 2 장 실전예상문제

01 다음 중 배열에 대해 잘못 설명한 것은?

① 같은 형의 변수를 여러 개 만드는 경우에 사용한다.
② 크기가 같은 다양한 자료형의 변수를 한꺼번에 만들 수 있다.
③ 배열의 원소를 인덱스로 구분한다.
④ C언어에서 배열의 인덱스는 0부터 시작한다.

> 01 배열은 같은 크기의 동일한 자료형의 변수를 한꺼번에 만들 때 사용한다.

02 다음 중 배열을 설명한 것으로 옳지 않은 것은?

① 희소 행렬은 배열로 표현하기 어렵다.
② 행우선 방식으로 저장할 수 있다.
③ 열우선 방식으로 저장할 수 있다.
④ 모든 자료형에 대해서 배열로 구성 가능하다.

> 02 행렬은 배열로 표현할 수 있으며, 희소 행렬도 배열로 표현할 수 있다.

03 다음 중 순서 리스트의 성질이 아닌 것은?

① 데이터 삭제 시 다음 노드들의 이동 횟수가 적어진다.
② 데이터 삽입 시 다음 노드들의 이동 횟수가 많아진다.
③ 순서 리스트는 배열을 이용하여 구현할 수 있다.
④ 물리적으로 일렬로 연결되어 있는 자료구조이다.

> 03 순서 리스트는 데이터 삽입, 삭제 시 노드들의 이동 횟수가 많다.

정답 01 ② 02 ① 03 ①

04 원소가 하나도 없는 공백 리스트도 존재할 수 있으며, 빈 괄호를 사용하여 표현한다.

04 다음 중 리스트에 대한 설명으로 잘못된 것은?

① 문자 스트링, 배열도 리스트라고 할 수 있다.
② 순서 리스트에서 원소를 나열한 순서는 원소들의 순서가 된다.
③ 원소가 하나도 없는 리스트는 존재할 수 없다.
④ 순서 리스트에 원소를 삽입하려면 먼저 삽입할 자리 이후의 원소들을 한 자리씩 뒤로 이동시킨다.

05 100개 원소의 마지막 인덱스는 99이고 10번째 원소의 인덱스는 9이다. 따라서 마지막 원소의 인덱스 − 삭제한 자리의 인덱스 = 99 − 9 = 90번이 된다.

05 원소가 100개 있는 순서 리스트에서 열 번째 원소를 삭제하는 연산을 수행했다면 원소의 이동 횟수는 얼마인가?

① 90번
② 91번
③ 92번
④ 93번

06 순서 리스트에서 원소를 삭제하게 되면 삭제되는 원소 이후의 모든 원소들이 왼쪽으로 한 자리씩 이동한다.

06 크기가 10인 순서 리스트에서 두 번째 위치의 원소를 삭제했다면 모두 몇 번의 원소 이동이 진행되는가?

① 5번
② 6번
③ 7번
④ 8번

정답 04 ③ 05 ① 06 ④

07 3차원 배열 A[2][3][4]를 구성하고 있는 원소는 모두 몇 개인가?

① 10개
② 12개
③ 24개
④ 36개

07 3차원 배열을 구성하고 있는 원소의 개수는 '면의 수×행의 수×열의 수'로 계산하면 된다. 따라서 3차원 배열 A[2][3][4]의 원소 개수는 모두 2×3×4 = 24개이다.

08 다음 중 배열에 대한 설명으로 <u>잘못된</u> 것은?

① 열우선 저장 방식은 2차원 배열의 첫 번째 인덱스인 행 번호를 기준으로 하는 방법이다.
② 3차원 배열은 여러 개의 2차원 배열로 구성된다.
③ 3차원 배열은 면, 행, 열 3개의 첨자를 이용하여 각각의 원소를 대응시킨다.
④ 배열에서는 모든 원소들이 메모리의 연속된 공간에 저장된다.

08 열우선 방식은 배열의 원소들이 1열, 2열, 3열, … 순으로 즉, 열의 순서대로 저장되는 방식이다.

09 희소 행렬에 대한 설명으로 옳지 <u>않은</u> 것은?

① 행렬의 원소가 대부분 0인 행렬이다.
② 2차원 배열로 표현할 수 있다.
③ 연결 리스트로 표현하면 삽입과 삭제 연산이 자유롭다.
④ 연결 리스트로 표현하면 기억 공간을 낭비하게 된다.

09 희소 행렬을 연결 리스트로 만들 때는 필요한 부분만 리스트로 만들기 때문에 자료구조가 간단하며 기억 공간의 낭비도 절약된다.

정답 07 ③ 08 ① 09 ④

10 희소 행렬의 값이 0이 아닌 값들만 연결 리스트로 표현하게 되면 기억 장소의 효율성이 높아진다.

10 희소 행렬을 연결 리스트로 표현할 때 가장 큰 장점은?

① 산술 연산이 간편해진다.
② 기억 장소를 절약할 수 있다.
③ 특정 원소의 접근이 용이하다.
④ 특정 값을 갖는 원소의 검색이 쉽다.

11 배열이 행우선 방식으로 저장되었다면 m개의 행과 n개의 열을 가진 2차원 배열 A[m][n]에서 i행, j열의 원소인 A[i][j]의 행 우선 주소는 $\alpha + (i \times n + j) \times k$가 된다.
따라서 $100 + (1 \times 3 + 2) \times 4 = 120$이다.

11 4×3의 2차원 배열의 원소인 A[1][2]의 행우선 저장 공간에서 물리적 주소는 얼마인가? (단, 2차원 배열의 시작 주소는 100이며 원소의 크기는 4임)

① 112
② 116
③ 120
④ 124

12 3차원 배열의 원소의 개수는 '면의 수 × 행의 수 × 열의 수'이므로 $4 \times 5 \times 6 = 120$이 된다.

12 배열 Array[4][5][6]으로 표현한 3차원 배열의 원소 개수는 얼마인가?

① 110개
② 120개
③ 130개
④ 150개

정답 10 ② 11 ③ 12 ②

13 배열명을 정하고자 할 때 잘못된 것은?

① 영문자, 숫자를 사용할 수 있다.
② 키워드나 예약어는 사용할 수 없다.
③ 첫 글자는 숫자를 사용할 수 있다.
④ 밑줄을 사용할 수 있다.

> 13 배열명은 배열의 원소에 접근할 수 있는 유일한 이름이며 변수 이름과 같은 규칙으로 정한다. 변수명은 영문자, 숫자, 밑줄을 사용할 수 있으나 첫 글자는 숫자를 사용할 수 없다. 또한 키워드나 예약어는 사용할 수 없다.

14 희소 행렬 표현법에서 저장하지 않는 것은?

① 행의 개수
② 열의 개수
③ 0인 원소의 개수
④ 0이 아닌 원소의 개수

> 14 희소 행렬은 0이 많은 행렬이기 때문에 모든 0을 표현하면 저장 공간이 낭비된다. 따라서 0이 아닌 원소들만 저장하는 표현법을 사용한다.

15 다음 행렬의 전치 행렬로 알맞은 것은?

$$A = \begin{bmatrix} 1 & 2 & 3 \\ 4 & 5 & 6 \\ 7 & 8 & 9 \end{bmatrix}$$

① $\begin{bmatrix} 1 & 4 & 7 \\ 2 & 5 & 8 \\ 3 & 6 & 9 \end{bmatrix}$ ② $\begin{bmatrix} 1 & 2 & 3 \\ 4 & 5 & 6 \\ 7 & 8 & 9 \end{bmatrix}$

③ $\begin{bmatrix} 2 & 5 & 8 \\ 3 & 6 & 9 \\ 1 & 4 & 7 \end{bmatrix}$ ④ $\begin{bmatrix} 4 & 7 & 1 \\ 5 & 8 & 2 \\ 6 & 9 & 3 \end{bmatrix}$

> 15 전치 행렬은 행렬의 행과 열을 서로 교환하여 구성한 행렬이다. 원소의 위치 (i, j)를 (j, i)로 교환하여 만들 수 있다. 따라서 행렬 A의 전치 행렬은 다음과 같다.
> $$A = \begin{bmatrix} 1 & 2 & 3 \\ 4 & 5 & 6 \\ 7 & 8 & 9 \end{bmatrix} \quad A^T = \begin{bmatrix} 1 & 4 & 7 \\ 2 & 5 & 8 \\ 3 & 6 & 9 \end{bmatrix}$$

정답 13 ③ 14 ③ 15 ①

Self Check로 다지기 | 제2장

배열
① 여러 개의 동일한 자료형의 데이터를 한꺼번에 만들 때 사용
② 배열의 원소를 구별하기 위해 번호(인덱스)를 사용
③ 인덱스가 주어지면 해당되는 원소가 대응되는 구조
④ 배열의 원소들은 순차적인 방법으로 기억 장소에 저장
⑤ 모든 자료형에 대해서 배열로 구성 가능
⑥ 구성 형태에 따라 1차원 배열, 2차원 배열, 3차원 배열, … 등이 있음

인덱스
① 배열의 원소를 간단히 구별하기 위해 사용하는 번호
② C언어에서 배열의 인덱스는 항상 0부터 시작

배열이름(변수이름) 규칙
① 영문자, 숫자, 밑줄을 사용함
② 첫 글자는 숫자를 사용할 수 없음
③ 키워드나 예약어는 사용할 수 없음

리스트
① 관련된 자료들이 일정한 순서를 이루어 나열되어 있는 구조
② 비슷한 특성을 가진 자료들을 연결해 놓은 것
③ 필요에 따라 확장이나 축소가 가능하며 어느 위치에서나 원소의 삽입, 삭제 가능
④ 리스트 구조는 배열이나 연결 리스트로 표현 가능

순서 리스트
① 자료들 간에 순서를 갖는 리스트
② 순서 리스트에서 원소 삽입 시 삽입할 빈자리를 만들기 위해 이후의 원소들을 한자리씩 뒤로 이동시킴
③ 순서 리스트에서 원소 삭제한 후 삭제한 자리 이후의 원소들을 한자리씩 앞으로 이동시켜 삭제한 빈 자리를 채움
④ 원소를 삽입, 삭제할 경우 원소들을 뒤로 밀거나 앞으로 당겨서 연속 저장 순서를 유지해야 하므로 오버헤드가 발생
⑤ 삽입, 삭제 연산이 많이 필요한 문제에서는 비효율적

➡ 다차원 배열의 행우선 방식
① 배열의 원소들이 물리적 저장 장치에 저장될 때 1행, 2행, 3행, … 순으로 즉, 행의 순서대로 저장되는 방식
② 2차원 배열의 첫 번째 인덱스인 행번호를 기준으로 하는 방법

➡ 다차원 배열의 열우선 방식
① 배열의 원소들이 1열, 2열, 3열, … 순으로 즉, 열의 순서대로 저장되는 방식
② 2차원 배열의 마지막 인덱스인 열번호를 기준으로 하는 방법

➡ 희소 행렬
① 행렬 안의 많은 항들이 0으로 되어 있는 행렬
② 엄청나게 큰 희소 행렬인 경우에는 메모리 낭비가 심해짐
③ 배열이나 연결 리스트로 구현 가능

➡ 전치 행렬
① 행렬의 행과 열을 서로 교환하여 구성한 행렬
② 원소의 위치 (i, j)를 (j, i)로 교환하여 만들 수 있음
③ 임의의 행렬 A, B의 모든 i, j에 대하여 $b_{ij} = a_{ji}$이면 B는 A의 전치 행렬이라 함

우리 인생의 가장 큰 영광은 결코 넘어지지 않는 데 있는 것이 아니라
넘어질 때마다 일어서는 데 있다.

– 넬슨 만델라 –

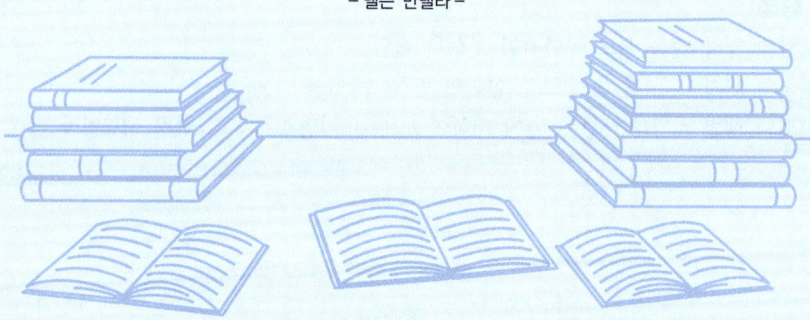

제 3 장

스택과 큐

제1절	스택
제2절	큐
제3절	데크
제4절	스택을 이용한 수식 계산과 표기식 변환
제5절	스택의 응용
제6절	다중 스택
실전예상문제	

얼마나 많은 사람들이 책 한 권을 읽음으로써 인생에 새로운 전기를 맞이했던가.

– 헨리 데이비드 소로 –

보다 깊이 있는 학습을 원하는 수험생들을 위한
시대에듀의 동영상 강의가 준비되어 있습니다.

www.sdedu.co.kr ➔ 회원가입(로그인) ➔ 강의 살펴보기

제 3 장 | 스택과 큐

제1절 스택 [중요]

1 스택의 정의 [기출]

스택(stack)은 접시를 차곡차곡 쌓아 올리듯이 자료를 하나씩 쌓아 올린 형태의 자료구조이다. 가장 먼저 입력된 데이터는 맨 아래에 놓이고 그 다음 입력되는 데이터가 그 위에 쌓이는 구조이다. 따라서 스택의 맨 위에는 가장 최근에 입력된 데이터가 놓이게 된다. 스택에서는 맨 위의 데이터만 입·출력을 할 수 있으며 스택의 중간에서는 데이터를 삽입하거나 삭제할 수 없다. 스택에서 입·출력이 이루어지는 부분을 스택 상단(top)이라고 하고 반대쪽인 바닥 부분을 스택 하단(bottom)이라고 한다. 스택에 저장된 데이터는 top에서만 접근이 가능하다. top의 위치에서만 데이터를 삽입하므로 먼저 삽입한 데이터는 밑에 쌓이고 나중에 삽입한 데이터는 위에 쌓인다. 따라서 맨 마지막에 삽입(Last-In)한 데이터는 맨 위에 쌓여 있다가 가장 먼저 삭제(First-Out)된다. 이러한 구조를 후입선출(LIFO : Last-In First-Out) 구조라고 한다.

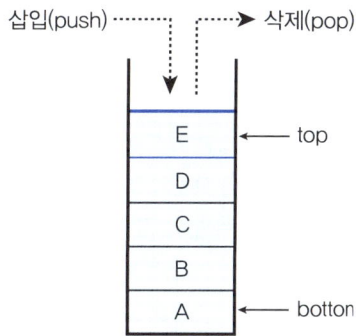

[그림 3-1] 스택의 구조

> **더 알아두기**
>
> **top**
> - 스택에서 데이터의 삽입과 삭제가 일어나는 곳
> - 스택의 top 포인터가 가리키는 위치의 데이터는 가장 최근에 삽입된 데이터를 의미
> - 스택의 모든 작업은 top 부근에서 제한되어 일어남
>
> **bottom**
> 스택의 바닥 부분

스택은 선형 자료구조의 한 종류로서 모든 데이터들의 삽입과 삭제가 한쪽 끝(top)에서만 이루어지는 제한된 리스트 구조이다. [그림 3-1]은 스택에 데이터가 A, B, C, D, E 순으로 삽입된 후의 스택 구조를 표현한 것이다. 만약 이 스택에서 데이터가 삭제된다면 E, D, C, B, A 순으로 삭제된다. 스택에서는 데이터를 삽입하고 삭제하는 2가지 연산이 있으며 top 포인터가 가리키는 위치의 값이 변경된다. 따라서 데이터를 삽입하려면 삽입할 위치를 top이 가리키도록 top의 값을 하나 증가시키는 top + 1 연산이 있어야 한다. 데이터를 삭제할 때는 삭제한 후 top의 위치를 하나 감소시키는 top − 1 연산이 있어야 한다. 스택에 데이터가 하나도 없는 경우를 공백(empty) 상태라 하고 꽉 차서 더 이상 데이터를 삽입할 수 없는 상태를 포화(full) 상태라고 한다. 스택은 스택의 크기를 벗어나는 **오버플로우(overflow)**와 삭제 시에 빈 스택으로 인한 **언더플로우(underflow)**가 발생할 수 있다. 오버플로우는 데이터를 저장할 수 있는 공간이 가득차서 더 이상 삽입할 수 없는 상태임에도 삽입 연산이 일어나는 경우 발생한다. 언더플로우는 스택에 삭제할 데이터가 남아있지 않은 비어있는 상태임에도 삭제 연산이 일어나는 경우 발생한다. 스택의 주요 동작에는 push와 pop이 있다. push는 현재 스택의 top 바로 위에 새로운 데이터를 삽입하는 동작이다. pop은 스택의 top이 가리키는 위치의 데이터를 삭제하는 동작이다. push와 pop을 하기 위해서는 현재 스택이 비어 있는지 혹은 꽉 차 있는지를 확인하는 동작도 필요하다.

스택을 구현하기 위해서는 배열을 사용하거나 연결 리스트를 사용할 수 있다. **순차 구조인 배열을 이용하면 스택을 간단하게 구현할 수 있다. 그러나 배열의 크기만큼만 스택 공간으로 사용할 수 있으므로 크기가 고정되는 단점이 있다.** 배열은 고정된 크기를 사용하기 때문에 사용 중에 스택의 크기를 변경하기가 어렵다. 따라서 배열의 크기를 미리 크게 할당해 놓기 때문에 메모리의 효율성이 떨어지는 문제도 생긴다. 최대 크기가 n인 스택에 자료를 삽입할 때는 스택의 크기를 벗어나는 오버플로우를 고려해야 하고, 삭제할 때는 빈 스택으로 인하여 발생하는 언더플로우를 고려해야 한다. 스택을 배열로 구현할 때의 스택 top은 배열의 오른쪽 끝에 위치하게 된다. 1차원 배열을 이용해 스택을 구현하면 [그림 3-2]와 같다. 1차원 배열 stack[n]을 사용할 수 있는데 이때 n은 배열에서 원소의 개수이며 이것은 스택의 크기가 된다. 스택의 첫 번째 원소는 배열에서 stack[0]에 저장되고 두 번째 원소는 stack[1]에 저장된다. 스택의 n번째 원소는 stack[n−1]에 저장된다. 스택에서 마지막 원소의 인덱스는 스택의 top이 된다. 스택이 공백 상태이면 top = − 1이고 포화 상태이면 top = n − 1이 된다.

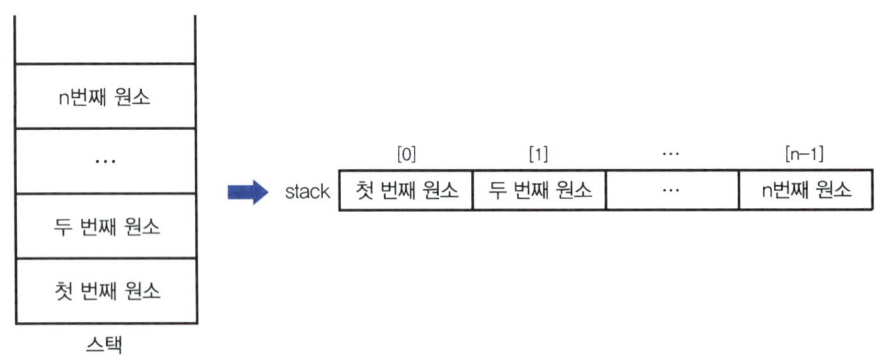

[그림 3-2] 배열을 이용한 스택의 표현

[그림 3-3]은 스택을 크기가 5인 1차원 배열로 구현하여 데이터를 삽입하고 삭제하는 과정을 보인 것이다.

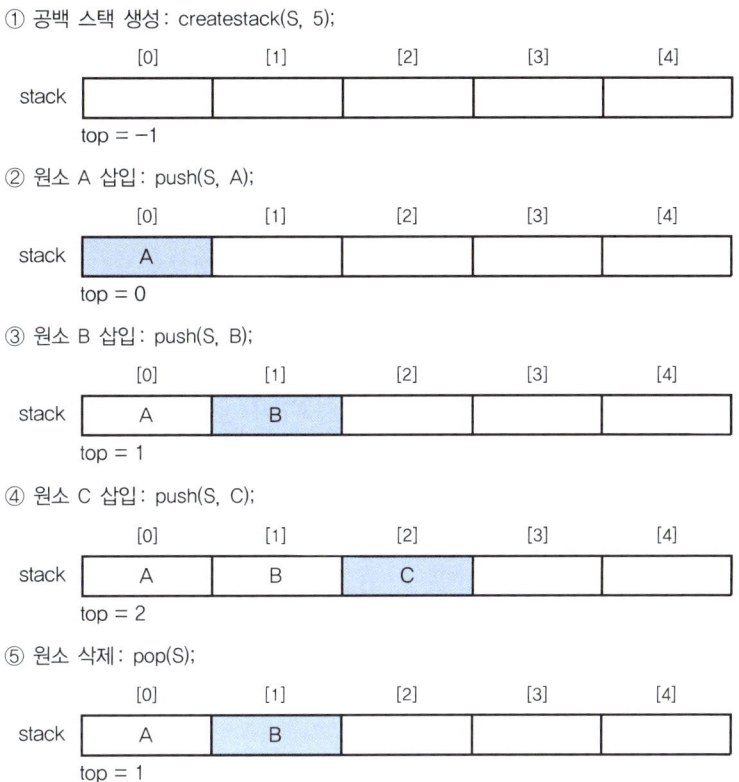

[그림 3-3] 배열로 구현한 스택의 데이터 삽입과 삭제

연결 리스트를 이용하여 스택을 구현하면 코드는 복잡해지지만 배열처럼 크기가 제한되지 않아 유연한 리스트를 구현할 수 있다. 연결 리스트는 필요할 때마다 언제든지 중간에 추가할 수 있기 때문이다. 연결 리스트의 스택은 삽입과 삭제 연산이 연결 방향에 따라 쉽게 이루어진다. 또한 크기의 제한이 없으므로 꽉 차 있는지를 확인하는 연산도 필요없다. 연결 리스트로 구현할 때의 스택의 top은 헤드(head) 포인터가 가리키는 첫 노드가 된다. [그림 3-4]는 연결 리스트를 이용하여 스택을 구현한 구조를 보여주고 있다. 스택의 원소는 연결 리스트의 노드가 된다. 스택에 원소를 삽입할 때마다 연결 리스트에 노드를 하나씩 연결한다. 스택 원소의 순서는 연결 리스트 노드의 링크를 사용하여 표현한다. 연결 리스트의 시작 위치를 가리키는 헤드 포인터를 스택의 top 포인터로 정의하고 있다. 스택의 초기 상태(공백 상태)는 포인터 top을 NULL 포인터로 설정하여 표현한다.

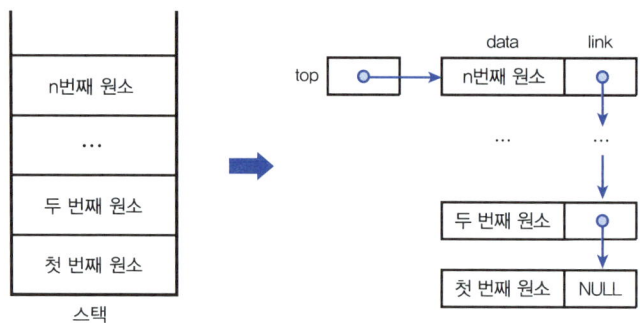

[그림 3-4] 연결 리스트를 이용한 스택의 표현

[그림 3-5]는 스택을 연결 리스트로 구현하여 데이터를 삽입하고 삭제하는 과정을 보인 것이다.

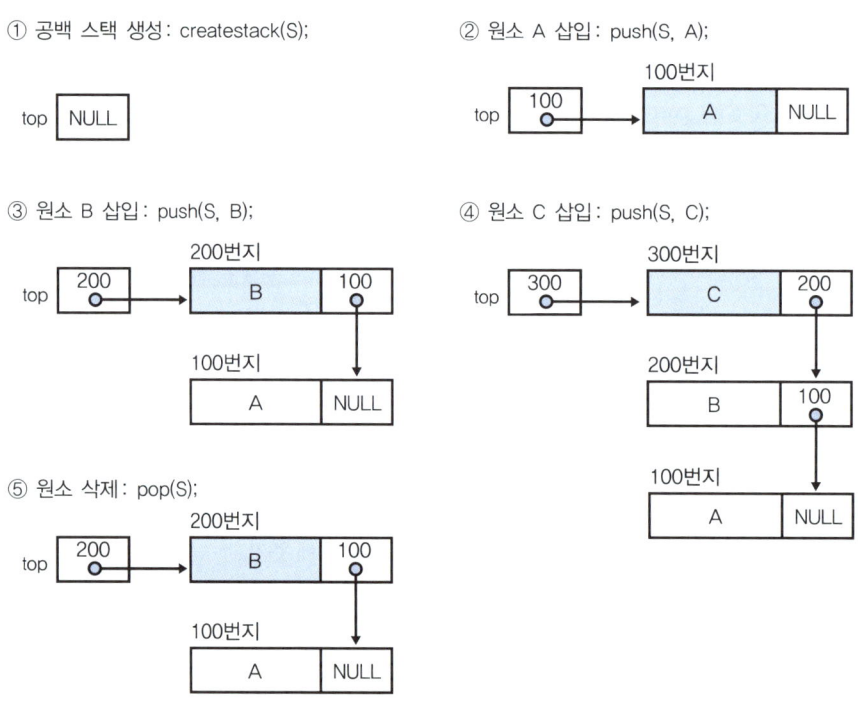

[그림 3-5] 연결 리스트로 구현한 스택의 데이터 삽입과 삭제

> **더 알아두기**
>
> **연결 리스트로 구현한 스택**
> - 자료의 이동 없이 오버플로우를 쉽게 해결
> - 삽입(push)과 삭제(pop) 연산이 연결 방향에 따라 쉽게 이루어짐
> - 연결 리스트의 헤드(head) 포인터를 스택의 top 포인터로 정의

2 시스템 스택

스택은 후입선출(LIFO)이라는 특별한 성질을 갖는 자료구조로서 많은 분야에서 응용되고 있다. 특히, 수행 중인 프로그램의 함수나 서브프로그램들의 복귀 주소와 관련 정보들을 저장하기 위해 사용된다. 수행 중인 프로그램에서 함수의 호출 순서에 따라 정보가 저장되어야 한다면 복귀 시에는 호출 순서와는 반대 순서로 이루어져야 한다. 이때 정보들이 저장된 역순으로 필요하게 되어 스택이 필요한 것이다. **시스템 스택**은 이와 같이 프로그램에서의 호출과 복귀에 따른 수행 순서를 관리하기 위한 스택을 말한다. 가장 마지막에 호출된 함수가 가장 먼저 실행을 완료하고 복귀하는 후입선출 구조이므로 후입선출 구조의 스택을 이용하여 수행 순서를 관리한다. 함수 호출이 발생하면 호출한 함수 수행에 필요한 지역변수, 매개변수 및 수행 후 복귀할 주소 등의 정보를 **스택 프레임(stack frame)**에 저장하여 시스템 스택에 삽입한다. 호출된 함수는 실행을 마친 후 호출한 함수 또는 프로그램으로 복귀해야 한다. 이 경우에 호출한 프로그램으로 복귀하기 위해 호출 순서의 역순으로 복귀 주소를 찾아 돌아가야 한다. 따라서 함수의 실행이 끝나면 시스템 스택의 top 원소(스택 프레임)를 삭제(pop)하면서 프레임에 저장되어 있던 복귀 주소를 확인하고 복귀한다. 함수 호출과 복귀에 따라 이 과정을 반복하여 전체 프로그램 수행이 종료되면 시스템 스택은 공백 스택이 된다.

프로그램이 실행될 때 시스템 스택을 어떻게 사용하는지 알아보면 [그림 3-6]과 같다. [그림 3-6]은 main() 함수와 서브 함수 F_1()과 F_2()로 구성된 프로그램이 수행되는 순서를 보여준다.

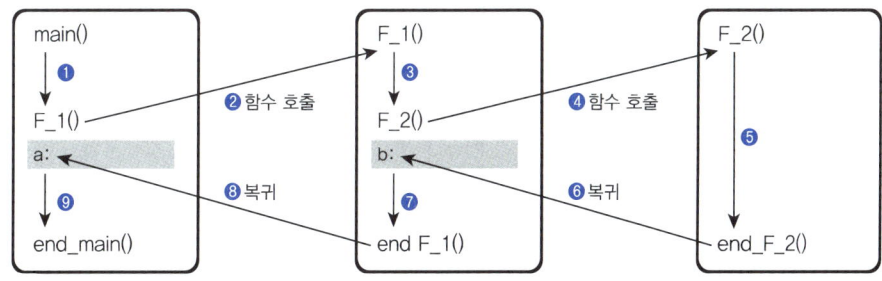

[그림 3-6] 함수 호출과 복귀에 따른 전체 프로그램 수행 순서

이 프로그램의 수행에 따른 시스템 스택을 살펴보면 다음과 같다. 프로그램이 실행되면 가장 먼저 main() 함수가 실행된다. 따라서 main() 함수의 실행 관련 정보를 스택 프레임에 저장하여 시스템 스택에 삽입한다.

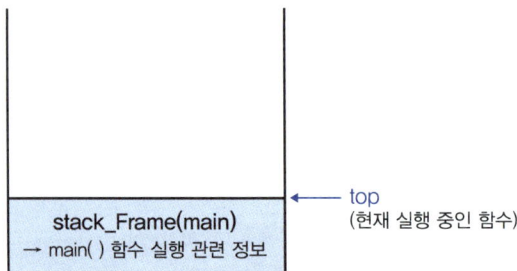

main() 함수를 실행하다가 F_1() 함수 호출을 만나면 함수 호출과 복귀에 필요한 정보를 스택 프레임에 저장하여 시스템 스택에 삽입한다. 이때 스택 프레임에는 호출된 함수 F_1()의 수행이 끝나고 main() 함수로 복귀할 주소 a가 저장된다.

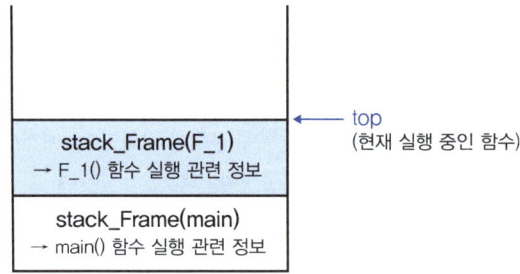

이제 호출된 F_1() 함수가 실행된다. F_1() 함수를 실행하다가 F_2() 함수 호출을 만나면 다시 함수 호출과 복귀에 필요한 정보를 새로운 스택 프레임에 저장하여 시스템 스택에 삽입한다. 스택 프레임에는 F_1() 함수로 복귀할 주소 b가 저장된다.

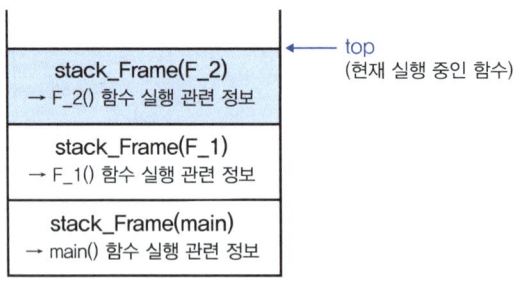

이제 호출된 F_2() 함수가 실행되고 종료하면 F_2() 함수를 호출했던 이전 위치로 돌아가서 이전 함수 F_1()의 작업을 계속해야 한다. 이때 이전 작업과 관련된 지역변수, 매개변수, 복귀 주소 등의 정보가 필요한데 이러한 정보는 시스템 스택에 있으므로 시스템 스택의 top에 있는 스택 프레임을 pop하여 정보를 확인하고 복귀 및 전환을 실행한다.

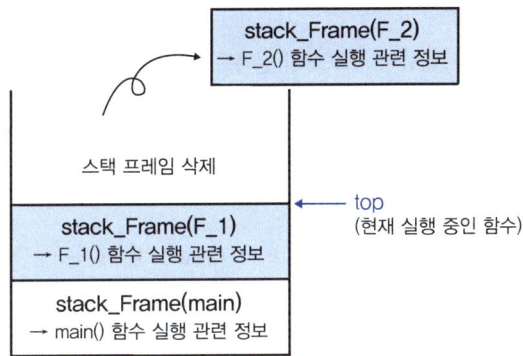

함수 F_1()로 복귀하여 F_1() 함수의 나머지 부분을 실행한다. F_1() 함수가 종료되면 이를 호출했던 main() 함수의 이전 위치로 다시 복귀하여 실행을 계속해야 한다. 그러려면 복귀 주소 등의 정보가 필요하다. 그러면 시스템 스택의 top에 있는 스택 프레임을 pop하여 정보를 확인하고 복귀 및 전환 작업을 실행한다.

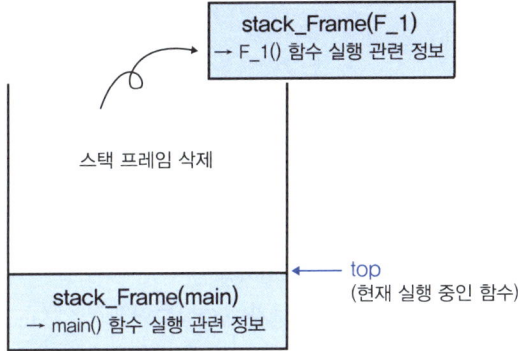

마지막으로 main() 함수로 복귀하여 나머지 부분을 실행하고 실행이 끝나면 다시 시스템 스택의 top에 있는 스택 프레임을 pop하여 복귀를 실행한다. 주 함수인 main() 함수는 호출한 상위 함수가 존재하지 않으므로 전체 프로그램의 수행이 완료된다. 이렇게 함수 호출과 복귀가 모두 완료되었으므로 시스템 스택은 공백이 된다.

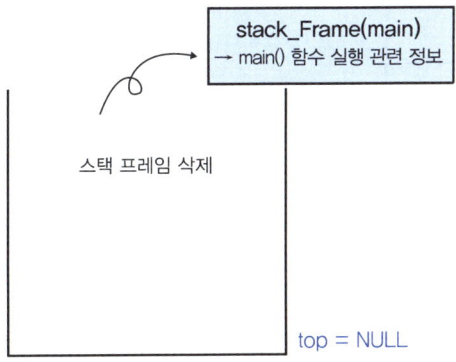

이처럼 프로그램에서의 호출과 복귀에 따른 수행 순서를 관리하기 위한 스택이 시스템 스택이다. 시스템 스택에는 호출 순서대로 함수의 복귀 주소 등이 레코드의 형태로 저장되고 호출된 함수의 실행을 마친 후 시스템 스택으로부터 정보를 얻어 호출 역순으로 복귀하게 된다.

> **더 알아두기**
>
> **시스템 스택**
> - 프로그램의 실행 중 필요한 정보를 저장하기 위해 사용하는 스택
> - 프로그램 실행 시 함수 호출을 처리
> - 함수의 호출이 빈번하게 발생할 때 호출 함수는 실행을 중단하고 프로그램과 관련된 모든 정보(지역변수, 인수, 복귀 주소 등)를 시스템 스택에 활성 레코드의 형태로 저장
> - 함수가 자기 자신을 호출하는 순환 호출도 마찬가지로 처리
> - 순환 호출시마다 새로운 스택 프레임 생성
> - 최악의 경우 가용 메모리 전부 소모

3 스택의 추상화 자료구조

스택에는 여러 가지 종류의 자료들을 보관할 수 있다. 스택은 새로운 자료를 스택에 삽입하거나 스택에 있는 자료를 삭제할 수도 있다. 또한 경우에 따라서는 스택이 비어 있는지도 확인해야 한다. 이 중 스택에서 가장 중요한 연산은 자료를 삽입하는 push와 삭제하는 pop이다.

이제 스택에 자료를 삽입하고 삭제하는 과정을 살펴보자. 먼저 [그림 3-7]의 (a)는 스택이 비어 있는 초기 상태이다. top 포인터는 위치 주소 0이 된다. (b)는 스택에 A가 삽입된 후의 모습이다. A를 삽입하려면 먼저 초기 상태에서 0이었던 top 포인터를 하나 증가시키고 top이 가리키는 위치에 A를 삽입한다.

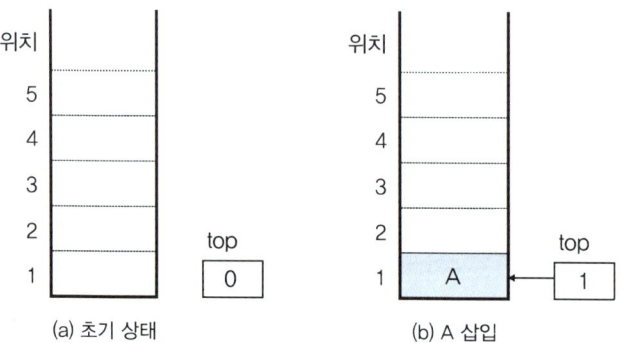

[그림 3-7] 스택의 초기 상태에서 A 삽입

[그림 3-8]의 (c)에서는 B를 삽입한 후의 상태이다. (b)의 상태에서 새로운 데이터 B를 삽입하기 위해 일단 top 포인터를 하나 추가시키고 그 위치에 B를 삽입하였다. (d)의 경우 삽입 연산을 위해 다시 top 포인터를 하나 증가시켜 3이 된 후 그 자리에 C가 삽입된 상태를 보여준다.

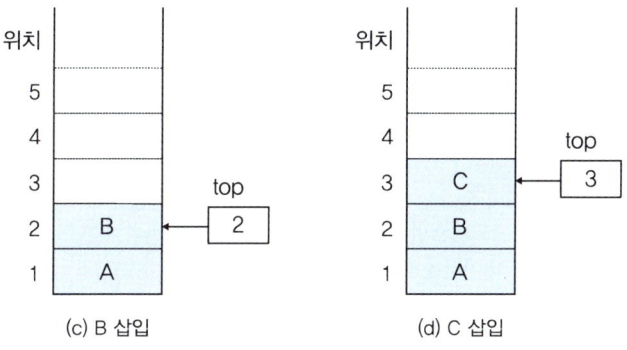

[그림 3-8] 스택에 B와 C 삽입

[그림 3-9]의 (e)는 스택에서 삭제 연산을 한 후의 모습이다. (d)의 상태에서 현재 top이 가리키는 데이터 C를 삭제하고 top을 하나 감소시켜 2가 된 후의 상태가 (e)이다. (f)에서는 삽입 연산을 위해 top을 하나 증가시키고 그 위치에 D를 삽입한 후의 모습이다.

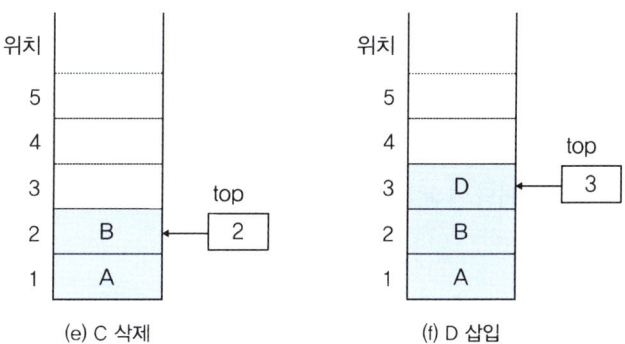

[그림 3-9] 스택에서 C 삭제와 D 삽입

스택은 들어온 시간 순으로 데이터를 쌓아갈 때 가장 최근에 삽입된 데이터인 가장 위에 있는 데이터를 삭제하거나 혹은 그 위에 새로운 데이터를 삽입할 수 있도록 하는 추상 자료형이다. 추상 자료형은 스택이 무엇이냐에 대해서만 관심이 있고 어떻게 구현할 것인가에 대해서는 고려하지 않는다. 추상 자료형 스택은 스택에서 할 수 있는 작업을 나열함으로써 정의할 수 있다. 스택에 대한 데이터와 연산의 특징을 추상화하여 추상 자료형으로 정의하면 다음과 같다.

> **스택의 추상 자료형**
> - 데이터 : 후입선출(LIFO)의 접근 방법을 유지하는 요소들의 모음
> - 연산
>   ① init() : 스택을 초기화한다.
>   ② is_empty() : 스택이 비어 있으면 TRUE, 아니면 FALSE를 반환한다.
>   ③ is_full() : 스택이 가득 차 있으면 TRUE, 아니면 FALSE를 반환한다.
>   ④ size() : 스택내의 모든 데이터들의 개수를 반환한다.
>   ⑤ push(x) : 주어진 데이터 x를 스택의 맨 위에 추가한다.
>   ⑥ pop() : 스택의 맨 위에 있는 데이터를 삭제하고 반환한다.
>   ⑦ peek() : 스택의 맨 위에 있는 데이터를 삭제하지 않고 반환한다.

is_empty()는 스택이 비어 있는 공백 상태인지 여부를 검사하는 연산이다. 스택에서 데이터를 삭제하고자 할 때 현재 스택이 공백 상태이면 삭제 연산이 불가능하다. 따라서 스택에서 데이터를 삭제하려면 먼저 is_empty() 연산을 이용하여 혹시 스택이 비어 있는지를 검사해야 한다. 반대로 is_full()은 스택이 꽉 찬 포화 상태인지 여부를 검사하는 연산이다. 스택에 데이터를 삽입하고자 할 때 만약 스택에 더 이상 저장할 공간이 없다면 삽입 연산은 불가능하다. 따라서 데이터를 삽입하려면 먼저 is_full() 연산을 이용하여 스택이 가득 찬 상태인지를 검사해야 한다. peek() 연산은 데이터를 스택에서 삭제하지 않고 읽기만 하는 연산이다. 이에 비해 pop() 연산은 스택에서 데이터를 완전히 삭제하면서 꺼내오기 때문에 스택에서는 없어진다. size() 연산은 현재 스택에 들어있는 전체 데이터의 개수를 반환한다. [그림 3-10]은 스택의 공백 상태와 포화 상태를 보여준다.

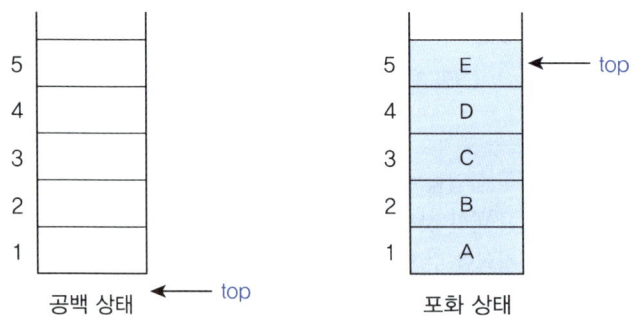

[그림 3-10] 스택의 공백 상태와 포화 상태

4 스택의 삽입, 삭제 중요

스택의 삽입(push) 연산에서 새로운 항목은 항상 스택의 맨 위에 올라가야 한다. 물론 top도 하나 증가시켜야 한다. 그런데 스택이 포화 상태이면 삽입이 불가능하다. [그림 3-11]은 공백 스택에서 원소 A, B, C를 순서대로 삽입하는 과정을 표현한 것이다.

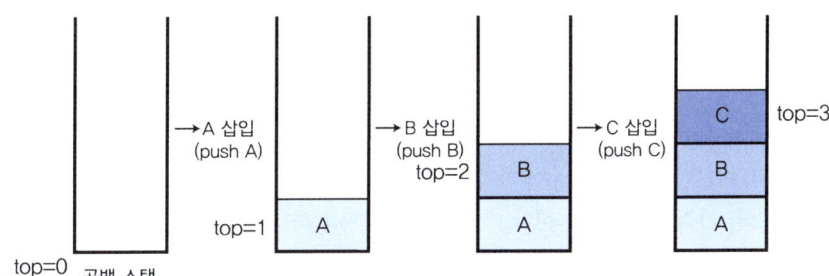

[그림 3-11] 스택의 데이터 삽입 과정

다음은 스택에서 데이터를 삽입하는 push() 알고리즘이다. top은 현재 스택에서 마지막 원소의 위치이므로 데이터를 삽입하려면 먼저 top을 하나 증가시킨다. 그런데 top의 크기가 스택의 크기(stack_SIZE)보다 크면 오버플로우이므로 삽입 연산을 수행하지 못하고 연산이 종료된다. 만약 오버플로우가 아니면 스택의 top 위치에 데이터 x를 삽입한다.

> **스택의 삽입 알고리즘**
> ```
> push(S, x)
>     top = top + 1;
>     if (top > stack_SIZE) then
>         overflow;
>     else
>         S(top) = x;
> end push()
> ```

스택에서의 삭제 연산은 스택의 마지막 원소 즉, top 위치에 있는 원소를 스택에서 삭제하고 삭제한 데이터를 반환한다. 그런데 만약 top이 0이라면 공백 스택이므로 삭제 연산을 수행하지 못한다.
[그림 3-12]는 스택에 원소 A, B, C가 저장된 상태에서 삭제하는 과정을 표현한 것이다.

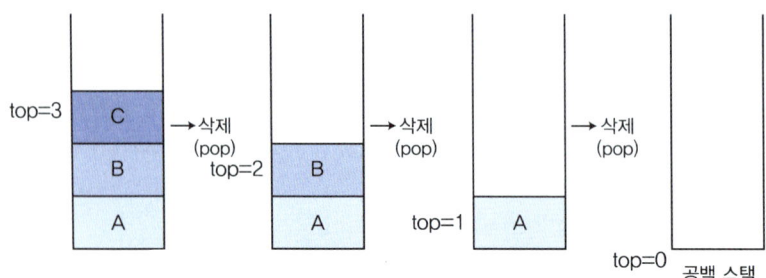

[그림 3-12] 스택의 데이터 삭제 과정

다음은 스택에서 데이터를 삭제하는 pop() 알고리즘이다. 먼저 공백 스택인지 확인하기 위해서 top의 값을 확인한다. 공백 스택이 아니면 스택에서 top이 가리키는 데이터를 삭제한다. 방금 데이터가 삭제되었으므로 이제 top은 그 아래 원소를 가리키도록 해야 한다. 따라서 top 위치를 하나 감소시킨다.

> 📂 **스택의 삭제 알고리즘**
>
> ```
> pop(S)
>     if (top = 0) then
>         underflow;
>     else{
>         return S(top);
>         top = top - 1;
>     }
> end pop()
> ```

5 스택의 적용 분야들 (중요)

스택에는 여러 가지 종류의 데이터를 저장할 수 있으며 다양한 분야에서 활용될 수 있다. 스택의 주요 활용 분야는 다음과 같다.

(1) 스택은 문서 편집기에서 문서나 그림 또는 수식 등을 활용하여 문서를 작성하는 경우에 사용할 수 있다. 사용자가 편집 작업 중 어떤 기능을 수행한 후 이를 취소하거나 이전 상태로 되돌아가고 싶을 때 되돌리기(undo) 기능을 사용할 수 있다. 되돌리기 기능은 방금 실행한 작업을 취소하는 것으로 사용자가 가장 최근에 수행된 것부터 순서적으로 취소하는 기능이다. 순차적으로 작업했던 순서의 역순으로 취소가 되어야 하므로 스택을 사용하여 구현할 수 있다.

(2) 컴퓨터 프로그램의 함수 호출을 구현할 때에도 스택을 사용한다. **함수 호출 후 복귀 주소를 기억하는데** 이용된다. 프로그램에서 함수가 호출되는 경우 지역변수나 매개변수, 수행 후 복귀할 주소 등의 정보를 시스템 스택에 저장하게 된다. 그런 다음 함수 실행이 완료되면 시스템 스택에서 가장 최근의 복귀 주소를 구해서 그곳으로 되돌아간다.

> **더 알아두기**
>
> **사용자 스택**
> 프로그래머가 직접 만들어서 사용하는 스택
>
> **시스템 스택**
> 컴퓨터 내부의 시스템 소프트웨어가 만들어 사용하는 스택(재귀 호출에 의한 스택)

(3) 고급 언어의 명령문을 컴파일러가 번역할 때에도 스택을 사용한다. 컴파일러는 산술식을 검토하면서 피연산자와 연산자를 구별해 내고 또 각 연산의 우선순위에 맞게 산술식을 번역한다. 산술식 계산 시 기억 장소와 연산자를 저장하기 위한 두 개의 스택을 사용할 수 있으며 전위 표기법, 중위 표기법, 후위 표기법과 같은 다양한 수식 표기법으로 나열할 수 있다.

(4) 스택은 특히 **문자열 뒤집기**와 같이 자료의 출력 순서가 입력 순서의 역순으로 표시되어야 하는 경우에 매우 유용하게 사용된다. 예를 들어, 문자열이 (A, B, C, D)의 순서로 들어올 때 (D, C, B, A)처럼 역순으로 출력하고 싶다면 스택을 이용하면 된다. [그림 3-13]과 같이 주어진 문자열을 순서대로 전부 스택에 입력했다가 [그림 3-14]와 같이 순차적으로 다시 꺼내면 된다. 문자열 뒤집기는 스택의 후입선출(LIFO) 성질을 이용한 것이다.

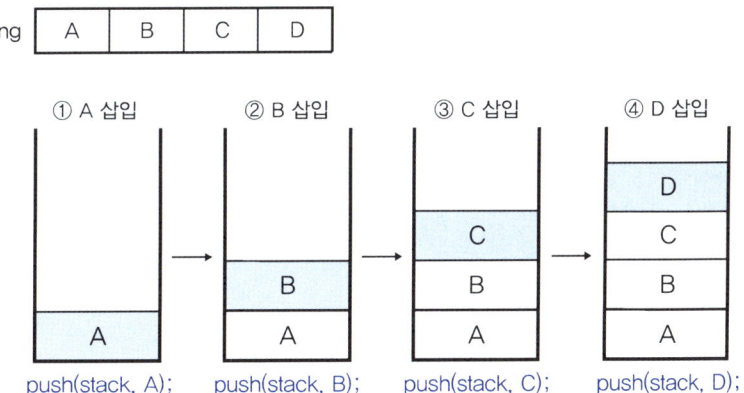

[그림 3-13] 문자열 뒤집기를 위한 push 동작

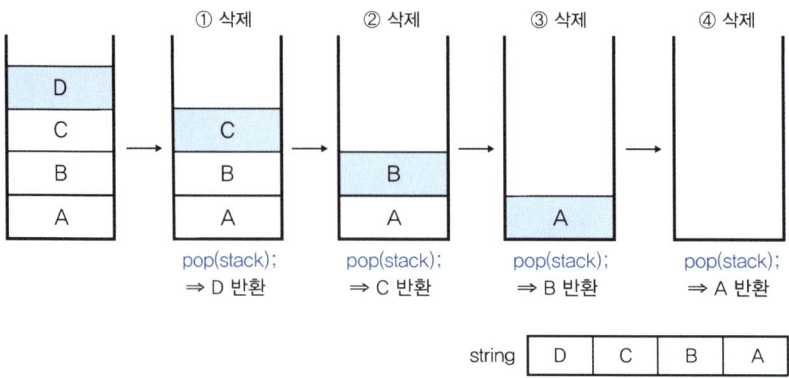

[그림 3-14] 문자열 뒤집기를 위한 pop 동작

(5) 스택은 문서나 소스 코드에서 괄호 닫기가 정상적으로 되었는지를 검사하는 프로그램에서도 사용한다. 프로그램의 소스 코드에서는 여러 유형의 괄호들이 사용되는데 같은 유형의 괄호는 쌍을 이루어야 한다. 예를 들어 [a + b * {c / (d − e)}] + (d / e)와 같은 수식에서 대괄호, 중괄호, 소괄호가 제대로 열리고 닫혔는가를 검사할 때 단순히 여는 괄호와 닫는 괄호의 개수를 비교하는 것만으로는 부족하다. 이런 경우 스택을 이용하여 검사할 수 있다. 먼저 여는 괄호는 스택에 push한다. 그리고 닫는 괄호가 나오면 스택에서 pop한 후 두 괄호를 비교하여 같은지 판단한다. 마지막으로 스택에 남은 괄호가 없다면 괄호가 정상적으로 열리고 닫혔음을 의미한다.

> **더 알아두기**
>
> **스택의 활용 분야(괄호 검사 문제)**
> C언어 소스 코드에도 대괄호 [ ], 중괄호 { }, 소괄호 ( )가 사용되는데 몇 가지 조건을 맞추어 사용해야 한다. 예를 들어 왼쪽 괄호의 개수와 오른쪽 괄호의 개수가 같아야 한다. 또한 같은 종류의 괄호에서 왼쪽 괄호는 오른쪽 괄호보다 먼저 나와야 한다. 서로 다른 종류의 괄호를 사용하는 경우 서로 다른 종류의 괄호 쌍이 서로를 교차하면 안 된다.
>
> [잘못된 괄호 사용의 예]
>
> ① (a(b)
> ② a(b)c)
> ③ a{b(c[d)e}f)

괄호가 일치하지 않으면 잘못된 코드이기 때문에 컴파일러는 이것을 검사해야 하는데 이와 같이 괄호 사용의 오류를 검사하기 위해 스택이 사용된다.

스택을 활용하여 수식의 괄호를 검사하는 방법
수식에 포함되어 있는 괄호는 가장 마지막에 열린 괄호를 가장 먼저 닫아 주어야 하는 후입선출 구조로 구성되어 있으므로 스택을 이용하여 괄호를 검사한다.
① 수식을 왼쪽에서 오른쪽으로 하나씩 읽으면서 괄호를 검사하는데 왼쪽 괄호를 만나면 스택에 push한다.

> ② 오른쪽 괄호를 만나면 스택을 pop하여 마지막에 저장한 괄호와 같은 종류인지를 확인한다.
> ③ 같은 종류의 괄호가 아닌 경우 괄호의 짝이 잘못 사용된 수식이 된다.
> ④ 수식에 대한 검사가 모두 끝났을 때 스택은 공백 스택이 된다.
> ⑤ 만약 수식이 끝났어도 스택이 공백이 아니면 괄호의 개수가 틀린 수식이다.

(6) 스택은 컴퓨터 운영체제에서 인터럽트가 발생한 경우에 복귀 주소의 저장이나 산술 계산에도 사용된다. 계산기 프로그램에서 입력된 수식을 계산하는 과정에도 스택이 사용된다.

(7) 스택은 데이터를 검색하는 방법 중의 하나인 백트래킹(backtracking) 기법을 구현하는 데 활용된다. 백트래킹은 해를 찾는 도중에 막히면 되돌아가서 다시 해를 찾아가는 기법을 의미한다. 그래프를 탐색하는 방법 중 하나인 깊이 우선 탐색은 어떤 노드에서 가볼 수 있는 길 모두를 가보고 안 되면 백트래킹하는 방법이다. 즉, 어떤 노드에서 출발하여 탐색하다가 더 이상 탐색할 노드가 없으면 그 노드의 부모 노드로 되돌아가(backtracking) 다시 다음 자식 노드를 방문하는 방법이다. 이때 방문하는 노드들은 스택에 삽입(push)하면서 방문하고 더 이상 방문할 노드가 없어 백트래킹을 할 때는 스택의 top에 있는 노드를 가져와(pop) 방문한다.

(8) 스택은 미로 탐색에서 출구를 찾기 위해서도 사용된다. 시작 지점으로 되돌아가기 위해 지나온 지점의 위치를 저장할 때 스택을 사용할 수 있다. 미로를 출발할 때 거쳐 가는 지점의 정보를 스택에 계속 쌓는다. 그런 후 되돌아가야 할 상황이 발생하면 스택에 저장된 정보를 위에서부터 확인하면 되돌아가는 길을 확인할 수 있다.

제2절 큐 중요

1 큐의 정의

큐(queue)는 병원이나 은행 등에서 서비스를 받기 위해서 줄을 서는 것과 같은 형태의 자료구조이다. 어떤 서비스를 받기 위해서 차례가 될 때까지 줄을 서서 기다려야 하는 경우가 있다. 그런 경우 새로 오는 사람은 이미 기다리는 사람들의 마지막에 서야 하는데 기다리다 보면 줄의 앞자리에 선 사람들이 하나씩 서비스를 받게 된다. 따라서 서서히 그 줄의 앞으로 이동하게 되는데 드디어 줄의 맨 앞에 섰을 때 서비스를 받을 수 있게 되어 그 줄을 빠져나오게 된다. 이렇게 먼저 도착한 사람이 먼저 서비스를 받는 것과 같이 **큐에서는 먼저 들어온 데이터가 먼저 나가고 나중에 들어온 데이터가 나중에 나가는 구조이다.** 가장 나중에 들어온 것이 가장 먼저 빠져 나오는 스택과는 반대 개념이라고 할 수 있다. 일상생활 속에서 큐의 예는 다양하다. 신호등이 바뀌기를 기다리며 일렬로 서 있는 자동차들도 큐이다. 또 컴퓨터 키보드에서 문서를 작성할 때 한 줄을 다 칠 때까지 입력되지 않고 키보드 버퍼 메모리에 큐를 형성한다. 마지막 [Enter ↵] 키를 누름과 동시에 큐에 대기 중이던 문자열이 입력된다. 또한 여러 파일에서 인쇄 명령을 계속 실행하면 프린터 큐가 형성되어 먼저 인쇄 명령을 내린 파일이 먼저 인쇄된다. 이처럼 큐는 다양한 분야에서 다양한 목적으로 사용될 수 있다. [그림 3-15]와 같이 큐는 한쪽 끝에서는 원소들의 삽입만 가능하고 반대쪽 끝에서는 원소들의 삭제만 가능하다. 큐는 뒤에서 새로운 데이터가 추가되고 앞에서 데이터가 하나씩 삭제되는 구조를 가지고 있다. 큐가 스택과 다른 점은 스택에서는 삽입과 삭제가 같은 쪽에서 일어나지만 큐에서는 다른 쪽에서 일어난다는 것이다. 큐에서 데이터의 삽입은 맨 뒤에서, 삭제는 맨 앞에서 이루어진다. 이렇게 큐에서는 양쪽 끝이 모두 사용된다. 삽입과 삭제가 서로 다른 곳에서 이루어지기 때문에 그 위치를 가리키는 front와 rear라는 포인터를 이용한다. **삽입은 rear에서 수행되고 삭제는 front에서 수행된다.** 큐는 삽입되는 순서에 따라 출력되는 데이터의 순서가 결정되는데 가장 먼저 삽입(First-In)된 데이터가 맨 앞에 있다가 가장 먼저 삭제(First-Out)된다. 이러한 구조를 **선입선출(FIFO : First-In First-Out) 구조**라 한다.

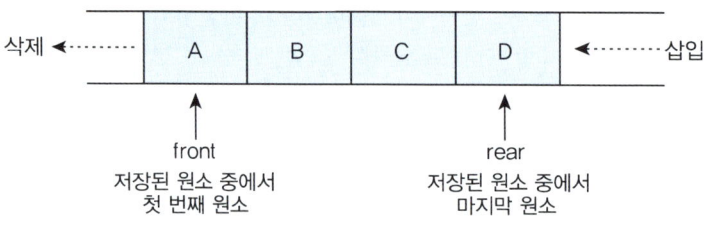

[그림 3-15] 큐의 구조

> **더 알아두기**
> 큐는 여러 데이터 항목을 일정한 순서로 입·출력하기 위한 선형 데이터 구조이다.

큐에서 새로운 데이터가 삽입될 때는 rear 포인터가 가리키는 한쪽 끝에서만 삽입이 일어나서 rear 포인터가 증가한다. 큐의 특정 원소가 삭제될 때는 front 포인터에서 삭제가 수행되어 front 포인터가 증가한다. 큐의 삽입 연산은 enqueue고 삭제 연산은 dequeue다. [그림 3-16]은 큐를 생성하여 데이터 A, B, C를 삽입하고 삭제하는 과정을 보인 것이다.

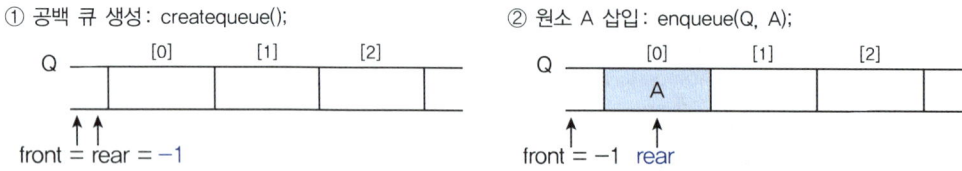

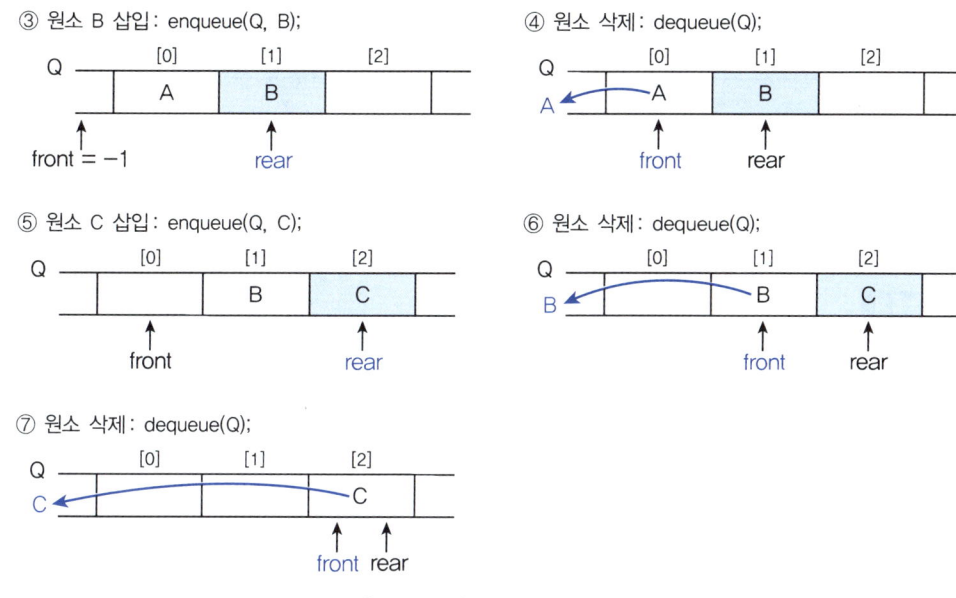

[그림 3-16] 큐의 데이터 삽입과 삭제

큐는 rear에서만 삽입을 할 수 있다. rear는 큐의 가장 뒤에 있는 원소의 위치를 의미한다. 삭제는 front에서만 할 수 있다. front는 큐의 가장 앞에 있는 원소의 위치를 의미한다. 큐는 가장 먼저 삽입되어 가장 앞에 있는 front 원소가 가장 먼저 삭제되는 특성을 갖는다. 따라서 삽입 순서가 A, B, C이면 삭제 순서도 A, B, C가 된다.

> **더 알아두기**
>
> 스택과 큐의 연산 비교
>
> | 항목
자료구조 | 삽입 연산 | | 삭제 연산 | |
> |---|---|---|---|---|
> | | 연산자 | 삽입 위치 | 연산자 | 삭제 위치 |
> | 스택 | push | top | pop | top |
> | 큐 | enqueue | rear | dequeue | front |

2 큐의 추상화 자료 구조

큐에 저장하는 데이터에 대한 특별한 제한은 없다. 큐의 연산들은 스택과 비슷하지만 스택은 삽입과 삭제가 모두 한쪽 끝에서 일어나지만 큐는 서로 다른 양쪽 끝에서 일어난다는 차이점이 있다. 다음 그림은 큐에 자료를 삽입하고 삭제하는 과정을 표현한 것이다. 먼저 (a)의 경우는 큐가 비어 있는 초기 상태이다. 아직 저장된 원소가 없는 초기 상태이므로 front와 rear는 -1로 초기화된다.

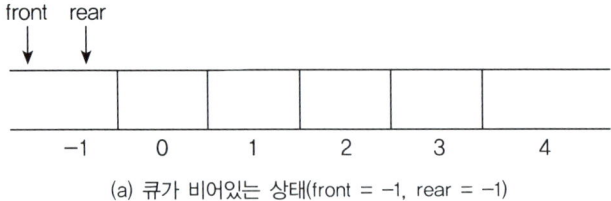

(a) 큐가 비어있는 상태(front = −1, rear = −1)

> **더 알아두기**
>
> **큐의 공백 상태**
> ① 큐를 처음 생성하여 front와 rear가 −1인 경우
> ② 마지막에 삽입한 원소인 rear의 원소를 삭제하여 front와 rear가 같은 위치가 된 경우
>   따라서 front = rear의 조건으로 큐가 공백 상태인지 검사할 수 있다.

(b)는 큐에 A가 삽입된 후의 모습이다. 삽입 연산을 하려면 먼저 rear 포인터를 하나 증가시키고 rear가 가리키는 위치에 A를 삽입한다. 초기 상태에서 rear는 −1이었는데 삽입 연산을 위해 하나 증가되어 0이 되었고 그 자리에 A가 삽입되었다.

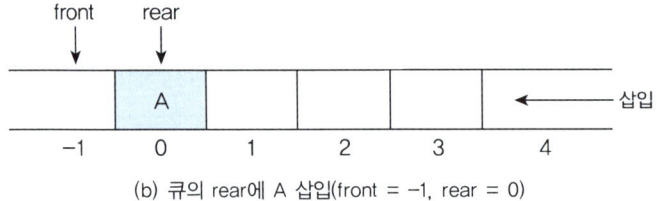

(b) 큐의 rear에 A 삽입(front = −1, rear = 0)

(c)는 큐에 B를 삽입한 후의 모습이다. (b)의 상태에서 새로운 데이터를 삽입하기 위해 먼저 rear 포인터를 하나 증가시키면 1이 되는데 그 위치에 B를 삽입한다.

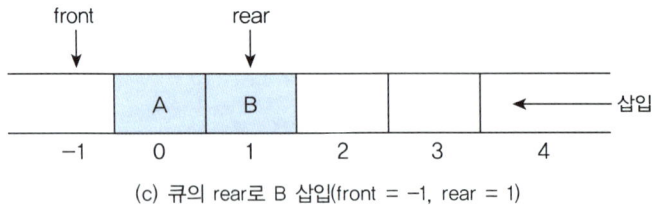

(c) 큐의 rear로 B 삽입(front = −1, rear = 1)

(d)는 큐에서 삭제 연산을 한 후의 모습이다. 큐에서 삽입 연산은 rear의 위치에서 이루어지고 삭제 연산은 front 위치에서 이루어진다. 따라서 데이터를 삭제하기 위해 먼저 front를 하나 증가시킨다. front는 원래 −1이었는데 하나가 증가되어 0이 된다. 그런 다음 그 위치에 있는 데이터 A를 삭제한다.

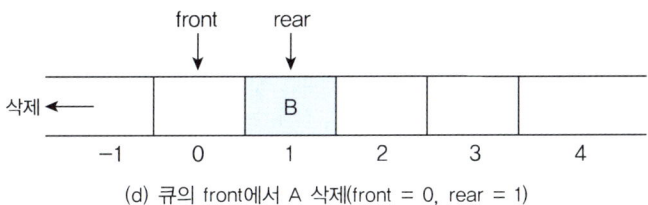

(d) 큐의 front에서 A 삭제(front = 0, rear = 1)

(e)는 다시 데이터 C를 삽입한 후의 모습이다. 삽입 연산을 위해 먼저 rear를 하나 증가시키고 그 위치에 C를 삽입한다.

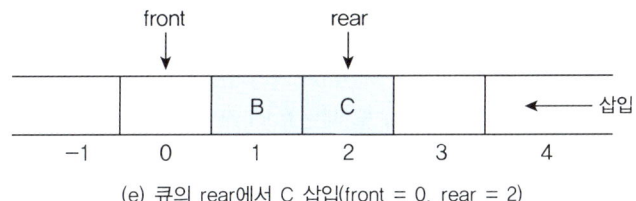

(e) 큐의 rear에서 C 삽입(front = 0, rear = 2)

큐는 들어온 시간 순으로 데이터를 저장할 때 가장 먼저 삽입된 데이터가 가장 먼저 삭제되고 가장 나중에 들어온 데이터가 가장 늦게 삭제된다. 추상 자료형 큐는 큐에 가해지는 작업들을 추상적으로 나열함으로써 정의된다. 큐에 대한 데이터와 연산의 특징을 추상화하여 추상 자료형으로 정의하면 다음과 같다.

> **큐의 추상 자료형**
> - 데이터 : 선입선출(FIFO)의 접근 방법을 유지하는 요소들의 모음
> - 연산
>   ① init() : 큐를 초기화한다.
>   ② enqueue(e) : 주어진 데이터를 큐의 맨 뒤에 추가한다.
>   ③ dequeue() : 큐가 비어 있지 않으면 맨 앞 데이터를 삭제하고 반환한다.
>   ④ is_empty() : 큐가 비어 있으면 TRUE, 아니면 FALSE를 반환한다.
>   ⑤ peek() : 큐가 비어 있지 않으면 맨 앞 데이터를 삭제하지 않고 반환한다.
>   ⑥ is_full() : 큐가 가득 차 있으면 TRUE, 아니면 FALSE를 반환한다.
>   ⑦ size() : 큐의 모든 데이터들의 개수를 반환한다.

큐에서는 삽입과 삭제가 서로 다른 위치에서 이루어지므로 양쪽의 위치를 기억하기 위한 두 개의 변수가 필요하다. rear는 삽입 위치와 관련된 변수이고 front는 삭제 위치와 관련된 변수이다. is_empty()는 큐가 비어 있는 공백 상태인지를 확인하고 is_full()은 큐가 꽉 차 있는 포화 상태인지를 검사한다. size()는 현재 큐 내부에 데이터가 몇 개가 있는지 확인할 때 사용하는 연산이다. enqueue(e)는 큐의 rear 위치에 새로운 데이터를 삽입하는 연산이고 dequeue()는 큐의 front 위치에 있는 데이터를 삭제하는 연산이다.

> **더 알아두기**
>
> 추상 자료형 큐는 리스트나 스택과 마찬가지로 집합적인 데이터를 다루기 위한 것으로 삽입, 삭제, 검색 작업을 위주로 한다. 리스트가 어느 위치에나 삽입, 삭제가 가능한 가장 일반적인 자료형이라면 스택은 후입선출, 큐는 선입선출이라는 특성을 만족해야 하므로 작업 범위가 제한된다.

3 큐의 삽입, 삭제 중요

큐에 새로운 원소가 삽입(enqueue)될 때는 rear 포인터가 가리키는 한쪽 끝에서만 삽입이 일어나 rear 포인터가 증가한다. 큐의 특정 원소가 삭제(dequeue) 될 때는 front 포인터에서 삭제가 수행되어 front 포인터가 증가한다. 따라서 원소들의 삽입과 삭제 시에 포인터의 값이 증가하게 된다. [그림 3-17]은 큐에서 데이터의 삽입과 삭제가 이루어지는 과정을 보여준다.

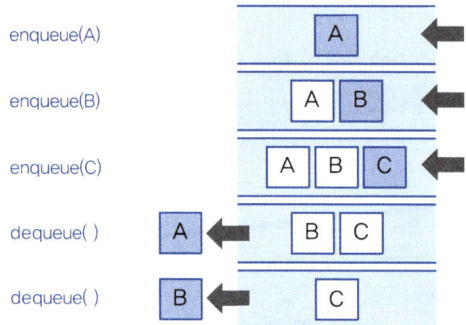

[그림 3-17] 큐의 삽입과 삭제 연산

순차 큐를 처음 생성하여 front와 rear가 -1인 경우와 마지막에 삽입한 원소 즉, rear의 원소를 삭제하여 front와 rear가 같은 위치가 된 경우에 순차 큐의 상태는 공백이 된다. 따라서 다음 알고리즘과 같이 front = rear의 조건으로 순차 큐가 공백 상태인지 검사할 수 있다.

> **큐의 공백 상태 검사 알고리즘**
> ```
> isempty(Q)
>     if (front = rear) then
>         return true;
>     else
>         return false;
> end isempty()
> ```

배열을 사용하여 구현하는 순차 큐는 배열 크기가 순차 큐의 포화 조건이 된다. 마지막에 삽입한 원소 위치인 rear가 배열의 마지막 인덱스인 n-1이면 더 이상 원소 삽입을 할 수 없는 포화 상태가 된다. 다음은 큐의 포화 상태 검사 알고리즘이다.

> **큐의 포화 상태 검사 알고리즘**
> ```
> isfull(Q)
>   if (rear = n - 1) then
>       return true;
>   else
>       return false;
> end isfull()
> ```

다음은 큐에서 데이터를 삽입하는 enqueue() 알고리즘이다. 삽입 연산을 하기 전에 먼저 큐가 포화 상태인지를 확인해야 하는데 만약 포화 상태이면 삽입 연산을 중단한다. 그렇지 않으면 rear 포인터를 하나 증가시키고 큐의 rear 위치에 데이터를 삽입한다.

> **큐의 삽입 알고리즘**
> ```
> enqueue(Q, x)
>   if (isfull(Q)) then
>       queue_full();    //포화 상태면 삽입 연산 중단
>   else {
>       rear = rear + 1;
>       Q[rear] = x;
>   }
> end enqueue()
> ```

다음은 큐에서 데이터를 삭제하는 dequeue() 알고리즘이다. 큐가 공백 상태인지 여부를 먼저 확인하고 공백 상태이면 삭제 연산을 중단한다. 공백 상태가 아니면 큐의 가장 앞에 있는 원소를 삭제해야 하므로 front 포인터를 하나 증가시키고 큐의 front 위치에 있는 데이터를 삭제한다.

> **큐의 삭제 알고리즘**
> ```
> dequeue(Q)
>   if (isempty(Q)) then
>       queue_empty();    //포화 상태면 삭제 연산 중단
>   else {
>       front = front + 1;
>       return Q[front];
>   }
> end dequeue()
> ```

큐의 삽입이나 삭제 알고리즘을 살펴보면 front와 rear의 값이 계속 증가하기만 하는 것을 알 수 있다. 큐를 배열과 같은 순차 자료구조로 구현하게 되면 삽입과 삭제 연산을 여러 번 수행하면서 front와 rear의 값이 계속 증가하게 된다. 그러다가 언젠가는 배열의 끝에 도달하게 된다. 따라서 배열의 앞부분이 비어 있더라도 삽입 알고리즘의 처리 과정에서 큐가 꽉 찬 상태(queue full)로 인식하게 되어 더 이상 삽입하지 못하게 된다. 즉, 큐의 기억 공간이 존재하는데도 불구하고 더 이상 삽입할 곳이 없는 것으로 판단한다. 선형 큐에서 삽입과 삭제를 반복하면서 [그림 3-18]과 같은 상태일 경우, 앞부분에 빈자리가 있지만 rear = n − 1 상태이므로 포화 상태로 잘못 인식하고 더 이상의 삽입을 수행하지 않는다.

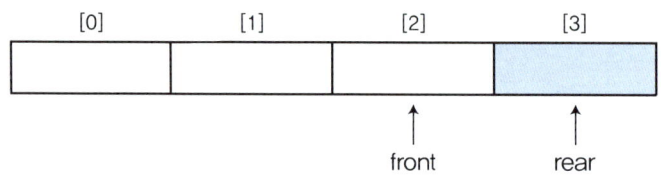

[그림 3-18] 선형 큐에서 잘못 인식된 포화 상태

이러한 문제점을 해결할 수 있는 방법으로는 [그림 3-19]와 같이 큐에 저장되어 있는 원소들을 배열의 앞부분으로 이동시키는 것이다. 만약 더 이상 삽입할 곳이 없으면 사용 가능한 기억 공간을 만들기 위해 모든 원소들을 왼쪽으로 이동시켜야 한다.

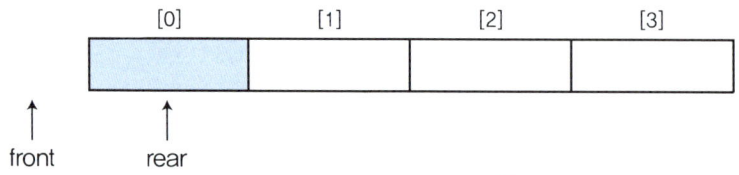

[그림 3-19] 선형 큐의 원소들을 앞부분으로 이동

이렇게 큐의 원소들을 이동하면 오버플로우는 해결할 수 있지만 이것은 매우 번거롭고 비효율적인 방법이다. 순차 자료구조에서의 이동 작업은 연산이 복잡하여 효율성이 떨어지기 때문이다. 따라서 이러한 문제점을 해결하기 위해 원형 큐를 사용한다.

> **더 알아두기**
>
> **1차원 배열을 이용하여 큐를 구현하는 방법**
> 먼저 초기 공백 큐를 만들기 위해서는 크기가 n인 1차원 배열을 생성해야 하고 front와 rear를 −1로 초기화해야 한다.
> - 큐의 크기 : 배열의 크기
> - 변수 front : 배열에 저장된 첫 번째 원소의 인덱스
> - 변수 rear : 배열에 저장된 마지막 원소의 인덱스
> - 초기 상태 : front = rear = −1
> - 공백 상태 : front = rear
> - 포화 상태 : rear = n − 1 (n : 배열의 크기, n − 1 : 배열의 마지막 인덱스)

4 원형 큐 중요 기출

원형 큐(circular queue)는 큐를 원형으로 표현하는 방식이며 순차 큐의 이동 방식이 갖는 단점을 보완하기 위한 방법이다. 큐의 크기가 n인 1차원 배열을 사용하면서 배열의 처음과 끝을 연결해서 원형으로 구성하여 만든 것을 원형 큐라고 한다. 물론 실제로 배열이 원형인 것은 아니며 개념상으로 원형으로 배열의 인덱스를 변화시켜주는 것뿐이다. 원형 큐는 오버플로우가 발생했을 때 큐의 구조가 원형으로 구성되어 있으므로 데이터의 삽입 시에 rear 포인터 값을 증가시켜 계속 새로운 가용 공간을 확보할 수 있어서 원소들을 이동시킬 필요가 없게 된다.

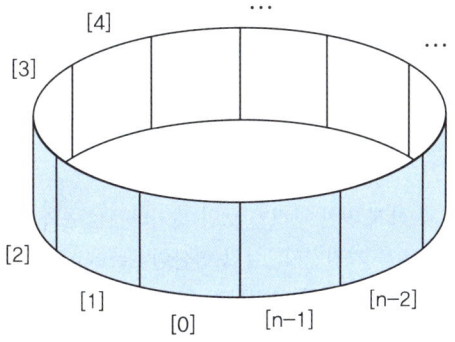

[그림 3-20] 원형 큐의 구조

원형 큐에서도 front와 rear 포인터를 사용하는데 큐에서 사용하였던 개념과는 조금 다르다. 큐에서는 큐가 비어있는 초기 공백 상태에서 front와 rear 포인터는 모두 −1이었다. 하지만 원형 큐에서 front와 rear는 −1이 아니고 같은 위치를 가리키기만 하면 된다. 일단 모두 0이라고 하자. front는 항상 큐의 첫 번째 원소의 하나 앞을 가리키고, rear는 마지막으로 입력된 원소를 가리킨다.

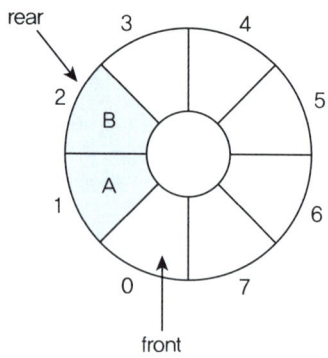

[그림 3-21] 원형 큐의 front와 rear

> **더 알아두기**
>
> **원형 큐의 구조**
> 큐의 전단과 후단을 관리하기 위한 2개의 변수 필요
> - front : 첫 번째 원소 하나 앞의 인덱스
> - rear : 마지막 원소의 인덱스
> - 초기 공백 상태 : front = rear = 0
> - front와 rear의 위치가 배열의 마지막 인덱스 n – 1에서 논리적인 다음 자리 인덱스 0번으로 이동하기 위해서 나머지 연산자 mod를 사용
>   예) 3 ÷ 4 = 0 ⋯ 3 (몫 = 0, 나머지 = 3)
>   3 mod 4 = 3 (나머지 = 3)
>
> **순차 큐와 원형 큐의 비교**
>
> | 종류 | 삽입 위치 | 삭제 위치 |
> |---|---|---|
> | 순차 큐 | rear = rear + 1 | front = front + 1 |
> | 원형 큐 | rear = (rear + 1) mod n | front = (front + 1) mod n |

[그림 3-22]는 원형 큐에서 삽입과 삭제 연산 과정을 보인 것이다. front와 rear가 어떻게 변화되는지를 보여준다. 처음에 front와 rear는 모두 0을 가리킨다. 삽입 연산인 enqueue(A)는 먼저 rear를 하나 증가시키고 증가된 위치에 데이터 A를 삽입한다. 이제 B를 삽입하기 위한 enqueue(B)가 연산을 하기 위해 rear를 하나 더 증가시켜 2가 되면 그 위치에 B를 삽입한다. 삭제 연산 dequeue()에서는 먼저 front를 하나 증가시키고 증가된 위치에서 데이터를 꺼낸다. 초기 상태에서 front는 0이었으나 삭제를 위해 하나 증가되어 1이 되었다. 따라서 원형 큐의 1번 위치에 있는 데이터 A가 삭제된다. 나머지 데이터들에 대한 삽입과 삭제 연산도 이런 식으로 이루어지므로 선형 큐에서와 같이 남아 있는 빈 공간을 확보하기 위해 원소들을 이동시킬 필요는 없다.

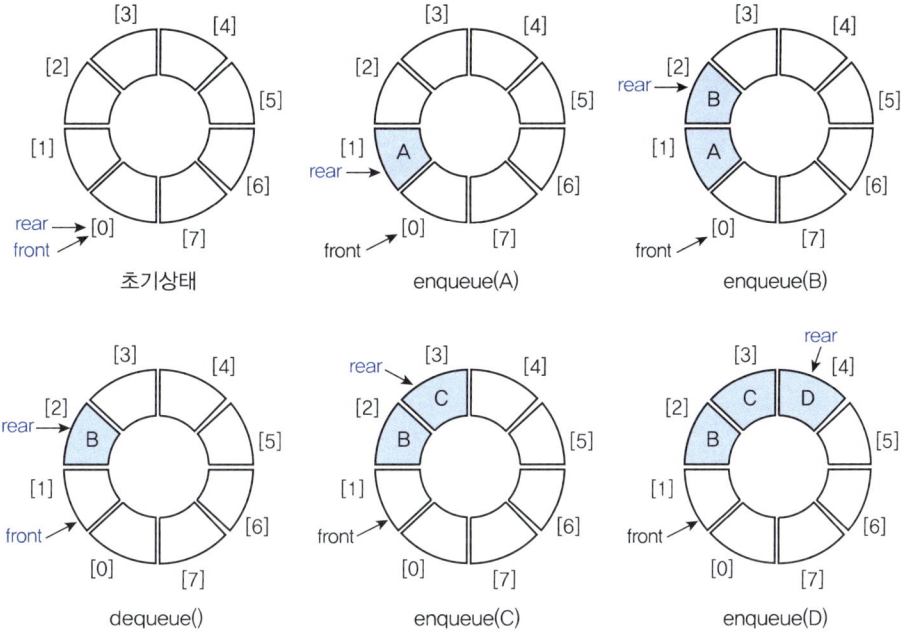

[그림 3-22] 원형 큐의 삽입과 삭제 과정

[그림 3-23]에서 (a)와 같이 원형 큐가 초기 공백 상태일 때는 front와 rear의 값은 0이 된다. 원형 큐에서는 공백 상태와 포화 상태를 쉽게 구분하기 위해서 front는 항상 빈 공간으로 남겨둔다. 만약 front를 빈 공간으로 비워두지 않으면 [그림 3-23]의 (a)와 (c)처럼 공백 상태와 포화 상태를 구분할 수 없을 것이다. 원형 큐에서도 순차 큐에서와 같이 front와 rear의 값이 같으면 큐가 비어 있는 공백 상태이다. 따라서 front = rear이면 공백 상태가 되고 만약 front가 rear보다 하나 앞에 있으면 포화 상태가 된다. 만약 원형 큐에 데이터가 몇 개나 있는지를 확인하는 추가적인 변수를 사용하면 front의 한자리를 비워두지 않아도 된다. 이 변수는 현재 큐에 데이터가 몇 개가 있는지를 추적하기 위한 것으로 삽입이 일어날 때마다 이 변수를 하나씩 증가시키고 삭제가 일어날 때마다 하나씩 감소시키면 된다. 이렇게 하면 현재 큐의 상황을 체크할 수 있다. 그러나 이 방법은 추가적인 변수를 관리해야 하므로 프로그램이 더 복잡해질 수 있다.

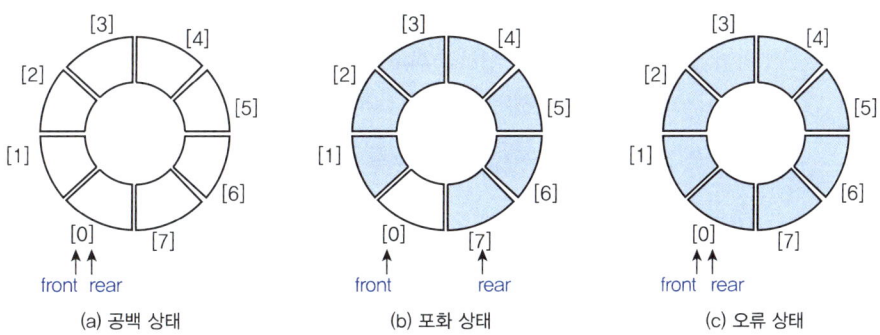

[그림 3-23] 원형 큐의 공백 상태와 포화 상태 및 오류 상태

> **더 알아두기**
>
> **원형 큐의 공백 상태, 포화 상태**
> - 공백 상태 : front = rear
> - 포화 상태 : front = (rear + 1) % n
> - 공백 상태와 포화 상태를 구별하기 위해 front는 항상 빈자리로 남겨둠
> - 삽입과 삭제 시 배열의 위치는 나머지 연산(% 연산)을 이용하여 계산함

다음은 원형 큐 생성 알고리즘이다. 먼저 원형 큐를 생성할 때 순차 큐와 같이 1차원 배열을 사용한다. front와 rear의 초깃값은 0이 된다.

> **원형 큐 생성 알고리즘**
> ```
> createqueue()
>     cQ[n];
>     front = 0;
>     rear = 0;
> end createqueue()
> ```

다음은 원형 큐가 공백 상태인지를 검사해야 할 때 front와 rear가 같은지를 비교하여 같으면 공백 상태로 판단하는 알고리즘이다.

> **원형 큐의 공백 상태 검사 알고리즘**
> ```
> isempty(cQ)
>     if (front = rear) then
>         return true;
>     else
>         return false;
> end isempty()
> ```

rear가 원형 큐를 한 바퀴 돌면서 원소를 모두 삽입하면 원형 큐는 포화 상태가 된다. 이때 이를 검사하기 위해 그다음 rear 위치인 (rear + 1) mod n이 현재의 front 위치와 같으면 포화 상태로 판단할 수 있다.

📁 원형 큐의 포화 상태 검사 알고리즘

```
isfull(cQ)
    if (front = ((rear + 1) mod n)) then
        return true;
    else
        return false;
end isfull()
```

더 알아두기

원형 큐의 상태에 따른 front와 rear 관계

구분	조건
공백 상태	front = rear
포화 상태	front = (rear + 1) mod n

다음은 원형 큐의 삽입 알고리즘이다. 원형 큐가 포화 상태가 아니면 데이터를 삽입할 수 있다. 데이터를 삽입하기 위해서는 rear의 값을 하나 증가시켜 삽입할 위치를 계산한다. 그런 다음 원형 큐에서 rear가 가리키는 위치에 데이터를 삽입하면 된다.

📁 원형 큐의 삽입 알고리즘

```
enqueue(cQ, item)
    if (isfull(cQ) then
        queue_full();
    else{
        rear = (rear + 1) mod n;
        cQ[rear] = item;
    }
end enqueue()
```

원형 큐가 공백 상태가 아니면 데이터를 삭제할 수 있다. 데이터를 삭제하기 위해서는 front의 값을 하나 증가시켜 삭제할 위치를 계산한다. 그런 다음 원형 큐에서 front가 가리키는 데이터를 삭제하면 된다.

> **원형 큐의 삭제 알고리즘**
>
> ```
> dequeue(cQ)
>     if (isempty(cQ) then
>         queue_empty();
>     else{
>         front = (front + 1) mod n;
>         return cQ[front];
>     }
> end dequeue()
> ```

[그림 3-24]는 크기가 4인 원형 큐를 생성하여 데이터를 삽입하고 삭제하는 과정을 보인 것이다.

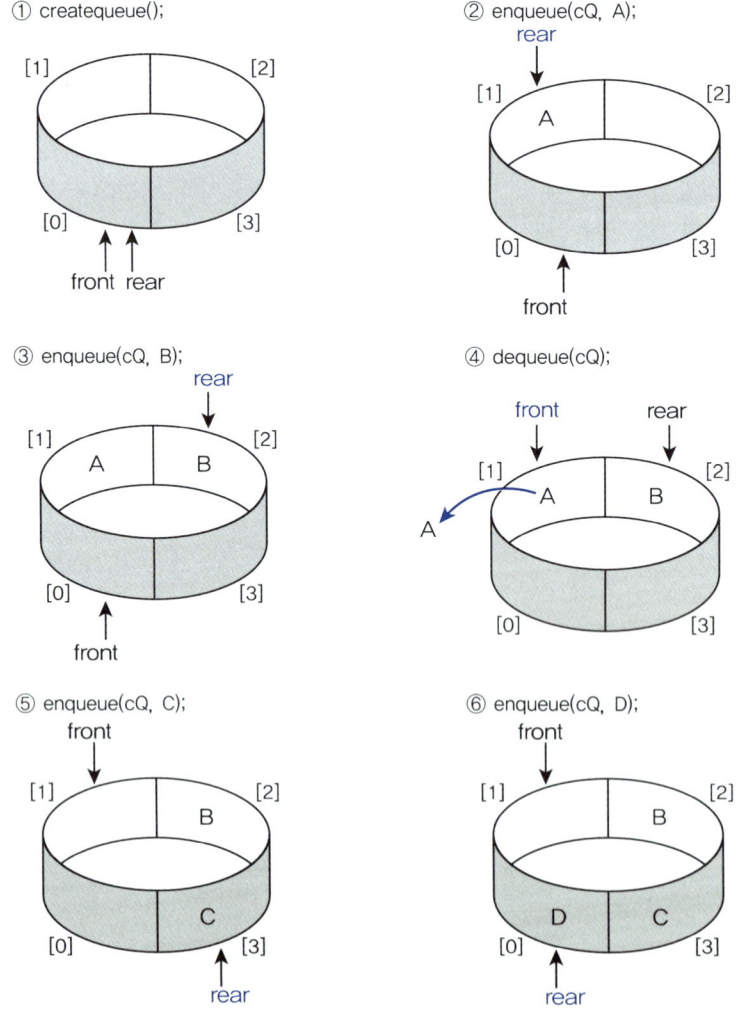

[그림 3-24] 원형 큐의 데이터 삽입과 삭제

[그림 3-24]의 삽입 과정에서 ⑥번이 수행된 후의 원형 큐는 꽉 찬 포화 상태가 된다. 이 원형 큐에서 front가 가리키는 위치는 데이터가 없이 비어 있지만 원형 큐에서 front는 공백 상태와 포화 상태를 구분하기 위하여 항상 비워두어야 한다. 따라서 더 이상 추가로 데이터를 삽입할 수 없다. 큐도 순차 자료구조인 배열을 이용하여 구현할 수도 있고 연결 리스트를 이용하여 구현할 수도 있다. 배열을 사용하여 구현할 경우 배열 크기에 제한이 있고 항상 고정된 크기를 사용해야 하므로 메모리의 낭비가 있을 수 있다. 또한 큐에서 삽입, 삭제가 반복되면서 전체적으로 데이터가 오른쪽으로 이동하는 현상이 발생하여 왼쪽에 빈 공간이 생기게 된다. 이 공간을 이용하기 위해 고안된 것이 원형 큐이다. 큐를 연결 리스트와 같은 연결 자료구조를 이용하여 구현하면 크기 제한이 없이 데이터를 추가하거나 삭제할 수 있다. 즉, 연결 리스트로 만든 큐는 크기를 정해 놓지 않고 필요할 때마다 노드를 하나씩 만들어서 연결하면 되므로 순차 큐나 원형 큐와 같은 포화 상태가 존재하지 않는다.

5 큐의 적용 분야들 중요 기출

일상생활에서 많은 일들은 대부분 먼저 들어온 순서대로 처리된다. 예를 들어, 은행이나 병원 또는 극장의 매표소에서 차례를 기다리기 위하여 줄을 서는 일과 같이 도착 순서대로 작업이 이루어진다. 이와 같이 선입선출(FIFO) 특성을 갖는 큐는 다음과 같이 매우 광범위한 분야에서 활용된다.

(1) 컴퓨터를 이용하여 현실 세계의 실제 상황을 시뮬레이션하는 분야에서 큐가 많이 사용된다. 시뮬레이션이란 어떤 복잡한 일이나 문제를 해결하기 위해 실제로 일을 실행하기 앞서서 미리 실험해본다는 의미가 있다. 시뮬레이션은 주어진 시스템을 일단 수학적 모델링을 하는 데에서 출발한다. 만일 어떤 은행의 손님이 많아져서 창구를 늘리는 것을 고려한다면 창구를 늘릴 때 드는 비용 대비하여 손님의 대기 시간이 얼마나 짧아지는지, 또 그로 인해 은행의 이익이 얼마나 늘어나는지를 고려해 보아야 한다. 이러한 모델링에 사용되는 통계적 이론이 큐잉 이론(queueing theory)이다. 이렇게 어떤 것을 시뮬레이션하기 위해 대기 행렬과 대기 시간 등을 모델링하는 데 큐의 개념을 사용한다.

(2) 컴퓨터 장치들 사이에서 데이터를 주고받을 때 각 장치들 사이에는 시간이나 속도의 차이가 있다. 이러한 시간이나 속도의 차이를 극복하기 위해서 임시 기억 장치인 버퍼(buffer)를 사용하는데 이것도 큐의 개념이다. 운영체제의 작업 큐나 프린터 버퍼 큐에서도 큐가 사용된다. 프린터의 버퍼 큐는 CPU에서 프린터로 보낸 데이터를 순서대로 프린터로 출력하기 위해서 선입선출 구조의 큐를 사용한다. 큐는 운영체제가 입·출력 작업을 스케줄링하는데 이용되기도 하는데 스케줄링 큐는 CPU 사용을 요청한 프로세서들의 순서를 스케줄링하기 위해 큐를 사용한다.

(3) 최근에는 많은 사람들이 인터넷을 이용하여 동영상 스트리밍 자료들을 실시간으로 다운로드하여 이용한다. 그런데 실시간 스트리밍 파일들은 전체 용량이 한꺼번에 다운로드 되는 것이 아니므로 다운로드 되는 중간에 재생하기에 충분한 데이터가 모아질 때까지 기다렸다가 재생시킨다. 이러한 버퍼링의 개념도 결국 큐를 활용한 것이다. 또한 인터넷에서 전송되는 데이터 패킷들을 모델링하는 데도 사용된다.

> **더 알아두기**
>
> **큐의 응용 분야**
> - 직접적인 응용
>   ① 시뮬레이션의 대기열(공항의 비행기들, 은행에서의 대기열)
>   ② 키보드와 컴퓨터 사이의 큐(입력 버퍼)가 필요함
>   ③ 통신에서의 데이터 패킷들의 모델링에 이용
>   ④ 프린터와 컴퓨터 사이의 버퍼링
>
> - 간접적인 응용
>   ① 스택과 마찬가지로 프로그램을 작성하는 프로그래머의 도구
>   ② 많은 알고리즘에서 사용됨

제3절 데크 중요 기출

데크(deque : double-ended queue)는 큐의 특수한 형태로 원소의 삽입과 삭제가 큐의 양쪽 끝에서 모두 허용되는 구조이다. 큐의 전단(front)과 후단(rear)에서 모두 삽입, 삭제가 가능한 큐를 의미한다. 예를 들어, 키보드의 글자를 입력하는 과정을 들 수 있다. 사용자가 키보드를 하나씩 눌러 입력하면 주기억장치 안의 입력 버퍼에 순차적으로 저장된다. 이 버퍼는 일종의 큐 구조로서 글자가 들어오는 순서대로 큐의 뒤쪽에 삽입되게 된다. CPU가 이 데이터를 가져갈 때에는 먼저 들어온 글자를 먼저 가져가서 사용자의 화면에 보여주면 된다. 즉, 일반적인 큐와 마찬가지로 큐의 front에서 삭제가 일어난다. 그러나 사용자가 [←] 키(백 스페이스 키)를 누르면 이 키는 큐의 제일 마지막 글자에 적용되어야 한다. 즉, 큐의 rear에서 삭제가 일어나야 한다. 이런 경우 큐의 front에서도 삽입이 가능하고 rear에서 삭제가 가능하도록 해야 한다. 이처럼 데크는 큐의 양쪽 끝에서 삽입과 삭제 연산을 모두 수행할 수 있도록 확장한 자료구조이다.

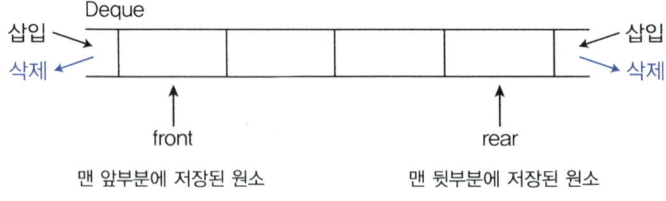

[그림 3-25] 데크의 구조

[그림 3-25]와 같은 데크의 구조는 스택과 큐를 혼합한 형태이며 큐로 작동할 수도 있고 스택으로 작동할 수 있다. 다시 말해 큐와 스택의 개념을 일반화한 자료형이라 할 수 있다.

> **더 알아두기**
>
> **데크**
> 큐의 양쪽 끝에서 삽입과 삭제 연산이 가능하지만 여전히 중간에 삽입하거나 삭제하는 것은 허용하지 않는다.

[그림 3-26]은 데크에서 데이터를 삽입하고 삭제 연산을 하는 과정을 보인 것이다.

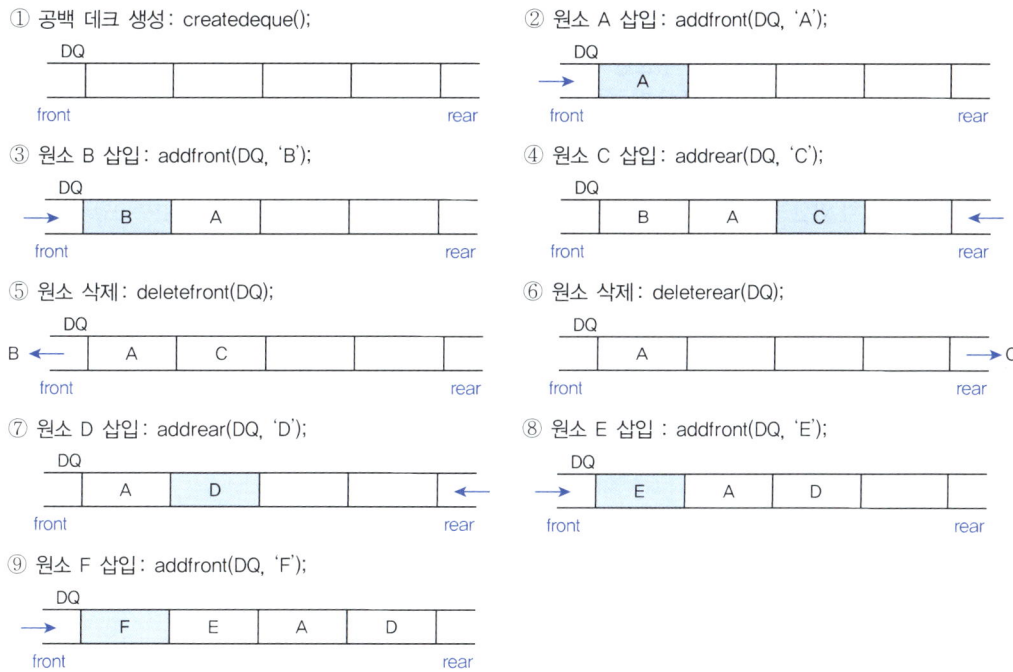

[그림 3-26] 데크의 데이터 삽입과 삭제

데크에 대한 데이터와 연산의 특징을 추상화하여 추상 자료형으로 정의하면 다음과 같다.

> **데크의 추상 자료형**
> - 데이터 : 전단과 후단을 통한 접근을 허용하는 요소들의 모음
> - 연산
>   ① init() : 데크를 초기화한다.
>   ② add_front(e) : 주어진 데이터 e를 데크의 맨 앞에 추가한다.
>   ③ delete_front() : 전단 데이터를 삭제하고 반환한다.
>   ④ add_rear(e) : 주어진 데이터 e를 데크의 맨 뒤에 추가한다.
>   ⑤ delete_rear() : 후단 데이터를 삭제하고 반환한다.
>   ⑥ is_empty() : 공백 상태이면 TRUE, 아니면 FALSE를 반환한다.
>   ⑦ get_front() : 전단 데이터를 삭제하지 않고 반환한다.
>   ⑧ get_rear() : 후단 데이터를 삭제하지 않고 반환한다.
>   ⑨ is_full() : 데크가 가득 차 있으면 TRUE, 아니면 FALSE를 반환한다.
>   ⑩ size() : 데크 내의 모든 데이터들의 개수를 반환한다.

데크는 스택과 큐의 연산들을 모두 가지고 있다. 데크의 add_front()와 delete_front()와 같이 전단과 관련된 연산들만을 사용하면 스택이 된다. add_front()와 delete_front() 연산은 스택의 push와 pop 연산과 같다. 또한 add_rear()와 delete_front()와 같이 삽입은 후단, 삭제는 전단만을 사용하면 큐로 동작한다. add_rear()와 delete_front() 연산은 큐의 enqueue와 dequeue 연산과 같다. 따라서 데크는 융통성이 많은 자료구조라고 할 수 있다. [그림 3-27]은 데크의 삽입과 삭제 연산들이 수행되는 일련의 과정을 보여준다.

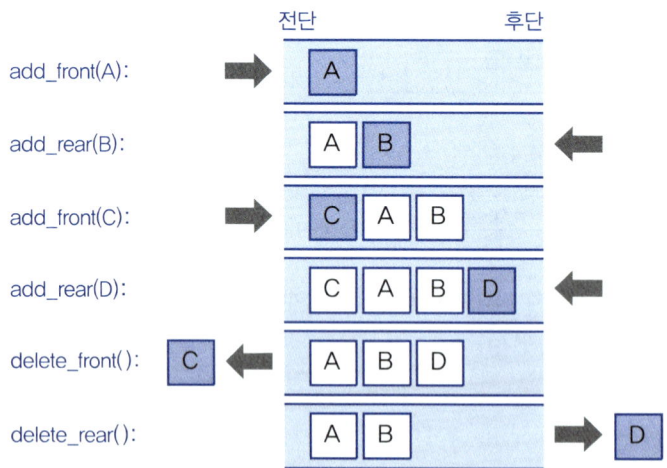

[그림 3-27] 데크의 삽입과 삭제 연산

데크를 구현하는 방법에는 선형 배열을 이용하는 방법과 연결 리스트를 이용하는 방법이 있다. 데크를 선형 배열로 구현할 때에는 front와 rear를 의미하는 인덱스 두 개가 필요하다. 데크는 양쪽 끝에서 삽입과 삭제 연산을 수행하면서 앞, 뒤에서 데크의 길이가 변화한다. 또한 저장된 원소의 순서 변화가 많으므로 배열과 같

은 순차 자료구조는 비효율적이다. 따라서 [그림 3-28]과 같이 양방향으로 연산이 가능한 이중 연결 리스트를 사용하여 구현하는 것이 더 효율적이다. 데크는 양 끝에서 삽입과 삭제 연산이 일어난다는 점을 감안하면 포인터를 두 개 유지하는 것이 유리하다. 이중 연결 리스트는 하나의 노드가 선행 노드와 후속 노드에 대한 두 개의 링크를 가지는 리스트이다. 링크가 양방향이므로 양방향으로 검색이 가능하다. 그러나 이중 연결 리스트를 이용한 구현은 선행 노드와 후속 노드를 가리키는 포인터 변수를 가져야 하므로 기억 공간을 많이 차지하고 코드가 복잡해지는 단점이 있다. 그럼에도 불구하고 여러 가지 장점이 많기 때문에 자주 사용된다.

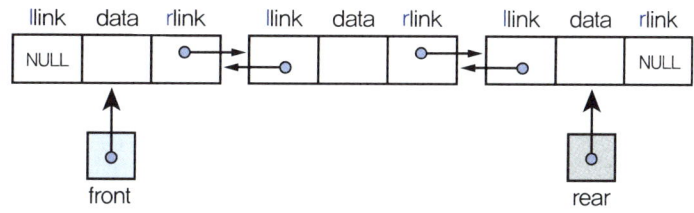

[그림 3-28] 이중 연결 리스트로 구현한 데크

데크는 큐의 오른쪽과 왼쪽에서 삽입 연산과 삭제 연산이 모두 가능한 큐의 변형 구조이다. 그러나 데크의 양쪽 끝에서 원소들의 삽입과 삭제에 제한을 두어 리스트의 어느 한쪽 끝에서만 삽입과 삭제가 가능하도록 할 수 있다. 이때 새로운 원소의 삽입이 리스트의 한쪽 끝에서만 가능하도록 제한한 것을 **입력 제한 데크** 또는 **스크롤**(scroll)이라 한다. 스크롤은 새로운 데이터를 데크에 입력할 때에 한쪽에서만 가능하고 출력할 때는 양쪽에서 수행되는 자료구조이다. 또한 특정 원소의 삭제를 리스트의 한쪽 끝에서만 가능하도록 제한한 것을 **출력 제한 데크** 혹은 **셀프**(shelf)라고 한다. 셀프는 새로운 데이터를 데크에 입력할 때에는 양쪽에서 가능하고 출력할 때는 한쪽에서 수행되도록 알고리즘을 구성한 자료구조이다.

> **더 알아두기**
>
> **입력 제한 데크**
> - 새로운 원소의 삽입이 리스트의 한쪽 끝에서만 가능하도록 제한
> - 스크롤(scroll)
>
> **출력 제한 데크**
> - 특정 원소의 삭제를 리스트의 한쪽 끝에서만 가능하도록 제한
> - 셀프(shelf)

제4절 스택을 이용한 수식 계산과 표기식 변환

1 연산자의 우선순위

연산자(operator)란 어떤 연산을 할지 지정하는 것을 의미하고 연산의 대상이 되는 것을 피연산자(operand)라고 한다. 일반적으로 연산은 왼쪽에서 오른쪽 순서로 처리된다. 하나의 수식에는 여러 개의 연산자가 사용될 수 있는데 이때 어떤 것을 먼저 처리할지 정하는 것을 연산자의 우선순위라고 한다. 연산자의 우선순위는 모호하게 해석 가능한 수식에서 어느 연산을 먼저 계산할 것인가를 결정하는 규칙이다. 여러 가지 연산자가 있을 때 무엇을 먼저 계산하는지에 대한 연산의 적용 순서를 정하는 것은 매우 중요하다. 우선순위는 괄호를 사용해 표현하기도 하며 수식을 표현하는 데 사용되는 연산자들은 우선순위에 따라 연산 순서가 결정된다. C언어에서도 다양한 연산자들의 우선순위가 정해져 있다. 프로그램에서 여러 연산이 수행되는 경우 미리 정해진 연산자 우선순위에 따라 각 부분이 계산되고 결정된다. [표 3-1]은 C언어에서 연산자들의 우선순위를 나타낸다. 표의 위쪽에 위치한 연산자들의 우선순위가 높고 아래로 내려갈수록 우선순위는 낮아진다. 연산자 우선순위에 따라 연산하는 과정은 스택을 이용하여 표현하기도 한다.

[표 3-1] C언어 연산자의 우선순위

연산자 이름	연산자	결합 방향
괄호 및 포인터 연산자	( ) [ ] -> .	→
단항 연산자	! ~ ++ -- * & (type) sizeof	←
산술 승제 연산자	* / %	→
산술 가감 연산자	+ -	→
비트 쉬프트 연산자	<< >>	→
비교 연산자	< <= > >=	→
등가 연산자	== !=	→
비트곱 연산자	&	→
비트 XOR 연산자	^	→
비트합 연산자	|	→
논리곱 연산자	&&	→
논리합 연산자	||	→
조건 연산자	? :	←
대입 연산자	= += -= *= /= &= %= ^= <<= >>=	←
콤마 연산자	,	→

> **더 알아두기**
>
> 고급 언어로 작성된 명령문을 컴파일러가 번역하는 데에도 스택을 사용하는데 산술식을 번역하여 기계어로 만들어낼 때도 스택을 사용한다. 컴파일러는 산술식을 검토하면서 피연산자와 연산자를 구별해 내고 또 각 연산의 우선순위에 맞게 그 산술식을 번역한다. 스택은 수식을 계산하는 데 매우 효과적이다.

2 수식의 표기법 중요

일반적으로 수식은 연산자와 피연산자로 구성되는데 연산자와 피연산자의 위치에 따라 수식을 표기하는 방법에는 3가지가 있다. 전위 표기법(prefix notation), 중위 표기법(infix notation), 후위 표기법(postfix notation)이 있다. [표 3-2]의 중위 표기법이 가장 일반적인 표기법이며 연산자를 피연산자의 가운데에 표기(예 A + B)하는 방법이다. 중위 표기법은 피연산자-연산자-피연산자의 순서로 수식을 표기한다. 전위 표기법은 연산자를 앞에 표기(예 + AB)하고 그 다음에 피연산자를 나열하는 방법이며 **연산자-피연산자-피연산자**의 순서로 수식을 표기한다. 후위 표기법은 연산자를 피연산자 뒤에 표기(예 AB +)하는 방법이다. 후위 표기법은 피연산자-피연산자-연산자의 순서로 수식을 표기한다.

[표 3-2] 수식의 표기법

수식 표기법	표현 순서	적용 예
전위 표기법	연산자-피연산자-피연산자	+ AB
중위 표기법	피연산자-연산자-피연산자	A + B
후위 표기법	피연산자-피연산자-연산자	AB +

중위 표기법 수식을 전위 표기법으로 변환하는 예는 다음과 같다. A * B - C / D인 중위 표기법 수식을 전위 표기법으로 변환하는 방법이다.

> ① 수식의 각 연산자를 우선순위에 따라서 괄호를 사용하여 다시 표시한다.
>   ((A * B) - (C / D))
>
> ② 각 연산자를 그에 대응하는 왼쪽 괄호의 앞으로 이동시킨다.
>   ((A * B) - (C/D)) ⟶ - (* (A B) /(C D))
>
> ③ 괄호를 제거하여 식을 완성한다.
>   - * AB / CD

중위 표기법으로 작성된 수식 A * B - C / D을 후위 표기법으로 변환하는 방법은 다음과 같다.

> ① 수식의 각 연산자에 대한 우선순위에 따라서 괄호를 사용하여 다시 표시한다.
>   ((A * B) - (C / D))
>
> ② 각 연산자를 그에 대응하는 오른쪽 괄호의 뒤로 이동시킨다.
>   ((A * B) - (C/D)) ⟶ ((A B) * (C D) /) -
>
> ③ 괄호를 제거하여 식을 완성한다.
>   AB * CD / -

어떤 연산식이 주어지면 이와 같이 전위 표기법, 중위 표기법, 후위 표기법으로 표현할 수 있다. 중위 표기식의 후위 표기식 변환과 후위 표기식의 연산에서도 후입선출의 특성이 나타나므로 스택을 사용할 수 있다.

더 알아두기

수식 표기법의 예

산술식	A / B + C - D * E + A * C

- 전위 표기법: + - + / ABC * DE * AC
- 중위 표기법: A / B + C - D * E + A * C
- 후위 표기법: AB / C + DE * - AC * +

산술식	5 + A * B

- 전위 표기법: + 5 * AB
- 중위 표기법: 5 + A * B
- 후위 표기법: 5AB * +

산술식	2 * 3 - 4

- 전위 표기법: - * 234
- 중위 표기법: 2 * 3 - 4
- 후위 표기법: 23 * 4 -

3 후위 표기식의 연산 기출

일상적으로 우리가 가장 많이 사용하는 표기법은 중위 표기법이다. 중위 표기법은 사람이 이해하고 계산하기에 가장 익숙하고 자연스러운 표기법이다. 그런데 사람이 아닌 컴퓨터가 중위 표기법으로 작성된 수식을 직접 계산하기에는 괄호 처리와 연산자 우선순위 처리 등이 있어 다소 복잡하다는 단점이 있다. 따라서 이를 해결할 수 있는 단순한 계산 형태가 필요하다. 사람이 계산하는 과정과 다르게 컴퓨터 내부에서 수식을 처리할 때는 후위 표기법이 가장 효율적이다. 괄호와 연산자 우선순위 처리 등의 기존 중위 표기 방식이 가지고 있던 계산의 복잡성이 후위 표기법에는 없기 때문이다. 괄호가 필요 없으면 계산 순서를 생각할 필요가 없어서 편하다. 후위 표기법은 괄호나 연산자 우선순위를 따로 처리하지 않고 왼쪽에서 오른쪽으로 표기된 순서대로 처리할 수 있다. 컴퓨터에 중위 표기법 형태의 수식을 입력하면 컴퓨터 내부에서는 효율적인 처리를 위해 스택을 사용하여 입력된 수식을 후위 표기법으로 변환한다.

> **더 알아두기**
>
> 우리가 중위 표기법으로 표현한 산술식을 컴파일러는 후위 표기법의 식으로 바꾸어 표현함으로서 스택을 이용하여 쉽게 계산할 수 있다. 이는 중위 표기법과는 달리 후위 표기법에서는 연산자의 연산 순서를 찾아 연산할 필요가 없이 산술식의 왼쪽에서 오른쪽으로 읽어가면서 계산이 가능하기 때문이다.

(A + B) * C와 같은 중위 표기 수식에서 사용된 연산자는 곱하기와 더하기이다. 사칙연산의 우선순위에 따라 곱하기가 더하기보다 먼저 수행되어야 하지만 이 수식에는 괄호가 포함되어 있다. 따라서 괄호 안의 더하기 연산이 곱하기 연산보다 먼저 수행되어야 한다. 이 수식을 후위 표기법으로 변환하면 AB + C * 가 된다. 이렇게 후위 표기법으로 작성하면 괄호를 사용하지 않아도 계산해야 할 순서를 알 수 있다. 또한 식 자체에 우선순위가 이미 포함되어 있기 때문에 연산자의 우선순위를 생각할 필요가 없다. 중위 표기식은 괄호와 연산자의 우선순위 때문에 수식을 끝까지 읽은 다음에야 계산이 가능한데 비해 후위 표기식은 수식을 읽으면서 바로 계산할 수 있다는 장점이 있다. 컴퓨터는 이러한 장점 때문에 사람이 입력한 중위 표기 수식을 일단 후위 표기 수식으로 바꾸고 변환된 후위 표기 수식을 계산하는 방법을 사용한다. 후위 표기 수식의 계산에서도 스택이 사용된다. 후위 표기 수식을 계산하려면 먼저 전체 수식을 왼쪽에서 오른쪽으로 읽어 가는데 읽는 과정에 피연산자가 나오면 무조건 스택에 저장한다. 그러다가 연산자가 나오면 스택에서 피연산자 두 개를 꺼내 연산을 실행하고 그 결과를 다시 스택에 저장한다. 이 과정은 수식이 모두 처리될 때까지 반복되고 마지막으로 스택에는 최종 계산 결과만 하나 남는다.

> **더 알아두기**
>
> **스택을 사용해 후위 표기법 수식을 계산하는 방법**
> ① 피연산자를 만나며 스택에 push한다.
> ② 연산자를 만나면 필요한 만큼의 피연산자를 스택에서 pop하여 연산하고 연산 결과를 다시 스택에 push한다.
> ③ 수식이 끝나면 마지막으로 스택을 pop하여 출력한다.

예를 들어, 후위 표기 수식 82 / 3 - 32 * +를 계산해 보자. 수식은 왼쪽부터 오른쪽으로 읽고 다음과 같이 처리된다.

① 맨 먼저 8은 피연산자이므로 스택에 삽입하고 그다음 2도 피연산자이므로 스택에 삽입한다.
② /는 연산자이므로 스택에서 2와 8을 순서대로 꺼내 나누기 연산을 하고 연산 결과인 8 / 2 = 4를 다시 스택에 삽입한다.
③ 3은 피연산자이므로 스택에 삽입한다.
④ -는 연산자이므로 3과 4를 꺼내고 4 - 3 = 1을 스택에 저장한다.
⑤ 3과 2는 피연산자이므로 스택에 차례로 삽입한다.
⑥ *는 연산자이므로 2와 3을 꺼내고 3 * 2 = 6을 스택에 저장한다.
⑦ +는 연산자이므로 6과 1을 꺼내고 1 + 6 = 7을 스택에 저장한다.
⑧ 수식이 모두 처리되었으므로 스택에서 최종 계산 결과 7을 꺼내 반환한다.

스택을 이용하여 후위 표기 수식 82 / 3 - 32 * +의 전체 계산 과정을 살펴보면 [그림 3-29]와 같다.

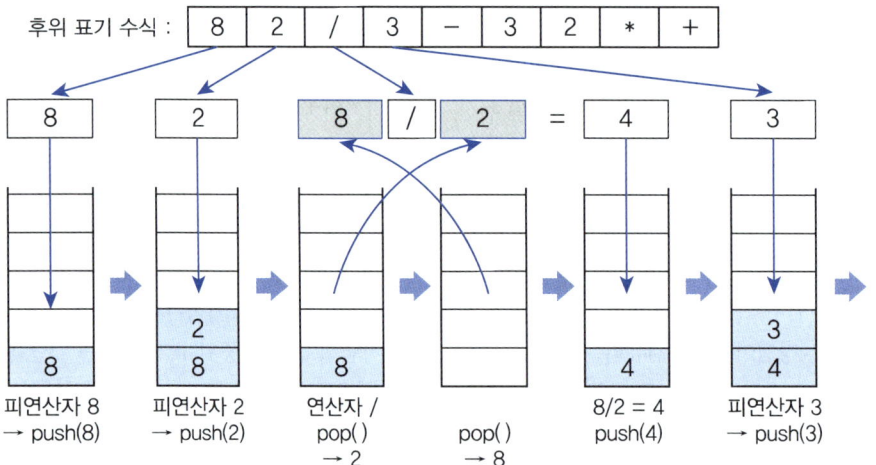

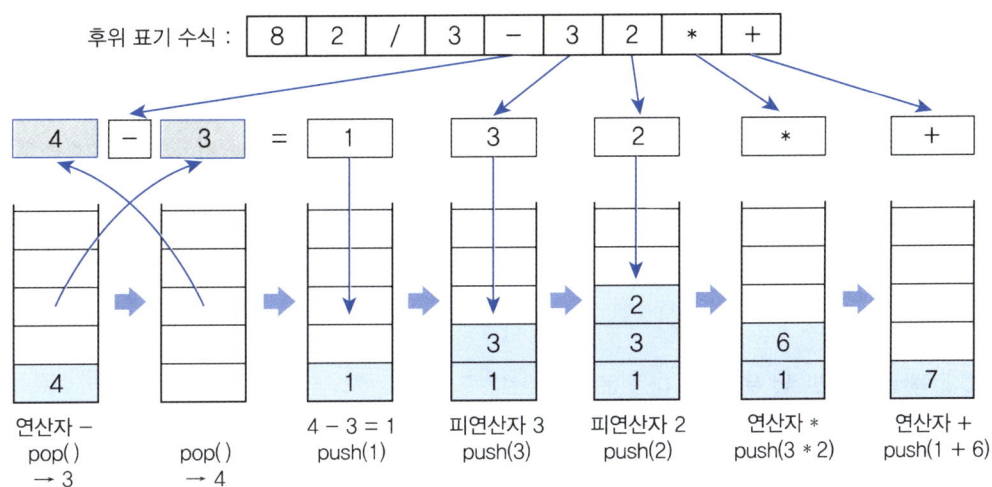

[그림 3-29] 후위 표기 수식 82/3-32*+의 전체 계산 과정

이와 같은 계산 방법을 정리하면 다음 알고리즘과 같다. 이 알고리즘은 후위 표기법으로 표현된 수식을 스택을 이용하여 연산하는 과정에 대한 알고리즘이다.

> **후위 표기법 수식의 연산 알고리즘**
>
> ```
> evalpostfix(exp)
>     while (true) {
>         symbol = getsymbol(exp);
>         case {
>             symbol = operand:
>                     push(stack, symbol);
>             symbol = operator:
>                     opr2 = pop(stack);
>                     opr1 = pop(stack);
>                     result = opr1 op(symbol) opr2;
>                     push(stack, result);
>             symbol = NULL:
>                     print(pop(stack));
>         }
>     }
> end evalpostfix()
> ```

후위 표기법으로 작성된 수식 exp에서 getsymbol()을 통해 일단 하나의 symbol을 가져온다. 만약 가져온 symbol이 operand이면 스택에 해당 symbol을 push한다. 그런데 만약 가져온 symbol이 operator이면 스택에 있는 2개의 원소 opr1, opr2를 pop하고 해당 symbol에 해당되는 연산(opr1 op(symbol) opr2)을 실행하여 연산 결과인 result는 스택에 push한다. getsymbol()을 통해 가져온 symbol이 NULL이면 연산은 종료되고 스택의 원소를 pop하여 출력한다.

4 중위 표기를 후위 표기로 변환 기출

사람은 중위 표기법에 비해 후위 표기법의 수식이 익숙하지 않아 사용에 불편함을 느낀다. 그래서 계산 프로그램을 구현하려면 사람이 입력하는 중위 표기 수식을 컴퓨터가 계산할 수 있는 후위 표기식으로 변경하는 과정이 반드시 필요하다. 중위 표기법과 후위 표기법은 연산자들의 순서는 달라지지만 피연산자의 순서가 동일하다는 공통점이 있다. 연산자의 출력 순서는 연산자들의 우선순위 관계와 괄호에 의해 결정되는데 **후위 표기 변환에도 스택이 사용**된다. 컴퓨터 내부에서 스택을 사용하여 중위 표기법을 후위 표기법으로 바꾸는 방법은 다음과 같다.

① 왼쪽 괄호를 만나면 무시하고 다음 문자를 읽는다.
② 피연산자를 만나면 출력한다.
③ 연산자를 만나면 스택에 삽입한다.
④ 오른쪽 괄호를 만나면 스택을 pop하여 출력한다.
⑤ 수식이 끝나면 스택이 공백이 될 때까지 pop하여 출력한다.

후위 표기법으로 변환 알고리즘

```
infix_to_postfix(exp)
    while (true) {
        symbol = getsymbol(exp);
        case {
            symbol = operand:
                        print(symbol);
            symbol = operator:
                        push(stack, symbol);
            symbol = ")":
                        print(pop(stack));
            symbol = NULL:
                        while (top > -1)
                            print(pop(stack));
            else:
        }
    }
end infix_to_postfix()
```

위 방법에 따라 스택을 이용하여 수식 A * B - C / D를 후위 표기법으로 변환해 보면 [그림 3-30]과 같다.

예 ((A * B) - (C / D))

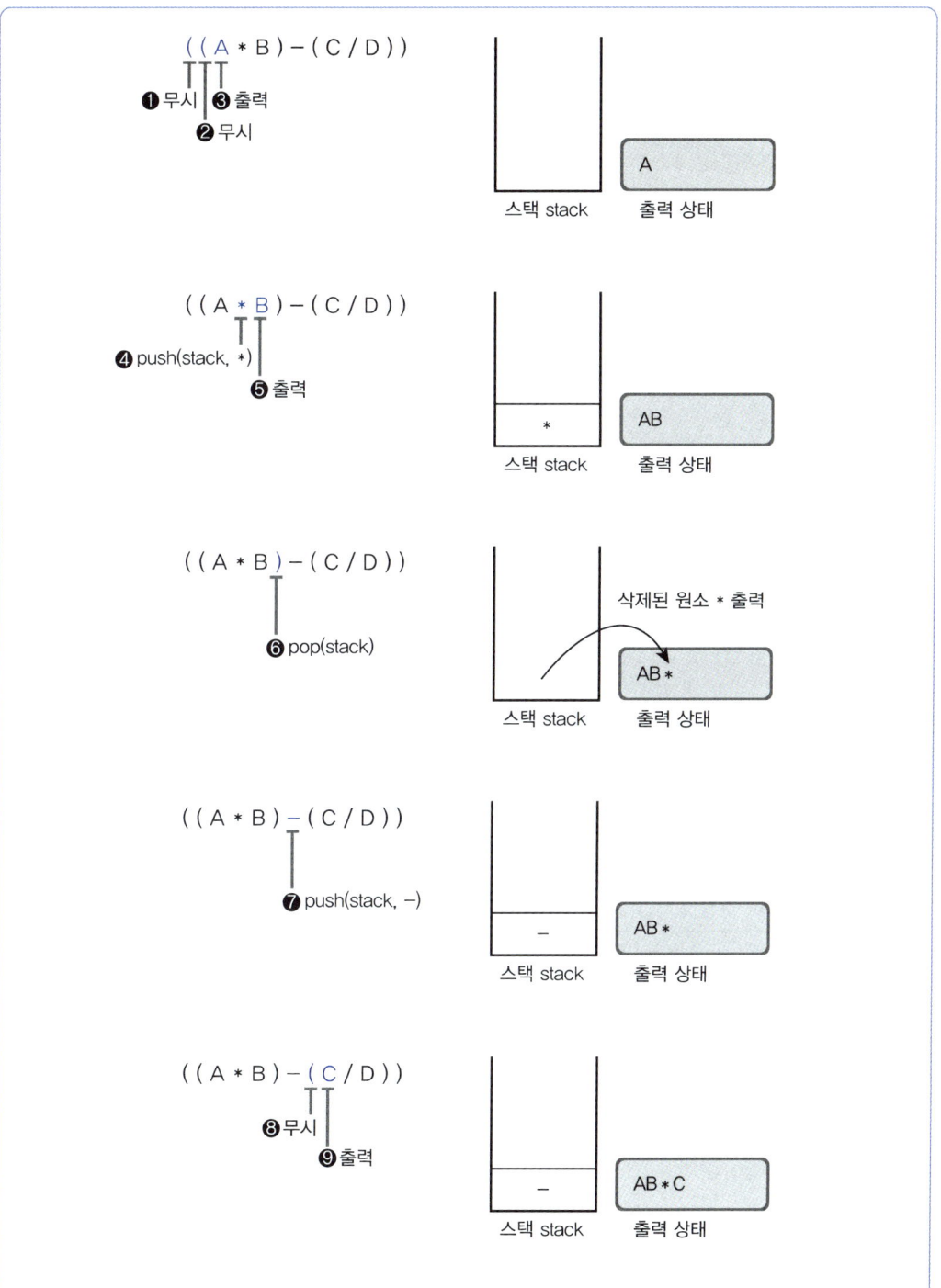

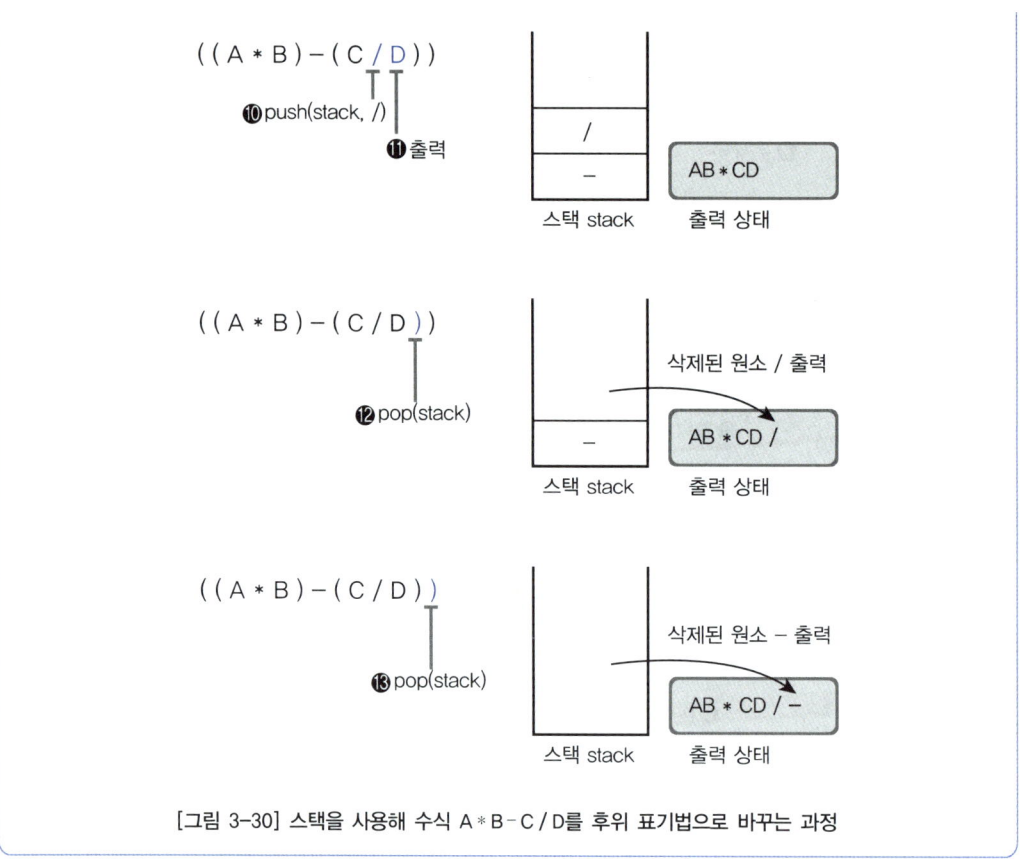

[그림 3-30] 스택을 사용해 수식 A * B - C / D를 후위 표기법으로 바꾸는 과정

> **더 알아두기**
>
> 중위 표기법과 후위 표기법의 예
>
> | 중위 표기법 | 후위 표기법 |
> | --- | --- |
> | 2 + 3 * 4 | 2 3 4 * + |
> | a * b + 5 | a b * 5 + |
> | (1 + 2) * 7 | 1 2 + 7 * |
> | a * b / c | a b * c / |
> | ((a /(b − c + d)) * (e − a) * c | a b c − d + / e a − * c * |
> | a / b − c + d * e − a * c | a b / c − d e * + a c * − |

제5절 스택의 응용

1 미로 찾기

미로 찾기 문제는 매우 잘 알려져 있는 문제이며 주어진 미로의 입구에서 출발하여 출구까지 찾아가는 문제이다. 즉, 미로의 입구부터 출구까지의 경로를 찾는 문제라고 할 수 있다. 이러한 문제는 스택을 활용할 수 있는데 기존에 방문한 위치 정보를 스택에 차례로 저장하는 방식으로 풀 수 있다. 입구부터 출구까지의 경로를 최종적으로 출력하기 위해서는 그동안 탐색해 온 경로에 대한 정보가 저장되어야 하는데 이러한 위치 정보를 저장하는데 후입선출 구조의 스택을 이용할 수 있다.

다음과 같은 4×4 행렬 크기의 미로에서 입구에서 출발하여 출구를 찾아가는 문제가 있다고 가정하자. 미로의 입구 위치는 (1, 0)이고 출구 위치는 (3, 1)이다.

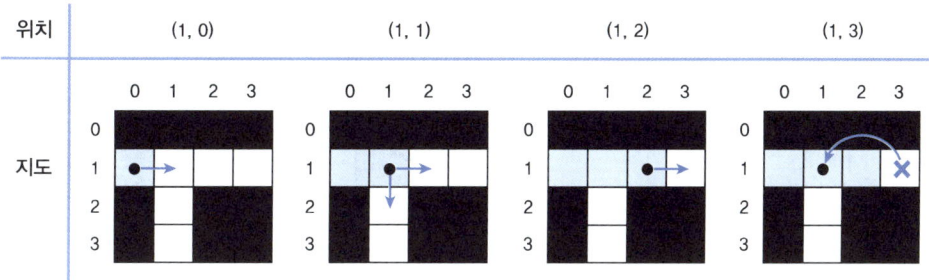

[그림 3-31] 4×4 행렬 크기의 미로

출구를 탐색해 가는 과정을 살펴보자. 먼저 처음 출구 위치인 (1, 0)에서 상하좌우의 위치 중 이동할 수 있는 위치는 (1, 1)뿐이다. 따라서 (1, 1)로 이동하고 다시 (1, 1) 위치에서 이동 가능한 위치를 탐색하게 된다. 이때 이동 가능한 위치는 오른쪽 위치인 (1, 2)와 아래쪽 위치인 (2, 1)이다. 위치 (1, 1)은 일종의 이정표가 되는 곳이어서 이후 진행할 수 있는 방향이 여러 개(2개) 있는 곳이다. 이 중 오른쪽 (1, 2)로 이동하는 경우를 살펴보자. (1, 2)까지 이동한 후 또다시 이동할 수 있는 곳은 (1, 3)뿐이다. 이제 (1, 3)으로 이동한 후 이동할 수 있는 다른 방향을 찾아보지만 더 이상 이동할 수 있는 위치가 존재하지 않는다. 또한 (1, 3)은 최종 출구도 아니므로 이전에 방문했던 위치를 거슬러 올라오며 이동 가능한 위치가 존재하는 지점으로 되돌아온 후 탐색을 계속 진행해야 한다. 이 경우 출구를 찾기 위한 탐색을 위해 기존의 방문 위치인 (1, 1)로 돌아와야 한다. 즉, 특정 방향으로 탐색을 계속 진행하다가 더 이상 진행할 수 없을 때는 이전의 이정표에 해당하는 위치로 돌아와서 다른 방향으로 탐색할 수 있어야 한다. 이제 이정표인 위치 (1, 1)로 되돌아 왔다면 위치 아래쪽인 (2, 1)로 이동할 것이다.

미로 찾기 알고리즘에서는 기존 위치를 저장하고 다른 방향으로 재탐색하기 위해 스택을 이용한다. 미로 탐색의 단계마다 방문 위치 정보와 이동 방향 정보를 스택에 삽입한다. 스택에 정보를 삽입한 후 특정 방향으로 이동하여 출구를 탐색하게 되는데 어느 시점에 더 이상 이동할 곳이 없으면서 출구도 아닌 경우에는 다시 이전 위치로 돌아와야 한다. 이전 위치로 돌아오기 위해서는 스택에 저장된 위치 정보를 꺼내야 한다. 즉 스택에서 꺼낸 위치 정보와 방향 정보를 이용하여 기존 이정표 지점에서 기존에 탐색했던 방향과 다른 방향으로 탐색을 계속 진행할 수 있는 것이다.

다음은 미로에서 스택을 이용하여 경로를 찾는 과정을 보여준다. 다음 위치로 이동할 때 현재의 위치와 이동 방향 정보를 스택에 삽입하였다는 것을 알 수 있다.

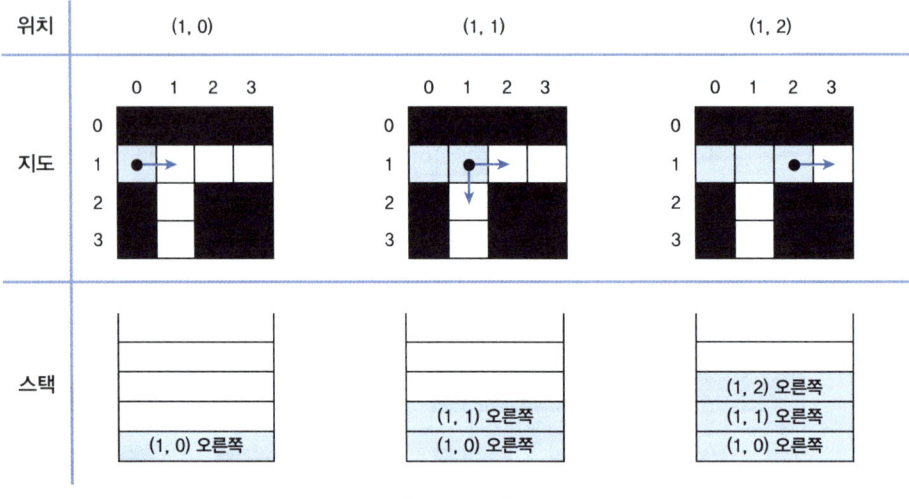

[그림 3-32]

그런데 위치 (1, 3)에서는 더 이동할 위치가 없기 때문에 스택에 삭제(pop)를 실행하여 이정표의 위치까지 이동한다. 위치 (1, 1)에서는 아래쪽으로 이동할 수 있기 때문에 아래로 탐색을 시작한다.

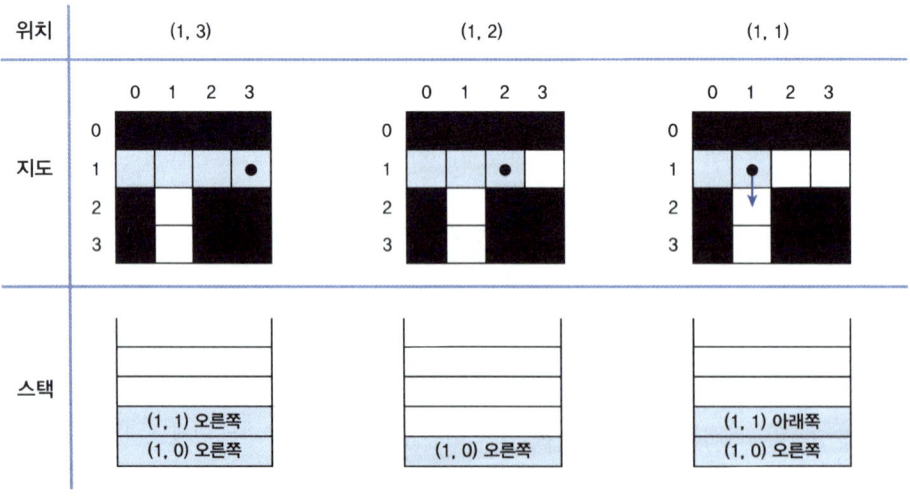

[그림 3-33]

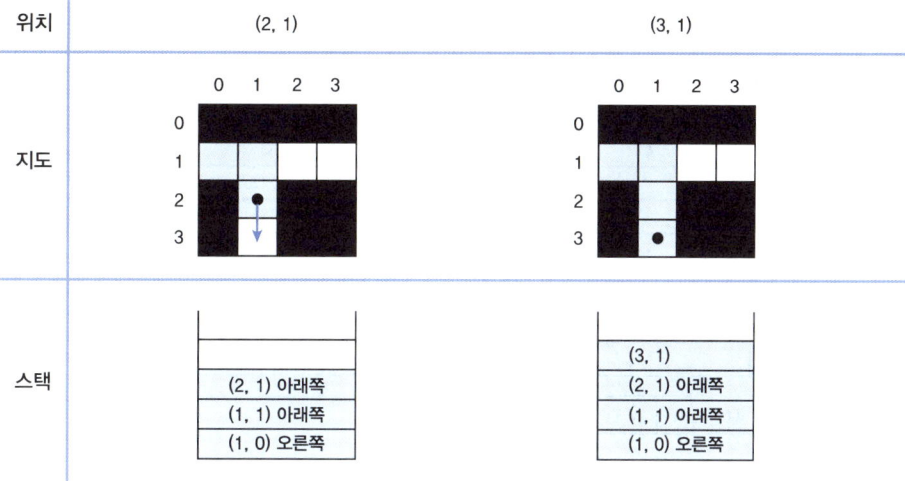

[그림 3-34]

특정 위치에서 다른 위치로 이동하면서 현재의 위치 정보와 이동 방향을 스택에 삽입(push)하면서 탐색을 진행한다.

스택을 이용한 경로 탐색 방법은 출구를 찾을 때까지 미로의 가능한 통로를 탐색하여 최종적으로 경로를 찾는 방법이다. 즉, 스택에 저장된 각각의 위치 정보와 방향 정보를 기반으로 경로를 찾을 때까지 미로 내의 모든 통로를 탐색하는 것이다. 또한 경로 탐색이 끝난 다음 스택에 저장된 위치 정보를 통해 이동한 경로를 추출할 수 있다는 특징이 있다. 즉 출구를 시작으로 하여 출발점까지 중간의 방문한 곳의 위치값들이 차례대로 꺼내는(pop) 것이다. 출구를 발견한 시점의 스택에는 기존에 방문한 블록의 위치와 이동 방향 정보가 저장되어 있기 때문에 전체 경로를 역추적할 수 있다. 또한 한 번 방문한 통로의 경우 다시 방문하지 않도록 각 위치별로 방문 여부에 대한 정보를 저장하는 부분이 필요하다.

2 서브루틴 주소 복귀

서브루틴(subroutine)은 프로그램이 실행될 때 반복해서 사용할 수 있도록 만들어진 코드이다. 주 프로그램(main)이 진행되는 중간에 다른 코드 블럭에 가서 어떤 작업을 처리하고 올 수 있도록 하는 것을 의미한다. 따라서 주 프로그램에서 서브루틴이 호출되는 경우 해당 서브루틴을 실행한 후 다시 원래의 위치로 돌아오는 복귀 주소를 저장해야 한다. 즉, 서브루틴의 수행이 끝난 후에 되돌아갈 함수 주소를 저장해야 한다.

다음은 서브루틴 호출을 포함하는 주 프로그램의 구성과 프로그램의 수행 과정을 보여준다.

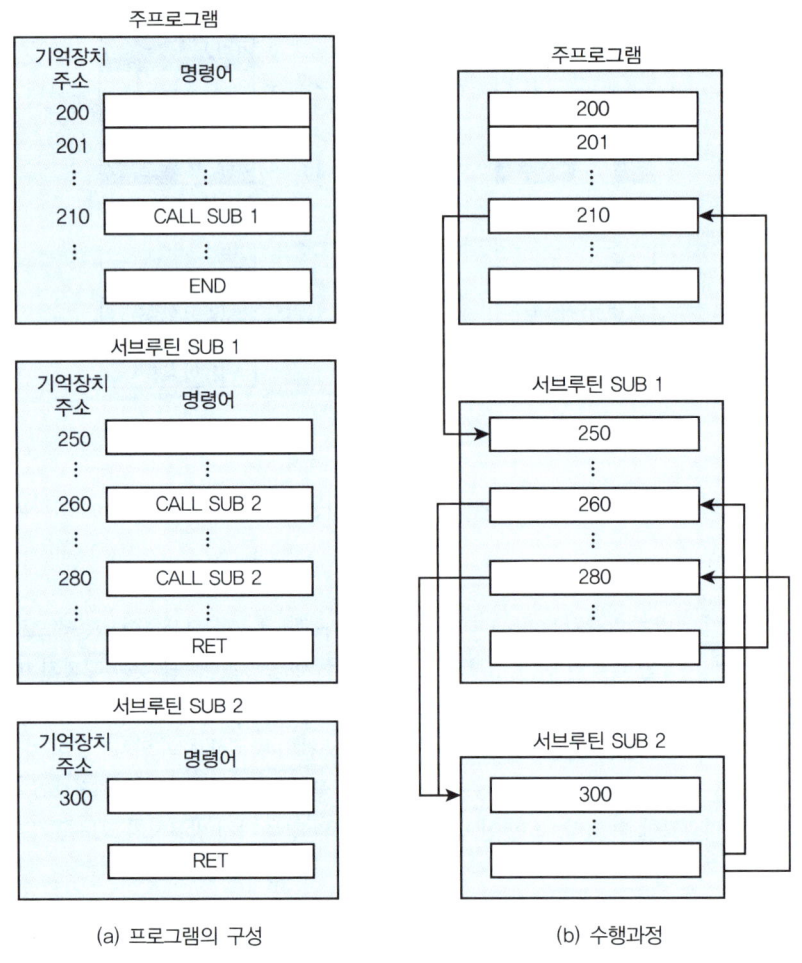

[그림 3-35] 프로그램의 구성과 수행 과정

먼저 주 프로그램이 실행되게 되고 'CALL SUB1' 명령어를 만나서 서브루틴 SUB1이 실행되게 된다. 즉 210번지에서 250번지로 제어가 넘어간다. 이제 서브루틴 SUB1이 실행되는데 실행 중 'CALL SUB2' 명령어를 만나게 되면 서브루틴 SUB2가 실행되며 이때 제어는 260번지에서 300번지로 넘어가서 실행된다. SUB2의 실행이 끝나고 RET 명령어(호출한 명령어로 돌아가는 명령어)가 실행되면 SUB2를 호출한 SUB1으로 복귀하게 된다. 그러면 제어는 300번지에서 261번지로 돌아간다. SUB1에서 명령어가 실행되다가 두 번째 'CALL SUB2'를 만나면 다시 SUB2를 실행하게 된다. 제어는 280번지에서 300번지로 넘어가서 실행된다. SUB2의 실행이 끝나고 RET 명령어를 만나면 다시 SUB1으로 복귀하게 된다. 즉, SUB2에서 SUB1의 'CALL SUB2' 다음 명령어인 281번지의 명령어를 실행하게 된다. 이제 SUB1의 실행이 완료되고 RET 명령어를 만나면 다시 주 프로그램으로 돌아가서 나머지 명령어들을 수행하게 되며 주 프로그램에서 END 명령어를 만나면 프로그램 종료된다. 이 과정 중에 CALL, RET과 같은 명령어가 실행될 때 스택이 사용된다.

다음은 서브루틴 수행 과정에서 스택의 변화를 보여준다. 여기서 스택 포인터(SP)는 스택에 데이터가 저장된 위치를 가리키는 레지스터이다. 스택 포인터가 가리키는 곳까지가 데이터가 있는 영역으로 스택에 데이터가 삽입되거나 삭제되면 스택 포인터도 이동한다.

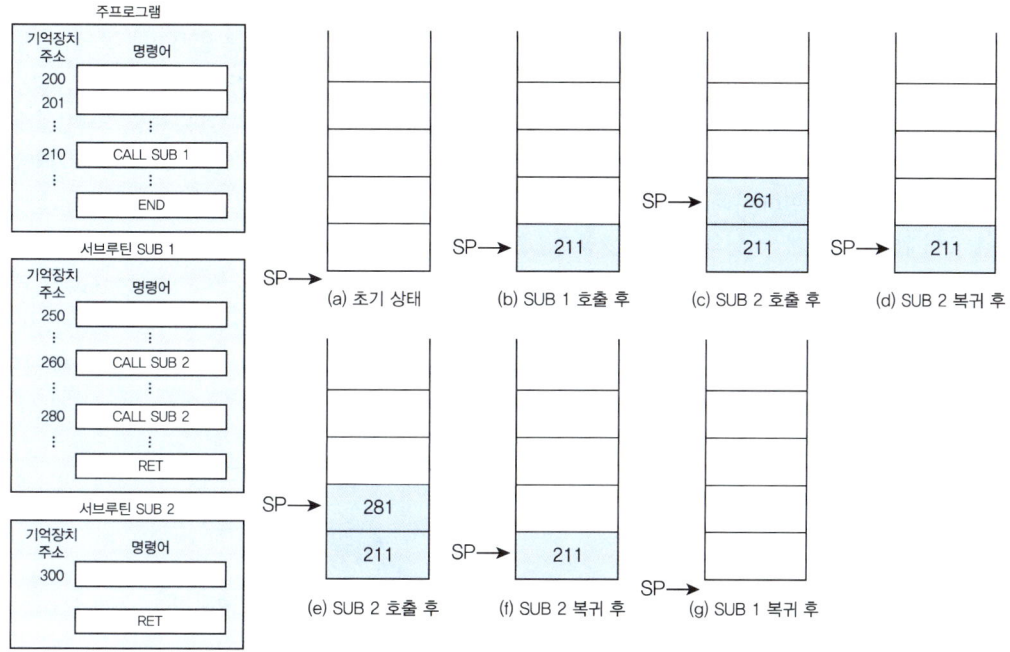

[그림 3-36] 서브루틴 수행 과정에서 스택의 변화

SUB1이 호출된 후 스택에는 복귀할 주소인 211을 저장한다. SUB2가 호출되면 스택에 복귀할 주소인 261이 저장된다. SUB2가 종료되어 복귀하면 복귀하려고 저장해둔 주소인 261을 삭제하게 된다. 다시 SUB2가 호출되면 복귀 주소인 281을 저장한다. SUB2가 끝나 SUB1으로 복귀하기 위해 281이 삭제된다. SUB1이 종료되면 주 프로그램에서 실행할 위치에 해당하는 복귀 주소인 211을 꺼내 주 프로그램의 다음 명령어가 실행된다. 이처럼 스택은 서브루틴을 호출하는 경우 복귀 주소를 저장할 때 활용될 수 있다.

제6절 다중 스택과 큐

1 다중 스택의 정의

다중 스택(multiple stack)은 하나의 기억 장소에 두 개 이상의 스택이 들어가 있는 형태이다. 스택을 1차원 배열로 구현하는 경우 만일 스택이 2개 필요하다면 동일한 크기의 1차원 배열을 2개 지정해야 한다. 그런데 하나의 1차원 배열에 여러 개의 스택을 표현할 수도 있는데 이를 다중 스택이라고 한다. 다중 스택은 2개의 스택을 연결하여 사용하는 방법과 n개의 스택을 연결하여 사용하는 방법이 있다. [그림 3-37]은 1차원 배열로 다중 스택을 표현한 것인데 하나의 배열 안에 2개의 스택을 구현하였다. 이때 배열의 양쪽 끝에는 각 스택의 bottom이 위치하게 된다. 배열의 사용 가능 공간은 2개의 스택이 top 포인터를 하나씩 증가시키면서 사용하게 된다. 스택1의 top 포인터는 top1이 되고 bottom은 bottom1이 된다. 스택2의 top 포인터는 top2가 되고 bottom은 bottom2가 된다. 다중 스택에서 데이터의 삽입과 삭제 연산이 수행되는 중 top1과 top2가 같아지는 경우 기억 장소가 꽉 찬 상태임을 의미한다. 이 경우 더 이상 새로운 데이터의 삽입이 불가능하게 된다.

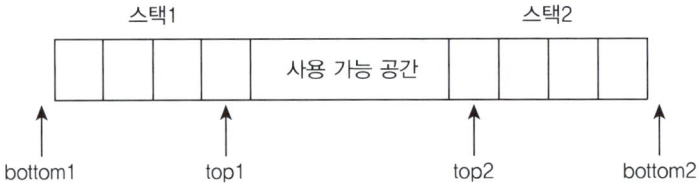

[그림 3-37] 2개의 스택이 연결된 다중 스택

[그림 3-38]는 n개의 스택이 연결된 다중 스택이다. n개의 스택을 구현하기 위해서 사용 가능한 기억 공간을 n개로 분할한 구조이다. 기억 공간을 분할하는 방법은 모든 스택 영역을 균등하게 분할하는 방법과 필요에 따라 스택의 크기를 다르게 할당하는 방법이 있다. [그림 3-38]은 모든 스택 영역을 균등하게 분할한 다중 스택이다. B[1]은 첫 번째 스택인 스택1의 bottom을 의미하고 T[1]은 스택1의 top을 의미한다. B[2]는 스택2의 bottom이고 T[2]은 스택2의 top이다. B[n]은 스택n의 bottom이고 T[n]은 스택n의 top이 된다. 만약 i번째 스택이 비어있다면 B[i] = T[i]가 된다. 만일 i번째 스택이 모두 채워져 있다면 T[i] = B[i+1]이 된다. 예를 들어, 스택1이 꽉 찬 상태가 되면 스택1의 T[1]과 스택2의 bottom인 B[2]가 같아지게 된다. 다중 스택은 스택의 공간을 효율적으로 사용할 수 있으며 스택의 오버플로우를 방지할 수 있다.

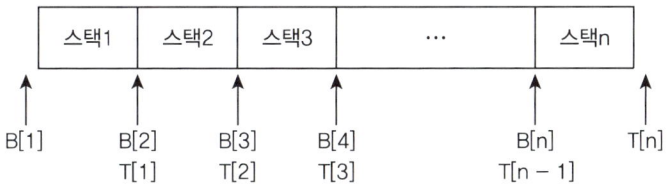

[그림 3-38] n개의 스택이 연결된 다중 스택

> **더 알아두기**
>
> **다중 큐**
> 다중 큐도 다중 스택과 마찬가지로 여러 개의 큐를 연결해서 사용하는 개념이다. 다중 큐의 대표적인 예시로 우선순위 큐가 있다. 우선순위 큐는 각각의 우선순위에 따라서 여러 개의 큐로 구성되며 각 큐는 자신의 우선순위를 갖고 있다. 따라서 가장 높은 우선순위를 가진 큐부터 출력이 된다. 만약 두 개의 큐가 같은 우선순위를 갖고 있을 땐 큐에 삽입된 순서대로 선입선출(FIFO) 방식으로 처리된다.

2 다중 스택의 삽입

다중 스택에서 데이터를 삽입하려면 삽입하고자 하는 스택의 번호와 데이터가 필요하다. 다음은 i번째 스택에서의 삽입 알고리즘이다.

> **다중 스택의 삽입 알고리즘**
> ```
> void multi_stackpush(i, item)    /* i번째 스택에서의 삽입 */
> {
> int i, item;
>     if (t[i] = b[i+1]) printf("i-th Stack full");
>     else{
>         t[i]++;                  /* i번째 스택의 top 증가 */
>         stack[t[i]] = item;      /* i번째 스택의 top 위치에 데이터 증가 */
>     }
> }
> ```

i번째 스택에 데이터를 삽입하려면 먼저 해당 스택이 꽉 찬 상태인지를 확인해야 한다. 그러기 위해서 i번째 스택의 top 포인터인 t[i]과 i+1번째 스택의 bottom인 b[i+1]와 같은지를 비교해야 한다. 만약 (t[i] = b[i+1])의 조건을 만족한다면 해당 스택은 꽉 찬 상태가 되어 삽입이 불가능하다. 그렇지 않은 경우 해당 스택에 데이터를 삽입할 수 있으므로 일단 top 포인터인 t[i]를 하나 증가시키고 t[i]가 가리키는 위치에 데이터를 삽입하면 된다.

3 다중 스택의 삭제

다중 스택에서의 데이터를 삭제하는 삭제 알고리즘은 다음과 같다.

> **다중 스택의 삭제 알고리즘**
> ```
> void multi_stackpop(i, item)     /* i번째 스택에서의 삭제 */
> {
> int i, item;
>    if (t[i] = b[i]) printf("i-th Stack Empty");
>     else{
>         item = stack[t[i]];      /* i번째 스택의 top에서 데이터 삭제 */
>         t[i]--;                  /* i번째 스택의 top 감소 */
>     }
> }
> ```

임의의 스택이 비어있다면 삭제 연산은 불가능하다. 따라서 i번째 스택에서 데이터를 삭제하려면 먼저 해당 스택이 공백 상태인지를 확인해야 한다. 그러기 위해서 i번째 스택의 top 포인터인 t[i]와 bottom인 b[i]이 같은지를 비교하면 된다. 만약 (t[i] = b[i])의 조건을 만족하면 해당 스택은 공백 상태이므로 삭제 연산을 할 수 없다. 공백 상태가 아니면 i번째 스택의 top의 데이터를 삭제하고 top 포인터인 t[i]를 하나 감소시키면 된다.

○✕로 점검하자 | 제3장

※ 다음 지문의 내용이 맞으면 O, 틀리면 ×를 체크하시오. [1 ~ 7]

01 스택은 가장 늦게 삽입한 데이터가 가장 먼저 삭제되는 후입선출(LIFO : Last-In First-Out) 구조이다. (　　)

>>>◯ 스택은 자료를 하나씩 쌓아 올린 형태로, 가장 먼저 입력된 데이터는 가장 늦게 삭제되고 가장 나중에 입력된 데이터가 가장 먼저 삭제되는 후입선출 구조이다.

02 스택은 top 포인터 위치에서 데이터의 삽입과 삭제가 일어난다. (　　)

>>>◯ 스택은 top 포인터에서 원소의 삽입과 삭제가 일어난다. 삽입하려면 top을 하나 증가시킨 후 삽입하고, 데이터를 삭제한 후에는 top을 하나 감소시킨다.

03 시스템 스택은 프로그래머가 직접 만들어서 사용하는 스택이다. (　　)

>>>◯ 시스템 스택은 컴퓨터 내부의 시스템 소프트웨어가 만들어 사용하는 스택으로, 프로그램에서의 함수 호출과 복귀에 따른 수행 순서를 관리하기 위한 스택이다. 프로그래머가 직접 만들어서 사용하는 스택은 사용자 스택이다.

04 미로 찾기나 역순 문자열 출력에는 큐가 사용된다. (　　)

>>>◯ 스택의 적용 분야로는 함수 호출, 미로 찾기, 수식의 연산, 역순 문자열 출력, 소스 코드에서 괄호 닫기 검사 등이 있다.

05 순차 큐의 이동 방식이 갖는 단점을 보완하기 위한 방법은 스택이다. (　　)

>>>◯ 순차 큐의 이동 방식이 갖는 단점을 보완하기 위한 방법은 원형 큐이다. 원형 큐는 큐의 구조가 원형으로 되어 있어서 데이터의 삽입 시에 rear 포인터 값을 증가시켜 계속 새로운 가용 공간을 확보할 수 있어서 원소들을 이동시킬 필요가 없다.

06 입력 제한 데크 또는 스크롤(scroll)은 새로운 원소의 삽입은 한쪽 끝에서만 가능하고 삭제는 양쪽에서 가능한 자료구조이다. (　　)

>>>◯ 데크의 양쪽 끝에서 원소들의 삽입과 삭제에 제한을 둘 수 있는데, 새로운 원소의 삽입이 리스트의 한쪽 끝에서만 가능하도록 제한한 것을 입력 제한 데크 또는 스크롤(scroll)이라 한다.

07 후위 표기법은 연산자를 피연자 뒤에 위치시키며 피연산자-피연산자-연산자 순으로 표현하는 방식이다. (　　)

>>>◯ 후위 표기법은 수식을 피연산자-피연산자-연산자 순으로 표현한다. 후위 표기법은 컴퓨터 내부에서 수식을 처리할 때 가장 효율적인 표현법이다.

정답 **1** ◯ **2** ◯ **3** × **4** × **5** × **6** ◯ **7** ◯

제 3 장 실전예상문제

01 스택에서 새로운 원소를 삽입하려면 일단 top 포인터를 하나 증가시켜 삽입할 공간을 확보한 후 삽입한다. 따라서 삽입 연산은 top = top + 1이 된다. 반대로 데이터를 삭제한 후에는 top 포인터를 하나 감소시킨다.

01 스택에서 삽입(push)이 발생하면 top의 값은 어떻게 변하는가?
① top = 0
② top = 1
③ top = top + 1
④ top = top − 1

02 스택은 후입선출(LIFO) 구조로써 수행중인 프로그램의 함수나 서브프로그램들의 복귀 주소와 관련 정보들을 저장하기 위해 사용된다.

02 프로그램에서 함수 호출 시 되돌아올 복귀 주소를 기억시켜 놓기 위해 자주 사용하는 것은 무엇인가?
① 큐
② 스택
③ 데크
④ 트리

03 스택에서 삽입, 삭제 연산을 push와 pop이라고 하고, 스택의 구조는 LIFO(Last In First Out)이다.

03 다음 용어 중 스택과 거리가 먼 것은?
① push
② pop
③ LIFO
④ dequeue

정답 01 ③ 02 ② 03 ④

04 스택에 데이터를 A, B, C, D 순으로 삽입하였다가 순차적으로 출력했을 때의 결과는?

① A, B, C, D
② D, C, B, A
③ C, B, D, A
④ A, B, D, C

04 스택은 먼저 삽입한 원소는 밑에 쌓이고 나중에 삽입한 원소는 위에 쌓인다. 따라서 맨 마지막에 삽입한 원소는 맨 위에 쌓여 있다가 가장 먼저 삭제된다. A, B, C, D 순으로 스택에 push 되었다가 순차적으로 pop 되면 맨 위에 있는 D가 가장 먼저 출력된다. 따라서 최종 출력 결과는 D, C, B, A가 된다.

05 스택에 데이터 10, 20, 30, 40, 50을 넣었다가 pop 연산을 3번 하였다. 스택에 남아 있는 항목은 무엇인가?

① 10, 20
② 20, 30
③ 30, 40
④ 40, 50

05 스택에 데이터 10, 20, 30, 40, 50을 넣으면 순차적으로 쌓여 있다가 pop 연산을 하면 위에서부터 하나씩 출력된다. 따라서 pop 연산을 3번 하면 맨 위에 있는 50, 40, 30이 출력된다. 따라서 스택에 남아 있는 항목은 10, 20이다.

06 스택에서 사용되는 정보의 입·출력 방법은 무엇인가?

① 후입선출(LIFO)
② 선입선출(FIFO)
③ 우선순위(priority)
④ 후입후출(LILO)

06 스택은 나중에 입력한 정보가 먼저 출력되는 후입선출(LIFO : Last-In First-Out) 구조이다.

정답 04 ② 05 ① 06 ①

07 스택은 한쪽 끝을 사용하여 입·출력한다. 배열이나 연결 리스트로 구현할 수 있으며 가장 늦게 들어온 데이터가 가장 빨리 삭제된다.

07 다음 중 스택에 대한 올바른 설명은 무엇인가?

① 스택은 양쪽 끝을 사용하여 입·출력한다.
② 함수 호출 시 복귀 주소를 저장하는 데 사용된다.
③ 연결 리스트를 사용하여 구현할 수 없다.
④ 가장 늦게 들어온 데이터가 가장 늦게 삭제된다.

08 배열로 구현한 스택의 마지막 원소의 인덱스는 스택의 top이 되는데 스택이 공백 상태이면 top = −1이 된다.

08 다음 중 배열로 구현된 스택에서 공백 상태에 해당하는 조건은?

① top = −1
② top = 1
③ top = (MAX_STACK_SIZE−1)
④ top = MAX_STACK_SIZE

09 스택에 데이터 일부를 저장하고 꺼낼 수도 있다. 예를 들어 A를 저장하고 다시 A를 꺼낼 수 있다. A와 B를 순차적으로 저장한 후 pop하여 B를 먼저 꺼내고 A를 꺼낼 수도 있다. 만약 A를 저장하고 A를 꺼낸 후 B를 입력하고 B를 꺼내고 다시 C를 입력하고 C를 꺼내고 마지막으로 D를 입력하고 D를 꺼내면 출력 순서는 A, B, C, D가 된다.

09 순서가 A, B, C, D로 정해진 입력 자료를 스택에 입력하였다가 출력할 때 가능한 출력 순서의 결과가 아닌 것은?

① D, A, B, C
② A, B, C, D
③ A, B, D, C
④ B, C, D, A

정답 07 ② 08 ① 09 ①

10 스택의 응용 분야로 거리가 먼 것은?

① 미로 찾기
② 수식 계산 및 수식 표기법
③ 운영체제의 작업 스케줄링
④ 서브루틴 복귀 번지 저장

10 운영체제의 작업 스케줄링은 큐를 응용한 것이다. 스케줄링 큐는 CPU 사용을 요청한 프로세서들의 순서를 스케줄링하기 위해 큐를 사용한다.

11 다음 중 큐가 사용되는 분야는?

① 순환
② 서브루틴 호출
③ 작업 스케줄링
④ 인터럽트 처리

11 큐는 선입선출(FIFO)의 구조를 가지므로 작업 스케줄링에 사용된다. 반면 인터럽트 처리나 서브루틴 호출은 스택을 사용한다.

12 다음 설명 중 옳지 않은 것은?

① 스택은 선형 리스트의 한쪽 끝에서만 입·출력이 이루어진다.
② 큐는 선형 리스트의 양 끝에서 입·출력이 이루어진다.
③ 원형 큐는 큐를 원형으로 표현하는 방식이다.
④ 입력 제한 데크는 선형 리스트의 한쪽 끝에서만 입력이 이루어진다.

12 큐는 선형 리스트의 한쪽에서는 데이터를 입력하고 다른 한쪽에서는 출력하는 데 사용된다. 양 끝에서 입·출력이 모두 가능한 구조는 데크이다.

정답 10 ③ 11 ③ 12 ②

13 n개로 구성된 선형 큐에서 큐의 크기는 n이 된다. 원소의 삽입은 rear에서 일어나는데 만약 rear가 n − 1보다 크거나 같은 경우는 큐가 가득 찬 경우가 된다.
front = rear = −1이 초기 조건이므로 rear 값은 0부터 n − 1까지 증가하게 된다.

14 큐에서 데이터의 삽입 연산은 rear에서 실행되고 삭제 연산은 front에서 실행된다.

15 큐는 오버플로우와 언더플로우가 모두 발생할 수 있다. 오버플로우는 큐가 가득 찬 상태로 더 이상 자료를 삽입할 수 없는 상태이고, 언더플로우는 큐가 비어 있는 공백 상태로 삭제할 자료가 없으므로 삭제 연산을 할 수 없는 상태를 의미한다.

정답 13 ④ 14 ② 15 ③

---

13 n개로 구성된 선형 큐에서 오버플로우가 발생하는 경우는?

① rear = rear + 1
② front = front + 1
③ front = 0
④ rear >= n

14 큐에서 데이터의 삭제가 일어나는 곳을 가리키는 포인터는 무엇인가?

① rear
② front
③ top
④ bottom

15 큐에 대한 설명으로 잘못된 것은 어느 것인가?

① 큐에서 입력은 리스트의 한쪽에서, 출력은 그 반대편 끝에서 일어난다.
② 운영체제의 작업 스케줄링에 사용된다.
③ 오버플로우는 발생할 수 있어도 언더플로우는 발생하지 않는다.
④ 가장 먼저 삽입된 자료가 가장 먼저 삭제되는 FIFO 방식으로 처리된다.

16 큐에서 rear 포인터에 대한 설명으로 옳은 것은?

① 노드의 삭제 연산이 일어나는 포인터이다.
② 노드의 삽입 연산이 일어나는 포인터이다.
③ 큐의 크기를 나타낸다.
④ 출력되는 데이터를 나타낸다.

16 큐에서 노드의 삽입은 rear에서 일어나고 삭제는 front에서 일어난다.

17 문자 A, B, C, D, E를 큐에 넣었다가 다시 꺼내어 출력하면 어떻게 되는가?

① A, B, C, D, E
② E, D, C, B, A
③ A, B, C, E, D
④ B, A, C, D, E

17 큐는 선입선출(FIFO) 구조이므로 삽입된 순서대로 삭제된다.

18 데이터 10, 20, 30, 40, 50을 큐에 넣었다고 가정하고 3개의 항목을 삭제하였다. 남아 있는 항목은?

① 40, 50
② 10, 20
③ 30, 40
④ 20, 30

18 큐에는 먼저 입력된 데이터가 먼저 삭제되므로 데이터 입력이 10, 20, 30, 40, 50 순이므로 3개의 항목을 삭제한다면 맨 앞부분부터 삭제된다. 따라서 10, 20, 30이 삭제되었으므로 40, 50이 남아 있게 된다.

19 원형 큐에서 언더플로우가 발생하는 경우는?

① front = 0
② front = rear
③ front = (rear + 1) mod n
④ front = (front + 1) mod n

19 원형 큐에서 언더플로우는 공백 상태에서 일어난다. 원형 큐의 공백 상태는 front = rear이다.

정답 16 ② 17 ① 18 ① 19 ②

20 선형 큐를 이용하면 가용 공간이 있음에도 불구하고 오버플로우가 발생하는 경우가 있는데 이를 보완하기 위해 큐의 원소를 이동하는 방법을 사용한다. 그러나 이런 경우 데이터 이동이 많이 발생하는데 이러한 단점을 보완한 것이 원형 큐이다.

20 원형 큐를 사용하는 가장 큰 요인은?

① 선형 큐는 새로운 데이터의 삽입과 삭제가 어렵기 때문이다.
② 선형 큐에서 오버플로우를 해결하기 위해 큐의 원소들을 이동하는 방식이 갖는 단점을 보완하기 위한 방법이다.
③ 원형 큐를 사용하면 큐의 포화 상태가 발생하지 않는다.
④ 선형 큐는 검색에 많은 시간이 소비되는데 이를 방지하기 위해서이다.

21 원형 큐에서 front가 3이고 rear가 5라면 4부터 5까지 데이터가 삽입되어 있다는 의미이다. 따라서 원형 큐에 저장된 원소들의 개수는 2개가 된다.

21 원형 큐에서 front가 3이고 rear가 5라고 하면 현재 원형 큐에 저장된 원소들의 개수는? (단, 큐의 최대 크기는 8)

① 1
② 2
③ 3
④ 4

22 데크는 큐의 특수한 형태로 원소의 삽입과 삭제가 큐의 양쪽 끝에서 모두 허용되는 구조이다.

22 처음과 끝 노드 중 어느 쪽이나 삽입과 삭제를 할 수 있는 구조는 어느 것인가?

① 스택
② 큐
③ 데크
④ 원형 큐

정답 20 ② 21 ② 22 ③

23 데크 중에서 출력 제한 데크로서 삽입은 양쪽에서 이루어지고 삭제는 한쪽에서만 실행되는 자료구조는?

① scroll
② left
③ shelf
④ right

23 입력 제한 데크는 scroll이고 출력 제한 데크는 shelf이다. 출력 제한 데크는 특정 원소의 삭제를 리스트의 한쪽 끝에서만 가능하도록 제한한 것이다.

24 다음과 같은 중위 표기법 표현을 후위 표기법으로 바르게 표현한 것은?

$$A * (B + C) / D - E$$

① +E−AB * CE/
② ABC+ * D/E−
③ +D/ * E−ABC
④ ABC+D/ * E−

24 후위 표기법은 피연산자−피연산자−연산자순으로 표시하는 방법이다. 따라서 각 연산자를 그에 대응하는 피연산자의 뒤로 보내면 된다.

25 다음은 어떤 수식의 후위 표기이다. 이때 최초로 수행되는 연산은 어느 것인가?

$$ABE + D * -$$

① B + E
② E + A
③ D * B
④ B * E

25 스택을 사용해 후위 표기법 수식을 계산하는 방법은 먼저 피연산자는 스택에 push하고 연산자를 만나면 필요한 만큼의 피연산자를 스택에서 pop하여 연산한다.
문제의 수식에서 맨 처음 피연산자인 A, B, E는 스택에 push된다. 그런 다음 + 연산자를 만나면 스택의 가장 위에 있는 E와 B를 꺼내 더하기 연산이 이루어지므로 최초로 수행되는 연산은 B + E가 된다.

정답 23 ③ 24 ② 25 ①

Self Check로 다지기 | 제3장

➡ **스택(stack)**
① 자료를 하나씩 쌓아 올린 형태로 가장 먼저 입력된 데이터는 맨 아래에 놓이고 그다음 입력되는 데이터가 그 위에 쌓이는 구조
② 스택에서 입·출력이 이루어지는 부분을 상단(top)이라고 하고 반대쪽인 바닥 부분을 스택 하단(bottom)이라 함
③ 가장 늦게 삽입한 원소가 가장 먼저 삭제되는 후입선출(LIFO : Last-In First-Out) 구조
④ 배열이나 연결 리스트로 구현 가능
⑤ 스택의 top에서 원소의 삽입과 삭제가 일어남
⑥ 스택의 삽입 연산은 push, 삭제 연산은 pop

➡ **시스템 스택**
① 수행 중인 프로그램의 함수나 서브 프로그램들의 복귀 주소와 관련 정보들을 저장
② 프로그램에서의 호출과 복귀에 따른 수행 순서를 관리하기 위한 스택
③ 함수 호출시 프로그램과 관련된 모든 정보(지역변수, 인수, 복귀 주소 등)를 시스템 스택에 활성 레코드의 형태로 저장

➡ **스택의 적용 분야**
① 함수 호출
② 미로 찾기
③ 수식의 연산
④ 역순 문자열 출력

➡ **큐(queue)**
① 한쪽 끝에서는 원소들의 삽입만 가능하고 반대쪽 끝에서는 원소들의 삭제만 가능
② 가장 먼저 삽입된 데이터가 가장 먼저 삭제되는 선입선출(FIFO: First-In First-Out) 구조
③ 큐의 rear에서 원소의 삽입이 일어남
④ 큐의 front에서 원소의 삭제가 일어남
⑤ 큐의 삽입 연산은 enqueue이고 삭제 연산은 dequeue

➡ **원형 큐(circular queue)**
① 큐를 원형으로 표현하는 방식
② 큐의 처음과 끝을 연결해서 원형으로 구성하여 만든 것
③ 순차 큐의 이동 방식이 갖는 단점을 보완하기 위한 방법

큐의 적용 분야
① CPU 스케줄링
② 네트워크 프린터
③ 시뮬레이션 등의 대기열
④ 컴퓨터 장치들 사이에서 시간이나 속도 차이를 극복하기 위한 임시 기억 장치인 버퍼(buffer)

데크(deque : double-ended queue)
① 큐의 특수한 형태로 원소의 삽입과 삭제가 큐의 양쪽 끝에서 모두 허용되는 구조
② 큐의 전단(front)과 후단(rear)에서 모두 삽입과 삭제가 가능한 큐
③ 양쪽 끝에서 원소들의 삽입과 삭제에 제한을 둔 입력 제한 데크와 출력 제한 데크도 있음

입력 제한 데크 또는 스크롤(scroll)
새로운 원소의 삽입은 한쪽 끝에서만 가능하고 삭제는 양쪽에서 가능한 자료구조

출력 제한 데크 혹은 셀프(shelf)
특정 원소의 삭제는 한쪽 끝에서만 가능하고 삽입은 양쪽에서 가능한 자료구조

수식 표기법
① 전위 표기법 : 연산자-피연산자-피연산자
② 중위 표기법 : 피연산자-연산자-피연산자
③ 후위 표기법 : 피연산자-피연산자-연산자

- 컴퓨터 내부에서 수식을 처리할 때는 후위 표기법이 가장 효율적
- 괄호와 연산자 우선순위 처리 등의 기존 중위 표기 방식이 가지고 있던 계산의 복잡성이 후위 표기법에는 없기 때문

다중 스택(multiple stack)
① 하나의 기억 장소에 두 개 이상의 스택이 들어가 있는 형태
② 2개의 스택을 연결하여 운영하는 방법과 n개의 스택을 연결하여 사용하는 방법

지식에 대한 투자가 가장 이윤이 많이 남는 법이다.

– 벤자민 프랭클린 –

제 4 장

연결 리스트

제1절	연결 리스트의 필요성
제2절	단순 연결 리스트
제3절	동적 연결된 스택과 큐
제4절	비사용 기억 공간
제5절	희소 행렬
제6절	연결 리스트의 응용
제7절	연결 리스트의 기타 연산
제8절	이중 연결 리스트
제9절	일반 리스트
실전예상문제	

행운이란 100%의 노력 뒤에 남는 것이다.

— 랭스턴 콜먼 —

합격의 공식 ▶ **온라인 강의**

보다 깊이 있는 학습을 원하는 수험생들을 위한
시대에듀의 동영상 강의가 준비되어 있습니다.
www.sdedu.co.kr ➜ 회원가입(로그인) ➜ 강의 살펴보기

제 4 장 | 연결 리스트

제1절 연결 리스트의 필요성 [기출]

데이터를 기억 장소에 저장하고 관리하기 위해 다양한 자료구조를 사용할 수 있다. 여러 자료구조를 이용하여 데이터를 기억 장소의 임의의 위치에 삽입하거나 삭제할 수 있는데 삽입과 삭제 시 걸리는 시간을 절약하는 것은 매우 중요하다. 배열은 선형 리스트 형태의 순차적 구조이며 배열을 이용한 구현은 간단하다는 장점이 있다. 그러나 배열의 경우 정적 메모리를 차지하기 때문에 처음부터 배열의 최대 항목 개수를 예상하여 선언해야 한다. 즉, 배열 크기가 컴파일 시에 미리 고정된다. 따라서 실행 시에 데이터의 개수가 선언한 것보다 많지 않다면 공간 낭비가 초래된다.

> **더 알아두기**
>
> **정적 메모리 할당**
> - 메모리 할당 방법 중에 하나로 메모리의 크기가 미리 결정됨
> - 프로그램에 고정적으로 지정되는 메모리 부분
> - 프로그램에서만 사용되고, 종료되면 재사용할 수 있음
> - 장점
>   - 메모리를 사용한 후 해제하지 않음으로 인해 발생하는 메모리 누수와 같은 문제를 신경 쓰지 않아도 된다.
>   - 정적 할당된 메모리는 실행 도중에 해제되지 않고 프로그램이 종료할 때 자동으로 운영체제가 회수한다.
> - 단점
>   - 메모리의 크기가 고정되어 있어서 나중에 조절할 수 없다.
>   - 스택에 할당된 메모리이므로 동적 할당에 비해 할당받을 수 있는 최대 메모리에 제약을 받는다.

또한 배열에서는 새 항목을 삽입하거나 삭제하는 경우 뒤에 있는 원소들이 한 칸씩 앞이나 뒤로 이동해야 하는 경우가 발생한다. 데이터의 삽입과 삭제 시에 발생하는 빈번한 이동 연산과 오버플로우를 방지하기 위해 최대 크기의 기억 공간 확보를 필요로 한다. 이때 발생되는 기억 장소 낭비 등의 문제점들이 비효율성을 초래한다.

> **더 알아두기**
>
> **순차 자료구조의 문제점**
> - 삽입이나 삭제 연산 후에 연속적인 물리 주소를 유지하기 위해서 원소들을 이동시키는 추가적인 작업과 시간 소요
> - 원소들의 이동 작업으로 인한 오버헤드로 인해 원소의 개수가 많고 삽입과 삭제 연산이 많이 발생하는 경우 성능상의 문제 발생
> - 순차 자료구조는 배열을 이용하여 구현하기 때문에 배열이 갖고 있는 메모리 사용의 비효율성 문제를 그대로 가짐

이러한 문제점을 극복하기 위한 방법에는 어떤 것이 있을까? [그림 4-1]과 같이 연결 자료구조를 사용하면 된다. 연결 자료구조는 데이터들이 한곳에 모여 있을 필요 없이 기억 장소의 어디에나 흩어져서 존재할 수 있다. 각각의 데이터는 순서를 유지하기 위해 다음 데이터를 가리키는 포인터를 가진다.

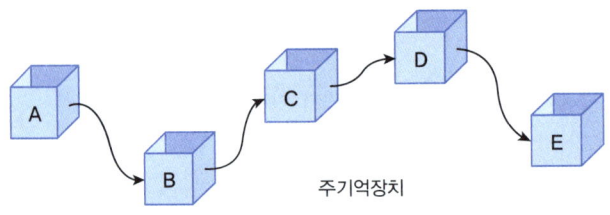

주기억장치

[그림 4-1] 연결 자료구조

> **더 알아두기**
>
> **연결 자료구조**
> - 자료의 논리적인 순서와 물리적인 순서가 일치하지 않는 자료구조
> - 각 원소에 저장되어 있는 다음 원소의 주소에 의해 순서가 연결되는 방식(물리적인 순서를 맞추기 위한 오버헤드가 발생하지 않음)
> - 여러 개의 작은 공간을 연결하여 하나의 전체 자료구조를 표현(크기 변경이 유연하고 더 효율적으로 메모리 사용)

따라서 첫 번째 데이터에서부터 순서대로 포인터를 따라가면 모든 데이터에 접근할 수 있다. 이와 같이 물리적으로 흩어져 있는 자료들을 서로 연결하여 하나로 묶는 방법을 연결 리스트라고 한다. 연결 리스트에서는 데이터를 연결하는 포인터가 있는데 포인터를 사용하면 하나의 항목에서 다음 항목으로 쉽게 이동할 수 있다.

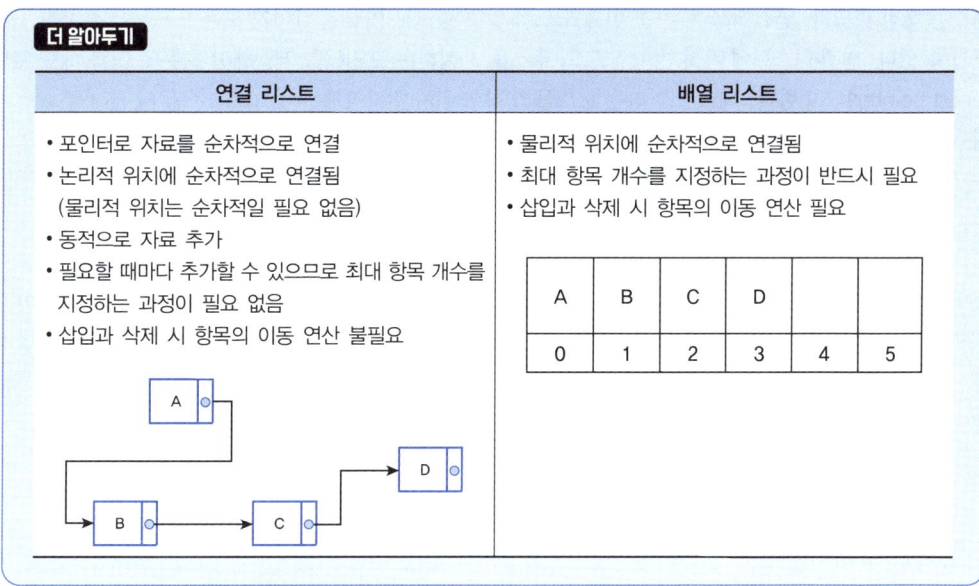

 연결 자료구조의 원소는 연결될 다음 원소를 가리키는 주소도 같이 저장해야 하므로 〈원소, 주소〉 단위로 구성되며 이를 노드(node)라고 한다. [그림 4-2]와 같이 노드는 연결 자료구조에서 하나의 항목을 표현하기 위한 단위 구조라고 할 수 있다. 따라서 데이터들은 노드에 분산되어 저장된다.

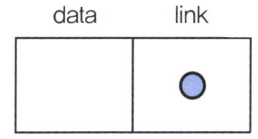

[그림 4-2] 노드의 구조

각 노드는 데이터를 저장하는 데이터 필드(data field)와 다음 노드의 주소를 저장하는 링크 필드(link field)로 구성된다. 데이터 필드에는 저장하고자 하는 데이터가 들어간다. 링크 필드는 노드들을 연결하는 역할을 하며 다른 노드를 가리키는 포인터가 들어간다. 어떤 노드에 연결된 후속 노드를 알고 싶으면 해당 노드의 링크 필드를 확인하면 된다.

[표 4-1] 연결 리스트의 노드 구성

데이터 필드	리스트의 항목인 데이터 값을 저장하는 곳
링크 필드	다른 노드의 주소 값을 저장하는 장소(포인터)

[표 4-1]과 같이 데이터 필드는 데이터 값을 저장하며 저장할 항목의 형태에 따라서 하나 이상의 필드로 구성된다. 링크 필드는 다음 노드의 주소를 저장하며 포인터 변수를 사용하여 주소 값을 저장한다. 각 노드들은 주기억장치의 어느 위치에 저장되든 상관없으며 단지 각 노드들이 포인터에 의해 연결되어 있기만 하면 된다. 노드들은 포인터를 통해 연결되므로 주기억장치 안에서의 물리적 순서와 리스트의 논리적 순서가 일치하지 않아도 된다. 또한 연결 리스트는 늘어선 노드의 중간 지점에서도 데이터의 삽입과 삭제가 O(1)의 시간에 가능

하다는 장점이 있다. 연결 리스트는 첫 번째 노드를 알면 링크로 연결된 나머지 모든 노드들에 순차적으로 접근할 수 있다. 연결 리스트에서 첫 번째 노드의 주소를 저장하는 포인터를 저장해야 하는데 이를 헤드 포인터 (head pointer)라고 한다. 헤드 포인터는 노드들의 최초 위치를 나타내는 것으로 노드들의 시작 주소를 가진다. 이러한 헤드 포인터는 첫 노드를 가리킨다는 점에서 리스트 전체를 대변한다고도 할 수 있다. 마지막 노드는 더 이상 연결할 노드가 없으므로 링크 필드의 값을 NULL로 설정하여 이 노드가 마지막임을 표현한다.

[그림 4-3]은 연결 리스트의 예로 헤드 포인터가 첫 번째 노드를 가리킨다. 첫 번째 노드의 데이터 필드에는 A가 저장되어 있고 링크 필드는 두 번째 노드를 가리킨다. 두 번째 노드의 데이터 필드에는 B가 저장되어 있고 링크 필드는 세 번째 노드를 가리킨다. 그리고 세 번째 노드의 데이터 필드에는 C가 저장되어 있고 링크 필드에는 NULL이 저장되어 있다. NULL은 더 이상 연결된 노드가 없다는 것을 의미하므로 세 번째 노드가 마지막임을 알 수 있다.

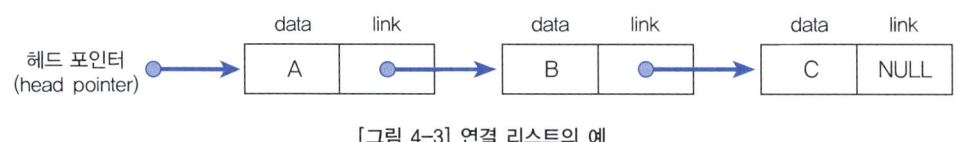

[그림 4-3] 연결 리스트의 예

배열은 동적으로 크기를 늘리거나 줄일 수 없기 때문에 처음 할당한 공간이 가득차면 더 이상 데이터를 추가할 수 없다. 그러나 연결 리스트는 여러 개의 작은 공간을 연결하여 하나의 전체 자료구조를 표현하는 방법이므로 용량이 고정되지 않는다. 연결 리스트는 기억 장소내의 인접한 연속 기억 공간을 필요로 하지 않고 어느 위치에나 저장될 수 있다. 따라서 연결 리스트는 크기 변경이 유연하고 빈 공간이 존재하지 않으므로 더 효율적으로 메모리를 사용할 수 있다. 또한 연결 리스트에서는 [그림 4-4]와 같이 삽입이나 삭제 시 항목들의 이동이 필요 없다. 따라서 연결 리스트는 메모리 공간을 절약하고 자료의 삽입과 삭제가 빈번할 때 사용하면 속도가 빠른 장점이 있다.

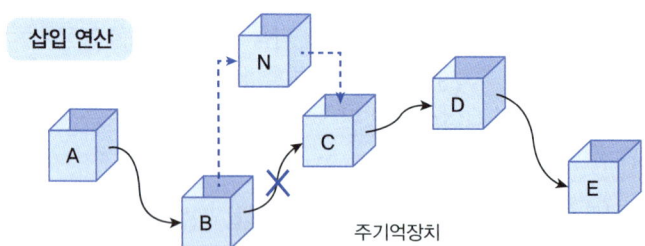

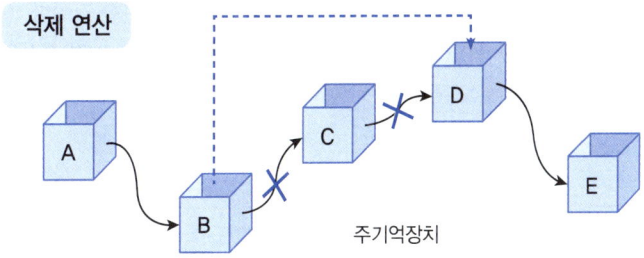

[그림 4-4] 연결 리스트의 삽입과 삭제 연산

> **더 알아두기**
>
> **연결 자료구조**
> - 순차 자료구조에서의 연산 시간에 대한 문제와 저장 공간에 대한 문제를 개선한 자료 표현 방법
> - 각 원소에 저장되어 있는 다음 원소의 주소에 의해 순서가 연결되는 방식
> - 자료의 논리적인 순서와 물리적인 순서가 일치하지 않아도 되는 자료구조
> - 물리적인 순서를 맞추기 위한 오버헤드가 발생하지 않음

연결 리스트에서는 리스트를 구성하는 원소들이 다음에 연결되는 원소들을 가리키는 주소 정보를 저장할 수 있어야 한다. 그러므로 다음 원소의 주소를 저장하고 있는 포인터에 해당하는 링크 필드를 위한 추가 공간이 필요하다. 또한 연결 리스트에서 어떤 데이터를 찾고자 할 때에는 항상 첫 번째 노드부터 다음 노드를 링크로 이동하며 탐색해야 한다. 따라서 원하는 데이터가 있는 노드를 찾을 때까지 차례로 방문하는 순차 탐색을 해야 하므로 데이터의 탐색이 잦은 경우 속도가 느리다는 단점이 있다. 그리고 연결 리스트는 연산의 구현이나 사용 방법이 배열에 비해 복잡하다. 따라서 배열에 비해 상대적으로 구현이 어렵고 오류가 발생할 가능성도 많다.

다음은 요일을 의미하는 월, 화, 수, 목, 금, 토, 일을 선형 리스트와 연결 리스트로 표현한 것이다. 먼저 선형 리스트 week = (월, 화, 수, 목, 금, 토, 일)은 [그림 4-5]와 같이 크기가 7인 배열로 표현할 수 있다.

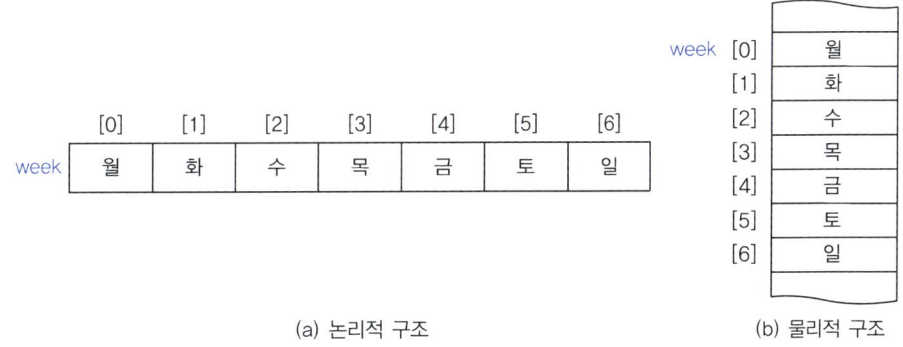

(a) 논리적 구조　　　　　　　(b) 물리적 구조

[그림 4-5] 배열로 표현한 선형 리스트 week

[그림 4-6]은 노드 7개와 시작 포인터 week를 사용하여 연결 리스트로 표현한 것이다. 연결 리스트는 포인터를 저장할 공간이 추가로 필요하지만 삽입이나 삭제 연산을 하고 난 다음에 논리적 순서와 물리적 순서를 맞추기 위해 추가로 작업하지 않아도 된다. 그만큼 오버헤드가 발생하지 않아 삽입이나 삭제 연산을 할 때 효율적이다.

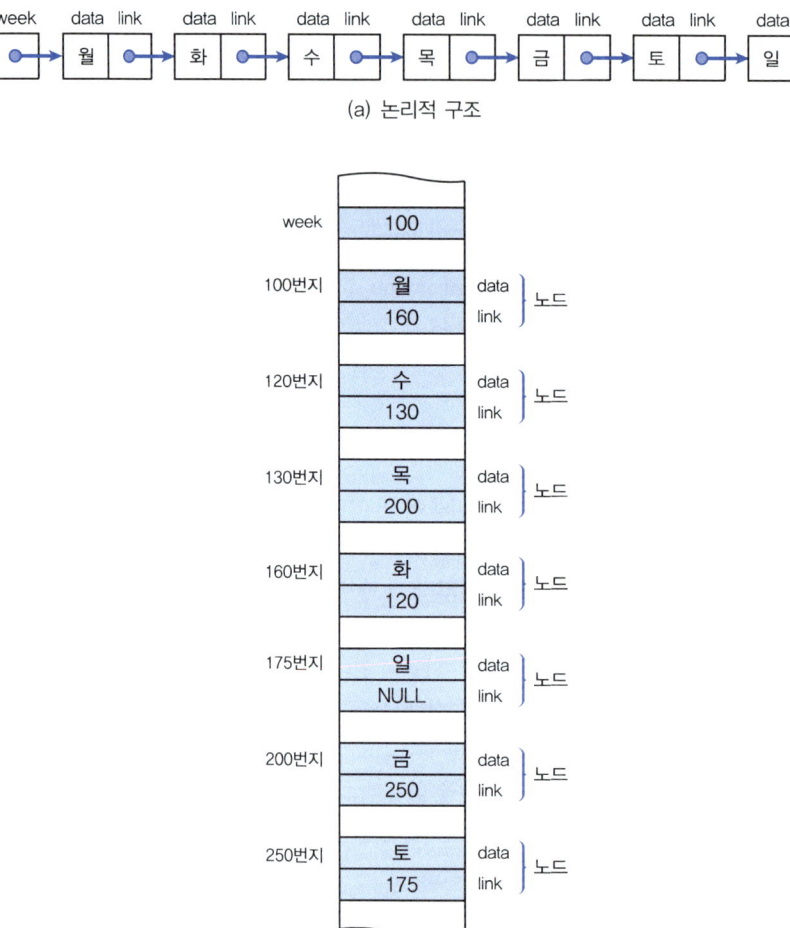

[그림 4-6] 연결 리스트로 표현한 선형 리스트 week

연결 리스트에는 연결하는 방식에 따라 단순 연결 리스트(single linked list)와 원형 연결 리스트(circular linked list) 그리고 이중 연결 리스트(double linked list)가 있다. 단순 연결 리스트는 각 노드에 데이터 공간과 한 개의 포인터를 갖고 있으며 노드의 포인터는 다음 노드를 가리킨다. 하나의 방향으로만 연결되어 있으며 맨 마지막 노드의 링크 필드는 NULL 값을 갖는다. 원형 연결 리스트는 단순 연결 리스트와 같지만 맨 마지막 노드의 링크 값이 다시 첫 번째 노드를 가리킨다는 것이 다르다. 즉, 단순 연결 리스트에서 처음과 끝을 서로 연결하면 원형 연결 리스트가 된다. 이중 연결 리스트는 단순 연결 리스트와 모양은 비슷하지만 각 노드가 두 개의 포인터를 갖고 있으며 다음 노드뿐만 아니라 이전 노드도 가리키도록 하는 것이다. 각 노드마다 링크 필드가 두 개씩 존재하므로 각각의 노드로 선행 노드와 후속 노드를 모두 가리킬 수 있다.

> **더 알아두기**
>
> 이전(previous) 노드에 대한 접근 연산
> - 단순 연결 리스트 : 처음부터 새로 순회
> - 원형 연결 리스트 : 계속 순회
> - 이중 연결 리스트 : 이전 노드 정보를 가지고 있어 바로 접근 가능

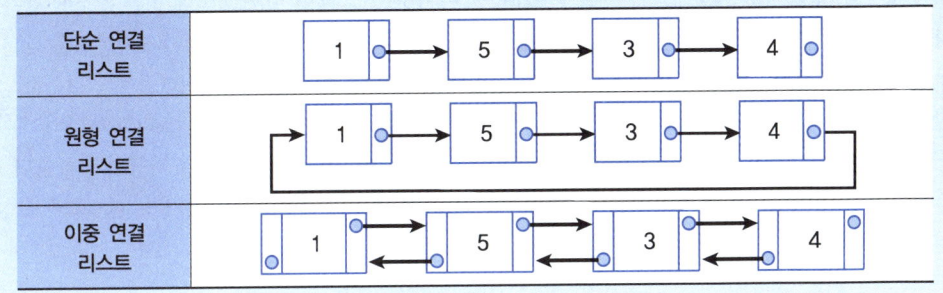

연결 리스트는 여러 가지 자료구조를 구현하기 위해 매우 광범위하게 사용되는데 스택이나 큐뿐만 아니라 데크, 트리, 그래프, 해싱의 체이닝 등에 사용된다.

> **더 알아두기**
>
> 연결 리스트의 장점
> - 크기가 고정되지 않으며 기억 장소를 할당할 수 있는 한 계속 자료를 삽입할 수 있음
> - 중간에 데이터를 삽입하거나 삭제하는 연산이 용이함
> - 데이터 저장을 위한 기억 공간이 필요할 때마다 동적으로 만들어 쉽게 추가할 수 있음
>   (한꺼번에 많은 공간을 할당해야 하는 배열에 비해 상당한 장점)
>
> 연결 리스트의 단점
> - 구현이 복잡하고 어려움
> - 탐색 연산 비용 높음
>
> 시간 복잡도(원소 개수가 n개인 경우)
>
> | | |
> |---|---|
> | 연결 리스트 | O(n)
첫 번째 노드부터 순차적으로 접근 |
> | 배열 리스트 | O(1)
배열의 인덱스를 이용해 해당 원소로 직접 접근(Array[i]) |

제2절 단순 연결 리스트 종요

1 정의

배열에 저장된 각 데이터들은 배열의 인덱스가 하나씩 증가하면 그 배열 원소의 옆에 있는 원소에 접근할 수 있다. 배열의 데이터들은 어떤 연결성을 갖는다고 할 수 있는데 어떤 연관 관계를 갖거나 공통점을 갖는 데이터들이 이렇게 연결되어 있으면 서로에게 접근이 가능하다. 단순 연결 리스트도 데이터들을 연결하는 방법이라 할 수 있는데 하나의 데이터를 저장할 때 그 다음 데이터의 주소를 함께 저장한다. 그리고 하나의 데이터에 접근할 때 다음 데이터의 주소를 통해 사용자가 순차적으로 데이터에 접근하는 것을 가능하게 해준다. 단순 연결 리스트는 리스트의 각 노드에 다른 노드를 가리키는 포인터가 하나씩만 있는 것이다. 리스트를 구성하는 노드들이 한쪽 방향으로 연결된 구조라고 할 수 있다.

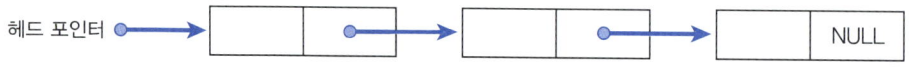

[그림 4-7] 단순 연결 리스트

단순 연결 리스트는 [그림 4-7]과 같이 각 노드에 데이터 공간과 한 개의 포인터 공간이 있고 각 노드의 포인터는 다음 노드를 가리킨다. 노드가 하나의 링크 필드에 의해서 다음 노드와 연결되는 구조를 가진다. 단순 연결 리스트는 삽입과 삭제가 용이하고 기억 장소를 낭비하지 않으며 삽입과 삭제에 필요한 시간을 절약할 수 있다. 이러한 단순 연결 리스트는 가장 단순한 형태이면서도 가장 많이 사용되는 구조이다. 단순 연결 리스트의 기본 연산으로는 단순 연결 리스트의 생성, 단순 연결 리스트의 삽입, 단순 연결 리스트의 삭제 연산이 있다.

> **더 알아두기**
>
> 연결 리스트는 중간에 있는 노드의 연결이 끊어지면 그다음 노드를 찾기 힘들다.

2 노드 생성

일반적으로 연결 구조로 연결되어 있는 구성 요소를 노드라고 하며, 하나의 노드는 데이터를 저장하는 데이터 필드와 다음에 연결되는 노드를 가리키는 링크 필드로 구성되어 있다. 데이터 필드는 데이터에 대한 데이터형으로 정의되고 링크 필드는 다른 노드를 가리키는 포인터로 정의된다. 연결 리스트를 이용하기 위해서는 노드 구조체를 정의해야 하는 데 다음은 C언어로 표현한 노드에 대한 정의이다.

📁 노드 구조의 정의

```
struct listnode {
int data;
struct listnode *link;
};
struct listnode node_s;      /* 정의된 listnode형 노드 구조의 변수 node_s 선언 */
```

리스트에 저장할 데이터 필드의 자료형은 int형이며 변수명은 data이다. data는 노드 내부의 실제 데이터를 의미한다. link는 다음 노드를 가리키는 링크 필드이다.

더 알아두기

구조체
- 여러 자료형의 변수들을 그룹으로 묶어서 하나의 자료형으로 처리
- 배열이 같은 자료형의 데이터 모임이라면 구조체는 다양한 자료형의 데이터 모임
- 복잡한 객체들은 보통 같은 자료형으로만 되어 있지 않음
- 구조체는 기존의 자료형들을 조합하여 새로운 자료형을 만드는 방법
- 구조체 이름, 자료형, 변수명으로 구성됨

구조체의 정의

```
struct 구조체이름{
    자료형1 변수명1;
    자료형2 변수명2;
    ...
    자료형n 변수명n;
};
```

구조체의 예
학생 정보를 저장하기 위한 구조체(학번, 이름, 성적으로 구성됨)

```
struct student{
  int id;             /* 학생의 학번 */
  char name[20];      /* 학생의 이름 */
  double score;       /* 성적 */
};
```

정의된 노드 구조를 이용하여 연결 리스트를 생성하면 다음과 같다.

```
                    struct listnode *head;
```

listnode형으로 정의된 노드들의 각 멤버들은 [그림 4-8]과 같은 구조로 정의된다. 연결 리스트의 시작 노드를 가리키는 포인터를 head라 선언하면 각 멤버에 대한 참조 방법은 [그림 4-8]과 같다.

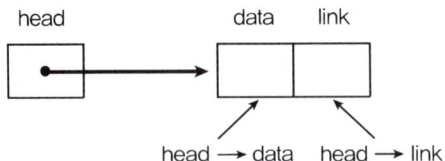

[그림 4-8] 연결 리스트의 노드 구조 및 멤버 참조

다음은 노드를 생성하는 구문이다.

> **노드의 생성**
> ```
> struct listnode *getNode()
> {
>   struct listnode *temp;
>   temp = (struct listnode *)malloc(sizeof(node_s));
>   return temp;
> }
> ```

getNode() 함수는 사용 가능한 기억 공간에서 노드를 하나 생성하여 해당 노드의 주소를 넘겨주는 함수이다. getNode() 함수에서는 malloc() 함수를 이용하여 프로그램의 실행 시 필요한 기억 공간을 할당하였다. malloc() 함수는 프로그래밍에서 실행 시간 동안 사용할 기억 공간을 할당할 때 사용하는 함수이다. 이것을 동적 메모리 할당이라고 한다.

프로그램이 메모리를 할당받는 방법에는 정적 메모리 할당(static memory allocation)과 동적 메모리 할당(dynamic memory allocation)이 있다. 정적 메모리 할당은 프로그램이 시작되기 전에 미리 정해진 크기의 메모리를 할당받는 것을 의미한다. 따라서 정적 메모리 할당으로 할당된 메모리의 크기는 프로그램이 시작하기 전에 결정된다. 그러나 어떤 프로그램을 작성하는 시점에는 얼마나 많은 메모리 공간이 필요한지 알 수 없고 메모리를 미리 할당해 놨지만 필요 없이 낭비되거나 혹은 모자라는 상황이 생길 수 있다. 동적 메모리 할당은 이를 막기 위해 메모리를 동적으로 할당하는 것을 의미한다. 즉, 프로그램 실행 중에 필요한 메모리의 크기를 결정하고 시스템으로부터 할당받아서 사용하다가 더 이상 필요가 없으면 해제한다. 필요한 만큼만 할당하고 반납하므로 메모리를 매우 효율적으로 사용할 수 있다. malloc() 함수 안에는 일반적으로 sizeof 연산자를 사용하여 할당할 메모리의 크기를 구해 넣는다. 동적으로 할당된 메모리 공간은 사용이 끝나면 운영체제가 쓸 수 있도록 반납해야 한다. 그런 다음에 다시 메모리 공간이 필요하면 재할당을 받을 수 있다.

> **더 알아두기**
>
> **malloc()**
> - 컴파일 시간에 확정된 크기의 메모리를 할당하지 않고 필요한 때에 필요한 만큼의 공간을 동적으로 운영체제에 요구
> - 사용 가능한 기억 장소가 있으면 요구한 크기의 메모리 영역에 대한 첫 번째 시작 주소를 포인터에 반환
> - 메모리 블록의 첫 번째 바이트에 대한 주소를 반환
> - 만약 요청한 메모리 공간을 할당할 수 없는 경우에는 NULL 값을 반환
>
> **free()**
> - malloc()으로 동적 할당되었던 메모리 영역을 다시 시스템에 반환
> - 할당된 동적 메모리를 해제하고 반납할 때 사용
> - 더 이상 할당된 메모리가 사용될 일이 없을 때 할당된 메모리를 정리
>
> **sizeof**
> - 필요한 기억 장소의 크기에 대한 정보 제공

다음은 getNode() 함수를 이용한 연결 리스트의 생성 알고리즘이다.

> **연결 리스트 생성 알고리즘**
>
> ```
> struct listnode *list_Create(int value)
> {
>     struct listnode *temp;
>     temp = getNode();           /* 노드의 생성 */
>     temp→data = value;          /* 생성된 temp 노드의 데이터 필드에 값을 저장 */
>     if (head = NULL)            /* 공백 연결 리스트일 경우 */
>         temp→link = NULL;
>     else                        /* 이미 생성된 연결 리스트일 경우 */
>         temp→link = head;
>     head = temp;                /* head 포인터가 생성되어 삽입된 노드를 가리킴 */
> }
> ```

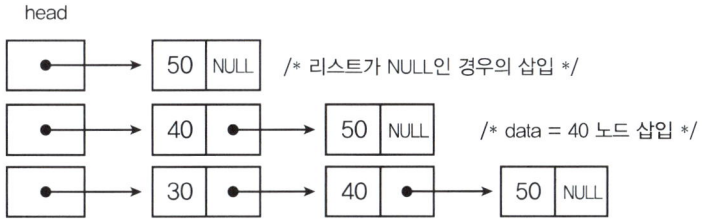

[그림 4-9] 단순 연결 리스트의 생성 과정

3 노드 삽입

동적으로 기억 공간이 관리되는 연결 리스트의 삽입과 삭제는 포인터의 값을 변경함으로써 구현된다. 단순 연결 리스트에 노드를 삽입하는 방법은 다음과 같다.

> **단순 연결 리스트에서 노드를 삽입하는 방법**
> ① 삽입할 노드를 생성한다.
> ② 새 노드의 데이터 필드에 값을 저장한다.
> ③ 새 노드의 링크 값을 지정한다.
> ④ 리스트의 이전 노드에 새 노드를 연결한다.

연결 리스트에서 데이터의 삽입 연산은 [그림 4-10]과 같다. 새로운 노드 N을 노드 B와 노드 C 사이에 삽입하려고 한다. (a)는 삽입하기 전의 모습이고 (b)는 삽입한 후의 모습이다.

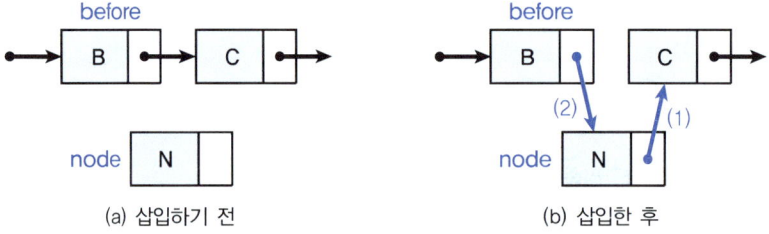

[그림 4-10] 단순 연결 리스트에서의 노드 삽입

데이터 B가 저장된 노드 이름은 before이고 데이터 N이 저장된 노드 이름은 node이다. 삽입 연산을 위해서는 먼저 (1) node 노드가 데이터 C를 저장한 노드를 가리키도록 해야 한다. 그런 다음 (2) before 노드가 node 노드를 가리키도록 하면 된다.

단순 연결 리스트에 새로운 노드를 삽입하는 방법에는 리스트의 맨 앞에 삽입하거나 또는 임의의 노드 뒤에 삽입하는 것이 있다. 각각의 경우에 노드를 삽입하는 알고리즘과 과정은 다음과 같다.

> **단순 연결 리스트의 노드 삽입 알고리즘**
> ```
> void insertNode(x, int value)
> struct listnode *x;
> {
>     struct listnode *temp;
>     temp = getNode();
>     if (temp = NULL) return(-1);      /* 노드의 미생성 */
>     else if (x = NULL)                /* 연결 리스트의 맨 앞 삽입 */
> ```

```
{
    temp→data = value;
    temp→link = head;
    head = temp;
}
else {      /* 연결 리스트에 x가 가리키는 임의의 노드 뒤에 삽입 */
    temp→data = value;
    temp→link = x→link;
    x→link = temp;
}
}
```

과정

리스트의 맨 앞에 노드 삽입

① temp = getNode();
새로운 노드 temp를 생성한다.

② temp→data = value;
새로운 노드 temp의 data 필드에 값을 저장한다.

③ temp→link = head;
새로운 노드 temp의 링크 필드에 head 포인터가 갖고 있는 다음 연결 노드의 주소를 저장한다.

④ head = temp;
head 포인터가 새로 생성된 temp 노드를 가리키게 한다.

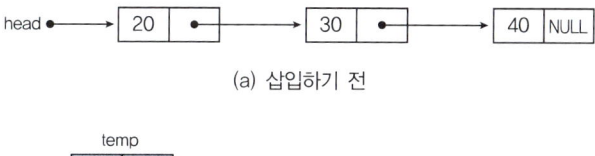

(a) 삽입하기 전

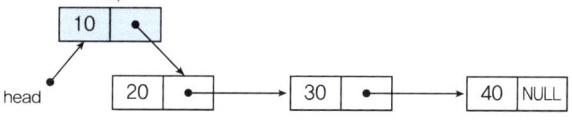

(b) temp 노드 삽입한 후

[그림 4-11] 단순 연결 리스트의 맨 앞에 노드 삽입

과정

임의의 노드 뒤에 새로운 노드 삽입

① temp = getNode();
새로운 노드 temp를 생성한다.

② temp→data = value;
새로운 노드 temp의 data 필드에 값을 저장한다.

③ temp→link = x→link;
새로운 노드 temp의 링크 필드에 임의 노드를 가리키는 x 포인터가 가리키는 노드의 링크 필드 값인 다음 연결 노드의 주소를 저장한다.

④ x→link = temp;
임의 노드의 링크 필드에는 삽입 노드의 주소를 저장한다.

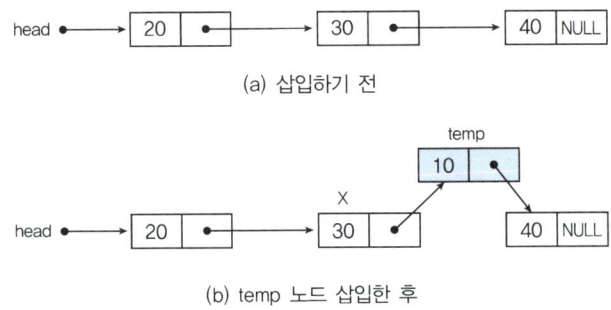

[그림 4-12] 단순 연결 리스트의 임의 노드 뒤에 삽입 과정

4 노드 삭제

단순 연결 리스트에서 노드를 삭제하는 방법은 다음과 같다.

단순 연결 리스트에서 노드를 삭제하는 방법
① 삭제할 노드의 앞 노드를 찾는다.
② 앞 노드에 삭제할 노드의 링크 필드 값을 저장한다.
③ 삭제한 노드의 앞 노드와 삭제한 노드의 다음 노드를 연결한다.

연결 리스트에서 데이터의 삭제 연산은 [그림 4-13]과 같다. 노드 B와 노드 C 사이에 있는 노드 N을 삭제하려고 한다. (a)는 삭제하기 전의 모습이고 (b)는 삭제한 후의 모습이다.

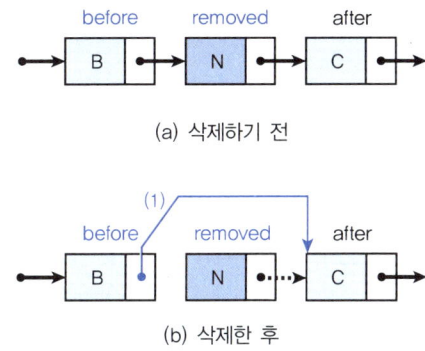

[그림 4-13] 단순 연결 리스트에서의 노드 삭제

이 연산은 단순히 before 노드가 다음 노드로 after 노드를 가리키도록 변경하기만 하면 된다. 먼저 (1) removed 노드가 NULL이 아닌 경우 before 노드가 after 노드를 가리키게 한다. 그런 다음 (2) removed 노드를 반환하면 된다.

단순 연결 리스트에서 x가 가리키는 노드를 삭제하기 위하여 삭제하고자 하는 노드의 앞 노드를 가리키는 포인터를 y라 하자. 이때 삭제하고자 하는 노드가 맨 앞의 노드라면 y는 NULL 값을 갖게 된다. 노드를 삭제하는 알고리즘과 과정은 다음과 같다.

📁 **단순 연결 리스트의 노드 삭제 알고리즘**

```
void deleteNode(x, y)
struct listnode *x, *y;
{
    if (y = NULL)              /* 단순 연결 리스트의 맨 앞의 노드 삭제 */
        head = x→link;
    else                       /* 단순 연결 리스트의 임의 노드 삭제 */
        y→link = x→link;
    free(x);
}
```

과정

y = NULL인 경우

① head = x→link;
head 포인터에 삭제된 다음 노드의 주소를 저장한다.

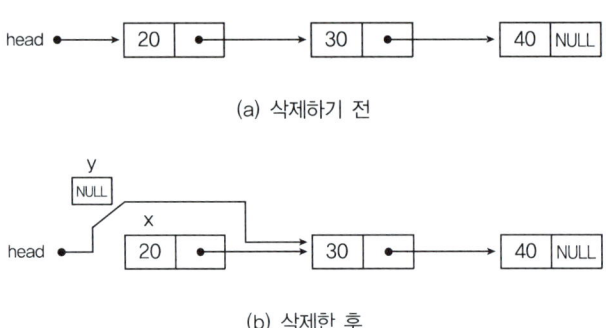

[그림 4-14] y = NULL일 때 노드의 삭제

과정

y != NULL인 경우

① y→link = x→link;
y 포인터가 가리키는 링크 필드에 삭제된 다음 노드의 주소를 지정한다.

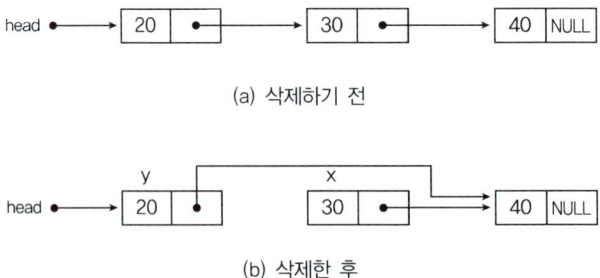

[그림 4-15] y != NULL일 때 노드의 삭제

5 노드 출력

연결 리스트의 출력은 리스트에 있는 노드들의 데이터 필드를 따라가며 차례대로 출력하면 된다. 순차적으로 노드를 탐색하면서 해당 노드의 데이터 필드에 있는 내용을 출력하고 링크 필드에 있는 주소를 따라가면 된다. 이러한 과정을 계속 반복하다보면 리스트의 마지막 노드에 이르게 된다. 다음은 리스트 내의 모든 데이터를 출력하는 알고리즘이다.

> **단순 연결 리스트의 노드 출력 알고리즘**
>
> ```
> temp = head;
>
> while (temp != NULL) {
>   printf("%d", temp→data);
>   temp = temp→link;
> }
> ```

과정

① temp = head;
   [그림 4-16]과 같이 head 포인터 값을 temp에 복사한다.

② while (temp != NULL)
   현재 temp 값이 NULL인지 아닌지에 대해 검사한다. temp 값이 NULL이라면 그것이 가리키는 노드가 없으므로 당연히 출력할 데이터도 없고 또 temp = temp→link처럼 그것이 가리키는 노드의 다음 링크 값을 할당할 수도 없다.

③ temp = temp→link;
   다음 노드로 하나씩 전진된다. temp가 계속 전진하면 나중에는 마지막 노드인 데이터 즉, [그림 4-16]의 E인 노드를 가리키게 된다. 이 상태에서 temp는 NULL이 아니므로 데이터를 출력하고 다시 temp = temp→link를 실행한다. 이 할당문의 우변에 해당하는 마지막 노드의 링크 값은 NULL이므로 좌변의 temp에 NULL 값이 할당된다. 그 결과 루프를 빠져나오게 된다.

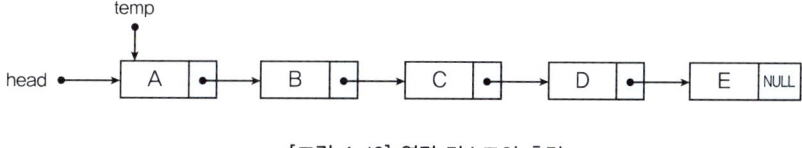

[그림 4-16] 연결 리스트의 출력

제3절 동적 연결된 스택과 큐

1 연결된 스택의 노드 추가

스택은 가장 나중에 입력된 데이터가 가장 먼저 나오는 후입선출(LIFO) 구조이고, 큐는 가장 먼저 입력된 데이터가 가장 먼저 나오는 선입선출(FIFO) 구조이다. 이러한 스택과 큐는 배열로 구현할 수도 있고 연결 리스트로 구현할 수도 있다. 순차 구조인 배열을 이용하면 간단하게 구현할 수 있다는 장점이 있다. 그러나 이러한 순차 표현 방법을 사용하면 스택이나 큐의 크기가 고정적이어서 최대 크기 이상의 데이터를 삽입할 수 없고 고정된 크기로 인해 메모리의 낭비가 발생한다. 또한 여러 개의 스택이나 큐가 동시에 있을 때 이를 순차적으로 표현할 효율적인 방법이 없다. 이런 경우 연결 리스트로 스택이나 큐를 표현할 수 있다.

> **더 알아두기**
>
> **스택(stack)** : 쌓아놓은 더미
> **큐(queue)** : (무엇을 기다리는 사람, 자동차 등의) 줄, 대기 행렬

연결된 스택과 큐는 연결 리스트를 이용하여 구현한 것을 의미한다. 연결 리스트는 각 노드가 데이터와 포인터를 갖고 있어 각 노드가 다음 순서의 노드의 위치 정보를 갖고 있는 방식으로 데이터를 저장하는 자료구조이다. 연결 리스트를 사용하면 크기가 제한되지 않으며 필요할 때마다 노드를 만들어 추가할 수 있다. 이와 같이 스택과 큐를 연결 리스트로 만들면 메모리를 좀 더 효율적으로 쓸 수 있고 배열로 표현했을 경우의 메모리 한계를 극복할 수 있다. 연결 리스트는 배열과 달리 데이터들이 여기 저기 저장이 되어 있더라도 주소 값에 기반해서 연결만 해준다면 연속적으로 사용할 수 있다. 현재 스택이나 큐에 저장되어 있는 데이터의 개수만큼만 메모리를 사용하게 되며, 크기가 고정되어 있지 않고 필요한 만큼 커질 수 있다는 장점이 있다.

> **더 알아두기**
>
> **자료 추가/제거**
> - 배열 리스트 : 원소의 이동
> - 연결 리스트 : 링크 필드의 정보 추가/삭제

스택은 데이터의 삽입과 삭제가 한쪽 방향으로만 일어나기 때문에 단순 연결 리스트로 쉽게 구현이 가능하다. 연결 리스트는 동적으로 메모리를 할당하기 때문에 스택을 구현하는 데 아주 유용하다. 스택의 크기가 미리 정해질 필요가 없고 데이터가 삽입됨에 따라 점점 커질 수 있기 때문에 연결 리스트를 이용한 스택에서의 삽입 연산에서는 배열을 이용한 스택에서 발생하는 오버플로우의 개념이 없다. 동적 할당으로 구현할 경우 새로운 데이터가 입력될 때마다 새로운 주소로 메모리를 할당해주고 이전에 할당된 메모리를 연결해주므로 메모리 관리가 용이하다고 할 수 있다. 연결된 스택에서는 노드를 추가로 정의해야 하는데, 스택에 저장할 데이터 필드와 다음 노드를 가리키기 위한 링크 필드를 가진다. 정수를 저장하는 스택의 경우 Element를 int형으로 지정하고 다음과 같은 노드 구조체를 정의할 수 있다.

```
typedef int Element;                    /* 스택에 저장할 데이터의 자료형 */
typedef struct LinkedNode {
    Element data;                       /* 노드를 구성하는 데이터 필드 */
    struct LinkedNode* link;            /* 다음 노드를 가리키는 링크 필드 */
} Node;
```

[그림 4-17]과 같이 배열을 이용한 스택에서 top은 인덱스를 나타낸다. 연결된 스택에서 top은 첫 번째 노드를 가리키는 포인터가 된다.

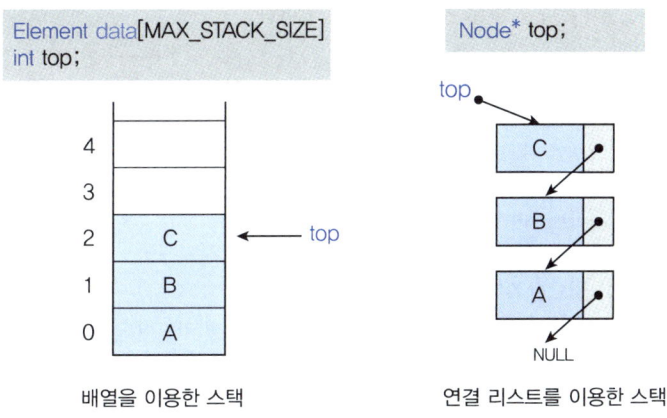

[그림 4-17] 배열을 이용한 스택과 연결 리스트를 이용한 스택의 비교

연결 리스트로 구현한 스택에서 top은 헤드 포인터인데 top은 선언하면서 다음과 같이 NULL로 초기화하는 것이 좋다.

```
Node* top = NULL;
```

연결된 스택에서 공백 상태는 헤드 포인터 top이 NULL인 경우이다. 동적 메모리 할당만 된다면 언제든지 노드를 생성할 수 있기 때문에 연결된 스택에서 포화 상태는 의미가 없다. 스택의 초기화는 공백 상태로 만드는 것이므로 top에 NULL을 복사하면 된다.

> **더 알아두기**
>
> 프로그램에서 사용되는 변수나 객체들은 모두 자신만의 메모리를 갖는다. 예를 들어 int x 라는 문장이 실행되면 x라는 이름으로 int형 크기의 메모리가 자동으로 만들어진다. 이후 x = 10 등의 문장을 이용하여 이 변수를 사용할 수 있게 되는데 이러한 메모리 할당 방법을 정적 메모리 할당이라고 한다.
>
> **정적 메모리 할당**
> - 필요한 메모리의 크기가 컴파일 될 때 결정되고 프로그램 실행 중에 크기를 변경할 수 없음
> - 생성과 제거가 자동으로 이루어져 프로그램 개발자가 신경 쓸 필요가 없음
> - 변수를 선언만 하면 자동으로 메모리가 할당되고 해당 프로그램 블록이 끝나면 자동으로 제거됨
> - 처음에 결정된 크기보다 더 큰 입력이 들어온다면 처리하지 못함
> - 더 작은 입력이 들어온다면 남은 메모리 공간은 낭비됨
>
> **동적 메모리 할당**
> - 실행 도중에 동적으로 메모리를 할당받는 것
> - 사용이 끝나면 시스템에 메모리를 반납
> - 필요한 만큼만 할당을 받고 메모리를 매우 효율적으로 사용
> - malloc() 계열의 라이브러리 함수를 사용
>
> **동적 메모리 할당이 필요한 이유**
> 배열의 경우 배열을 정적으로 할당하는 것은 매우 간단하지만 경우에 따라 비효율적일 수 있다. 입력의 크기를 미리 알 수 없는 경우에도 고정된 크기의 메모리를 할당할 수밖에 없다. 만약 할당된 크기보다 더 큰 입력이 들어온다면 처리하지 못할 것이다. 반대로 더 작은 입력이 들어온다면 남은 메모리 공간은 낭비될 것이다. 따라서 동적 메모리 할당이 필요하다.

이제 연결된 스택에서 삽입 연산에 대해 알아보자. [그림 4-18]은 스택에 노드 A, 노드 B, 노드 C가 순서대로 삽입된 상태에서 새로운 노드 D를 삽입하는 연산이다. 헤드 포인터 top이 노드 C를 가리키고 있고 C의 링크 필드는 노드 B를 가리키고 있고 B의 링크 필드는 다시 노드 A를 가리키고 있다. 노드 A에는 더 이상 연결된 노드가 없으므로 링크 필드는 NULL이 된다. 노드 D를 삽입하는 연산이 완료되면 top은 노드 D를 가리키고 노드 D는 노드 C를 가리켜야 한다. 만약 포인터 temp가 노드 D를 가리키고 있다고 하면 삽입 연산은 다음과 같이 두 단계로 이루어진다. 먼저 (1) 노드 D의 링크 필드가 노드 C를 가리키도록 한다. 그런 다음 (2) 헤드 포인터 top이 노드 D를 가리키도록 해야 한다.

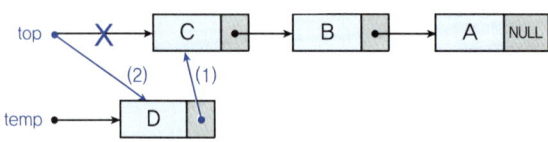

[그림 4-18] 연결된 스택에서의 노드 삽입(노드 D를 삽입)

다음은 연결된 스택의 삽입 알고리즘이다.

> **🔗 연결된 스택의 삽입 알고리즘**
> ```
> void push(Element e)
> {
>   Node* temp = (Node*)malloc(sizeof(Node));   /* temp 노드 동적 생성 */
>   temp→data = e;            /* temp 노드의 데이터 필드에 값 저장 */
>   temp→link = top;          /* temp 노드의 링크 필드에 top 포인터 값 저장 */
>   top = temp;               /* top 포인터에는 temp 값을 저장 */
> }
> ```

삽입하기 위해서는 먼저 삽입할 노드 temp를 동적으로 생성해야 한다. 이를 위해 malloc() 함수를 사용하였다.

> **더 알아두기**
>
> 연결된 스택은 스택의 사이즈가 정해져 있지 않기 때문에 포화 상태를 확인할 필요가 없다. 즉, 가용 공간만 있다면 언제든지 동적으로 메모리를 할당하여 노드를 생성하여 사용할 수 있기 때문이다. 삭제 연산시 공백 상태인지만을 확인하면 된다.
>
> ※ 배열에서는 배열 인덱스의 범위를 벗어나는 문제가 생길 수 있기 때문에 삽입 연산을 하기 전에 현재 스택이 포화 상태인지 확인해야 한다.

2 연결된 스택의 노드 삭제

[그림 4-19]는 연결된 스택에서의 삭제 연산 과정이다. 스택에서는 후입선출 구조이므로 가장 최근에 삽입된 데이터인 노드 C를 꺼내 삭제해야 한다. 삭제 연산을 위해서는 먼저 (1) 포인터 변수 temp가 노드 C를 가리키도록 한다. 그런 다음 (2) 헤드 포인터인 top이 B를 가리키도록 한 후 temp의 값을 반환하면 된다.

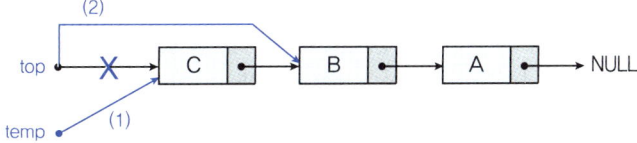

[그림 4-19] 연결된 스택에서의 노드 삭제(스택 상단의 노드 C를 삭제)

다음은 연결된 스택의 삭제 알고리즘이다.

> **연결된 스택의 삭제 알고리즘**
>
> ```
> Element pop()
> {
>     Node* temp;
>     Element e;
>     if (is_empty())  error("에러");
>     else {
>         temp = top;
>         top = temp→link;  /* top 포인터는 삭제 노드의 링크 값 복사 */
>
>         e = temp→data;   /* 삭제할 노드의 데이터를 e에 저장 */
>         free(temp);       /* 삭제 노드의 동적 메모리 해제 */
>     }
>     return e;             /* 삭제 노드의 데이터 반환 */
> }
> ```

삭제 연산에서는 최종적으로 삭제 노드의 데이터를 반환해야 하므로 삭제 노드의 데이터 필드를 저장해 놓아야 한다. 그런 다음 삭제 노드를 동적 해제해야 한다. 즉, free(temp)와 같은 함수를 사용하여 삭제 노드 temp가 사용 가능한 공간이 되도록 설정하는 것이다.

> **더 알아두기**
>
> 삭제 연산을 구현하려면 메모리를 동적으로 해제해야 한다. 삭제 연산을 통해 제거되는 노드 temp를 사용 가능한 공간으로 반환하는 함수가 free(temp)이다. 제거된 노드의 데이터는 반환해야 하므로 해제 전에 데이터 필드를 저장해두고 노드를 해제한 후 저장된 데이터를 반환하면 된다.

3 연결된 큐의 노드 추가

큐도 연결 리스트를 이용하여 구현할 수 있으며 이러한 큐를 연결된 큐라고 한다. 연결된 큐는 스택과 마찬가지로 사용 가능한 기억 공간만 존재한다면 필요한 메모리만큼 사용할 수 있다는 장점이 있다. 연결된 큐는 메모리 공간에서 물리적으로 흩어져 있는 노드들로 이루어지며 각 노드의 링크 필드를 이용하여 다음 노드를 가리키도록 함으로써 모두 연결할 수 있다. [그림 4-20]은 동적 연결된 큐를 표현한 것이다. 단순 연결 리스트의 시작 위치를 가리키는 헤드 포인터는 큐의 front 포인터가 되는데 front는 큐에 가장 먼저 삽입된 노드를 가리킨다. 연결된 큐의 마지막 노드를 가리키는 rear는 가장 최근에 삽입된 노드를 가리킨다. 연결된 큐의 경우에는 이렇게 첫 번째와 마지막 노드를 각각 front와 rear 포인터가 가리킴으로써 삽입과 삭제가 가능하도록 하였다. 각 노드들은 다음 노드를 가리키는 링크 필드를 가지며 가장 최근에 삽입된 노드인 마지막 노드의 링크 필드는 NULL이 되어 더 이상 연결된 요소가 없음을 나타낸다.

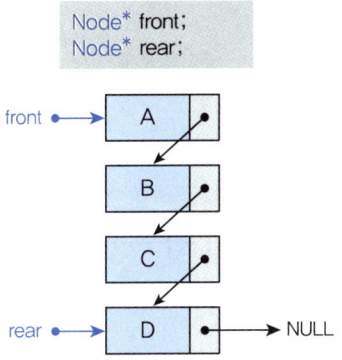

[그림 4-20] 연결 리스트를 이용한 큐

연결된 큐에서 노드의 구조체는 연결된 스택과 동일하다. 큐를 위한 데이터는 front와 rear이고 이들은 다음과 같이 선언하면서 NULL로 초기화하는 것이 좋다.

> Node* front = NULL;
> Node* rear = NULL;

연결된 큐에서 공백 상태는 front와 rear가 NULL인 경우이다. 연결된 큐에서 포화 상태는 연결된 스택과 마찬가지로 동적 메모리 할당만 된다면 언제든지 노드를 생성할 수 있기 때문에 의미가 없다. 연결 리스트의 큐는 삽입과 삭제 연산이 연결 방향에 따라 쉽게 이루어진다.

연결된 큐에서 삽입 연산은 연결 리스트의 rear에 새로운 노드를 추가하면 된다. [그림 4-21]은 연결된 큐의 삽입 과정을 보여준다. 만약 큐가 (a)와 같이 공백 상태라면 새로운 노드 temp를 front와 rear가 모두 가리키도록 하면 된다. 만약 (b)와 같이 공백 상태가 아니라면 rear만 변경하면 된다. 이 경우 삽입 연산을 위해서는 먼저 (1) rear가 가리키는 노드 C가 새로운 노드인 temp를 가리키도록 한 다음 (2) rear가 노드 temp를 가리키도록 한다.

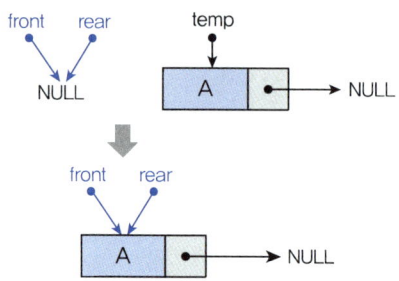

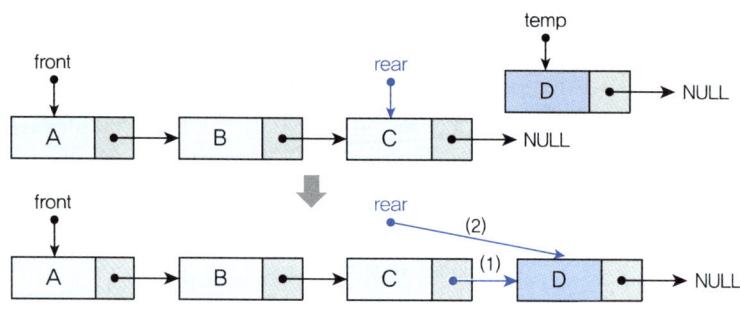

(a) 연결된 큐가 공백 상태일 때의 삽입 연산

(b) 연결된 큐가 공백 상태가 아닐 때의 삽입 연산

[그림 4-21] 연결된 큐의 삽입 연산

다음은 연결된 큐의 삽입 알고리즘이다. 먼저 삽입할 노드를 동적으로 할당하고 데이터 필드와 링크 필드를 초기화해야 한다.

📁 연결된 큐의 삽입 알고리즘

```
void enqueue(Element e)
{
  Node* temp = (Node*)malloc(sizeof(Node));   /* 추가할 temp 노드 동적 생성 */
  temp→data = e;                              /* temp 노드의 데이터 필드에 값 저장 */
  temp→link = NULL;                           /* temp 노드의 링크 필드 초기화 */

  if (is_empty())  front = rear = temp;       /* 공백이면 front와 rear에 temp 저장 */
  else {
      rear→link = temp;      /* rear의 링크 필드에 temp 주솟값 저장 */
      rear = temp;           /* 새 노드 추가 후 rear에 temp의 주소 저장 */
  }
}
```

노드를 삽입하기 위해서는 삽입할 노드를 동적으로 생성한 후 해당 노드에 데이터를 저장하고 rear 쪽에 연결해 주면 된다. 이와 같이 연결 리스트를 이용하면 큐의 크기가 정해져있지 않고 얼마든지 동적으로 늘어날 수 있다는 장점이 있다.

4 연결된 큐의 노드 삭제

동적 연결된 큐의 노드 삭제는 큐가 비어 있는지 아닌지를 먼저 검사한 후 노드가 존재하면 삭제 연산을 진행한다. 큐에서 삭제 연산은 연결 리스트의 front에서 노드를 꺼내오면 된다. [그림 4-22]는 연결된 큐에서의 삭제 연산을 보여준다. 삭제 연산을 하려면 먼저 큐가 공백 상태인가를 검사해야 하는데 만약 공백 상태라면 삭제할 수 없으므로 오류 메시지를 출력하고 종료한다. 공백 상태가 아니면 임시 포인터 temp를 이용하여 다음과 같이 처리한다. 먼저 (1) front가 가리키는 노드 A를 temp가 가리키도록 한다. (2) front가 다음 노드 B를 가리키도록 한다. 만약 연결된 큐에 노드가 하나밖에 없는 경우 삭제 연산이 처리되면 front가 NULL이 된다. 따라서 [그림 4-22]의 (b)와 같이 rear도 NULL로 만들어주어야 한다.

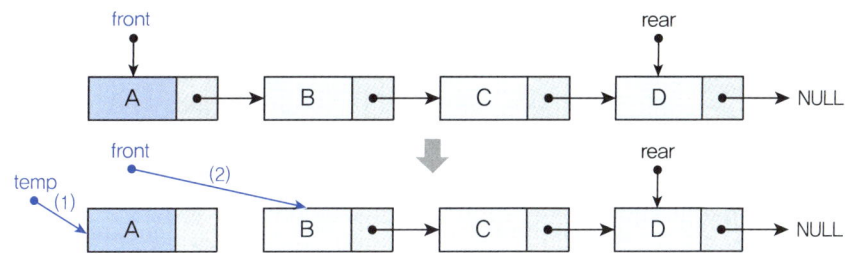

(a) 노드가 둘 이상인 큐에서의 삭제 연산

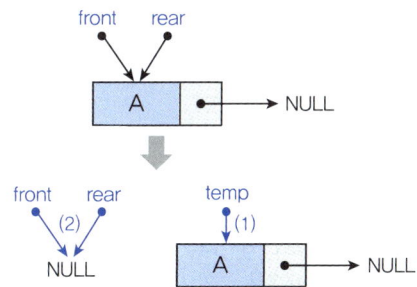

(b) 노드가 하나 있는 연결된 큐에서의 삭제 연산

[그림 4-22] 연결된 큐의 삭제 연산

> **연결된 큐의 삭제 알고리즘**
> ```
> Element dequeue()
> {
>   Node* temp;
>   Element e;
>
>   if (is_empty())
>      error("큐 공백 에러");      /* 큐가 공백이면 삭제할 수 없으므로 오류 표시 */
>
>   temp = front;
>   front = front→link;
>
>   if (front = NULL)
>      rear = NULL;
>
>   e = temp→data;                /* 삭제하고자 하는 temp의 데이터를 복사 */
>   free(temp);                   /* 삭제 노드를 동적 메모리 해제 */
>   return e;                     /* 삭제 노드의 데이터 반환 */
> }
> ```

큐의 삭제 연산은 큐가 공백 상태가 아닌 경우에 할 수 있다. 또한 삭제 노드의 데이터를 반환하기 위하여 복사한 후에는 삭제 노드를 동적으로 해제해야 한다. 이는 삭제 노드가 차지하고 있던 기억 공간을 사용 가능한 공간이 되도록 하기 위함이다.

제4절 비사용 기억 공간

1 순차 가용 공간에서의 노드 획득

기억 공간은 한정되어 있는데 새로운 데이터들은 수시로 생겨나고 없어지므로 메모리의 빈 공간을 효율적으로 관리할 필요가 있다. 메모리를 할당하고 해제하기 위해서는 메모리의 어느 부분이 사용 중인지 알아야 한다. 가용 기억 공간은 현재 사용되지 않고 있는 모든 노드들을 포함하고 있는 공간을 말한다. 만일 리스트에서 새로운 노드를 만들어야 하는 경우 새 노드가 사용할 공간을 할당받아야 한다. 만약 기억 공간을 순차적으로 사용하는 경우 현재 다른 데이터가 저장되어 있는 공간 이후에 사용 가능한 공간을 할당받아 사용해야 한다. 한정된 기억 공간에서 여러 데이터들이 저장되기도 하고 삭제되기도 하면서 기억 공간에는 분산된 가용 공간이 생길 수 있다. 그래서 전체적으로는 아직 사용 가능한 여유 공간이 많이 남아 있지만 현재 사용 중인 공간 이후로 여유 공간이 없을 수도 있다. 기억 공간을 순차적으로 사용한다면 이런 경우 기억 공간이 가득 찬 경우로 판단하기 때문에 더 이상 노드의 삽입이 불가능하다.

[그림 4-23]은 순차 가용 공간에서의 노드 획득 과정이다.

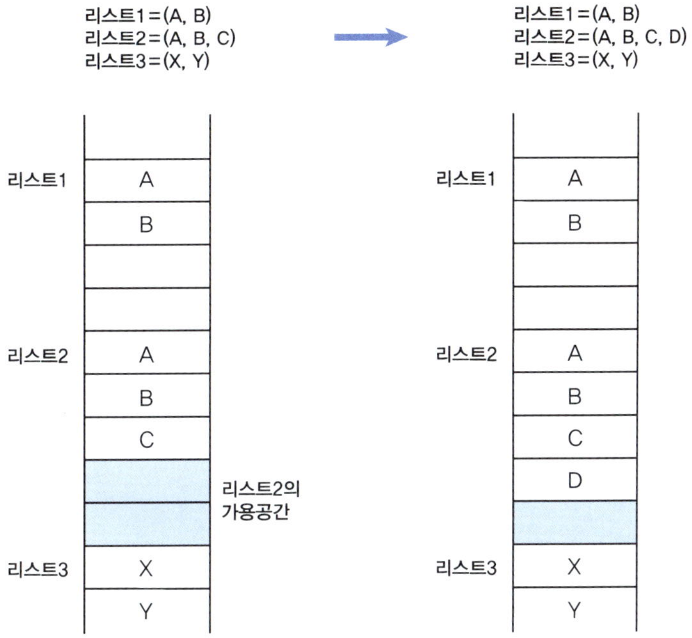

리스트1 = (A, B)
리스트2 = (A, B, C)
리스트3 = (X, Y)

→

리스트1 = (A, B)
리스트2 = (A, B, C, D)
리스트3 = (X, Y)

[그림 4-23] 순차 가용 공간에서의 노드 획득

리스트2의 경우는 3개의 노드 A, B, C로 구성되어 있다. 리스트2에 새로운 노드 D를 삽입하기 위해 메모리의 연속 자유 공간에서 사용 가능한 공간을 할당받아 다음 노드의 원소를 저장한다. 그러나 [그림 4-23]과 같이 리스트2에 원소 D를 삽입한 이후에는 가용 공간의 여유가 하나만 남게 된다. 전체적인 기억 공간으로는 아직 여유가 있지만 순차적으로 공간을 할당받아 사용하기 때문에 기억 공간이 남아 있어도 오버플로우가 발생하게 된다. 이러한 문제점 때문에 리스트에서 사용되는 기억 공간의 관리 방식으로는 메모리 관리를 효율적으로 할 수 없다. 따라서 연결 리스트를 사용할 수 있는데 이미 생성된 노드들이 사용되지 않고 반환되는 경우 노드들을 포인터로 연결하여 리스트 구조를 유지하여 사용할 수 있다. **자유 공간 리스트(free space list)는 사용하기 전의 메모리나 사용이 끝난 메모리의 관리를 용이하게 하기 위해 노드로 구성하여 연결한 리스트를** 말한다. 자유 공간 리스트를 순차 가용 공간이라고도 한다. 연결 리스트를 사용하는 가장 큰 장점은 불연속한 메모리 공간을 효율적으로 사용할 수 있다는 것이다. 각각의 공간에 접근하려면 다음 주소를 알아야 하는데 연결 리스트의 포인터를 이용하면 된다. 이렇게 가용 공간들을 연결 리스트로 관리하면 메모리를 효율적으로 사용할 수 있게 된다.

> **더 알아두기**
>
> **자유 공간 리스트**
> - 필요에 따라 요구한 노드를 할당할 수 있는 자유 메모리 풀
> - 자유 공간 관리를 위해 연결 리스트 구조를 이용하기 위해서는 초기에 사용할 수 있는 메모리를 연결 리스트로 만들어 놓아야 함
> - 노드 할당 요청이 오면 리스트 앞에서부터 공백 노드를 할당
>
>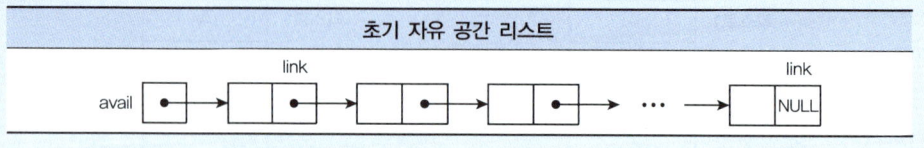
>
> 초기 자유 공간 리스트

2 초기 가용 공간에서의 연결 리스트 생성

가용 공간 리스트는 이미 생성된 노드들이 사용되지 않고 반환되거나 필요 없어진 노드들을 포인터로 연결하여 리스트 구조를 유지하는 공간이다. 사용된 적이 있지만 현재는 사용되지 않는 모든 노드들도 가용 공간 리스트에 저장된다고 할 수 있다.

가용 공간 리스트는 이렇게 사용 가능한 기억 장치의 블록들을 모아서 만든 목록이다. 사용 가능한 공간을 가용 공간 리스트에 유지하고 있다가 만약 새로운 노드가 필요하게 되면 메모리를 새로 할당받을 필요없이 가용 공간 리스트에서 가져와 사용하면 된다. 가용 공간 리스트는 더 이상 사용되지 않는 노드들을 리스트로 구성하여 유지함으로써 malloc() 함수를 이용하여 새롭게 노드를 생성하지 않고 가용 공간 리스트에 있는 노드를 사용하여 효율적인 공간 활용을 가능하게 한다. 가용 공간 리스트를 사용하기 위해서는 초기에 가용 공간 연결 리스트를 생성해 주어야 한다.

[그림 4-24]는 초기 상태의 자유 공간 리스트에서 반환되는 노드가 발생하여 자유 공간 리스트가 확장되는 모습이다. 먼저 [그림 4-24]의 (a)와 같이 가용 공간 리스트의 포인터를 가지는 avail을 생성하는데 초기 값은 NULL을 갖는다. avail 포인터 변수는 가용 공간 리스트의 첫 번째 노드를 가리키는 포인터이다. 아직 노드의 반환이 발생하지 않은 초기 상태이므로 NULL을 갖으며 이는 avail이 노드가 존재하지 않는 공백 리스트임을 의미한다. 이 상태에서 반환되는 노드나 리스트가 발생하게 되면 avail의 포인터 값은 반환되는 리스트의 첫 번째 노드를 가리키도록 해야 한다.

[그림 4-24]의 (b)와 같이 ptr 리스트의 반환이 발생하면 가용 공간 리스트 avail에 리스트 ptr의 노드들이 반환된다. 따라서 하나의 노드도 갖지 않는 avail 리스트를 생성하여 반환되는 노드나 리스트를 연결하여 보유하게 된다.

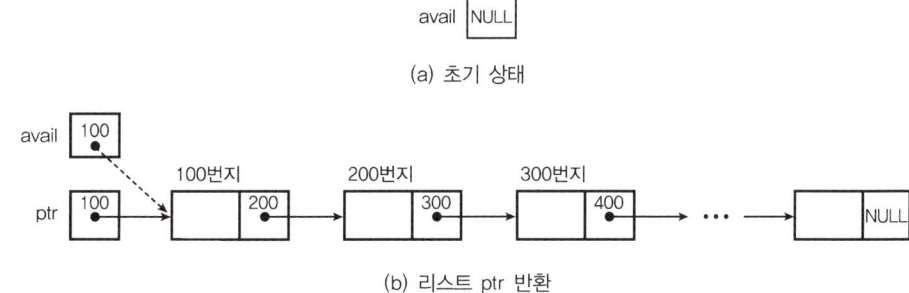

[그림 4-24] 초기 가용 공간의 연결 리스트 생성

> **더 알아두기**
>
> **가용 공간 리스트(available space list)**
> - 삭제된 노드를 체인으로 유지
> - 새로운 노드가 필요하면 이 리스트에서 할당
> - 공백일 때는 함수를 이용하여 새로운 노드를 생성

3 연결 리스트 가용 공간에서의 노드 획득

새로운 노드를 삽입해야 할 때 만약 연결 리스트의 가용 공간이 존재한다면 메모리를 새로 할당받아 사용하지 않고 가용 공간에서 하나의 노드를 획득하여 사용하면 된다. 다음은 연결 리스트의 가용 공간에서 새로 노드를 할당하는 알고리즘이다. 연결 리스트 가용 공간 avail에서 노드를 할당할 때는 항상 첫 번째 노드를 할당한다. 그런데 만약 avail이 NULL이라면 가용 공간이 공백이라는 의미이므로 언더플로우를 처리해야 한다. avail이 공백이 아니라면 avail에서 하나의 노드를 획득하여 반환해 준다. 가용 공간 리스트로부터 하나의 노드를 할당해 주는 getNode() 함수는 다음과 같다.

> **새로 노드를 할당하는 알고리즘**
>
> ```
> getNode()
>     if (avail = NULL) then
>             underflow();        /* 언더플로우 처리 */
>     newNode = avail;            /* avail의 포인터 복사 */
>     avail = avail→link;         /* avail의 다음 노드로 이동 */
>     return newNode;             /* 획득한 newNode 반환 */
> end getNode()
> ```

[그림 4-25]는 가용 공간에서 노드를 획득하는 과정을 나타낸 것이다. 초기 상태에서 avail의 첫 번째 노드의 주소를 포인터 newNode에 저장한다. 따라서 newNode는 새로 할당할 가용 공간 리스트의 맨 처음 노드를 가

리키게 된다. 이제 포인터 avail은 리스트의 두 번째 노드의 주소인 avail→link를 저장한다. 가용 공간 리스트 avail에서 첫 번째 노드가 새로 할당되기 위해 분리된 상태이므로 포인터 newNode를 반환해서 이 노드를 할당하면 된다. [그림 4-25]는 자유 공간 리스트에서 새로운 노드를 할당한 뒤의 모습이다.

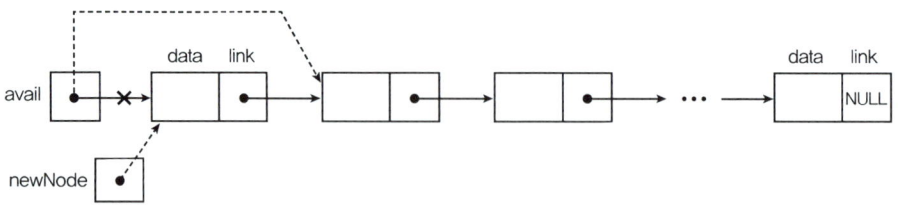

[그림 4-25] 가용 공간에서 노드 획득 과정

> **더 알아두기**
>
> **가용 공간이 모두 할당된 경우의 처리 방법**
> - 프로그램이 더 이상 사용하지 않는 노드들을 자유 공간 리스트에 반환
> - 시스템이 자동적으로 모든 노드들을 검사하여 사용하지 않는 노드들을 전부 수집하여 자유 공간 리스트의 노드로 만든 뒤 다시 노드 할당 작업 재개(garbage collection)

4 연결 리스트로 된 가용 공간에 삭제 노드의 반환

가용 기억 공간은 현재 사용되지 않고 있는 모든 노드들을 포함하고 있는 공간을 의미하며 사용 가능한 기억 장치의 블록들을 모아서 만든 것이다. 프로그램 실행 중 새로 메모리를 할당하여 사용하던 노드가 더 이상 사용되지 않는 경우를 생각해 보자. 이런 경우 이 노드가 사용하던 공간을 해제하여 시스템에 반환할 수도 있다. 그러면 다음에 새 노드가 필요할 때는 다시 메모리를 할당하여 사용하여야 한다. 그러나 만약 이 노드의 메모리를 해제하지 않고 가용 공간 리스트에 반환한다면 다음에 이 노드의 기억 공간이 필요하게 되면 언제든지 재활용할 수 있다. 따라서 사용되지 않는 노드는 다음에 다시 사용하기 위해 연결 리스트로 된 가용 공간에 반환한다. 다음은 가용 공간 avail에 삭제 노드 p를 반환하는 알고리즘이다. 삭제 노드의 링크 필드에 avail의 값을 저장하고 avail의 포인터 값에 삭제 노드의 포인터 p를 저장하므로 삭제 노드 p가 가용 공간 연결 리스트의 첫 번째 노드로 삽입된다.

> **삭제된 노드를 가용 공간에 반환하는 알고리즘**
>
> ```
> returnNode(p)
>     p→link = avail;   /* 삭제 노드의 링크 필드에 avail의 값 저장 */
>     avail = p;        /* avail의 포인터 값은 삭제 노드 포인터 p를 저장 */
> end returnNode()
> ```

[그림 4-26]은 가용 공간에 삭제된 노드를 반환하는 과정이다. 반환되는 노드가 자유 공간 리스트에 삽입될 때는 첫 번째 노드로 삽입되게 된다. 자유 공간 리스트의 첫 번째 노드의 주소를 반환할 노드 포인터 p→link에 저장하여 포인터 p의 노드가 리스트의 첫 번째 노드를 가리키게 한다. 반환할 노드의 주소 p를 포인터 avail에 저장하여 자유 공간 리스트의 첫 번째 노드로 지정한다.

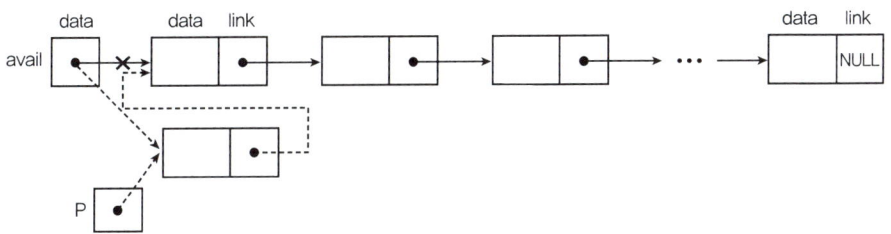

[그림 4-26] 반환된 노드가 가용 공간 리스트에 삽입되는 과정

제5절 희소 행렬

1 희소 행렬의 연결 리스트 표현

희소 행렬(sparse matrix)은 행렬의 값이 대부분 0인 행렬을 의미한다. 희소 행렬을 자료 그대로 배열에 저장하는 것은 데이터가 0인 요소도 전부 기억 장소에 저장해야 하므로 기억 공간의 낭비가 커지게 되어 매우 비효율적이다. 특히 희소 행렬의 크기가 클 경우 기억 공간의 낭비는 더욱 심해지게 된다.

	[0]	[1]	[2]	[3]	[4]	[5]	[6]
[0]	0	0	2	0	0	0	12
[1]	0	0	0	0	7	0	0
[2]	23	0	0	0	0	0	0
[3]	0	0	0	31	0	0	0
[4]	0	14	0	0	0	25	0
[5]	0	0	0	0	0	0	6
[6]	52	0	0	0	0	0	0
[7]	0	0	0	0	11	0	0

[그림 4-27] 희소 행렬의 예

연결 리스트는 자료들을 임의의 기억 공간에 기억하며 일렬로 연결된 자료를 저장할 때 사용한다. 연결 리스트는 자료 항목의 순서에 따라 노드의 포인터 부분을 이용하여 서로 연결시킨 자료구조이다. 따라서 노드의 삽입과 삭제가 용이하고 기억 공간이 연속적으로 위치하지 않아도 저장할 수 있다. 희소 행렬을 연결 리스트로 표현하게 되면 0이 아닌 요소만 저장할 수 있기 때문에 낭비되는 메모리가 없어지게 된다. 또한 필요한 부분만 리스트로 만들기 때문에 자료구조가 간단하며 삽입과 삭제 연산이 자유롭다. 따라서 희소 행렬을 연결 리스트로 표현하면 가변 크기의 구조를 효율적으로 나타낼 수 있다. 여기서는 데이터를 표현하기 위해 희소 행렬의 각 열과 행을 헤더 노드가 있는 원형 연결 리스트로 표현한다. 각 노드에는 헤더 노드와 엔트리 노드를 나타내기 위한 tag 필드가 있다. 각 헤더 노드는 추가로 3개의 필드인 down, right, next를 가지고 있다. down 필드는 열 리스트로 연결하는 데 사용하고 right 필드는 행 리스트로 연결하는 데 사용한다. next 필드는 헤더 노드들을 서로 연결하는 데 사용한다. 헤더 노드의 총 수는 max{행의 수, 열의 수}가 된다.

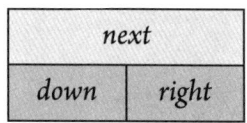

[그림 4-28] 헤더 노드

엔트리 노드는 tag 필드 외에 5개의 필드(row, col, down, right, value)가 있다. down 필드는 같은 열에 있는 0이 아닌 다음 항을 연결하는 데 사용한다. right 필드는 같은 행에 있는 0이 아닌 다음 항을 연결하는 데 사용한다.

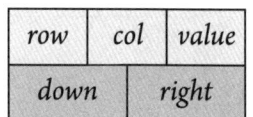

[그림4-29] 엔트리 노드

다음 [그림 4-30]과 같은 5×4 희소 행렬 A가 있다고 가정해 보자.

$$\begin{bmatrix} 2 & 0 & 0 & 0 \\ 4 & 0 & 0 & 3 \\ 0 & 0 & 0 & 0 \\ 8 & 0 & 0 & 1 \\ 0 & 0 & 6 & 0 \end{bmatrix}$$

[그림 4-30] 5×4 희소 행렬 A

다음 [그림 4-31]은 희소 행렬 A의 연결 표현을 보여주고 있다. 노드의 tag 필드는 생략되어 있다.

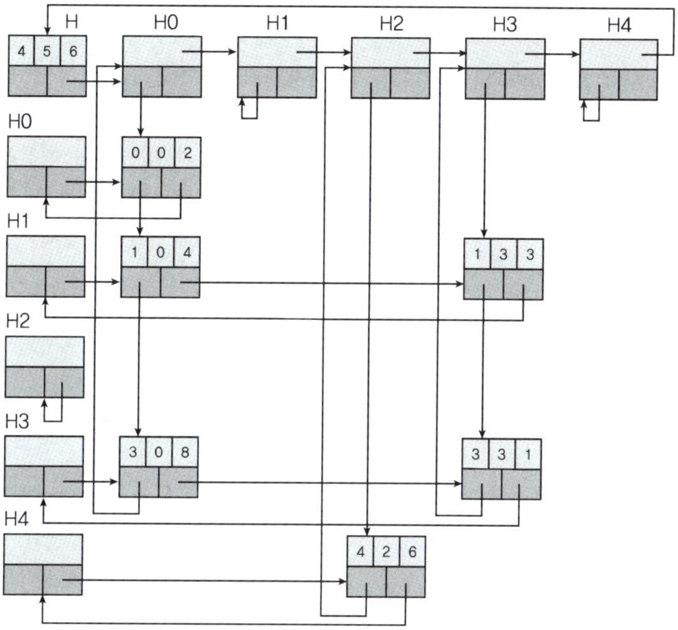

[그림 4-31] 희소 행렬 A의 연결 표현(노드의 tag 필드는 생략되어 있음)

다음은 희소 행렬의 표현을 위한 자료 구조를 정의한 것이다.

```
#define MAX_SIZE 50    /* 최대 행렬 크기 */
typedef enum {head, entry} tagfield;
typedef struct matrixNode *matrixPointer;
typedef struct entryNode {
        int row;
        int col;
        int value;
        };

typedef struct matrixNode {
        matrixPointer down;
        matrixPointer right;
        tagfield tag;
        union {
                matrixPointer next;
                entryNode entry;
            } u;
        };
matrixPointer hdnode[MAX_SIZE];
```

2 희소 행렬의 행 우선(열 우선) 출력

(1) 희소 행렬의 입력

[그림 4-32]의 (a)와 같은 희소 행렬이 있다고 가정하자. [그림 4-32]의 (b)는 희소 행렬의 배열 표현인데 배열의 첫 행 원소인 [0][0]=4, [0][1]=4, [0][2]=4는 4행 4열의 희소 행렬로 4개의 0이 아닌 값을 원소로 갖고 있음을 의미하는 것이다. 즉, 첫 행은 희소 행렬에 대한 정보를 저장하고 있다. 두 번째 행부터 마지막까지는 0이 아닌 원소의 행 위치와 열 위치, 그리고 값을 저장하고 있음을 알 수 있다.

$$\begin{array}{c c c c c}
 & [0] & [1] & [2] & [3] \\
[0] & 0 & 0 & 11 & 0 \\
[1] & 12 & 0 & 0 & 0 \\
[2] & 0 & -4 & 0 & 0 \\
[3] & 0 & 0 & 0 & -15
\end{array}$$

(a) 희소 행렬

$$\begin{array}{c c c c}
 & [0] & [1] & [2] \\
[0] & 4 & 4 & 4 \\
[1] & 0 & 2 & 11 \\
[2] & 1 & 0 & 12 \\
[3] & 2 & 1 & -4 \\
[4] & 3 & 3 & -15
\end{array}$$

(b) 희소 행렬의 배열 표현

[그림 4-32] 희소 행렬의 입력 예

희소 행렬을 구현하기 위해서는 먼저 희소 행렬을 읽어서 이것을 연결된 표현으로 생성해야 한다. 첫 번째 입력 라인은 행의 수(numRows), 열의 수(numCols), 그리고 0이 아닌 항의 수(numTerms)이다. numTerms개의 입력 라인은 row, col, value의 형태로 구성되었다고 가정하자. 이 입력 라인은 행 우선으로, 행 내에서는 열 우선으로 정렬되어 있다고 가정한다.

입력을 위해서는 보조 배열 hdnode를 사용하는데 이 배열의 크기는 적어도 입력될 행렬의 가장 큰 차원의 크기라고 가정한다. 변수 hdnode[i]는 열 i와 행 i에 대한 헤더 노드를 가리키는 포인터이다. 이것은 입력 행렬을 구성하는 동안 임의의 열을 효과적으로 접근할 수 있게 하도록 한다.

다음 프로그램에서 함수 mread는 먼저 모든 헤더 노드를 구성하고 난 뒤에 각 행 리스트와 열 리스트를 동시에 구성한다. 헤더 노드 i의 next 필드는 초기에는 열 i의 마지막 노드를 추적하는 데 사용하고 함수의 마지막 for 루프에서 이 필드를 통해 헤더 노드들을 연결한다.

```
matrixPointer mread(void)
{ /* 행렬을 읽어 연결 표현으로 구성한다. 전역 보조 배열 hdnode가 사용된다. */
    int numRows, numCols, numTerms, numHeads, i;
    int row, col, value, currentRow;
    matrixPointer temp, last, node;

    printf("Enter the number of rows, columns, and number of nonzero terms: "
    scanf("%d%d%d", &numRows, &numCols, &numTerms);
    numHeads = (numCols > numRows) ? numCols : numRows;

    /* 헤더 노드 리스트에 대한 헤더 노드를 생성한다. */
    node = newNode();
    node->tag = entry;
    node->u.entry.row = numRows;
    node->u.entry.col = numCols;

    if (!numHeads) node->right = node;
    else { /* 헤더 노드들을 초기화한다. */
        for (i = 0; i < numHeads; i++) {
            temp = newNode;
            hdnode[i] = temp;  hdnode[i]->tag = head;
            hdnode[i]->right = temp;  hdnode[i]->u.next = temp;
        }
    currentRow = 0;
    last = hdnode[0]; /* 현재 행의 마지막 노드 */
    for (i = 0; i < numTerms; i++) {
        printf("Enter row, column and value: ");
        scanf("%d%d%d", &row,&col,&value);
        if (row > currentRow) { /* 현재 행을 종료함 */
            last->right = hdnode[currentRow];
            currentRow = row; last = hdnode[row];
        }
        temp = newNode();
        temp->tag = entry;  temp->u.entry.row = row;
        temp->u.entry.col = col;
        temp->u.entry.value = value;
        last->right = temp; /* 행 리스트에 연결 */
```

```
            last = temp;
            /* 열 리스트에 연결 */
            hdnode[col]->u.next->down = temp;
            hdnode[col]->u.next = temp;
        }
        /* 마지막 행을 종료함 */
        last->right = hdnode[currentRow];
        /* 모든 열 리스트를 종료함 */
        for (i = 0; i < numCols; i++)
            hdnode[i]->u.next->down = hdnode[i];
        /* 모든 헤더 노드들을 연결함 */
        for (i = 0; i < numHeads-1; i++)
            hdnode[i]->u.next = hdnode[i+1];
        hdnode[numHeads-1]->u.next = node;
        node->right = hdnode[0];
    }
    return node;
}
```

(2) 희소 행렬의 출력

희소 행렬의 행 우선 출력은 다음과 같다.

```
void mwrite(matrixPointer *node)
{ /* 행렬을 행 우선으로 출력한다. */
    int i;
    matrixPointer temp, head = node->right;
    /* 행렬의 차원 */
    printf("\n numRows = %d, numCols = %d \n", node->u.entry.row, node->u.entry.col);
    printf(" The matrix by row, column, and value: \n\n");

    for (i = 0; i < node->u.entry.row; i++) {
    /* 각 행에 있는 엔트리들을 출력 */
        for (temp = head->right; temp != head; temp = temp->right)
            printf("%5d%5d%5d \n", temp->u.entry.row,
                    temp->u.entry.col, temp->u.entry.value);
        head = head->u.next;  /* 다음 행 */
    }
}
```

3 희소 행렬의 덧셈과 곱셈 연산

크기가 같은 행렬 A, B가 있을 때 두 행렬의 덧셈 $A+B$는 같은 위치의 A와 B의 원소를 더해서 구해지는 행렬로서 (i, j) 원소의 값은 $a_{ij}+b_{ij}$이다.

$$A + B = C, \ c_{ij} = a_{ij} + b_{ij}$$

행렬 AB의 크기가 m×n이고 행렬 B의 크기가 n×1일 때, 행렬의 곱 AB는 (i, j) 원소가 다음과 같이 정의되는 m×1 행렬이 된다.

$$AB_{ij} = \sum_{k=1}^{n} a_{jk}b_{kj} = a_{i1}b_{1j} + a_{i2}b_{2j} + \cdots + a_{in}b_{nj}$$

$$\begin{array}{cccc} A & \times & B & = & C \\ (m \times n \text{ 행렬}) & & (n \times l \text{ 행렬}) & & (m \times l \text{ 행렬}) \end{array}$$

$$\begin{bmatrix} \vdots & \vdots & & \vdots \\ a_{i1} & a_{i2} & \cdots & a_{in} \\ \vdots & \vdots & & \vdots \end{bmatrix} \times \begin{bmatrix} \cdots & b_{1j} & \cdots \\ \cdots & b_{2j} & \cdots \\ & \vdots & \\ \cdots & b_{nj} & \cdots \end{bmatrix} = \begin{bmatrix} \cdots & c_{ij} & \cdots \\ & \vdots & \end{bmatrix}$$

$$c_{ij} = \sum_{k=1}^{n} a_{jk}b_{kj}$$

예를 들어 행렬 A와 B가 다음과 같을 때 두 행렬의 곱셈은 다음과 같다.

$$A = \begin{bmatrix} 1 & 0 & 2 \\ 2 & 3 & 1 \end{bmatrix} \quad B = \begin{bmatrix} 3 & 1 \\ 2 & 1 \\ 1 & 0 \end{bmatrix} \quad AB = \begin{bmatrix} 5 & 1 \\ 13 & 5 \end{bmatrix}$$

4 희소 행렬의 전치 행렬

희소 행렬은 0이 많이 포함된 행렬이므로 최대한 공간 낭비를 줄이는 것이 핵심이다. 우선 0이 아닌 항들의 행과 열, 값을 저장하는 방법이 있다.

〈row, column, value〉

전치 행렬을 쉽게 만들기 위해 저장 시 row를 오름차순으로 정렬한다.

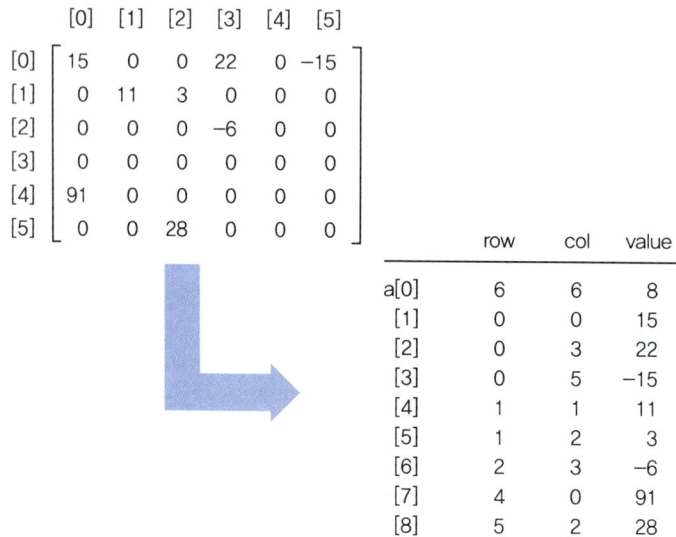

[그림 4-33] 희소 행렬의 배열 표현

전치 행렬은 행렬의 행과 열의 위치를 바꾸는 것이다. 임의의 행렬 A, B의 모든 i, j에 대하여 $b_{ij} = a_{ji}$이면 B는 A의 전치 행렬이라고 한다. 원소의 위치 (i, j)를 (j, i)로 교환하여 만들 수 있다. m×n 행렬을 n×m 행렬로 변환한 경우 이것은 행렬 A의 전치 행렬이 된다.

	row	col	value
a[0]	6	6	8
[1]	0	0	15
[2]	0	3	22
[3]	0	5	−15
[4]	1	1	11
[5]	1	2	3
[6]	2	3	−6
[7]	4	0	91
[8]	5	2	28

	row	col	value
b[0]	6	6	8
[1]	0	0	15
[2]	0	4	91
[3]	1	1	11
[4]	2	1	3
[5]	2	5	28
[6]	3	0	22
[7]	3	2	−6
[8]	5	0	−15

[그림 4-34] 희소 행렬의 전치 행렬

희소 행렬을 전치 행렬로 바꾸는 연산은 간단하다.

$$\text{행렬 A}[i][j] = a_{ij} \text{ (행 } i = 0, 1, ..., m\text{이고 열 } j = 0, 1, ..., n)$$

행렬 A의 데이터는 그대로 두고 행과 열의 인덱스만 교환해준다.

$$\text{행렬 B}[j][i] = b_{ji} = a_{ij} \text{ (행 } j = 0, 1, ..., n\text{이고 열 } i = 0, 1, ..., m)$$

행렬 A의 i행, j열의 원소 a_{ij}는 전치 행렬 B의 j행, i열의 원소가 된다.

제6절 연결 리스트의 응용

1 다항식의 단순 연결 리스트 표현

다항식은 $A(x) = 7x^3 + 4x^2 + 2$ 와 같은 식처럼 여러 개의 항(term)으로 구성된 식이다. 한 개 이상의 단항식을 대수의 합으로 연결한 식이 다항식인 것이다. $7x^3$, $4x^2$, 2와 같이 수 및 문자를 곱하여 결합한 식을 단항식이라 하고 이것들을 덧셈 또는 뺄셈으로 연결한 $7x^3 + 4x^2 + 2$와 같은 식을 다항식이라 한다. 다항식을 이루는 각 단항식을 그 다항식의 항이라 한다. 다항식의 최고 차수항이 n차일 경우 그 다항식을 n차 다항식이라고 한다. 여러 다항식을 더하거나 곱하는 등의 연산을 하려면 다항식을 컴퓨터 프로그램에 표현하여 저장하여야 한다. 저장된 다항식은 여러 가지 연산 과정을 거쳐서 계산을 하거나 다항식끼리 덧셈이나 곱셈 등을 하게 된다. 이러한 문제를 효율적으로 해결하려면 다항식의 항들을 저장하는 방법을 잘 선택하여야 한다.

변수 x의 다항식 p(x)는 다음과 같이 $a_i x^i$ 형태의 항들의 합으로 구성된다.

$$p(x) = a_n x^n + a_{n-1} x^{n-1} + ... + a_1 x + a_0$$

이때 a_i를 계수(coefficient)라고 하며 i를 지수(exponent)라 부르고 p(x)의 가장 큰 차수를 그 다항식의 차수(degree)라고 한다.

다항식은 배열이나 연결 리스트와 같은 다양한 자료구조를 사용하여 표현할 수 있다. 단순 연결 리스트를 응용하여 다항식을 표현해 보자. 다항식에 있는 항은 단순 연결 리스트의 노드로 표현할 수 있다. 다항식을 연결 리스트로 표현하기 위해서는 세 개의 필드를 갖는 노드를 정의해야 한다. 각 항은 계수와 지수로 구성되므로 이를 저장하기 위해 각 노드의 데이터 필드는 [그림 4-35]와 같이 계수를 저장하는 coef와 지수를 저장하는 expo 필드로 구성된다. 또한 link 필드는 다음 항을 연결하는 포인터로 구성한다.

계수	지수	링크
coef	expo	link

[그림 4-35] 다항식 노드의 구조

> **노드에 대한 구조체 정의**
> ```
> public class Node {
>     float coef;   /* 계수를 저장하기 위한 변수 */
>     int expo;     /* 지수를 저장하기 위한 변수 */
>     Node link;    /* 링크 필드이며 다음 항을 가리키는 포인터 */
> };
> ```

다음의 다항식을 단순 연결 리스트로 표현하면 [그림 4-28]과 같다.

> 다항식 $A(x) = 4x^3 + 3x^2 + 5x$
> 다항식 $B(x) = 3x^4 + x^3 + 2x + 1$

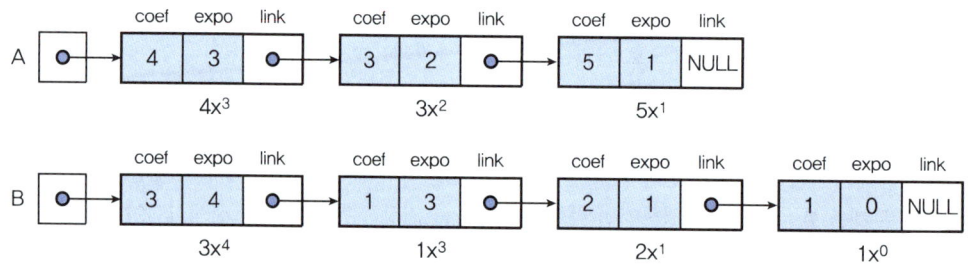

[그림 4-36] 다항식 $A(x)$와 $B(x)$의 단순 연결 리스트 표현

다음은 다항식에 항을 추가하는 방법에 대해 알아보자. 먼저 다항식에 항을 추가하려면 연결 리스트의 마지막 노드 다음에 새로운 노드를 추가해야 한다. 만일 다음 알고리즘과 같이 다항식 리스트 PL에 새로운 노드를 추가하려면 노드의 coef 필드 값, expo 필드 값, 노드를 추가할 위치를 알아야 한다. 새로운 노드는 리스트의 마지막 노드 다음에 추가해야 하므로 결국 리스트의 마지막 노드의 위치가 된다. 따라서 appendTerm() 함수는 다항식 리스트 포인터 PL과 coef 필드 값을 저장한 변수 coef와 expo 필드 값을 저장한 변수 expo 그리고 리스트 PL의 마지막 노드의 위치를 지시하는 포인터 last를 매개변수로 사용한다.

📑 다항식 끝에 항 추가 알고리즘

```
appendTerm(PL, coef, expo, last)
    new = getNode();
    new→coef = coef;
    new→expo = expo;
    new→link = NULL;

    if (PL = NULL) then {   /* 다항식 리스트 포인터 PL이 공백인 경우 */
        PL = new;
        last = new;
    }
    else {                  /* 다항식 리스트 포인터 PL이 공백이 아닌 경우 */
        last→link = new;
        last = new;
    }
end appendTerm()
```

appendTerm() 함수를 이용해 다항식에 항을 추가하는 과정은 다항식 리스트 PL이 공백인 상태에서 새로운 항이 추가되는 경우와 공백 상태가 아니라 이미 다른 항들이 있는 상태에서 새로운 항이 추가되는 경우로 나눌 수 있다.

(1) 먼저 다항식 리스트 PL에 항이 하나도 없는 공백 상태인 경우이다.

① PL은 NULL이므로 생성된 새로운 항의 노드를 PL의 첫 번째 노드로 연결해야 한다.

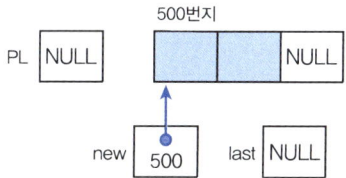

② 새로운 노드인 new의 값 500을 리스트 포인터 PL에 저장하여 노드 new가 리스트 PL의 첫 번째 노드가 되도록 연결한다.

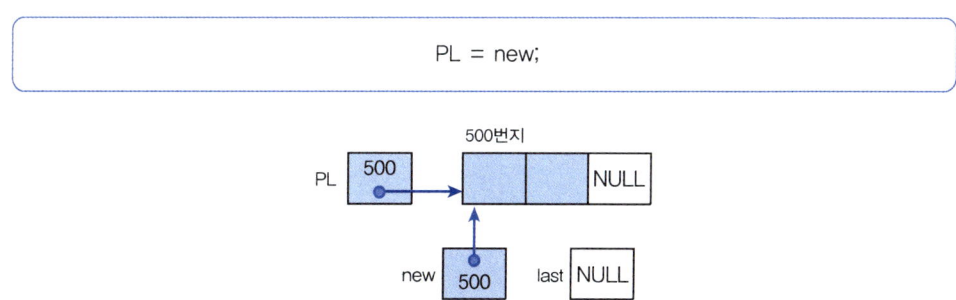

③ 포인터 new를 포인터 last에 저장하여 last가 리스트 PL의 마지막 노드인 노드 new를 가리키도록 지정한다.

last = new;

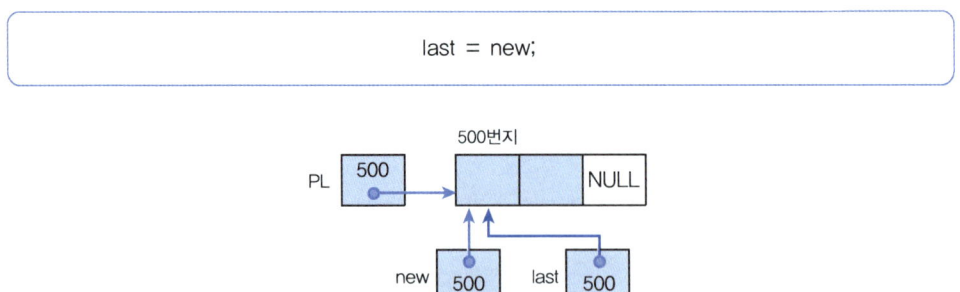

(2) 다음은 다항식 리스트 PL에 이미 다른 항들이 존재하고 있어 공백 리스트가 아닌 경우이다.

① 공백이 아닌 경우에는 새 노드 new를 리스트 PL의 마지막 노드로 삽입한다.

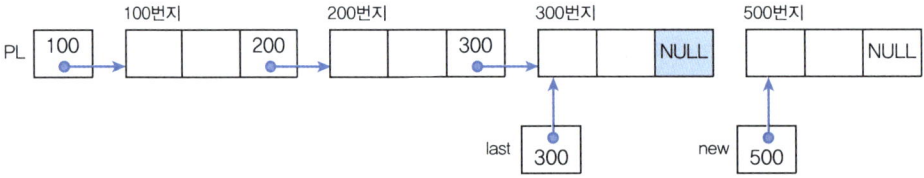

② 새로운 노드 new를 노드 last의 다음 노드로 연결하면 된다. 그러기 위해서 포인터 new의 값 500을 노드 last의 링크 필드에 저장한다.

last → link = new;

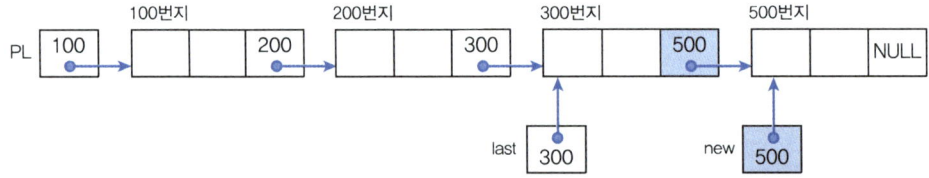

③ 새로운 노드가 추가되었으므로 last의 값도 변경해 주어야 한다. 새로 추가된 노드가 마지막 노드가 되므로 포인터 new의 값 500을 포인터 last에 저장한다. 그러면 노드 new는 리스트 PL의 마지막 노드가 된다.

last = new;

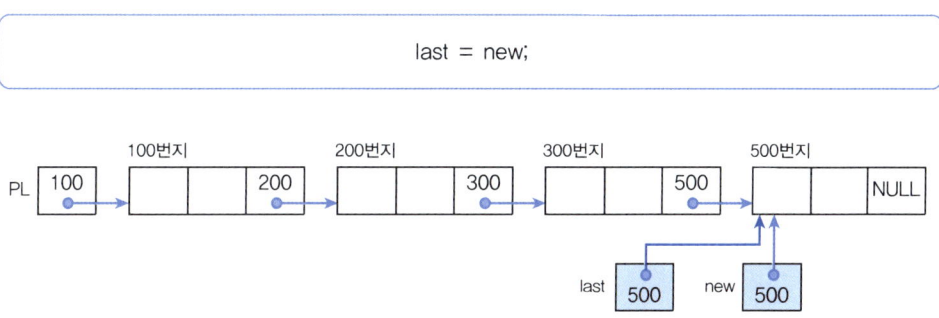

(3) 다항식 리스트에서 새로운 항을 추가한 예는 다음과 같다. [그림 4-37]은 다항식 A에 새로운 항인 $2x^0$ 항(상수항 2)을 추가한 것이다. appendTerm() 알고리즘을 적용하였다.

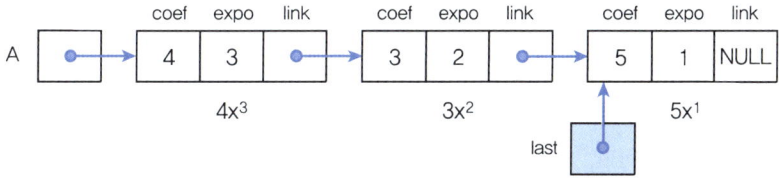

(a) appendTerm(A, 2, 0, last) 실행 전

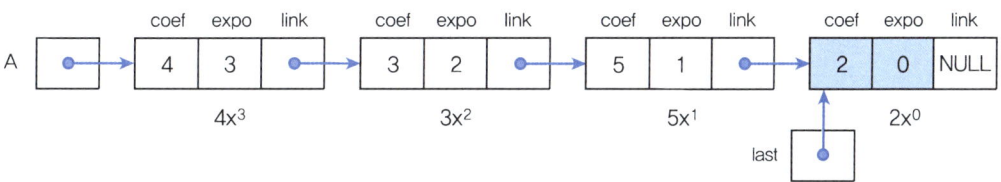

(b) appendTerm(A, 2, 0, last) 실행 후

[그림 4-37] appendTerm() 함수를 이용해 다항식 리스트에 항을 추가한 예

2 다항식의 덧셈

단순 연결 리스트를 이용하여 두 개의 다항식을 더하는 연산을 할 수 있다. 두 개의 다항식 A(x)와 B(x)가 있을 때 이 다항식들을 더하여 새로운 다항식인 C(x)를 만들 수 있다. 다항식의 덧셈 연산을 할 때는 각 다항식에서 지수가 같은 항을 찾아 계수를 더해주면 된다. 다항식 $A(x) = 5x^3 + 8x^2 + 4x^0$와 $B(x) = 9x^4 - 3x^2 + 6x^1$을 더한 결과인 C(x)는 $C(x) = 9x^4 + 5x^3 + 5x^2 + 6x^1 + 4x^0$이다.

$$\begin{aligned} A(x) &= 5x^3 + 8x^2 + 4x^0 \\ +\quad B(x) &= 9x^4 - 3x^2 + 6x^1 \\ \hline C(x) &= 9x^4 + 5x^3 + 5x^2 + 6x^1 + 4x^0 \end{aligned}$$

두 다항식을 더하기 위해 몇 가지 규칙을 이용하여 계산한다. 먼저 두 다항식의 항들의 지수를 비교하여 같으면 계수는 더해진다. 만약 지수가 다르면 지수가 큰 쪽의 항을 새로운 다항식에 삽입한다. 지수가 0인 경우에는 항이 상수가 된다. 지수가 같은 계수끼리의 합이 0이 되면 그 항은 삭제한다. 단순 연결 리스트를 이용한 다항식에서는 각 항을 이동하면서 지수를 비교하기 위해 포인터와 노드의 링크 필드를 이용한다. 두 다항식 A(x)와 B(x)의 합 C(x)를 지시하기 위해 총 세 개의 포인터를 이용한다. 이 포인터들은 다항식의 연결 구조에 따라 이동하면서 각 항들의 지수를 비교하고 연산한 결과는 C(x)에 연결한다. 포인터 p는 다항식 A(x)에서 비교할 항을 가리키고, 포인터 q는 B(x)에서 비교할 항을 가리킨다. 덧셈 연산을 마치면 만들어지는 다항식 C(x)의 항을 가리키기 위해 포인터 r을 사용한다.

- 포인터 p : 다항식 A(x)에서 비교할 항을 지시
- 포인터 q : 다항식 B(x)에서 비교할 항을 지시
- 포인터 r : 덧셈 연산 결과 만들어지는 다항식 C(x)의 항을 지시

다항식 A(x)의 항의 지수와 다항식 B(x)의 항의 지수의 크기에 따라 다음과 같은 세 가지 처리 방법이 있다.

(1) 다항식 A(x) 항의 지수가 작은 경우(p→expo < q→expo)

두 다항식에서 비교하는 항의 지수가 서로 같지 않은 경우에는 계수를 더할 수가 없다. 이런 경우 두 항 중에서 지수가 큰 쪽의 항을 먼저 결과 다항식 C(x)에 연결해야 한다. q가 가리키는 항에 대한 처리가 끝나면 q를 다음 노드로 이동한다.

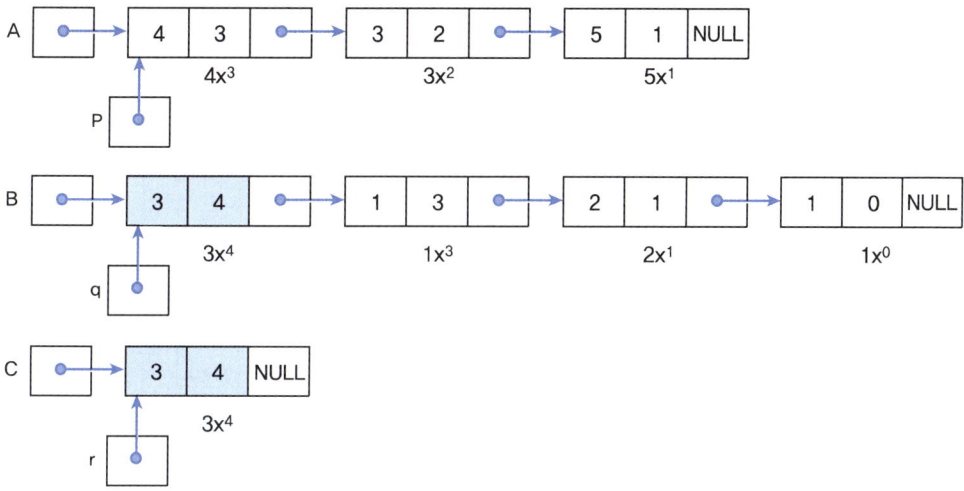

[그림 4-38] q의 지수가 더 큰 경우의 연산

(2) 두 다항식의 항의 지수가 같은 경우(p→expo = q→expo)

두 다항식의 항의 지수가 같은 경우 각 항의 계수를 더해주면 된다. A(x)의 계수인 p→coef와 B(x)의 계수인 q→coef를 더해 C(x)의 계수인 r→coef에 저장하면 된다. 그런 다음 지수에 해당하는 p→expo나 q→expo를 r→expo에 복사하면 된다. 그 후 p와 q의 값을 다음 노드를 가리키도록 변경한다.

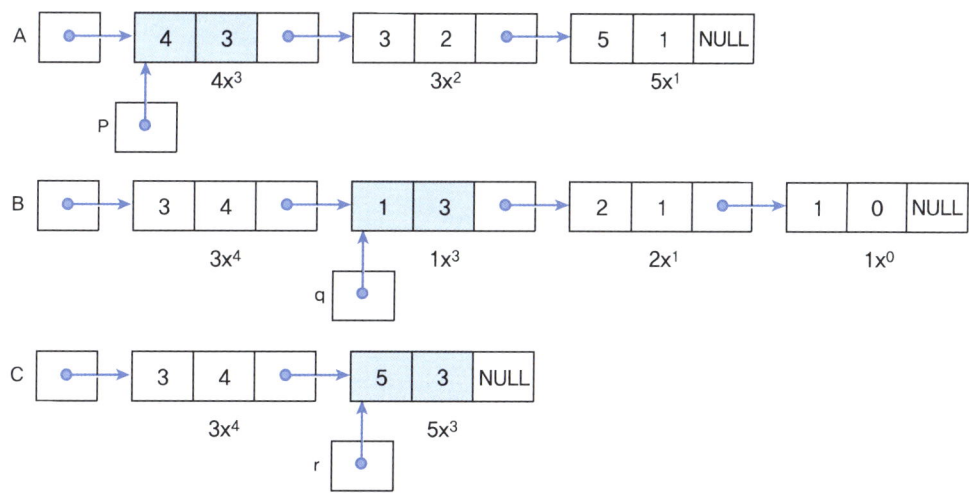

[그림 4-39] 지수가 같은 경우의 연산

(3) 다항식 A(x) 항의 지수가 큰 경우(p→expo > q→expo)

다항식 A(x) 항의 p가 가리키는 지수가 B(x) 항의 q가 가리키는 지수보다 더 큰 경우에는 지수가 큰 A(x) 항의 p가 가리키는 항을 C(x) 항으로 복사하면 된다. 포인터 p가 가리키는 항에 대한 처리가 끝났으므로 p를 다음 노드로 이동한다.

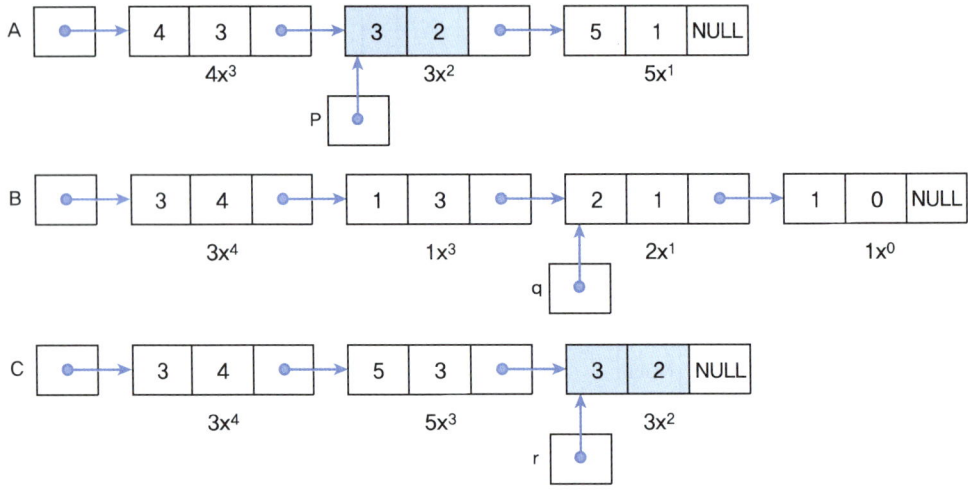

[그림 4-40] p의 지수가 더 큰 경우의 연산

다항식 A(x)와 B(x)의 모든 항이 처리되면 포인터 p와 q는 모두 NULL이 되는데 이는 더 이상 계산할 항이 존재하지 않는 것을 의미하므로 덧셈 연산은 종료된다.

다음과 같은 두 다항식 $A(x) = 4x^3 + 3x^2 + 5x$와 $B(x) = 3x^4 + x^3 + 2x + 1$이 있을 때 A(x)와 B(x)를 더하여 C(x)를 구하는 과정을 살펴보자. 단순 연결 리스트로 표현한 두 다항식의 초기 상태는 [그림 4-41]과 같다.

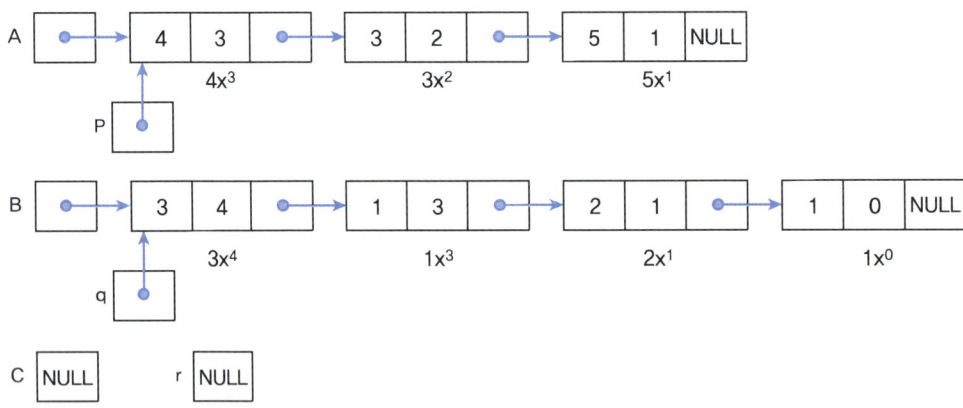

[그림 4-41] 초기 상태

다항식 A와 B에 처리할 항이 남아 있는 동안 각 항의 지수를 비교하여 처리하는 작업을 반복한다. 먼저 다항식 A의 $4x^3$과 다항식 B의 $3x^4$을 비교하여 p→expo < q→expo이므로 지수가 더 큰 항에 해당하는 $3x^4$을 C에 추가한다.

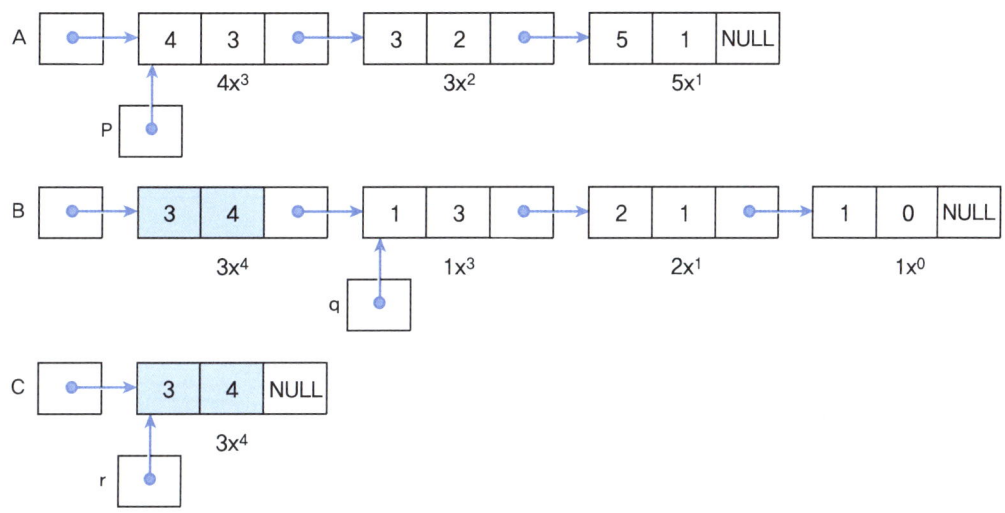

[그림 4-42] 다항식 A의 $4x^3$과 다항식 B의 $3x^4$을 처리한 결과

이제 다항식 A의 $4x^3$과 다항식 B의 다음 항인 $1x^3$의 지수를 비교하는데 p→expo = q→expo와 같이 두 항의 지수가 같으므로 두 항의 계수를 더하여 [그림 4-43]과 같이 C에 $5x^3$을 삽입한다.

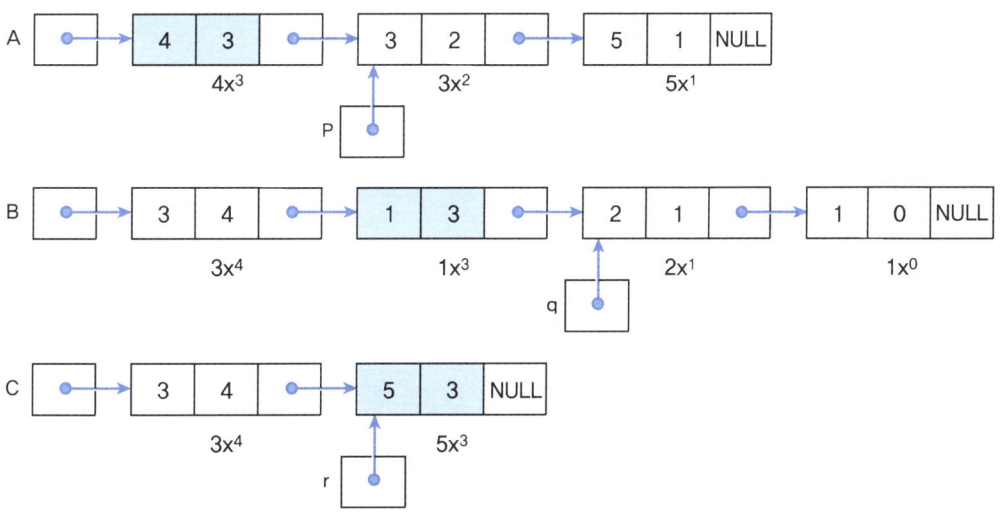

[그림 4-43] 다항식 A의 $4x^3$과 다항식 B의 $1x^3$을 처리한 결과

다항식 A의 다음 항인 $3x^2$과 다항식 B의 다음 항인 $2x^1$의 지수를 비교한다. $3x^2$의 지수가 더 크므로 $3x^2$을 C에 연결한다.

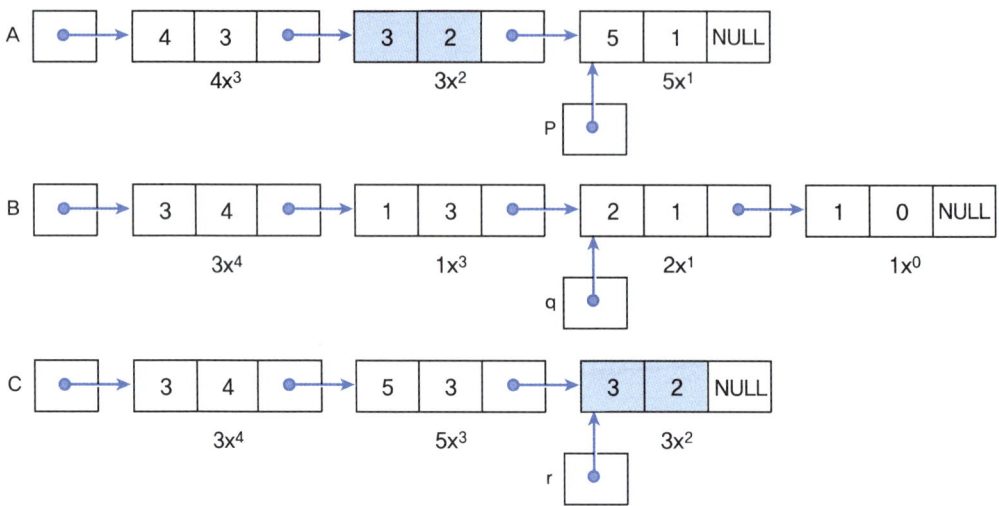

[그림 4-44] 다항식 A의 $3x^2$과 다항식 B의 $2x^1$을 처리한 결과

다항식 A의 다음 항인 $5x^1$과 다항식 B의 $2x^1$을 처리해야 하는데 지수가 같으므로 계수를 더하여 그 결과를 C에 추가한다.

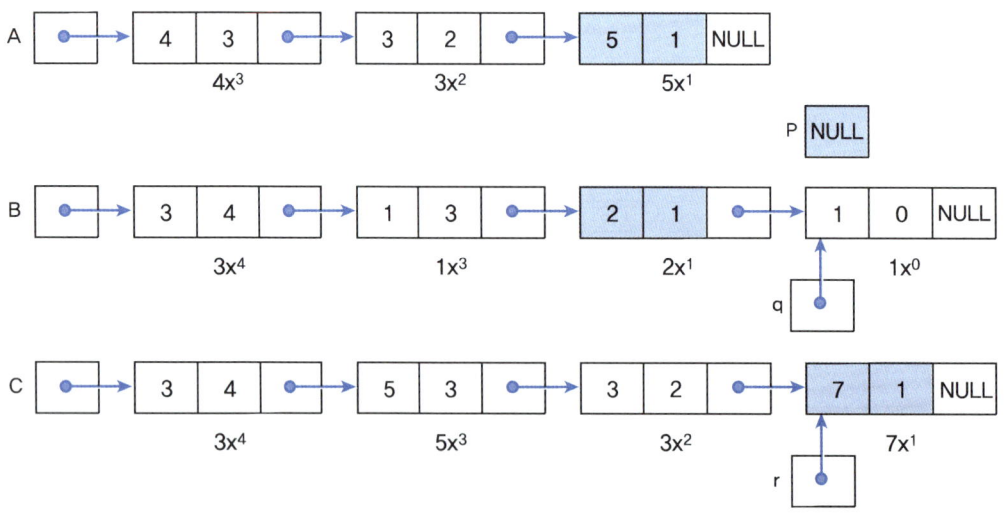

[그림 4-45] 다항식 A의 $5x^1$과 다항식 B의 $2x^1$을 처리한 결과

다항식 A의 모든 항에 대한 처리가 끝나고 포인터 p가 NULL이 되었으므로 포인터 q가 NULL이 될 때까지 q 노드를 리스트 C의 마지막 노드로 추가한다. 이러한 과정을 거쳐 최종적으로 계산된 두 다항식의 합 $C(x) = 3x^4 + 5x^3 + 3x^2 + 7x + 1$은 [그림 4-46]과 같다.

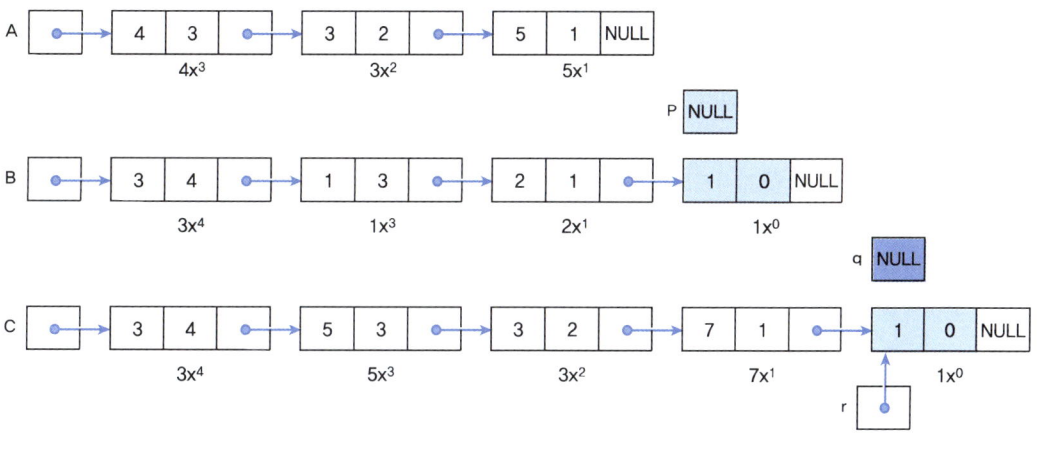

[그림 4-46] 다항식 $C(x) = 3x^4 + 5x^3 + 3x^2 + 7x + 1$

3 단순 연결 리스트로 표현된 다항식의 노드 반환

단순 연결 리스트로 표현된 다항식은 연산이 끝나면 기억 공간을 재활용하기 위하여 노드를 반환하면 된다. 다항식을 저장하기 위해 할당받은 각 노드를 반환하는 알고리즘은 다음과 같다.

```
void returnNode(poly_pointer *ptr)
{
    poly_pointer temp;
    while (*ptr) {          /* 연결 리스트가 NULL이 될 때까지 반복 */
        temp = *ptr;        /* 반환하기 위해서 ptr이 가리키는 노드를 temp에 저장 */
        *ptr = (*ptr)→link; /* 다음 노드로 이동 */
        free(temp);         /* temp 반환 */
    }
}
```

returnNode() 함수는 다항식 리스트 ptr에서 노드를 하나씩 반환하는 역할을 한다. while(*ptr) 구문은 다항식 리스트 ptr이 NULL이 아니라면 즉, 존재하는 노드가 있으면 temp에 *ptr를 저장하고 *ptr은 다음 노드인 (*ptr)→link로 이동한다. 그런 다음 free 함수를 이용하여 temp가 가리키는 노드의 기억 공간을 반환한다.

4 다항식의 원형 연결 리스트 표현 기출

단순 연결 리스트는 리스트가 한쪽 방향으로만 연결되어 있고 마지막 노드의 링크 필드에는 NULL이 저장되어 있다. 따라서 단순 연결 리스트에서는 임의의 노드에서부터 이전에 위치한 노드에 접근할 수 없으며 임의의 노드에 접근하려면 헤드 포인터부터 시작해야 한다. 이런 제한점을 해결하기 위한 구조가 원형 연결 리스트(circular linked list)이다. **원형 연결 리스트는 [그림 4-47]과 같이 단순 연결 리스트의 마지막 노드가 리스트의 첫 번째 노드를 가리키게 하여 리스트의 구조를 원형으로 만든 연결 리스트이다.** 원형 연결 리스트에서는 리스트의 마지막 노드의 포인터 영역이 첫 번째 노드를 가리킨다. 단순 연결 리스트의 마지막 노드의 NULL 링크를 리스트의 처음 노드를 가리키도록 하였으므로 **링크를 따라 계속 순회하면 이전 노드에 접근이 가능하다.** 이처럼 하나의 노드에서 링크를 계속 따라가면 결국 모든 노드를 거쳐서 자기 자신으로 되돌아올 수 있으므로 어떤 노드로도 갈 수 있다. 따라서 노드의 삽입과 삭제가 단순 연결 리스트보다는 용이해진다.

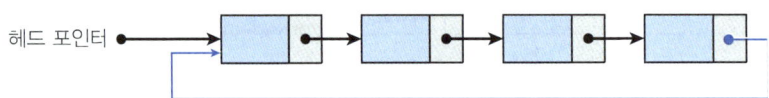

[그림 4-47] 원형 연결 리스트의 구조

단순 연결 리스트의 경우 현재 임의의 노드를 탐색하고 있으면 이미 탐색이 끝난 이전 노드를 다시 탐색할 수 있는 방법이 없다. 따라서 이미 탐색이 끝난 노드의 탐색은 시작 노드의 주소를 찾아 첫 번째 노드부터 다시 탐색을 시작해야 한다. 그러나 원형 연결 리스트는 마지막 노드가 시작 노드의 주소를 갖게 됨으로써 이러한 문제를 해결할 수 있다.

> **더 알아두기**
>
> **원형 연결 리스트의 장단점**
> - 장점
>   - 임의의 노드로부터 모든 노드로의 접근이 용이함
>   - 리스트에 노드를 삽입하거나 삭제할 때 노드 수에 관계없이 거의 일정한 시간이 소요되므로 노드의 삽입과 삭제 연산이 편리
>   - 리스트의 결합(combining)이나 분리(splitting) 작업을 효율적으로 수행
> - 단점
>   - 리스트를 구성하는 특정 노드를 검색하고자 할 때 잘못하면 무한 루프에 빠질 가능성이 있음
>   - 검색을 끝낼 수 있는 노드가 존재해야 하며 이를 위해 head node를 두어 리스트의 시작임을 알리는 기능을 함

다항식도 원형 연결 리스트를 이용하여 표현할 수 있다. [그림 4-48]은 다항식 $A(x) = 4x^3 + 3x^2 + 5x$를 원형 연결 리스트로 표현한 것이다. 다항식을 원형 연결 리스트로 표현하면 특정한 항을 검색하기가 쉬워진다. 임의의 위치에 있는 어느 한 노드로부터 다른 모든 노드에 접근할 수 있으며 자신의 선행 노드를 쉽게 알 수 있다. 그러므로 삭제의 경우 단순 연결 리스트에서처럼 처음 노드부터 선행 노드를 찾지 않고 현재 알고 있는 노드로부터 찾을 수 있다. 이외에도 결합이나 분리 등이 효율적이다. 다항식을 원형 연결 리스트로 표현하면

노드를 반환할 경우 반환되는 노드들을 리스트 형태로 표현하여 가용 공간에 저장할 수 있다. 따라서 새로운 노드가 필요할 때 기억 공간을 새로 할당받을 필요가 없이 가용 공간의 노드를 사용하면 된다.

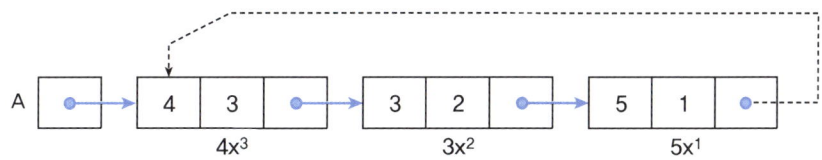

[그림 4-48] 다항식의 원형 연결 리스트 표현

다항식을 단순 연결 리스트로 표현하면 한쪽 방향으로만 노드를 검색할 수 있다. 원형 연결 리스트는 단순 연결 리스트의 마지막 노드와 처음 노드를 연결시켜 원형으로 만든 구조이므로 다항식을 원형 연결 리스트로 표현하면 어떠한 항에서도 임의의 다항식 항에 대한 검색이 가능해진다.

제7절 연결 리스트의 기타 연산

1 단순 연결 리스트의 역순

단순 연결 리스트는 데이터를 보관하는 데이터 필드와 다음 노드와의 연결 고리 역할을 하는 포인터를 가진 링크 필드로 구성되며 노드들을 서로 연결해서 구성한다. 노드들이 한쪽 방향으로 연결된 구조인 단순 연결 리스트는 노드의 순서를 역순으로 변환하여 연결할 수 있다. 만약 연결 리스트 $L = (a_1, a_2, ..., a_n)$이 있을 때 이 연결 리스트를 역순 연산하면 $L = (a_n, a_{n-1}, ..., a_1)$로 변환된다.

다음은 단순 연결 리스트를 역순으로 만드는 알고리즘이다.

```
list_pointer reverse(list_pointer lead)
{
   list_pointer p, q;   /* 단순 연결 리스트를 역순으로 만들기 위한 리스트 */
   p = NULL;
   while (lead) {   /* 역순으로 만들 리스트의 노드가 존재하는 경우 */
      q = p;       /* q는 p를 지정 */
      p = lead;    /* p는 lead를 지정 */
```

```
            lead = lead→link;    /* lead는 다음 노드로 이동 */
            p→link = q;          /* p의 링크는 q를 지정 */
      }
      return p;
}
```

예를 들어 데이터 A와 B를 각각 저장한 노드 두 개를 연결한 단순 연결 리스트 lead가 [그림 4-49]의 ①과 같을 때 이 알고리즘을 적용하여 역순으로 변환해 보자. 리스트는 lead=(A, B)로 구성된다. 원래 리스트는 lead이 며 최종적으로 역순으로 변환된 결과 리스트는 p가 된다. 리스트 p는 역순으로 변환된 결과 리스트를 의미하는데 초기에는 아직 아무런 노드가 존재하지 않으므로 NULL로 초기화를 한다. 그런 다음 while(lead) 구문을 통해 역순으로 만들 리스트 lead의 노드가 존재하면 q에는 p를 지정한다. 초기 상태에서는 p가 NULL이므로 q도 NULL로 지정된다. 이제 p에는 lead를 지정하고 lead는 lead→link 즉, 다음 노드인 B를 가리키도록 한다. 그런 다음 p의 링크 필드는 q를 가리키도록 한다. 이러한 과정은 while(lead) 구문에 의해 lead에 노드가 존재하는 동안 반복된다. 즉, 리스트 lead가 공백 리스트가 되면 변환 과정을 종료한다. 최종적으로 단순 연결 리스트 lead의 역순으로 변환된 리스트는 p가 된다. 역순으로 리스트 변환을 완료했으므로 return p를 통해 역순 리스트인 p를 반환한다. 이러한 과정은 다음과 같은 단계로 설명할 수 있다.

① 역순 리스트를 저장할 포인터 p를 생성한다.

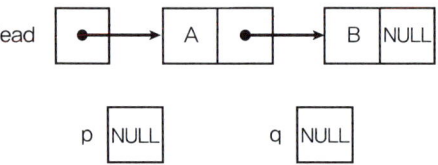

② lead에서 첫 번째 노드 A를 p와 연결하고 lead는 lead→link인 다음 노드 B를 가리키게 된다.

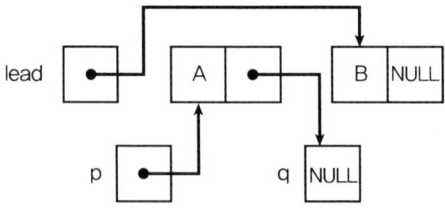

③ lead에서 노드가 하나 삭제되었고 p에는 A 노드가 연결되었다.

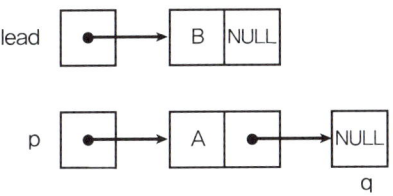

④ while 반복문이 다시 수행되어 lead에 아직 노드가 남아있으므로 lead의 첫 번째 노드 B를 p의 첫 번째 노드로 삽입한다.

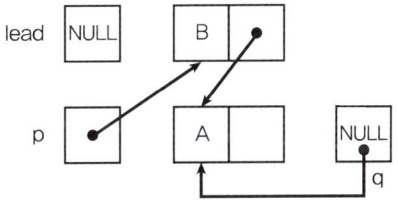

⑤ lead는 더 이상 노드가 존재하지 않는 공백 리스트가 되고 리스트 p는 최종적으로 역순으로 저장된 리스트가 된다.

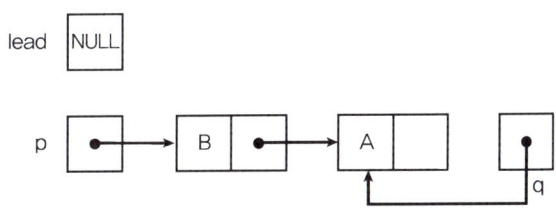

[그림 4-49] 단순 연결 리스트의 역순 과정

2 단순 연결 리스트의 연결

두 개의 단순 연결 리스트는 하나로 연결할 수 있다. 만약, 리스트 $L_1 = (a_1, a_2, ..., a_n)$이고 리스트 $L_2 = (b_1, b_2, ..., b_m)$가 있을 때 리스트 L_1과 L_2를 연결하면 $L = (a_1, a_2, ..., a_n, b_1, b_2, ..., b_m)$와 같이 된다. 다음은 두 개의 단순 연결 리스트를 연결하는 알고리즘이다.

```
list_pointer addList(list_pointer ptr1, list_pointer ptr2)
{
    list_pointer temp;

    if (is_empty(ptr1)) return ptr2;
    else {
        if(!is_empty(ptr2)) {
            for (temp = ptr1; temp→link = NULL; temp = temp→link);
                /* temp는 ptr1을 순서대로 이동하면서 마지막 노드까지 이동 */
            temp→link = ptr2; /* ptr1의 마지막 노드의 링크에 ptr2를 연결 */
        }
        return ptr1;
    }
}
```

ptr1과 ptr2는 연결하고자 하는 두 개의 단순 연결 리스트이다. 두 연결 리스트를 연결하기 위해 temp 포인터를 생성한다. 먼저 ptr1이 공백인지 확인하고 만약 공백이면 ptr2를 반환하면 된다. ptr1이 공백이 아니라면 ptr2의 공백 여부를 검사한다. ptr2가 공백이 아닌 경우 temp는 ptr1의 시작부터 마지막 노드가 될 때까지 순차적으로 다음 노드를 가리키도록 하나씩 이동한다. ptr1의 마지막 노드까지 이동하면 마지막 노드의 링크 필드에 ptr2를 지정한다. 만약 ptr2가 공백이라면 ptr1을 반환한다.

[그림 4-50]은 두 개의 단순 연결 리스트를 연결한 모습이다. ptr1과 ptr2를 하나의 연결 리스트로 연결하려면 ptr1의 마지막 노드의 링크가 ptr2를 가리키도록 연결하면 된다.

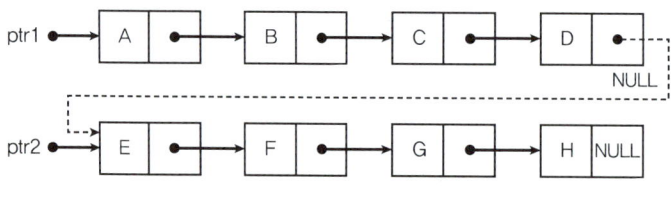

[그림 4-50] 단순 연결 리스트 연결

3 원형 연결 리스트의 앞 또는 뒤에 노드 삽입

원형 연결 리스트는 단순 연결 리스트의 마지막 노드의 링크 필드가 첫 번째 노드를 가리키도록 함으로써 원형의 형태로 만든 연결 리스트이다. 따라서 원형 연결 리스트에서는 각 노드의 링크를 계속 따라가다 보면 임의의 노드에서 모든 노드에 접근할 수 있다. 원형 연결 리스트는 [그림 4-51]과 같이 헤드 포인터가 첫 번째 노드를 가리키도록 구성할 수도 있고 [그림 4-52]와 같이 헤드 포인터가 마지막 노드를 가리키도록 구성할 수도 있다.

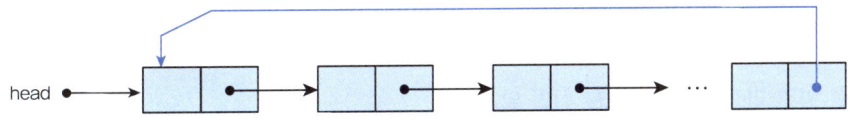

[그림 4-51] 헤드 포인터가 첫 번째 노드를 가리키도록 구성한 원형 연결 리스트

[그림 4-52]와 같이 원형 연결 리스트의 헤드 포인터가 마지막 노드를 가리키도록 구성하면 리스트의 끝에 노드를 삽입하는 연산이 단순 연결 리스트보다 훨씬 효율적이다. 단순 연결 리스트에서 리스트의 끝에 새로운 노드를 삽입하려면 마지막 노드의 위치에 도달할 때까지 첫 번째 노드에서부터 차례대로 링크를 따라 이동해야 한다. 즉, 시작 노드부터 전체 노드의 개수만큼 이동하여 마지막 노드까지 이동한 다음 새로운 노드를 삽입할 수 있다. 그러나 헤드 포인터가 마지막 노드를 가리키도록 구성한 원형 연결 리스트에서는 상수 시간 안에 리스트의 끝에 노드를 삽입할 수 있다. 이러한 원형 연결 리스트에서 헤드 포인터는 리스트의 마지막 노드를 가리키게 되므로 리스트의 첫 번째 노드는 그 다음 노드가 된다. 따라서 리스트의 마지막에 노드를 삽입하거나 삭제하기 위해 리스트의 맨 끝까지 힘들게 찾아가지 않아도 된다.

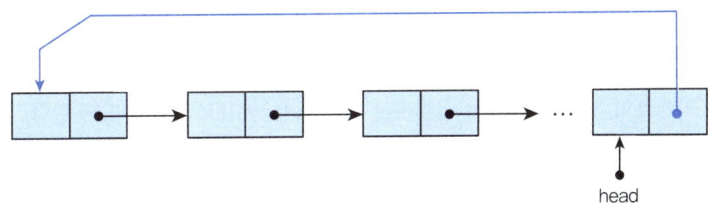

[그림 4-52] 헤드 포인터가 마지막 노드를 가리키도록 구성한 원형 연결 리스트

헤드 포인터가 마지막 노드를 가리키도록 구성한 원형 연결 리스트에서 원형 연결 리스트의 앞에 노드를 삽입하는 방법은 다음과 같다. [그림 4-53]과 같이 먼저 새로운 노드의 링크인 node→link가 첫 번째 노드를 가리키게 하고 다음에 마지막 노드의 링크가 node를 가리키게 하면 된다. 헤드 포인터인 head가 마지막 노드를 가리키는 것만 기억하면 된다.

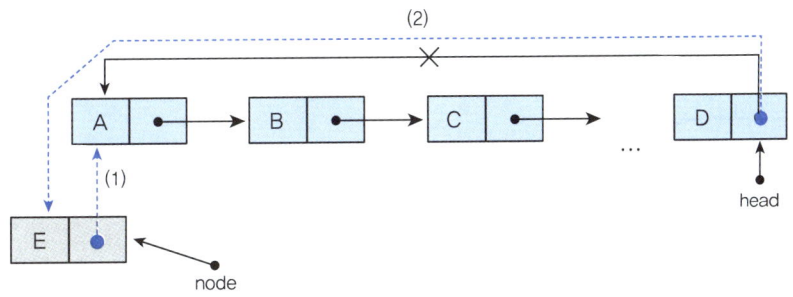

[그림 4-53] 원형 연결 리스트의 앞에 노드 삽입

원형 연결 리스트의 앞에 노드를 삽입하는 알고리즘을 작성하면 다음과 같다.

> **원형 연결 리스트의 앞에 노드 삽입 알고리즘**
> ```
> void insert_first(ListNode **phead, ListNode *node)
> {
>     if (*phead = NULL) { /* 원형 연결 리스트가 공백 상태인 경우 */
>         *phead = node;
>         node→link = node;
>     }
>     else {  /* 원형 연결 리스트에 기존 노드가 존재할 경우 */
>         node→link = (*phead)→link;
>         (*phead)→link = node;
>     }
> }
> ```

이 알고리즘에서 phead는 리스트의 헤드 포인터의 포인터이고 node는 새로 삽입할 노드이다. 만약 원형 연결 리스트가 공백 상태가 아닌 경우 node→link = (*phead)→link와 같이 삽입할 새로운 노드인 node의 링크인 node→link가 리스트의 첫 번째 노드를 의미하는 (*phead)→link 값을 갖도록 한다. 그리고 마지막 노드의 링크인 (*phead)→link가 새로 삽입한 노드인 node를 가리키도록 지정해주면 된다.

이제 [그림 4-54]와 같이 원형 연결 리스트의 뒤에 노드를 삽입하는 방법을 살펴보자. head는 원형 연결 리스트의 마지막 노드를 가리키고 있는데 원형 연결 리스트의 맨 뒤에 새로운 노드를 삽입하게 되면 새로 추가한 노드가 원형 연결 리스트의 마지막 노드가 된다. 따라서 head는 추가된 새 노드를 가리키도록 해줘야 한다.

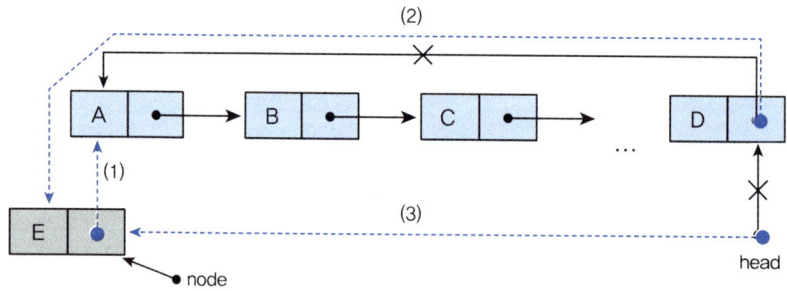

[그림 4-54] 원형 연결 리스트의 뒤에 노드 삽입

다음은 원형 연결 리스트의 뒤에 노드를 삽입하는 알고리즘이다.

> **원형 연결 리스트의 뒤에 노드 삽입 알고리즘**
>
> ```
> void insert_last(ListNode **phead, ListNode *node)
> {
>     if (*phead = NULL) { /* 원형 연결 리스트가 공백 상태인 경우 */
>         *phead = node;
>         node→link = node;
>     }
>     else {      /* 원형 연결 리스트에 기존 노드가 존재할 경우 */
>         node→link = (*phead)→link;
>         (*phead)→link = node;
>         *phead = node;
>     }
> }
> ```

원형 연결 리스트의 앞에 노드를 삽입하는 알고리즘과 같이 phead는 리스트의 헤드 포인터의 포인터이고 node는 새로 삽입할 노드이다. 이 알고리즘은 원형 연결 리스트의 앞에 노드 삽입 알고리즘과 비슷하지만 *phead = node 부분이 추가된다. 즉, head의 위치만 새로운 노드로 바꾸어주면 새로운 노드가 마지막 노드가 된다.

4 원형 연결 리스트의 길이 계산

원형 연결 리스트의 길이를 계산하기 위해서는 각 노드를 따라가며 전체 노드의 수를 계산하면 된다. 즉, 원형 연결 리스트의 각 노드의 링크를 확인하여 다음 노드가 존재하면 길이를 1씩 증가시키면 된다. 원형 연결 리스트의 길이 계산 알고리즘은 다음과 같다.

> **원형 연결 리스트의 길이 계산**
>
> ```
> int length(list_pointer ptr)
> {
>     list_pointer temp;
>     int count = 0;    /* 길이를 저장하는 변수 */
>
>     if (ptr) {        /* 원형 연결 리스트가 공백 상태가 아닌 경우 길이 계산 */
>         temp = ptr;   /* 리스트를 temp 포인터로 지정 */
>         do {
>             count++;  /* 길이를 1 증가 */
> ```

```
                temp = temp→link;    /* temp 포인터를 이용하여 다음 노드로 이동 */
        } while(temp != ptr);        /* temp가 처음 노드로 돌아올 때까지 반복 수행 */
    }
    return count;
}
```

이 알고리즘은 원형 연결 리스트에서 ptr 포인터가 가리키는 노드부터 차례대로 하나씩 이동하면서 다음 노드가 존재하면 count 값을 1씩 증가시켜 길이를 계산한다. temp 포인터를 이용하여 다음 노드로 이동해 가며 리스트의 길이를 계산하는데 원형 연결 리스트를 한 바퀴 돌아 처음 순회한 노드로 돌아오면 길이 계산은 종료한다. 이에 해당하는 조건이 while(temp != ptr)이다. 즉, temp 포인터가 ptr 포인터와 같지 않은 동안 길이 계산이 이루어지는데 이는 ptr을 순회해가며 다시 처음 순회한 노드로 돌아올 때까지를 의미한다.

제8절 이중 연결 리스트 중요

1 필요성

단순 연결 리스트는 한쪽 방향으로 연결된 형태를 갖고 있기 때문에 임의의 노드 다음에 위치한 노드는 같은 방향의 링크를 따라가면 찾기가 쉽다. 그러나 한 방향으로 연결되는 리스트에서 현재 노드의 반대 방향에 존재하는 선행 노드에 접근하기는 어렵다. 단순 연결 리스트에서 임의의 노드의 선행 노드에 접근하려면 리스트의 헤드 포인터부터 시작해서 탐색을 하여야 한다. 이러한 문제점을 개선하기 위하여 마지막 노드의 링크가 리스트의 첫 번째 노드를 가리키게 하여 리스트의 구조를 원형으로 만든 원형 연결 리스트를 구성하였다. 그러나 원형 연결 리스트 역시 현재 노드 바로 이전 노드에 접근하려면 전체 노드를 거쳐서 한 바퀴 돌아야 한다. 이는 리스트의 연결이 한쪽 방향으로만 설계되어 있어서 반대 방향으로는 순회할 수 없기 때문이다. 이러한 문제점을 개선하기 위하여 이중 연결 리스트(double linked list)를 사용한다. 이중 연결 리스트는 하나의 노드가 두 개의 링크 필드를 갖도록 하여 각각 이전 노드와 다음 노드를 가리키도록 하는 자료구조이다. 따라서 특정 노드에서 양방향으로 자유롭게 움직일 수 있으며 리스트의 양쪽 방향으로 모두 순회할 수 있도록 노드를 연결하였다. 또한 이중 연결 리스트의 모든 노드는 두 개의 포인터를 가지므로 만약 하나의 포인터를 잃어버려도 이를 복구할 수 있다.

> **더 알아두기**
>
> **단순 연결 리스트의 문제점**
> • 선행 노드를 찾기가 힘듦
> • 삽입이나 삭제 시에는 반드시 선행 노드가 필요
>
> **이중 연결 리스트**
> • 하나의 노드가 선행 노드와 후속 노드에 대한 두 개의 링크를 가지는 리스트
> • 링크가 양방향이므로 양방향으로 검색이 가능
> • 임의의 노드의 포인터가 파괴되었을 때 이를 복구할 수 있음

2 정의 기출

단순 연결 리스트는 하나의 노드에 하나의 링크 필드를 갖도록 하여 한쪽 방향으로만 노드를 찾을 수 있도록 제한되었다. 따라서 양쪽 방향으로 노드를 찾을 필요가 있을 때 불편함이 있었다. 이중 연결 리스트는 단순 연결 리스트와 비슷하지만 [그림 4-55]와 같이 두 개의 포인터를 사용하여 각각의 포인터가 앞의 노드와 뒤의 노드를 가리킨다. 각 노드는 다음 노드를 가리키는 링크 필드와 이전 노드를 가리키는 링크 필드를 갖는다. 각 노드의 두 개의 링크 필드를 통해 서로 반대 방향의 노드인 선행 노드와 후속 노드로 쉽게 접근할 수 있다.

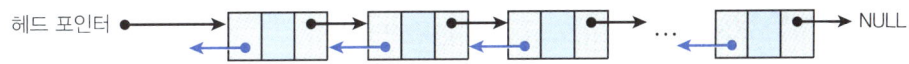

[그림 4-55] 이중 연결 리스트의 구조

이중 연결 리스트의 각 노드는 [그림 4-56]과 같이 데이터 필드 한 개와 링크 필드 두 개를 갖는다. llink 필드는 left link 필드를 의미하며 왼쪽 노드와 연결하는 포인터이고, rlink 필드는 right link 필드를 의미하며 오른쪽 노드와 연결하는 포인터이다.

[그림 4-56] 이중 연결 리스트의 노드 구조

다음은 이중 연결 리스트의 노드 구조체이다.

> **노드 구조의 정의**
> ```
> typedef struct Dnode{
>     struct Dnode *llink;
>     char data[5];
>     struct Dnode *rlink;
> }
> ```

어떤 항목에 대해 포인터 하나로는 충분하지 못할 때가 있다. 단순 연결 리스트에서 항목을 삭제할 경우 삭제하는 항목뿐만 아니라 해당 노드의 선행되는 항목의 위치도 지정해야 한다. 만일 이중 연결 리스트처럼 모든 항목이 두 개의 포인터를 사용한다면 한 개는 선행되는 항목을 가리키고 나머지 한 개의 포인터는 다음에 나올 항목을 가리키도록 하면 된다. 그러나 이중 연결 리스트는 노드의 삽입과 삭제 시에 단순 연결 리스트보다 변경해야 하는 포인터가 더 많으므로 더 많은 노력이 필요하다. 또한 이중 연결 리스트는 두 개의 포인터를 사용하며 이러한 포인터를 저장해야 하므로 단순 연결 리스트보다 더 많은 기억 공간이 필요하다. 이중 연결 리스트는 단순 연결 리스트가 역방향으로 노드들을 탐색하기 어렵다는 단점을 보완했으나 각 노드마다 추가로 링크 필드를 저장해야 한다는 단점을 가진다.

> **더 알아두기**
> **이중 연결 리스트의 단점**
> 링크 필드가 두 개이므로 공간을 많이 차지하고 코드가 복잡하다.

3 노드 삭제

이중 연결 리스트에서 노드를 삭제하는 작업은 간단하다. 삭제할 노드의 왼쪽에 위치한 노드는 삭제할 노드의 오른쪽에 위치한 노드를 가리키도록 하고, 삭제할 노드의 오른쪽에 위치한 노드는 삭제할 노드의 왼쪽에 위치한 노드를 가리키도록 하면 된다. 이렇게 하면 삭제할 노드를 가리키는 다른 노드는 존재하지 않으므로 이 노드에 접근할 방법이 없어진다. 따라서 삭제한 노드의 메모리를 반환하면 된다. 이중 연결 리스트에서 노드를 삭제하는 과정을 세부적으로 살펴보면 다음과 같다.

> 📌 **이중 연결 리스트에서의 삭제 연산 과정**
> ① 삭제할 노드(old)의 오른쪽 노드와 왼쪽 노드를 찾는다.
> ② 삭제할 노드의 오른쪽 노드의 주소(old→rlink)를 삭제할 노드의 왼쪽 노드(old→llink)의 오른쪽 링크(rlink)에 저장한다.
> ③ 삭제할 노드의 왼쪽 노드의 주소(old→llink)를 삭제할 노드의 오른쪽 노드(old→rlink)의 왼쪽 링크(llink)에 저장한다.
> ④ 삭제한 노드의 메모리를 반환한다.

이중 연결 리스트에서 노드를 삭제하는 과정을 알고리즘으로 작성하면 다음과 같다.

```
deleteNode(DL, old)
{
    old→llink→rlink = old→rlink;
    old→rlink→llink = old→llink;
    returnNode(old);
}
```

deleteNode() 알고리즘을 이용하여 이중 연결 리스트 DL에서 노드 old를 삭제하는 과정을 살펴보자. [그림 4-57]은 이중 연결 리스트 DL에서 포인터 old가 가리키는 노드를 삭제하기 전의 초기 상태이다.

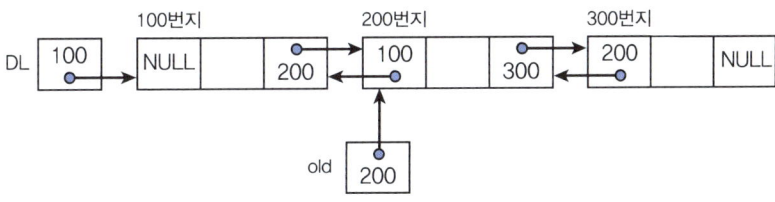

[그림 4-57] 이중 연결 리스트의 초기 상태

(1) old→llink→rlink = old→rlink;

삭제할 노드인 old의 오른쪽 노드를 노드 old의 왼쪽 노드의 오른쪽 노드로 연결해야 한다. 따라서 삭제할 노드 old의 오른쪽 노드의 주소를 노드 old의 왼쪽 노드의 rlink에 저장한다.

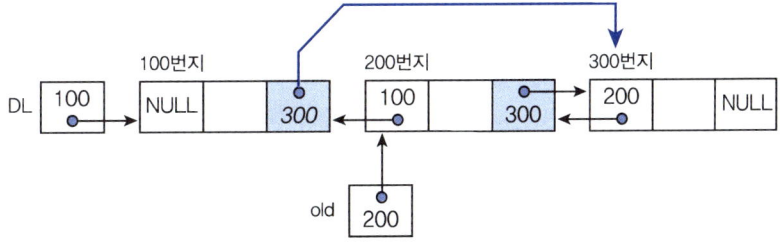

(2) old→rlink→llink = old→llink;

삭제할 노드 old의 왼쪽 노드를 노드 old의 오른쪽 노드의 왼쪽 노드로 연결해야 한다. 그러므로 삭제할 노드 old의 왼쪽 노드의 주소를 노드 old의 오른쪽 노드의 llink에 저장한다.

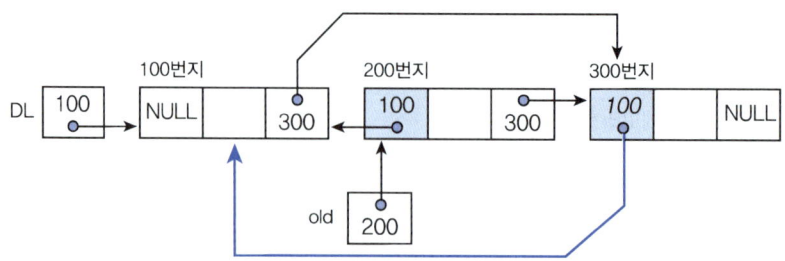

(3) returnNode(old);

삭제된 노드 old의 메모리를 반환한다.

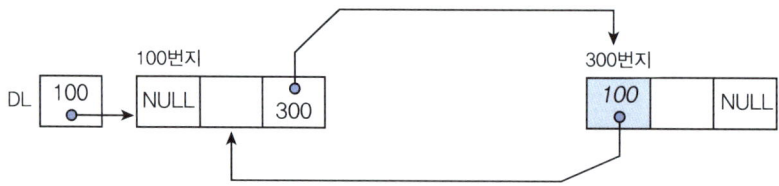

[그림 4-58] 이중 연결 리스트 DL에 노드 old가 삭제된 결과

4 노드 삽입

이중 연결 리스트에서 두 노드 사이에 새로운 노드를 삽입하려면 먼저 추가할 새로운 노드의 포인터를 설정해주는 부분과 추가할 노드의 좌우에 있는 노드의 포인터를 설정해주는 부분이 필요하다.

이중 연결 리스트에서 노드를 삽입하는 과정을 세부적으로 살펴보면 다음과 같다.

> **이중 연결 리스트에서의 삽입 연산 과정**
> ① 삽입할 노드를 준비한다.
> ② 새 노드의 데이터 필드에 값을 저장한다.
> ③ 새 노드의 왼쪽 노드의 오른쪽 링크(rlink)를 새 노드의 오른쪽 링크(rlink)에 저장한다.
> ④ 왼쪽 노드의 오른쪽 링크(rlink)에 새 노드의 주소를 저장한다.
> ⑤ 새 노드의 오른쪽 노드의 왼쪽 링크(llink)를 새 노드의 왼쪽 링크(llink)에 저장한다.
> ⑥ 오른쪽 노드의 왼쪽 링크(llink)에 새 노드의 주소를 저장한다.
> ⑦ 노드를 순서대로 연결한다.

이중 연결 리스트에서 노드를 삽입하는 과정을 알고리즘으로 작성하면 다음과 같다.

```
insertNode(DL, pre, x)
{
   new = getNode();   /* 삽입할 새로운 노드 new를 생성 */
   new→data = x;      /* 새 노드 new에 데이터 필드에 값 저장 */
   new→rlink = pre→rlink;
   pre→rlink = new;
   new→llink = pre;
   new→rlink→llink = new;
}
```

insertNode() 알고리즘을 이용하여 이중 연결 리스트 DL에서 새로운 노드인 new를 삽입하는 과정을 살펴보자. [그림 4-59]는 pre가 가리키는 노드 뒤에 새로운 노드 new가 삽입되는 과정이다.

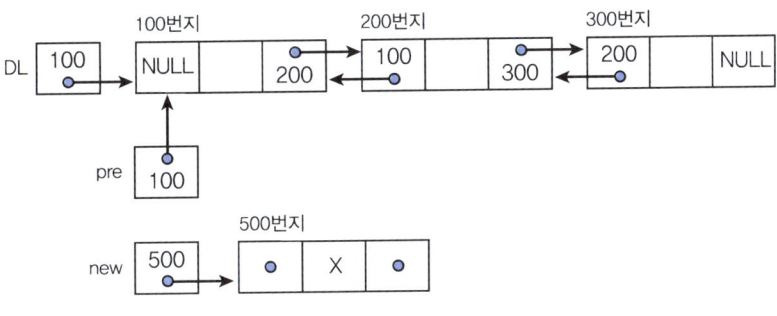

[그림 4-59] 이중 연결 리스트의 초기 상태

(1) new→rlink = pre→rlink;

새로 삽입할 new 노드의 이전 노드에 해당하는 pre의 rlink를 노드 new의 rlink에 저장한다. 이것은 노드 pre의 오른쪽에 연결된 노드를 새로 삽입할 노드인 new의 오른쪽 노드로 연결하는 것이다.

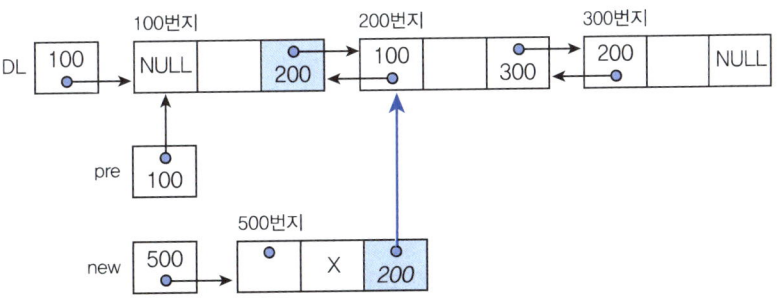

(2) pre→rlink = new;

새 노드 new를 노드 pre의 오른쪽 노드로 연결해야 한다. 따라서 새 노드 new의 주소를 노드 pre의 rlink에 저장한다.

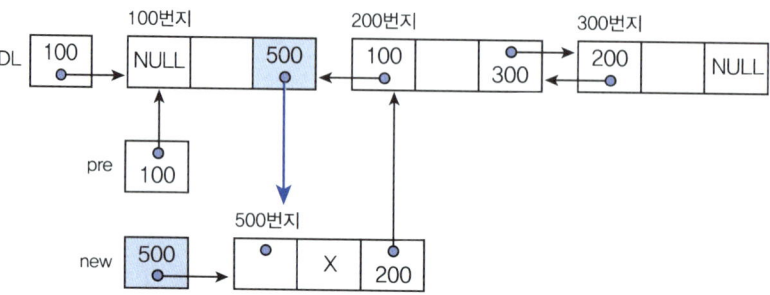

(3) new→llink = pre;

노드 pre를 새 노드 new의 왼쪽 노드로 연결해야 한다. 포인터 pre의 값을 삽입할 노드 new의 llink에 저장한다.

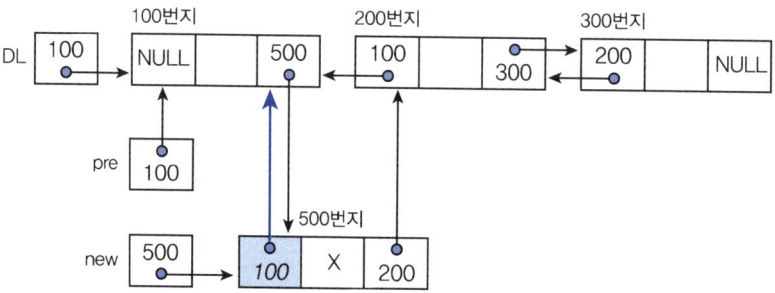

(4) new→rlink→llink = new;

새 노드 new의 오른쪽 노드의 왼쪽 노드로 노드 new를 연결해야 한다. 포인터 new의 값을 노드 new의 오른쪽 노드(new→rlink)의 llink에 저장한다.

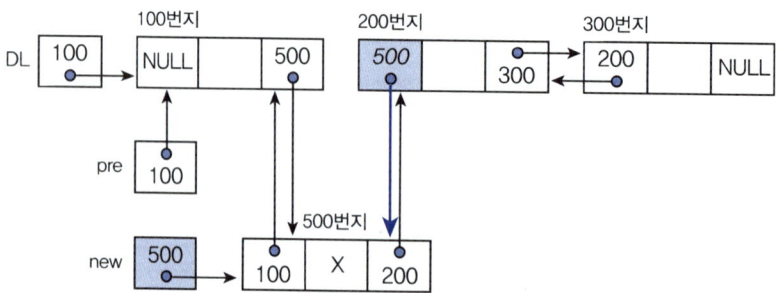

이렇게 하면 이중 연결 리스트 DL에 새로운 노드 new가 정상적으로 삽입된다. [그림 4-60]은 이중 연결 리스트에 노드 new가 삽입된 최종 결과이다.

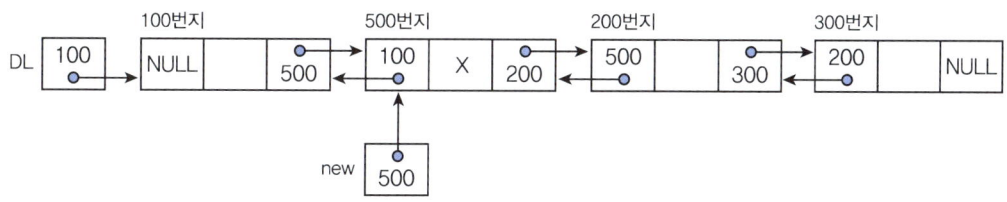

[그림 4-60] 이중 연결 리스트 DL에 새로운 노드 new가 삽입된 결과

제9절 일반 리스트

1 정의

선형 리스트는 0개 이상의 원소들의 유한 수열로 정의하며 ($a_0, a_1, a_2, ..., a_{n-1}$)과 같이 표현한다. 선형 리스트의 원소는 원자들로 제한되며 유일한 구조적 특징은 각 원소들의 위치이다. 일반 리스트(generalized list)는 이런 리스트의 원소적 제약을 완화하고 원소들이 자신의 구조를 가질 수 있도록 하는 개념이다. 일반 리스트에서 원소는 원자 또는 리스트가 될 수 있다. 따라서 일반 리스트는 0개 이상의 원소 또는 서브 리스트를 가지는 유한 선형 리스트라고 할 수 있다. 이러한 일반 리스트는 범용 리스트라고도 한다.

> [정의] 일반 리스트
> 일반 리스트는 n >= 0개 원소의 유한 수열 즉, $a_0, a_1, a_2, ..., a_{n-1}$이고 여기서 a_i는 원자값 또는 리스트이다. 원자가 아닌 원소 a_i는 서브 리스트라고 한다.

일반 리스트는 L = ($a_0, a_1, a_2, ..., a_{n-1}$)와 같이 표현하는데 이때 L은 리스트의 이름이고 n은 리스트 내에 원소의 개수 즉, 길이를 의미한다. n >= 1일 때 L의 첫 번째 원소에 해당하는 a_0는 L의 헤드(head)이며 head(L)이라 표현한다. 첫 번째 원소를 제외한 나머지 리스트 ($a_1, a_2, ..., a_{n-1}$)을 L의 테일(tail)이라 하며 tail(L)과 같이 표현한다. 공백 리스트인 경우 head와 tail을 정의하지 않으며 정의 속에 다시 리스트를 사용하기 때문에 순환적 정의라고 할 수 있다.

다음은 일반 리스트의 예시이다.

- A = ( ) : NULL 리스트 또는 공백 리스트를 의미하며 리스트의 길이는 0이다. 공백 리스트의 경우 head와 tail은 존재하지 않는다.
- B = (a, (b, c)) : 길이가 2인 리스트이며 리스트의 첫 번째 원소는 원자 a이고 두 번째 원소는 서브 리스트 (b, c)이다. 리스트 B에 대해 head(B) = a이고 tail(B) = ((b, c))로 표현한다.
- C = (B, B, ( )) : 길이가 3인 리스트이며 리스트의 처음 두 원소는 서브 리스트 B이고 세 번째 원소는 공백 리스트이다. head(C) = B이고 tail(C) = (B, ( ))가 된다.
- D = (a, D) : 길이가 2인 순환 리스트이며 두 번째 원소 D는 무한 리스트 (a, (a, (a, (a, ...))))에 해당한다. head(D) = 'a'이고 tail(D) = (D)이다.

일반 리스트에 대한 정의 중 중요한 두 가지 결과는 다음과 같다.

① 리스트는 C와 같이 다른 리스트에 의해서 공유될 수 있다.
② 리스트는 D와 같이 순환적일 수 있다.

> **더 알아두기**
>
> **일반 리스트의 예**
> L = (a, (b, c, (d)), (e, (f, ((g), h), i), j, (k, (l))), ((m), ((n), o((p, q), r), s)), (t))
> 이러한 일반 리스트가 주어졌을 때 일반 리스트 L의 길이나 전체를 순환할 때 방문되는 순서 등을 구할 수 있다.

일반 리스트의 노드 구조는 [그림 4-61]과 같다. 일반 리스트의 노드는 태그 필드, 데이터 필드, 링크 필드로 구성된다. 태그 필드는 데이터 필드 값이 원자인지 포인터 값인지를 표시한다. 만약 데이터 값이 원자 값이면 tag를 0으로 표현하고 데이터 값이 서브 리스트에 대한 포인터 값이면 tag를 1로 표현한다. 데이터 필드는 리스트의 head를 저장하고 head(L)이 원자인지 서브 리스트인지에 따라 원자 값 또는 서브 리스트의 포인터가 저장된다. 링크 필드는 리스트의 tail에 대한 포인터를 저장한다.

[그림 4-61] 일반 리스트의 노드 구조

일반 리스트는 저장 공간을 절약하기 위해 서브 리스트를 공용으로 사용하도록 표현할 수 있다. 그러나 이렇게 서브 리스트를 공용으로 사용하면 한 리스트가 어떤 리스트에 의해 참조되는지 알 수 없기 때문에 연산 시간이 많이 걸리게 된다. 이를 해결하기 위해 헤드 노드를 추가하면 공용 리스트 안에서 노드가 삽입되거나 삭제되더라도 포인터는 영향을 받지 않게 된다.

> **더 알아두기**
>
> **일반 리스트**
> - 리스트 = (원소, 원소, 원소, …)
> - 일반 리스트 = (일반 리스트, 일반 리스트, 일반 리스트, …)
>
> 리스트의 원소가 또 다시 리스트일 때 이것을 리스트의 서브 리스트라고 한다. 실제로 개발 현장에서는 단순 연결 리스트에 여러 가지 부가적인 정보 필드를 추가하여 사용하기도 한다. 따라서 기본 자료구조를 변형한 자료구조를 만들 수 있는 능력을 키워야 한다.

2 다중 변수 다항식의 일반 리스트 표현

다항식은 변수의 개수가 1개로 구성되는 것도 있고 변수의 개수가 2개 이상인 것도 있다. 다중 변수 다항식은 2개 이상의 변수로 구성되는 다항식을 말한다. 예를 들어 변수가 2개인 이원 다항식을 살펴보자. 이원 다항식을 표현하기 위해서는 각 미지수를 처리하기 위하여 각각의 차수를 저장할 수 있는 필드가 필요하다. 이원 다항식의 노드 구조는 [그림 4-62]와 같다.

계수	지수		링크
coef	x_expo	y_expo	link

[그림 4-62] 이원 다항식의 노드 구조

> **이원 다항식의 노드에 대한 구조체 정의**
> ```
> public class Node {
>     float coef;     /* 계수를 저장하기 위한 변수 */
>     int x_expo;     /* 변수 x의 지수를 저장하기 위한 변수 */
>     int y_expo;     /* 변수 y의 지수를 저장하기 위한 변수 */
>     Node link;      /* 링크 필드이며 다음 항을 가리키는 포인터 */
> };
> ```

다음의 이원 다항식을 단순 연결 리스트로 표현하면 [그림 4-63]과 같다.

$$F(x, y) = 3x^3y + 12x^2y^3 + 5y^4 + 7$$

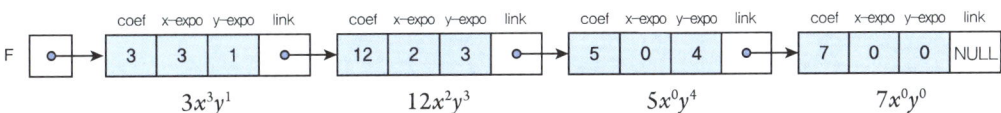

[그림 4-63] 이원 다항식 $F(x, y)$의 단순 연결 리스트 표현

이제 변수 3개를 갖는 다중 변수 다항식 F를 표현해 보자. 다중 변수 다항식 F의 변수는 x, y, z이며 각 변수를 표현하기 위해서는 변수의 개수에 따라 노드의 구조를 다르게 표현해야 한다. 변수의 개수가 3개인 다중 변수 다항식의 노드 구조는 [그림 4-64]와 같다. 다항식의 각 항은 계수 필드와 3개의 지수 필드로 표현되며 다음 항이 존재하는지 여부에 따라 링크 필드의 값을 저장한다.

- 다항식 F $= x^{10}y^3z^2 + 2x^8y^3z^2 + y^4z + 2yz$
- 일반 리스트 F $= z^2(y^3(x^{10}+2x^8)) + z(y^4+2y)$

계수	지수			링크
coef	x_expo	y_expo	z-expo	link

[그림 4-64] 다항식 F의 노드 구조

다항식 F를 일반 리스트로 표현하면 [그림 4-65]와 같다. 계수와 지수 그리고 링크 필드를 갖는 노드로 구성된 일반 리스트를 표현하였다. 일반 리스트로 표현하려면 다항식을 공용 리스트 생성에 필요한 공통적인 부분으로 표현할 수 있다.

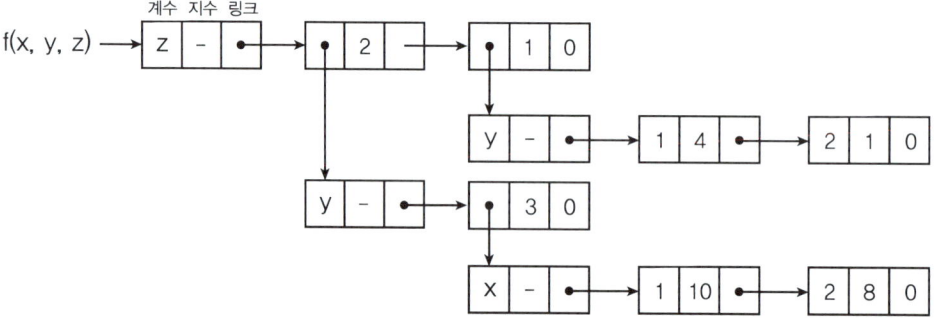

[그림 4-65] 다항식 F에 대한 일반 리스트 표현

3 태그 필드를 이용한 다중 변수 다항식의 일반 리스트 표현

일반 리스트는 각 노드가 태그 필드와 데이터 필드 그리고 링크 필드로 구성된다. 이 중 태그 필드는 데이터 필드의 값이 원자 값인지 포인터 값인지를 구분하는 데 사용된다. 데이터 값이 원자 값이면 태그 필드는 0이 되고 서브 리스트에 대한 포인터 값이면 태그 필드는 1이 된다. 예를 들어 일반 리스트 A = (a, (b, c)), B = (A, A, ()), C = (a, C), D = ( )를 태그 필드를 사용하여 표현하면 [그림 4-66]과 같다. 데이터 필드에는 원자 값이나 참조하는 다른 서브 리스트를 연결한다. 그리고 링크 필드는 다음 원소를 가리킨다.

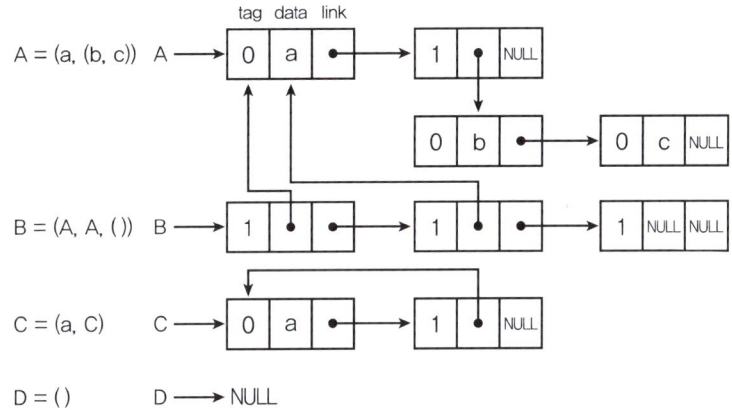

[그림 4-66] 태그 필드를 이용한 일반 리스트 표현

O X 로 점검하자 | 제4장

※ 다음 지문의 내용이 맞으면 O, 틀리면 ×를 체크하시오. [1~6]

01 연결 리스트는 각 원소에 저장되어 있는 다음 원소의 주소에 의해 순서가 연결되는 방식이다.
( )

>>> 연결 리스트는 각 데이터의 순서를 유지하기 위해 다음 데이터를 가리키는 포인터를 가진다. 따라서 데이터들이 한 곳에 모여 있을 필요 없이 기억 장소의 어디든 흩어져서 존재할 수 있다.

02 연결 리스트는 구현이 복잡하고 어렵지만 탐색 연산의 비용은 낮다. ( )

>>> 연결 리스트는 포인터로 다음 노드를 연결하면 되므로 필요할 때마다 언제든지 동적으로 자료를 추가할 수 있으나 배열에 비해 구현이 복잡하고 어려우며 탐색 연산의 비용도 높다.

03 비사용 기억 공간은 이미 생성된 노드들이 사용되지 않고 반환되는 경우 노드들을 포인터로 연결하여 리스트 구조를 유지하여 사용하는 것이다. ( )

>>> 비사용 기억 공간은 사용하기 전의 메모리나 사용이 끝난 메모리의 관리를 용이하게 하기 위해 노드로 구성하여 연결한 리스트를 말한다.

04 리스트 $L_1 = (a_1, a_2, ..., a_n)$과 리스트 $L_2 = (b_1, b_2, ..., b_m)$을 연결하면 $L = (a_1, b_1, a_2, b_2, ..., a_m, b_m, a_n)$이 된다. ( )

>>> 두 개의 단순 연결 리스트는 하나로 연결할 수 있다. 리스트 L_1과 L_2를 연결하면 $L = (a_1, a_2, ..., a_n, b_1, b_2, ..., b_m)$이 된다.

05 단순 연결 리스트의 $L = (a_1, a_2, ..., a_n)$이 있을 때 이 연결 리스트의 역순은 $L = (a_n, a_{n-1}, ..., a_1)$이 된다. ( )

>>> 단순 연결 리스트는 노드들이 한쪽 방향으로 연결된 구조인데, 노드의 순서를 역순으로 변환하여 연결할 수 있다.

06 이중 연결 리스트는 링크가 양방향이므로 양방향으로 검색이 가능하며 공간을 절약할 수 있다.
( )

>>> 이중 연결 리스트는 하나의 노드가 선행 노드와 후속 노드에 대한 두 개의 링크를 가지는 리스트인데, 링크 필드가 두 개이므로 공간을 많이 차지하고 코드가 복잡하다.

정답 1 O 2 × 3 O 4 × 5 O 6 ×

제 4 장 │ 실전예상문제

01 기억 장소에서 사용 가능한 공간이 연속되어 존재하지 않고 여러 부분에 분산되어 존재할 경우 자료를 저장하기 위해 사용할 수 있는 가장 적합한 자료구조는?

① 배열
② 연결 리스트
③ 그래프
④ 트리

> **01** 연결 리스트는 사용 가능한 기억 공간이 여러 곳에 존재하더라도 링크로 다음 노드를 지정할 수 있다.

02 다음 중 NULL 포인터가 <u>없는</u> 자료구조는?

① 연결 리스트
② 이중 연결 리스트
③ 원형 연결 리스트
④ 다중 연결 리스트

> **02** 원형 연결 리스트는 맨 마지막 노드의 링크 값이 다시 첫 번째 노드를 가리키는 원형 형태이므로 NULL 포인터가 없다.

03 연결 리스트에서 노드의 구성으로 바른 것은?

① 데이터 필드와 기억 장소 필드
② 링크 필드와 기억 장치 필드
③ 데이터 필드와 링크 필드
④ 데이터 필드와 태그 필드

> **03** 연결 리스트는 원소의 값을 저장하는 데이터 필드와 다음 노드를 가리키는 포인터인 링크 필드로 구성된다.

정답 01 ② 02 ③ 03 ③

04 연결 리스트는 데이터 저장을 위한 기억 공간을 필요할 때마다 동적으로 만들어 쉽게 추가할 수 있으며 중간에 데이터를 삽입하거나 삭제할 때 다른 데이터들을 이동할 필요가 없어서 연산이 용이하다.

04 연결 리스트를 사용하기에 가장 적합한 경우는 어느 것인가?

① 주어진 자료를 탐색하는 경우
② 새로운 자료를 삽입하거나 삭제하는 경우
③ 자료를 정렬하는 경우
④ 자기 테이프에 기록할 경우

05 연결 리스트는 노드들이 포인터로 연결되어 있어 포인터를 찾아가는 시간이 필요하므로, 선형 리스트에 비해 접근 속도가 느리다.

05 연결 리스트에 대한 설명으로 <u>잘못된</u> 것은?

① 노드의 삽입이나 삭제가 쉽다.
② 여러 노드들이 포인터로 연결되어 빠르게 검색할 수 있다.
③ 링크 필드의 포인터를 위한 추가 공간이 필요하다.
④ 연결 리스트 중에서 중간에 있는 노드의 연결이 끊어지면 그 다음 노드를 찾기 힘들다.

06 포인터로 노드들을 연결하여 리스트를 표현하면 특정 노드를 삭제할 때 삭제하고자 하는 노드와 연결된 링크를 끊으면 간단히 삭제된다.

06 포인터를 사용하여 리스트를 나타냈을 때에 대한 설명으로 <u>잘못된</u> 것은?

① 새로운 노드를 추가하기가 쉽다.
② 기억 공간이 많이 소요된다.
③ 한 리스트를 여러 개의 리스트로 분리하기 쉽다.
④ 노드의 삭제가 어렵다.

정답 04 ② 05 ② 06 ④

07 원형 연결 리스트에 대한 설명으로 옳지 <u>않은</u> 것은?

① 모든 노드가 연결되어 있다.
② 마지막 노드의 포인터는 공백이다.
③ 연결된 모든 노드의 탐색이 가능하다.
④ 리스트의 헤드를 가지고 있다.

07 원형 연결 리스트는 리스트의 머리와 꼬리가 이어져 있는 원의 형태이므로 마지막 노드는 공백이 아니라 첫 번째 노드를 가리키도록 연결되어 있다.

08 다음 중 원형 연결 리스트에 관한 설명으로 틀린 것은?

① 헤드 노드를 통해 리스트의 시작을 알 수 있다.
② 임의의 노드에서 양방향으로 순회가 가능하다.
③ 마지막 노드는 처음 노드를 가리키도록 링크가 연결되어 있다.
④ 단순 연결 리스트와 다르게 임의의 노드에서 다른 노드로의 접근이 가능하다.

08 원형 연결 리스트는 원형의 형태로 모든 노드들이 연결되어 있으나 양방향 순회가 가능하지는 않다. 양방향 순회가 가능한 자료구조는 이중 연결 리스트이다.

09 다음 중 데이터를 순환적으로 탐색할 수 있는 자료구조는 무엇인가?

① 다중 연결 리스트
② 이중 연결 리스트
③ 단순 연결 리스트
④ 원형 연결 리스트

09 단순 연결 리스트는 노드들이 한쪽 방향으로만 연결되어 있으므로 이미 탐색이 끝난 이전 노드를 다시 탐색할 수 있는 방법이 없다. 그러나 원형 연결 리스트는 모든 노드들이 원형으로 연결되어 있으므로 링크를 따라가다 보면 모든 노드들을 순환적으로 탐색할 수 있게 된다.

정답 07② 08② 09④

10 원형 연결 리스트는 임의의 노드 검색 시 모든 원소들이 원형으로 연결되어 있기 때문에 무한 루프에 빠지는 경우가 발생한다. 이를 방지하기 위해 헤드 노드를 두어 리스트의 시작임을 표시한다.

10 원형 연결 리스트에서 헤드 노드를 사용하는 이유로 가장 적합한 것은 무엇인가?

① 임의의 노드를 탐색할 때 무한 루프에 빠지지 않게 하기 위해서이다.
② 임의의 노드에 대한 삽입, 삭제가 쉽다.
③ 기억 공간을 절약할 수 있다.
④ 노드의 검색이 양방향으로 가능하도록 하기 위해서이다.

11 이중 연결 리스트는 두 개의 링크 필드를 갖기 때문에 이를 저장할 기억 장소가 필요하다. 따라서 단순 연결 리스트보다 기억 공간이 더 많이 필요하다.

11 이중 연결 리스트에 대한 설명으로 옳지 <u>않은</u> 것은?

① 기억 장소를 적게 차지한다.
② 노드의 삽입과 삭제가 쉽다.
③ 임의의 한 노드의 포인터가 파괴되었을 때 이를 복구할 수 있다.
④ 하나의 노드는 두 개의 포인터를 갖는다.

12 이중 연결 리스트나 단순 연결 리스트는 시작 노드로부터 n번째 노드를 찾는 데 걸리는 시간이 모두 동일하다.

12 이중 연결 리스트에 대한 설명으로 옳지 <u>않은</u> 것은?

① 같은 리스트를 단순 연결 리스트로 표현한 경우보다 시작 노드로부터 n번째 노드를 찾는 시간이 더 빠르다.
② 특정 노드의 왼쪽과 오른쪽에 있는 노드를 가리키도록 해야 하므로 기억 공간이 많이 필요하다.
③ 이중 연결 리스트를 원형으로 만들면 어떤 노드의 링크 필드의 값을 잃어버려도 복구할 수 있다.
④ 특정 노드의 바로 직전 노드를 찾기 쉽다.

정답 10 ① 11 ① 12 ①

13 이중 연결 리스트가 적합한 자료구조는 무엇인가?

① 스택
② 큐
③ 원형 큐
④ 데크

14 다음은 연결 리스트에서 발생할 수 있는 여러 가지 경우를 설명한 것이다. 잘못된 것은 무엇인가?

① 정적인 데이터보다는 변화가 심한 데이터에서 효과적인 방법이다.
② 모든 노드는 데이터와 링크 필드를 가지고 있어야 한다.
③ 연결 리스트에서 사용한 기억 장소는 다시 사용할 수 없다.
④ 데이터들이 메모리상에 흩어져서 존재할 수 있다.

15 단순 연결 리스트에서 노드 last는 마지막 노드를 의미한다고 할 때, 다음 중 옳은 것은?

① last = NULL
② last→data = NULL
③ last→link = NULL
④ last→link→link = NULL

---

13 데크는 큐의 특수한 형태로 원소의 삽입과 삭제가 큐의 양쪽 끝에서 모두 허용되는 구조이다. 따라서 양방향으로 삽입과 삭제가 가능한 이중 연결 리스트로 표현하기에 적합하다.

14 연결 리스트는 물리적인 순서에 상관없이 저장되어 있는 주소를 사용하여 논리적인 순서를 갖는 구조이며, 기존에 사용한 기억 장소를 다시 사용할 수 있다.

15 단순 연결 리스트에서 마지막 노드의 링크는 NULL을 가지므로 last→link는 NULL과 같다.

정답 13 ④ 14 ③ 15 ③

16 현재 노드 p와 연결된 다음 노드로 이동해야 하므로 p = p→link;와 같이 p의 링크 필드의 값을 p에 지정하면 된다.

16 단순 연결 리스트의 노드들을 노드 포인터 p로 탐색하고자 한다. p가 현재 가리키는 노드에서 다음 노드로 가려면 어떻게 하여야 하는가?

① p++
② p--
③ p = p→link
④ p = p→data

17 연결 리스트로 구현된 스택에서 공백 상태이면 top은 NULL과 같다. 따라서 top = NULL이다.

17 다음 중 연결 리스트로 구현된 스택에서 공백 상태에 해당하는 조건은?

① top = NULL
② *top = NULL
③ *top = MAX_STACK_SIZE
④ *top = MAX_STACK_SIZE-1

18 연결된 큐에서 큐가 공백 상태이면 front와 rear는 모두 NULL이다. 공백 상태에서 새로운 항목이 추가되면 front와 rear가 모두 새로운 노드를 가리키도록 해야 한다. 따라서 front와 rear가 모두 변화된다.

18 공백 상태의 연결된 큐에서 새로운 항목이 삽입되었을 때 변화되는 포인터는?

① front
② rear
③ front와 rear
④ 둘 다 변화되지 않는다.

정답 16 ③ 17 ① 18 ③

19 연결 리스트로 구현된 큐에서 공백 상태는?

① *front = rear
② front = NULL && rear = NULL
③ *front = *rear
④ *front = (MAX_QUEUE_SIZE – 1)

19 연결된 큐에서 큐가 공백 상태이면 front와 rear는 모두 NULL이다. 따라서 front = NULL && rear = NULL 이다.

20 사용하기 전의 메모리나 사용이 끝난 메모리의 관리를 용이하게 하기 위해 사용 가능한 공간을 노드로 구성하여 연결한 리스트를 의미하는 것은?

① 순차 가용 공간
② 원형 연결 리스트
③ 기억 공간
④ 해시 테이블

20 순차 가용 공간은 이미 생성된 노드들이 사용되지 않고 반환되는 경우 노드들을 포인터로 연결하여 리스트 구조를 유지하여 사용하는 것을 의미한다.

정답 19 ② 20 ①

Self Check로 다지기 | 제4장

➡ 연결 리스트
① 각 원소에 저장되어 있는 다음 원소의 주소에 의해 순서가 연결되는 방식
② 포인터로 자료를 순차적으로 연결함
③ 자료의 논리적인 순서와 물리적인 순서가 일치하지 않는 자료구조

➡ 연결 리스트 장점
① 크기가 고정되지 않으며 기억 장소를 할당할 수 있는 한 계속 자료 삽입 가능
② 중간에 데이터를 삽입하거나 삭제하는 연산이 용이함
③ 데이터 저장을 위한 기억 공간이 필요할 때마다 동적으로 만들어 쉽게 추가 가능

➡ 연결 리스트 단점
① 구현이 복잡하고 어려움
② 탐색 연산 비용 높음

➡ 단순 연결 리스트
① 리스트의 각 노드에 다른 노드를 가리키는 포인터가 하나씩만 있는 것
② 리스트를 구성하는 노드들이 한쪽 방향으로 연결된 구조

➡ 비사용 기억 공간
① 연결 리스트를 사용하여 이미 생성된 노드들이 사용되지 않고 반환되는 경우 노드들을 포인터로 연결하여 리스트 구조를 유지하여 사용
② 새로운 노드가 필요하면 이 리스트에서 할당

➡ 단순 연결 리스트의 역순
연결 리스트 $L = (a_1, a_2, ..., a_n)$이 있을 때 이 연결 리스트의 역순은 $L = (a_n, a_{n-1}, ..., a_1)$이 됨

➡ 단순 연결 리스트의 연결
① 두 개의 단순 연결 리스트는 하나로 연결할 수 있음
② 리스트 $L_1 = (a_1, a_2, ..., a_n)$이고 리스트 $L_2 = (b_1, b_2, ..., b_m)$인 경우 리스트 L_1과 L_2를 연결하면 $L = (a_1, a_2, ..., a_n, b_1, b_2, ..., b_m)$이 됨

이중 연결 리스트
① 하나의 노드가 선행 노드와 후속 노드에 대한 두 개의 링크를 가지는 리스트
② 링크가 양방향이므로 양방향으로 검색이 가능
③ 링크 필드가 두 개이므로 공간을 많이 차지하고 코드가 복잡함

일반 리스트
n >= 0개 원소의 유한 수열 즉, $a_0, a_1, a_2, ..., a_{n-1}$ 이고 여기서 a_i는 원자값이거나 또는 리스트임. 원자가 아닌 원소 a_i는 서브 리스트라고 함

합격의 공식 시대에듀

또 실패했는가? 괜찮다. 다시 실행하라. 그리고 더 나은 실패를 하라!

- 사뮈엘 베케트 -

제 5 장

트리

제1절	트리
제2절	이진 트리
제3절	이진 트리의 표현 방법
제4절	이진 트리 순회
제5절	이진 트리의 응용
제6절	스레드 이진 트리
제7절	트리의 이진 트리 변환
제8절	히프
제9절	이진 탐색 트리
제10절	m원 탐색 트리
실전예상문제	

이성으로 비관해도 의지로써 낙관하라!

– 안토니오 그람시 –

제 5 장 | 트리

제1절 트리 중요

1 정의

배열이나 리스트와 같은 선형 자료구조는 데이터를 일렬로 저장하기 때문에 특정 데이터를 탐색할 때 순차적으로 수행되어야 한다는 단점을 가진다. 이러한 문제점을 보완한 자료구조가 트리(tree)이다. 트리는 **계층적인 자료구조이며 트리를 이용하여 데이터를 효과적으로 저장하고 탐색할 수 있다**. 트리는 나무가 거꾸로 서 있는 형태를 추상화시킨 자료구조이다. 나무가 하나의 줄기에서 여러 가지로 나뉘어가며 뻗어 나가듯이 트리도 하나의 줄기에서 여러 줄기로 확장되어 가는 구조이다.

트리는 일반적으로 표현하려는 대상 정보들의 각 항목을 계층적으로 연관되도록 구조화시킬 때 사용하는 자료구조이다. 트리는 각 항목이 일대다 관계를 맺는 경우 이를 잘 표현할 수 있다. 컴퓨터 프로그램에서 사용하는 자료구조 중에 리스트나 스택, 큐 등은 데이터들을 한 줄로 늘어세운 선형적인 구조이다. 그러나 트리는 데이터들을 여러 갈래로 나누어 표현한 비선형 구조이다. 트리와 같은 비선형 구조의 장점은 컴퓨터 프로그램에서 주요하게 사용되는 작업인 삽입이나 삭제, 검색 등을 수행할 때 선형 구조보다 효율적이라는 점이다. 컴퓨터의 자료 처리나 응용에서 트리와 같은 비선형적인 계층 구조는 시간을 더 효율적이며 유용하게 활용할 수 있다.

> **더 알아두기**
>
> **트리**
> - 원소 간에 일대다 관계를 맺는 비선형 자료구조
> - 원소 간에 계층 관계를 맺는 계층형 자료구조
> - 상위 원소에서 하위 원소로 내려가면서 확장되는 트리(나무) 모양의 구조
> - 그래프 중에서 사이클을 포함하지 않는 연결 그래프
>
> 데이터 처리를 위해 데이터 사이에 존재하는 관계와 데이터 사이의 참조 관계를 고려하여 선형 구조나 트리 구조 등을 선택하여 사용할 수 있다.

예를 들어 한 가족의 가계도(family tree)는 가족 구성원들 사이의 관계를 나타내는 것으로 트리 구조로 표현할 수 있다. [그림 5-1]과 같은 가계도는 가족 구성원들을 단순히 나열하는 것이 아니라 각 구성원 간의 관계를 계층적 구조로 표현한 것이다. 조부모, 부모, 자식으로 층층이 이어지면서 부모와 자식 관계인지, 형제 관계인지 등을 트리의 형태로 표현할 수 있다.

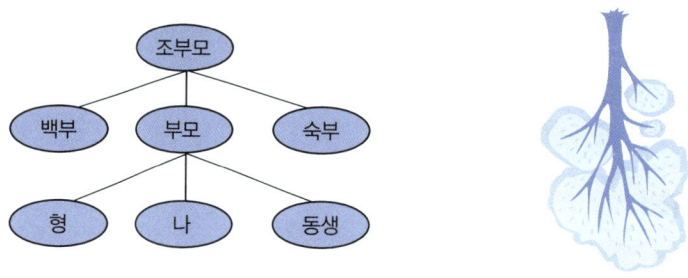

[그림 5-1] 가계도

> **더 알아두기**
>
> 가계도의 자료는 가족 구성원들이 되며 이러한 자료를 연결하는 연결선은 부모-자식과 같은 관계를 표현한다.

트리는 [그림 5-2] 회사의 조직도와 같이 기업이나 기관의 조직들을 계층 구조로 나타낼 때도 유용하게 사용된다. 대표이사, 총무부, 영업부, 생산부, 전산팀, 구매팀, 경리팀 등으로 이어지는 기업의 조직도 역시 계층적이기 때문이다.

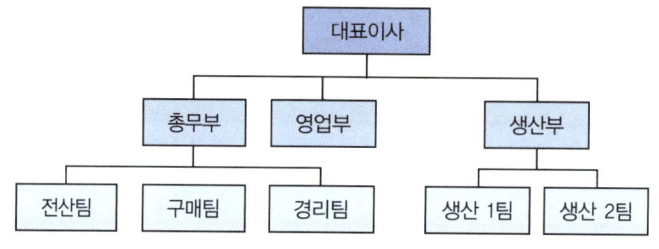

[그림 5-2] 회사의 조직도

트리는 계층 구조를 표현하기에 적합하므로 대학의 단과 대학별 전공 조직도와 같은 구조도 트리로 표현할 수 있다. 각 단과 대학인 공과대학, 이과대학, 경상대학에 속한 학과 정보를 [그림 5-3]과 같이 표현할 수 있다.

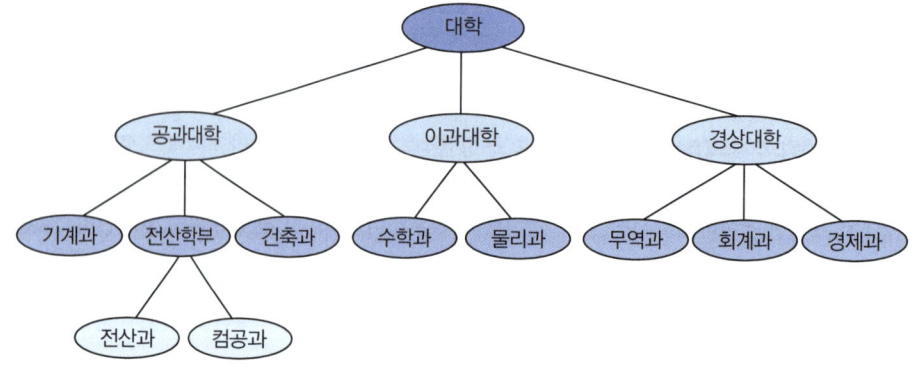

[그림 5-3] 단과 대학별 학과 조직도

트리는 계층적인 관계를 나타내는 데 편리하게 이용될 수 있으며 계층적으로 묘사될 수 있는 것은 무엇이든 트리로 나타낼 수 있다. [그림 5-4]는 폴더, 하위 폴더, 하위 폴더의 하위 폴더로 이어지는 컴퓨터 디렉터리 계층 구조를 나타낸다. 나무의 한 줄기는 여러 줄기로 나뉘고 다시 나뉜 가지는 또다시 여러 갈래로 나뉜다. 이처럼 [그림 5-4]의 상위 폴더는 하위 폴더 여러 개로 나뉘고 하위 폴더는 또다시 다른 하위 폴더들로 나뉜다.

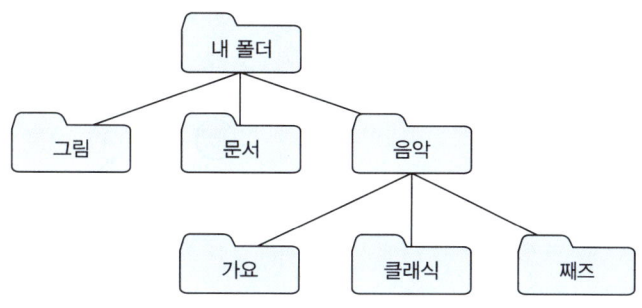

[그림 5-4] 디렉터리 계층 구조

일상생활에서 계층적인 구조로 표현할 수 있는 개념들은 매우 많다. [그림 5-5]의 (a)는 식사 장소를 결정하는 과정을 표현한 트리이고 (b)는 산책하기를 결정하는 과정을 표현한 트리이다. 이처럼 어떤 결정을 하기 위한 과정을 나타낸 트리를 결정 트리(decision tree)라고 한다. 이 트리의 아래쪽에는 최종 결정 사항이 표시되고 위쪽에는 결정을 위한 질문과 답변이 표시된다.

(a) 식사 장소를 결정하는 결정 트리 (b) 산책하기를 결정하는 결정 트리

[그림 5-5] 결정 트리의 예

> **더 알아두기**
>
> **트리와 같은 계층 구조로 표현되는 예**
> 가계도, 기업의 조직도, 디렉터리 구조, 결정 트리, 컴퓨터 운영체제의 파일 시스템, 데이터베이스 내의 데이터 구성

트리는 데이터 요소들의 단순한 나열이 아닌 연관 관계를 나타내는 데 사용할 수 있다. 이러한 트리를 구성하는 데이터 항목들은 노드(node)의 형태로 표현된다. 따라서 트리는 한 개 이상의 노드로 이루어진 유한 집합이라 할 수 있으며 비순환 구조이어야 한다. [그림 5-6]의 (a)는 일반 트리이며 [그림 5-6]의 (b)는 트리처럼 보이지만 노드들 사이에 순환 구조가 존재하므로 트리가 아니다. 트리는 다음과 같이 정의할 수 있다.

> **정의** 트리
> 트리는 루트(root)라는 특별한 노드가 하나 있는 비순환(acyclic) 구조의 연결된 그래프이다.
> ① 특별한 노드인 루트는 반드시 하나 있음
> ② 트리 T를 구성하는 정점 v와 w 사이에는 v에서 w로 가는 단순 경로가 있음

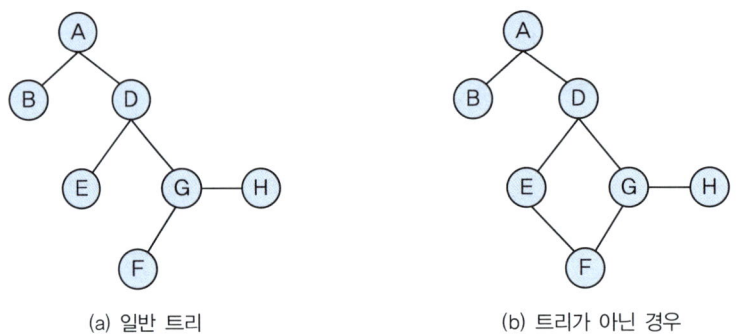

(a) 일반 트리　　　　　　　　(b) 트리가 아닌 경우

[그림 5-6] 트리의 예

> **더 알아두기**
> 경로(path)란 간선으로 연결된 즉, 인접한 노드들로 이뤄진 순서를 의미한다. 경로의 길이(length)는 경로에 속한 간선의 수를 나타낸다.

트리에는 루트라고 불리는 노드가 반드시 하나 있어야 한다. 이 루트를 중심으로 하나 이상의 정점(vertex)들이 순환 경로 없이 연결된 형태가 트리이다. 일반적으로 트리를 구성하는 정점을 노드라고 하며 트리의 가장 상위에 있는 노드를 루트라고 한다. 또한, 트리의 노드들은 서로 연결되는 단순 경로가 존재한다.

> **더 알아두기**
> 루트 트리(root tree)
> • 루트라 부르는 특정 노드가 하나 존재한다.
> • 나머지 노드들은 n개의 분리된 집합 $T_1, T_2, ..., T_n\,(n \geq 0)$으로 나누어질 수 있다. 여기서 $T_i(0 \leq i \leq n)$는 다시 루트 트리가 되며 이를 루트의 서브 트리(subtree)라고 한다.

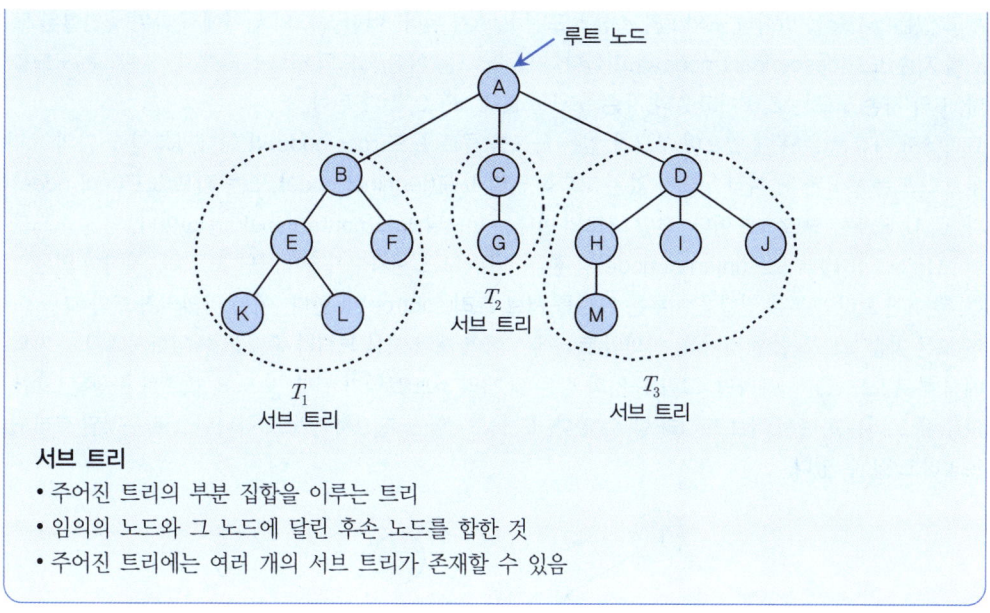

서브 트리
- 주어진 트리의 부분 집합을 이루는 트리
- 임의의 노드와 그 노드에 달린 후손 노드를 합한 것
- 주어진 트리에는 여러 개의 서브 트리가 존재할 수 있음

2 용어 중요

트리는 가장 위쪽에 있는 루트 노드를 기준으로 여러 노드가 부모와 자식 그리고 자손 관계를 이루며 연결된 구조이다. 트리에서 루트와 서브 트리는 선으로 연결되어 있다. 이 연결선을 **간선**(edge)이라고 한다. 간선은 노드와 노드 사이를 이어주는 선을 의미한다. 트리 구조에서는 루트 노드에서 트리 안의 어떤 노드로 가는 경로는 단 하나밖에 없다. 트리의 맨 끝에 있는 노드는 **리프**(leaf) **노드**라고 하는데 리프 노드는 자식 노드를 가지고 있지 않으며 루트 노드에서 가장 멀리 위치한다.

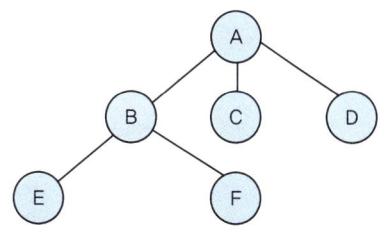

[그림 5-7] 일반 트리

[그림 5-7]의 트리에서 이 트리를 구성하는 요소에 해당하는 A, B, C, …, F를 노드라고 한다. 노드 B의 바로 아래에 있는 E와 F를 B의 **자식 노드**(children node)라 한다. B는 E와 F의 **부모 노드**(parent node)이고 A는 B, C, D의 부모 노드이다. 부모가 같은 자식 노드들은 서로를 **형제 노드**(sibling node)라 한다. [그림 5-7]에서 B, C, D는 서로 형제 노드이고 E, F도 서로 형제 노드가 된다. 또한, 주어진 노드의 위치에서 상위에 연결된 모든 노드를 **조상 노드**(ancestor node)라고 한다. 조상 노드는 루트 노드에서 임의의 노드까지의 경로를 이

루고 있는 노드들을 말한다. E와 F의 조상 노드는 B, A가 된다. 어떤 노드의 위치에서 하위에 연결된 모든 노드를 **자손 노드**(descendant node)라고 한다. 자손 노드는 어떤 노드의 서브 트리에 속하는 모든 노드를 말한다. B의 자손 노드는 E, F이고 A의 자손 노드는 B, E, F, C, D가 된다.

트리에서 가장 높은 곳에 있으며 부모가 없는 노드를 **루트 노드**(root node)라 한다. [그림 5-7]의 트리에서 루트 노드는 A가 된다. 자식 노드가 없는 노드를 **단말 노드**(terminal node) 또는 **리프 노드**(leaf node)라 한다. C, D, E, F는 단말 노드이다. 단말 노드의 반대는 비단말 노드(nonterminal node)이다. 단말 노드를 제외한 모든 노드를 **내부 노드**(internal node)라 한다. 내부 노드는 차수가 0이 아닌 노드 즉, 자식이 있는 노드이다. 주어진 트리의 부분 집합을 이루는 트리를 **서브 트리**(subtree)라 한다. 이는 임의의 노드와 그 노드에 달린 모든 자손 노드를 합한 것이다. 임의의 트리에는 여러 개의 서브 트리가 존재할 수 있다. [그림 5-7]의 트리에서 루트 노드 A를 삭제하면 [그림 5-8]과 같은 세 개의 서브 트리가 된다. 노드 B, E, F로 구성된 [그림 5-8]과 같은 트리는 하나의 서브 트리라 할 수 있다. 또 노드 C와 노드 D처럼 노드 하나만으로 구성된 트리도 서브 트리라고 할 수 있다.

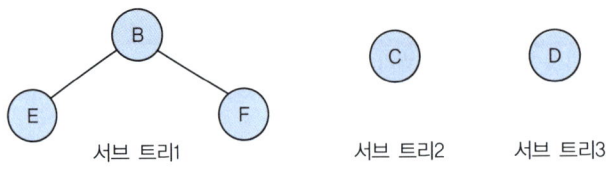

[그림 5-8] 서브 트리의 예

노드의 **차수**(degree)는 어떤 노드가 가지고 있는 자식 노드의 개수를 의미한다. [그림 5-7]에서 노드 A의 차수는 3이고 노드 B의 차수는 2이다. **일반 트리**(general tree)는 자식 노드를 두 개 이상 가질 수 있는 트리를 말한다. 이러한 일반 트리 중 자식 노드를 최대 두 개까지만 가질 수 있는 트리를 **이진 트리**(binary tree)라 한다.

> **더 알아두기**
>
> 트리에서 사용하는 부모, 자식, 형제, 조상, 자손의 개념은 사람의 가족 관계에서 사용하는 개념과 동일하다. 같은 부모를 갖는 노드들을 형제라 하고 한 부모의 아래에 연결된 노드들을 자식이라 한다.
>
>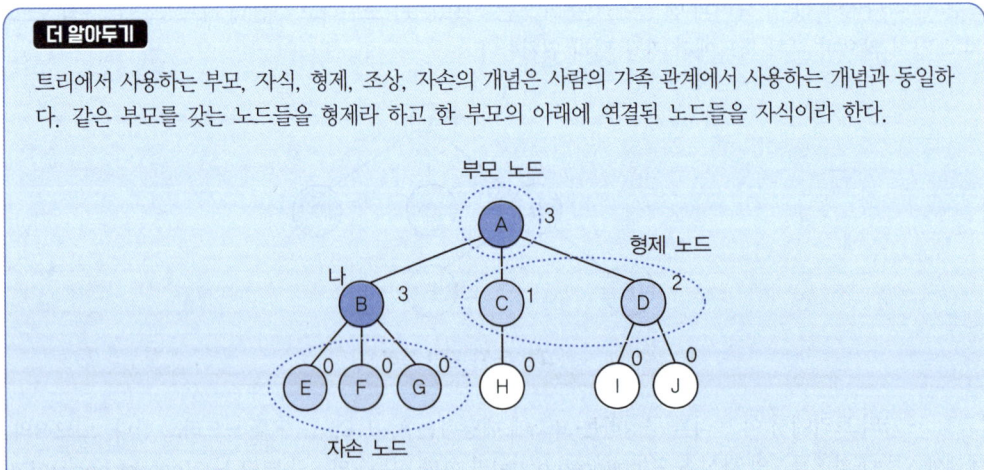

[그림 5-9]와 같은 트리 T를 구성하는 노드들에 대한 용어들을 정리하면 다음과 같다.

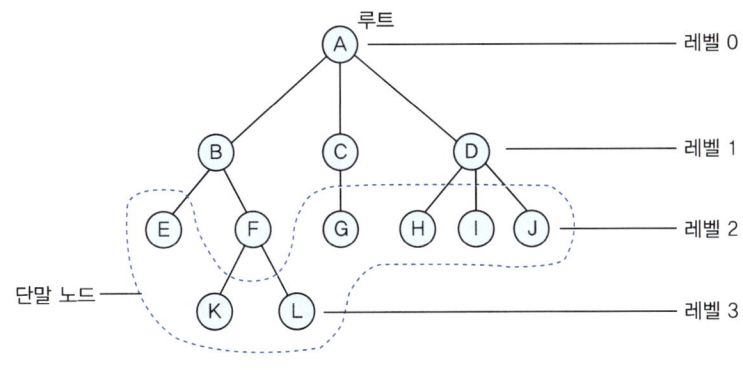

[그림 5-9] 트리 T의 용어

(1) 노드
노드는 트리를 구성하는 원소들이다. 트리 T의 노드들은 A, B, C, D, E, F, G, H, I, J, K, L이다.

(2) 루트 노드
트리의 시작 노드를 의미한다. 트리 T의 루트 노드는 A이다.

(3) 간선
노드를 연결하는 선이며 부모 노드와 자식 노드를 연결한다.

(4) 부모 노드
어느 한 노드에 대하여 이 노드의 상위에 연결된 노드를 의미한다. 트리 T에서 B의 부모 노드는 A이고, E의 부모 노드는 B이다.

(5) 자식 노드
현재 위치한 노드 아래에 연결된 노드를 말한다. 트리 T에서 B의 자식 노드는 E, F이고, C의 자식 노드는 G이다.

(6) 형제 노드
형제 노드는 같은 부모를 갖는 노드들을 의미한다. 트리 T에서 노드 B, C, D는 같은 부모 노드 A를 갖는 형제 노드이다.

(7) 조상 노드

간선을 따라 루트 노드까지 이르는 경로에 있는 모든 노드를 의미한다. 트리 T에서 노드 K의 조상 노드는 노드 F, B, A이다.

(8) 자손 노드

서브 트리에 있는 하위 레벨의 노드들을 의미한다. 노드 B의 자손 노드는 노드 E, F, K, L이다.

(9) 서브 트리

부모 노드와 연결된 간선을 끊었을 때 생성되는 트리이다. 즉, 각 노드는 자식 노드의 개수만큼 서브 트리를 가진다.

(10) 노드의 차수

노드에 연결된 자식 노드의 수를 말한다. 따라서 노드 A의 차수는 3이고, 노드 B의 차수는 2가 된다. 또한 노드 C의 차수는 1이다.

(11) 트리의 차수

트리에 있는 노드의 차수 중에서 가장 큰 값을 의미한다. 트리 T의 차수는 3이다.

(12) 단말 노드(리프 노드)

단말 노드는 차수가 0이며 자식 노드가 없는 노드를 말한다. 트리 T의 단말 노드는 노드 E, K, L, G, H, I, J이다.

(13) 비단말 노드

자식을 가지는 노드이다. 트리 T의 비단말 노드는 노드 A, B, C, D, F이다.

(14) 레벨(level)

트리의 각 층에 번호를 매기는 것으로서 루트의 레벨은 0이 되고 한 층씩 내려갈수록 1씩 증가한다.

(15) 노드의 높이(height)

루트에서 해당 노드에 이르는 간선의 수 즉, 노드의 레벨이라 할 수 있다. 트리 T에서 노드 B의 높이는 1이고 노드 F의 높이는 2이다.

(16) 트리의 높이

트리의 높이는 트리에 있는 노드의 높이 중에서 가장 큰 값을 말한다. 이는 루트 노드에서 단말 노드에 이르는 가장 긴 경로의 간선 수를 의미한다. 트리의 높이는 해당 트리의 최대 레벨과도 같으며 트리 T의 높이는 3이 된다. 트리의 높이를 트리의 깊이(depth)라고도 한다.

(17) 포리스트(forest)

트리에서 루트를 제거하여 만든 서브 트리의 집합을 의미한다. 트리 T에서 노드 A를 제거하면 A의 자식 노드 B, C, D에 대한 서브 트리가 생기고 이들의 집합은 [그림 5-10]과 같은 포리스트가 된다.

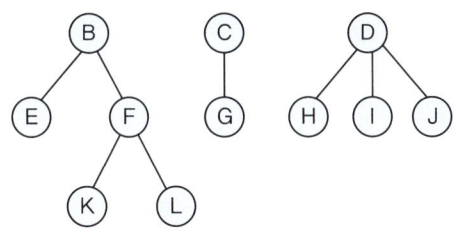

[그림 5-10] 트리 T의 포리스트

> **더 알아두기**
>
> **트리의 특징**
> - 루트 노드를 제외한 모든 노드는 단 하나의 부모 노드만을 가진다.
> - 임의의 노드에서 다른 노드로 가는 경로(path)는 유일하다.
> - 순환(cycle)이 존재하지 않는다.
> - 모든 노드는 서로 연결되어 있다.
> - 간선을 하나 자르면 트리가 두 개로 분리된다.
> - 간선의 수 |E|는 노드의 수 |V|에서 1을 뺀 것과 같다.

트리에는 다양한 종류가 있으며 순서 트리, 비순서 트리, 닮은 트리, 이진 트리, 경사 트리 등이 있다. 순서 트리(ordered tree)는 레벨이 같은 노드들의 좌우 위치의 순서가 중요한 트리이다. 비순서 트리(oriented tree)는 위치상의 의미가 중요하지 않은 트리이다. 닮은 트리(similar tree)는 [그림 5-11]과 같이 트리의 노드의 수나 위치 등 트리의 구조는 같지만, 자료가 다른 트리이다. [그림 5-11]의 (a)와 (b)는 노드 수와 구조 등이 같은 닮은 트리이다.

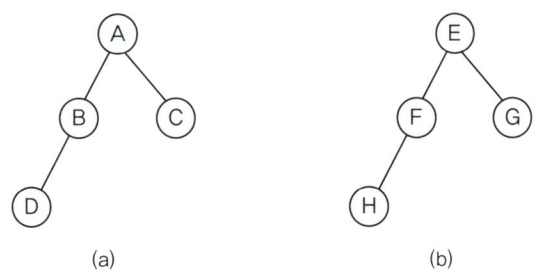

[그림 5-11] 닮은 트리

이진 트리는 자식 노드가 2개 이하인 트리 즉, 차수가 2 이하인 트리를 의미한다. 편향 트리(skewed tree)는 [그림 5-12]와 같이 왼쪽 또는 오른쪽의 서브 트리만 존재하는 트리이다.

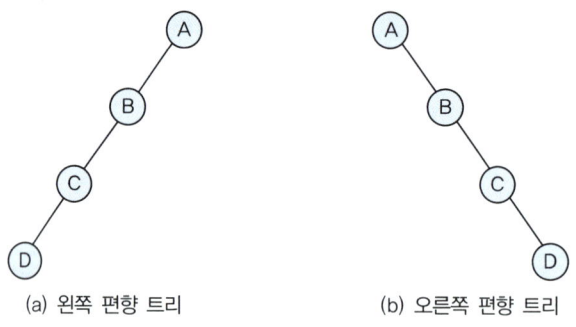

(a) 왼쪽 편향 트리   (b) 오른쪽 편향 트리

[그림 5-12] 편향 트리

> **더 알아두기**
>
> 트리는 나무 모양의 그래프를 거꾸로 세워 놓은 것과 유사하여 붙여진 이름으로 그래프에서 파생된 매우 중요한 구조이다. 트리는 노드들이 가지로 연결된 구조로서 사이클이 없는 단순 연결 그래프의 일종이라 할 수 있다. 트리는 컴퓨터 분야에서 데이터 사이의 관계를 나타내거나 알고리즘 문제를 해결하는 데에 매우 중요하게 사용되고 있다.

3 트리의 표현

트리의 개념은 다양한 방법으로 표현할 수 있다. 트리를 집합의 형태로 표현할 수도 있고 중첩된 괄호를 이용하여 표현할 수도 있다. [그림 5-13]의 (a)의 트리를 집합으로 표현하면 [그림 5-13]의 (b)와 같다. 트리를 집합으로 표현할 경우 같은 부모를 갖는 자식 노드들은 부모 노드에 포함되도록 표현한다. 즉, 부모 노드는 여러 자식 노드들을 포함하는 큰 원으로 표현하고 형제 노드들은 부모 안에 포함된 독립된 원의 내부에 표현한다. [그림 5-13]의 (b)에서 가장 큰 집합에 해당하는 A는 루트 노드를 의미하고 노드 A의 자식에 해당하는 노드 B, C, D는 집합 A의 내부에 독립된 원으로 표현하였다. 다시 노드 B는 자식 노드 E와 F를 가지므로 B의 내부에 E와 F가 포함되도록 표현하였으며 또다시 노드 E는 노드 K, L을 자식 노드로 가지므로 E 안에 K와 L이 포함되도록 원으로 표현하였다. 집합을 이용하여 트리를 표현하는 경우 각 노드의 포함 관계를 [그림 5-13]의 (b)와 같이 벤다이어그램으로 나타낼 수 있다.

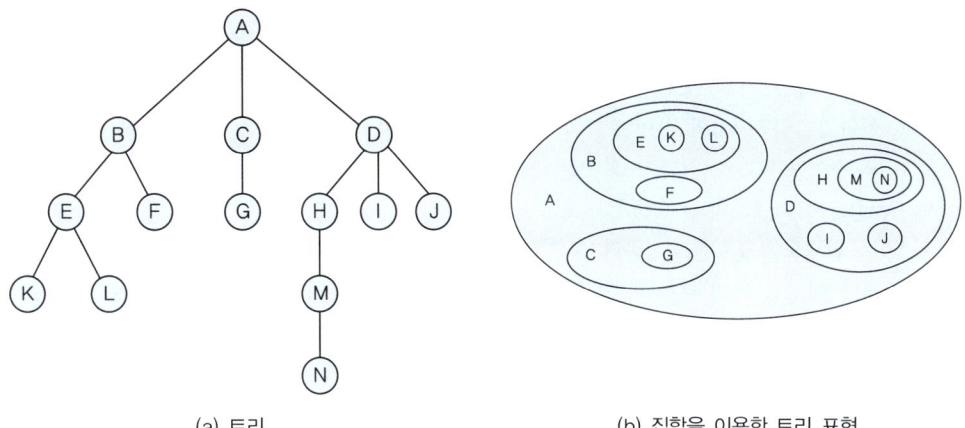

(a) 트리 (b) 집합을 이용한 트리 표현

(A(B(E(K, L), F), C(G), D(H(M(N)), I, J)))
↓   ↓
루트   서브 트리

(c) 중첩된 괄호를 이용한 트리 표현

[그림 5-13] 트리의 표현 방법

> **더 알아두기**
>
> **벤다이어그램(venn diagram)**
> - 명제들 사이의 논리적 관계를 쉽게 이해하기 위하여 원을 사용
> - 전체 집합과 부분 집합의 관계, 또 부분 집합과 부분 집합의 합집합이나 교집합 그리고 여집합 등을 폐곡선으로 나타낸 그림
> - 원 또는 유사한 도형을 사용하여 명제나 집합을 그림으로 나타낸 것
>
> 예 "사람이면 동물이다."라는 명제를 집합으로 해석하면 '사람들의 집합'은 '동물들의 집합'에 포함된다고 할 수 있다.
>
>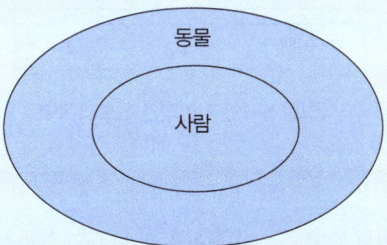

트리는 [그림 5-13]의 (c)와 같이 각 노드의 관계를 중첩된 괄호를 이용하여 표현할 수도 있다. 중첩된 괄호를 이용하여 표현하는 방법을 살펴보자. 부모 노드의 자식 노드들은 부모 노드 안에 괄호로 묶어 주고 부모가 같은 형제 노드들은 하나의 괄호 내에 표현하면 된다. 트리에서 루트 노드에 연결된 자식 노드들은 그 루트 안에 괄호로 묶어줘야 한다. [그림 5-13]의 (a)의 트리에서 루트 노드 A의 자식 노드는 B, C, D이므로 괄호로 묶어 주면 (A(B, C, D))와 같이 표현할 수 있다. 노드 B는 자식 노드로 E, F를 갖는다. 따라서 노드 E, F를 노드 B 안에 포함하여 (A(B(E, F), C, D))와 같이 중첩 괄호로 묶어 준다. 다시 노드 E의 자식 노드는 K, L이다. 따라서 E 안에 K와 L이 포함되도록 괄호를 작성하면 (A(B(E(K, L), F), C, D))와 같이 된다. 나머지에 대해서도 이와 같은 과정을 반복하면 [그림 5-13]의 (a)의 트리는 최종적으로 [그림 5-13]의 (c)와 같은 (A(B(E(K, L), F), C(G), D(H(M(N)), I, J)))의 형태가 된다. 트리를 개념적으로 표현하면 이렇게 여러 가지 방법으로 표현할 수 있다. 이제 실제 컴퓨터의 기억 장소에서 트리를 표현하는 방법에 대해 알아보자. 트리는 배열과 같은 순차 구조를 이용하여 표현할 수도 있고 링크를 이용한 연결 리스트로 표현할 수도 있다. 가장 일반적인 방법은 [그림 5-14]와 같이 노드 구조를 이용하여 표현하는 것이다.

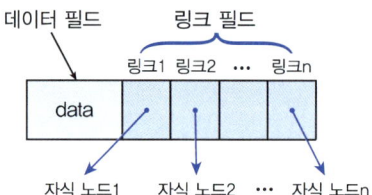

[그림 5-14] 일반 트리의 노드 구조

각 노드는 데이터를 저장하는 데이터 필드와 자식 노드를 가리키는 링크 필드를 갖는다. 만약 트리에서 임의의 노드가 여러 개의 자식 노드를 갖는 경우 해당 노드를 표현하려면 하나의 데이터 필드와 여러 개의 링크 필드가 필요하게 된다. 즉, 링크 필드의 개수는 자식 노드의 개수와 같다. 예를 들어, 하나의 트리를 구성하는 노드들이 서로 다른 개수의 자식 노드를 갖는다고 하자. [그림 5-15]와 같이 임의의 노드 A가 3개의 자식 노드를 갖는다면 해당 노드를 표현하기 위해서는 링크 필드도 3개가 되어야 한다. 노드 B의 자식 노드가 2개이면 역시 링크 필드도 2개가 되어야 한다. 이런 경우 노드마다 서로 다른 구조를 갖게 된다.

노드 A	데이터	링크 1	링크 2	링크 3
노드 B	데이터	링크 1	링크 2	

[그림 5-15] 가변적인 노드의 구조

> **더 알아두기**
>
> 노드의 차수는 노드에 연결된 자식 노드의 개수를 의미한다.
> 따라서 (링크 필드의 개수 = 자식 노드의 개수 = 해당 노드의 차수)라고 할 수 있다.

일반 트리는 각 노드가 가질 수 있는 자식 노드의 개수에 제한이 없다. 즉, 하나의 트리를 구성하는 각 노드는 서로 다른 개수의 자식 노드를 가질 수 있다. 따라서 각 노드의 차수가 가변적이므로 [그림 5-16]과 같이 연결 리스트를 구성하는 노드들의 링크 필드의 개수 역시 가변적이다. 만약 이러한 일반 트리의 링크를 배열로 표현한다면 노드마다 배열의 길이도 달라져야 하므로 효율적인 표현 방법이라 할 수 없다. 효율적인 알고리즘 작성을 위해서는 노드 구조가 일정한 것이 좋다.

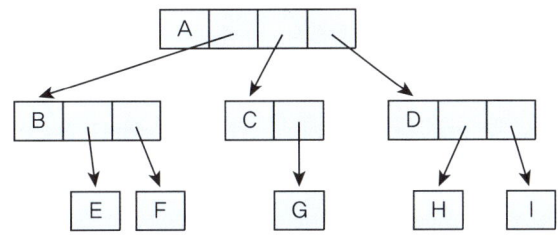

[그림 5-16] 가변적인 링크 필드를 갖는 노드를 이용한 트리 표현

> **더 알아두기**
>
> 링크 필드는 자식 노드를 가리키는 포인터라 할 수 있다.

각각의 노드가 가변적인 포인터 수를 갖는 비효율적인 문제를 해결하기 위하여 고정된 크기의 노드를 정의하고 이를 이용하여 트리를 표현하는 방법을 사용할 수 있다. 이처럼 고정된 구조의 노드로 표현하는 방법으로는 포인터 수를 2개로 고정한 방법과 자식 노드의 개수가 최대 2개까지만 허용되는 이진 트리로 표현하는 방법이 있다.

먼저 포인터 수 즉, 링크 필드를 2개로 고정한 방법에 대해 살펴보자. 이 방법은 트리를 구성하는 각 노드의 링크 필드를 2개로 고정하는 방법이다. 즉, 각 노드는 하나의 데이터 필드와 2개의 링크 필드를 갖는 구조이다. [그림 5-17]과 같이 각 노드의 2개의 링크 필드 중 왼쪽 링크 필드는 해당 노드의 첫 번째 자식 노드(child)를 가리키는 링크이며 오른쪽 링크 필드는 자신의 다음 형제 노드(sibling)를 가리키는 링크이다. 즉, 왼쪽-자식 오른쪽-형제(left-child right-sibling) 표현 방법이라 할 수 있다.

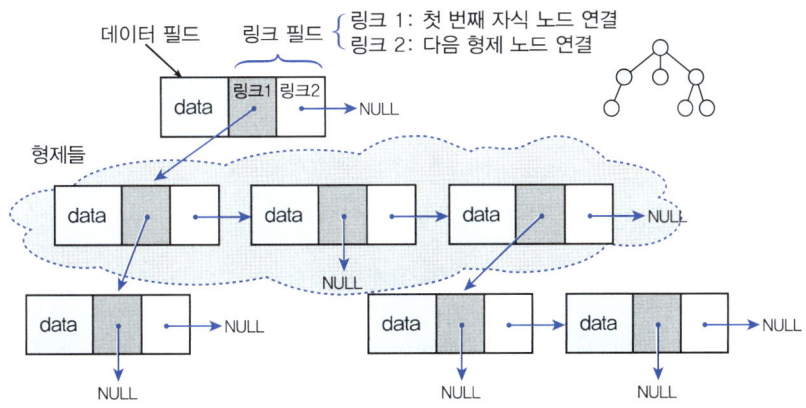

[그림 5-17] 2개의 링크 필드를 갖는 노드를 이용한 트리 표현

트리의 노드를 이처럼 2개의 링크 필드로 구성하면 [그림 5-18]과 같이 형제 노드들은 서로 연결 리스트와 같은 방법으로 연결이 되고 부모 노드는 자식 노드들을 순서대로 접근할 수 있다. [그림 5-18]에서 노드 A의 가장 왼쪽 자식 노드는 B이고 B의 형제 노드는 노드 C와 D이다. 또한, 노드 D의 가장 왼쪽 자식 노드는 H이고 노드 H의 형제 노드는 노드 I와 J이다.

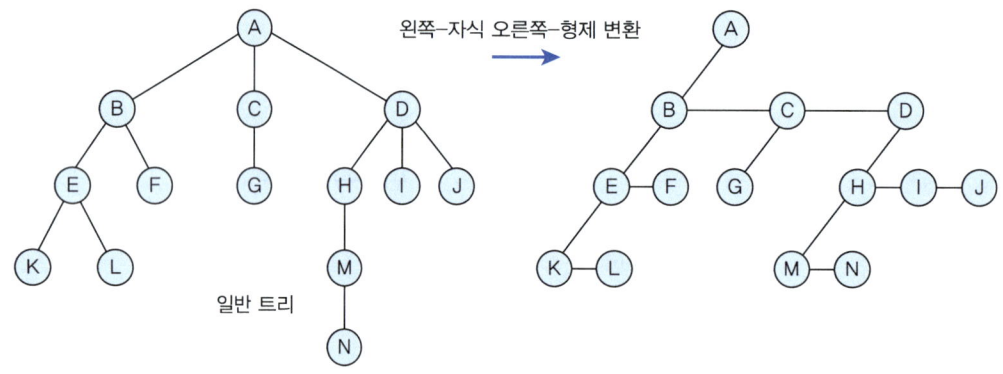

[그림 5-18] 왼쪽-자식 오른쪽-형제(left-child right-sibling) 표현

이와 같은 왼쪽-자식 오른쪽-형제(left-child right-sibling) 표현법은 링크 필드의 개수를 2개로 고정함으로써 링크 필드의 개수가 가변적인 구조의 노드 표현법보다 효율적이라 할 수 있으나 복잡하다는 문제점이 있다.

이제 고정된 구조의 노드로 표현하는 또 다른 방법인 이진 트리로 표현하는 방법에 대해 알아보자. 이진 트리는 모든 노드의 자식 노드가 2개 이하인 트리이다. 실제로 이진 트리는 가장 많이 사용되는 트리의 형태이며 가장 중요한 트리 중 하나이다. 이진 트리는 자식 노드가 2개 이하이므로 하나의 부모 노드는 왼쪽과 오른쪽 자식에 바로 접근할 수 있다. 이진 트리는 루트와 2개의 서브 트리를 갖는 트리로써 왼쪽 서브 트리와 오른쪽 서브 트리로 구분되어 정의된다. [그림 5-19]는 이진 트리의 노드 구조를 표현한 것이다. 이진 트리는 자식 노드가 최대 2개이므로 이진 트리의 노드는 하나의 데이터 필드와 2개의 링크 필드로 구성된다. 링크 필드는 왼쪽 자식 노드와 오른쪽 자식 노드를 가리키는 데 사용된다.

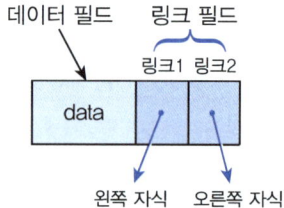

[그림 5-19] 이진 트리의 노드 구조

> **더 알아두기**
>
> 이진 트리에서 모든 노드는 2개의 서브 트리를 갖게 되는데 때에 따라 서브 트리는 공집합일 수도 있다. 예를 들어 자식 노드를 갖지 않은 단말 노드의 경우 서브 트리는 공백이 될 수 있다.

이진 트리는 자식 노드가 많아야 2개이므로 일반 트리보다 구현이 간단하고 효율적으로 운용할 수 있다. 일반 트리는 자식 노드의 개수도 예상하기 힘들고 자료구조로 구현하기 비효율적이다. 따라서 일반 트리를 이진 트리로 변환하여 사용하기도 한다.

> **더 알아두기**
>
> **일반 트리**
> 자식 노드의 개수가 가변적이므로 확정적인 자료구조로 선언하는 것이 불가능하다. 따라서 이진 트리로 변환하여 표현할 수 있는데 모든 일반 트리는 이진 트리로 변환할 수 있다.
>
> **일반 트리와 이진 트리의 차이점**
> - 이진 트리는 공백 이진 트리가 존재하지만, 일반 트리에는 공백 트리가 없음
> - 이진 트리는 서브 트리의 순서를 구분(이진 트리는 순서 트리임)
>
> **일반 트리를 이진 트리로 변환하는 방법**
> ① 부모 노드는 무조건 첫 자식 노드를 가리키게 함
> ② 자식 노드로부터 일렬로 형제 노드들을 이으면 이진 트리가 됨
>
>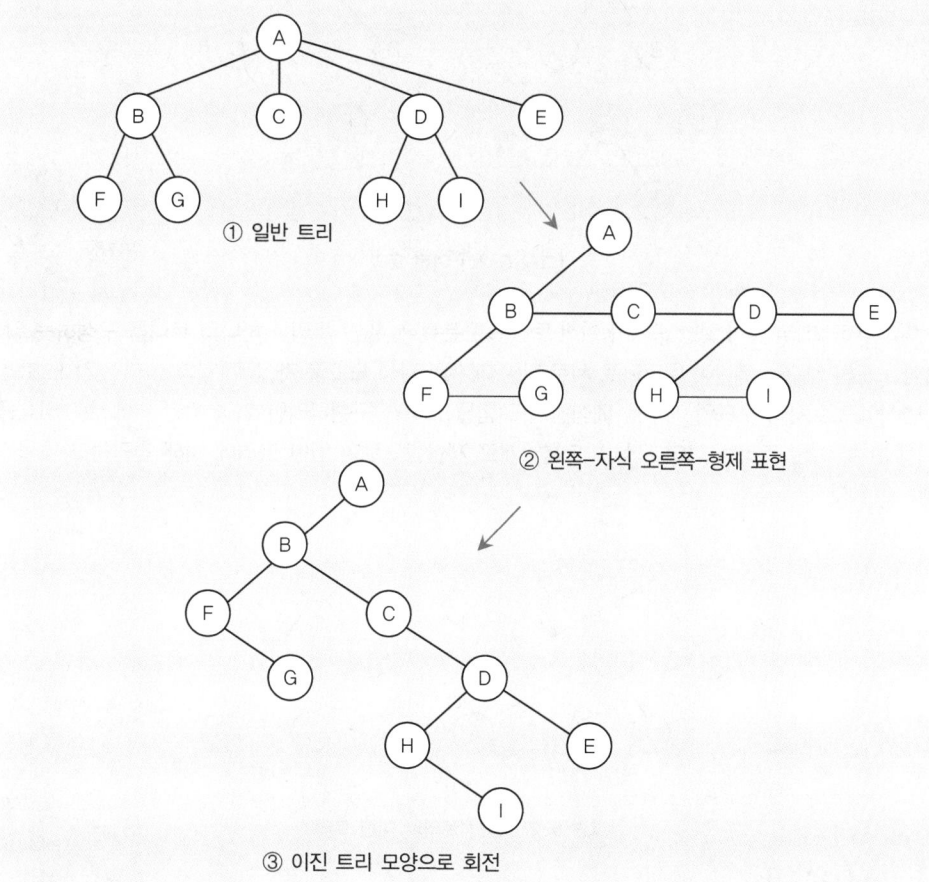

제2절 이진 트리 (중요)

1 이진 트리의 개념과 구조

일반적인 트리에서 부모 노드가 가질 수 있는 자식 노드의 수는 제한이 없다. 그러나 일반적으로 컴퓨터 과학에서는 단순하고 명확하게 연산을 표현하기 위해 이진 트리를 사용한다. 이진 트리는 모든 노드의 자식 노드가 2개 이하인 트리를 말한다. 이진 트리는 트리 중에서 단순하면서도 특수한 형태라고 할 수 있다. 이진 트리는 왼쪽 자식 노드와 오른쪽 자식 노드를 가질 수 있으며 최대 2개가 모두 존재하지만, 항상 2개의 노드가 존재하는 것만은 아니다. 이진 트리는 트리의 노드 구조를 일정하게 정의하여 트리의 구현과 연산이 쉽도록 정의한 트리이다. 또한, 데이터의 구조적인 관계를 잘 반영하고 효율적인 삽입과 탐색을 가능하게 하므로 가장 중요하면서도 자주 사용되는 트리이다. 이진 트리는 루트 노드를 중심으로 2개의 서브 트리로 나뉘며 나뉜 2개의 서브 트리도 모두 이진 트리이어야 한다. 또한, 서브 트리는 왼쪽 서브 트리와 오른쪽 서브 트리로 구분된다.

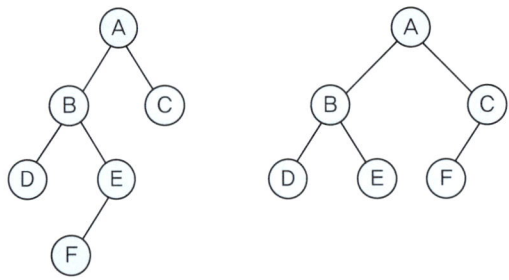

[그림 5-20] 이진 트리

트리는 [그림 5-21]과 같이 일반 트리와 이진 트리로 구분된다. 일반 트리는 하나의 트리를 구성하는 각 노드의 자식 노드의 개수에 제한이 없으므로 서로 다른 개수의 자식 노드를 가질 수 있다. 따라서 각 노드의 차수가 가변적이므로 자식 노드의 개수를 예상하기도 힘들고 이를 구현하려면 기억 공간 면에서도 비효율적이다. 이에 반해, 이진 트리는 최대 자식 노드를 2개로 제한함으로써 일반 트리에 비해 간단하고 효율적으로 구현할 수 있다.

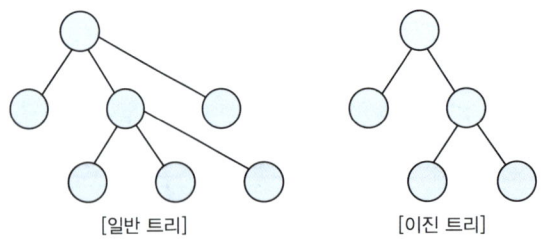

[그림 5-21] 일반 트리와 이진 트리

이진 트리는 다양한 탐색 트리(search tree), 히프(heap) 자료구조, 컴파일러의 수식을 위한 구문 트리(syntax tree) 등의 기본이 되는 자료구조로서 광범위하게 응용된다. 이진 트리에서 사용하는 용어는 루트 노드, 단말 노드, 레벨, 트리의 높이 등과 같이 일반 트리에 대한 용어와 동일하다.

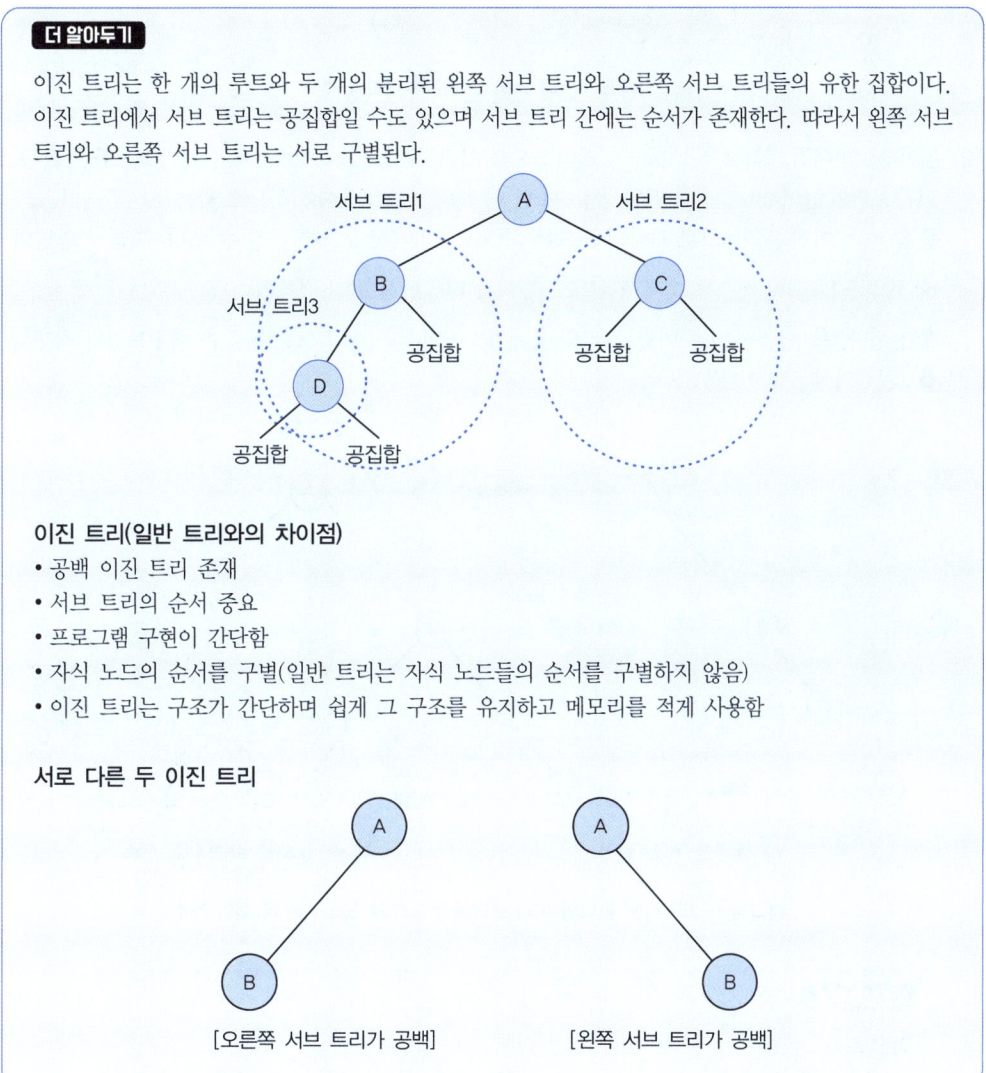

이진 트리는 컴퓨터 응용에서 가장 많이 활용되는 아주 중요한 트리 구조이다. 이진 트리의 성질을 살펴보면 다음과 같다.

(1) 이진 트리에서 노드의 개수가 n개이면 간선의 개수는 정확하게 n – 1개이다. 왜냐하면, 이진 트리에서는 루트 노드를 제외한 모든 노드는 부모 노드를 하나씩만 갖는다. 또한, 부모와 자식 사이에는 하나의 간선으로 연결되어 있으므로 간선의 개수는 n – 1개가 된다.

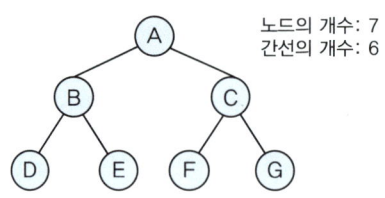

[그림 5-22] 노드의 개수와 간선의 개수

(2) 높이가 h인 이진 트리는 최소 (h + 1)개의 노드를 가질 수 있고 최대 $(2^{h+1} - 1)$개의 노드를 가질 수 있다. 이진 트리의 높이가 h이면 한 레벨에는 최소한 한 개의 노드가 있어야 하므로 최소 (h + 1)개의 노드 개수를 갖는다. 이진 트리이므로 하나의 노드는 최대 2개의 자식 노드를 가질 수 있다. 따라서 임의의 레벨 i에서 노드의 최대 개수는 2^i개가 되므로 높이가 h인 이진 트리 전체의 노드 개수는 $\sum_{i=0}^{h} 2^i = 2^{h+1} - 1$개가 된다. [그림 5-23]은 이진 트리의 높이가 3이면서 최소의 노드를 갖는 이진트리와 최대의 노드를 갖는 이진 트리이다.

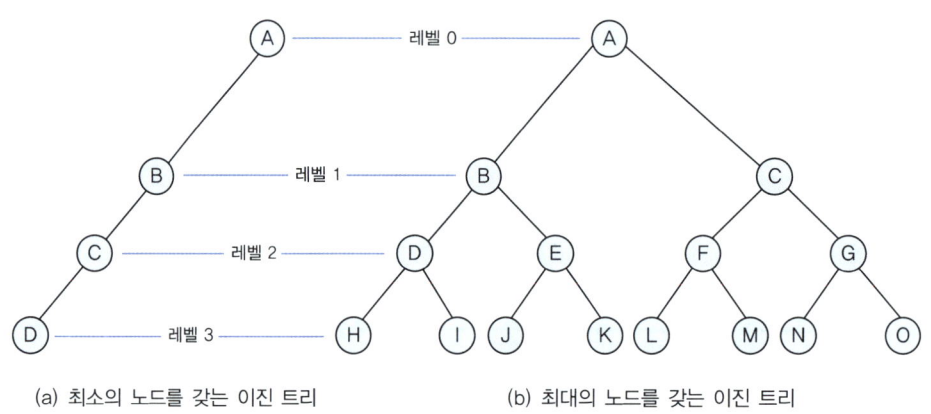

(a) 최소의 노드를 갖는 이진 트리   (b) 최대의 노드를 갖는 이진 트리

[그림 5-23] 같은 높이의 이진 트리에서 노드의 최소 개수와 최대 개수

> **더 알아두기**
>
> **이진 트리**
> - 공집합이거나 루트와 왼쪽 서브 트리, 오른쪽 서브 트리로 구성된 노드들의 유한 집합
> - 이진 트리의 서브 트리들은 모두 이진 트리임
> - 이진 트리는 공백 노드도 자식 노드로 취급함
> - 0 ≤ 노드의 차수 ≤ 2
> - 이진 트리는 순환적 구성(노드의 왼쪽 자식 노드를 루트로 하는 왼쪽 서브 트리도 이진 트리이며, 노드의 오른쪽 자식 노드를 루트로 하는 오른쪽 서브 트리도 이진 트리임)

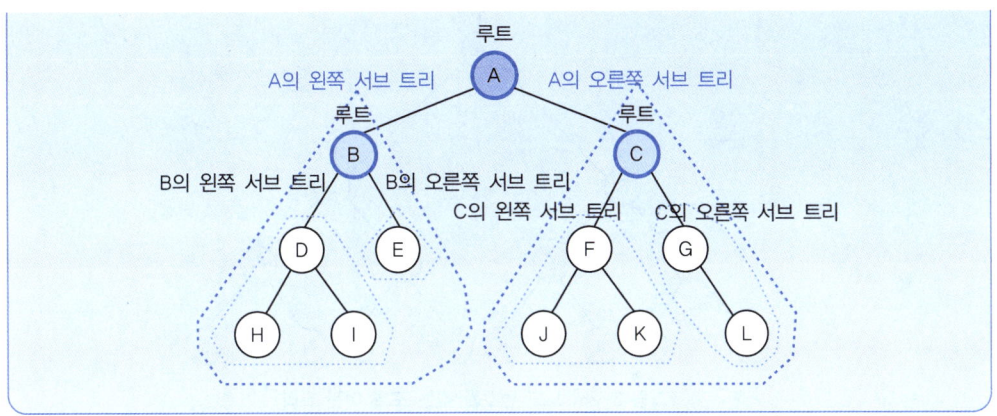

2 이진 트리의 종류 중요 기출

이진 트리는 형태에 따라 포화 이진 트리, 완전 이진 트리, 편향 이진 트리 등으로 분류할 수 있다. 포화 이진 트리(full binary tree)는 트리의 모든 레벨에 노드가 꽉 차있는 이진 트리를 의미한다. 모든 단말 노드의 높이가 같고 각 내부 노드가 2개인 자식 노드를 가지는 트리이다. 포화 이진 트리는 [그림 5-24]와 같이 노드들이 모두 채워진 모습이며 단말 노드 위쪽의 모든 노드는 반드시 2개의 자식 노드를 가져야 한다. 따라서 포화 이진 트리는 이진 트리가 가질 수 있는 노드의 최대 수를 지닌 이진 트리라 할 수 있다.

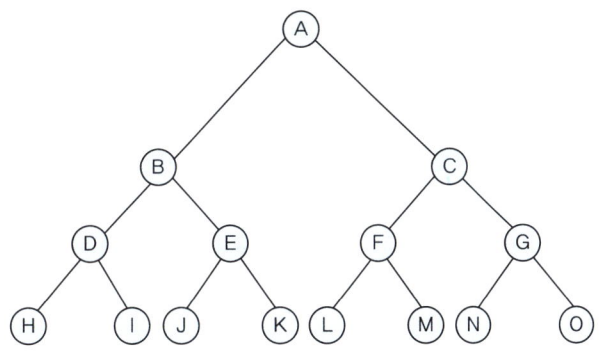

[그림 5-24] 포화 이진 트리

포화 이진 트리는 높이가 h인 이진 트리에서 모든 단말 노드가 레벨 h에 있는 트리라고 할 수 있다. 또한, 높이가 h일 때 최대의 노드 개수인 $(2^{h+1}-1)$개의 노드를 가진다. 포화 이진 트리는 [그림 5-25]와 같이 루트 노드를 1번으로 시작하여 $(2^{h+1}-1)$까지 정해진 위치에 대한 노드 번호를 가진다. 포화 이진 트리는 트리의 높이만 알아도 그 레벨의 노드 개수를 알 수 있고, 전체 노드의 개수를 파악할 수 있는 특징이 있다.

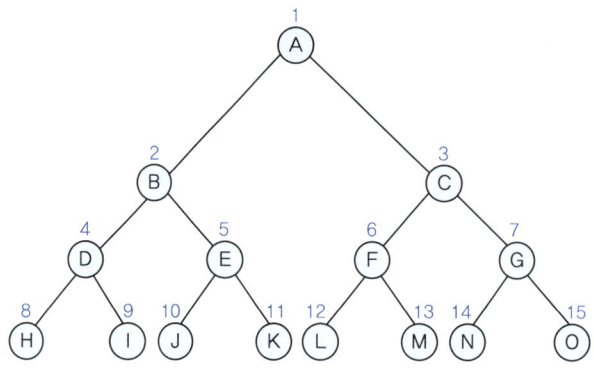

[그림 5-25] 노드 번호를 갖는 포화 이진 트리

완전 이진 트리(complete binary tree)는 [그림 5-26]과 같이 마지막 레벨을 제외한 각 레벨이 노드들로 꽉 차 있고 마지막 레벨에는 노드들이 왼쪽부터 빠짐없이 채워진 트리이다. 즉, 높이가 h일 때 레벨 1부터 (h - 1)까지는 포화 이진 트리이며 마지막 레벨 h에서는 왼쪽에서 오른쪽으로 가면서 순서대로 단말 노드가 채워진 이진 트리이다. 노드의 번호는 포화 이진 트리와 같다.

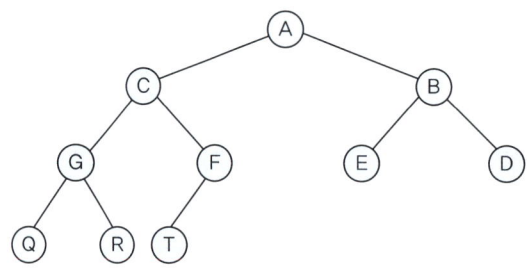

[그림 5-26] 완전 이진 트리

> **더 알아두기**
>
> 완전 이진 트리는 하나라도 건너뛰고 채워지면 안 된다. 포화 이진 트리는 완전 이진 트리이지만 그 역은 항상 성립하지는 않는다. 즉, 완전 이진 트리라고 해서 포화 이진 트리인 것은 아니다.
>
>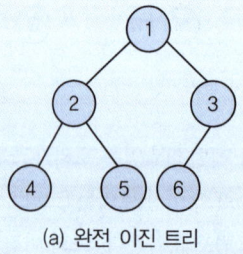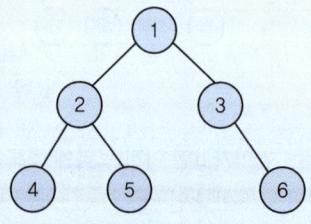
>
> (a) 완전 이진 트리   (b) 완전 이진 트리가 아님

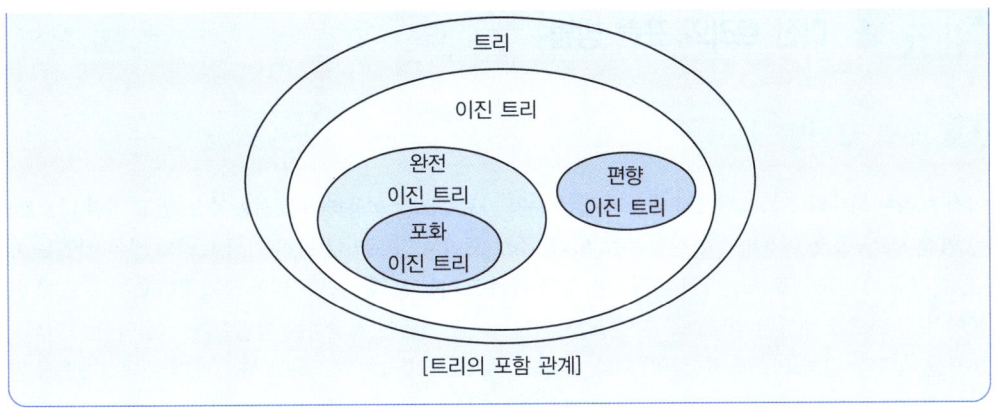

[트리의 포함 관계]

편향 이진 트리(skewed binary tree)는 왼쪽이나 오른쪽 서브 트리만 가지는 트리이다. 편향 이진 트리는 높이 h에 대한 최소 개수의 노드를 가지면서 한쪽 방향의 자식 노드만을 가진 이진 트리이다. 즉, 하나의 차수로만 이루어진 경우이다. 이런 경우는 선형 구조와 다른 점이 없어 좋지 않은 트리 구조 중에 하나라고 할 수 있다. 특정 노드를 탐색하는 시간 복잡도가 O(n)이기 때문이다. [그림 5-27]과 같은 왼쪽 편향 이진 트리는 모든 노드가 왼쪽 자식 노드만을 가진 편향 이진 트리이다. 오른쪽 편향 이진 트리는 모든 노드가 오른쪽 자식 노드만을 가진 편향 이진 트리이다.

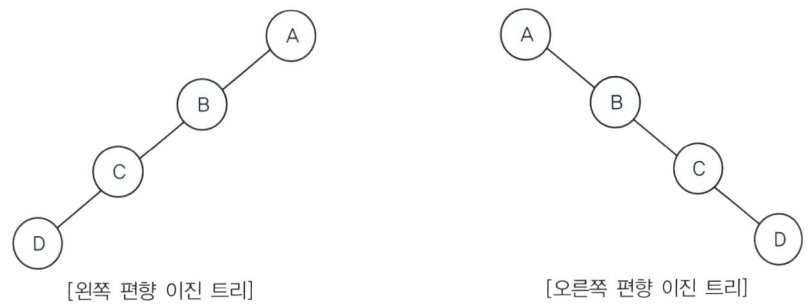

[왼쪽 편향 이진 트리]　　　　　　　　　[오른쪽 편향 이진 트리]

[그림 5-27] 편향 이진 트리

> **더 알아두기**
>
> **기타 이진 트리**
> - 이진 트리는 다양한 형태가 있을 수 있음
> - 포화 이진 트리, 완전 이진 트리, 편향 이진 트리 이외의 기타 이진 트리
>
>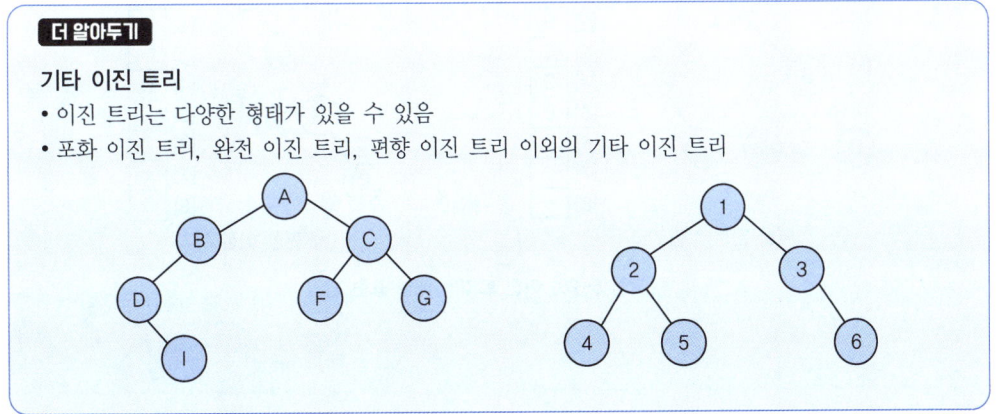

제3절 이진 트리의 표현 방법

1 배열 표현법

이진 트리는 컴퓨터 프로그램에서 배열과 같은 순차 자료구조를 이용하여 표현할 수도 있고 연결 리스트와 같은 연결 자료구조를 이용하여 표현할 수도 있다. 주로 포화 이진 트리나 완전 이진 트리의 경우 배열을 이용한다. 이진 트리를 배열로 표현하기 위해서는 일단 이진 트리를 포화 이진 트리라고 가정하고 각 노드에 번호를 붙여서 그 번호를 배열의 인덱스로 삼아 노드의 데이터를 배열에 저장하는 방법이다. 즉, 이진 트리의 i번째 노드를 배열의 i번째 요소에 저장하면 된다. 따라서 루트 노드를 1번으로 하고 하위 레벨로 내려가면서 왼쪽에서 오른쪽으로 차례로 ($2^{h+1}-1$)까지 노드에 번호를 붙인다. 이때 노드의 번호는 1번부터 시작하므로 [그림 5-28]과 같이 배열의 인덱스 0번은 사용하지 않고 비워두고 루트를 인덱스 1에 저장하고 나머지 노드들도 순차적으로 저장하면 된다.

> **더 알아두기**
>
> **이진 트리를 배열로 표현할 때의 인덱스**
> 루트 노드의 인덱스는 1이고 형제 노드 중 왼쪽 노드의 인덱스 순서가 오른쪽 노드보다 빠르다.
>
> - 인덱스 0번 : 실제로 사용하지 않고 비워둠
> - 인덱스 1번 : 루트 노드를 저장

포화 이진 트리는 높이가 h이면 최대 ($2^{h+1}-1$)개의 노드를 갖는다. 포화 이진 트리나 완전 이진 트리를 배열로 구현하는 경우 [그림 5-28]의 (a)와 같이 기억 공간이 낭비되지 않아 효율적으로 사용할 수 있다. 그러나 편향 이진 트리처럼 왼쪽이나 오른쪽 중 한쪽에만 자식 노드를 갖는 이진 트리의 경우 배열로 구현하면 [그림 5-28]의 (b)와 같이 기억 공간의 낭비가 심해질 수 있다.

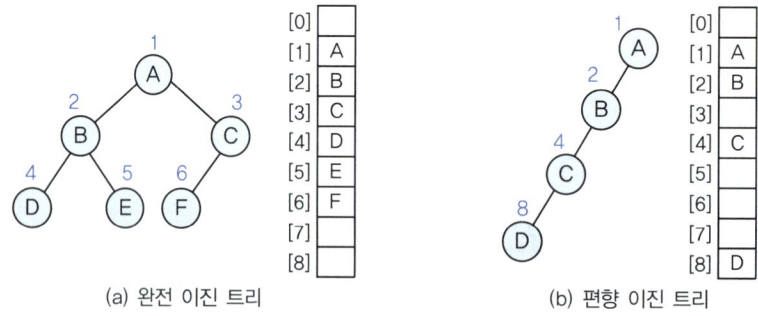

(a) 완전 이진 트리   (b) 편향 이진 트리

[그림 5-28] 이진 트리의 배열 표현 방법

배열 표현 방법으로 이진 트리를 구현하면 인덱스를 사용하여 특정 노드의 위치 쉽게 찾을 수 있다. 즉, 특정 노드의 인덱스를 알면 해당 노드의 부모 노드의 위치나 자식 노드의 위치를 계산할 수 있다. 부모와 자식의 인덱스 관계를 살펴보면 다음과 같다.

> **부모와 자식의 인덱스 관계**
> - 자식 노드의 인덱스가 i일 때 부모 노드의 인덱스 : $\lfloor i / 2 \rfloor$
> - 부모 노드의 인덱스가 i일 때 왼쪽 자식 노드 인덱스 : 2i
> - 부모 노드의 인덱스가 i일 때 오른쪽 자식 노드 인덱스 : 2i + 1

[그림 5-28]의 (a)에서 노드 B의 부모 노드는 A이다. 노드 B의 인덱스는 2이므로 노드 B의 부모 노드의 인덱스는 $\lfloor i / 2 \rfloor$에 의해 $\lfloor 2 / 2 \rfloor$ = 1이므로 1이 된다. 또한, 노드 B의 왼쪽 자식 노드인 노드 D의 인덱스는 2i이므로 2 × 2 = 4이므로 4가 된다. 노드 B의 오른쪽 자식 노드인 노드 E의 인덱스는 2i + 1이므로 2 × 2 + 1 = 5이므로 5가 된다.

여기서 부모 노드의 인덱스를 계산할 때 바닥 함수(floor function)를 사용하는 것에 유의해야 한다. 바닥 함수는 임의의 실수 x에 대해 x보다 작거나 같은 정수 중에서 가장 큰 정수를 구하는 함수이다. 예를 들어 노드 E의 부모 노드의 인덱스를 구하려면 노드 E의 인덱스가 5이므로 $\lfloor i / 2 \rfloor = \lfloor 5 / 2 \rfloor$를 구해야 한다. 이때 $\lfloor 5 / 2 \rfloor$는 바닥 함수를 사용했으므로 2.5가 아니라 2가 된다.

> **더 알아두기**
>
> **바닥 함수(floor function)**
> - 임의의 실수 x의 바닥 함수는 x보다 크지 않은 최대의 정수를 구하는 함수
> - $\lfloor x \rfloor$와 같이 표시
> - 최대 정수 함수(greatest integer function)라고도 하며 floor(x)와 같이 표현
> - 소수점 이하의 수를 버리는 모양새이므로 '버림 함수'라고 하기도 함
>   예) $\lfloor 3.7 \rfloor$ = 3, $\lfloor -3.7 \rfloor$ = -4
>
> **천장 함수(ceiling function)**
> - 임의의 실수 x의 천장 함수는 x보다 작지 않은 최소의 정수를 구하는 함수
> - $\lceil x \rceil$와 같이 표시
> - 최소 정수 함수(least integer function)라고 하며 ceiling(x)과 같이 표현
>   예) $\lceil 3.2 \rceil$ = 4, $\lceil -3.2 \rceil$ = -3

이진 트리를 배열로 표현하는 방법은 간단하다는 장점이 있다. 그러나 **편향 이진 트리의 경우 트리의 높이가 커질수록 배열에 공간이 많이 생기므로 기억 공간의 낭비가 커진다.** 이처럼 이진 트리를 배열과 같은 순차 자료구조로 표현하게 되면 기억 장소의 낭비를 초래할 수 있다. 또한, 데이터의 삽입과 삭제 연산을 수행하게 되면 이진 트리의 노드 레벨이 변경하게 되므로 배열에서도 데이터의 이동이 발생하게 된다. 또한, 표현할 수 있는 트리의 높이가 배열의 크기에 따라 제한되는 단점도 있다. 이러한 문제는 이진 트리를 연결 리스트를 이용하여 표현하면 쉽게 해결할 수 있다.

2 연결 리스트 표현법

배열로 편향 이진 트리를 구현했을 때 발생하는 메모리 낭비는 연결 리스트로 해결할 수 있다. 연결 리스트는 부모 노드와 자식 노드를 포인터로 연결하므로 연속된 메모리 영역이 아니더라도 부모와 자식 노드를 연결할 수 있다. 이진 트리는 연결 자료구조인 포인터를 이용하는 연결 리스트로 표현할 수 있으며 포인터를 이용하여 부모 노드와 자식 노드를 연결하는 방법이다. 이진 트리를 연결 리스트를 이용하여 표현하기 위해서는 리스트를 구성하는 노드가 필요하다. 이진 트리를 구성하는 각 노드는 [그림 5-29]와 같이 데이터를 저장하는 데이터 필드와 왼쪽 자식 노드를 가리키는 왼쪽 링크 필드, 그리고 오른쪽 자식 노드를 가리키는 오른쪽 링크 필드로 구성된다. 즉, 연결 리스트의 노드는 하나의 데이터 필드와 포인터 변수를 갖는 2개의 링크 필드를 갖는다.

[그림 5-29] 이진 트리의 노드 구조

이진 트리의 연결 리스트 표현 방법은 [그림 5-30]과 같이 포인터를 이용하여 부모 노드가 자식 노드를 가리키게 하는 것이다. 만약 이진 트리의 특정 노드에 가리킬 자식 노드가 없을 때 포인터 영역인 링크 필드에 NULL을 저장한다.

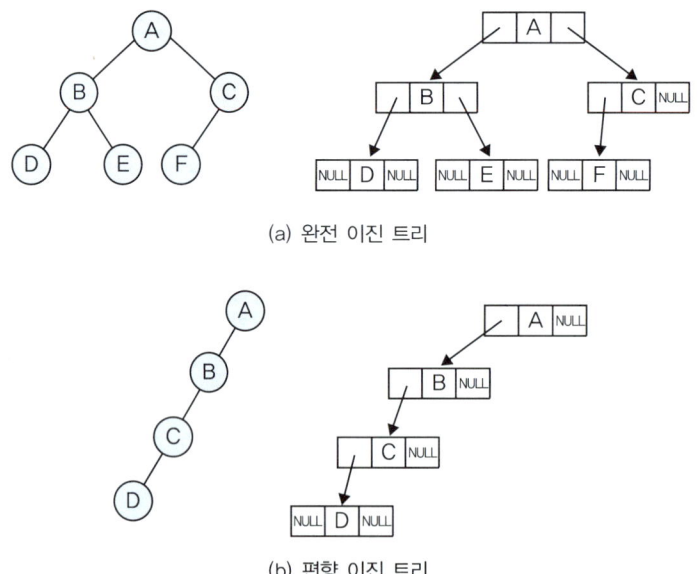

(a) 완전 이진 트리

(b) 편향 이진 트리

[그림 5-30] 이진 트리의 연결 리스트 표현 방법

기본적으로 이진 트리도 데이터를 저장하기 위한 자료구조이다. 데이터는 노드의 데이터 필드를 이용하여 저장된다. 이진 트리의 각 노드는 다음과 같이 C언어의 구조체로 정의할 수 있다. 저장되는 데이터는 정수라고 가정하였고 링크 필드는 포인터를 이용하여 정의하였다.

> **이진 트리 노드에 대한 구조체 정의**
> ```
> typedef struct TreeNode {
>     int data;                  /* 노드에 저장할 데이터 */
>     struct TreeNode *left;     /* 왼쪽 자식 노드의 포인터 */
>     struct TreeNode *right;    /* 오른쪽 자식 노드의 포인터 */
> } TreeNode;
> ```

이진 트리를 연결 리스트로 표현하면 루트 노드를 가리키는 포인터만 있으면 트리 안의 모든 노드에 접근할 수 있다. 또한, 기억 장소를 절약할 수 있고 노드의 삽입과 삭제가 용이하다. 그러나 이진 트리가 아닌 일반 트리의 경우에는 각 노드의 차수만큼 가변적인 포인터 필드를 가져야 해서 데이터에 접근하는데 어려움이 따른다. 또한, 이러한 노드 구조의 표현 방법은 포인터를 이용하여 부모 노드가 자식 노드를 가리키도록 하는 방법이므로 반대로 자식 노드가 부모 노드에 관한 정보를 알기 어렵다. 그러나 이진 트리는 일반적으로 연결 리스트 표현 방법을 사용하고 있으며 많은 응용에서 아주 적절히 활용되고 있다.

> **더 알아두기**
> 이진 트리를 연결 리스트로 표현하는 방법은 인덱스를 사용할 수 없어 데이터 접근에는 비효율적이지만 저장 공간을 낭비하지 않는다는 장점이 있다.

제4절 이진 트리 순회 [중요]

트리 순회(tree traversal)란 트리를 구성하는 모든 노드를 특정한 순서대로 한 번씩 방문하는 것이다. 즉, 모든 노드를 하나도 빠뜨리지 않고 정확히 한 번만 중복 없이 방문해야 한다. 이진 트리를 순회한다는 것은 이진 트리에 속하는 모든 노드를 한 번씩 방문하여 노드가 가지고 있는 데이터를 목적에 맞게 처리하는 것을 의미한다. 우리가 트리를 사용하는 목적은 트리의 노드에 자료를 저장하고 필요에 따라서 이 자료를 처리하기 위함이다. 따라서 트리가 가지고 있는 자료를 순차적으로 순회하는 것은 이진 트리에서 중요한 연산 중 하나이다. 리스트나 스택, 큐와 같은 선형 자료구조는 모든 데이터를 순차적으로 저장하기 때문에 이러한 데이터를 순회하는 방법도 하나뿐이며 단순하다. 그러나 비선형 자료구조인 트리는 그렇지 않다. 즉, 여러 가지 순서로 노드가 가지고 있는 자료에 접근할 수 있다. 이진 트리는 루트와 왼쪽 서브 트리, 오른쪽 서브 트리로 구성되어 있다. 이와 같은 이진 트리의 순회에는 왼쪽 서브 트리 방문, 루트 노드 방문, 오른쪽 서브 트리 방문과 같은

3가지 기본 연산이 있다. 이진 트리의 순회에는 루트 노드를 언제 방문하느냐에 따라 **전위 순회(preorder traversal)**, **중위 순회(inorder traversal)**, **후위 순회(postorder traversal)**로 구분된다.

> 📁 **이진 트리의 순회 방법**
> - 전위 순회
> - 중위 순회
> - 후위 순회

순회는 계층적 구조로 저장된 트리의 모든 노드를 체계적으로 방문하여 데이터를 처리하는 연산이다. 이를 위해 하나의 노드에서 수행할 수 있는 3가지 세부 작업은 다음과 같다.

> 📁 **이진 트리 순회를 위한 세부 작업**
> - 작업 ①: 루트 노드를 방문하여 데이터를 읽는다.
> - 작업 ②: 현재 노드의 왼쪽 서브 트리로 이동한다.
> - 작업 ③: 현재 노드의 오른쪽 서브 트리로 이동한다.

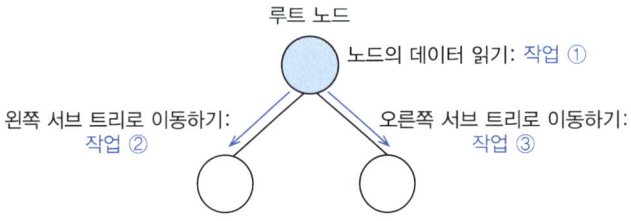

[그림 5-31] 이진 트리 순회를 위한 세부 작업

이진 트리는 [그림 5-32]와 같이 전체 트리와 서브 트리의 구조가 동일하다. 서브 트리는 전체 트리보다 노드의 수가 적으므로 크기만 작아졌을 뿐 같은 구조로 구성되어 있음을 알 수 있다. 이처럼 이진 트리가 순환적으로 정의되어 구성되어 있으므로 순회 작업도 서브 트리에 대해서 순환적으로 반복하여 완성한다. 즉, 전체 트리 순회에 사용된 알고리즘을 똑같이 서브 트리에 적용할 수 있으며 서브 트리의 노드 수는 전체 트리에 비해 적으므로 규모만 작아지게 된다.

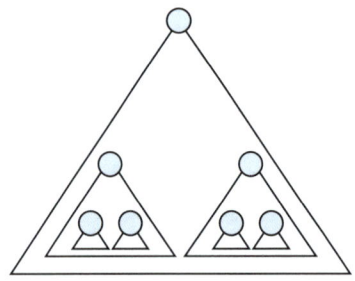

[그림 5-32] 전체 트리와 서브 트리의 구조

모든 순회 방식은 루트 노드부터 순회를 시작하여 트리의 모든 노드를 반드시 한 번씩 방문해야 순회가 종료된다. 이진 트리의 순회에서 현재 노드에서 서브 트리로 이동하는 작업은 항상 왼쪽 서브 트리를 먼저 방문한 후 오른쪽 서브 트리를 방문한다. 즉, 왼쪽 서브 트리의 방문이 오른쪽 서브 트리의 방문보다 먼저 수행된다. 이진 트리의 3가지 순회 방법은 루트 노드를 방문하는 순서에 따라 구분된다. 먼저 전위 순회는 자손 노드보다 루트 노드를 먼저 방문한다. 즉, 루트 노드를 가장 먼저 방문하고 왼쪽 자손 노드를 방문한 후 마지막으로 오른쪽 자손 노드를 방문한다. 중위 순회는 먼저 왼쪽 자손을 방문하고 루트 노드를 방문한 후 마지막으로 오른쪽 자손 노드들을 방문한다. 후위 순회는 가장 먼저 왼쪽 자손 노드를 방문하고 오른쪽 자손 노드를 방문한 후 마지막으로 루트 노드를 방문한다. 즉, 루트 노드를 가장 마지막으로 방문하는 방법이다.

> **더 알아두기**
>
> 트리의 노드에는 기본적으로 데이터를 저장하고 있다. 어떤 응용을 위해 표현된 이진 트리에서 특정 데이터를 찾거나 이동시킬 때 각 노드를 차례대로 방문할 필요가 있다. 이진 트리를 모두 순회하게 되면 순회한 순서에 따라 트리에 있는 데이터를 선형으로 만드는 게 가능하고 이 데이터의 선형 순서는 실제 응용에서 아주 유용하다.

1 중위 순회

중위 순회는 왼쪽 서브 트리를 방문하고 루트 노드를 방문한 후 오른쪽 서브 트리를 방문하는 순회 방법이다.

> **중위 순회 방법**
> ① 왼쪽 서브 트리를 방문한다.
> ② 루트 노드를 방문한다.
> ③ 오른쪽 서브 트리를 방문한다.

중위 순회 알고리즘을 작성하면 다음과 같다.

```
void inorder(T)
{
    if (T != NULL) {
        inorder(T→left);
        visit T→data;
        inorder(T→right);
    }
}
```

[그림 5-33]은 중위 순회의 예를 보여준다. 노드에 적힌 번호 순서대로 노드를 방문하면 중위 순회가 완료된다.

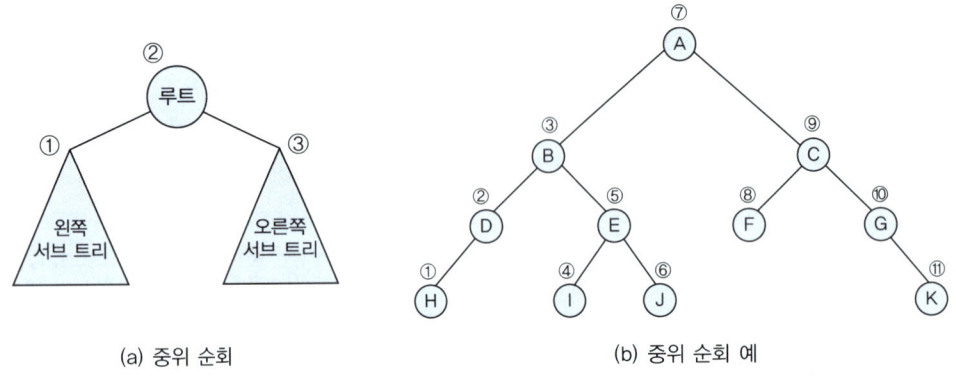

(a) 중위 순회　　　　　　　　　　　　　(b) 중위 순회 예

[그림 5-33] 중위 순회 방법

[그림 5-33]의 (b)와 같은 이진 트리를 중위 순회하면 노드들은 최종적으로 H-D-B-I-E-J-A-F-C-G-K 순으로 방문하게 된다. 이러한 중위 순회 과정을 세부적으로 살펴보면 다음과 같다.

> **중위 순회 과정**
> ① 루트 노드 A에서 시작하여 노드 A의 왼쪽 서브 트리 B로 이동한다. 현재 노드 B의 왼쪽 서브 트리 D로 이동한다. 현재 노드 D의 왼쪽 단말 노드 H의 데이터를 읽는다.
> ② 현재 노드 D의 데이터를 읽고 오른쪽 단말 노드인 공백 노드를 읽고 이전 경로인 노드 B로 돌아간다.
> ③ 현재 노드 B의 왼쪽 서브 트리 순회가 끝났으므로 현재 노드 B의 데이터를 읽고 오른쪽 서브 트리 E로 이동한다.
> ④ 현재 노드 E의 왼쪽 단말 노드 I의 데이터를 읽는다.
> ⑤ 현재 노드 E의 데이터를 읽는다.
> ⑥ 현재 노드 E의 오른쪽 단말 노드 J의 데이터를 읽고 이전 경로인 노드 B로 이동한다.
> ⑦ 노드 B는 이미 방문했으므로 다시 이전 경로인 노드 A로 이동한다. 이로써 현재 노드 A의 왼쪽 서브 트리에 대한 순회가 끝났으므로 현재 노드 A의 데이터를 읽고 오른쪽 서브 트리 C로 이동한다.
> ⑧ 현재 노드 C의 왼쪽 단말 노드 F의 데이터를 읽는다.
> ⑨ 현재 노드 C의 데이터를 읽고 오른쪽 서브 트리 G로 이동한다.
> ⑩ 현재 노드 G의 왼쪽 단말 노드인 공백 노드를 읽고 현재 노드 G의 데이터를 읽는다.
> ⑪ 현재 노드 G의 오른쪽 단말 노드 K의 데이터를 읽는다. 따라서 최종적으로 노드들은 H-D-B-I-E-J-A-F-C-G-K 순으로 방문하게 된다.

2 후위 순회

후위 순회는 왼쪽 서브 트리를 방문하고 오른쪽 서브 트리를 방문한 후 루트 노드를 방문하는 순회 방법이다.

> **후위 순회 방법**
> ① 왼쪽 서브 트리를 방문한다.
> ② 오른쪽 서브 트리를 방문한다.
> ③ 루트 노드를 방문한다.

후위 순회 알고리즘을 작성하면 다음과 같다.

```
void postorder(T)
{
   if (T != NULL) {
       postorder(T→left);
       postorder(T→right);
       visit T→data;
     }
}
```

[그림 5-34]는 후위 순회의 예를 보여준다. 노드에 적힌 번호 순서대로 노드를 방문하면 후위 순회가 완료된다.

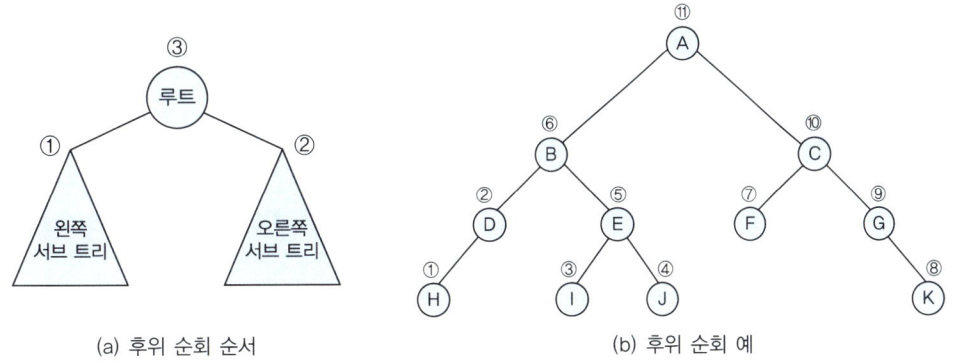

(a) 후위 순회 순서   (b) 후위 순회 예

[그림 5-34] 후위 순회 방법

[그림 5-34]의 (b)와 같은 이진 트리를 후위 순회하면 노드들은 최종적으로 H-D-I-J-E-B-F-K-G-C-A 순으로 방문하게 된다. 이러한 후위 순회 과정을 세부적으로 살펴보면 다음과 같다.

> **후위 순회 과정**
> ① 루트 A에서 시작하여 노드 A의 왼쪽 서브 트리 B로 이동한다. 현재 노드 B에서 왼쪽 서브 트리 D로 이동한다. 현재 노드 D의 왼쪽 단말 노드 H의 데이터를 읽는다.
> ② 현재 노드 D의 오른쪽 단말 노드인 공백 노드를 읽는다. 현재 노드 D의 데이터를 읽고 이전 경로인 노드 B로 이동한다.
> ③ 현재 노드 B의 왼쪽 서브 트리에 대한 순회가 끝났으므로 현재 노드 B의 오른쪽 서브 트리 E로 이동한다. 현재 노드 E의 왼쪽 단말 노드 I의 데이터를 읽는다.
> ④ 현재 노드 E의 오른쪽 단말 노드 J의 데이터를 읽는다.
> ⑤ 이제 현재 노드 E의 데이터를 읽고 이전 경로인 노드 B로 이동한다.
> ⑥ 현재 노드 B의 오른쪽 서브 트리에 대한 순회가 끝났으므로 현재 노드 B의 데이터를 읽고 이전 경로인 노드 A로 이동한다.
> ⑦ 현재 노드 A의 왼쪽 서브 트리에 대한 순회가 끝났으므로 오른쪽 서브 트리 C로 이동한다. 현재 노드 C의 왼쪽 단말 노드 F의 데이터를 읽는다.
> ⑧ 현재 노드 C의 오른쪽 서브 트리 G로 이동한다. 현재 노드 G의 왼쪽 단말 노드인 공백 노드를 읽고 오른쪽 단말 노드 K의 데이터를 읽는다.
> ⑨ 이제 현재 노드 G의 데이터를 읽고 이전 경로인 노드 C로 이동한다.
> ⑩ 현재 노드 C의 오른쪽 서브 트리에 대한 순회가 끝났으므로 현재 노드 C의 데이터를 읽고 이전 경로인 노드 A로 이동한다.
> ⑪ 루트 노드 A에 대한 오른쪽 서브 트리에 대한 순회가 끝났으므로 현재 노드 A의 데이터를 읽는다. 따라서 최종적으로 노드들은 H-D-I-J-E-B-F-K-G-C-A 순으로 방문하게 된다.

3 전위 순회

전위 순회는 루트 노드를 방문하고 왼쪽 서브 트리를 방문한 후 오른쪽 서브 트리를 방문하는 순회 방법이다. 전위 순회는 깊이 우선 순회(depth first traversal)라고도 한다.

> **전위 순회 방법**
> ① 루트 노드를 방문한다.
> ② 왼쪽 서브 트리를 방문한다.
> ③ 오른쪽 서브 트리를 방문한다.

전위 순회 알고리즘을 작성하면 다음과 같다.

```
void preorder(T)
{
   if (T != NULL) {
      visit T→data;
      preorder(T→left);
      preorder(T→right);
   }
}
```

[그림 5-35]는 전위 순회의 예를 보여준다.

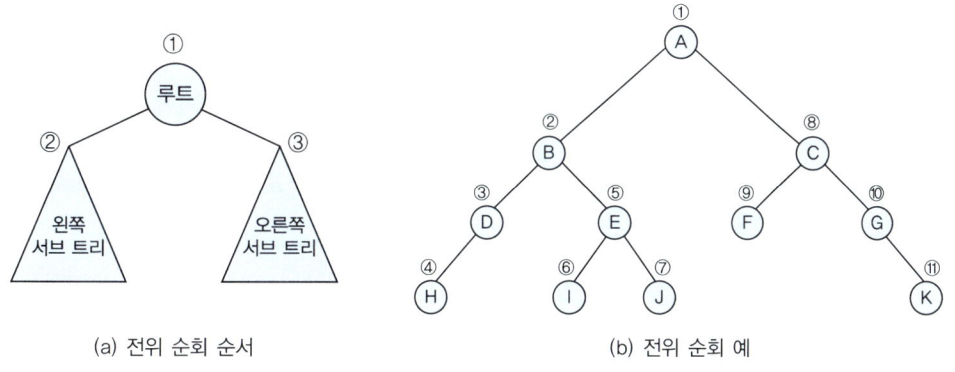

(a) 전위 순회 순서　　　　　　　　　　(b) 전위 순회 예

[그림 5-35] 전위 순회 방법

[그림 5-35]의 (b)와 같은 이진 트리를 전위 순회하면 노드들은 최종적으로 A-B-D-H-E-I-J-C-F-G-K 순으로 방문하게 된다. 이러한 전위 순회 과정을 세부적으로 살펴보면 다음과 같다.

📂 **전위 순회 과정**
① 루트 A에서 시작하여 현재 노드 A의 데이터를 읽고, 왼쪽 서브 트리 B로 이동한다.
② 현재 노드 B의 데이터를 읽고, 왼쪽 서브 트리 D로 이동한다.
③ 현재 노드 D의 데이터를 읽는다.
④ 현재 노드 D의 왼쪽 단말 노드 H의 데이터를 읽고 오른쪽 노드인 공백 노드를 읽는 것으로 노드 D에 대한 순회가 끝난다. 이제 현재 노드 D의 이전 경로인 노드 B의 오른쪽 서브 트리 E로 이동한다.
⑤ 현재 노드 E의 데이터를 읽는다.
⑥ 현재 노드 E의 왼쪽 단말 노드 I의 데이터를 읽는다.

⑦ 현재 노드 E의 오른쪽 단말 노드 J의 데이터를 읽는 것으로 노드 E에 대한 순회가 끝나고, 이것으로 노드 E의 이전 경로인 노드 B의 오른쪽 서브 트리의 순회가 끝난다. 다시 노드 B의 이전 경로인 노드 A로 돌아가서 노드 A의 오른쪽 서브 트리 C로 이동한다.
⑧ 현재 노드 C의 데이터를 읽는다.
⑨ 현재 노드 C의 왼쪽 단말 노드 F의 데이터를 읽고 오른쪽 서브 트리 G로 이동한다.
⑩ 현재 노드 G의 데이터를 읽는다.
⑪ 공백 노드인 왼쪽 단말 노드를 읽고 현재 노드 G의 오른쪽 단말 노드 K의 데이터를 읽는다. 따라서 최종적으로 노드들은 A-B-D-H-E-I-J-C-F-G-K 순으로 방문하게 된다.

산술식을 계산하기 위하여 기억 공간에 기억시키는 방법은 여러 가지가 있다. 그중에서도 이진 트리로 표현을 많이 하고 있으며 이렇게 만들어진 이진 트리에 대해 전위 순회, 중위 순회, 후위 순회를 하면 각각 전위 표기법, 중위 표기법, 후위 표기법이 된다. 이진 트리의 순회는 수식 트리(expression tree)를 처리하는 데 사용될 수 있다. 수식 트리는 [그림 5-36]과 같이 수식을 표현하는 이진 트리이다. 수식 트리는 산술식이나 논리식의 연산자와 피연산자로 구성된다. 하나의 연산자가 2개의 피연산자를 취하는 경우 피연산자들은 단말 노드가 되고 연산자는 비단말 노드가 된다. 각 연산자에 대해 왼쪽 서브 트리는 왼쪽 피연산자가 되며 오른쪽 서브 트리는 오른쪽 피연산자가 된다.

- 비단말 노드 : 연산자(operator)
- 단말 노드 : 피연산자(operand)

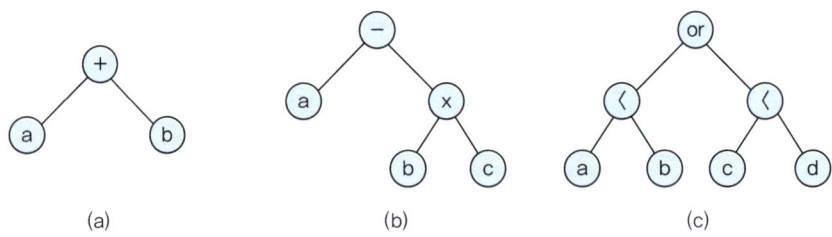

[그림 5-36] 수식 트리

[그림 5-36]의 수식 트리를 전위 순회, 중위 순회, 후위 순회로 각각 방문하면 [표 5-1]과 같이 전위 표기 수식, 중위 표기 수식, 후위 표기 수식이 된다.

[표 5-1] 수식 트리의 순회 결과

수식	a + b	a - (b × c)	(a < b) or (c < d)
전위 순회	+ a b	- a × b c	or < a b < c d
중위 순회	a + b	a - b × c	a < b or c < d
후위 순회	a b +	a b c × -	a b < c d < or

a − (b × c)와 같은 형태의 표현법은 사람이 이해하고 계산하기 가장 자연스럽지만, 컴퓨터는 괄호나 연산자의 우선순위 등을 고려해야 하므로 복잡하다. 중위 표기법은 원래의 수식에서 괄호가 생략된 형태로 연산의 순서를 알기 어렵다. 그러나 전위 표기법과 후위 표기법은 스택에 넣어 스택 연산을 하게 되면 수식의 연산 순서를 알 수 있게 된다. 이 중 수식을 처리하기 가장 효율적인 방법은 후위 표기법인데 후위 표기법은 수식 트리에서 후위 순회를 통해 얻은 결과라고 할 수 있다.

지금까지 살펴본 표준적인 순회 방법 이외에도 **레벨 순회**(level order)가 있다. 레벨 순회는 [그림 5-37]과 같이 각 **노드를 레벨 순서대로 방문하는 방법**이다. 가장 낮은 레벨인 루트 노드부터 아래로 내려가면서 높은 레벨 순으로 노드들을 차례대로 순회한다. 같은 레벨이면 왼쪽에서부터 오른쪽으로 방문한다. 지금까지의 순회 방법은 스택을 사용했으나 레벨 순회는 큐를 사용한다. 레벨 순회는 너비 우선 순회(breadth first traversal)라고도 한다.

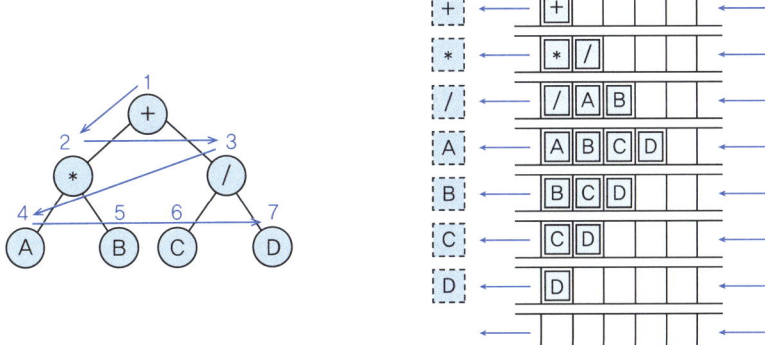

[그림 5-37] 레벨 순회

> **더 알아두기**
>
> **레벨 순회**
> 이진 트리를 노드의 레벨 순서로 순회하는 것이다. 이를 위해서는 큐를 사용해야 한다. 레벨 순회는 처음에 루트 노드를 큐에 삽입하는 것으로 시작한다. 그런 다음에 큐에 있는 노드들을 삭제하여 그 노드를 방문하고 그의 왼쪽 서브 트리와 오른쪽 서브 트리가 NULL이 아니면 순서대로 큐에 삽입한다. 이 처리 과정을 큐가 공백이 될 때까지 반복하면 이진 트리를 레벨 순서로 방문한 결과가 된다.

제5절 이진 트리의 응용

1 이진 트리에 의한 정렬

이진 트리를 이용하여 데이터를 정렬할 수 있다. 정렬하고자 하는 데이터들이 있는 리스트가 있을 때 이 리스트의 첫 번째 데이터를 일단 루트 노드로 설정한다. 그런 다음 두 번째 데이터는 루트 노드와 크기를 비교하여 루트 노드보다 작으면 왼쪽 자식 노드로 삽입하고 루트 노드보다 크면 오른쪽 자식 노드로 삽입한다. 리스트의 나머지 데이터들에 대해서도 이와 같은 과정을 거치면 이진 트리가 완성된다. 완성된 이진 트리를 중위 순회하게 되면 데이터들이 오름차순으로 정렬된다. 예를 들어, 정렬하고자 하는 데이터들이 27, 12, 7, 39, 23, 4, 16, 31과 같은 순서로 입력된다면 일단 첫 번째 데이터인 27은 [그림 5-38]과 같이 루트 노드로 설정한다. 그런 다음 두 번째 데이터인 12는 루트 노드 27과 크기를 비교하는데 12가 27보다 작으므로 12는 27의 왼쪽 자식 노드로 삽입된다. 이제 다음 데이터 7을 루트 노드 27과 비교하게 되는데 7은 27보다 작으므로 27의 왼쪽 자식 노드로 삽입해야 한다. 그런데 27의 왼쪽 자식 노드의 위치에는 이미 12가 삽입되어 있으므로 7은 12와 크기 비교를 하게 된다. 7이 12보다 작으므로 7은 12의 왼쪽 자식 노드로 삽입된다. 나머지 데이터들에 대해서도 이와 같은 과정을 반복하면 [그림 5-38]과 같은 이진 트리가 완성된다. 최종적으로 완성된 이진 트리를 중위 순회하면 4, 7, 12, 16, 23, 27, 31, 39와 같이 데이터들이 오름차순으로 정렬된 것을 알 수 있다.

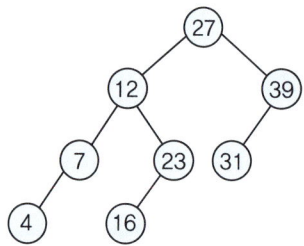

[그림 5-38] 이진 트리에 의한 정렬

2 명제 논리

명제는 논리의 기본 구성 요소이며 참이나 거짓을 명확히 판단할 수 있는 문장이나 수식을 말한다. 따라서 타당하지 않은 사실도 명제가 될 수 있다. 예를 들어, "한국의 수도는 서울이다."도 명제이고 "미국의 수도는 도쿄이다."도 명제이다. "한국의 수도는 서울이다."는 참인 명제이고 "미국의 수도는 도쿄이다."는 거짓인 명제가 되는 것이다. 프로그래밍 언어의 조건문, 반복문에서도 참과 거짓의 상태가 매우 중요하게 사용된다. 명제에서 참이나 거짓으로 나타내는 값을 진릿값이라 한다. 진릿값이 참이면 T(true) 또는 1, 거짓이면 F(false) 또는 0으로 표현한다. 두 개 이상의 명제들은 결합하여 새로운 명제를 만들어 낼 수 있다. 결합하여 만들어진 명제와 그렇지 않은 명제를 구분하기 위해 전자를 합성 명제, 후자를 단순 명제라고 한다. 이러한 명제들은 논리 연산자를 통해 서로 결합하며 논리 연산자의 종류에는 논리합(∨), 논리곱(∧), 부정(¬) 등이 있다. 합성 명제의 진릿값은 합성 명제에 참여하는 단순 명제들의 참과 거짓 여부에 따라 결정된다. 참여하는 단순 명제들이 많으면 명제의 진릿값을 자연어로 서술하기 어려우므로 진리표를 사용하거나 다른 표현 방법을 사용해야 한다. 명제 논리는 이진 트리로도 표현할 수 있다. 예를 들어, 3개의 명제 p, q, r이 있을 때 (¬p∨q)∧r과 같은 명제식은 [그림 5-39]와 같은 이진 트리로 표현할 수 있다. 이렇게 명제와 논리 연산자로 이루어진 명제식을 이진 트리로 표현하면 참, 거짓과 같은 최종 결과를 결정할 수 있다. 만약 명제 p와 r이 참이고 q가 거짓이라면 명제식 (¬p∨q)∧r은 거짓이 된다. 명제식이 표현된 이진 트리를 중위 순회하게 되면 원래의 명제식이 된다.

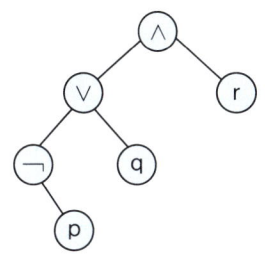

[그림 5-39] 이진 트리로 표현된 명제식

> **더 알아두기**
>
> **명제**
> 참과 거짓을 구별할 수 있는 문장이나 수학적인 식
>
> **논리 연산자의 종류**
> - 논리합(or, ∨)
>   연결된 명제들 중에서 하나 이상의 참(T)이 있을 경우 참(T)이 되고 모두 거짓(F)일 경우 거짓(F)이 되는 논리 연산자
> - 논리곱(and, ∧)
>   연결된 명제들이 모두 참(T)일 경우 참(T)이 되고 하나 이상의 거짓(F)이 있을 경우 거짓(F)이 되는 논리 연산자
> - 부정(not, ¬)
>   따라오는 명제가 참(T)일 경우 거짓(F)이 되고 거짓(F)일 경우 참(T)이 되는 논리 연산자

제6절 스레드 이진 트리 〈중요〉〈기출〉

이진 트리를 연결 리스트로 표현하면 리스트를 구성하는 노드들은 데이터 필드와 링크 필드를 갖는다. 데이터 필드에는 노드의 데이터를 저장하고 링크 필드에는 포인터를 이용하여 자식 노드를 가리키게 한다. 만약 특정 노드에 가리킬 자식 노드가 없는 경우 포인터 영역인 링크 필드에는 NULL을 저장하게 된다. 이진 트리의 연결 표현을 살펴보면 링크 필드 중에서 사용되지 않는 NULL 링크가 더 많이 있음을 알 수 있다. 일반적으로 n개의 노드로 구성되는 이진 트리의 총 링크 개수는 2n개이다. 이 중 실제로 사용되는 링크 개수는 n − 1개이다. 따라서 총 링크 개수 2n개 중에 의미 있는 n − 1개의 링크를 빼주면 n + 1개의 링크가 사용되지 않는 NULL이라는 것을 알 수 있다. 스레드 이진 트리(thread binary tree)는 이러한 NULL 링크가 다른 노드를 가리키는 포인터가 되도록 설정한 트리이다. 스레드 이진 트리에서는 자식 노드가 없는 경우 링크 필드에 NULL 대신 순회 순서상의 다른 노드를 가리키도록 설정하는 것이다. 이때 사용되는 포인터를 스레드(thread)라고 한다. 스레드 이진 트리는 실을 이용하여 노드들을 순회 순서대로 연결한다고 하여 붙여진 이름이다. 스레드 이진 트리는 이진 트리가 순회할 때 사용되지 않는 NULL 링크를 이용하여 방문 노드들에 대한 정보를 유지함으로써 유용하게 활용될 수 있다.

> **더 알아두기**
>
> **연결 리스트로 표현하는 이진 트리의 문제점**
> 실제로 사용하는 링크 수보다 사용하지 않는 널(NULL) 링크가 더 많음
>
> - n개의 노드를 가진 이진 트리의 총 링크 수: 2n개
> - 실제 사용되는 링크 수: n − 1개
> - NULL 링크 수: n + 1개
>
> **스레드 이진 트리**
> NULL 링크들을 낭비하지 않고 스레드를 저장해 활용
>
> **스레드**
> - 트리의 다른 노드에 대한 포인터
> - 트리를 순회하는 정보로 활용
> - 순회 방법에 따른 방문 순서를 유지하는 포인터

스레드 이진 트리의 스레드는 오른쪽 스레드와 왼쪽 스레드 두 종류가 있다. 현재 방문한 노드의 왼쪽 스레드는 순회 순서에 따라 바로 전에 방문한 노드에 대한 연결 포인터이다. 즉, 이진 트리의 순회 경로에 따라 현재 노드 직전에 처리한 노드(선행 노드)의 포인터를 현재 노드의 왼쪽 NULL 링크 대신에 저장한다. 오른쪽 스레드는 순회 순서에 따라 다음 방문 노드의 포인터를 갖는다. 즉, 현재 노드 직후에 처리할 노드(후속 노드)의 포인터를 현재 노드의 오른쪽 NULL 링크 대신에 저장한다. 스레드는 순회하는 방법에 따라 다른 포인터를 갖게 되며 [그림 5-40]의 (a) 이진 트리를 중위 순회하는 스레드 이진 트리로 표현하면 [그림 5-40]의 (b)와 같다.

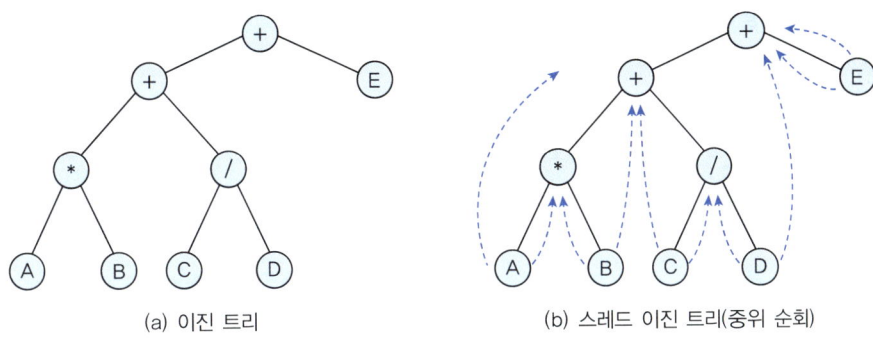

[그림 5-40] 이진 트리와 스레드 이진 트리

스레드 이진 트리 생성 방법을 정리하면 다음과 같다.

- 노드 p의 p → llink가 NULL이면, p → llink는 순회 순서에 따라 선행 노드를 가리키는 왼쪽 스레드가 된다(선행 노드에 대한 포인터 저장).

- 노드 p의 p → rlink가 NULL이면, p → rlink는 순회 순서에 따라 후속 노드를 가리키는 오른쪽 스레드가 된다(후속 노드에 대한 포인터 저장).

스레드 이진 트리는 링크 필드가 자식 노드에 대한 정상적인 연결 포인터인지 아니면 자식 노드 대신 스레드가 저장되어 있는지를 구별하기 위한 작업이 필요하다. 이를 위해 이진 트리의 노드에 태그 필드를 추가하여 정의한다. 노드의 왼쪽에는 isthreadleft 태그 필드를 추가하고 오른쪽에는 isthreadright 태그 필드를 추가한다. 만약 isthreadleft가 true이면 왼쪽 링크 필드는 선행 노드를 가리키는 스레드이고 isthreadleft가 false이면 왼쪽 링크 필드는 왼쪽 자식 노드에 대한 포인터가 된다. 그리고 isthreadright가 true이면 오른쪽 링크 필드는 후속 노드를 가리키는 스레드이고 isthreadright가 false이면 오른쪽 링크 필드는 오른쪽 자식 노드에 대한 포인터가 된다. 즉, 태그 필드가 true이면 스레드로 사용되고 false이면 자식 노드를 가리키는 정상적인 연결 포인터라는 의미이다. 스레드 이진 트리의 노드를 정의하면 다음과 같다.

📁 스레드 이진 트리의 노드 구조

isthreadleft	*left	data	*right	isthreadright

📇 스레드 이진 트리의 노드 정의

```
typedef struct treenode{
    char data;
    struct treenode *left;
    struct treenode *right;
    int isthreadleft;    /* 만약 왼쪽 링크가 스레드이면 TRUE */
    int isthreadright;  /* 만약 오른쪽 링크가 스레드이면 TRUE */
} treenode;
```

스레드 이진 트리에서는 순회를 위해서 현재 노드가 다음 노드에 접근하기 위해 재귀 호출을 이용하여 처리하지 않고 오른쪽 링크 필드의 포인터를 이용한다. 이진 트리의 순회 경로는 순회하는 방법에 따라 달라지므로 전위 순회, 중위 순회, 후위 순회 중 사용할 순회 방법을 먼저 정하고 그 순회 경로에 따라 스레드를 설정한다.

수식 A * B - C / D를 표현한 이진 트리를 중위 순회하려면 [그림 5-41]과 같이 단말 노드의 왼쪽 스레드에는 선행 노드를 설정하고 오른쪽 스레드에는 후속 노드를 설정해야 한다. [그림 5-41]의 트리에서 중위 순회하면 가장 먼저 A 노드를 방문하고 그다음은 *노드를 방문한 후 B 노드를 방문하게 된다. 이와 같은 방법으로 나머지 노드들도 중위 순회하게 되는데 최종적인 중위 순회 결과는 A * B - C / D가 된다. 따라서 [그림 5-41]의 스레드 이진 트리에서 노드 B의 왼쪽 링크 필드에는 노드 B의 선행 노드인 * 노드를 가리키게 되고 오른쪽 링크 필드에는 노드 B의 후속 노드인 루트 노드 - 를 가리키게 된다.

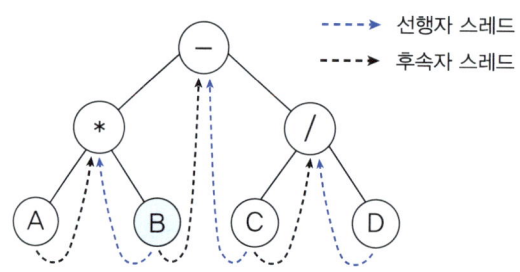

[그림 5-41] 선행자·후속자 스레드를 갖는 스레드 이진 트리

이진 트리는 부모 노드와 자식 노드가 계층적으로 연결된 구조이며 각 노드를 순회하기 위해 순환 호출을 사용하였다. 순환 호출은 알고리즘이 간단하지만 스택을 사용하기 때문에 함수의 호출과 복귀를 관리해야 하므로 수행 성능 측면에서 비효율적이다. 이러한 비효율성은 트리의 높이가 커질수록, 노드의 개수가 많아질수록 더 커진다. 스레드 이진 트리는 이진 트리의 포인터를 이용하여 순환 호출 없이 순회할 수 있도록 수정하였다. 따라서 스택을 이용하지 않고 포인터를 이용함으로써 순회하는 시간을 단축하여 트리의 운행 속도가 빨라진다. 그러나 스레드 이진 트리에서는 정상 포인터와 스레드 포인터를 구별하기 위해 여분의 기억 공간이 필요하다. 스레드 이진 트리에서는 부모 포인터나 스택을 사용하지 않고도 노드의 부모를 찾을 수 있다. 이는 스택 공간을 쓸 수 없거나 부모 노드의 위치를 알 수 없을 때 유용하게 사용될 수 있다.

> **더 알아두기**
>
> **스레드 이진 트리**
> - 이진 트리의 NULL 링크를 이용하여 순환 호출 없이도 트리의 노드 순회 가능
> - 일반적으로 이진 트리는 스택을 이용하여 순회를 하지만 스레드 이진 트리는 스레드 포인터를 이용하여 순회
> - 함수의 순환 호출보다 포인터를 이용한 구현이 속도 면에서 빨라서 스레드 이진 트리의 순회 속도가 빠름
> - 그러나 스레드를 위해 추가 기억 장소를 사용해야 한다는 부담이 생김

제7절 트리의 이진 트리 변환

이진 트리가 아닌 일반 트리의 경우에는 각 노드의 차수만큼 가변적인 포인터 필드를 가져야 해서 접근 상의 어려움이 따른다. 트리 구조를 기억 공간에 표현할 때 노드의 크기가 트리마다 다른 경우는 다루기가 상당히 어렵다. 모든 일반 트리는 이진 트리로 변환할 수 있다. 이렇게 변환하는 이유는 이진 트리가 아닌 **일반 트리들은 자식들의 노드 개수도 예상하기 힘들고 자료구조로 구현하는 게 어렵고 비효율적이다**. 또한, 일반 트리를 이진 트리로 변환하여 표현하면 기억 장소의 낭비를 줄일 수 있다.

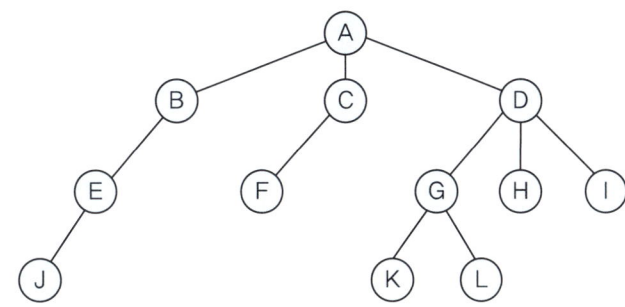

[그림 5-42] 변환 전의 일반 트리

[그림 5-42]와 같은 일반 트리를 이진 트리로 변환하는 과정은 다음과 같다.

(1) 먼저 각각의 모든 형제 노드들을 수평선으로 연결한다.

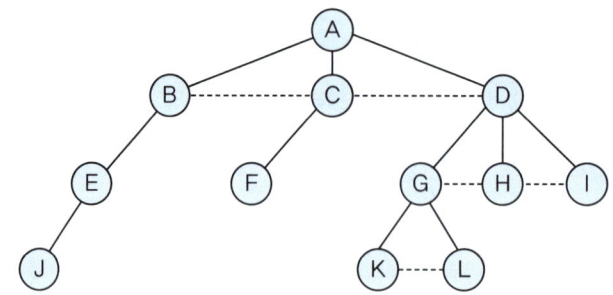

(2) 부모 노드에서 자식 노드로 연결된 연결선 중 맨 왼쪽 자식 노드와 연결된 연결선만 제외하고 모두 제거한다.

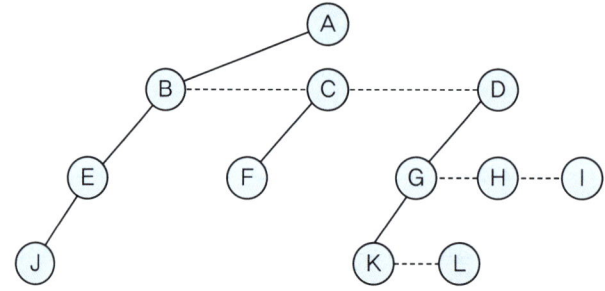

(3) 마지막으로 이진 트리의 모습이 되도록 트리를 시계 방향으로 45도 정도 회전시킨다.

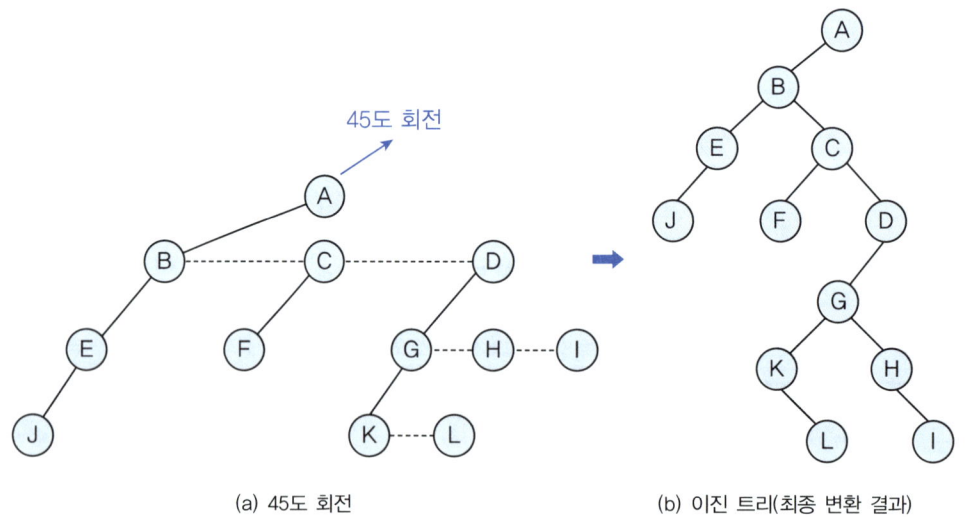

(a) 45도 회전   (b) 이진 트리(최종 변환 결과)

[그림 5-43] 일반 트리에서 이진 트리로 변환 완료

일반 트리를 이진 트리로 변환하는 과정을 적용하면 [그림 5-44]의 (a) 일반 트리는 [그림 5-44]의 (c) 이진 트리로 변환된다. 루트 노드 A의 자식 노드는 노드 B, C, D이다. 노드 A의 자식 노드 중 가장 왼쪽 자식 노드인 B를 노드 A의 왼쪽 자식 노드로 하고, 노드 C를 노드 B의 오른쪽 자식 노드로 하고, 다시 노드 D를 노드 C의 오른쪽 자식 노드로 한다. 나머지 노드들에 대해서도 이와 같은 방법으로 연결하면 이진 트리로 변환된다.

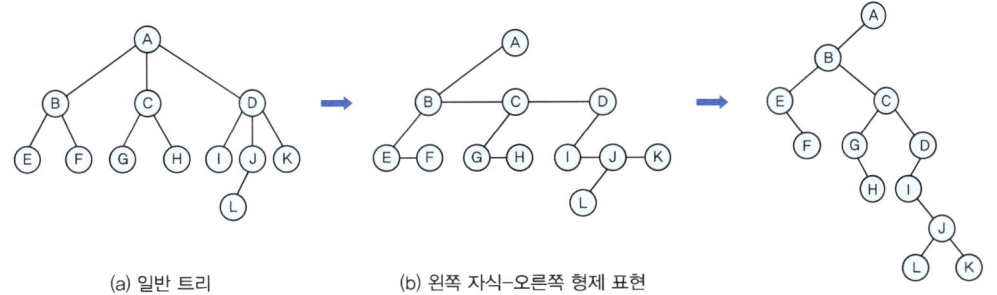

(a) 일반 트리   (b) 왼쪽 자식-오른쪽 형제 표현

(c) 이진 트리 모양으로 회전

[그림 5-44] 일반 트리의 이진 트리 변환 예

> **더 알아두기**
>
> **일반 트리의 이진 트리로의 변환 규칙**
>
> | 이진 트리 변환 규칙 | |
> |---|---|
> | 일반 트리 | 이진 트리 |
> | A–B | A–B (오른쪽 아래) |
> | A–(B, C) | A–B–C (오른쪽 사선) |
> | A–(B, C, D) | A–B–C–D (오른쪽 사선) |

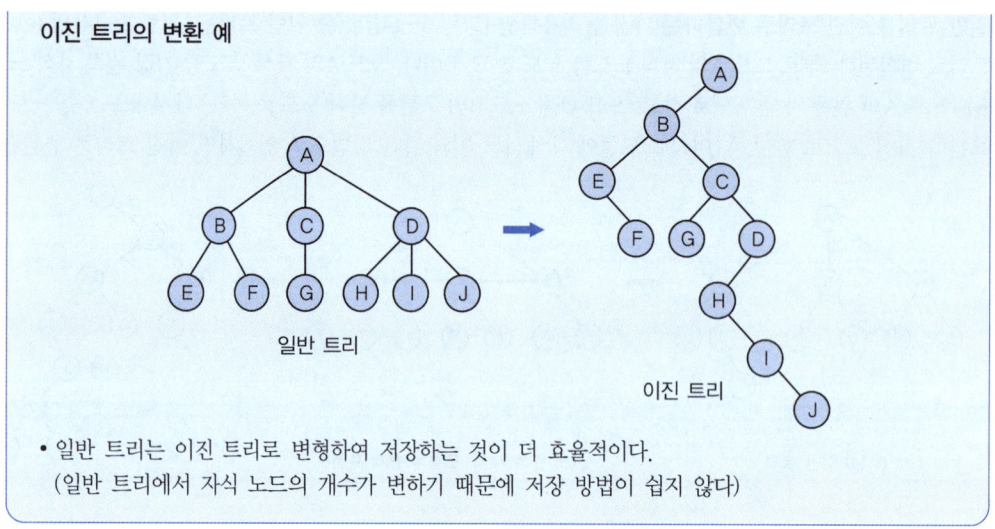

- 일반 트리는 이진 트리로 변형하여 저장하는 것이 더 효율적이다.
  (일반 트리에서 자식 노드의 개수가 변하기 때문에 저장 방법이 쉽지 않다)

제8절 힙 중요 기출

1 힙 추상 데이터 타입

힙(heap)는 여러 값 중에서 가장 큰 값이나 가장 작은 값을 찾아내는 연산을 빠르게 하기 위해 고안된 자료구조이다. 힙은 [그림 5-45]와 같이 완전 이진 트리를 기본으로 하고 있으며 맨 아래층을 제외하고는 완전히 채워져 있고 맨 아래층은 왼쪽부터 꽉 채워져 있다.

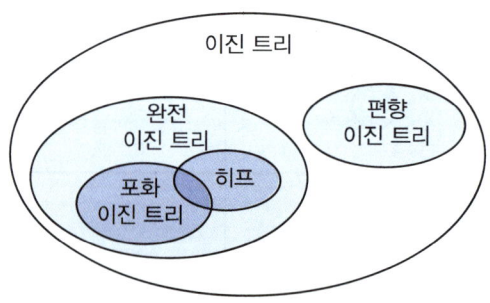

[그림 5-45] 이진 트리와 힙의 관계

힙에는 최대 힙과 최소 힙 두 가지 종류가 있다. 최대 힙(max heap)는 부모 노드의 킷값이 자식 노드의 킷값보다 항상 크거나 같은 크기 관계의 힙을 말한다. 최소 힙(min heap)는 부모 노드의 킷값이 자식 노드의 킷값보다 항상 작거나 같은 크기 관계의 힙을 말한다. 힙에서 킷값의 대소 관계는 부모 노드와 자식 노드 간에만 성립하며 형제 노드 사이에는 대소 관계가 정해지지 않는다. 최대 히프에서 모든 부모 노드들은 그 자식 노드들보다 큰 값을 가진다. 따라서 최대 히프의 루트 노드는 해당 트리에서 킷값이 가장 큰 노드가 된다.

[표 5-2] 최대 히프와 최소 히프

최대 히프	• 킷값이 가장 큰 노드를 찾기 위한 완전 이진 트리 　{부모 노드의 킷값 ≥ 자식 노드의 킷값} • 루트 노드 : 킷값이 가장 큰 노드
최소 히프	• 킷값이 가장 작은 노드를 찾기 위한 완전 이진 트리 　{부모 노드의 킷값 ≤ 자식 노드의 킷값} • 루트 노드 : 킷값이 가장 작은 노드

예를 들어 [그림 5-46]의 (a) 최대 히프에서 루트 노드에는 해당 노드들 중 가장 큰 값인 32가 놓였음을 알 수 있다. 반면 최소 히프에서 각 노드의 값은 자기 자식 노드의 값보다 작다. 따라서 최소 히프의 루트 노드는 킷값이 가장 작은 노드가 된다. [그림 5-46]의 (b) 최소 히프에서 루트 노드에는 해당 노드 중 가장 작은 값인 14가 놓였음을 알 수 있다. 이처럼 히프에서는 가장 높은(혹은 가장 낮은) 우선순위를 가지는 노드가 항상 루트 노드에 오게 되는 특징이 있으며 이를 응용하면 우선순위 큐와 같은 추상적 자료형을 구현할 수 있다. 히프는 같은 킷값의 노드를 중복하여 가질 수 있으며 일반적으로 말하는 히프는 최대 히프를 의미한다.

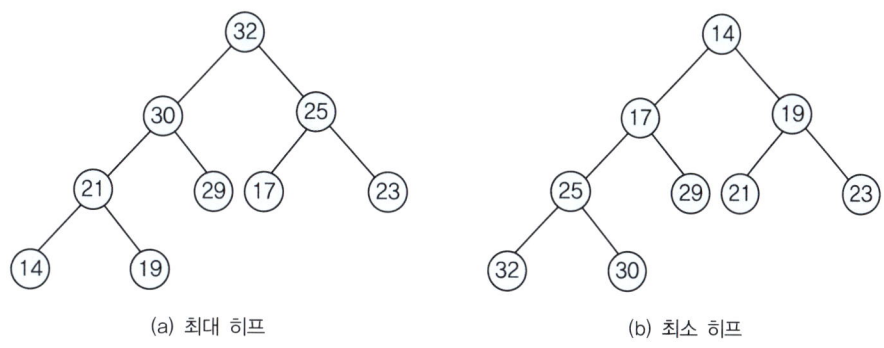

(a) 최대 히프　　　　　　　　　　　　(b) 최소 히프

[그림 5-46] 히프의 예

다음은 히프의 추상 자료형이다.

> **히프의 추상 자료형**
> - 데이터 : 원소 n개로 구성된 완전 이진 트리로서 각 노드의 킷값은 자식 노드의 킷값보다 크거나 같다 (부모 노드의 킷값 ≥ 자식 노드의 킷값).
> - 연산
>   ① create_heap() : 공백 히프를 생성한다.
>   ② is_empty(heap) : 히프가 공백인지 검사한다.
>   ③ insert_heap(heap, item) : 히프의 적당한 위치에 원소(item)를 삽입한다.
>   ④ delete_heap(heap) : 히프에서 킷값이 가장 큰 원소를 삭제하고 반환한다.

create_heap()은 공백 히프를 생성하는 연산이다. is_empty(heap)은 히프가 공백인지 검사하는 연산이다. insert_heap(heap, item)는 히프의 적당한 위치에 원소(item)를 삽입하는 연산이다. 최대 히프인지 최소 히프인지에 따라 삽입되는 위치는 달라질 수 있다. delete_heap(heap)는 히프에서 가장 큰 원소를 삭제하고 반환하는 연산이다.

> **더 알아두기**
> 히프 트리에서는 중복된 값을 허용하지만 이진 탐색 트리에서는 중복된 값을 허용하지 않는다.

2 우선순위 큐 종요

큐는 여러 개의 데이터를 저장할 수 있으며 선입 선출(FIFO)의 원칙에 의해 먼저 들어온 데이터가 먼저 나가는 자료구조이다. 컴퓨터에서 어떤 작업을 수행하는 경우 특정 작업이 다른 작업보다 먼저 처리되어야 하는 것과 같은 우선순위의 개념이 필요할 때가 있다. 스택과 큐에는 들어있는 데이터들의 우선순위가 없다. 스택에서는 가장 먼저 들어간 데이터가 가장 늦게 나오고, 큐에서는 가장 먼저 들어간 데이터가 가장 먼저 나오게 된다.

[표 5-3] 스택, 큐, 우선순위 큐 비교

자료구조	삭제되는 항목
스택	가장 최근에 들어온 데이터
큐	가장 먼저 들어온 데이터
우선순위 큐	가장 우선순위가 높은 데이터

우선순위 큐(priority queue)는 우선순위 개념을 큐에 도입한 자료구조이다. 우선순위 큐는 우선순위를 가진 항목들을 저장하는 큐이며 각 항목은 우선순위를 갖는다. 우선순위 큐에서는 데이터가 입력된 순서와는 상관없이 우선순위가 높은 데이터가 가장 먼저 처리된다. 즉, 추출되는 데이터는 제일 먼저 들어왔던 게 아니라 현재 우선순위 큐 안에서 우선순위가 가장 높은 데이터가 된다.

> **더 알아두기**
>
> **우선순위 큐의 개념**
> - FIFO나 LIFO 순서가 아니라 우선순위가 높은 데이터가 먼저 나감
> - 가장 일반적인 큐로 스택이나 큐를 우선순위 큐로 구현할 수 있음
> - 최소 우선순위 큐, 최대 우선순위 큐로 구분됨

우선순위 큐는 배열이나 연결 리스트 등으로 구현할 수 있는데 가장 효율적인 구조는 히프이다. 루트 노드가 최댓값인 우선순위 큐를 최대 히프라고 하고 최솟값인 우선순위 큐를 최소 히프라고 한다. 우선순위 큐에서 높은 우선순위를 가진 항목은 낮은 우선순위를 가진 항목보다 먼저 처리된다. 만약 두 항목이 같은 우선순위를 가진다면 큐에서 그 항목들의 순서에 의해 처리된다. 우선순위 큐는 시뮬레이션 시스템, 네트워크 트래픽 제어, 운영체제에서의 작업 스케쥴링 등과 같이 컴퓨터의 여러 분야에서 응용되고 있다.

> **더 알아두기**
>
> **우선순위 큐의 구현 방법**
> - 배열을 이용한 우선순위 큐
> - 연결 리스트를 이용한 우선순위 큐
> - 히프를 이용한 우선순위 큐

다음은 우선순위 큐의 추상 자료형이다.

> **우선순위 큐의 추상 자료형**
> - 데이터 : n개의 우선순위를 가진 항목들의 모임
> - 연산
>   ① create() : 우선순위 큐를 생성한다.
>   ② init(q) : 우선순위 큐 q를 초기화한다.
>   ③ is_empty(q) : 우선순위 큐 q가 비어 있는지를 검사한다.
>   ④ is_full(q) : 우선순위 큐 q가 가득 찼는가를 검사한다.
>   ⑤ insert(q, x) : 우선순위 큐 q에 항목 x를 추가한다.
>   ⑥ delete(q) : 우선순위 큐로부터 가장 우선순위가 높은 항목을 삭제하고 이 항목을 반환한다.
>   ⑦ find(q) : 우선순위가 가장 높은 항목을 반환한다.

create()는 우선순위 큐를 생성하는 연산이다. is_empty()는 우선순위 큐가 비어 있는지를 검사하고 is_full()은 우선순위 큐가 가득 찼는지를 검사한다. insert()는 우선순위 큐에 새로운 항목을 추가하는 연산이고 delete()는 우선순위 큐에서 우선순위가 가장 높은 항목을 삭제하는 연산이다.

3 최대 히프에서의 삽입 〔중요〕〔기출〕

히프는 완전 이진 트리의 형태가 되어야 하므로 새로운 요소가 들어오면 일단 현재의 마지막 노드의 다음 자리를 확장하여 자리를 만들고 새로운 요소를 임시로 저장한다. 그런 다음 새로운 노드를 부모 노드들과 교환해서 히프의 성질을 만족하도록 재구성한다. 히프에서의 삽입 연산은 다음과 같은 과정을 거친다.

(1) 1단계

완전 이진 트리를 유지하면서 노드를 확장하여 삽입할 원소를 임시저장한다. 노드가 n개인 완전 이진 트리에서 다음 노드의 확장 자리는 n + 1번의 노드가 된다. n + 1번 자리에 노드를 확장하고 그 자리에 삽입할 원소를 임시저장한다.

(2) 2단계

만들어진 완전 이진 트리 내에서 삽입 원소의 제자리를 찾는다. 현재 위치에서 부모 노드와 비교하여 크기 관계를 확인한다. {현재 부모 노드의 킷값 ≥ 삽입 원소의 킷값}의 관계가 성립하지 않으면 현재 부모 노드의 원소와 삽입 원소의 자리를 서로 바꾼다.

예를 들어 [그림 5-47]과 같이 최대 히프에서 17을 삽입하는 연산에 대해 살펴보자. 일단 완전 이진 트리를 유지하면서 노드를 확장하여 임시저장해야 한다. [그림 5-47]의 트리는 노드가 6개이므로 다음 노드의 확장 자리는 7번의 노드가 된다. 일단 7번 노드에 17을 임시로 저장한 후 부모 노드와 크기를 비교하여 최대 히프의 성질을 만족하는지 확인한다. 부모 노드 19는 새로 삽입한 노드 17보다 크므로 최대 히프의 성질을 만족한다. 따라서 현재 삽입한 7번째 위치를 노드 17의 자리로 확정하면 된다.

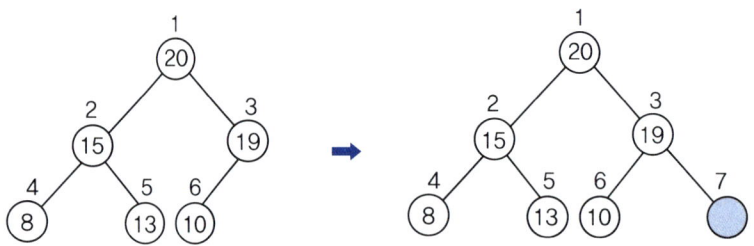

(a) 삽입 전의 히프　　　　　　(b) 1단계: 완전 이진 트리의 다음 자리인 7번 노드 확장

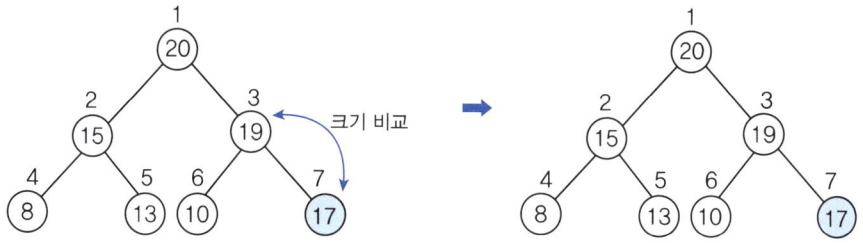

(c) 2단계: 삽입 원소 17의 자리 확정

[그림 5-47] 최대 히프에서의 삽입 연산(원소 17 삽입하기)

같은 방법으로 [그림 5-48]과 같이 최대 히프에서 23을 삽입하는 연산에 대해 살펴보자. 일단 노드를 확장하여 삽입할 원소를 임시저장해야 하므로 7번 노드에 23을 임시로 저장한다. 그런 다음 부모 노드의 킷값 19와 크기를 비교하여 최대 히프의 성질을 만족하는지 확인한다. 부모 노드의 킷값 19는 새로 삽입한 노드의 킷값 23보다 작으므로 최대 히프의 성질에 위배된다. 따라서 현재 삽입한 노드 23과 부모 노드 19의 자리를 바꿔준다. 노드 19의 자리로 이동한 노드 23은 이제 새로운 부모 노드인 20과 크기를 비교한다. 23은 20보다 크므로 최대 히프의 성질을 만족하지 않으므로 노드 23과 노드 20의 자리를 바꿔준다. 이렇게 하여 삽입 연산은 최종 완료된다.

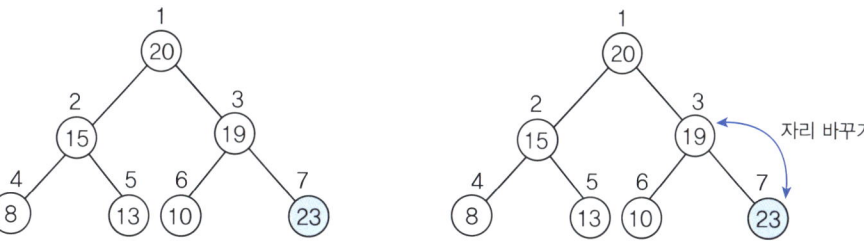

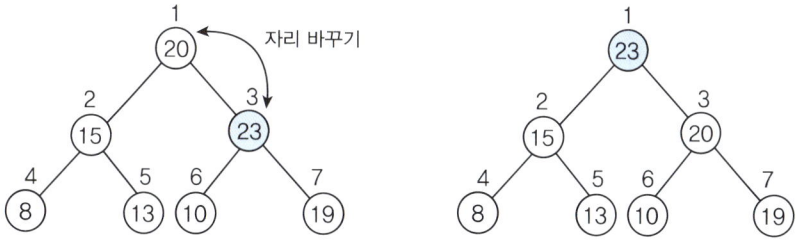

[그림 5-48] 최대 히프에서의 삽입 연산(원소 23 삽입하기)

배열을 이용하여 최대 히프에서의 노드를 삽입하는 알고리즘은 다음과 같다.

> **최대 히프의 노드 삽입 알고리즘**
> ```
> insert_heap(heap, item)
>    if (n = heapSize) then heapFull();
>    n = n + 1;   /* 히프의 크기를 하나 증가시켜 노드 확장 */
>    for (i = n;;) {
>       if (i = 1) then exit;
>       if (item ≤ heap[⌊i / 2⌋ ]) then exit;  /* 부모 노드 이하이면 반복문 나감 */
>       heap[i] = heap[⌊i / 2⌋ ];   /* 부모 노드보다 크면 부모를 현재 위치에 저장 */
>       i = ⌊i / 2⌋ ;               /* ⌊i / 2⌋ 을 삽입 위치로 하여 반복문 수행 */
>    }
>    heap[i] = item;  /* 찾은 위치에 새로운 item 저장하고 삽입 연산 종료 */
> end insert_heap()
> ```

히프에 새로운 노드를 삽입하려면 n = n + 1과 같이 일단 현재 히프의 크기를 하나 증가시켜서 노드 위치를 확장해야 한다. 그런 다음 item ≤ heap[⌊i / 2⌋]와 같이 삽입할 원소 item이 부모 노드인 heap[i / 2]보다 작거나 같은지 비교한다. 이를 만족하면 자리바꿈이 일어나지 않고 현재의 삽입 위치에 item을 삽입한다. 그런데 삽입할 item이 부모 노드보다 크면 최대 히프의 성질이 위배되므로 자리바꿈을 하기 위해 heap[i] = heap[⌊i / 2⌋]를 수행한다. 즉, 부모 노드를 현재 위치에 저장한다. ⌊i / 2⌋을 삽입 위치 i로 하여 반복문 수행한다. 이러한 과정을 거쳐 최대 히프의 재구성 작업이 완성되면 삽입 연산을 종료한다.

4 최대 히프에서의 삭제 종요

최대 히프에서 삭제하는 연산은 최댓값을 가진 요소를 삭제하는 것이다. 최대 히프에서는 루트 노드가 최댓값이 되므로 루트 노드가 삭제된다. 만약 최소 히프에서 삭제 연산을 한다면 최솟값을 가진 원소를 삭제하게 되는데 역시 루트 노드가 삭제된다. 삽입 연산과 마찬가지로 삭제 연산 후에도 히프의 성질을 만족해야 하므로 히프를 재구성해야 한다. 즉, 완전 이진 트리가 되어야 하고 노드의 킷값에 대한 히프의 조건이 유지되도록 노드를 교환해야 한다. 히프에서의 삭제 연산은 다음과 같은 과정을 거친다.

(1) 1단계

루트 노드의 원소를 삭제하여 반환한다.

(2) 2단계

루트 노드가 삭제되어 원소가 하나 줄었으므로 완전 이진 트리로 조정한다. 노드가 n개인 완전 이진 트리에서 노드 수 n - 1개의 완전 이진 트리가 되기 위해서 마지막 노드인 n번 노드를 삭제한다. 삭제된 n번 노드에 있던 원소는 비어있는 루트 노드에 임시저장한다.

(3) 3단계

완전 이진 트리 내에서 임시저장된 원소의 제자리를 찾는다. 현재 위치에서 자식 노드와 비교하여 크기 관계를 확인한다. {임시저장 원소의 킷값 ≥ 현재 자식 노드의 킷값}의 관계가 성립하지 않으면 현재 자식 노드의 원소와 임시저장 원소의 자리를 서로 바꾼다.

예를 들어 [그림 5-49]와 같이 최대 히프에서 삭제하는 연산에 대해 살펴보자. 전체 노드가 6개인 최대 히프에서 루트 노드를 삭제하면 전체 노드의 개수가 하나 줄어 노드가 5개인 완전 이진 트리가 되어야 한다. 따라서 맨 마지막 노드를 제거해야 하는데 이때 마지막 노드의 원소 10은 비어있는 루트 노드에 임시로 저장한다. 이제 최대 히프가 되도록 노드들을 조정해야 한다. 일단 루트 노드로 옮긴 원소 10과 현재 위치의 왼쪽 자식 노드 19와 오른쪽 자식 노드 15의 크기를 비교하여 가장 큰 원소 19가 부모 노드가 되도록 자리를 바꿔준다. 자리바꿈이 일어났으므로 다시 최대 히프의 조건을 만족하는지 검사해야 한다. 옮겨진 노드의 킷값 10과 현재 위치에서의 왼쪽과 오른쪽 자식 노드의 킷값 8과 13을 다시 비교하는데 자식 노드의 킷값 13이 크므로 노드 10과 자리를 바꾼다. 더는 자식이 없으므로 현재의 자리는 노드 10의 자리로 확정되고 삭제 연산은 최종 완료된다.

① 루트 노드의 원소 삭제

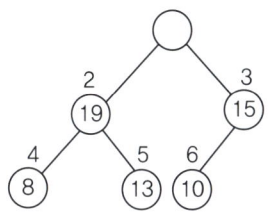

② 마지막 노드 삭제 후 원소를 루트로 이동

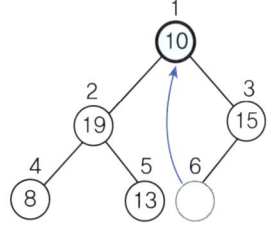

③ (삽입 노드 10 < 자식 노드 19)이므로 자리 바꾸기

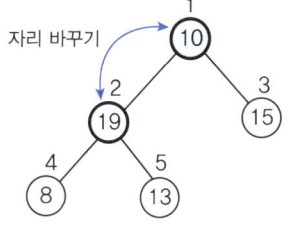

④ (삽입 노드 10 < 자식 노드 13)이므로 자리 바꾸기

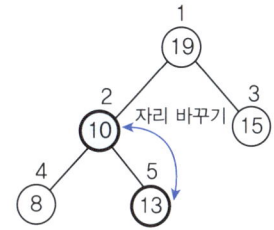

⑤ 자리 확정

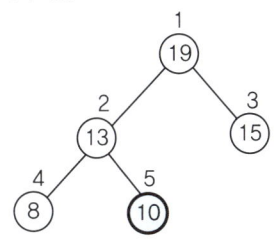

[그림 5-49] 최대 히프에서의 삭제 연산(루트 원소 삭제)

최대 히프에서 노드를 삭제하는 알고리즘은 다음과 같다.

> **최대 히프의 노드 삭제 알고리즘**
>
> ```
> delete_heap(heap)
>    if (n = 0) then return error;
>    item = heap[1];   /* 루트 노드를 item에 저장 */
>    temp = heap[n];   /* 마지막 노드를 temp에 임시저장 */
>    n = n - 1;   /* 원소의 개수 하나 감소시킴 */
>    i = 1;       /* temp의 임시저장 위치 i는 루트 노드의 자리인 1번이 됨 */
>    j = 2;
>    while (j ≤ n) {
>       if (j < n) then
>          if (heap[j] < heap[j + 1]) then j = j + 1;  /* 왼쪽과 오른쪽 자식의 크기 비교*/
>       if (temp ≥ heap[j]) then exit;
>       heap[i] = heap[j];
>       i = j;
>       j = j * 2;
>    }
>    heap[i] = temp;  /* 찾은 위치에 temp 저장하여 최대 히프 재구성 완성 */
>    return item;     /* item을 반환 */
> end delete_heap()
> ```

히프에 새로운 노드를 삭제하려면 일단 item = heap[1]과 같이 루트 노드 heap[1]을 item에 저장한다. 그런 다음 temp = heap[n]과 같이 마지막 노드의 원소 heap[n]을 temp에 임시저장한다. 마지막 노드가 삭제되었으므로 n = n - 1과 같이 원소의 개수를 하나 감소시킨다.

마지막 노드의 원소였던 temp의 임시저장 위치 i는 루트 노드의 자리인 1번이 된다. 현재 저장 위치에서 자식 노드 heap[j]와 heap[j + 1] 중에서 킷값이 큰 자식 노드의 킷값과 temp를 비교하여 temp가 크거나 같으면 현재 위치가 temp의 자리가 된다. 만약 temp가 자식 노드보다 작으면 자식 노드와 자리를 바꾸고 다시 반복하여 temp의 자리를 찾는다. 이와 같은 과정으로 최대 히프의 재구성 작업을 완성하고 루트 노드에 저장한 item을 반환하면 삭제 연산은 종료된다.

> **더 알아두기**
>
> 히프에 어떤 원소들을 다 넣고 pop을 하면 정렬된 순서로 원소들이 빠져나오게 되는데 이걸 사용하는 정렬을 히프 정렬(heap sort)이라고 한다. 히프 정렬이 최대로 유용한 경우는 전체 자료를 정렬하는 것이 아니라 가장 큰 값 몇 개만 필요한 경우이다.

제9절 이진 탐색 트리 〈중요〉

1 소개

이진 트리는 트리를 효율적으로 구현하고 사용하기 위하여 정의한 것이다. 이진 탐색 트리(binary search tree)는 이진 트리를 탐색용 자료구조로 사용하기 위해 원소 크기에 따라 노드 위치를 정의한 것이다. 이진 트리 구조를 가진 이진 탐색 트리는 임의의 키를 가진 원소를 삽입, 삭제, 탐색하는데 효율적인 자료구조이다. 탐색은 컴퓨터 응용 프로그램에서도 많이 사용되며 가장 시간이 오래 걸리는 작업 중의 하나이다. 따라서 탐색을 효율적으로 수행하는 것은 무척 중요하다. 일상생활에서도 탐색을 많이 사용하는데 전화번호부에서 특정 전화번호를 찾거나 사전에서 어떤 단어를 찾을 때도 탐색이 사용된다. 이처럼 탐색은 여러 자료 속에서 필요한 자료를 찾아내는 것을 의미한다.

> **더 알아두기**
>
> **탐색**
> 사전에서 search라는 단어를 찾는 과정을 생각해 보자. search의 맨 앞 영문자 s는 o보다 뒤에 있으므로 o를 기준으로 사전의 뒷부분을 먼저 펼칠 것이다. 또한, s는 x보다는 앞부분에 있으므로 o와 x의 중간 부분을 펼칠 것이다. 이처럼 사전에서 단어를 찾을 때도 나름의 기준이 있다. 이렇게 어떤 기준에 따라 정확하게 어떤 원소를 찾아가는 과정을 탐색이라 한다.

탐색은 레코드(record)의 집합에서 특정한 레코드를 찾아내는 작업을 의미한다. 레코드는 하나 이상의 필드(field)로 구성된다. 예를 들면 학생의 레코드는 이름, 전공, 주소, 학번 등의 필드들로 구성된다. 일반적으로 레코드의 집합을 테이블(table)이라고 한다. 여러 자료 속에서 특정한 자료를 찾는 탐색을 하려면 해당 자료를 식별할 수 있는 유일한 값이 필요한데 이것을 키(key)라고 한다. 레코드들은 보통 키에 해당하는 하나의 필드에 의해 서로 구별된다. 예를 들어 많은 학생의 명단에서 특정 학생을 찾고자 할 때 그 사람을 유일하게 식별할 수 있는 주민등록번호나 학번 등을 사용할 수 있다. 이때 주민등록번호나 학번이 탐색 키가 된다. 일반적으로 각각의 키는 다른 키와 중복되지 않는 고유한 값을 가져야 한다. 그래야 이 키를 사용하여 각각의 레코드를 구별할 수 있게 된다. 이진 탐색 트리는 다음과 같이 정의할 수 있다.

> **이진 탐색 트리의 정의**
> - 모든 노드는 서로 다른 유일한 킷값을 갖는다.
> - 임의의 노드의 킷값은 왼쪽 서브 트리의 킷값보다 크다.
> - 임의의 노드의 킷값은 오른쪽 서브 트리의 킷값보다 작다.
> - 왼쪽 서브 트리와 오른쪽 서브 트리도 이진 탐색 트리이다.

이진 탐색 트리의 각 노드는 킷값을 하나씩 가지며 각 노드의 킷값은 모두 달라야 한다. 최상위 레벨에는 루트 노드가 있고 각 노드는 최대 두 개의 자식 노드를 갖는다. [그림 5-50]과 같이 임의의 노드의 킷값은 자신의 왼쪽 서브 트리의 모든 노드의 킷값보다 크고 오른쪽 서브 트리의 모든 노드의 킷값보다 작아야 한다.

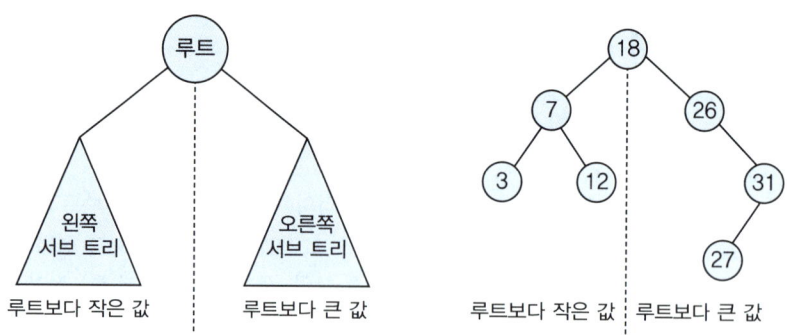

[그림 5-50] 이진 탐색 트리

[그림 5-51]은 이진 탐색 트리의 예이다. [그림 5-51]의 (a)에서 루트 노드는 킷값이 30인 노드이다. 루트 노드를 기준으로 왼쪽 서브 트리에 있는 노드들 즉, 노드 20, 10, 25는 루트 노드 30보다 작다. 또한, 루트 노드를 기준으로 오른쪽 서브 트리에 있는 노드 40, 35, 45는 모두 루트 노드 30보다 크다. [그림 5-51]의 (b)는 킷값이 40인 노드가 루트 노드이다. 마찬가지로 루트 노드의 왼쪽에는 40보다 작은 값들이, 오른쪽에는 40보다 큰 값들이 위치한다.

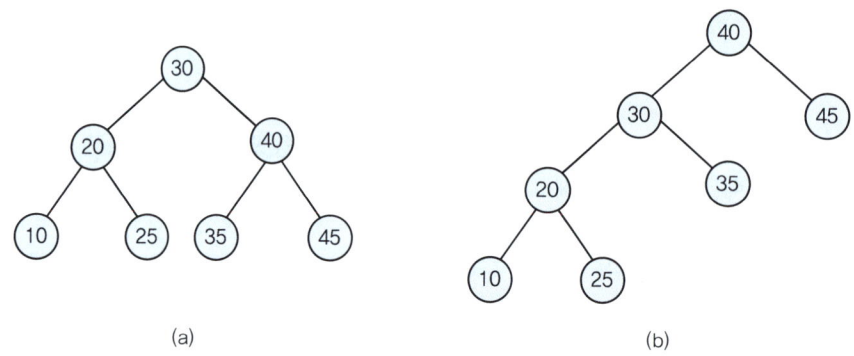

[그림 5-51] 이진 탐색 트리의 예

> **더 알아두기**
>
> **이진 탐색 트리**
> - 노드가 가지는 데이터의 내용에 대한 기준에 따라 노드의 위치를 탐색할 수 있는 트리
> - 왼쪽 서브 트리의 킷값 〈 루트 노드의 킷값 〈 오른쪽 서브 트리의 킷값

2 이진 탐색 트리의 탐색 [중요] [기출]

이진 탐색 트리에서 키가 x인 노드를 탐색하는 경우를 생각해 보자. 만약 트리에 키가 x인 노드가 존재하면 탐색은 성공하고 존재하지 않으면 탐색은 실패하게 된다. 탐색은 항상 루트 노드에서 시작하므로 먼저 킷값 x와 루트 노드의 킷값을 비교하는데 다음과 같은 3가지 경우가 있다.

> [중요]
> - (킷값 x = 루트 노드의 킷값)인 경우 : 원하는 원소를 찾았으므로 탐색 연산 성공
> - (킷값 x < 루트 노드의 킷값)인 경우 : 루트 노드의 왼쪽 서브 트리에 대해서 탐색 연산 수행
> - (킷값 x > 루트 노드의 킷값)인 경우 : 루트 노드의 오른쪽 서브 트리에 대해서 탐색 연산 수행

이진 탐색 트리의 왼쪽 서브 트리와 오른쪽 서브 트리도 역시 이진 탐색 트리이다. 따라서 서브 트리에 대해서도 이러한 탐색 연산을 반복한다. [그림 5-52]의 (a)는 이진 탐색 트리에서의 원소 11을 찾는 탐색 과정을 보인 예이다. 먼저 루트 노드의 킷값 8과 찾고자 하는 킷값 11을 비교하는데 11이 8보다 크므로 루트 노드의 오른쪽 서브 트리를 탐색한다. 오른쪽 서브 트리의 노드 킷값 10과 찾고자 하는 11과 비교하는데 11이 10보다 크므로 노드 10의 오른쪽 서브 트리를 탐색한다. 오른쪽 서브 트리의 노드의 킷값 14와 찾고자 하는 킷값 11을 비교하여 11이 더 작으므로 왼쪽 서브 트리 탐색한다. 왼쪽 서브 트리의 노드의 킷값 11과 찾고자 하는 킷값 11을 비교하여 같으므로 탐색이 성공한다. [그림 5-52]의 (b)는 이진 탐색 트리에서 찾고자 하는 킷값 13을 탐색하는 과정을 보인 예이다. 먼저 루트 노드의 킷값 8과 찾고자 하는 킷값 13을 비교하는데 13이 8보다 크므로 루트 노드의 오른쪽 서브 트리를 탐색한다. 오른쪽 서브 트리의 노드 킷값 10과 찾고자 하는 13과 비교하는데 13이 10보다 크므로 노드 10의 오른쪽 서브 트리를 탐색한다. 오른쪽 서브 트리의 노드의 킷값 14와 찾고자 하는 킷값 13을 비교하여 13이 더 작으므로 왼쪽 서브 트리를 탐색한다. 왼쪽 서브 트리의 노드의 킷값 11과 13을 비교하여 13이 더 크므로 오른쪽 서브 트리를 탐색해야 하는데 더 이상 자식 노드가 존재하지 않으므로 탐색은 실패한다.

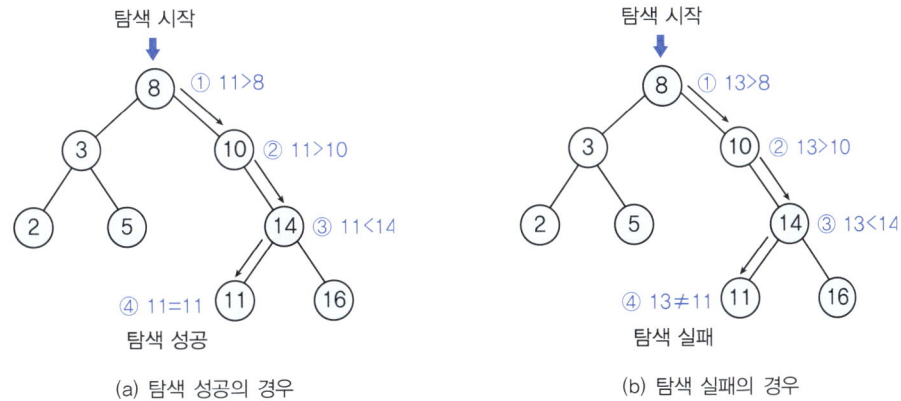

(a) 탐색 성공의 경우   (b) 탐색 실패의 경우

[그림 5-52] 이진 탐색 트리에서 탐색 성공과 탐색 실패의 경우

이진 탐색 트리에서 노드를 탐색하는 알고리즘은 다음과 같다.

> **이진 탐색 트리의 탐색 알고리즘**
> ```
> searchbst(bst, x)
>     p = bst;            /* 이진 탐색 트리를 포인터 p로 지정 */
>     if (p = NULL) then  /* 이진 탐색 트리가 공백인 경우 */
>         return NULL;
>     if (x = p→key) then /* 탐색 키가 현재 트리의 루트 킷값과 같은 경우 */
>         return p;
>     if (x < p→key) then /* 탐색 키가 현재 트리의 루트 킷값보다 작은 경우 */
>         return searchbst(p→rleft, x);
>     else                /* 그 이외의 경우 */
>         return searchbst(p→right, x);
> end searchbst()
> ```

탐색 알고리즘에서 bst는 이진 탐색 트리를 의미하고 x는 찾고자 하는 탐색 킷값이다. 주어진 이진 탐색 트리가 공백이면 NULL을 반환한다. 찾고자 하는 탐색 킷값 x와 p→key가 같으면 원하는 키를 찾았으므로 p를 반환하고 탐색을 종료한다. 만약 찾고자 하는 킷값 x가 p→key보다 작으면 p의 왼쪽 서브 트리에서 이진 탐색 트리의 탐색 과정을 반복한다. 찾고자 하는 킷값 x가 p→key보다 큰 경우에는 p의 오른쪽 서브 트리에서 이진 탐색 트리의 탐색 과정을 반복한다.

3 이진 탐색 트리에 대한 삽입 중요 기출

이진 탐색 트리에서는 중복된 킷값을 갖는 노드를 허용하지 않는다. 따라서 이진 탐색 트리에 새로운 원소를 삽입하려면 이진 탐색 트리에 같은 원소가 있는지를 먼저 탐색해야 한다. 만약 새로 삽입하려는 원소와 같은 값이 이미 이진 탐색 트리에 존재한다면 삽입 연산은 불가능하다. 즉, 이진 탐색 트리에서 탐색 연산을 수행하여 성공하면 이미 같은 원소가 트리에 있다는 의미이므로 삽입 연산을 수행하지 않는다. 실패하면 삽입하려는 원소가 트리에 없다는 의미이므로 탐색 실패가 발생한 현재 위치에 원소를 삽입한다.

> **더 알아두기**
>
> **이진 탐색 트리의 삽입 연산**
> ① 먼저 탐색 연산을 수행한다. 삽입할 원소와 같은 원소가 트리에 있으면 삽입할 수 없으므로 같은 원소가 트리에 있는지 탐색하여 확인한다. 탐색에서 탐색 실패가 결정되는 위치가 삽입 원소의 자리가 된다.
> ② 탐색이 실패한 위치에 원소를 삽입한다.

[그림 5-53]은 이진 탐색 트리에서 원소 4를 삽입하는 과정을 보인 예이다. 삽입 연산을 하기 전에 먼저 탐색을 수행하여야 한다. 먼저 찾는 킷값 4를 이진 탐색 트리의 루트 노드의 킷값 8과 비교하는데 찾는 킷값 4가 노드의 킷값 8보다 작으므로 루트 노드의 왼쪽 서브 트리를 탐색한다. 왼쪽 서브 트리의 노드의 킷값 3이 찾는 킷값 4보다 작으므로 오른쪽 서브 트리를 탐색한다. 오른쪽 서브 트리의 노드의 킷값 5가 찾는 킷값 4보다 크므로 왼쪽 서브 트리를 탐색해야 하는데 왼쪽 자식 노드가 없으므로 탐색에 실패하게 된다. 즉, 이진 탐색 트리에 4와 같은 킷값을 갖는 노드는 존재하지 않으므로 정상적인 삽입이 가능하다는 의미이다. 탐색이 실패한 위치인 왼쪽 자식 노드의 위치가 삽입할 자리가 된다. 따라서 노드 5의 왼쪽 자식 노드 위치에 노드 4를 삽입한다.

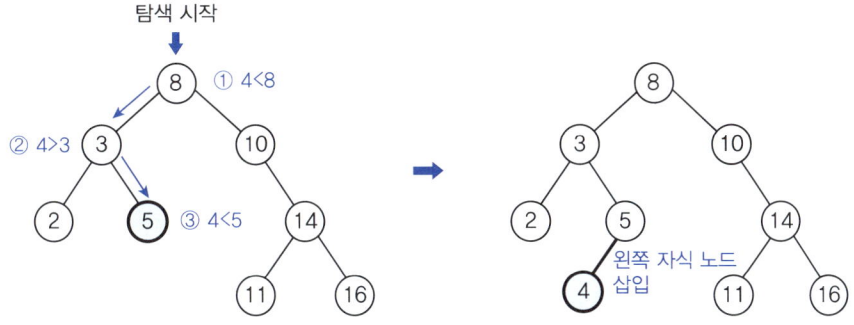

[그림 5-53] 이진 탐색 트리의 삽입 과정

이진 탐색 트리에서 노드를 삽입하는 알고리즘은 다음과 같다.

📘 **이진 탐색 트리의 삽입 알고리즘**

```
insertbst(bst, x)
   p = bst;
   while (p ≠ NULL) {
      if (x = p→key) then return;
      q = p;
      if (x < p→key) then p = p→left;
      else p = p→right;
   }
   new = getNode();
   new→key = x;
   new→left = NULL;
   new→right = NULL;

   if (bst = NULL) then bst = new;
   else if (x < q→key) then q→left = new;
   else q→right = new;
   return;
end insertbst()
```

삽입 알고리즘에서는 먼저 삽입할 노드를 탐색하고 getNode()를 통해 삽입할 노드 new를 생성한 다음 삽입 노드를 연결한다. 이진 탐색 트리의 모양은 원소들이 삽입되는 순서에 따라 결정된다. [그림 5-54]는 30, 20, 25, 40, 10, 35의 순서로 원소가 삽입되는 경우, 이진 탐색 트리가 만들어지는 과정을 보여준다. 맨 처음 아무것도 없는 상태에서 30이 삽입되면 [그림 5-54]의 (a)와 같이 30 하나만으로 이루어진 트리가 만들어진다. 20이 입력되면 30보다 작으므로 [그림 5-54]의 (b)와 같이 30의 왼쪽에 삽입된다. 25가 삽입되면 30보다 작으므로 30의 왼쪽으로 이동한다. 20보다 크므로 [그림 5-54]의 (c)와 같이 20의 오른쪽에 삽입한다. 40이 입력되면 30보다 크므로 [그림 5-54]의 (d)와 같이 30의 오른쪽에 삽입된다. 나머지에 대해서도 이와 같은 방법으로 삽입하면 [그림 5-54]의 (f)와 같이 완성된다.

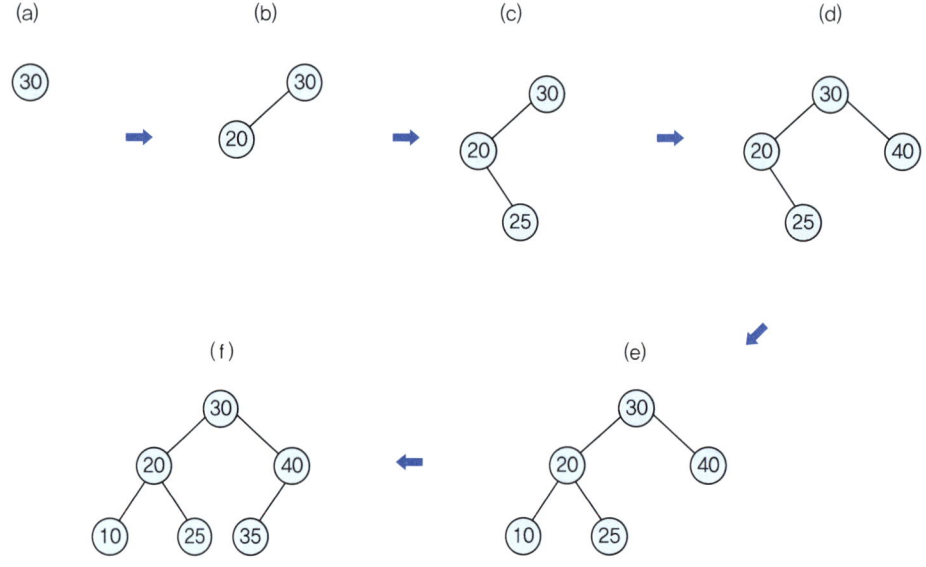

[그림 5-54] 이진 탐색 트리의 삽입 과정

4 이진 탐색 트리에서의 삭제 중요

이진 탐색 트리에서 노드를 삭제하려면 삽입할 때와 마찬가지로 먼저 삭제할 노드의 위치를 탐색해야 한다. 삭제하려는 킷값이 트리 안에 어디 있는지를 알아야 삭제할 수 있다. 노드를 삭제하는 것은 이진 탐색 트리에서 가장 복잡한 연산이다. 왜냐하면, 노드를 삭제한 후에도 이진 탐색 트리를 유지하도록 트리를 재구성해야 하기 때문이다.

> **더 알아두기**
>
> **이진 탐색 트리의 삭제 연산**
> ① 먼저 탐색 연산을 수행한다. 삭제할 노드의 위치를 알아야 하므로 트리를 탐색한다.
> ② 탐색하여 찾은 노드를 삭제한다. 노드를 삭제한 후에도 이진 탐색 트리가 유지되어야 하므로 삭제 노드가 어떤 경우냐에 따라 이진 탐색 트리를 재구성하는 작업이 필요하다.

노드를 탐색하였으면 다음의 3가지 경우를 고려해야 한다.

> ① 삭제할 노드가 단말 노드인 경우(차수 = 0)
> ② 삭제할 노드가 하나의 자식 노드를 가진 경우(차수 = 1)
> ③ 삭제할 노드가 두 개의 자식 노드를 가진 경우(차수 = 2)

(1) 삭제하려는 노드가 단말 노드일 경우(차수 = 0)

삭제하려는 노드가 단말 노드일 경우 단말 노드는 자식 노드를 갖지 않으므로 가장 쉽게 할 수 있다. 먼저 단말 노드를 삭제하고 부모 노드를 찾아서 링크 필드를 NULL로 설정하여 연결을 끊어주면 된다. [그림 5-55]와 같이 단말 노드 4를 삭제하려면 일단 단말 노드 4를 삭제한 후 부모 노드인 노드 5의 연결을 끊어주면 된다.

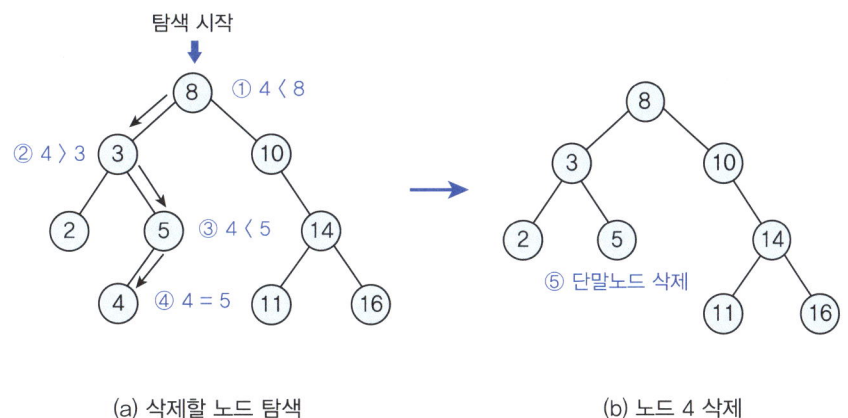

[그림 5-55] 이진 탐색 트리에서 단말 노드 4를 삭제

(2) 삭제하려는 노드가 하나의 서브 트리만 가진 경우(차수 = 1)

삭제되는 노드가 왼쪽이나 오른쪽 서브 트리 중 하나만 갖고 있을 때 그 노드는 삭제하고 서브 트리를 부모 노드가 가리키도록 하면 된다. [그림 5-56]과 같이 노드 10을 삭제하려면 먼저 삭제할 노드 10을 탐색해야 한다. 탐색한 후 노드 10을 삭제하고 자식 노드 14를 이동시켜 트리를 재구성하면 된다.

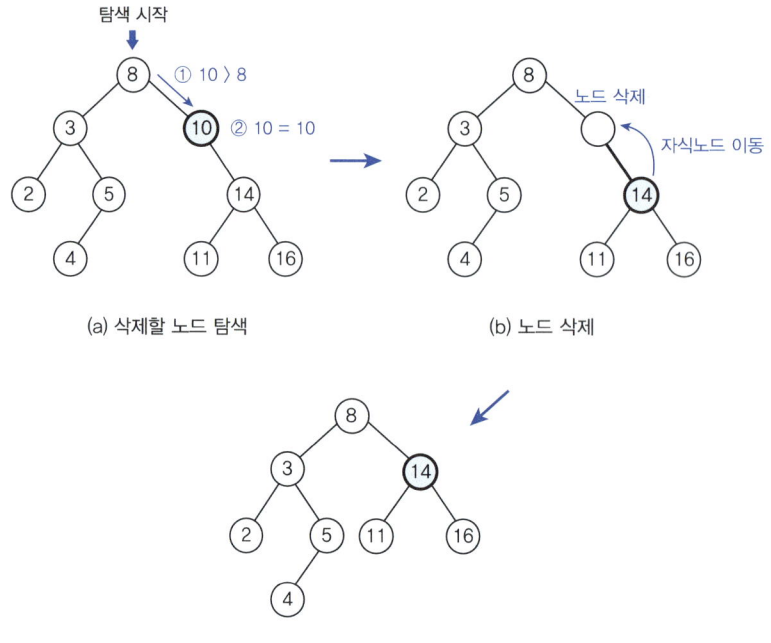

[그림 5-56] 이진 탐색 트리에서 자식 노드가 하나인 노드 10을 삭제

(3) 삭제하려는 노드가 두 개의 서브 트리를 가진 경우(차수 = 2)

삭제하려는 노드가 두 개의 서브 트리를 가진 경우 노드를 삭제하면 자식 노드들은 트리에서 연결이 끊어지게 된다. 노드가 삭제된 후에도 이진 탐색 트리가 유지되어야 하므로 트리를 재구성해야 한다. 자손 노드 중에 삭제한 노드의 자리에 들어올 노드를 선택해야 한다. 이때 삭제 노드와 가장 비슷한 값을 가진 노드를 삭제 노드 위치로 가져와야 한다. 삭제 노드와 가장 비슷한 값을 가진 노드는 [그림 5-57]과 같이 왼쪽 서브 트리에서 가장 큰 킷값을 가진 노드이거나 오른쪽 서브 트리에서 가장 작은 킷값을 가진 노드이다.

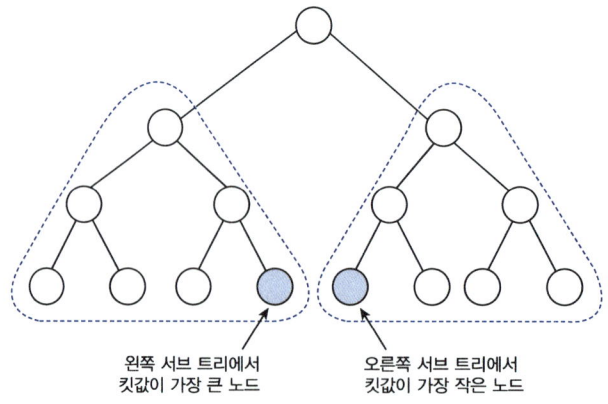

[그림 5-57] 삭제할 노드의 자리에 올 수 있는 자손 노드

삭제 노드의 위치로 올 수 있는 노드를 선택하는 방법은 다음과 같다.

> (방법1) 왼쪽 서브 트리에서 가장 큰 킷값을 갖는 노드 선택
> (방법2) 오른쪽 서브 트리에서 가장 작은 킷값을 갖는 노드 선택

왼쪽 서브 트리에서 가장 큰 킷값을 갖는 노드를 선택하는 방법은 왼쪽 서브 트리의 오른쪽 링크를 계속 따라가다가 오른쪽 링크 필드가 NULL인 노드의 가장 오른쪽에 있는 노드를 삭제 노드의 위치로 이동시키면 된다. 오른쪽 서브 트리에서 가장 작은 킷값을 갖는 노드를 선택하는 방법은 오른쪽 서브 트리에서 왼쪽 링크를 계속 따라가다가 왼쪽 링크 필드가 NULL인 노드의 가장 왼쪽에 있는 노드를 삭제 노드의 위치로 이동시키면 된다. [그림 5-58]과 같이 루트 노드 8을 삭제하는 경우 왼쪽 서브 트리 중 가장 큰 킷값인 노드 5가 삭제한 노드인 루트 노드 자리에 올 수 있다. 또는 오른쪽 서브 트리 중 가장 작은 킷값인 노드 10이 삭제한 노드인 루트 노드 자리에 올 수 있다. 둘 중 어느 것을 선택해도 된다. 이진 탐색 트리에서 노드를 삭제한 후에는 이진 탐색 트리가 유지하도록 트리를 재구성하는 작업이 필요하다.

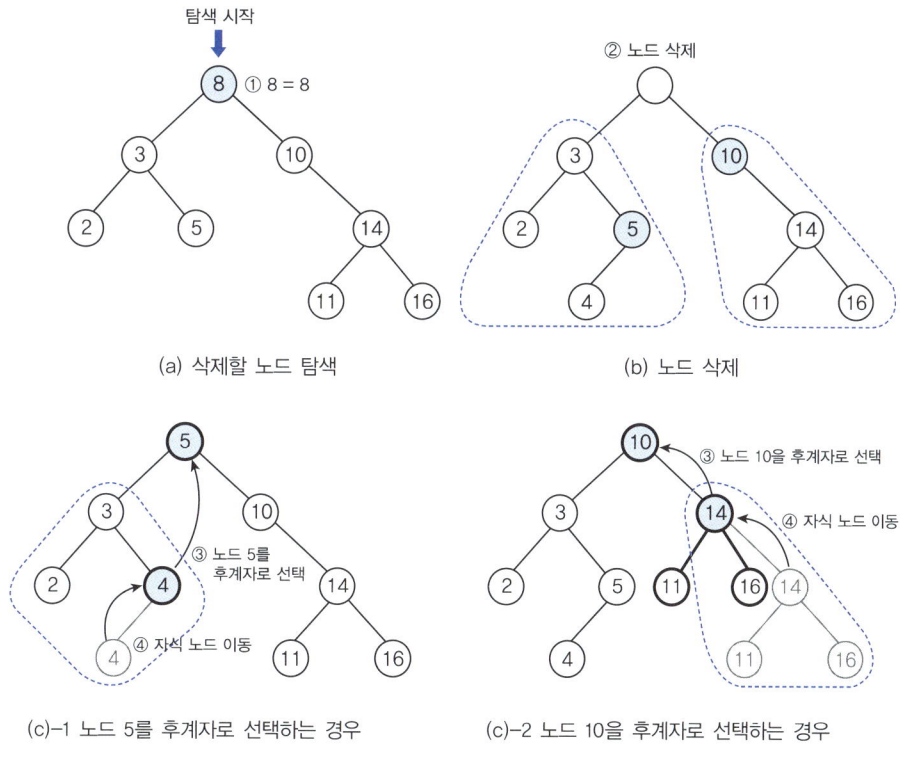

[그림 5-58] 이진 탐색 트리에서 자식 노드가 둘인 노드 8을 삭제

이진 탐색 트리에서 노드를 삭제하는 알고리즘은 다음과 같다. 노드를 삭제한 후 왼쪽 서브 트리에서 가장 큰 원소를 선택하여 삭제 노드 위치로 이동시키는 방법을 사용하였다.

> 📎 **이진 탐색 트리의 삭제 알고리즘**
>
> ```
> deletebst(bst, x)
>     p = 삭제할 노드;
>     parent = 삭제할 노드의 부모 노드;
> 
>     if (p = NULL) then return; /* 삭제할 노드가 없는 경우 */
> 
>     /* 삭제할 노드의 차수가 0인 경우 */
>     if (p→left = NULL and p→right = NULL) then {
>         if (parent→left = p) then parent→left = NULL;
>         else parent→right = NULL;
>     }
> 
>     /* 삭제할 노드의 차수가 1인 경우 */
>     else if (p→left = NULL or p→right = NULL) then {
>         if (p→left ≠ NULL) then {
>             if (parent→left = p) then parent→left = p→left;
>             else parent→right = p→left;
>         }
>         else {
>             if (parent→left = p) then parent→left = p→right;
>             else parent→right = p→right;
>         }
>     }
> 
>     /* 삭제할 노드의 차수가 2인 경우 */
>     else if (p→left ≠ NULL and p→right ≠ NULL) then {
>         q = maxNode(p→left);
>         p→key = q→key;
>         deletebst(p→left, p→key);
>     }
> end deletebst()
> ```

5 이진 탐색 트리의 높이

이진 탐색 트리는 좌우의 균형이 잘 맞으면 탐색 효율이 높다. 탐색 효율은 이진 탐색 트리의 높이와 밀접한 관계가 있다. 이진 탐색 트리에서의 탐색, 삽입, 삭제 연산의 시간 복잡도는 트리의 높이와 비례한다. n개의 노드를 가지는 이진 탐색 트리의 경우 균형 잡힌 트리의 높이는 $\lceil \log_2 n \rceil$이다. 따라서 이진 탐색 트리 연산의 평균적인 시간 복잡도는 $O(\log_2 n)$가 된다. [그림 5-59]와 같이 전체 노드가 15개인 균형 잡힌 이진 탐색 트리의 경우 높이는 $\lceil \log_2 15 \rceil$가 된다.

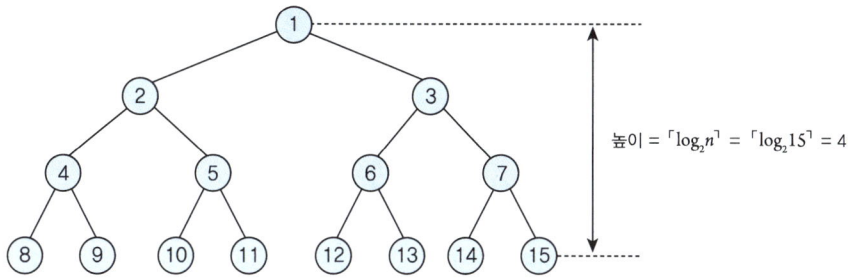

[그림 5-59] 균형 잡힌 이진 탐색 트리의 높이

편향 이진 트리는 [그림 5-60]과 같이 노드들이 한쪽으로 치우친 트리이다. 이런 경우 트리의 높이는 노드의 수인 n과 같게 되어 탐색이나 삽입, 삭제 시간이 거의 선형 탐색과 같이 O(n)이 된다. 따라서 이러한 최악의 경우를 방지하기 위하여 트리의 높이를 균형 있게 만드는 기법이 필요하다.

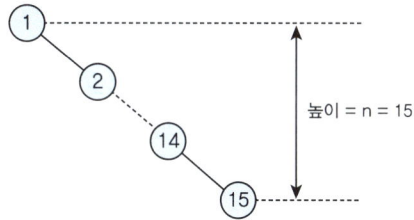

[그림 5-60] 편향 이진 탐색 트리의 높이

> **더 알아두기**
>
> **n개의 노드를 가지는 이진 탐색 트리의 높이**
> - 최선의 경우(이진 트리가 균형적으로 생성된 경우)
>   - 높이 : $\log_2 n$
> - 최악의 경우(한쪽으로 치우친 편향 이진 트리의 경우)
>   - 높이 : n (순차 탐색과 시간 복잡도가 같음)

제10절 m원 탐색 트리

1 정의와 특성

m원 탐색 트리(multiway search tree)는 하나의 노드 안에 여러 개의 자료를 가질 수 있고 서브 트리 역시 여러 개 가질 수 있다. m원 탐색 트리의 각 노드는 0에서 최대 m개의 서브 트리를 가진다. 또한 k개의 서브 트리를 가지는 노드는 (k-1)개의 자료를 가진다. (단, k <= m) m원 탐색 트리의 각 노드 안에서 자료들은 검색 키에 의해 정렬되며 m원 탐색 트리의 모든 서브 트리는 m원 탐색 트리이어야 한다.

2 B 트리의 정의와 특성 기출

보조 기억 장치에 접근하는 시간은 수십만 개의 명령어를 처리하는 시간과 맞먹는다. 따라서 검색 트리가 디스크에 저장되어있는 경우 트리의 높이를 최소화하는 것이 매우 중요하다. B 트리(B-tree)는 데이터베이스와 파일 시스템에서 많이 사용하는 트리 자료구조이며 이진 트리를 확장하여 하나의 노드가 가질 수 있는 자식 노드의 최대 개수가 2보다 큰 트리 구조이다. 많은 양의 자료가 저장된 곳에서 특정 검색어를 찾아야 하는 경우 찾고자 하는 검색어가 자료들의 집합에 존재하는지 일일이 비교하는 방법은 매우 비효율적이다. B 트리는 자료를 정렬된 상태로 보관하고 삽입이나 삭제를 대수 시간으로 할 수 있다. 대부분의 이진 트리는 항목이 삽입될 때 하향식으로 구성되는 데 반해 B 트리는 일반적으로 상향식으로 구성된다.

B 트리의 특징은 다음과 같다.

> ① 루트 노드는 단말 노드이거나 2에서 m개의 서브 트리를 가진다.
> ② 루트 노드를 제외한 모든 내부(internal) 노드는 다음 개수만큼 서브 트리를 가진다.
>
> $$\lceil m/2 \rceil <= 서브\ 트리의\ 개수 <= m$$
>
> ③ 단말 노드는 다음 개수만큼 자료를 가진다.
>
> $$\lceil m/2 \rceil - 1 <= 자료의\ 개수 <= m - 1$$
>
> ④ 모든 단말 노드는 같은 레벨에 있다. 즉, 트리는 완전한 균형 상태에 있다.

B 트리는 내부 노드의 자식 노드의 수가 미리 정해진 범위 내에서 변경이 가능하다. 자료가 삽입되거나 삭제될 때 내부 노드는 해당 범위의 자식 노드의 수를 만족시키기 위해 분리되거나 혹은 다른 노드와 합쳐지게 된다.

3 B 트리에서의 검색 연산

[그림 5-61]은 B 트리의 예를 표현한 것이다. [그림 5-61]의 (a)와 같은 B 트리에서 루트 노드에 3개의 데이터가 존재하므로 자식 노드의 개수는 4가 된다. 하나의 노드 안의 데이터는 반드시 정렬되어 있어야 한다. 특정한 노드의 자식 노드의 데이터들은 특정 노드의 데이터를 기준으로 데이터보다 작은 값은 왼쪽 서브 트리에 위치해야 하고 큰 값들은 오른쪽 서브 트리에 위치해야 한다. [그림 5-61]의 (b) B 트리에서 루트 노드에는 8, 13이 있다. 이런 경우 8보다 작은 데이터는 8의 왼쪽 서브 트리에 위치해야 하고 8보다 큰 데이터는 8의 오른쪽 서브 트리에 존재해야 한다.

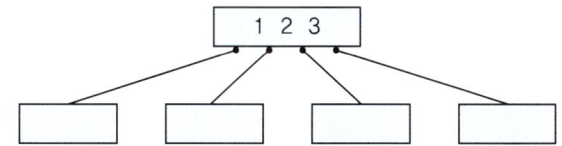

(a) 노드의 데이터 개수가 n이면 자식 노드의 개수는 항상 n+1(노드 내의 데이터는 정렬)

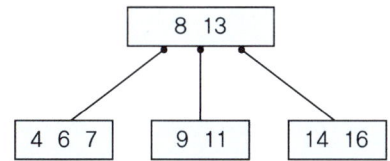

(b) 왼쪽 서브 트리는 x보다 작은 값, 오른쪽 서브 트리는 x보다 큰 값이 위치

[그림 5-61] B 트리의 예

다음 [그림 5-62]는 B 트리가 아닌 예를 보인 것이다. 4원 B 트리에서 루트 노드의 데이터 8의 왼쪽 서브 트리의 노드 안의 데이터가 1개뿐이므로 B 트리의 조건에 부합하지 않는다.

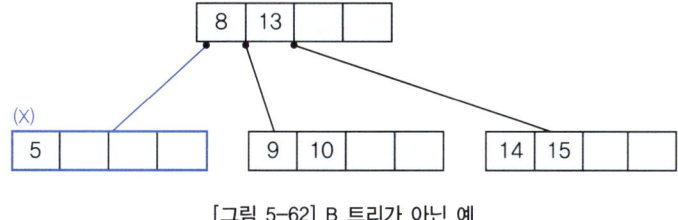

[그림 5-62] B 트리가 아닌 예

B 트리에서의 검색 연산은 이진 탐색 트리와 동일한 방식으로 수행된다. B 트리는 이진 탐색 트리와 마찬가지로 작은 값은 왼쪽 서브 트리에 위치하고 큰 값은 오른쪽 서브 트리에 위치한다. 따라서 탐색하고자 하는 값을 루트 노드부터 시작하여 하향식으로 비교하며 자식 포인터를 찾아 나가는 과정으로 진행한다.

4 B 트리에서의 삽입 연산

B 트리에서의 삽입 연산은 다음과 같은 과정으로 진행된다.

> ① 자료는 항상 단말 노드에 추가된다.
> ② 단말 노드의 선택은 루트 노드부터 시작해 하향식으로 탐색하며 결정한다.
> ③ 선택한 단말 노드에 여유가 있다면 그냥 삽입하고 만약 여유가 없다면 분할한다.

[그림 5-63]은 3원 B 트리에서의 삽입 과정을 보인 예이다. 데이터는 5, 1, 7, 9, 12 순으로 삽입된다고 가정한다. 맨 처음 데이터가 삽입하는 경우 일단 루트 노드를 생성하게 된다. 노드의 데이터 개수가 차수에 해당하는 m과 같으면 즉, 단말 노드의 데이터가 가득 차게 되면 노드를 분할한다. 맨 처음 5가 삽입되고 그다음 1과 7이 순차적으로 삽입되면 루트 노드는 1, 5, 7로 가득하게 된다. 3원 B 트리이기 때문에 하나의 노드에 데이터의 개수는 3이 되면 분할해야 한다. 이 경우 노드 안에 정렬된 데이터들의 중간값을 부모 노드로 하여 트리를 분할한다. 그런 다음 계속하여 데이터를 삽입한다. 만약 분할한 서브 트리가 B 트리 조건에 맞지 않는다면 부모 노드로 올라가며 병합(merge)한다. 12를 삽입한 후 [7, 9, 12]를 서브 트리로 분할하였으나 단말 노드가 모두 같은 레벨에 존재하지 않으므로 B 트리의 조건에 맞지 않는다. 그러면 루트 노드와 병합하여 조건을 만족시킨다.

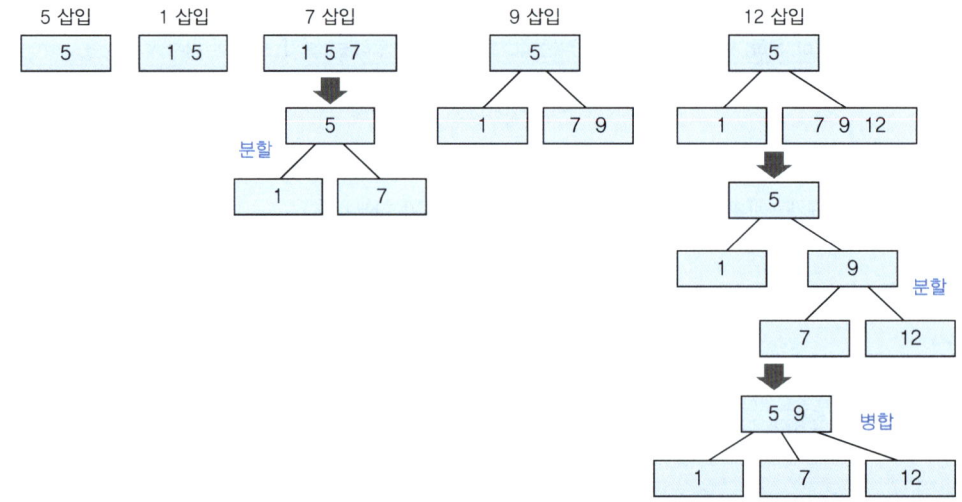

[그림 5-63] B 트리에서의 삽입 연산

5 B 트리에서의 삭제 연산

B 트리에서의 삭제 연산은 단말 노드인 경우와 단말 노드가 아닌 경우로 나누어진다. B 트리에서 삭제 연산의 몇 가지 예를 살펴보자.

[그림 5-64]는 B 트리에서 10을 삭제하는 과정을 보인 것이다. 먼저 삭제하고자 하는 10의 위치를 검색하는데 10은 단말 노드에 위치한다. 해당 단말 노드에서 10을 삭제하는 경우 B 트리의 속성을 만족하므로 이런 경우 해당 데이터를 그대로 삭제하면 된다.

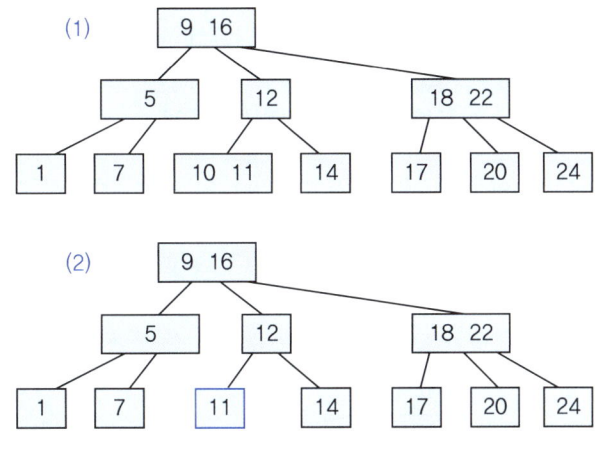

[그림 5-64] B 트리에서 10을 삭제

[그림 5-65]는 B 트리에서 1을 삭제하는 과정을 보인 것이다. 단말 노드에 있는 1을 삭제하게 되면 B 트리의 구조가 깨진다. 이런 경우 삭제한 노드의 부모 노드로 올라가며 데이터를 가져온다. 1의 부모 노드와 형제 노드를 병합한다. 부모 노드에서 자식 노드로 값을 가져오고 자식 노드의 형제 노드와 병합한다. 루트 노드까지 올라가며 B 트리 조건에 맞을 때까지 이 작업을 반복한다.

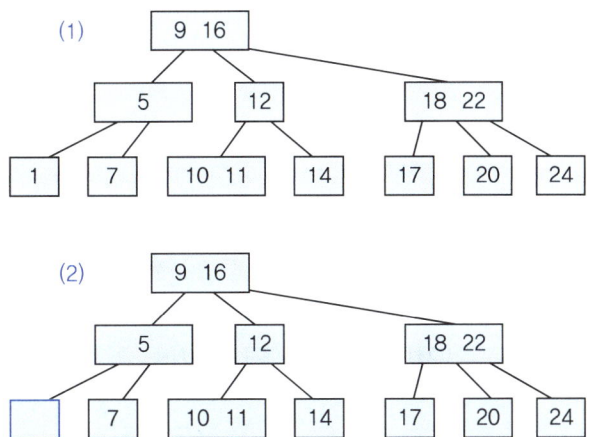

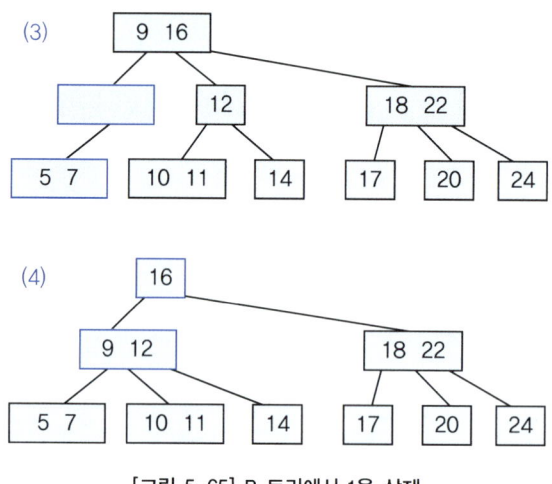

[그림 5-65] B 트리에서 1을 삭제

[그림 5-66]은 B 트리에서 18을 삭제하는 과정을 보인 것이다. 이번에는 단말 노드가 아닌 위치의 데이터를 삭제할 경우이다. 먼저 노드에서 데이터 18을 삭제하고 왼쪽 서브 트리에서 최대값을 노드에 위치시킨다. 같은 방식으로 부모 노드에서 자식 노드로 값을 가져오고 형제 노드와 병합하며 B 트리 조건이 맞을 때까지 반복한다.

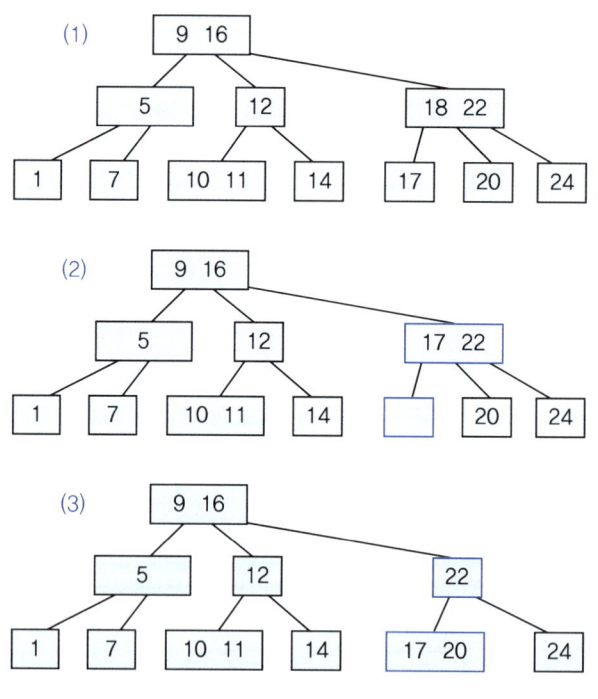

[그림 5-66] B 트리에서 18을 삭제

[그림 5-67]은 B 트리에서 5를 삭제하는 과정을 보인 것이다.

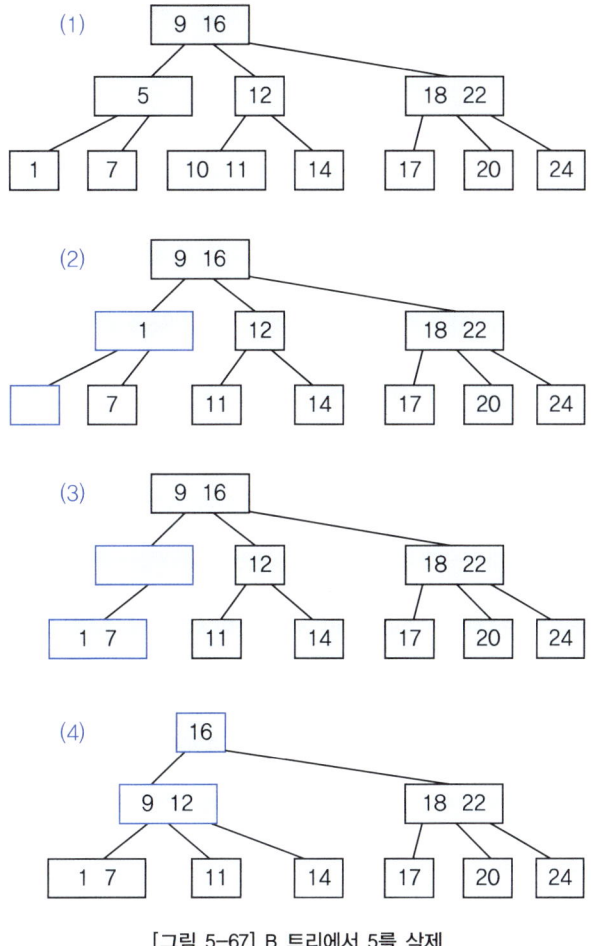

[그림 5-67] B 트리에서 5를 삭제

B 트리는 균형된 m원 탐색 트리이며 인덱스를 구성하는 방법으로 많이 사용되고 있다. 루트 노드와 단말 노드를 제외한 모든 노드는 최소 m/2개, 최대 m개의 서브 트리를 가지는 구조이다. 한 노드에 있는 킷값은 오름차순을 유지하며 루트 노드로부터 검색, 삽입, 삭제가 이루어진다. B 트리는 메모리 저장 공간의 부족과 저장장치에 효율적으로 대용량 데이터를 처리하기 위해 고안된 알고리즘이다. B 트리는 디스크에서 탐색 트리를 구현할 때 발생하는 문제들을 최적으로 해결해 주며, 노드의 삽입이나 삭제 후에도 균형 트리를 유지하므로 균등한 응답 속도를 보장한다. 따라서 DBMS, 검색 엔진 등 빠른 검색을 위해 활용된다. 그러나 삽입과 삭제시 트리의 균형을 유지하기 위해 분할과 병합과 같은 복잡한 연산이 필요하며 각 노드들 간의 데이터 이동의 양과 횟수가 많아지게 된다.

○✕로 점검하자 | 제5장

※ 다음 지문의 내용이 맞으면 O, 틀리면 ✕를 체크하시오. [1 ~ 10]

01 트리는 원소 간에 일대다 관계를 맺는 비선형 자료구조이며, 그래프 중 사이클을 포함하지 않는 그래프이다. (   )

>>> 트리는 표현하려는 대상 정보들의 각 항목을 계층적으로 연관되도록 구조화시킬 때 사용하는 자료구조이다. 비선형 자료구조이며, 사이클을 형성하지 않는 그래프이다.

02 트리의 부모 노드는 현재 위치한 노드 아래에 연결된 노드이다. (   )

>>> 부모 노드는 어느 한 노드에 대하여 이 노드의 상위에 연결된 노드이다. 현재 위치한 노드 아래에 연결된 노드는 자식 노드이다.

03 이진 트리는 모든 노드의 자식 노드가 2개 이하인 트리이다. (   )

>>> 이진 트리는 자식 노드가 2개 이하인 트리이며, 트리의 노드 구조를 일정하게 정의하여 트리의 구현과 연산이 쉽도록 정의한 트리이다.

04 포화 이진 트리는 마지막 레벨을 제외한 각 레벨이 노드들로 꽉 차 있고 마지막 레벨에는 노드들이 왼쪽부터 빠짐없이 채워진 트리이다. (   )

>>> 포화 이진 트리는 높이가 h인 이진 트리에서 모든 단말 노드가 레벨 h에 있는 트리이다. 완전 이진 트리는 마지막 레벨을 제외한 각 레벨이 노드들로 꽉 차 있고 마지막 레벨에는 노드들이 왼쪽부터 빠짐없이 채워진 트리이다.

05 왼쪽 편향 이진 트리는 모든 노드가 왼쪽 자식 노드만을 가진 이진 트리이다. (   )

>>> 편향 이진 트리는 왼쪽이나 오른쪽 서브 트리만 가지는 트리이다. 왼쪽 편향 이진 트리는 모든 노드가 왼쪽으로 기울어진 트리이다.

06 트리의 중위 순회는 루트 노드를 방문하고 왼쪽 서브 트리를 방문한 후 오른쪽 서브 트리 순으로 방문한다. (   )

>>> 중위 순회는 왼쪽 서브 트리-루트 노드-오른쪽 서브 트리 순으로 방문한다.

07 스레드 이진 트리는 자식 노드가 없는 경우 링크 필드에 NULL 대신 순회 순서상의 다른 노드를 가리키도록 설정하는 것이다. (   )

>>> 스레드는 트리의 다른 노드에 대한 포인터를 의미하며 트리를 순회하는 정보로 활용한다. 스레드 이진 트리는 NULL 링크를 다른 노드를 가리키도록 하는 트리이다.

정답 1 ○ 2 ✕ 3 ○ 4 ✕ 5 ○ 6 ✕ 7 ○

08 최대 히프는 킷값이 가장 작은 노드를 찾기 위한 완전 이진 트리이다. (   )

> 최대 히프는 부모 노드의 킷값이 자식 노드의 킷값보다 항상 크거나 같은 크기 관계의 히프이다. 또한, 킷값이 가장 큰 노드를 찾기 위한 완전 이진 트리이다.

09 우선순위 큐는 데이터가 입력된 순서와는 상관없이 우선순위가 높은 데이터가 가장 먼저 처리된다. (   )

> 우선순위 큐는 우선순위 개념을 큐에 도입한 자료구조이며, 우선순위를 가진 항목들을 저장하는 큐이다.

10 이진 탐색 트리에서 임의의 노드 킷값은 오른쪽 서브 트리의 킷값보다 작다. (   )

> 이진 탐색 트리에서 임의의 노드 킷값은 왼쪽 서브 트리의 킷값보다 크고 오른쪽 서브 트리의 킷값보다 작다.

정답 8 X 9 O 10 O

제 5 장 실전예상문제

01 트리는 그래프 중에서 사이클을 포함하지 않는 비순환 연결 그래프이다.

01 다음 중 트리에 대한 설명이 잘못된 것은?
① 원소 간에 일대다 관계를 맺는 비선형 자료구조이다.
② 원소 간에 계층 관계를 맺는 계층형 자료구조이다.
③ 가계도나 회사의 조직도, 디렉터리 구조 등을 표현하기 적합하다.
④ 연결된 그래프이며, 순환 구조이다.

02 컴퓨터 프로그램에서 사용하는 자료구조 중에 리스트나 스택, 큐 등은 데이터들을 한 줄로 늘어 세운 선형적인 구조이다. 트리는 비선형 자료구조이다.

02 다음 중 선형 자료구조가 아닌 것은?
① 리스트
② 스택
③ 큐
④ 트리

03 각 노드에 연결된 자식 노드의 수를 차수라고 하고, 트리의 차수는 각 노드의 차수 중에서 가장 큰 값이다.

03 트리의 용어에 관한 설명 중 잘못된 것은?
① 루트 노드는 트리의 시작 노드를 의미하며 레벨의 숫자가 가장 낮은 노드이다.
② 차수는 각 노드에 연결된 자식 노드의 수를 말한다.
③ 트리의 차수는 루트 노드의 서브 트리의 수이다.
④ 조상 루트 노드에서부터 임의 노드까지 경로를 형성하는 노드들이다.

정답 01 ④ 02 ④ 03 ③

04 트리에 관한 설명으로 옳지 않은 것은?

① 트리는 선형 자료구조이다.
② 트리는 승자 트리와 패자 트리를 이용하여 원소들의 최댓값이나 최솟값을 쉽게 찾을 수 있다.
③ 이진 탐색 트리는 원소의 탐색이 용이하다.
④ 트리 구조에서는 루트 노드에서 트리 안의 어떤 노드로 가는 경로는 단 하나밖에 없다.

04 트리는 비선형 자료구조이다.

05 트리를 표현할 때 가장 적합한 자료구조는?

① 스택
② 큐
③ 연결 리스트
④ 환형 큐

05 트리는 배열과 같은 순차 구조를 이용하여 표현할 수도 있고 링크를 이용한 연결 리스트로 표현할 수도 있다. 연결 리스트는 부모 노드와 자식 노드를 포인터로 연결하므로 연속된 메모리 영역이 아니더라도 부모와 자식 노드를 연결할 수 있다. 따라서 트리를 표현하기에 적합하다.

06 트리에 대한 설명으로 옳은 것은?

① 루트 노드가 많은 트리일수록 좋은 트리이다.
② 트리의 노드 중 차수가 0인 노드를 단말 노드라고 한다.
③ 트리와 관련된 알고리즘을 재귀적인 방식으로 구현하면 실행 시간이 빨라진다.
④ 트리의 최대 레벨과 트리 높이는 무관하다.

06 트리의 높이는 해당 트리의 최대 레벨과도 같다. 루트 노드가 많은 트리일수록 좋은 트리라고 할 수는 없으며, 트리를 재귀적인 방식으로 구현하여 시간이 빨라지는 것은 아니다.

정답 04 ① 05 ③ 06 ②

07 트리에서 차수는 한 노드가 가지고 있는 서브 트리의 수를 의미한다. 트리의 차수는 트리에 있는 노드의 차수 중에서 가장 큰 값을 의미한다. 따라서 트리의 차수는 3이다.

07 다음 트리의 차수는?

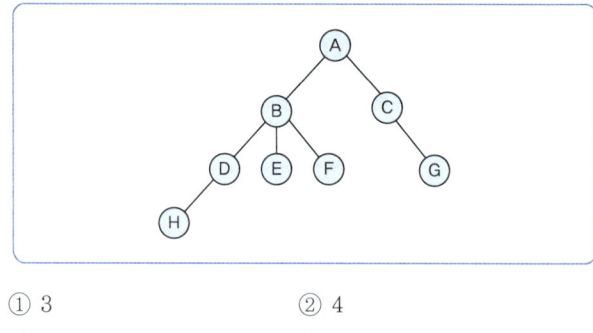

① 3 ② 4
③ 5 ④ 8

08 단말 노드(리프 노드)는 차수가 0이며 자식 노드가 없는 노드를 말한다.

08 다음 트리에서 단말 노드의 수는?

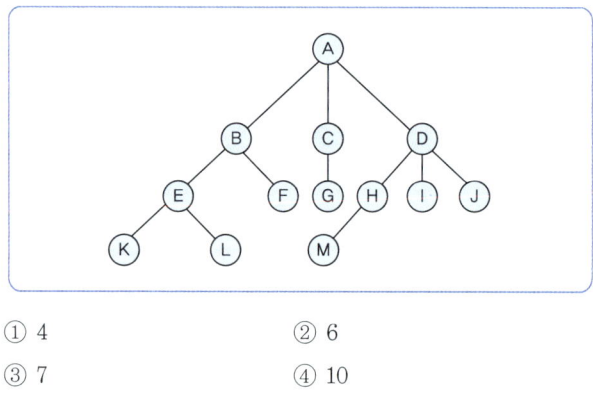

① 4 ② 6
③ 7 ④ 10

09 편향 이진 트리는 왼쪽이나 오른쪽 서브 트리만 가지는 트리이다. 한쪽 방향의 자식 노드만을 가진 이진 트리이기 때문에 같은 개수의 노드를 트리로 저장하는 경우 트리의 높이가 가장 높아진다.

09 같은 개수의 노드를 트리로 저장하는 경우에 트리의 높이가 가장 큰 트리는?

① 이진 트리
② 포화 이진 트리
③ 완전 이진 트리
④ 편향 이진 트리

정답 07 ① 08 ③ 09 ④

10 다음 트리를 후위 순회할 때 노드 E는 몇 번째로 검사되는가?

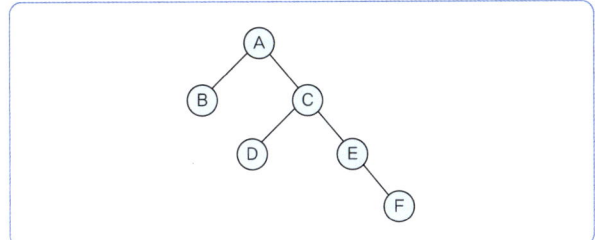

① 두 번째
② 세 번째
③ 네 번째
④ 다섯 번째

10 후위 순회는 가장 먼저 왼쪽 자손 노드를 방문하고 오른쪽 자손 노드를 방문한 후 마지막으로 루트 노드를 방문한다. 즉, 루트 노드를 가장 마지막으로 방문하는 방법이다. 따라서 후위 순회하면 B, D, F, E, C, A가 된다.

11 다음 트리를 전위 순회한 결과는?

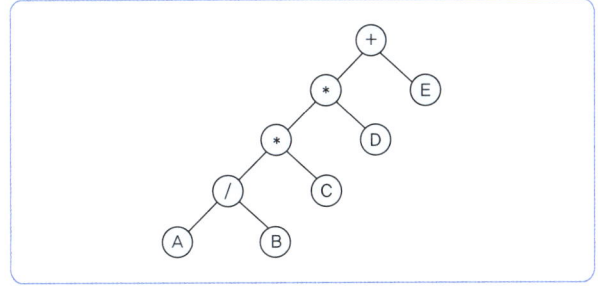

① + * A B / * C D E
② A B / C * D * E +
③ A / B * C * D + E
④ + * * / A B C D E

11 전위 순회는 자손 노드보다 루트 노드를 먼저 방문한다. 루트 노드를 가장 먼저 방문하고 왼쪽 자손 노드를 방문한 후 마지막으로 오른쪽 자손 노드를 방문한다. 따라서 전위 순회하면 + * * / A B C D E가 된다.

정답 10 ③ 11 ④

12 이진 트리를 전위 순회는 루트-왼쪽 서브 트리-오른쪽 서브 트리 순이고 중위 순회는 왼쪽 서브 트리-루트-오른쪽 서브 트리 순이다.

12 이진 트리를 전위 순회한 결과는 1, 2, 3, 4, 5, 6, 7, 8, 9이고, 중위 순회한 결과는 2, 3, 1, 5, 4, 7, 8, 6, 9라고 할 때, 이에 해당하는 이진 트리는 어느 것인가?

①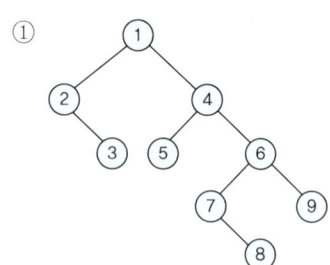

②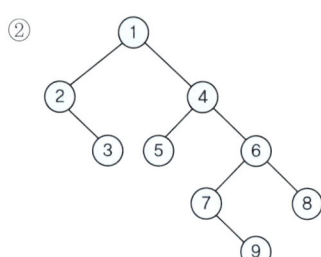

③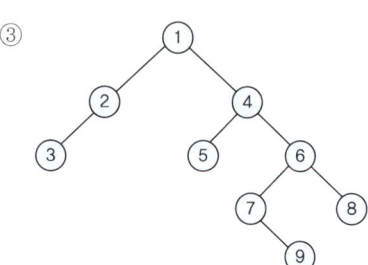

④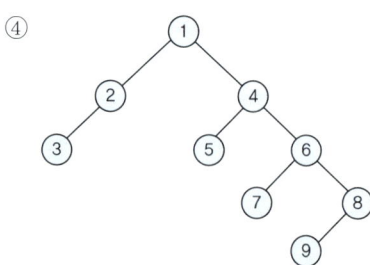

정답 12 ①

13 이진 트리 구조로 저장된 정보를 순회하는 방식이 <u>아닌</u> 것은?

① 전위 순회
② 중위 순회
③ 후위 순회
④ 우선 순회

13
- 전위 순회 : 루트 노드–왼쪽 서브 트리–오른쪽 서브 트리 순으로 순회
- 중위 순회 : 왼쪽 서브 트리–루트 노드–오른쪽 서브 트리 순으로 순회
- 후위 순회 : 왼쪽 서브 트리–오른쪽 서브 트리–루트 노드 순으로 순회

14 이진 트리에서 각 레벨에서의 노드가 가득 찬 트리는 무엇인가?

① 이진 탐색 트리
② 균형 이진 트리
③ 포화 이진 트리
④ 편향 이진 트리

14 포화 이진 트리의 경우는 각 레벨에서의 노드가 가득 찬 경우이다.

15 이진 탐색 트리에 대한 설명으로 <u>잘못된</u> 것은?

① 왼쪽 서브 트리와 오른쪽 서브 트리도 이진 탐색 트리이다.
② 이진 탐색 트리에서는 중복된 값을 허용한다.
③ 왼쪽 서브 트리의 킷값은 루트 노드의 킷값보다 작다.
④ 오른쪽 서브 트리의 킷값은 루트 노드의 킷값보다 크다.

15 이진 탐색 트리에서는 중복된 값을 허용하지 않는다. 모든 원소는 동일한 킷값을 가질 수 없다.

정답 13 ④ 14 ③ 15 ②

16 이진 트리를 배열로 표현하는 경우 노드를 추가하거나 삭제할 때 후속 노드가 이동해야 하므로 노드의 이동 횟수가 많다.

16 이진 트리를 1차원 배열로 표현할 때의 설명으로 잘못된 것은?

① 임의의 노드의 부모 노드를 쉽게 찾을 수 있다.
② 포화 이진 트리는 배열에서 낭비되는 공간이 없다.
③ 편향 이진 트리에서는 배열에서 낭비되는 공간이 많다.
④ 노드를 추가하거나 삭제할 때 노드들의 이동이 적다.

17 최대 히프는 루트 노드에 가장 큰 값이 구성되므로 검색을 위해서는 배열 표현법이 더욱 효율적이다.

17 최대 히프에 대한 설명으로 옳지 않은 것은?

① 최대 히프는 항상 완전 이진 트리이다.
② 최대 히프는 부모 노드의 킷값이 자식 노드의 킷값보다 항상 크거나 같다.
③ 킷값이 가장 큰 노드를 찾기 위한 완전 이진 트리이다.
④ 최대 히프는 배열보다 연결 리스트로 구현하는 것이 검색 시간이 더 적게 걸린다.

18 승자 트리는 부모 노드가 두 자식 노드보다 작은 값을 가지며 작은 값이 승자가 되어 올라가는 토너먼트 경기와 유사하다.

18 다음 중 선택 트리에 대한 설명으로 잘못된 것은?

① 승자 트리는 가장 작은 킷값을 가진 원소가 승자로 올라간다.
② 승자 트리는 완전 이진 트리이다.
③ 패자 트리는 트리의 각 내부 노드에 승자가 아닌 패자를 저장한다.
④ 승자 트리는 부모 노드가 두 자식 노드보다 큰 값을 갖는다.

정답 16 ④ 17 ④ 18 ④

19 n개의 노드를 가지는 균형 잡힌 이진 탐색 트리의 시간 복잡도는 얼마인가?

① O(n)
② $O(\log_2 n)$
③ $O(2^n)$
④ $O(n^2)$

19 n개의 노드를 가지는 이진 탐색 트리의 경우 균형 잡힌 트리의 높이는 $\lceil \log_2 n \rceil$이다. 따라서 이진 탐색 트리 연산의 평균적인 시간 복잡도는 $O(\log_2 n)$이 된다.

20 다음은 어떤 산술식을 표현한 이진 트리의 전위 순회 결과이다. 이 이진 트리를 후위 순회한 결과로 올바른 것은?

$$-*AB/*CDE$$

① AB*CD*E/−
② AB*C*DE/−
③ AB*CDE*/−
④ ABC*D*E/−

20 전위 순회 결과가 −*AB/*CDE를 이진 트리로 표현하면 다음과 같다. 이를 후위 순회하면 AB*CD*E/−이 된다.

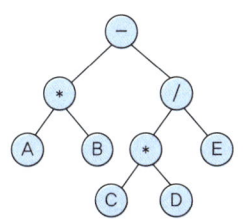

정답 19 ② 20 ①

Self Check로 다지기 | 제5장

➡ 트리
① 원소 간에 일대다 관계를 맺는 비선형 자료구조
② 원소 간에 계층 관계를 맺는 계층형 자료구조
③ 상위 원소에서 하위 원소로 내려가면서 확장되는 트리(나무) 모양의 구조
④ 그래프 중에서 사이클을 포함하지 않는 연결 그래프

➡ 트리 용어
① 노드 : 트리를 구성하는 원소들
② 루트 노드 : 트리의 시작 노드
③ 간선 : 노드를 연결하는 선
④ 부모 노드 : 어느 한 노드에 대하여 이 노드의 상위에 연결된 노드
⑤ 자식 노드 : 현재 위치한 노드 아래에 연결된 노드
⑥ 형제 노드 : 같은 부모를 갖는 노드
⑦ 조상 노드 : 간선을 따라 루트 노드까지 이르는 경로에 있는 모든 노드
⑧ 자손 노드 : 서브 트리에 있는 하위 레벨의 노드들
⑨ 서브 트리 : 부모 노드와 연결된 간선을 끊었을 때 생성되는 트리
⑩ 노드의 차수 : 노드에 연결된 자식 노드의 수
⑪ 트리의 차수 : 트리에 있는 노드의 차수 중에서 가장 큰 값
⑫ 단말 노드(리프 노드) : 차수가 0이며 자식 노드가 없는 노드
⑬ 비단말 노드 : 자식을 가지는 노드
⑭ 레벨(level) : 트리의 각 층에 번호를 매기는 것으로서 루트의 레벨은 0이 되고 한 층씩 내려갈수록 1씩 증가
⑮ 노드의 높이(height) : 루트에서 해당 노드에 이르는 간선의 수
⑯ 트리의 높이 : 트리에 있는 노드의 높이 중에서 가장 큰 값
⑰ 포리스트(forest) : 트리에서 루트를 제거하여 만든 서브 트리의 집합

➡ 일반 트리
각 노드가 가질 수 있는 자식 노드의 개수에 제한이 없는 트리

➡ 이진 트리
① 모든 노드의 자식 노드가 2개 이하인 트리
② 트리의 노드 구조를 일정하게 정의하여 트리의 구현과 연산이 쉽도록 정의한 트리
③ 이진 트리의 서브 트리들은 모두 이진 트리임
④ 이진 트리는 공백 노드도 자식 노드로 취급함

➡ 포화 이진 트리
높이가 h인 이진 트리에서 모든 단말 노드가 레벨 h에 있는 트리

➡ 완전 이진 트리
마지막 레벨을 제외한 각 레벨이 노드들로 꽉 차 있고 마지막 레벨에는 노드들이 왼쪽부터 빠짐없이 채워진 트리

➡ 편향 이진 트리
① 왼쪽이나 오른쪽 서브 트리만 가지는 트리
② 왼쪽 편향 이진 트리 : 모든 노드가 왼쪽 자식 노드만을 가짐
③ 오른쪽 편향 이진 트리 : 모든 노드가 오른쪽 자식 노드만을 가짐

➡ 트리의 표현 방법
① 배열과 같은 순차 구조
② 링크를 이용한 연결 리스트

➡ 이진 트리 순회
① 전위 순회 : 루트 노드-왼쪽 서브 트리-오른쪽 서브 트리 순으로 방문
② 중위 순회 : 왼쪽 서브 트리-루트 노드-오른쪽 서브 트리 순으로 방문
③ 후위 순회 : 왼쪽 서브 트리-오른쪽 서브 트리-루트 노드 순으로 방문

➡ 스레드 이진 트리
자식 노드가 없는 경우 링크 필드에 NULL 대신 순회 순서상의 다른 노드를 가리키도록 설정하는 것

➡ 스레드
① 트리의 다른 노드에 대한 포인터
② 트리를 순회하는 정보로 활용
③ 순회 방법에 따른 방문 순서를 유지하는 포인터

➡ 힙
① 여러 값 중에서 가장 크거나 가장 작은 값을 찾아내는 연산을 빠르게 하기 위해 고안된 자료구조
② 최대 힙과 최소 힙이 있음

➡ 최대 힙
① 부모 노드의 킷값이 자식 노드의 킷값보다 항상 크거나 같은 크기 관계의 힙
② 킷값이 가장 큰 노드를 찾기 위한 완전 이진 트리
③ 루트 노드 : 킷값이 가장 큰 노드

➡ 최소 힙
① 부모 노드의 킷값이 자식 노드의 킷값보다 항상 작거나 같은 크기 관계의 힙
② 킷값이 가장 작은 노드를 찾기 위한 완전 이진 트리
③ 루트 노드 : 킷값이 가장 작은 노드

우선순위 큐
① 우선순위를 가진 항목들을 저장하는 큐
② 데이터가 입력된 순서와는 상관없이 우선순위가 높은 데이터가 가장 먼저 처리
③ 최소 우선순위 큐, 최대 우선순위 큐로 구분됨
④ 시뮬레이션 시스템, 네트워크 트래픽 제어, 운영체제에서의 작업 스케줄링 등과 같이 컴퓨터의 여러 분야에서 응용

이진 탐색 트리
이진 트리를 탐색용 자료구조로 사용하기 위해 원소 크기에 따라 노드 위치를 정의한 것

이진 탐색 트리의 정의
① 모든 노드는 서로 다른 유일한 킷값을 갖음
② 임의의 노드 킷값은 왼쪽 서브 트리의 킷값보다 큼
③ 임의의 노드 킷값은 오른쪽 서브 트리의 킷값보다 작음
④ 왼쪽 서브 트리와 오른쪽 서브 트리도 이진 탐색 트리임

선택 트리
① 단말 노드를 제외한 모든 노드가 두 개의 자식 노드 중 작은 값을 갖게 되어 결국 루트 노드는 단말 노드 중에서 최소의 값을 갖게 되는 이진 트리
② 승자 트리와 패자 트리 두 종류가 있음

승자 트리
① 부모 노드가 두 자식 노드보다 작은 값을 갖는 완전 이진 트리
② 가장 작은 킷값을 가진 원소가 승자로 올라가는 토너먼트 경기
③ 트리의 각 내부 노드는 두 자식 노드 원소의 토너먼트 승자
④ 루트 노드는 전체 토너먼트 승자

패자 트리
① 트리의 각 내부 노드에 승자가 아닌 패자를 저장
② 루트 노드 위에 0번 노드가 추가된 완전 이진 트리
③ 비단말 노드는 패자이며 승자는 상위 노드로 진출
④ 최상위 0번 노드에는 최종 승자가 저장됨

포리스트
① $n \geq 0$개 이상의 분리된 트리의 집합
② 트리에서 루트(혹은 다른 노드)를 제거하면 쉽게 만들어짐

제 6 장

그래프

제1절	정의 및 용어
제2절	그래프 표현 방법
제3절	그래프의 순회
제4절	최소 비용 신장 트리
제5절	그래프의 응용
실전예상문제	

할 수 있다고 믿는 사람은 그렇게 되고, 할 수 없다고 믿는 사람도 역시 그렇게 된다.

— 샤를 드골 —

보다 깊이 있는 학습을 원하는 수험생들을 위한
시대에듀의 동영상 강의가 준비되어 있습니다.
www.sdedu.co.kr → 회원가입(로그인) → 강의 살펴보기

제 6 장 | 그래프

제1절 정의 및 용어 중요

1 그래프의 정의

그래프(graph)는 어떤 복잡한 작업 과정이나 구조를 시각적으로 표현함으로써 이해하기 쉽고 가시적으로 설명할 때 유용한 자료구조이다. 그래프에서는 현실 세계의 작업이나 주요 요소들은 점으로 표현하고 이 점들 간의 관계는 연결선으로 표현한다. 따라서 사물들 간의 관계나 순서는 그래프로 표현할 수 있다. 그래프는 주어진 몇 개의 정점과 그 정점을 끝점으로 하는 선들로 이루어진 도형이라 할 수 있다. 우리가 가장 흔히 볼 수 있는 그래프로는 [그림 6-1]과 같은 전국의 주요 도시를 연결하는 도로망이나 철도망 또는 도시의 지하철 노선도 등을 들 수 있다. 도로망은 각종 도로의 분포 상태나 지역 내부의 교통 상태 등을 표시한다. 그런데 이러한 도로망이나 철도망을 그릴 때 방위나 거리 등과 같이 복잡하고 구체적인 사항들은 생략하고 주요 지점을 기준으로 연결하여 그리게 된다. 즉, 하나의 역이 어떤 역과 연결되고 어느 역에서 환승이 가능한지 등과 같이 꼭 필요한 정보만을 표현하는데 이러한 형태를 그래프라고 한다.

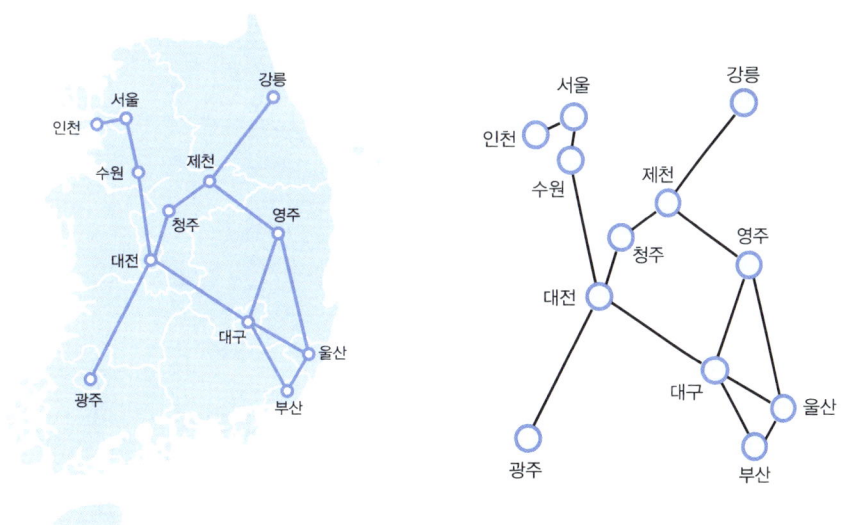

[그림 6-1] 그래프의 예(지도)

그래프는 다음과 같이 정의할 수 있다.

> **정의** 그래프의 정의
> 공집합이 아닌 정점(vertex)의 집합 V와 서로 다른 정점의 쌍(v_i, v_j)을 연결하는 간선(edge)의 집합 E로 구성되는 구조 G
> - G = (V, E)
> - V = $\{v_1, v_2, ..., v_n\}$
> - E = $\{e_1, e_2, ..., e_m\}$ = $\{(v_i, v_j), ...\}$

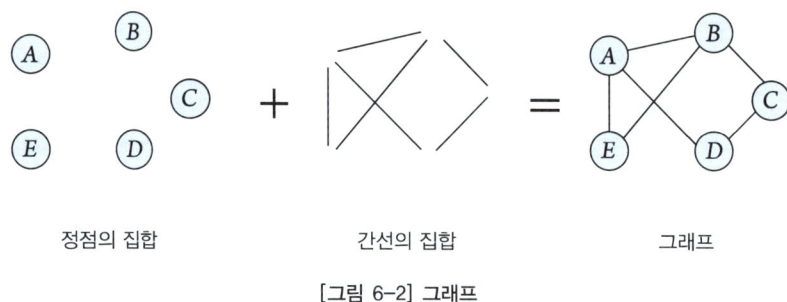

    정점의 집합   간선의 집합   그래프

[그림 6-2] 그래프

> **더 알아두기**
>
> **그래프 G는 (V, E)로 표시**
> - 정점(노드)
>   - 여러 가지 특성을 가질 수 있는 객체를 의미
>   - V(G) : 그래프 G의 정점들의 집합
> - 간선(링크)
>   - 정점들 간의 관계 의미
>   - E(G) : 그래프 G의 간선들의 집합

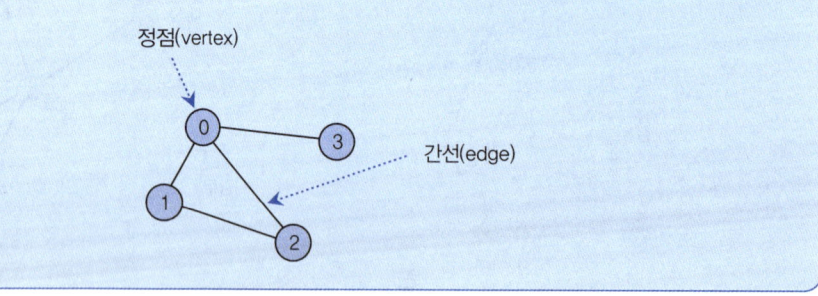

그래프는 [그림 6-2]와 같이 정점들의 집합과 정점 사이의 관계를 나타내는 간선들의 집합으로 볼 수 있다. 그래프는 선형 자료구조로 표현하기 어려운 다대다 관계를 표현할 수 있으며 서로 연결되어 있는 객체들 간의 관계를 표현할 수 있는 비선형 자료구조이다. 그래프는 주요 요소간의 관계, 거리, 비용 등 다양한 주제를 표현하고 설계할 때 유용하다.

> **더 알아두기**
>
> 이번 장에서 배우는 그래프는 컴퓨터 자료구조의 하나로써 우리가 흔히 알고 있는 막대 그래프나 꺾은선 그래프 또는 2차 함수의 그래프를 의미하는 것이 아니다. 자료구조에서의 그래프는 주어진 몇 개의 정점과 그 정점을 끝점으로 하는 몇 개의 간선으로 이루어진 도형을 말한다.
>
> **그래프로 표현할 수 있는 것**
> - 회사의 조직도 : 각 부서간의 관계를 표현
> - 가계도 : 가족 구성원들의 관계를 표현
> - 토너먼트의 조합 : 경기할 때 대전하는 상대와의 관계를 표현
> - 전기 회로의 배선도 : 저항, 반도체 등의 결합 관계를 표현
> - 화학 구조 : 화학 성분의 결합 구조를 표현
> - 네트워크 구성도 : 각 지점별 네트워크 연결 구성을 표현
> - 그 밖의 전산망, 도로망, 전력망, 인간관계, 사회 조직, 생물 유전자 관계, 지도에서 도시들의 연결 상태 등을 표현 가능
>
> 그래프는 가장 일반적인 자료구조 형태이며 현상이나 사물을 정점과 간선으로 표현한 것이다. 그래프를 이용하여 표현하면 어떤 문제의 구조를 이해하는 데 도움이 되고 더 효율적인 설계 구성이 가능하다. 때문에 그래프 이론은 컴퓨터의 여러 분야에서 다양하게 적용되고 활용되고 있다.

그래프 이론(graph theory)은 18세기 스위스 수학자 오일러(Euler)에 의해 처음으로 고안되었다. 당시 러시아의 쾨니히스베르크에는 [그림 6-3]의 (a)와 같이 프레겔 강에 두 개의 섬과 일곱 개의 다리로 구성된 산책할 수 있는 공원이 있었다. 이 공원을 자주 산책을 즐기던 이 곳 시민들은 집에서 출발하여 정확하게 일곱 개의 다리를 산책하는데 한번 지나간 다리는 다시 지나지 않으면서 갈 수 있는 산책 경로가 존재하는지 궁금해했었다. 이때 오일러는 이 문제를 해결하기 위해 그래프라는 개념을 도입하였다.

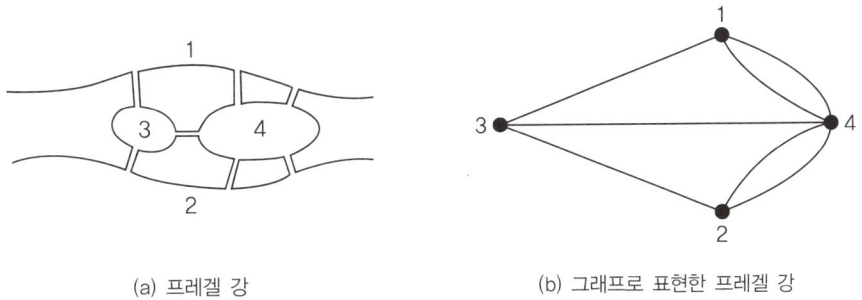

(a) 프레겔 강   (b) 그래프로 표현한 프레겔 강

[그림 6-3] 쾨니히스베르크의 프레겔 강

오일러는 이 문제를 [그림 6-3]의 (b)와 같이 단순화된 그래프로 표현하여 해결할 수 있었다. [그림 6-3]의 1과 2는 강의 양쪽 기슭을 의미하며 3과 4는 두 개의 섬을 나타낸다. 이 점들을 연결하는 일곱 개의 선들은 일곱 개의 다리를 나타낸다. 쾨니히스베르크의 다리 문제는 정점 1, 정점 2, 정점 3, 정점 4 중 어느 한 위치에서 시작해서 각 다리를 정확하게 한 번씩만 산책하는 방법으로 출발했던 위치로 되돌아오는 것이 가능한지를

확인하는 문제이다. 오일러는 단순화된 그래프 이론을 이용하여 문제를 쉽게 해결할 수 있었으며 쾨니히스베르크 다리 문제는 주어진 그래프에서 정점의 차수(degree)가 짝수일 때 가능함을 보였다. 따라서 이 다리를 모두 한 번씩만 지나서 원래 위치로 되돌아오는 것이 불가능하다는 것을 증명하였다. 이 문제에는 4개의 정점의 차수가 홀수 개이므로 한 정점에서 시작하여 정확히 한 번만 거쳐서 원위치로 돌아올 수 없다. 그러나 그래프의 모든 정점이 짝수 차수인 경우에는 어떤 정점에서 시작하든지 한 번씩 거쳐서 원래 위치로 돌아올 수 있다.

> **더 알아두기**
>
> **오일러 문제**
> - 모든 다리를 한 번만 건너서 처음 출발했던 장소로 돌아오는 문제
> - 그래프 안의 모든 간선이 포함되는 사이클을 오일러 사이클(euler cycle)이라 부름

오일러 이후 영국의 수학자 해밀턴은 '해밀턴의 문제'를 제시하였다. 해밀턴의 문제는 [그림 6-4]의 (a)와 같이 정십이면체의 각 정점을 세계의 도시로 보고 각 변은 그 사이를 오가는 여행로로 보았을 경우 이 여행로를 따라서 각 도시를 단 한 번만 지나가는 여행 코스를 찾아내는 문제이다. 이때 방문할 도시들은 정점으로 표현할 수 있으며 각 도시를 정확히 한 번만 경유하는 최적의 방문 경로를 찾는 데 목적이 있다. [그림 6-4]의 (b)는 해밀턴 사이클을 보여준다. 해밀턴 사이클은 그래프에서 동일 정점을 두 번 이상 지나지 않고 시작점과 종점이 같은 그래프이다. 해밀턴의 문제는 그래프에서 모든 정점을 정확히 한 번만 지나야 하며 이러한 해밀턴 문제의 해답은 여러 개가 존재할 수 있다.

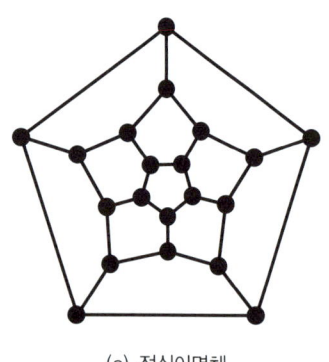 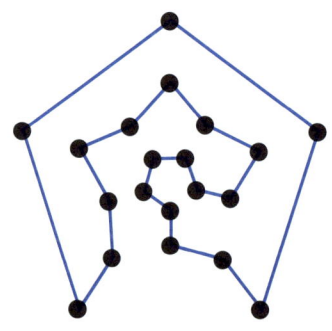

(a) 정십이면체   (b) 해밀턴 사이클

[그림 6-4] 해밀턴의 문제

> **더 알아두기**
>
> 오일러 경로나 오일러 사이클은 정점에 상관없이 모든 간선을 반드시 한 번씩 지나야 한다. 오일러 사이클은 펜을 한 번도 떼지 않고 그래프의 한 꼭짓점에서 시작하여 각 변을 단 한 번씩만 지나되 마지막에 시작점으로 되돌아오는 한 붓 그리기라고 할 수 있다.
>
> **한 붓 그리기란?**
> 말 그대로 주어진 도형을 그릴 때 선을 한 번도 떼지 않으면서 같은 선 위를 두 번 반복해서 지나지 않도록 그리는 것
>
> **한 붓 그리기가 가능한 경우(그래프의 홀수점의 개수가 0 또는 2인 경우)**
> - 그래프의 모든 정점의 차수가 짝수만으로 되어 있는 경우
> - 홀수 차수인 정점이 2개인 그래프에서 그 한쪽을 출발점으로 하고 나머지 하나를 도착점으로 하는 경우 한 붓 그리기가 가능함

2 그래프의 용어 (중요)

그래프는 각 단위 정보를 정점으로 표현하고 각 정점을 간선으로 연결하여 구조화시킨 자료구조이다. 그래프의 주요 용어에 대해 살펴보면 다음과 같다.

(1) 무방향 그래프

그래프는 간선에 방향이 없는 무방향 그래프(indirect graph)와 방향이 있는 방향 그래프(direct graph)로 나뉜다. 무방향 그래프는 두 정점을 연결하는 간선의 방향이 없는 그래프를 의미한다. 그래프는 G = (V, E)로 표현하는데 V는 정점의 집합이고 E는 간선의 집합이다. 정점 v_1와 정점 v_2를 연결하는 간선은 (v_1, v_2)와 같이 나타낸다. 정점들 간에는 순서가 없으므로 [그림 6-5]에서 (v_1, v_2)와 (v_2, v_1)는 같은 간선을 의미한다. 일반적으로 무방향 그래프를 그래프라고 한다.

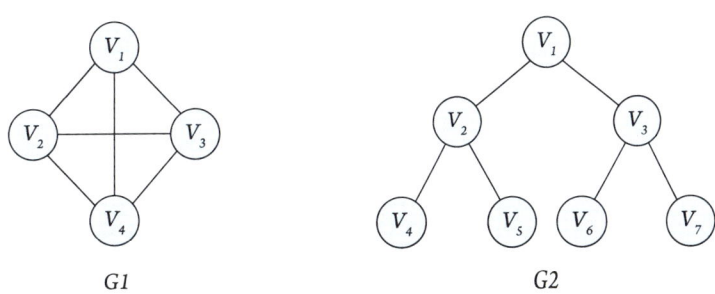

[그림 6-5] 무방향 그래프의 예

[그림 6-5]에서 무방향 그래프 G1과 G2의 정점 V와 간선 E는 다음과 같이 표현할 수 있다.

- G1 = (V, E)
  V(G1) = $\{v_1, v_2, v_3, v_4\}$
  E(G1) = $\{(v_1,v_2), (v_1,v_3), (v_1,v_4), (v_2,v_3), (v_2,v_4), (v_3,v_4)\}$

- G2 = (V, E)
  V(G2) = $\{v_1, v_2, v_3, v_4, v_5, v_6, v_7\}$
  E(G2) = $\{(v_1,v_2), (v_1,v_3), (v_2,v_4), (v_2,v_5), (v_3,v_6), (v_3,v_7)\}$

(2) 방향 그래프

방향 그래프는 간선이 방향을 가지고 있는 그래프이다. 방향 그래프는 무방향 그래프와 차이를 두기 위해 G = ⟨V, E⟩로 나타낸다. 정점 v_1에서 정점 v_2로 연결되는 간선은 $<v_1, v_2>$와 같이 표현하며 정점들 간의 순서는 매우 중요하다. 방향 그래프에서 간선 $<v_1, v_2>$와 $<v_2, v_1>$은 서로 다른 간선을 의미한다. 간선 $<v_1, v_2>$는 정점 v_1에서 정점 v_2로 가는 화살표로 표현되고 간선 $<v_2, v_1>$는 정점 v_2에서 정점 v_1으로 가는 화살표로 표현된다. 간선 $<v_1, v_2>$에서 정점 v_1은 간선의 **출발점**(initial vertex)이 되고 정점 v_2는 간선의 **도착점**(terminal vertex)이 된다. 방향 그래프에서 간선은 [그림 6-6]과 같이 화살표로 표시한다.

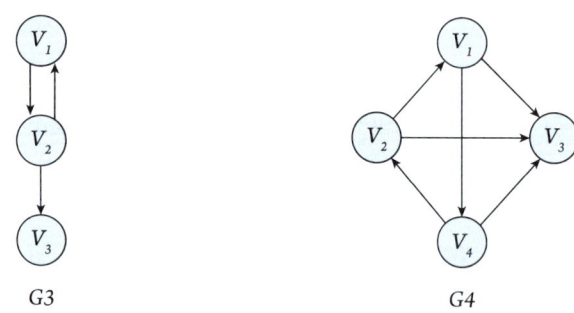

[그림 6-6] 방향 그래프

[그림 6-6]에서 방향 그래프 G3과 G4의 정점 V와 간선 E는 다음과 같이 표현할 수 있다.

- G3 = (V, E)
  V(G3) = $\{v_1, v_2, v_3\}$
  E(G3) = $\{<v_1,v_2>, <v_2,v_1>, <v_2,v_3>\}$

- G4 = (V, E)
  V(G4) = $\{v_1, v_2, v_3, v_4\}$
  E(G4) = $\{<v_1,v_3>, <v_1,v_4>, <v_2,v_1>, <v_2,v_3>, <v_4,v_2>, <v_4,v_3>\}$

> **더 알아두기**
>
> **무방향 그래프**
> - 간선을 통해서 양쪽 방향으로 갈 수 있음
> - (A, B)로 표현
> - (A, B) = (B, A)
>
>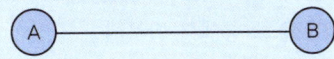
>
> **방향 그래프**
> - 간선을 통해서 한쪽 방향으로만 갈 수 있음
> - 방향 그래프에서 방향은 어떤 작업의 선후 관계를 표현할 수도 있고 기업 간의 공급관계 등도 표현 가능
> - 일방통행 길
> - ⟨A, B⟩로 표현
> - ⟨A, B⟩ ≠ ⟨B, A⟩
>
>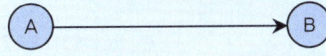

(3) 인접과 부속

그래프에서 두 정점 v_i와 v_j를 연결하는 간선 (v_i, v_j)가 있을 때 두 정점 v_i와 v_j를 서로 **인접**(adjacent)하다고 표현한다. 인접하다는 것은 이웃 관계에 있다고 표현하기도 한다. 또한 간선 (v_i, v_j)는 정점 v_i과 v_j에 **부속**(incident)되어 있다고 표현한다. [그림 6-5]의 그래프 G1에서 정점 v_1과 인접한 정점은 v_2, v_3, v_4이고, 정점 v_1에 부속된 간선들은 (v_1, v_2), (v_1, v_4), (v_1, v_3)이다. 또한 어떠한 간선으로도 연결되지 않은 정점은 **고립**(isolated)되었다고 한다.

(4) 차수

차수(degree)는 정점에 연결되어 있는 간선의 수를 의미한다. 즉, 하나의 정점에 연결된 모든 간선들의 개수이다. [그림 6-5]의 무방향 그래프 G1에서 정점 v_1의 차수는 3이 된다. 무방향 그래프에서 모든 차수의 합은 간선 개수의 2배가 된다. [그림 6-6]의 방향 그래프 G3에서 정점 v_1의 차수는 2이고 정점 v_3의 차수는 1이 된다. 방향 그래프에서 정점의 차수는 진입 차수와 진출 차수를 합한 값이다. 방향 그래프에서 **진입 차수**(in-degree)는 한 정점으로 들어오는 간선의 개수이며 **진출 차수**(out-degree)는 한 정점에서 나가는 간선의 개수이다. [그림 6-6]의 방향 그래프 G4에서 정점 v_1의 진출 차수는 2이고 진입 차수는 1이다. 따라서 정점 v_1의 전체 차수는 (진입 차수 + 진출 차수)이므로 3이 된다. **홀수점**(odd vertex)은 차수가 홀수인 정점이며 **짝수점**(even vertex)은 차수가 짝수인 정점을 의미한다.

(5) 경로와 사이클

경로(path)는 그래프에서 간선을 따라 갈 수 있는 길을 순서대로 나열한 것이다. 예를 들어, 임의의 정점 v_i에서 정점 v_j까지 간선으로 연결된 정점들을 순서대로 나열한 리스트이다. 따라서 경로는 같은 간선을 2번 이상 포함하지 않으며 경로를 구성하는 간선의 수를 경로 길이(path length)라고 한다. 한 경로 상에 존재하는 모든 정점들이 서로 다를 때 단순 경로(simple path)라고 한다. 단순 경로는 모두 다른 정점으로 구성된 경로이며 경로 중에서 반복되는 간선이 없는 경로라고 할 수 있다.

사이클(cycle)은 단순 경로 중에서 경로의 시작 정점과 마지막 정점이 같은 경로이다. 그래프 중 사이클을 형성하지 않는 특수한 형태를 트리(tree)라고 한다. 트리는 [그림 6-7]과 같이 사이클을 가지지 않는 연결 그래프이다. 방향 그래프이면서 사이클이 없는 그래프를 DAG(Directed Acyclic Graph)라고 한다.

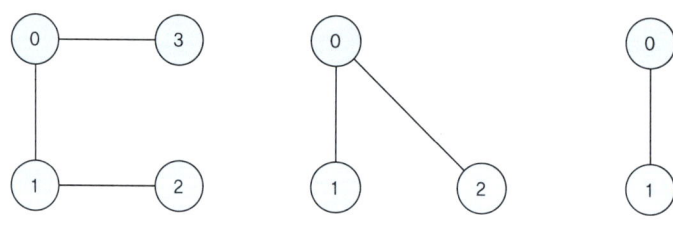

[그림 6-7] 트리의 예

> **더 알아두기**
>
> 어떤 그래프에서 정점을 도시라 하고 간선을 도로로 간주한다면 경로는 어떤 도시를 출발하여 몇몇 도시를 거쳐 어떤 도시에서 끝내는 여행에 해당한다. 그래프는 어떤 규칙성 없이 필요할 때마다 연결하여 사용할 수 있는 비선형 자료구조이다.

(6) 연결 그래프

연결 그래프(connected graph)는 그래프를 구성하는 모든 정점 사이에 경로가 있는 그래프를 의미한다. 즉, 어떤 두 정점에 근접하는 간선이 존재하지 않더라도 다른 정점들과 간선들을 통해 두 정점이 연결되면 두 정점 간에 경로가 존재하는 것이다. 그래프에서 두 정점 v_i에서 v_j까지의 경로가 있으면 정점 v_i와 정점 v_j는 연결(connected)되었다고 한다.

> **연결 그래프의 정의**
> 그래프 G = (V, E) 내에 있는 임의의 정점 v_i, v_j 간에 경로가 있는 그래프

연결 그래프는 떨어져 있는 정점이 없는 그래프이므로 모든 정점 간에 경로가 존재하면 그 그래프는 연결 그래프가 된다.

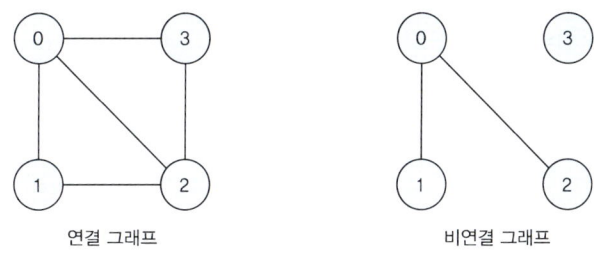

연결 그래프   비연결 그래프

[그림 6-8] 연결 그래프

(7) 부분 그래프

어떤 그래프 G가 있을 때 그래프에 포함되는 일부 정점과 간선으로만 그린 그래프를 부분 그래프(subgraph)라고 한다. 부분 그래프는 원래의 그래프에서 일부의 정점이나 간선을 제외하여 만든 그래프이다.

> **부분 그래프의 정의**
> 그래프 G = (V, E)가 있을 때, V' ⊆ V이고 E' ⊆ E인 그래프 G' = (V', E')

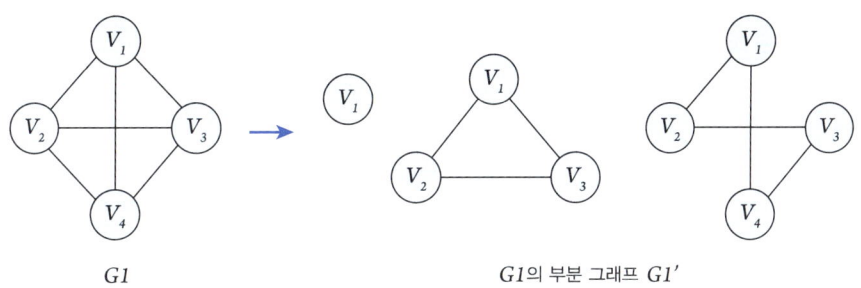

$G1$ $G1$의 부분 그래프 $G1'$

[그림 6-9] 부분 그래프

부분 그래프 중에서 그래프 G의 정점을 모두 포함한 부분 그래프를 부분 신장 그래프라고 한다.

> **부분 신장 그래프(spanning graph)의 정의**
> 그래프 G = (V, E)가 있을 때, V' = V이고 E' ⊆ E인 그래프 G' = (V', E')

(8) 평면 그래프

그래프의 간선들이 정점 이외에서는 서로 교차되는 일이 없도록 평면으로 그릴 수 있을 경우 이를 평면 그래프(planar graph)라고 한다. 교차하는 간선이 존재하지 않는 그래프를 평면 그래프라고 하고 교차하는 간선이 존재하는 그래프를 비평면 그래프라고 한다.

> **평면 그래프의 정의**
> 그래프 G = (V, E)를 평면에 그릴 때 정점이 아닌 곳에서는 어떤 간선도 교차하지 않는 그래프

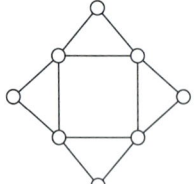 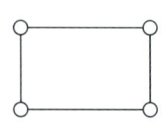 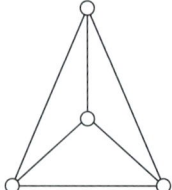

[그림 6-10] 평면 그래프

(9) 완전 그래프 기출

완전 그래프(complete graph)는 모든 정점들의 쌍 사이에 간선이 존재하는 그래프이다. 완전 그래프는 그래프의 서로 다른 두 정점이 모두 인접하여 간선으로 연결된 단순 그래프이다. 완전 그래프의 정점의 수가 k이면 모든 정점의 차수는 k-1이 된다.

> **완전 그래프의 정의**
> 그래프 G = (V, E) 내에 있는 모든 정점 u, v 간에 간선이 있는 그래프로 n개의 정점을 가진 그래프는 k_n으로 표기

정점이 n개인 완전 그래프는 k_n으로 표현한다. 따라서 [그림 6-11]과 같이 정점이 3개인 완전 그래프는 k_3이 되고 정점이 4개인 완전 그래프는 k_4, 정점이 5개인 완전 그래프는 k_5가 된다.

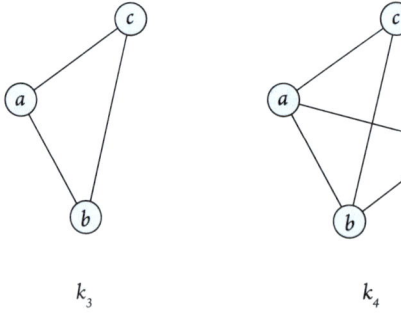 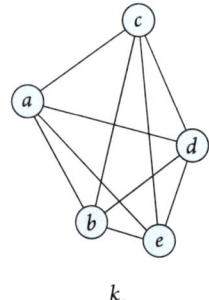

[그림 6-11] 완전 그래프

완전 그래프는 모든 정점이 연결되어 있다. n개의 정점을 가진 무방향 완전 그래프의 간선의 수는 n ×(n-1) / 2가 된다. [그림 6-11]의 완전 그래프 k_4는 정점이 4개이므로 간선의 수는 (4×3) / 2 = 6이 된다.

> **더 알아두기**
>
> **완전 그래프**
> 각 정점에서 다른 모든 정점을 연결하여 최대의 간선 수를 가진 그래프
> - 정점이 n개인 무방향 그래프에서 최대 간선 수: n(n - 1) / 2개
> - 정점이 n개인 방향 그래프의 최대 간선 수: n(n - 1)개
>
> **완전 그래프의 예**
>
>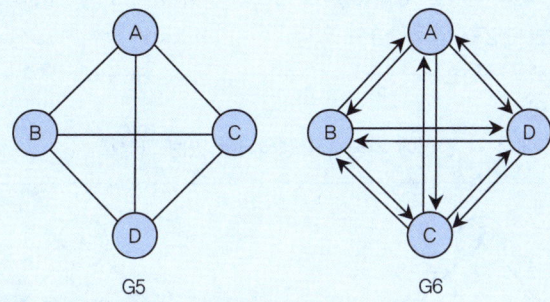
>
> - 그래프 G5는 정점의 개수가 4개인 무방향 그래프이므로 완전 그래프가 되려면 4(4 - 1) / 2 = 6개의 간선 연결
> - 그래프 G6은 정점의 개수가 4개인 방향 그래프이므로 완전 그래프가 되려면 4(4 - 1) = 12개의 간선 연결

(10) 동형 그래프

두 그래프가 모양은 다르지만 똑같은 정점과 똑같은 간선으로 구성되어 있는 그래프를 동형 그래프(isomorphic graph)라고 한다. 두 그래프가 동형 그래프가 되려면 정점의 개수, 간선의 개수, 정점의 차수, 사이클의 길이 등이 같아야 한다. 그래프를 구성하는 정점과 간선이 같다면 다양한 형태의 동형 그래프가 존재할 수 있다.

> **동형 그래프의 정의**
> 그래프 G = (V, E)가 있을 때, G' = (V', E')에 대해 함수 f : V → V'가 u, v ∈ V에 대해 (u, v) ∈ E ⇔ (f(u), f(v)) ∈ E'인 전단사함수일 때 그래프 G = (V, E)와 G' = (V', E')는 동형 그래프

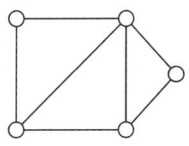 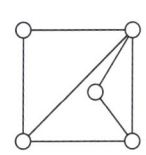 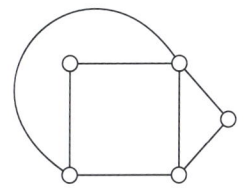 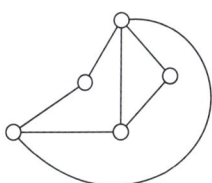

[그림 6-12] 동형 그래프

(11) 가중 그래프 `중요`

그래프의 간선에 **가중치**(weight)를 할당하게 되면 간선은 두 정점 간의 연결 상태를 나타낼 뿐만 아니라 연결 강도까지 나타낼 수 있다. 따라서 기본적인 그래프보다 정점들의 다양하고 복잡한 관계를 추가로 표현할 수 있게 된다. 이와 같이 정점을 연결하는 간선에 비용이나 거리 등의 가중치가 할당된 그래프를 가중 그래프(weighted graph)라고 한다. 각 정점들을 도시라고 하고 연결선들을 도로라고 가정했을 때 가중치는 각 도로를 지나기 위한 비용이나 도시 사이의 거리라고 생각할 수 있다. 가중치는 양수와 음수 모두를 가질 수 있으며 최단 경로 문제는 가중치의 합이 가장 작은 경로를 구하는 문제이며 최단 경로 문제를 해결하는 다양한 알고리즘이 있다.

> **가중 그래프의 정의**
> 그래프 G = (V, E)에서 각 간선에 가중치가 정의되어 있는 그래프

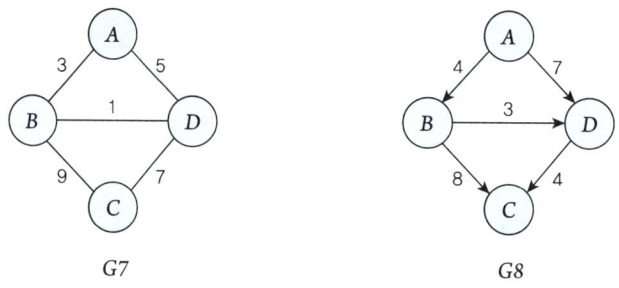

[그림 6-13] 가중 그래프

> **더 알아두기**
>
> **최단 경로 문제**
> - 그래프의 두 정점 사이를 연결하는 경로 중 가장 짧은 경로를 찾는 절차
> - 짧다는 것은 물리적인 거리 뿐 아니라 시간, 비용 등 다양한 기준이 될 수 있음
> - 최단 경로를 구하는 알고리즘은 우리의 생활 중에도 알게 모르게 적용되고 있음
>
> **최단 경로 알고리즘의 다양한 응용 분야**
> - 네이버, 구글 등 여러 검색 엔진의 지도 서비스
> - 자동차 내비게이션 시스템
> - 지하철 혹은 버스 노선 앱에서도 활용
> - 건물의 위치를 효율적으로 정하기 위해 이용하기도 함
> - 군사 공학, 건축 공학, 통신망 설계, VLSI(초고밀도 집적회로) 설계 등 여러 분야에서 다양하게 이용되고 있음
>
> **많은 정점과 간선으로 구성된 복잡한 그래프의 최단 경로를 어떻게 구할 수 있을까?**
> 모든 경우의 수를 세어 비교하는 방법으로는 최단 경로를 구하는 것이 쉽지 않다. 다 세더라도 시간이 많이 걸리게 되고 빠짐없이 다 세었는지 빠뜨린 것이 있는지 헷갈릴 수 있다. 따라서 최단 경로 알고리즘이 필요하다. 최단 경로 알고리즘에는 다익스트라 알고리즘, 플로이드 와샬 알고리즘, 벨만-포드 알고리즘 등이 있다.

제2절 그래프 표현 방법 중요

1 인접 행렬 기출

그래프는 정점의 집합과 이 정점을 잇는 간선의 집합 간의 결합이다. 이러한 그래프를 컴퓨터 프로그램으로 해결하기 위해서는 그래프를 컴퓨터 메모리에 저장할 수 있는 형태로 표현해야 한다. 그래프를 표현하는 방법은 정점의 집합과 간선의 집합을 컴퓨터에서 어떻게 표현할 것인가의 문제로 생각할 수 있다. 간선은 정점과 정점이 인접 관계에 있음을 나타내는 존재이므로 그래프의 표현 문제는 간선 즉, 정점과 정점의 인접 관계를 어떻게 나타내는가의 문제라고 할 수 있다. 그래프를 표현하는 가장 기본적인 방법은 시각적으로 이해하기 쉬운 그림의 형태로 나타내는 것이다. 그러나 컴퓨터에서 그래프를 이용하여 다양한 연산을 하거나 데이터를 표현하기 위해서는 좀 더 수학적이고 논리적인 방법이 필요하다. 그래서 사용하는 방법이 인접 행렬(adjacency matric)과 인접 리스트(adjacency list)이다. **인접 행렬**은 그래프의 표현을 위해 행렬을 이용하는 방식이고 **인접 리스트는 연결 리스트를 이용하는 방식**이다. 인접 행렬과 인접 리스트 표현 방법은 기억 공간의 사용량과 처리 시간 등에서 장단점을 가지므로 해결하려는 문제에 따라 적합한 표현 방법을 선택해야 한다.

인접 행렬은 그래프의 구조를 표현하기 위해서 정점들 사이의 인접 관계를 정점 수만큼의 행과 열을 갖는 행렬을 이용하여 표현하는 방법이다. 그래프를 구성하는 정점을 행렬의 각 원소로 하고 정점에 근접하는 간선을 1 또는 0으로 표기하여 그래프로 표현한다.

> **인접 행렬의 정의**
> - 그래프 G = (V, E)에서 |V| = n 일 때 n×n 행렬로 나타내는 방법
> - 그래프 G에 대한 인접 행렬 A = $[a_{ij}]$의 각 원소
>
> $$a_{ij} = \begin{cases} 1 & (v_i, v_j) \in E \\ 0 & otherwise \end{cases}$$

인접 행렬은 그래프의 두 정점을 연결한 간선의 유무를 행렬로 저장하는 방법으로 두 정점을 연결하는 간선이 존재하면 행렬의 원소를 1로 표현하고 존재하지 않으면 0으로 표현한다. 이러한 인접 행렬은 이해하기 쉽고 간선의 존재 여부를 즉각 알 수 있다는 장점이 있다. 행렬은 컴퓨터에서 2차원 배열을 사용하는 순차 자료구조로 표현할 수 있다. 정점의 전체 개수가 n인 경우 인접 행렬은 n×n 행렬로 표현할 수 있다. n×n 행렬이므로 n^2에 비례하는 기억 공간이 필요하다. 인접 행렬에서 정점 i와 정점 j 사이에 간선이 존재하면 원소 (i, j)는 1이 된다. 그러나 정점 i와 정점 j 사이에 간선이 존재하지 않으면 원소 (i, j)는 0이 된다. 무방향 그래프에서 정점 i에서 정점 j로 가는 간선이 존재한다는 것은 정점 j에서 정점 i로 가는 간선도 존재한다는 의미가 된다. 따라서 인접 행렬이 대각 성분을 기준으로 대칭인 성질을 갖게 된다. 방향 그래프의 경우 원소 (i, j)는 정점 i에서 출발하여 정점 j로 가는 간선이 있는지를 나타낸다. 가중 그래프의 경우 인접 행렬의 원소 (i, j)에는 1 대신에 해당 간선의 가중치 값이 저장된다.

> **더 알아두기**
>
> **인접 행렬**
> - 그래프의 두 정점을 연결한 간선의 유무를 행렬로 저장
> - 무방향 그래프의 인접 행렬은 대각선을 중심으로 대칭
> - 방향 그래프의 인접 행렬은 일반적으로 대칭이 아님
> - 배열의 인덱스는 정점을 의미
>   - n개의 정점을 가진 그래프: n×n 행렬
>   - 행렬의 행 번호와 열 번호: 그래프의 정점
>   - 행렬 값: 두 정점이 인접되어 있으면 1, 인접되어 있지 않으면 0

[그림 6-14]는 무방향 그래프와 방향 그래프의 인접 행렬을 표현한 것이다. [그림 6-14]의 (a) 무방향 그래프 G = (V, E)에서 |V| = 4이므로 그래프 G를 인접 행렬로 표현하면 4×4 행렬이 된다. 인접 행렬을 이용한 표현은 두 정점 사이에 간선이 존재하는지를 쉽게 파악할 수 있으며 정점의 차수를 쉽게 계산할 수 있다. 무방향 그래프의 경우 임의의 정점 v_i의 차수(degree)는 인접 행렬에서 i행의 합이나 또는 i열의 합과 같다. 예를 들어, [그림 6-14]의 (a) 무방향 그래프의 정점 v_1의 차수는 인접 행렬에서 1행의 합에 해당하는 3이 된다. 마찬가지로 1열의 합도 차수와 같은 3이 된다. 방향 그래프의 경우 i행의 합은 정점 v_i의 진출 차수(out-degree)가 되고 i열의 합은 정점 v_i의 진입 차수(in-degree)가 된다. [그림 6-14]의 (b) 방향 그래프에서 정점 v_2의 진출 차수는 인접 행렬에서 2행의 합에 해당하는 2가 된다. 진입 차수는 2열의 합인 1이 된다.

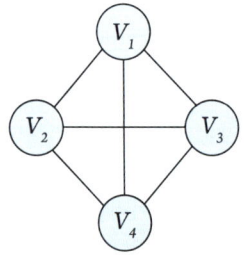

(a) 무방향 그래프와 인접 행렬

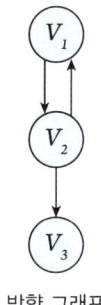

방향 그래프

$$\begin{array}{c c} & \begin{array}{c c c} V_1 & V_2 & V_3 \end{array} \\ \begin{array}{c} V_1 \\ V_2 \\ V_3 \end{array} & \begin{bmatrix} 0 & 1 & 0 \\ 1 & 0 & 1 \\ 0 & 0 & 0 \end{bmatrix} \end{array}$$

인접 행렬

(b) 방향 그래프와 인접 행렬

[그림 6-14] 인접 행렬

더 알아두기

- 무방향 그래프의 인접 행렬

  행 i의 합 = 열 i의 합 = 정점 i의 차수

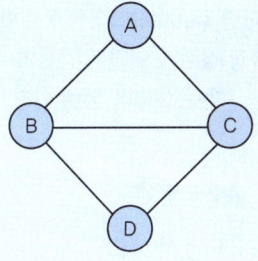
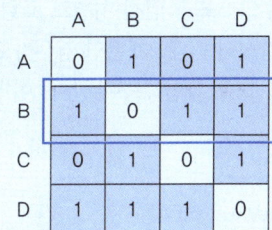

$1 + 0 + 1 + 1 = 3$ ⇨ 정점 B의 차수

- 방향 그래프의 인접 행렬

  행 i의 합 = 정점 i의 진출 차수
  열 i의 합 = 정점 i의 진입 차수

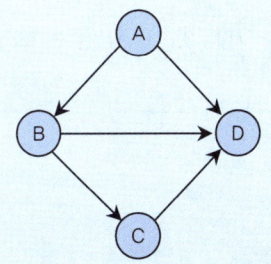
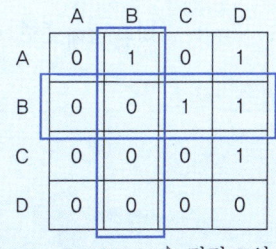

$0 + 0 + 1 + 1 = 2$ ⇨ 정점 B의 진출 차수

$1 + 0 + 0 + 0 = 1$ ⇨ 정점 B의 진입차수

인접 행렬의 장점은 구현하기가 쉽다는 것이다. 또한 임의의 정점 i와 정점 j가 연결되어 있는지 확인하고 싶은 경우 인접 행렬에서 i행 j열의 원소가 1인지 0인지만 확인하면 된다. 따라서 O(1)이라는 매우 빠른 시간 복잡도로 즉시 확인할 수 있다는 장점이 있다. n개의 정점을 가지는 그래프를 인접 행렬로 표현하려면 항상 n×n개의 메모리를 사용하게 된다. 완전 그래프처럼 간선의 수가 많은 경우나 간선의 밀도가 아주 높은 그래프에서는 인접 행렬이 적합하다. 그러나 정점의 개수에 비해서 간선의 개수가 적은 희소 그래프는 기억 공간의 낭비가 발생한다는 단점이 있다.

> **더 알아두기**
> 희소 그래프(sparse graph)는 간선이 얼마 없는 그래프를 의미하며 그와 반대로 밀집 그래프(dense graph)는 간선(변)의 수가 최대 간선의 수에 가까운 그래프이다.

또한 주어진 그래프에 존재하는 모든 간선의 수를 계산하려면 인접 행렬 전체를 조사해야 하므로 n^2번의 조사가 필요하게 되어 $O(n^2)$의 시간이 요구된다. 마찬가지로 표현된 그래프가 연결 그래프인지를 확인하는데도 많은 시간을 필요로 한다. 예를 들어 n개의 정점으로 구성된 그래프에서 임의의 정점에 연결된 간선의 수를 계산하고 싶은 경우 인접 행렬에서 해당 행을 모두 확인해보아야 하므로 총 O(n)의 시간이 걸린다. 따라서 노드의 개수에 비해 간선의 개수가 훨씬 적은 그래프인 경우 이를 확인하는데 시간이 많이 걸린다고 할 수 있다. 예를 들어, 정점의 개수가 총 10,000개인 그래프를 인접 행렬로 표현한다면 10,000×10,000 행렬이 된다. 그런데 이 그래프의 각 노드마다 연결된 간선이 최대 2개뿐인 경우라도 특정 정점과 연결된 간선의 수를 계산하기 위해서는 전체 10,000개의 노드들을 모두 확인해봐야 한다. 이러한 문제를 해결을 위해 인접 리스트를 사용한다.

> **더 알아두기**
> **인접 행렬의 장점**
> - 구현이 간단함
> - 두 정점 사이에 간선이 존재하는지를 쉽게 파악할 수 있음(O(1)의 시간 복잡도)
> - 정점의 차수를 쉽게 계산할 수 있음
>
> **인접 행렬의 단점**
> - 희소 행렬의 경우 기억 공간의 낭비가 발생
> - 주어진 그래프 내에 간선의 수를 계산하거나 표현된 그래프가 연결 그래프인지를 확인하는 데 많은 시간이 필요

2 인접 리스트

인접 리스트는 그래프를 구성하는 각각의 정점에 대해 간선으로 연결되어 있는 정점들을 연결 리스트로 표현하는 방법이다. 각 정점에 인접한 정점들을 순서에 상관없이 연결 리스트로 표현하며 인접 리스트에서는 인접 행렬과는 달리 존재하지 않는 간선은 표현상 나타나지 않는다. 연결 리스트는 노드의 연결로 표현되는데 각 노드는 두 개의 필드로 구성된다. 첫 번째 필드는 데이터 필드이며 그래프의 정점을 저장하는 필드가 된다. 두 번째 필드는 포인터 필드로 다음에 따라오는 노드의 주소를 가리킨다. 연결 리스트의 각 노드들은 [그림 6-15]와 같이 헤드(head)라고 불리는 시작 노드를 갖는 데 헤드 노드는 정점에 대한 리스트의 시작을 표현한다. 시작 노드 뒤에 연결되는 노드들은 시작 노드가 갖는 정점과 인접한 정점들을 나열한 것이다. 즉, 각 정점의 차수만큼 노드가 연결된다. 마지막 노드의 포인터 필드에는 NULL 값을 저장하여 데이터의 마지막임을 알린다. 가중치가 있는 가중 그래프의 경우 리스트에 가중치 값도 보관한다.

> **인접 리스트의 정의**
> 그래프 G = (V, E)를 구성하는 각 정점에 인접하는 정점들을 연결 리스트로 표현한 것

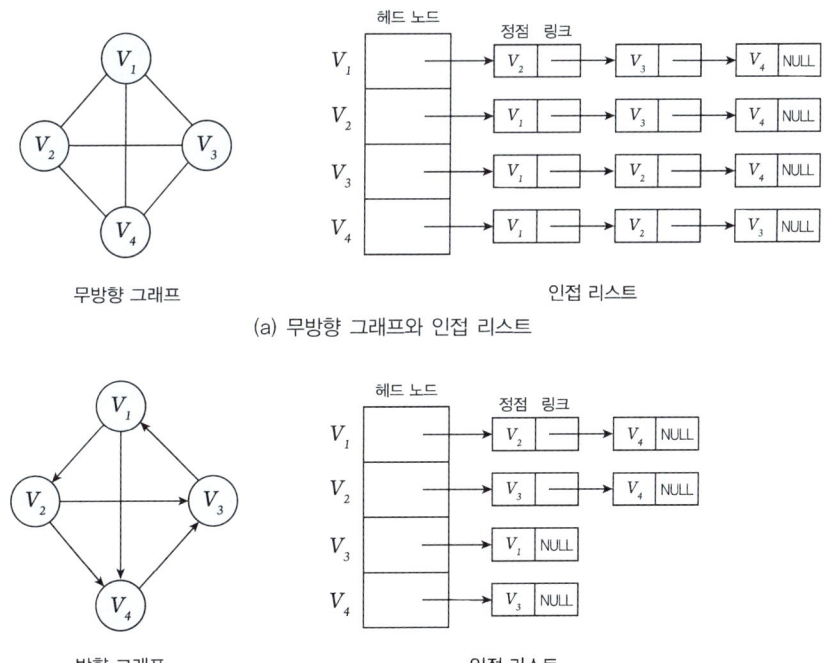

[그림 6-15] 인접 리스트

무방향 그래프의 경우 정점 i와 정점 j를 연결하는 간선 (i, j)는 정점 i의 연결 리스트에 인접 정점 j로 한 번 표현되고 정점 j의 연결 리스트에 인접 정점 i로 다시 한 번 표현된다. 인접 리스트에 연결되는 정점들은 입력되는 순서에 따라 연결 리스트 내에서 정점들의 순서가 달라질 수 있다.

인접 리스트는 인접 행렬과 달리 실제로 특정 정점에 연결된 정점들만 저장하여 표현하므로 기억 장소의 낭비를 줄일 수 있다. 또한 정점에 연결된 노드의 수를 이용하여 정점의 차수를 쉽게 구할 수 있다. 그러나 방향 그래프의 경우 진입 차수를 구하기 매우 어렵다는 단점을 갖는데 이런 경우 역 인접 리스트(inverse adjacency list)를 이용할 수 있다. 인접 리스트는 하나의 연결을 표시하기 위해 정점에 관한 정보뿐만 아니라 연결 정보까지 사용하므로 간선의 수가 상대적으로 많은 경우에는 인접 행렬을 사용할 때보다 기억 장소의 낭비가 심해질 수 있다.

> **더 알아두기**
>
> **역 인접 리스트**
> 방향 그래프의 인접 리스트 표현에서 진출 차수는 쉽게 구할 수 있지만 진입 차수는 구하기 어렵다. 이를 해결하기 위해 역 인접 리스트를 사용하는데 역 인접 리스트는 방향 그래프의 각 정점으로 들어오는 간선과 인접한 정점으로 구성한 구조이다.
>
>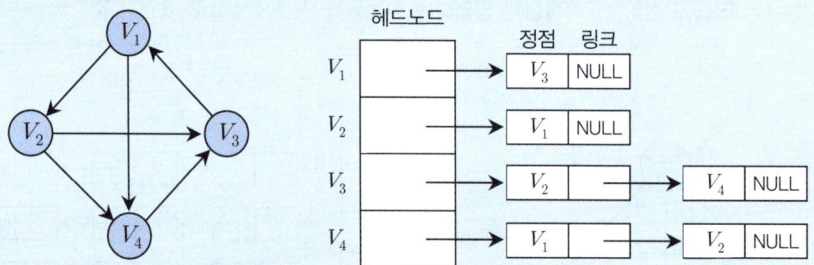
>
> [방향 그래프의 역 인접 리스트 표현]
>
> **인접 행렬과 인접 리스트 중 어느 것으로 표현해야 하는가?**
> 인접 행렬은 (정점의 개수×정점의 개수) 크기의 2차원 배열을 선언해야 하는 단점이 있다. 즉, 정점 간에 연결이 안되는 만큼 낭비되는 공간이 생기기 때문에 비효율적이라 할 수 있다. 그러나 인접 행렬과 인접 리스트는 각각의 표현 방법에 따라 서로 다른 장단점을 갖고 있기 때문에 문제의 상황에 따라 적절한 표현 방식을 이용하여 연결 관계를 저장하는 것이 중요하다.

제3절 그래프의 순회 〈중요〉

그래프 순회(graph traversal)는 하나의 정점에서 시작하여 그래프에 있는 모든 정점을 한 번씩 방문하여 처리하는 연산이다. 그래프의 많은 문제들은 단순히 그래프의 노드를 탐색하는 것으로 해결되는 경우도 있다. 예를 들어 도로망에서 특정 도시에서 다른 도시로 갈 수 있는지 여부를 확인한다거나 전자 회로에서 특정 단자와 다른 단자가 서로 연결되어 있는지 등을 확인하는 것도 그래프 순회를 통해서 해결할 수 있다. 따라서 하나의 정점으로부터 시작하여 차례대로 모든 정점들을 한 번씩 방문하는 문제는 그래프의 가장 기본적이면서도 유용한 연산이라 할 수 있다.

[그림 6-16]과 같은 그래프에서 모든 정점을 방문하려면 어떤 방법을 사용할 수 있을까? 그래프에 연결된 정점을 모두 탐색하려면 임의의 정점을 선택하여 탐색하는 방법보다는 시작점을 기준으로 일정한 방향으로 탐색하는 것이 효율적이다. 그래프를 대상으로 탐색하는 대표적 방법으로는 깊이 우선 탐색과 너비 우선 탐색이 있다.

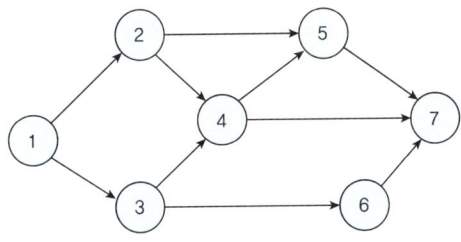

[그림 6-16] 그래프의 순회

> **더 알아두기**
>
> 그래프는 어떤 문제를 해결하기 위해 모델링하는 과정에 유용하게 사용된다. 컴퓨터 과학과 관련하여 데이터 흐름이나 스케줄링, 논리 회로 설계, 네트워크, 정렬, 탐색 등을 모델링한 것이 그래프 사용의 대표적인 예다.

1 깊이 우선 탐색 〈중요〉〈기출〉

깊이 우선 탐색(Depth First Search : DFS)은 어떤 시작 정점에서 출발하여 한 방향으로 갈 수 있는 경로가 있는 곳까지 깊이 탐색하는 방법이다. 이렇게 탐색하다가 더 이상 내려갈 수가 없으면 위로 되돌아오다가 내려갈 곳이 있으면 즉각 내려간다. 즉, 깊이 우선 탐색은 한 방향으로 갈 수 있을 때까지 가다가 더 이상 갈 수 없게 되면 가장 가까운 갈림길로 돌아와서 이곳으로부터 다른 방향으로 다시 탐색을 진행하게 된다. 깊이 우선 탐색은 아래로 갈 수 있는 데까지 갔다가 막히면 되돌아와서 다시 내려가는 방법이므로 되돌아가기 위해 스택을 이용하거나 순환 함수를 이용하여 구현할 수 있다.

[그림 6-17]은 트리를 대상으로 한 깊이 우선 탐색의 예를 보여준다. [그림 6-17]과 같이 깊이 우선 탐색은 일단 루트 노드를 방문한 후 루트 노드의 자식 노드 중 하나를 방문한다. 그런 다음 그 자식 노드의 자식 노드를 방문한다. 이와 같이 계속해서 한쪽 방향으로 깊게 갈 수 있는 곳까지 노드들을 방문해 간다. 그러다가 길이 막혀 더 이상 내려갈 수 없게 되면 위로 되돌아오고 다른 방향으로 다시 내려갈 수 있는 곳이 있으면 내려가면서 노드들을 방문한다.

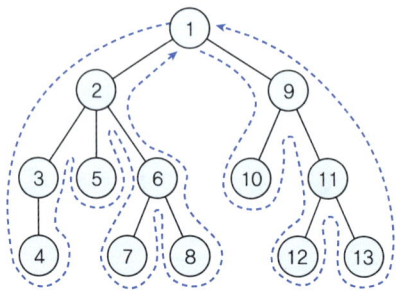

[그림 6-17] 트리를 대상으로 한 깊이 우선 탐색

> **더 알아두기**
>
> 트리는 그래프의 특수한 경우에 해당되므로 트리도 그래프와 같이 순회가 가능하다. 트리의 순회는 그래프 순회의 특수한 경우라고 할 수 있다. 트리는 루트 노드가 존재하므로 항상 루트 노드에서 순회를 시작한다. 그러나 그래프는 다른 모든 정점들을 연결시켜주는 트리의 루트 노드와 같은 정점이 존재하지 않을 수도 있으므로 어느 노드에서나 순회를 시작할 수 있다.

깊이 우선 탐색은 가장 마지막에 만났던 갈림길 간선의 정점으로 가장 먼저 되돌아가서 다시 깊이 우선 탐색을 반복해야 하므로 후입선출(LIFO) 구조의 스택을 사용한다. 깊이 우선 탐색은 사이클 방지와 위상 정렬을 포함한 많은 응용 분야에 적용이 가능하다. 다음은 무방향 그래프에 대해 깊이 우선 탐색을 수행하는 예를 보여준다. 깊이 우선 탐색의 동작 과정을 살펴보자.

(1) 먼저 임의의 정점 1을 시작 정점으로 하여 방문한다.

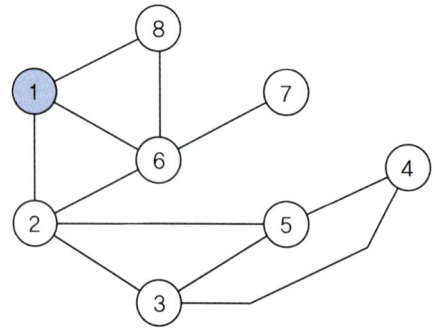

(2) 정점 1과 연결된 정점은 정점 2, 정점 6, 정점 8인데 이들 중 어느 정점을 하나 선택해도 상관없다. 이 중 임의의 정점 2를 선택하여 방문한다.

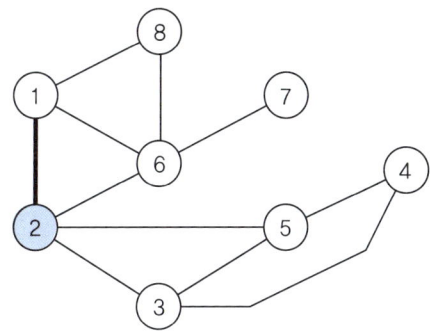

(3) 이제 정점 2에 인접하면서 방문하지 않은 정점을 하나 선택하여 방문하면 된다. 정점 2에 인접한 정점은 정점 1, 정점 3, 정점 5, 정점 6이며 이들 중 정점 1은 이미 방문했으므로 이를 제외한 나머지 3개의 정점 중 임의의 하나를 방문하면 된다. 정점 3을 선택하여 방문한다.

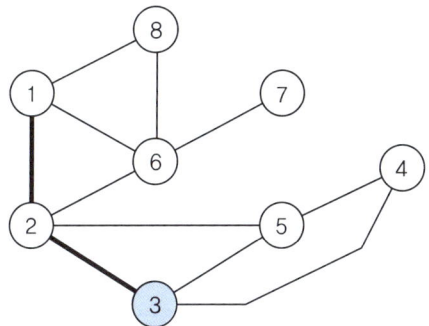

(4) 정점 3에 인접한 정점 3개 중 아직 방문하지 않은 정점은 정점 4와 정점 5이므로 이 중 하나를 방문한다. 정점 4를 방문한다.

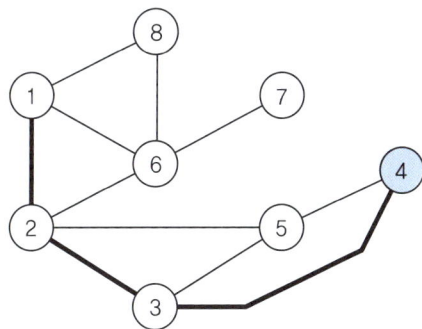

(5) 정점 4에 인접한 정점 중 방문하지 않은 정점은 정점 5 하나뿐이므로 이를 방문한다.

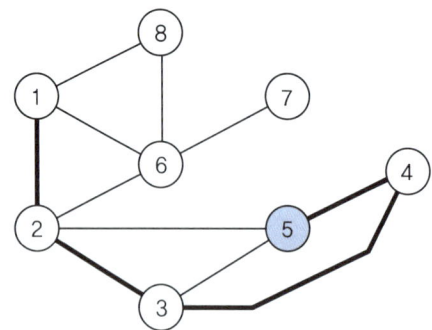

그런데 정점 5에 인접한 정점 중 방문하지 않은 정점은 없다. 즉, 정점 5에서는 더 이상 방문할 정점이 없는 것이다. 이런 경우 왔던 길로 되돌아가야 한다. 즉, 정점 5를 방문하기 바로 직전 정점인 정점 4로 되돌아가고 정점 4에 인접한 정점 중 아직 방문하지 않은 정점이 있는지 확인한다. 그런데 정점 4에 인접한 정점 중 아직 방문하지 않은 정점은 없다. 그러므로 정점 4 이전의 정점인 정점 3으로 되돌아간다. 마찬가지로 정점 3도 인접한 정점 중 방문하지 않은 정점은 없다. 같은 방법으로 정점 2로 되돌아간다.

(6) 정점 2에 인접한 정점 중 방문하지 않은 정점이 있는지 확인한다. 정점 6이 있으므로 이를 방문한다.

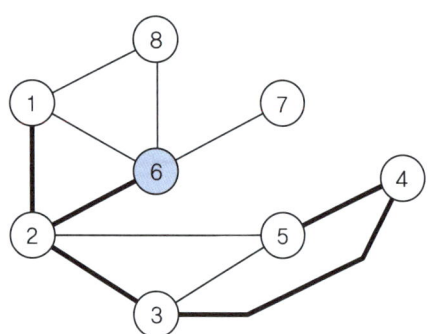

(7) 정점 6에 인접한 정점 중 아직 방문하지 않은 정점은 정점 7과 정점 8이다. 이 중 임의의 정점 7을 방문한다.

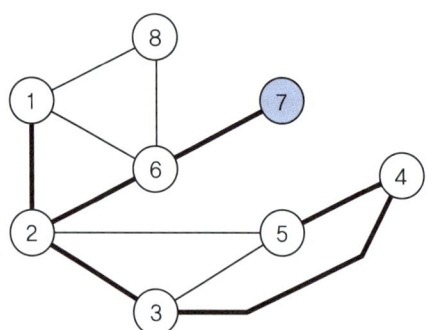

(8) 정점 7에 인접한 정점 중 방문하지 않은 정점은 없으므로 정점 6으로 되돌아간다. 정점 6에 인접한 정점 중 방문하지 않은 정점은 정점 8뿐이므로 이를 방문한다.

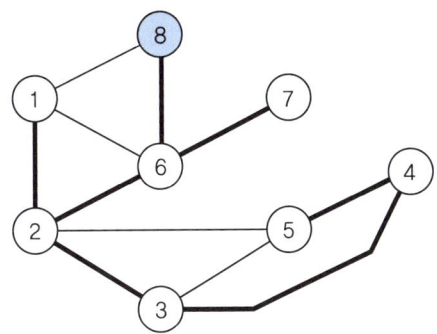

(9) 정점 8에 인접한 정점 중 방문하지 않은 정점은 없으므로 정점 6으로 되돌아간다. 정점 6에 인접한 정점 중 방문하지 않은 정점은 없으므로 정점 2로 되돌아간다. 정점 2에서도 인접한 정점 중 방문하지 않은 정점은 없으므로 정점 1로 되돌아간다. 정점 1에서도 방문하지 않은 인접 정점이 없으며 시작 정점 1에서 더 이상 갈 곳이 없으므로 깊이 우선 탐색을 끝낸다.

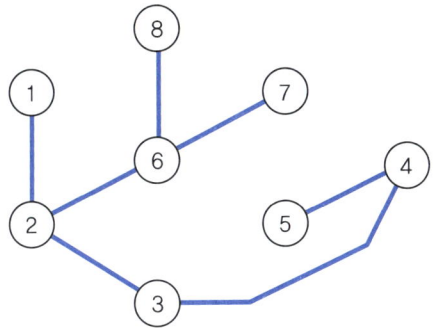

[그림 6-18] 깊이 우선 트리

그래프에서 각 정점을 처음으로 방문할 때 사용한 간선들만 남기면 [그림 6-18]과 같이 트리가 되는데 이 트리를 깊이 우선 트리라고 한다. 깊이 우선 탐색 순서를 살펴보면 다음과 같다.

① 시작 정점 v를 정하여 방문한다.
② 정점 v에 인접한 정점 중에서
　㉠ 아직 방문하지 않은 정점 w가 있으면 정점 v를 스택에 push하고 w를 방문한다. 그리고 w를 v로 하여 다시 ②를 반복한다.
　㉡ 더 이상 방문하지 않은 정점이 없으면 스택을 pop하여 받은 가장 마지막에 방문한 정점을 v로 설정한 뒤 다시 ②를 수행한다.
③ 스택이 공백이 될 때까지 ②를 반복한다.

깊이 우선 탐색 알고리즘은 다음과 같다. 배열 visited는 각 정점을 방문했는지 여부를 표시하기 위해서 사용하였다. 배열 visited 크기는 그래프의 정점 개수로 설정하고 visited의 모든 요소는 false로 초기화한다. 정점을 방문하게 되면 해당 정점의 배열의 값을 true로 설정한다.

> 🚗 **깊이 우선 탐색 알고리즘**
>
> ```
> DFS(v)
>    for(i = 0; i < n; i = i + 1) {
>       visited[i] = false;
>    }
>    stack = createStack();
>    visited[v] = true;
>    v 방문;
>
>    while (not isEmpty(stack))  {
>       if (visited[v의 인접 정점 w] = false)  then  {
>          push(stack, v);
>          visited[w] = true;
>          w 방문;
>          v = w;
>       }
>       else
>          v = pop(stack);
>    }
> end DFS()
> ```

깊이 우선 탐색은 단지 현 경로상의 정점들만을 기억하면 되므로 저장 공간의 수요가 비교적 적다. 또한 목표 정점이 깊은 단계에 있을 경우 해를 빨리 구할 수 있다는 장점이 있다.

> **더 알아두기**
>
> 깊이 우선 탐색은 한쪽 방향으로 깊이 탐색해 가는 방법이다. 따라서 어떤 정점을 깊이 우선 탐색으로 찾고자 하는 경우 해가 없는 경로에 깊이 빠질 가능성이 있다. 따라서 실제의 경우 미리 지정한 임의의 깊이까지만 탐색하고 목표 정점을 발견하지 못하면 다음의 경로를 따라 탐색하는 방법이 유용할 수 있다. 또한 깊이 우선 탐색을 통해 얻어진 해가 최단 경로가 된다는 보장이 없다. 이는 목표에 이르는 경로가 다수인 문제에 대해 깊이 우선 탐색은 해에 다다르면 탐색을 끝내버리므로 이때 얻어진 해는 최적이 아닐 수 있기 때문이다.

2 너비 우선 탐색 중요 기출

너비 우선 탐색(Breadth First Search : BFS)은 시작 정점에 가까운 정점들을 먼저 방문하고 멀리 있는 정점들은 나중에 방문하는 순회 방법이다. 즉, 시작 정점으로부터 인접한 정점들을 모두 차례로 방문하고 나서 방문했던 정점을 시작으로 하여 다시 인접한 정점들을 차례로 방문하는 방식이다. 너비 우선 탐색은 인접한 정점들에 대해서 차례로 다시 너비 우선 탐색을 반복해야 하므로 선입선출(FIFO)의 구조를 갖는 큐를 사용한다. 그래프를 순회하기 위해서는 먼저 시작 정점을 지정해야 한다. 너비 우선 탐색은 [그림 6-19]와 같이 시작 정점을 기준으로 동심원의 형태로 차례로 퍼져나가면서 정점들을 방문해 가는 방식이라고 할 수 있다. [그림 6-19]의 시작 정점 S를 기준으로 넓이가 점점 퍼져나가는 방식으로 방문해 가게 된다.

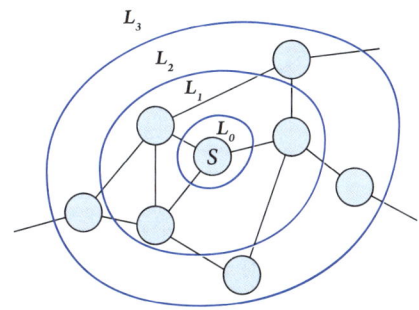

[그림 6-19] 너비 우선 탐색(동심원의 형태)

[그림 6-20]은 트리를 대상으로 한 너비 우선 탐색의 예를 보여준다. [그림 6-20]과 같이 너비 우선 탐색은 먼저 루트 노드를 방문한 후 루트 노드의 자식 노드들을 차례대로 모두 방문한다. 그런 다음 루트 노드의 자식 노드의 자식 노드 즉, 루트 노드에서 2개의 간선을 거쳐서 도달할 수 있는 정점들을 방문한다. 그 다음으로는 루트에서 3개의 간선을 거쳐서 도달하는 정점들 순으로 루트 노드에서 거리 순으로 방문한다. 너비 우선 탐색은 너비로 쭉 훑어나가는 방식이다.

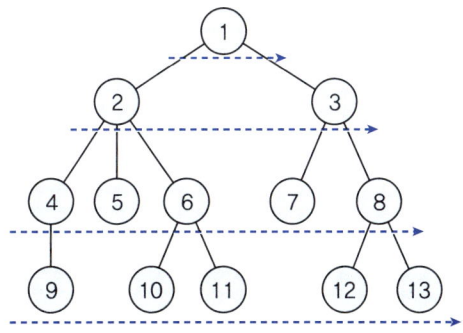

[그림 6-20] 트리를 대상으로 한 너비 우선 탐색

너비 우선 탐색은 선입선출(FIFO) 구조의 큐를 이용하여 탐색하게 된다. 다음은 무방향 그래프에 대해 너비 우선 탐색을 수행하는 예를 보여준다.

(1) 먼저 임의의 정점 1을 시작 정점으로 하여 방문한다.

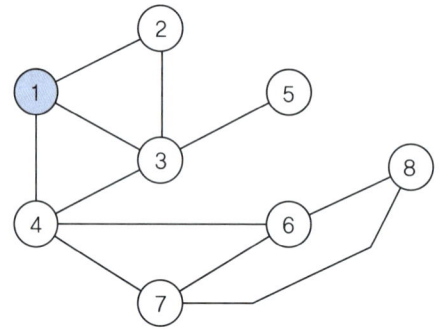

(2) 정점 1에 인접한 정점 2, 정점 3, 정점 4를 모두 방문한다.

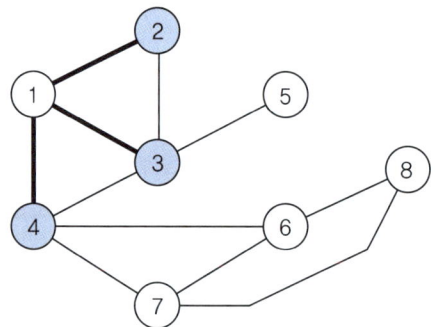

(3) 정점 2에 인접한 정점 중 방문하지 않은 정점은 없다. 정점 3에 인접한 정점 중 방문하지 않은 정점 5를 방문한다. 그런 다음 정점 4에 인접한 정점 중 방문하지 않은 정점 6과 정점 7을 모두 방문한다.

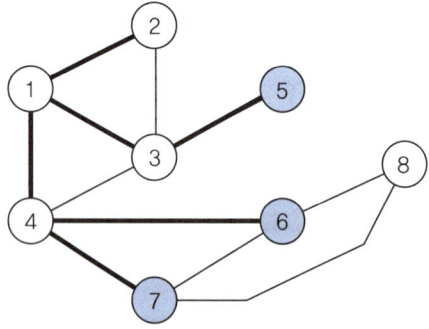

(4) 정점 5에 인접한 정점 중 방문하지 않은 정점은 없다. 정점 6에 인접한 정점 중 방문하지 않은 정점 8을 방문한다. 정점 7에 인접한 정점 중 방문하지 않은 정점은 없다.

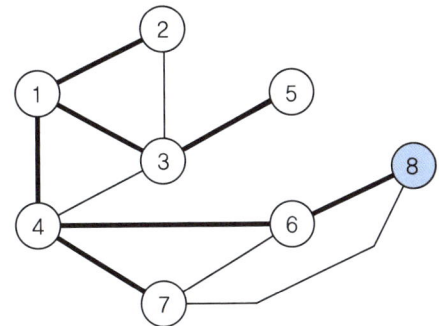

(5) 마지막으로 정점 8에 인접한 정점 중 방문하지 않은 정점은 없으므로 더 이상 갈 곳이 없다. 너비 우선 탐색은 종료된다.

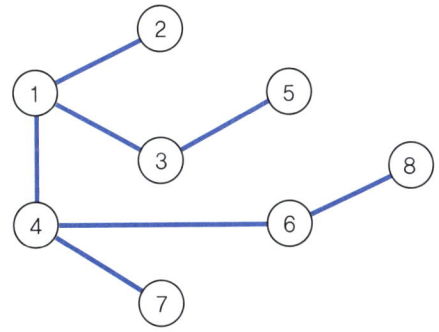

[그림 6-21] 너비 우선 트리

[그림 6-21]과 같이 그래프에서 각 정점을 처음으로 방문할 때 사용한 간선들로 만들어진 트리를 너비 우선 트리라고 한다.

너비 우선 탐색 순서를 살펴보면 다음과 같다.

① 시작 정점 v를 결정하여 방문한다.
② 정점 v에 인접한 정점 중에서 방문하지 않은 정점을 차례로 방문하면서 큐에 삽입(enQueue)한다.
③ 방문하지 않은 인접한 정점이 없으면 방문했던 정점에서 인접한 정점을 다시 차례로 방문하기 위해 큐에서 제거(dequeue)하여 받은 정점을 v로 설정하고 ②를 반복한다.
④ 큐가 공백이 되면 탐색이 끝난 것이므로 큐가 공백이 될 때까지 ②~③을 반복한다.

너비 우선 탐색 알고리즘은 다음과 같다. 각 정점을 방문했는지 여부를 표시하기 위해 배열 visited를 사용하였고 visited의 모든 요소는 false로 초기화한다. 해당 정점을 방문하면 true로 변경된다.

```
BFS(v)
   for (i = 0; i < n; i = i + 1) {
      visited[i] = false;
   }
   Q = createQueue();
   visited[v] = true;
   v 방문;

   while (not isEmpty(Q)) {
      while (visited[v의 인접 정점 w] = false) {
         visited[w] = true;
         w 방문;
         enQueue(Q, w);
      }
       v = deQueue(Q);
   }
end BFS()
```

너비 우선 탐색은 출발 정점에서 목표 정점까지의 최단 길이 경로를 보장한다는 장점이 있다. 따라서 너비 우선 탐색을 하면 각 정점에 대한 최단 경로의 길이를 구할 수 있다. 너비 우선 탐색은 최소 신장 트리 및 최단 경로 방식 등에 적용 가능한 방법이다. 너비 우선 탐색을 응용하면 미로 찾기와 같은 알고리즘도 구현할 수 있다. 꼼꼼하게 좌우를 살피며 방문하는 방법이기 때문에 게임과 같은 프로그래밍에서 유용하게 활용될 수 있다. 그러나 너비 우선 탐색은 경로가 매우 길 경우 탐색 가지가 급격히 증가함에 따라 보다 많은 기억 공간을 필요로 하게 된다.

너비 우선 탐색과 깊이 우선 탐색은 매우 간단하지만 그래프 알고리즘의 기본이 되며 매우 중요하다. 두 알고리즘의 공통점은 주어진 시작 지점에서 도달할 수 있는 모든 정점들을 처리한다는 것이다. 이는 경로 탐색이나 길 찾기 알고리즘에서 적용 가능하다.

> **더 알아두기**
>
> **깊이 우선 탐색(DFS)과 너비 우선 탐색(BFS)**
> - 깊이 우선 탐색은 스택, 너비 우선 탐색은 큐와 직접 연관
> - 트리의 전위 순회를 일반화한 것이 깊이 우선 탐색
> - 트리의 레벨 순회를 일반화한 것이 너비 우선 탐색
> - 두 가지 모두 방문된 노드로는 가지 않음

3 신장 트리 (중요)

신장 트리(spanning tree)는 그래프내의 모든 정점을 포함하는 트리이다. 모든 정점들이 연결되어 있어야 하고 트리의 성질을 만족해야 하므로 사이클을 포함해서는 안 된다. n개의 정점을 가지는 그래프의 신장 트리는 n-1개의 간선을 가진다. [그림 6-22]와 같이 임의의 그래프에서 만들 수 있는 신장 트리는 매우 다양하며 여러 개가 존재할 수 있다.

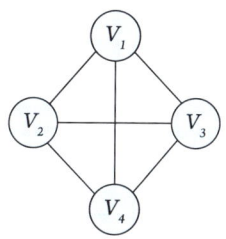

(a) 그래프 G1

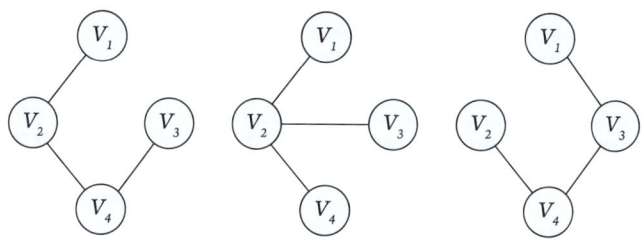

(b) 그래프 G1의 신장 트리

[그림 6-22] 신장 트리

> **더 알아두기**
>
> 신장 트리는 그래프가 주어지면 만족해야 하는 세 가지 조건이 존재한다.
> ① 모든 정점을 포함해야 한다.
> ② 모든 정점은 직접적으로나 또는 간접적으로 연결되어야 한다.
> ③ 트리의 속성을 만족해야 한다.

[그림 6-23]과 같이 깊이 우선 트리와 너비 우선 트리도 신장 트리이다. 깊이 우선 신장 트리는 깊이 우선 탐색을 이용하여 생성된 신장 트리이고, 너비 우선 신장 트리는 너비 우선 탐색을 이용하여 생성된 신장 트리이다.

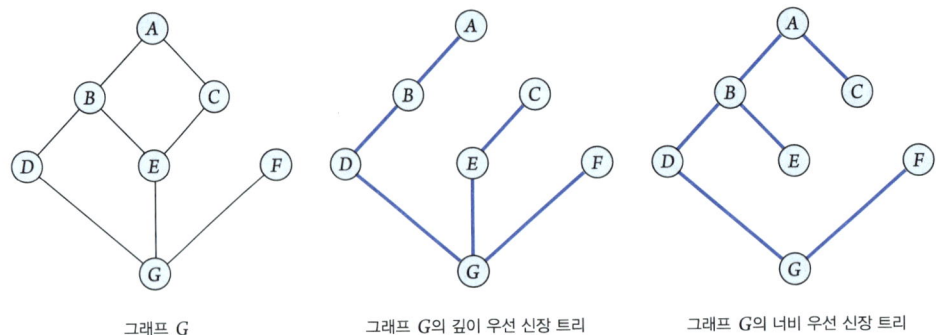

그래프 G   그래프 G의 깊이 우선 신장 트리   그래프 G의 너비 우선 신장 트리

[그림 6-23] 깊이 우선 신장 트리와 너비 우선 신장 트리

신장 트리는 통신 네트워크 설계나 도시간의 도로망, 유통망, 네트워크 설계 등에서 최소의 링크 수를 구하는 데 사용할 수 있다. 예를 들어, n개의 도시를 연결하는 경우를 생각해 보자. 모든 도시를 연결하기 위해서는 간선이 n − 1개 필요하다. 각 도시를 모두 연결하는 방법은 여러 가지가 있을 수 있다. 도로의 건설 비용이나 거리, 건설 시간 등 다양한 척도에 따라 간선들에게 가중치를 부여할 수 있는데 이러한 그래프를 가중 그래프라고 한다. 가중 그래프에서 각 도시들을 연결하는 데 최소 비용이 들도록 도로를 연결하기 위해 최단 거리를 선택할 수 있다. 최소 비용 신장 트리는 각 간선에 가중치가 부여된 그래프에서 가중치의 총합이 가장 적은 신장 트리를 의미한다.

> **더 알아두기**
>
> **신장 트리**
> - 그래프의 모든 정점들이 포함된 트리
> - 그래프 G = (V, E)의 신장 트리는 정점 집합 V를 그대로 두고 간선을 |V| − 1개만 남겨 트리가 되도록 만든 것
> - BFS, DFS 시 방문에 사용한 간선들의 집합과 동일함
> - 신장 트리에 사용되지 않은 간선 중 임의의 간선을 신장 트리에 첨가하면 사이클이 만들어져 트리가 되지 않음

제4절 최소 비용 신장 트리 _{중요} _{기출}

최소 비용 신장 트리(minimum cost spanning tree)는 무방향 가중치 그래프에서 신장 트리를 구성하는 간선들의 가중치 합이 최소인 신장 트리이다. 가중치 그래프의 간선에 주어진 가중치는 비용이나 거리, 시간을 의미하는 값이 된다. 신장 트리 비용을 최소로 만드는 것은 실제 응용 분야에서 경제성이나 효율성 등을 고려할 때 매우 중요한 문제가 된다.

> **더 알아두기**
>
> 최소 신장 트리는 간선을 연결하는 경우 일종의 비용이 든다고 가정하였을 때 가장 적은 비용을 들여 만들 수 있는 신장 트리를 의미한다.

[그림 6-24]는 최소 비용 신장 트리의 예를 보여준다. [그림 6-24]의 (a) 가중 그래프에서 전체 가중치를 최소화하면서 모든 정점들을 연결하려면 [그림 6-24]의 (b)와 같은 최소 비용 신장 트리로 해결할 수 있다. 최소 비용 신장 트리를 구하는 방법은 대표적으로 Prim 알고리즘과 Kruskal 알고리즘이 있다.

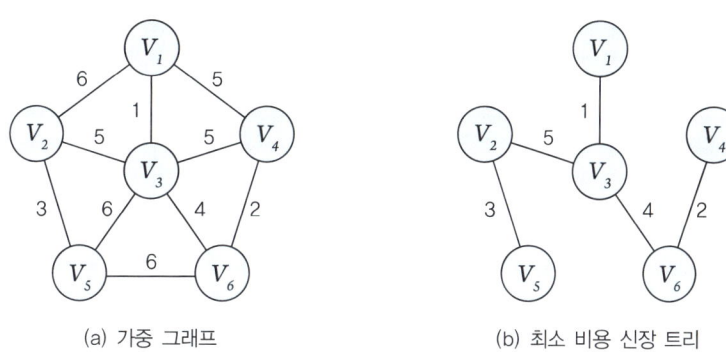

(a) 가중 그래프   (b) 최소 비용 신장 트리

[그림 6-24] 최소 비용 신장 트리

> **더 알아두기**
>
> **최소 비용 신장 트리의 응용**
> - **도로 건설**: 도시들을 모두 연결하면서 도로의 길이가 최소가 되도록 하는 문제
> - **전기 회로**: 단자들을 모두 연결하면서 전선의 길이를 가장 최소로 하는 문제
> - **통신**: 전화선의 길이가 최소가 되도록 전화 케이블망을 구성하는 문제
> - **배관**: 파이프를 모두 연결하면서 파이프의 총 길이를 최소로 하는 문제

1 Prim의 방법 (중요)

Prim 알고리즘은 가중 그래프에서 가중치가 가장 작은 간선을 하나 선택하여 시작한다. Prim 알고리즘은 이렇게 선택된 간선에 연결된 모든 간선들 중 가중치가 가장 작은 간선을 선택해가며 최소 비용 신장 트리를 구성해 나가는 방식이다. 만약 선택된 간선에 의해 사이클이 형성되는 경우에는 해당 간선을 선택하지 않는다. 전체 n개의 정점에 대하여 n − 1개의 간선이 연결되면 Prim 알고리즘은 종료한다.

> **Prim 알고리즘의 적용 과정**
> ① 현재 간선들 중에서 가중치가 가장 작은 간선을 선택한다.
> ② 선택된 간선으로 두 정점을 연결했을 때 사이클이 생기면 간선을 버리고 그렇지 않으면 신장 트리에 삽입한다.
> ③ 기존의 신장 트리를 이루는 간선의 한 끝 정점에 연결된 간선들을 검사한다.
> ④ 검사한 간선들 중에서 아직 트리에 들어있지 않으면서 가중치가 가장 작은 간선을 선택한다.
> ⑤ n − 1개의 간선을 삽입할 때까지 ③을 반복한다(간선이 n − 1개가 되면 최소 비용 신장 트리가 완성된다).

[그림 6-25]와 같은 가중 그래프에서 Prim 알고리즘을 적용하여 최소 비용 신장 트리를 생성하는 과정을 살펴보자.

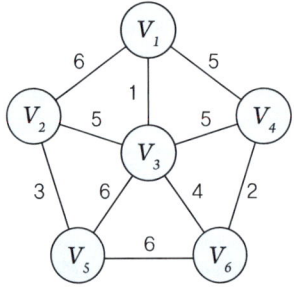

[그림 6-25] 가중 그래프

(1) [그림 6-25]의 가중 그래프에서 가중치가 가장 작은 간선을 선택한다. 정점 v_1과 정점 v_3에 연결된 간선의 가중치가 1로 가장 작으므로 해당 간선을 선택한다.

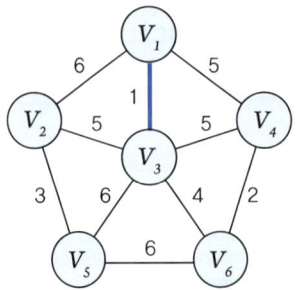

(2) 정점 v_1과 정점 v_3에 연결된 간선 중에서 가중치가 가장 작은 간선을 선택한다. 정점 v_3와 정점 v_6을 연결하는 간선의 가중치가 4로 가장 작으므로 이를 선택한다.

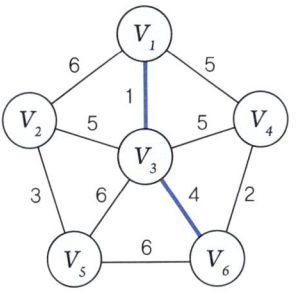

(3) 정점 v_1, 정점 v_3, 정점 v_6에 연결된 간선 중에서 가중치가 가장 작은 간선을 선택해야 한다. 정점 v_6과 정점 v_4에 연결된 간선의 가중치가 2이므로 이를 선택한다.

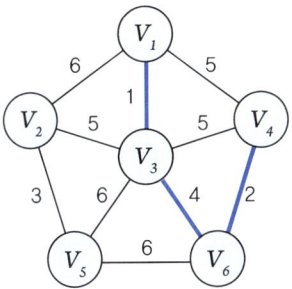

(4) 정점 v_1, 정점 v_3, 정점 v_4, 정점 v_6에 연결된 간선 중에서 가중치가 가장 작은 간선을 선택하되 선택 후 사이클을 만들지 않는 간선을 선택한다. 정점 v_2와 정점 v_3을 연결하는 간선을 선택한다.

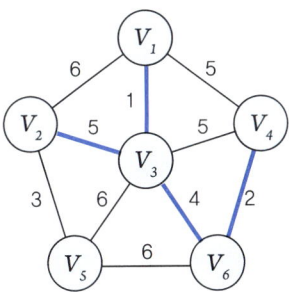

(5) 정점 v_1, 정점 v_2, 정점 v_3, 정점 v_4, 정점 v_6에 연결된 간선 중에서 가중치가 가장 작은 간선을 선택하되 선택 후 사이클을 만들지 않는 간선을 선택한다. 정점 v_2와 정점 v_5를 연결하는 간선을 선택한다. 최소 비용 신장 트리가 완성되었다.

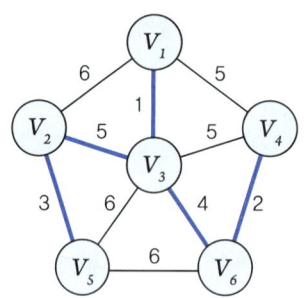

[최소 비용 신장 트리]

2 Kruskal의 방법 [중요] [기출]

Kruskal 알고리즘은 사이클을 만들지 않는 범위에서 최소 비용 간선을 하나씩 더해가면서 최소 신장 트리를 만드는 방식이다. 가중치를 기준으로 간선을 정렬한 후 최소 신장 트리가 될 때까지 하나씩 선택해 가는 방법이다. 선택한 간선과 연결되어 있지 않은 간선이라도 가중치가 작은 간선을 순서대로 신장 트리에 추가한다. Kruskal 알고리즘은 Prim 알고리즘처럼 하나의 트리를 키워나가는 방식이 아니고 임의의 시점에 최소 비용의 간선을 더하므로 여러 개의 트리가 산재하게 된다. 즉, 부분적인 트리들을 조각조각 만들고 하나로 합쳐간다고 할 수 있다. n – 1개의 간선을 더하고 나면 모든 트리가 합쳐져서 하나의 트리가 된다.

Kruskal 알고리즘의 적용 과정은 다음과 같다.

① 그래프의 모든 간선을 가중치에 따라 오름차순으로 정렬한다.
② 그래프의 가중치가 가장 작은 간선을 선택한다. 이때 사이클을 형성하는 간선은 삽입할 수 없으므로 이런 경우에는 그 다음으로 가중치가 작은 간선을 선택한다.
③ n – 1개의 간선을 삽입할 때까지 ②를 반복한다
  (간선이 n – 1개가 되면 최소 비용 신장 트리가 완성됨).

다음은 [그림 6-25]와 같은 가중 그래프에서 Kruskal 알고리즘을 적용하여 최소 비용 신장 트리를 생성하는 과정이다.

(1) 모든 간선 중에서 가중치가 가장 작은 간선을 선택한다. 정점 v_1과 정점 v_3를 연결하는 간선의 가중치가 1로 가장 작으므로 해당 간선을 선택한다.

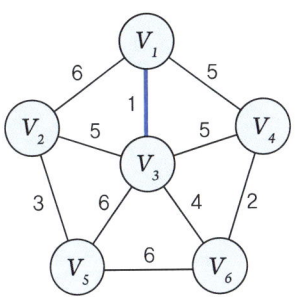

(2) 나머지 간선들 중에서 다시 가중치 가장 작은 간선을 선택한다. 정점 v_4와 정점 v_6을 연결하는 간선의 가중치가 2로 가장 작으므로 해당 간선을 선택한다.

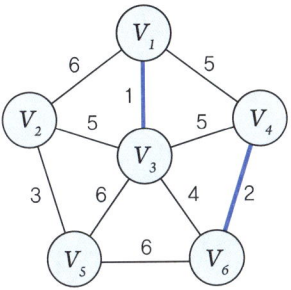

(3) 나머지 간선 중에서 가중치가 가장 작은 간선을 선택한다. 정점 v_2와 정점 v_5를 연결하는 간선의 가중치가 3으로 가장 작으므로 이 간선을 선택한다.

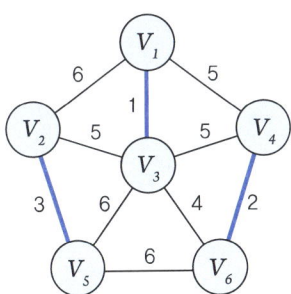

(4) 같은 방법으로 나머지 간선 중에서 가중치가 가장 작은 간선을 선택한다. 정점 v_3과 정점 v_6을 연결하는 간선의 가중치가 4로 가장 작으므로 해당 간선을 선택한다.

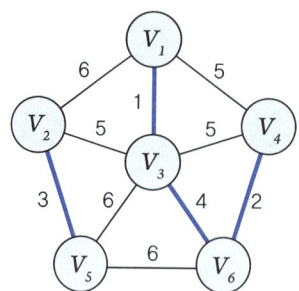

(5) 나머지 간선 중에서 가중치가 가장 작은 간선을 선택한다. 가중치가 가장 작은 값은 5이다. 그런데 정점 v_1과 정점 v_4를 연결하는 간선을 선택하면 사이클을 형성하므로 선택하지 않는다. 마찬가지로 정점 v_3와 정점 v_4를 연결하는 간선도 사이클을 형성하므로 선택하지 않는다. 따라서 정점 v_2와 정점 v_3를 연결하는 간선을 선택한다. 최소 비용 신장 트리가 완성되었다.

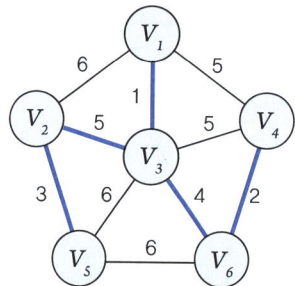

[최소 비용 신장 트리]

> **더 알아두기**
>
> 최소 신장 트리를 찾는 대표적인 알고리즘인 Prim 알고리즘과 Kruskal 알고리즘은 그리디(Greedy) 알고리즘에 해당한다. 그리디 알고리즘은 최적해(최소값 또는 최대값)를 찾기 위해 당장 눈앞에 보이는 최적의 상황만을 좇는 알고리즘이라 할 수 있다. 즉, 매 순간 최적의 답을 선택하며 지역적인 최소값(또는 최대값)을 선택하고 이러한 부분적인 선택을 축적하여 최적해를 찾는 방식이다. Prim 알고리즘과 Kruskal 알고리즘이 그리디 알고리즘인 이유는 남아있는 간선들 중에서 항상 '욕심 내어' 가중치가 가장 작은 간선을 선택하기 때문이다.

3 Sollin 방법

Sollin 알고리즘은 각 정점을 독립적인 트리로 간주하고 각 트리에 연결된 간선들 중에서 가장 작은 가중치를 가진 간선을 선택한다. 이때 선택된 간선은 두 개의 트리를 하나의 트리로 만든다. 같은 방법으로 한 개의 트리가 남을 때까지 각 트리에서 최소 가중치 간선을 선택하여 연결한다. Sollin 알고리즘은 병렬 알고리즘으로 구현이 쉽다는 장점을 갖는다.

> **더 알아두기**
>
> **Sollin 알고리즘**
> 각 정점은 독립적인 트리이다.
> repeat
>   각 트리에 닿아 있는 간선들 중에서 가중치가 가장 작은 간선을 선택하여 트리를 합친다.
> until (1개 트리만 남을 때까지)

다음과 같은 그래프에서 Sollin 알고리즘을 적용하는 예를 들어보자.

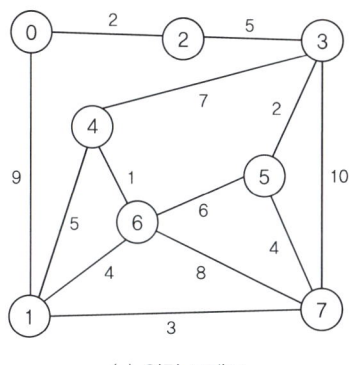

(a) 입력 그래프

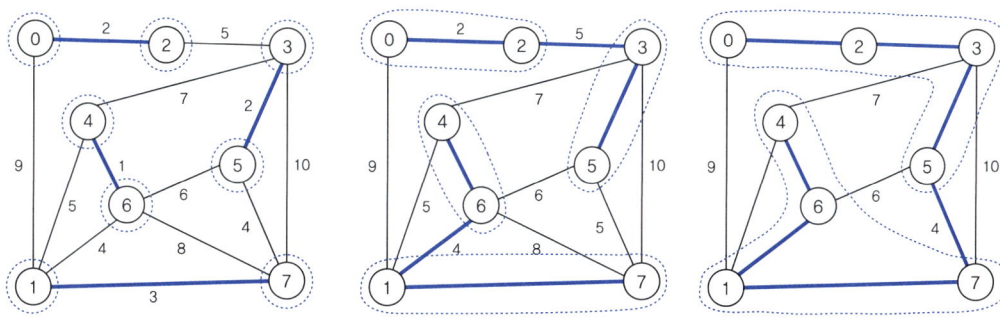

(b) 각 트리에서 가중치가 가장 작은 간선을 선택하여 트리를 합친다.

[그림 6-26] Sollin 알고리즘 적용 예

먼저 각 정점은 하나의 독립적인 트리라고 가정하고 시작하므로 각 정점 하나로 이루어진 트리에 연결된 간선들 중 가중치가 가장 작은 간선을 선택한다. 같은 방법으로 각 트리에 닿아 있는 간선들 중에서 가중치가 가장 작은 간선을 선택하여 트리를 합치는 과정을 한 개의 트리만 남을 때까지 반복한다.

Sollin 알고리즘은 repeat 루프가 각 쌍의 트리가 서로 연결된 간선을 선택하는 경우 최대 $\log n$ 번 수행된다. 루프 내에서는 각 트리가 자신에 닿아 있는 모든 간선들을 검사하여 최소 가중치를 가진 간선을 선택하므로 $O(n)$ 시간이 소요된다. 따라서 알고리즘의 수행시간은 $O(n \log n)$이다.

제5절 그래프의 응용

1 AOV 네트워크

AOV(Activity On Vertex) 네트워크는 작업의 순서를 정점(vertex)과 간선(edge)으로 나타낸 방향 그래프를 의미한다. 정점은 해야 하는 작업을 의미하고 간선은 방향이 있는 화살표로 표현한다. 간선은 작업 간의 우선 순위를 나타낸다. AOV 네트워크는 우선 순위에 대한 관계를 나타내는 그래프라고 할 수 있으며 위상적 순서(topological order)를 찾아내기 위해 많이 사용된다.

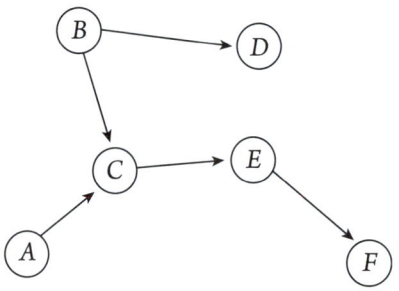

[그림 6-27] AOV 네트워크의 예

어떠한 작업을 하기 전에 먼저 해야 하는 작업들을 선행자(predecessor)라고 한다. 위 그림에서 작업 E의 경우에는 작업 B와 작업 C를 마쳐야 한다. 즉 작업 E의 선행자는 작업 B와 작업 C이다. 또한 이 선행자들 중 작업 C는 작업 E를 시작하기 직전에 마쳐야 하므로 즉각 선행자(immediate predecessor)라고 한다. 후행자(successor)는 어떠한 작업을 한 후에 해야 하는 작업들을 의미한다. 작업 C의 후행자는 작업 E와 작업 F이다. 또한 작업 F는 작업 E를 마친 후에 바로 시작되어야 하므로 즉각 후행자(immediate successor)라고 한다. AOV 네트워크에서 중요한 것은 '어떤 순서로 작업을 끝낼 것이냐?'이다. 이를 위해 위상 정렬(topological sorting)이 존재한다. 위상 정렬은 순서가 정해져 있는 일련의 작업을 차례대로 수행해야 할 때 사용할 수 있는 알고리즘이다. 간선의 방향을 거스르지 않으면서 작업이 순서대로 진행되도록 나열하는 것이라고 할 수 있다. 하나의 방향 그래프는 여러 위상 정렬이 가능하며 위상 정렬의 과정에서 선택되는 정점의 순서를 위상 순서라고 한다. AOV 네트워크는 작업의 순서를 쉽게 알 수 있는 그래프이기 때문에 순차적인 작업을 요구하는 선박이나 비행기 등의 부품 조립 분야에서 많이 활용된다.

2 AOE 네트워크 기출

AOE(Activity On Edge) 네트워크는 AOV 네트워크와 밀접한 관련이 있는 작업 네트워크이다. AOE 네트워크에서 방향 간선은 프로젝트에서 수행되어야 할 작업을 의미하고 정점은 공정을 의미한다. AOE 네트워크는 작업들을 수행하는 데 걸리는 최단 시간을 구하는 데 사용될 수 있으며 여러 프로젝트들의 성능 평가를 위하여 활용될 수 있다.

AOE 네트워크로 표현된 작업들은 병렬로 수행되기 때문에 프로젝트의 수행을 끝내기 위한 최소한의 시간은 시작점에서 끝점까지 가장 긴 경로의 길이가 된다. 이때 경로의 길이는 경로 상에 표현된 작업 시간들의 합이 되는데 이러한 가장 긴 경로를 임계 경로(critical path)라고 한다.

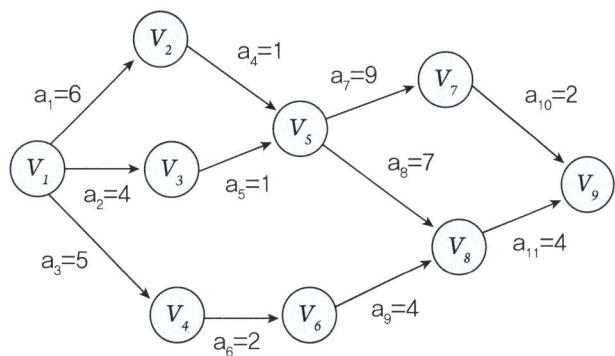

[그림 6-28] AOE 네트워크의 예

[그림 6-28] AOE 네트워크의 예에서 임계 경로는 v_1, v_2, v_5, v_7, v_9가 된다. 이 임계 경로의 길이는 경로상의 간선이 갖고 있는 길이의 합이 되기 때문에 6 + 1 + 9 + 2 = 18이 된다. 프로젝트 시작 정점인 v_1과 프로젝트 완료를 나타내는 v_9 사이에는 한 개 이상의 임계 경로가 존재할 수 있으며 v_1, v_2, v_5, v_8, v_9가 된다.

[표 6-1]은 임계 경로상의 각 공정을 나타내는 정점들을 나타낸 것이다.

[표 6-1] 임계 경로상의 정점

공정(event)	해석
v_1	프로젝트의 시작을 말함
v_2	작업(activity) a_1의 완료를 뜻함
v_5	작업(activity) a_4, a_5의 완료를 뜻함
v_7	작업(activity) a_7의 완료를 뜻함
v_9	프로젝트의 완료를 뜻함

[그림 6-28] AOE 네트워크의 프로젝트 수행 과정을 설명하면 다음과 같다.

- 작업 a_1, a_2, a_3은 프로젝트가 시작된 후 병행 수행될 수 있음을 의미한다.
- 작업 a_4, a_5는 공정을 나타내는 v_2, v_3이 완료되기 전에는 수행될 수 없고 작업 a_6은 공정 v_4가 완료된 후 수행되는 작업이다.
- 작업 a_7, a_8은 공정 v_5가 완료된 후 병행 수행되고 작업 a_9는 공정 v_6이 완료된 후 수행될 수 있다.
- 작업 a_7과 a_8을 공정 v_5와 v_6이 끝난 후에 수행되게 하려면 간선 $\langle v_6, v_5 \rangle$를 추가하고 작업 $a_{12} = 0$의 가짜 작업을 삽입함으로써 이루어질 수 있다.

AOE 네트워크에서 사용하는 몇 가지 중요한 시간은 다음과 같다.

- earliest time : 공정 v_i가 완료될 수 있는 시간을 의미하며 프로젝트의 시작 정점 v_1에서 정점 v_i까지의 최장 경로 길이를 의미한다. 공정 v_5가 완료될 수 있는 시간인 earliest time은 7이 된다.
- 가장 빠른 시작 시간(earliest start time, E) : 어떤 공정이 완료될 수 있는 earliest time에 의해 결정되는 시간으로 그 정점에서 나오는 간선으로 표현된 작업들의 시작 시간을 의미한다. 작업 a_i에 대한 이 시간을 $e(i)$로 표기하고 $e(7) = e(8) = 7$이 된다.
- 가장 늦은 시작 시간(latest start time, L) : 작업 a_i가 가장 늦게 시작될 수 있는 시간을 의미한다. 이는 어떤 작업이 프로젝트의 전체 시간, 즉 완료 시간(프로젝트 시작에서 완료까지의 최장 경로)을 지연시키지 않고 가장 늦게 시작할 수 있는 시간을 말하는 것이다. 작업 a_i에 대한 이 시간을 $l(i)$로 표기하고 $l(i)$ = 임계경로시간 − a_i부터 최종시간이다. 따라서 작업 a_9에 대하여 $l(9) = 18 - 8 = 10$이 된다.

[그림 6-28] AOE 네트워크의 경우 $e(6) = 5$, $l(6) = 18 - 10 = 8$이고 $e(7) = 7$, $l(7) = 18 - 11 = 7$이 된다. earliest time과 latest time과의 차이 $l(i) - e(i)$는 어떤 작업 a_i의 임계도(criticality)를 나타낸다. 어떤 작업의 임계도는 그 프로젝트 전체를 종료하는 데 필요로 하는 시간에 영향을 주지 않는 여유 시간(slack time, 지연될 수 있는 시간)을 나타낸다.

[표 6-2]는 각각의 시간과 임계도를 정리한 것이다.

[표 6-2] earliest start time, latest start time, 임계도

작업(activity)	earliest start time(e)	latest start time(l)	임계도(l-e)
a_1	0	0	0
a_2	0	2	2
a_3	0	3	3
a_4	6	6	0
a_5	4	6	2
a_6	5	8	3
a_7	7	7	0
a_8	7	7	0
a_9	7	10	3
a_{10}	16	16	0
a_{11}	14	14	0

3 최단 경로

어떤 도시로 여행을 가는 경우 특정 목적지에 도착하기 위해서는 그 사이에 있는 여러 도시들을 거쳐야 한다. 이때 어떤 경로를 선택하여 방문하는지에 따라 여행 시간이나 거리, 비용 등이 달라질 수 있다. 이들 중 가장 경제적이고 효율적인 방법을 선택하고자 한다면 두 도시 사이에 존재하는 경로 상의 간선들의 비용을 나타내는 가중치의 합이 최소가 되는 경로를 선택할 것이다. 최단 경로 문제는 주어진 가중 그래프에서 출발점에서부터 도착점까지의 최단 경로를 찾는 문제이다. 다양한 경로들 중에 가장 효율적이고 빠른 경로를 찾는 문제가 최단 경로 문제라고 할 수 있으며 도로망이나 네트워크 경로 등을 선택하는 데 응용할 수 있다. 새로운 곳에 가려고 할 때 내비게이션을 이용하여 목적지까지 도달하는 최단 경로를 찾는다거나 지도에서 길찾기를 하는 것도 최단 경로 문제라고 할 수 있다.

> **최단 경로의 정의**
> $|E| > 0$인 그래프 $G = (V, E)$에서 정점 $v_1, v_2 \in V$ 사이의 가장 짧은 거리의 경로
> - 출발점(source) : 경로의 시작점
> - 도착점(destination) : 경로의 목적지

최단 경로를 구하는 방법은 출발점에서 최종 도착점까지의 경로에 포함되는 정점을 나열하고 각 간선에 부여된 가중치를 더하여 가장 작은 결과를 갖는 경로를 선택해 가는 것이다. 이때 경로에 포함되는 간선의 수에 상관없이 가중치에 의해 최단 경로가 결정된다. 예를 들어, [그림 6-29]와 같은 가중 그래프가 있다고 하자. 만약 정점 a에서 출발하여 정점 e로 가는 최단 경로를 구하고자 할 때 각 경로를 계산하면 다음과 같다.

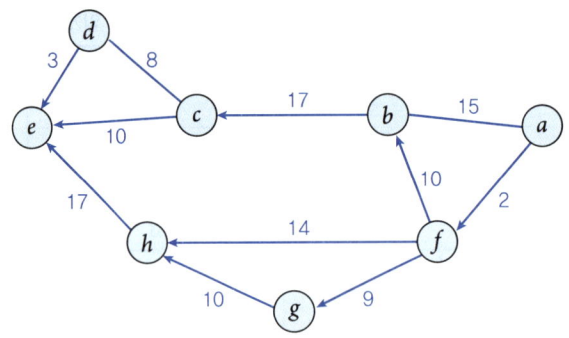

[그림 6-29] 가중 그래프에서 최단 경로

정점 a에서 정점 e로 가는 모든 경로는 6가지인데 a-b-c-d-e와 a-b-c-e와 a-f-b-c-d-e와 a-f-b-c-e와 a-f-h-e와 a-f-g-h-e이다. 여러 경로 중 최단 경로를 선택하기 위해서는 각 경로의 가중치의 합을 구해야 한다. 각 경로의 가중치의 합은 다음과 같다.

> ① a-b-c-d-e : 15 + 17 + 8 + 3 = 43
> ② a-b-c-e : 15 + 17 + 10 = 42
> ③ a-f-b-c-d-e : 2 + 10 + 17 + 8 + 3 = 40
> ④ a-f-b-c-e : 2 + 10 + 17 + 10 = 39
> ⑤ a-f-h-e : 2 + 14 + 17 = 33
> ⑥ a-f-g-h-e : 2 + 9 + 10 + 17 = 38

정점 a에서 정점 e로 가는 경로는 여러 개 존재하며 각 경로들의 가중치의 합은 43, 42, 40, 39, 33, 38이다. 따라서 가중치의 합이 가장 작은 경로는 가중치의 합이 33인 a-f-h-e 경로이며 이 경로가 최단 경로임을 알 수 있다.

최단 경로를 구하는 가장 대표적인 알고리즘은 **다익스트라(Dijkstra) 알고리즘이다. 다익스트라 알고리즘은 시작점부터 최단 경로를 갖는 정점들을 차례로 탐색해 가는 알고리즘이다.** 하나의 출발점에서 다른 모든 정점까지의 최단 경로를 구해주며 시작 정점은 거리를 0으로 하고 다른 모든 정점은 거리를 무한대(∞)로 놓고 시작한다. 그런 다음 거리가 최소인 정점을 선택하고 이것에 인접한 정점의 거리를 최단 거리로 변경하는 과정을 반복한다. 다익스트라 알고리즘은 모든 간선의 가중치가 음수가 아닌 경우 즉, 양수인 경우에만 적용할 수 있다. 어떠한 간선도 음수 값을 갖지 않는 그래프에서 주어진 출발점과 도착점 사이의 최단 경로를 찾아주는 알고리즘이라 할 수 있다. 다익스트라 알고리즘은 최소 신장 트리 알고리즘인 Prim 알고리즘과 매우 유사하다. 그러나 Prim 알고리즘이 단순히 간선의 길이를 이용해 어떤 간선을 먼저 연결할지를 결정하는데 반해 다익스트라 알고리즘은 경로의 길이를 감안해서 간선을 연결한다. 다익스트라 알고리즘은 방향 그래프나 무방향 그래프에 모두 적용할 수 있다.

> **더 알아두기**
>
> 음수인 가중치가 존재하는 경우에는 플로이드 와샬 알고리즘이나 벨만-포드 알고리즘을 적용할 수 있다. 그러나 이런 경우라도 음수인 가중치는 허용하지만 가중치의 합이 음수인 사이클은 절대 허용하지 않는다. 음수인 사이클이 존재하면 해당 사이클을 계속 반복한다면 가중치 합은 무한히 작아질 수 있으므로 최단 경로 문제 자체가 성립하지 않기 때문이다.

[그림 6-30]의 (a) 가중 그래프를 비용 인접 행렬 cost(i, j)로 표현하면 [그림 6-30]의 (b)와 같다.

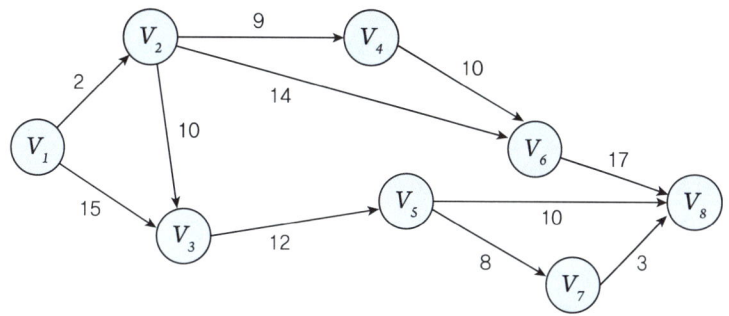

(a) 가중 그래프

$$\begin{array}{c c} & \begin{array}{cccccccc} V_1 & V_2 & V_3 & V_4 & V_5 & V_6 & V_7 & V_8 \end{array} \\ \begin{array}{c} V_1 \\ V_2 \\ V_3 \\ V_4 \\ V_5 \\ V_6 \\ V_7 \\ V_8 \end{array} & \left[\begin{array}{cccccccc} 0 & 2 & 15 & \infty & \infty & \infty & \infty & \infty \\ \infty & 0 & 10 & 9 & \infty & 14 & \infty & \infty \\ \infty & \infty & 0 & \infty & 12 & \infty & \infty & \infty \\ \infty & \infty & \infty & 0 & \infty & 10 & \infty & \infty \\ \infty & \infty & \infty & \infty & 0 & \infty & 8 & 10 \\ \infty & \infty & \infty & \infty & \infty & 0 & \infty & 17 \\ \infty & \infty & \infty & \infty & \infty & \infty & 0 & 3 \\ \infty & \infty & \infty & \infty & \infty & \infty & \infty & 0 \end{array} \right] \end{array}$$

(b) 비용 인접 행렬

[그림 6-30] 가중 그래프의 비용 인접 행렬 표현

[그림 6-30]의 (b) 비용 인접 행렬 cost(i, j)는 그래프의 정점 v_i와 v_j 사이의 간선에 주어진 가중치를 나타내며 간선이 집합 E(G)에 존재하지 않으면 cost(i, j)의 값을 ∞로 표시하여 가장 큰 값이 되도록 한다. i = j인 경우에는 가중치를 0으로 표현한다.

다익스트라 알고리즘의 적용 과정을 단계별로 설명하면 다음과 같다.

① 정점 v_1을 시작으로 정점들의 집합 S와 T를 정의한다.
② 시작 정점 v_1과 연결된 정점 v_i의 가중치(거리)를 dist[i]($1 \le i \le n$)로 정의한다. dist[1] = 0으로 초기화하고, 나머지 정점들 ($v_2 \sim v_n$)의 dist[i]는 ∞로 초기화한다.
③ 시작 정점 v_1을 집합 S에 포함되도록 한다.
④ 정점 v_n을 마지막으로 모든 정점들이 집합 S에 포함될 때까지 다음의 과정을 반복한다.
　㉠ 집합 S에 최근 포함된 정점 v를 주축으로 연결된 집합 T의 정점 w의 가중치 cost(v, w)와 dist[v]의 합을 dist[w]의 값과 비교하여 작은 값을 dist[w]의 값으로 다시 정의한다.
　　dist[w] = min(dist[w], dist[v] + cost(v, w))
　㉡ S에 포함되지 않은 정점들(집합 T의 정점) 중에서 가장 작은 dist[ ] 값을 갖는 정점을 선택하여 S에 포함시킨다. 이 정점을 w라 하자.

다익스트라 알고리즘을 적용하는 단계별 과정을 자세히 설명하면 다음과 같다.

【1단계】

v_1 : dist[2] = min(dist[2], dist[1] + cost(1,2)) = min(∞, 0 + 2) = min(∞, 2) = 2
　　dist[3] = min(dist[3], dist[1] + cost(1,3)) = min(∞, 0 + 15) = min(∞, 15) = 15
　　dist[4] = min(dist[4], dist[1] + cost(1,4)) = min(∞, 0 + ∞) = min(∞, ∞) = ∞
　　dist[5] = min(dist[5], dist[1] + cost(1,5)) = min(∞, 0 + ∞) = min(∞, ∞) = ∞
　　dist[6] = min(dist[6], dist[1] + cost(1,6)) = min(∞, 0 + ∞) = min(∞, ∞) = ∞
　　dist[7] = min(dist[7], dist[1] + cost(1,7)) = min(∞, 0 + ∞) = min(∞, ∞) = ∞
　　dist[8] = min(dist[8], dist[1] + cost(1,8)) = min(∞, 0 + ∞) = min(∞, ∞) = ∞

【2단계】

v_2 : dist[3] = min(dist[3], dist[2] + cost(2,3)) = min(15, 2 + 10) = min(15, 12) = 12
　　dist[4] = min(dist[4], dist[2] + cost(2,4)) = min(∞, 2 + 9) = min(∞, 11) = 11
　　dist[5] = min(dist[5], dist[2] + cost(2,5)) = min(∞, 2 + ∞) = min(∞, ∞) = ∞
　　dist[6] = min(dist[6], dist[2] + cost(2,6)) = min(∞, 2 + 14) = min(∞, 6) = 16
　　dist[7] = min(dist[7], dist[2] + cost(2,7)) = min(∞, 2 + ∞) = min(∞, ∞) = ∞
　　dist[8] = min(dist[8], dist[2] + cost(2,8)) = min(∞, 2 + ∞) = min(∞, ∞) = ∞

【3단계】

v_4 : dist[3] = min(dist[3], dist[4] + cost(4,3)) = min(12, 11 + ∞) = min(12, ∞) = 12
　　dist[5] = min(dist[5], dist[4] + cost(4,5)) = min(∞, 11 + ∞) = min(∞, ∞) = ∞
　　dist[6] = min(dist[6], dist[4] + cost(4,6)) = min(16, 11 + 10) = min(16, 21) = 16
　　dist[7] = min(dist[7], dist[4] + cost(4,7)) = min(∞, 11 + ∞) = min(∞, ∞) = ∞
　　dist[8] = min(dist[8], dist[4] + cost(4,8)) = min(∞, 11 + ∞) = min(∞, ∞) = ∞

【4단계】

v_3: dist[5] = min(dist[5],dist[3] + cost(3,5)) = min(∞,12 + 12) = min(∞,24) = 24
   dist[6] = min(dist[6],dist[3] + cost(3,6)) = min(16,12 + ∞) = min(16,∞) = 16
   dist[7] = min(dist[7],dist[3] + cost(3,7)) = min(∞,12 + ∞) = min(∞,∞) = ∞
   dist[8] = min(dist[8],dist[3] + cost(3,8)) = min(∞,12 + ∞) = min(∞,∞) = ∞

【5단계】

v_6: dist[5] = min(dist[5],dist[6] + cost(6,5)) = min(24,16 + ∞) = min(24,∞) = 24
   dist[7] = min(dist[7],dist[6] + cost(6,7)) = min(∞,16 + ∞) = min(∞,∞) = ∞
   dist[8] = min(dist[8],dist[6] + cost(6,8)) = min(∞,16 + 17) = min(∞,33) = 33

【6단계】

v_5: dist[7] = min(dist[7],dist[5] + cost(5,7)) = min(∞,24 + 8) = min(∞,32) = 32
   dist[8] = min(dist[8],dist[5] + cost(5,8)) = min(33,24 + 10) = min(33,34) = 33

【7단계】

v_7: dist[8] = min(dist[8],dist[7] + cost(7,8)) = min(33,32 + 3) = min(33,35) = 33

【8단계】

v_8을 집합 S에 포함 시키고, T는 공집합이 된다. 따라서 알고리즘의 수행을 마친다.

다익스트라 알고리즘을 수행하는 과정을 정리하면 [표 6-3]과 같다. 정점 v_1에서 시작하여 최단 경로가 발견된 정점들의 순서는 정점 v_1, 정점 v_2, 정점 v_4, 정점 v_3, 정점 v_6, 정점 v_5, 정점 v_7, 정점 v_8이다. [표 6-3]의 마지막 단계인 8단계를 완료하면 정점 v_1에서 각 정점들까지 연결하는 최단 거리가 구해진다. 정점 v_1에서 정점 v_2까지의 최단 거리는 2이고, 정점 v_1에서 정점 v_3까지의 최단 거리는 12이다. 정점 v_1에서 정점 v_4까지의 최단 거리는 11이고, 정점 v_1에서 정점 v_5까지의 최단 거리는 24이다. 정점 v_1에서 정점 v_6까지의 최단 거리는 16이고, 정점 v_1에서 정점 v_7까지의 최단 거리는 32이다. 정점 v_1에서 정점 v_8까지의 최단 거리는 33이다.

[표 6-3] 최단 경로를 구하는 과정

단계	집합 S	집합 T	W	배열 dist[i] [1]	[2]	[3]	[4]	[5]	[6]	[7]	[8]
초기	{ }	$\{v_1,v_2,v_3,v_4,v_5,v_6,v_7,v_8\}$	—	0	∞	∞	∞	∞	∞	∞	∞
1	$\{v_1\}$	$\{v_2,v_3,v_4,v_5,v_6,v_7,v_8\}$	v_1	0	2	15	∞	∞	∞	∞	∞
2	$\{v_1,v_2\}$	$\{v_3,v_4,v_5,v_6,v_7,v_8\}$	v_2	0	2	12	11	∞	16	∞	∞
3	$\{v_1,v_2,v_4\}$	$\{v_3,v_5,v_6,v_7,v_8\}$	v_4	0	2	12	11	∞	16	∞	∞
4	$\{v_1,v_2,v_4,v_3\}$	$\{v_5,v_6,v_7,v_8\}$	v_3	0	2	12	11	24	16	∞	∞
5	$\{v_1,v_2,v_4,v_3,v_6\}$	$\{v_5,v_7,v_8\}$	v_6	0	2	12	11	24	16	∞	33
6	$\{v_1,v_2,v_4,v_3,v_6,v_5\}$	$\{v_7,v_8\}$	v_5	0	2	12	11	24	16	32	33
7	$\{v_1,v_2,v_4,v_3,v_6,v_5,v_7\}$	$\{v_8\}$	v_7	0	2	12	11	24	16	32	33
8	$\{v_1,v_2,v_4,v_3,v_6,v_5,v_7,v_8\}$	{ }	v_8	0	2	12	11	24	16	32	33

다익스트라 알고리즘은 다음과 같다.

```
void shortest_path(int v, int cost[ ][ ], int dist[ ], int n)
{
   int i, w, u;
   char s[ ];    /* 부울 변수 */
   for (i=1; i<n; i++) {
      s[i] = FALSE;
      dist[i] = cost[v][i];  /* 시작 정점 v에서 정점 i까지 최단 경로 길이 */
   }
   s[v] = TRUE;
   dist[v] = 0;
   for (i=1; i<n-2; i++) {
      u=choose(n); /* s[w]가 FALSE인 모든 w에 대해 dist[u] = minimun
                                            dist[u]의 u를 변환*/
      s[u] = TRUE;
      for (w=1; w<n; w++) {
         if (s[w] = FALSE)
            if (dist[u] + cost[u][w] < dist[w])
               dist[w] = dist[u] + cost[u][w];
      }
   }
}
```

n개의 정점을 갖는 그래프에 대하여 알고리즘의 시간 복잡도는 $O(n^2)$이 된다. 이는 for문에서 dist[ ]의 값을 계산하고 인접 행렬을 참조하기 위하여 필요한 수행량이 된다.

> **더 알아두기**
>
> 다익스트라 알고리즘으로 최단 경로 구하기(시작점 V_1)
>
>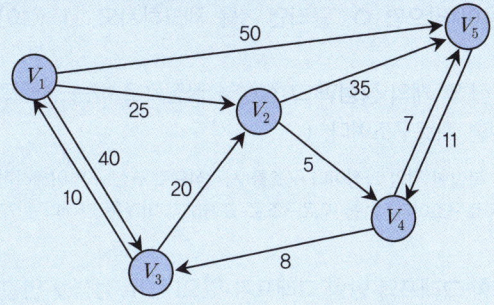
>
> 최단 경로를 구하는 과정
>
> | 단계 | 집합 S | 선택정점 | 선택 정점에서 해당 정점 사이의 가중치 | | | | |
> |---|---|---|---|---|---|---|---|
> | | | | 1 | 2 | 3 | 4 | 5 |
> | 초기 | { } | – | 0 | ∞ | ∞ | ∞ | ∞ |
> | 1 | {V_1} | V_1 | 0 | 25 | 40 | ∞ | 50 |
> | 2 | {V_1, V_2} | V_2 | 0 | 25 | 40 | 30 | 50 |
> | 3 | {V_1, V_2, V_4} | V_4 | 0 | 25 | 38 | 30 | 37 |
> | 4 | {V_1, V_2, V_4, V_5} | V_5 | 0 | 25 | 38 | 30 | 37 |
> | 5 | {V_1, V_2, V_3, V_4, V_5} | V_3 | 0 | 25 | 38 | 30 | 37 |
>
> 최종으로 구해진 최단 경로
>
>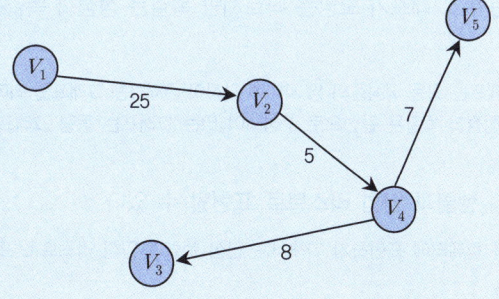

다익스트라 알고리즘은 가능한 적은 비용으로 가장 빠르게 해답에 도달하는 경로를 찾아내는 대부분의 문제에 응용할 수 있다. 내비게이션에서 각 도시들을 정점으로 도로들을 간선으로 갖는 그래프로 간주한다면 두 도시를 잇는 가장 빠른 길을 찾을 수 있다. 미로 탐색 알고리즘이나 네트워크 라우팅 프로토콜에서도 사용할 수 있다.

○✕로 점검하자 | 제6장

※ 다음 지문의 내용이 맞으면 ○, 틀리면 ✕를 체크하시오. [1~10]

01 그래프는 주어진 몇 개의 정점과 그 정점을 끝점으로 하는 선들로 이루어진 도형이며, 사이클을 허용하는 비선형 자료구조이다. (   )

> 그래프는 복잡한 작업 과정이나 구조를 시각적으로 표현하여 이해하기 쉽고 가시적으로 설명할 때 유용한 비선형 자료구조이다. 선형 자료구조로 표현하기 어려운 다대다 관계를 표현할 수 있다.

02 그래프는 무방향 그래프와 방향 그래프가 있으며, 두 정점을 연결하는 간선의 방향이 없는 그래프를 무방향 그래프라 한다. (   )

> 무방향 그래프는 간선의 방향이 없는 그래프이며, 정점 v_1에서 정점 v_2로 연결되는 간선은 (v_1, v_2)와 같이 표현한다. 방향 그래프는 간선이 방향을 가지고 있는 그래프이며, 정점 v_1에서 정점 v_2로 연결되는 간선은 $<v_1, v_2>$와 같이 표현한다.

03 레벨은 그래프에서 정점에 연결되어 있는 간선의 수를 의미한다. (   )

> 정점에 연결되어 있는 간선의 수는 차수를 의미한다.

04 평면 그래프는 그래프의 간선들이 정점 이외에서는 서로 교차되는 일이 없도록 평면으로 그릴 수 있는 그래프를 의미한다. (   )

> 그래프를 변들이 서로 공유하는 끝점에서만 만나도록 평면에 그릴 수 있을 때 평면 그래프라고 한다.

05 완전 그래프는 두 그래프가 모양은 다르지만 똑같은 정점과 똑같은 간선으로 구성되어 있는 그래프이다. (   )

> 완전 그래프는 모든 정점들의 쌍 사이에 간선이 존재하는 그래프를 의미하며, 두 그래프가 모양은 다르지만 똑같은 정점과 똑같은 간선으로 구성되어 있는 그래프는 동형 그래프이다.

06 그래프는 인접 행렬과 인접 리스트로 표현할 수 있다. (   )

> 그래프를 컴퓨터에 표현하기 위해서는 인접 행렬과 인접 리스트로 표현할 수 있다.

07 그래프를 인접 행렬로 표현하는 방법은 그래프를 구성하는 각각의 정점에 대해 간선으로 연결되어 있는 정점들을 연결 리스트로 표현하는 방법이다. (   )

> 인접 행렬은 그래프의 구조를 표현하기 위해서 정점들 사이의 인접 관계를 정점 수만큼의 행과 열을 갖는 행렬을 이용하여 표현하는 방법이다.

정답 1 ○ 2 ○ 3 ✕ 4 ○ 5 ✕ 6 ○ 7 ✕

08 깊이 우선 탐색은 어떤 시작 정점에서 출발하여 한 방향으로 갈 수 있는 경로가 있는 곳까지 깊이 탐색하는 방법이며, 스택을 사용한다. (　　)

> 깊이 우선 탐색은 한 방향으로 갈 수 있을 때까지 가다가 더 이상 갈 수 없게 되면 가장 가까운 갈림길로 돌아와서 이곳으로부터 다른 방향으로 다시 탐색을 진행하며, 스택을 사용한다.

09 Prim의 방법은 가중치를 기준으로 간선을 정렬한 후 최소 신장 트리가 될 때까지 하나씩 선택해 가는 방법이다. (　　)

> Prim의 방법은 가중 그래프에서 가중치가 가장 작은 간선을 하나 선택하여 시작하고 선택된 간선에 연결된 모든 간선들 중 가중치가 가장 작은 간선을 선택해가며 최소 비용 신장 트리를 구성해 나가는 방식이다.

10 다익스트라 알고리즘은 한 정점에서 다른 모든 정점까지의 최단 경로를 찾는 알고리즘이며, 모든 정점의 거리를 0으로 두고 시작한다. (　　)

> 다익스트라 알고리즘은 하나의 출발점에서 다른 모든 정점까지의 최단 경로를 구해주는 알고리즘이다. 시작 정점은 거리를 0으로 하고, 다른 모든 정점은 거리를 무한대(∞)로 하여 시작한다.

정답 8 O 9 X 10 X

제 6 장 실전예상문제

01 그래프 G = (V, E)에서 |V| = n 일 때 인접 행렬로 표현하면 n × n 행렬로 나타낼 수 있다. 따라서 10개의 정점을 갖는 그래프이므로 10 × 10 = 100이 된다.

01 정점을 10개 가진 방향 그래프를 인접 행렬로 표현할 때 필요한 boolean 값의 개수는?

① 10
② 20
③ 75
④ 100

02 인접 리스트는 그래프 G = (V, E)를 구성하는 각 정점에 인접하는 정점들을 연결 리스트로 표현한 것이다. 따라서 정점의 수 만큼의 단순 연결 리스트가 생긴다.

02 n개의 정점과 m개의 간선을 가진 그래프를 인접 리스트로 표현할 때 필요한 단순 연결 리스트의 개수는?

① n
② mn
③ n^2
④ $m+n$

03 완전 그래프는 모든 정점들의 쌍 사이에 간선이 존재하는 그래프이다. 완전 그래프의 정점의 수가 k이면 모든 정점의 차수는 k – 1이 된다. 또한 n개의 정점을 가진 무방향 완전 그래프의 간선의 수는 n × (n – 1) / 2가 된다. 따라서 간선의 수는 6 × (6 – 1) / 2 = 30 / 2 = 15개가 된다.

03 정점을 6개 가진 무방향 완전 그래프에 있는 간선 수는?

① 6
② 12
③ 15
④ 30

정답 01 ④ 02 ① 03 ③

04 n개의 정점을 가진 무방향 그래프에 있는 최대 간선 수는?

① n / 2
② n - 1
③ n
④ n(n-1) / 2

04 정점이 n개인 무방향 완전 그래프의 간선의 수는 n×(n-1) / 2이다.

05 다음 그래프에서 서로 다른 신장 트리는 몇 개가 존재하는가?

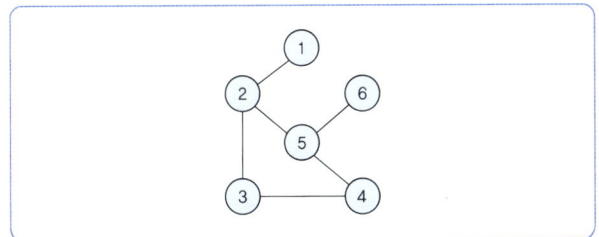

① 4
② 5
③ 6
④ 7

05 신장 트리는 그래프 내의 모든 정점을 포함하는 트리이다. 모든 정점들이 연결되어 있어야 하고 트리의 성질을 만족해야 하므로 사이클을 포함해서는 안 된다. 따라서 신장 트리는 4개가 만들어진다.

06 무방향 그래프에 대한 깊이 우선 탐색(DFS)과 너비 우선 탐색(BFS)에 대한 설명 중 가장 적절한 것은?

① DFS의 수행 시간이 BFS보다 빠르다.
② DFS와 BFS로 만들어지는 신장 트리는 같다.
③ DFS는 스택 자료구조를 이용한다.
④ BFS는 이진 히프 자료구조를 이용한다.

06 깊이 우선 탐색(DFS)은 스택을 이용하고, 너비 우선 탐색(BFS)은 큐를 이용한다. 또한 신장 트리는 모든 정점을 포함하는 트리이므로 여러 개 존재할 수 있다.

정답 04 ④ 05 ① 06 ③

07 Kruskal 알고리즘은 가중치를 기준으로 간선을 정렬한 후 최소 신장 트리가 될 때까지 하나씩 선택해 가는 방법이다. 따라서 가중치가 가장 작은 3개의 간선은 1, 3, 4이고 이 간선들을 선택했을 때 사이클을 형성하지 않으므로 최소 비용 신장 트리에 선택된다. 최종 합계는 1 + 3 + 4 = 8이다.

07 다음의 그래프에서 Kruskal의 알고리즘에 의해 선택된 처음 3개의 트리 간선의 합은?

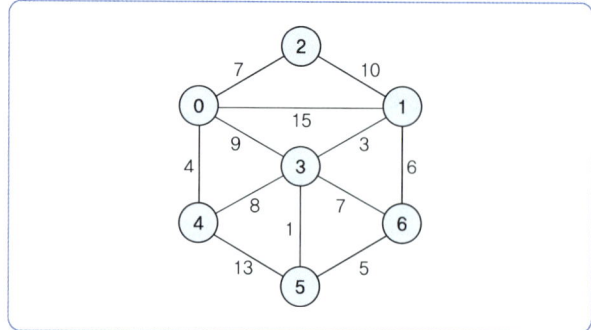

① 8
② 9
③ 10
④ 12

08 최단 경로 알고리즘은 그래프의 두 정점 사이를 연결하는 경로 중 가장 짧은 경로를 찾는 절차이다. 그래프 내의 한 정점에서 다른 정점으로 이동할 때 가중치 합이 최솟값이 되도록 만드는 경로를 찾는 알고리즘이므로 최적의 운항 연계 스케줄을 찾는 데 사용할 수 있다.

08 어느 항공사에서 운항하는 도시들에 대해 항공사의 운항 스케줄에 따라 방향 그래프로 표현하였다. 어느 한 도시에서 출발하여 최종 도착 도시까지 최적의 운항 연계 스케줄을 찾는 데 사용할 수 있는 가장 적절한 알고리즘은 무엇인가?

① 최단 경로 알고리즘
② 최소 신장 트리 알고리즘
③ 깊이 우선 탐색
④ 너비 우선 탐색

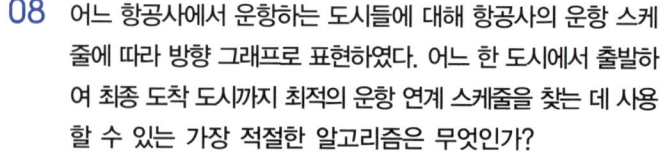

09 한 정점에 부속된 간선의 수를 무엇이라 하는가?

① 차수
② 경로
③ 사이클
④ 내부 노드

> 09 한 정점에 부속된 간선의 수를 차수라고 한다. 방향 그래프인 경우 차수는 진출 차수와 진입 차수로 구분된다.

10 두 그래프가 모양은 다르지만 똑같은 정점과 똑같은 간선으로 구성되어 있는 그래프를 무엇이라 하는가?

① 완전 그래프
② 동형 그래프
③ 연결 그래프
④ 평면 그래프

> 10 동형 그래프는 두 그래프가 모양은 다르지만 똑같은 정점과 똑같은 간선으로 구성되어 있는 그래프를 의미한다.

11 방향 그래프의 인접 리스트 표현에서 진출 차수는 쉽게 구할 수 있지만 진입 차수는 구하기 어렵다는 문제를 해결하기 위해 사용하는 것은 무엇인가?

① 인접 행렬
② 인접 그래프
③ 역 인접 리스트
④ 이중 연결 리스트

> 11 역 인접 리스트는 방향 그래프의 인접 리스트에서 진입 차수는 구하기 어렵기 때문에 사용하는 방법이며 방향 그래프의 각 정점으로 들어오는 간선과 인접한 정점으로 구성한 구조이다.

정답 09 ① 10 ② 11 ③

12 무방향 그래프의 인접 행렬의 대각선의 원소는 모두 0이다.

13 신장 트리는 모든 정점을 포함하면서 사이클을 형성하지 않아야 한다.

12 그래프를 인접 행렬로 표현하였을 경우를 잘못 설명한 것은?
① 행렬의 모든 요소는 0이거나 1이다.
② 무방향 그래프의 인접 행렬의 대각선의 원소는 0과 1로 구성된다.
③ 무방향 그래프인 경우 대각선의 원소를 기준으로 대칭 행렬이다.
④ 방향 그래프에서 i번째 행에서 값이 1인 요소의 수는 정점 v_i의 진출 차수와 같다.

13 다음과 같은 그래프의 신장 트리가 아닌 것은?

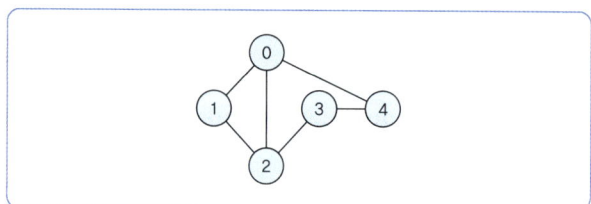

①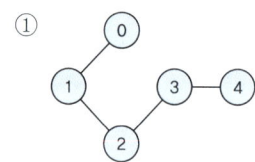

②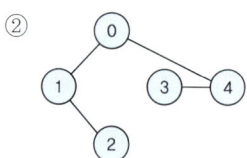

③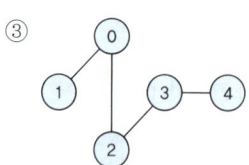

④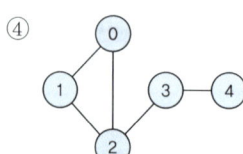

정답 12 ② 13 ④

14 그래프에 관한 다음 설명 중 옳은 것은?

① 정점이 v개인 무방향 완전 그래프의 간선의 수는 v^2개이다.
② 무방향 그래프에서 모든 정점의 차수(degree)의 합은 간선의 수와 같다.
③ 무방향 그래프를 인접 행렬로 표현하면 항상 대칭인 행렬이 된다.
④ 정점이 v개, 간선이 e개인 그래프를 인접 행렬로 표현하면 필요한 메모리는 O(v + e)이다.

14 인접 행렬은 두 정점을 연결하는 간선이 존재하면 행렬의 원소를 1로 표현하고, 존재하지 않으면 0으로 표현한다. 또한 무방향 그래프의 인접 행렬은 대각 성분을 기준으로 대칭인 성질을 갖는다.

15 다음과 같은 그래프에서 정점 1부터 시작하여 깊이 우선 탐색을 수행할 경우 나타날 수 <u>없는</u> 순서는?

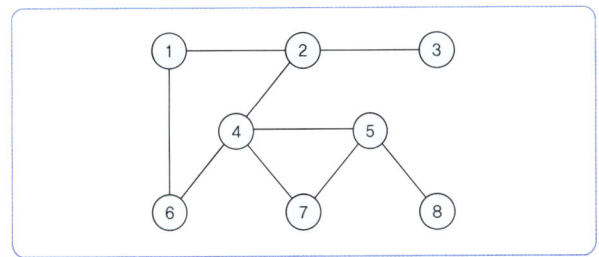

① 1 - 2 - 3 - 4 - 5 - 6 - 7 - 8
② 1 - 2 - 3 - 4 - 6 - 7 - 5 - 8
③ 1 - 2 - 3 - 4 - 6 - 5 - 7 - 8
④ 1 - 2 - 3 - 4 - 5 - 7 - 8 - 6

15 깊이 우선 탐색은 스택을 사용하며 어떤 시작 정점에서 출발하여 한 방향으로 갈 수 있는 경로가 있는 곳까지 깊이 탐색하는 방법이다. 따라서 깊이 우선 탐색으로 1 - 2 - 3 - 4 - 5 - 6 - 7 - 8과 같은 순서는 나올 수 없다.

정답 14 ③ 15 ①

16 시작 정점에 가까운 정점들을 먼저 방문하고 멀리 있는 정점들은 나중에 방문하는 순회 방법은 너비 우선 탐색이다. 깊이 우선 탐색은 한쪽 방향으로 깊게 갈 수 있는 곳까지 노드들을 방문하다가 길이 막혀 더 이상 내려갈 수 없게 되면 위로 되돌아오고 다시 내려갈 수 있는 곳이 있으면 내려가면서 노드들을 방문하는 방법이다.

16 그래프의 깊이 우선 탐색에 대한 설명으로 옳지 <u>않은</u> 것은?
① 그래프의 연결 요소를 구하기 위해 깊이 우선 탐색을 사용할 수 있다.
② 연결 그래프의 신장 트리를 구하기 위해 깊이 우선 탐색을 사용할 수 있다.
③ 시작 정점에 가까운 정점들을 먼저 방문하고 멀리 있는 정점들은 나중에 방문하는 순회 방법이다.
④ 그래프의 임의의 노드에서 깊이 우선 탐색을 시작할 수 있다.

17 최소 비용 신장 트리는 다음과 같다. 따라서 가중치의 합은 8 + 9 + 3 + 1 + 2 + 5 + 4 = 32이다.

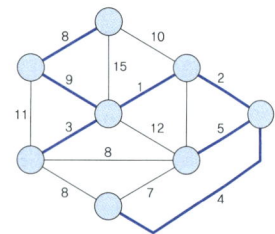

17 다음 그래프로부터 생성되는 최소 비용 신장 트리의 비용은?

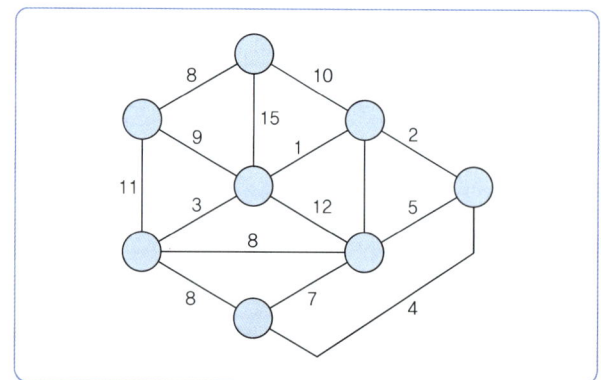

① 31
② 32
③ 34
④ 42

정답 16 ③ 17 ②

18 주어진 프로젝트가 얼마나 완성되었는지 분석하고 검토하는 기법으로, 목표 기일 단축과 비용 최소화를 위해 과거 실적이나 경험 등의 확정적 결괏값을 이용하여 활동 중심의 확정적 모델을 전개하는 기법은?

① 최소 비용 신장 트리
② 위상 정렬
③ 작업 스케줄링
④ PERT/CPM

18 PERT/CPM은 PERT와 CPM을 통합한 것으로, 프로젝트 진행 상황을 통계적인 방법으로 파악하고 각각의 작업에 필요한 시간을 계산하여 모든 프로젝트를 끝내는 최소 시간을 파악하는 데 활용된다.

19 다음 그래프에서 다익스트라 알고리즘을 이용하여 정점 0에서 각 정점까지의 최단 거리를 계산한 결과에 대해 올바르게 설명한 것은?

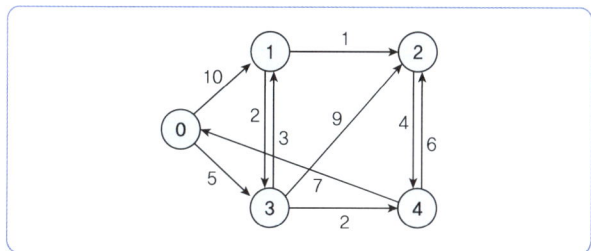

① 정점 0에서 1까지의 최단 거리는 10이다.
② 정점 0에서 2까지의 최단 거리는 9이다.
③ 정점 0에서 3까지의 최단 거리는 12이다.
④ 정점 0에서 4까지의 최단 거리는 11이다.

19 최단 경로를 구하는 과정은 다음 표와 같다. 정점 0에서부터 시작하여 최단 경로가 발견된 정점들의 순서는 정점 0, 정점 3, 정점 4, 정점 1, 정점 2 순이다. 또한 정점 0에서 정점 1까지의 최단 거리는 8이고, 정점 0에서 정점 2까지의 거리는 9이다. 정점 0에서 정점 3까지의 거리는 5이고, 정점 0에서 정점 4까지의 거리는 7이다.
[문제 하단의 표 참고]

단계	집합 S	선택 정점	선택 정점에서 해당 정점 사이의 가중치				
			0	1	2	3	4
초기	{ }	–	0	∞	∞	∞	∞
1	{0}	0	0	10	∞	5	∞
2	{0, 3}	3	0	8	14	5	7
3	{0, 3, 4}	4	0	8	13	5	7
4	{0, 3, 4, 1}	1	0	8	9	5	7
5	{0, 3, 4, 1, 2}	2	0	8	9	5	7

정답 18 ④ 19 ②

20 최단 경로를 구하는 과정은 다음과 같으며, 최단 경로가 발견되는 정점의 순서는 0, 2, 1, 3, 4, 5이다. [문제 하단의 표 참고]

20 다음 그래프는 각 정점들 사이의 거리를 간선에 나타낸 것이다. 정점 0에서 각 정점 1, 2, 3, 4, 5까지의 최단 경로를 다익스트라 최단 경로 알고리즘으로 구할 때, 최단 경로가 발견된 정점들의 순서로 옳은 것은?

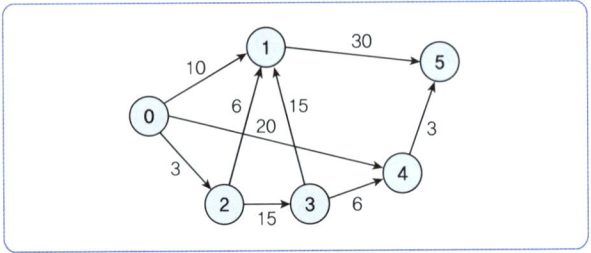

① 0, 2, 3, 1, 5, 4
② 0, 2, 1, 3, 4, 5
③ 0, 2, 4, 1, 3, 5
④ 0, 1, 5, 2, 3, 4

단계	집합 S	선택 정점	선택 정점에서 해당 정점 사이의 가중치					
			0	1	2	3	4	5
초기	{ }	–	0	∞	∞	∞	∞	∞
1	{0}	0	0	10	3	∞	20	∞
2	{0, 2}	2	0	9	3	18	20	∞
3	{0, 2, 1}	1	0	9	3	18	20	40
4	{0, 2, 1, 3}	3	0	9	3	18	20	40
5	{0, 2, 1, 3, 4}	4	0	9	3	18	20	23
6	{0, 2, 1, 3, 4, 5}	5	0	9	3	18	20	23

정답 20 ②

Self Check로 다지기 | 제6장

➡ 그래프
① 복잡한 작업 과정이나 구조를 시각적으로 표현하여 이해하기 쉽고 가시적으로 설명할 때 유용한 자료구조
② 주어진 몇 개의 정점과 그 정점을 끝점으로 하는 선들로 이루어진 도형
③ 선형 자료구조로 표현하기 어려운 다대다 관계를 표현 가능
④ 서로 연결되어 있는 객체들 간의 관계를 표현할 수 있는 비선형 자료구조

> **정의** 그래프의 정의
> 공집합이 아닌 정점(vertex)의 집합 V와 서로 다른 정점의 쌍 (v_i, v_j)을 연결하는 간선(edge)의 집합 E로 구성되는 구조 G
>
> - G = (V, E)
> - V = $\{v_1, v_2, ..., v_n\}$
> - E = $\{e_1, e_2, ..., e_m\}$ = $\{(v_i, v_j), ...\}$

➡ 그래프의 용어
① **무방향 그래프**
  ㉠ 두 정점을 연결하는 간선의 방향이 없는 그래프
  ㉡ 정점 v_1에서 정점 v_2로 연결되는 간선은 (v_1, v_2)와 같이 표현
② **방향 그래프**
  ㉠ 간선이 방향을 가지고 있는 그래프
  ㉡ 정점 v_1에서 정점 v_2로 연결되는 간선은 $<v_1, v_2>$와 같이 표현
  ㉢ 방향 그래프에서 간선 $<v_1, v_2>$와 $<v_2, v_1>$은 서로 다른 간선
③ **인접**
  ㉠ 두 정점 v_i와 v_j를 연결하는 간선 (v_i, v_j)가 있을 때 두 정점 v_i와 v_j를 서로 인접하다고 함
  ㉡ 간선 (v_i, v_j)는 정점 v_i과 v_j에 부속(incident)되어 있다고 표현
④ **차수**
  ㉠ 정점에 연결되어 있는 간선의 수
  ㉡ 하나의 정점에 연결된 다른 간선의 수
⑤ **경로와 사이클**
  ㉠ 경로는 그래프에서 간선을 따라 갈 수 있는 길을 순서대로 나열한 것
  ㉡ 사이클은 단순 경로 중에서 경로의 시작 정점과 마지막 정점이 같은 경로
⑥ **연결 그래프**
  그래프를 구성하는 모든 정점 사이에 경로가 있는 그래프

⑦ 부분 그래프
  어떤 그래프 G가 있을 때 그래프에 포함되는 일부 정점과 간선으로만 그린 그래프
⑧ 평면 그래프
  그래프의 간선들이 정점 이외에서는 서로 교차되는 일이 없도록 평면으로 그릴 수 있을 경우
⑨ 완전 그래프
  모든 정점들의 쌍 사이에 간선이 존재하는 그래프
⑩ 동형 그래프
  두 그래프가 모양은 다르지만 똑같은 정점과 똑같은 간선으로 구성되어 있는 그래프
⑪ 가중 그래프
  정점을 연결하는 간선에 비용이나 거리 등의 가중치가 할당된 그래프

그래프의 표현 방법
① 인접 행렬
  ㉠ 그래프의 구조를 표현하기 위해서 정점들 사이의 인접 관계를 정점 수만큼의 행과 열을 갖는 행렬을 이용하여 표현하는 방법
  ㉡ 두 정점을 연결하는 간선이 존재하면 행렬의 원소를 1로 표현하고 존재하지 않으면 0으로 표현
② 인접 리스트
  그래프를 구성하는 각각의 정점에 대해 간선으로 연결되어 있는 정점들을 연결 리스트로 표현하는 방법

그래프 순회
① 하나의 정점에서 시작하여 그래프에 있는 모든 정점을 한 번씩 방문하여 처리하는 연산
② 깊이 우선 탐색과 너비 우선 탐색이 있음
  ㉠ 깊이 우선 탐색
    - 어떤 시작 정점에서 출발하여 한 방향으로 갈 수 있는 경로가 있는 곳까지 깊이 탐색하는 방법
    - 한 방향으로 갈 수 있을 때까지 가다가 더 이상 갈 수 없게 되면 가장 가까운 갈림길로 돌아와서 이곳으로부터 다른 방향으로 다시 탐색을 진행
    - 스택 사용
  ㉡ 너비 우선 탐색
    - 시작 정점에 가까운 정점들을 먼저 방문하고 멀리 있는 정점들은 나중에 방문하는 순회 방법
    - 시작 정점으로부터 인접한 정점들을 모두 차례로 방문하고 나서 방문했던 정점을 시작으로 하여 다시 인접한 정점들을 차례로 방문하는 방식
    - 큐 사용

➡ 신장 트리
① 그래프 내의 모든 정점을 포함하는 트리
② 모든 정점들이 연결되어 있어야 하고 트리의 성질을 만족해야 하므로 사이클을 포함하면 안 됨

➡ 최소 비용 신장 트리
① 각 간선에 가중치가 부여된 그래프에서 가중치의 총합이 가장 적은 신장 트리
② 무방향 가중치 그래프에서 신장 트리를 구성하는 간선들의 가중치 합이 최소인 신장 트리
③ Prim의 방법과 Kruskal의 방법이 있음
  ㉠ **Prim의 방법**
  가중 그래프에서 가중치가 가장 작은 간선을 하나 선택하여 시작하고 선택된 간선에 연결된 모든 간선들 중 가중치가 가장 작은 간선을 선택해가며 최소 비용 신장 트리를 구성해 나가는 방식
  ㉡ **Kruskal의 방법**
  - 사이클을 만들지 않는 범위에서 최소 비용 간선을 하나씩 더해가면서 최소 신장 트리를 만드는 방식
  - 가중치를 기준으로 간선을 정렬한 후 최소 신장 트리가 될 때까지 하나씩 선택해 가는 방법

➡ PERT
① 주어진 프로젝트가 얼마나 완성되었는지 분석하고 검토하는 기법
② 프로젝트 진행 상황을 통계적인 방법으로 파악하고 각각의 작업에 필요한 시간을 계산하여 모든 프로젝트를 끝내는 최소 시간을 파악하는 데 활용
③ 경험이 없는 사업이나 소요 시간이 불확실한 사업에 적용 가능

➡ CPM
① 건설 공사와 같이 단위 작업이 확정적 소요 시간을 갖는 프로젝트인 경우에 적합
② 최소의 비용 추가 투입을 고려하여 전체 프로젝트의 시간 단축을 목표로 함
③ 목표 기일 단축과 비용 최소화를 위해 과거 실적이나 경험 등의 확정적 결과값을 이용하여 활동 중심의 확정적 모델을 전개
④ 수행 시간을 하나의 값으로 예측하며 반복 사업이나 소요 시간이 확실한 사업 등 확정적인 경우에 이용
⑤ 현재는 PERT와 CPM을 통합하여 사용하며 PERT/CPM 기법이라 부름

➡ 최단 경로
① 다양한 경로들 중에 가장 효과적이고 빠른 경로를 찾는 문제
② 가중 그래프에서 출발점에서부터 도착점까지의 최단 경로를 찾는 문제
③ 도로망이나 네트워크 경로 등을 선택하는 데 응용
④ 다익스트라(Dijkstra) 알고리즘이 있음

비관론자는 어떤 기회가 찾아와도 어려움만을 보고,
낙관론자는 어떤 난관이 찾아와도 기회를 바라본다.

– 윈스턴 처칠 –

제 7 장

탐색과 정렬

제1절 탐색
제2절 정렬
실전예상문제

당신이 저지를 수 있는 가장 큰 실수는 실수를 할까 두려워하는 것이다.

– 앨버트 하버드 –

보다 깊이 있는 학습을 원하는 수험생들을 위한
시대에듀의 동영상 강의가 준비되어 있습니다.

www.sdedu.co.kr ➡ 회원가입(로그인) ➡ 강의 살펴보기

제 7 장 | 탐색과 정렬

제1절 탐색 중요

일상생활에서 우리는 여러 종류의 물건들을 사용하기도 하고 보관하기도 한다. 아무리 많은 물건을 갖고 있다 하더라도 물건을 보관할 때 향후 다시 사용할 것을 대비하여 잘 분류하여 보관하면 그 물건이 필요할 때 쉽게 찾을 수 있다. 만약 잘 분류되어 저장되어 있지 않다면 해당 물건을 찾기가 어려워 사용성이 많이 떨어지게 된다. 컴퓨터의 데이터도 어떤 목적으로 다시 사용하기 위해 저장된다. 데이터를 효과적으로 사용하기 위해서는 해당 데이터들을 쉽게 접근할 수 있도록 저장해야 한다. 컴퓨터에 저장된 파일들도 이와 같이 체계적으로 잘 분류해 놓으면 사용자가 필요할 때 윈도우 탐색기 등을 이용하여 쉽게 찾을 수 있게 된다. 데이터를 저장하는 방법과 탐색하는 방법은 직접적인 관계를 갖고 있으며 컴퓨터 소프트웨어는 데이터를 저장하고 탐색하는 기능을 필수적으로 갖고 있어야 한다.

탐색(search)이란 말 그대로 **무언가를 찾는 작업**이다. 기억 장치에 저장되어 있는 여러 자료들 중에서 원하는 자료가 어디에 있는지 찾아내는 과정이라 할 수 있다. 책에서 어떤 내용을 찾기 위해 페이지를 마구 뒤지는 일도 탐색이라 할 수 있다. 이런 경우 책의 색인(index)이 있으면 편리하게 책의 해당 페이지를 찾을 수 있다. 사전에서 어떤 단어를 찾는다거나 전체 학생 명단 중에서 특정 학생의 이름을 찾는 작업도 탐색이라 할 수 있다. 또한 엄청난 양의 웹 페이지 문서들을 빠른 시간에 검색해주는 검색 엔진도 대표적인 탐색의 응용 예라고 할 수 있다. 데이터를 사용하기 위해서 데이터를 저장하고 정렬하기도 한다. 데이터를 사용하려면 데이터들 중에서도 원하는 항목을 찾아야 하는데 이것이 바로 탐색이다.

탐색은 하나 이상의 필드로 구성된 레코드(record)의 집합에서 원하는 레코드를 찾는 작업이다. 레코드들은 서로를 구별하여 인식할 수 있는 키(key)를 가지고 있는데 이것을 **탐색키(search key)**라고 한다. 탐색키는 **다른 레코드와 중복되지 않도록 각 레코드를 대표할 수 있는 필드**를 의미한다. 예를 들어 우리나라 사람의 경우 모든 사람은 고유의 주민등록번호를 가진다. 따라서 주민등록번호만 있으면 다른 사람들과 구분될 수 있으므로 주민등록번호는 탐색키가 될 수 있다. 학생의 경우 학번이 탐색키가 될 수 있고 회사에서는 직원들을 구분하기 위해 사번을 탐색키로 사용할 수도 있다.

> **더 알아두기**
>
> **탐색**
> - 컴퓨터에 저장한 자료 중에서 원하는 항목을 찾는 작업
> - 기억 공간에 보관중인 데이터들 중에서 원하는 정보를 찾아내는 작업
> - 삽입이나 삭제 작업에서는 원소를 삽입하거나 삭제할 위치를 찾기 위해 탐색을 수행
> - 효율적인 탐색을 위해 데이터를 빠르게 탐색할 수 있도록 잘 정리하고 분류하는 것도 중요함
> - 탐색 또는 검색이라고도 함
>
>   - **탐색 성공** - 원하는 항목을 찾은 경우
>   - **탐색 실패** - 원하는 항목을 찾지 못한 경우
>
> **탐색키**
> - 항목과 항목을 구별시켜주는 키
> - 탐색이란 탐색키와 데이터로 이루어진 여러 개의 항목 중에서 원하는 탐색키를 가지고 있는 항목을 찾는 것

컴퓨터에 저장되어 있는 많은 데이터 중에서 원하는 데이터가 어디에 있는지 찾아내는 것은 컴퓨터로 업무를 처리하는 경우에 많이 쓰이는 동작이다. 탐색을 위해 사용되는 자료구조에는 배열, 연결 리스트, 트리, 그래프 등이 있다. 적절한 자료구조와 알고리즘의 사용은 효율적인 데이터의 저장과 탐색에서 매우 중요하다. 데이터를 저장하는 효율적 자료구조가 개발되기 전에는 데이터가 들어오는 대로 쌓는 방법밖에 없었다. 배열에 데이터가 들어오는 순서대로 쌓는 것은 데이터를 저장하기는 쉽지만 탐색에는 매우 번거롭다. 원하는 데이터가 있는 위치를 찾아내는 탐색 방법은 여러 가지가 있을 수 있다. 이와 같이 탐색하는 과정을 작성해 놓은 것을 탐색 알고리즘이라고 한다. 컴퓨터 안에는 엄청나게 많은 데이터들이 있는데 컴퓨터는 데이터를 빨리 찾을 수 있도록 일정한 논리 순서에 맞추어 작업을 하게 된다. 이때 필요한 논리 순서가 탐색 알고리즘이라 할 수 있다.

> **탐색 알고리즘의 정의**
> 주어진 원소의 집합에서 특정 원소를 찾는 작업을 체계적으로 명시해 놓은 것

탐색은 특정 킷값을 이용하여 비교하는 비교 탐색 방식과 특정 함수를 이용하여 데이터의 위치에 접근하는 계산 탐색 방식이 있다. 비교 탐색 방식은 데이터의 집합에서 찾고자 하는 킷값을 비교하면서 찾는 방법이다. 비교 탐색 방식에는 순차 탐색, 이진 탐색 등이 있다. 저장되어 있는 데이터가 아무렇게나 저장되어 있다면 원하는 데이터를 찾기 위해 처음부터 하나씩 비교해야 된다. 이러한 자료 찾기 방법을 순차 탐색이라고 한다. 순차 탐색은 데이터 집합의 맨 처음부터 찾고자 하는 값과 같은지를 검사해가며 데이터를 찾아가는 방법이다. 만약 데이터가 순서대로 저장되어 있다면 원하는 데이터를 좀 더 효과적으로 찾을 수 있다. 예를 들어, 순서대로 저장된 데이터들의 중간부터 탐색해갈 수도 있는데 이러한 탐색 방법을 이진 탐색이라 한다. 계산 탐색 방식은 정해진 킷값에 함수를 적용하여 위치를 계산한 후 탐색하는 방법이며 대표적으로 해싱이 이에 해당된다.

> **더 알아두기**
>
> **탐색이 수행되는 위치에 따른 분류**
> - 내부 탐색
>   - 주기억장치에 저장된 자료를 탐색
> - 외부 탐색
>   - 자료의 크기가 커서 보조기억장치에 저장된 자료를 탐색
>
> **탐색 방식에 따른 분류**
> - 비교 탐색 방식
>   - 탐색 대상의 키를 비교하여 탐색하는 방법
>   - 순차 탐색, 이진 탐색, 트리 탐색
> - 계산 탐색 방식
>   - 계수적인 성질을 이용한 계산으로 탐색하는 방법
>   - 해싱
>
> **탐색 방법의 선택**
> 자료구조의 형태와 자료의 배열 상태에 따라 최적의 탐색 방법을 선택해야 함

1 순차 탐색 중요

순차 탐색(sequential search)은 가장 간단하고 단순하며 이해하기 쉬운 탐색 방법이다. 일렬로 나열된 데이터를 처음부터 마지막까지 순서대로 탐색하는 방법이다. 데이터가 저장되어 있는 배열이나 선형 리스트의 맨 앞에서부터 차례로 하나씩 비교해 가는데 찾고자 하는 데이터가 발견될 때까지 혹은 끝까지 검사하는 탐색 방법이다. 순차 탐색은 순서화되어 있지 않은 경우 사용하며 선형 탐색(linear search)이라고도 한다. 책꽂이에 책이 일렬로 나열되어 있을 때 책이 선형적으로 정리되어 있다고 할 수 있다. 순차 탐색은 데이터가 정렬되어 있을 때에도 맨 앞에서부터 하나씩 비교하면서 원하는 값을 찾기 때문에 비효율적이다. 순차 탐색은 주로 데이터들이 정렬되어 있지 않은 경우에 사용된다. 순차 탐색은 탐색해야 하는 데이터의 양에 따라 효율이 달라지는데 데이터의 양이 많으면 탐색 시간이 증가한다. 예를 들어, 서로 뒤섞인 명함들 중에서 원하는 사람의 명함을 찾는 경우 모여진 명함의 개수가 많을수록 특정 명함을 찾기가 더 어려운 것과 같다. 순차 탐색은 일렬로 된 데이터를 처음부터 마지막까지 순서대로 탐색하는 방법이므로 n개의 데이터에 대한 시간 복잡도는 $O(n)$이 된다. 순차 탐색 알고리즘은 단순하여 구현하기가 쉽지만 데이터가 아주 많을 때는 효율이 떨어진다.

> **더 알아두기**
>
> 순차 탐색은 데이터가 일직선으로 저장되어 있는 것처럼 생각할 수 있다. 즉, 데이터가 배열 또는 연결 리스트에 저장되어 있을 경우 사용 가능한데 순차 탐색은 데이터의 개수가 많은 경우 비효율적이다.
>
> **정렬이 안 된 자료에서의 순차 탐색**
> 맨 처음부터 하나씩 차례로 비교하여 찾고자 하는 킷값을 찾을 때까지 탐색을 수행
>
> **정렬된 자료에서의 순차 탐색**
> 데이터들이 미리 정렬되어 있으면 처음부터 순서대로 비교하면서 찾다가 원하는 킷값보다 큰 값을 가진 데이터 위치에서도 킷값을 찾지 못할 경우 중도에서 탐색을 끝냄

순차 탐색 알고리즘은 다음과 같다.

```
int seq_search(int list[], int key, int low, int high) /* int 배열 list의 순차 탐색 */
{
    for (int i = low; i < = high; i++)
        if (list[i] = key) then
            return i;      /* 탐색에 성공하면 킷값의 인덱스 반환 */
    return -1;             /* 탐색에 실패하면 -1을 반환 */
}
```

다음과 같은 데이터가 저장된 배열에서 순차 탐색을 이용하여 킷값 3을 찾는 과정을 살펴보자.

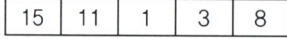

(1) 먼저 첫 번째 데이터인 15와 찾고자 하는 데이터인 3이 같은지를 비교한다. 서로 다르므로 다음으로 이동한다.

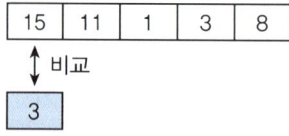

(2) 두 번째 데이터인 11과 찾고자 하는 데이터인 3이 같은지 비교하여 다르므로 다음으로 이동한다.

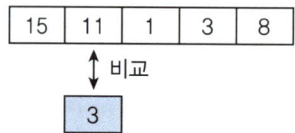

(3) 세 번째 데이터인 1과 찾고자 하는 데이터 3이 같은지 비교하는데 역시 다르므로 다음으로 이동한다.

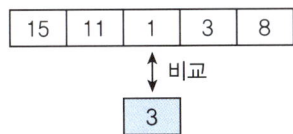

(4) 네 번째 데이터인 3과 찾고자 하는 데이터 3이 같은지 비교한다. 찾고자 하는 데이터와 같으므로 탐색이 성공하였다. 배열에서 3이 있는 위치인 인덱스 3을 반환하고 탐색을 종료한다.

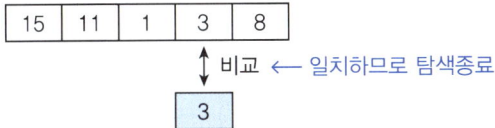

만약 마지막까지 원하는 데이터를 찾지 못하면 탐색은 실패하게 된다.

[그림 7-1]은 순차 탐색의 예이다. [그림 7-1]의 (a)와 같이 리스트에서 8을 찾는 경우에는 탐색에 성공하고 [그림 7-1]의 (b)와 같이 2를 찾는 경우에는 탐색에 실패한다. 순차 탐색은 원하는 데이터를 찾을 때까지 키를 하나씩 비교해가는 방식이다. 따라서 리스트의 맨 앞에서부터 탐색 값과 일치하는 항목을 찾을 때까지 배열을 검사한다. 리스트에 데이터 8이 존재하므로 8은 탐색에 성공하게 되고 배열에서 8이 있는 인덱스인 2를 반환한다. 순차 탐색은 마지막 원소까지 비교하여 킷값이 일치하는 원소가 없으면 찾은 원소가 없는 것이므로 탐색에 실패하게 된다. 리스트에 데이터 2는 존재하지 않으므로 마지막 원소까지 비교하여 2를 찾을 수 없으므로 탐색에 실패하게 되고 이런 경우 -1을 반환하게 된다.

[그림 7-1] 순차 탐색의 예

순차 탐색에서 데이터를 비교하는 횟수는 찾고자 하는 데이터가 저장된 위치에 따라 다르다. 찾고자 하는 데이터가 맨 앞에 있으면 비교를 1번만 하고 성공하게 된다. 두 번째에 있으면 2번만 비교하면 되고 k번째 있으면 k번 만큼의 비교가 필요하다. 따라서 순차 탐색에서의 평균 비교 횟수는 다음과 같다.

$$\frac{(1+2+3+\ldots+n)}{n} = \frac{(n+1)}{2}$$

그러므로 순차 탐색의 시간 복잡도는 $O(\frac{(n+1)}{2})$이므로 $O(n)$이 된다. 순차 탐색은 탐색 대상 데이터가 많은 경우에는 비효율적이다. 예를 들어, 10개 중에 하나를 찾을 때는 많은 시간이 걸리지 않지만 10억 개 중에 하나를 찾는 경우 매우 많은 시간이 소요될 것이다.

순차 탐색은 구현이 매우 쉽고 간단하지만 탐색이 비효율적이다. 순차 탐색은 찾고자 하는 데이터가 리스트의 앞쪽에 있을수록 빨리 찾을 수 있다. 따라서 효율적인 순차 탐색을 수행하기 위해서는 가장 빈번하게 탐색되는 데이터를 자료구조의 앞부분에 위치시키는 것이 좋다. 순차 탐색을 효율성을 고려하여 개선한 방법으로는 전진 이동법과 전위법, 그리고 빈도 계수법이 있다. 전진 이동법(move to front)은 한 번 탐색된 데이터는 다음에 다시 탐색될 가능성이 높다는 가정에 따라 어떤 데이터가 한번 탐색되고 나면 그 데이터를 데이터 집합의 가장 앞에 위치시키는 방법이다. [그림 7-2]와 같은 데이터 배열에서 데이터 48이 한번 탐색되면 48은 다시 탐색될 가능성이 높다고 보고 48을 가장 앞에 위치시키는 방법이다.

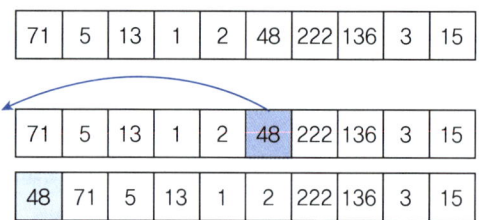

[그림 7-2] 전진 이동법

전진 이동법은 탐색된 데이터를 리스트의 맨 앞으로 이동시킴으로써 특정 데이터들이 집중적으로 탐색되는 경우에 적합한 방법이다. 그러나 자주 탐색되지 않는 데이터는 뒤에 모이게 되는 **지역성**(locality) **문제**를 갖는다.

> **더 알아두기**
>
> **지역성(locality)**
> - 최근에 사용했던 메모리나 해당 메모리의 인근을 접근할 가능성이 높다는 의미
> - 프로그램이 실행 도중 메모리를 참조하는 패턴이 메모리의 전 부분에 걸쳐 고루 나타나는 것이 아니라 어느 순간에는 일정한 한두 곳의 메모리 부분에 집중적으로 접근하는 성질
> - 메모리의 특정 부분을 집중적으로 참고하는 것

이와 같이 일부 데이터만 집중적으로 탐색되는 문제를 개선하고자 제안된 방법이 **전위법**(transpose)이다. 전위법은 특정 데이터만 탐색되지 않고 모든 데이터가 균등하게 탐색될 확률을 갖는 경우에 적합하다. 전위법은 [그림 7-3]과 같이 한 번 탐색된 데이터 48을 바로 이전 데이터인 2와 교환한다. 그런 다음 48이 한 번 더 탐색되면 48과 바로 이전 데이터인 1과 교환한다. 즉, 48은 탐색되는 횟수가 증가할수록 앞부분으로 이동하게 된다. 이와 같이 전위법은 전진 이동법과는 달리 자주 사용되면 사용될수록 점진적으로 해당 항목을 데이터 집합의 앞쪽으로 이동시키게 된다.

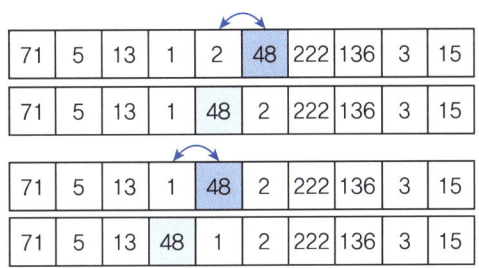

[그림 7-3] 전위법

빈도 계수법(frequency count)은 데이터 집합 내의 각 항목들이 탐색된 횟수를 별도의 공간에 저장해 두고 탐색된 횟수가 높은 순으로 데이터 집합을 재구성하는 방법이다. 이 경우 모든 항목은 검색 횟수에 의해 내림차순으로 정렬되는 구조를 갖게 된다. 빈도 계수법은 계수 결과를 저장하는 별도의 기억 공간이 필요하고 계수 결과에 따라 데이터 집합을 재배치해야 한다. 지금까지 살펴본 순차 탐색은 배열이나 연결 리스트로 구현된 순차 자료구조에서 원하는 항목을 찾는 방법이다. 정렬되지 않은 배열에서는 순차 탐색 외에는 별다른 탐색 방법이 없다. 따라서 배열을 정렬하여 관리한다면 좀 더 개선된 탐색 방법을 사용할 수 있다.

2 이진 탐색 (중요) (기출)

이진 탐색(binary search)은 정렬된 데이터 집합을 이분화하면서 탐색하는 방법이다. 이진 탐색은 데이터 집합의 중간에 있는 데이터부터 비교하여 원하는 데이터가 중간의 데이터보다 더 크면 중간의 오른쪽 부분인 뒤쪽에서 찾고 원하는 데이터가 중간의 데이터보다 작으면 중간의 왼쪽 부분인 앞쪽에서 찾는 것을 반복하는 방법이다. 이진 탐색은 정렬되어 있는 데이터에서 특정 데이터를 찾는데 효과적으로 사용될 수 있다. 예를

들어, 가나다순으로 정렬되어 있는 전화번호부에서 특정한 사람의 전화번호를 찾거나 사전에서 특정 단어를 검색할 때 사용할 수 있다. 그러나 이진 탐색은 데이터가 정렬되어 있지 않으면 정상적으로 사용할 수 없다. 따라서 이진 탐색을 하기 위해서는 처음에 배열을 만들 때 정렬 알고리즘을 이용하여 정렬을 해두어야 한다. 정렬되어 있지 않은 경우 이진 탐색은 사용할 수 없기 때문에 순차 탐색을 사용하여 데이터를 찾을 수 있다. 그러나 순차 탐색은 데이터가 정렬되어 있을 때에도 데이터를 하나씩 비교하면서 원하는 값을 찾기 때문에 비효율적이다. 이진 탐색은 가운데 있는 값을 기준으로 왼쪽과 오른쪽 두 부분으로 나누어서 탐색하고 **한번 탐색할 때마다 탐색 대상이 절반으로 줄어든다.** 이진 탐색은 문제 해결 전략 중 가능성이 없는 부분을 제거하는 방법을 사용한다. 찾는 데이터가 있을 만한 영역을 선택하고 가능성이 없는 영역을 제외시킨다. 데이터를 찾을 때까지 이진 탐색을 순환적으로 반복하여 수행하고 탐색 범위를 절반으로 줄여가기 때문에 빠르게 탐색할 수 있다. 따라서 이진 탐색은 데이터의 수가 많을수록 더 효율적이다.

> **더 알아두기**
>
> **이진 탐색**
> 자료의 가운데에 있는 항목을 킷값과 비교하여 다음 검색 위치를 결정하여 검색을 계속하는 방법
>
> - **찾는 킷값 〉 원소의 킷값** : 오른쪽 부분에 대해서 검색 실행
> - **찾는 킷값 〈 원소의 킷값** : 왼쪽 부분에 대해서 검색 실행

이진 탐색에서 중간 레코드 번호 m을 계산하는 방법은 다음과 같다. 여기서 l은 첫 번째 레코드 번호이고 u는 마지막 레코드 번호이다.

$$m = \lfloor \frac{(l+u)}{2} \rfloor$$

이진 탐색을 수행하는 과정을 정리하면 다음과 같다.

> ① 데이터 집합의 중간에 있는 값을 선택한다.
> ② 중간값과 찾고자 하는 목표값을 비교한다.
> ③ 목표값이 중간값보다 작으면 중간값의 왼편에 대해 이진 탐색을 수행하고, 목표값이 중간값보다 크면 오른편에 대해 이진 탐색을 수행한다.
> ④ 찾고자 하는 값을 찾을 때까지 ①~③을 반복한다.

이진 탐색 알고리즘은 다음과 같다.

```
binary_search(list, low, high, key)
{
    if (low > high) return -1;
    middle = (low + high)/2;   /* 중간 위치 계산 */

    if (key = list[middle])    /* 탐색 성공 */
        return middle;
    else if (key < list[middle])    /* 왼쪽 부분 리스트 탐색 */
        return binary_search(list, low, middle - 1, key);
    else if (key > list[middle])    /* 오른쪽 부분 리스트 탐색 */
        return binary_search(list, middle + 1, high, key);
}
```

다음과 같이 데이터가 정렬되어 저장된 배열에서 이진 탐색을 이용해 데이터 15를 탐색하는 과정을 살펴보자.

[0]	[1]	[2]	[3]	[4]	[5]	[6]
1	3	8	11	15	17	20

(1) 먼저 중간 위치를 계산해야 하는데 $m = \lfloor \frac{(l+u)}{2} \rfloor$ 이다. 배열의 첫번째 인덱스인 l은 0이고 배열의 마지막 인덱스 u는 6이므로 $m = \lfloor \frac{(0+6)}{2} \rfloor = 3$이 된다. 따라서 배열의 인덱스가 3인 위치에 있는 데이터 11과 찾고자 하는 15가 같은지를 비교한다.

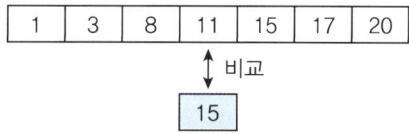

(2) 중간에 위치한 데이터인 11보다 찾고자 하는 데이터인 15가 크므로 중간 데이터인 11의 오른쪽에 위치한 데이터들에 대해 이진 탐색을 다시 수행해야 한다.

				탐색영역		
1	3	8	11	15	17	20
[0]	[1]	[2]	[3]	[4]	[5]	[6]

(3) 다시 탐색 영역의 중간 위치를 계산해야 한다. $m = \lfloor \frac{(l+u)}{2} \rfloor = \lfloor \frac{(4+6)}{2} \rfloor = 5$이므로 배열의 인덱스가 5인 위치에 있는 데이터인 17과 찾고자 하는 15가 같은지 비교한다.

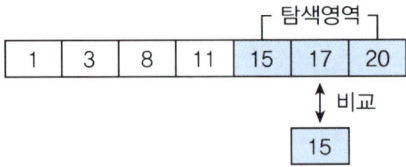

(4) 중간에 위치한 데이터인 17보다 찾고자 하는 데이터인 15가 작으므로 중간 데이터인 17의 왼쪽에 위치한 데이터들에 대해 이진 탐색을 수행해야 한다.

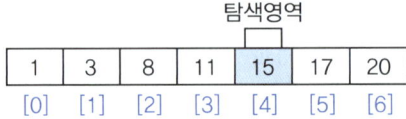

(5) 탐색 영역의 중간 위치는 $m = \lfloor \frac{(l+u)}{2} \rfloor = \lfloor \frac{(4+4)}{2} \rfloor = 4$이므로 배열의 인덱스가 4인 위치에 있는 데이터인 15와 찾고자 하는 데이터 15가 같은지 비교한다. 같으므로 탐색은 성공하며 종료한다.

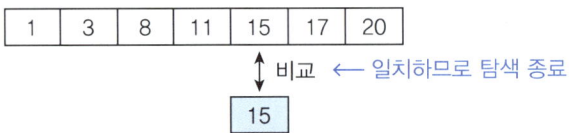

[그림 7-4]는 이진 탐색의 예이다. [그림 7-4]의 (a)와 같은 배열에서 데이터 11을 탐색하는 경우에는 [그림 7-4]의 (b)와 같이 탐색 성공하고, 데이터 6을 탐색하는 경우에는 [그림 7-4]의 (c)와 같이 탐색은 실패한다.

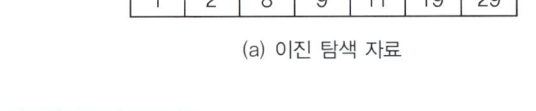

(a) 이진 탐색 자료

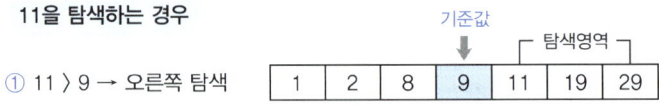

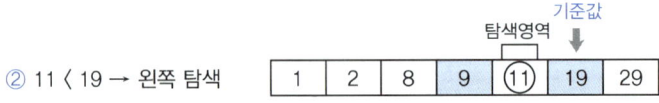

(b) 탐색 성공의 예

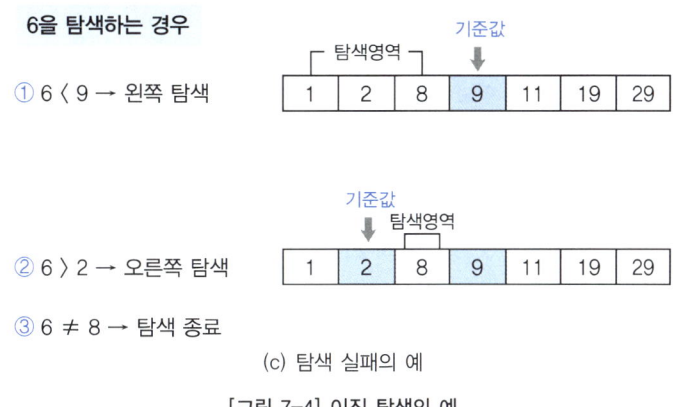

(c) 탐색 실패의 예

[그림 7-4] 이진 탐색의 예

데이터들이 정렬되어 있는 집합에서 탐색할 경우 순차 탐색보다는 이진 탐색의 속도가 훨씬 빠르다. 예를 들어, 10억 명 중에서 특정한 이름을 탐색하는 방법을 비교해 보자. 순차 탐색의 경우에는 평균 5억 번의 비교가 필요하다. 그러나 이진 탐색을 했을 때는 단지 30번의 비교만 필요하다. 이와 같이 이진 탐색은 데이터가 많은 경우 더 효율적이다. 그러나 이진 탐색은 항상 배열의 상태를 정렬 상태로 유지해야 하므로 삽입이나 삭제가 발생했을 경우에 이러한 정렬을 유지하는 추가적인 작업이 필요하다. 이진 탐색은 한 번 탐색이 될 때마다 탐색해야 하는 대상이 절반으로 줄어든다. 탐색 대상을 더 이상 절반으로 나눌 수 없는 1이 될 때의 탐색 횟수를 k라 하면 $\frac{n}{2^k}=1$이 된다. 즉, $k=\log_2 n$이므로 이진 탐색의 시간 복잡도는 $O(\log_2 n)$이 된다.

> **더 알아두기**
>
> **이진 탐색 트리를 이용한 이진 탐색 과정(데이터 360을 탐색하는 예)**
> 이진 탐색 트리는 왼쪽 서브 트리에 있는 모든 데이터는 현재 노드의 값보다 작고, 오른쪽 서브 트리에 있는 모든 노드의 데이터는 현재 노드의 값보다 크다. 트리를 이용하여 이진 탐색을 하기 위해서는 먼저 루트 노드와 비교한다. 120 < 360이므로 오른쪽 서브 트리로 이동한다. 오른쪽 서브 트리의 루트 노드인 400 > 360이므로 400의 왼쪽 서브 트리로 이동한다. 300 < 360이므로 300의 오른쪽 서브 트리로 이동한다. 360 = 360이므로 원하는 데이터를 찾았으며 탐색에 성공한다.
>
>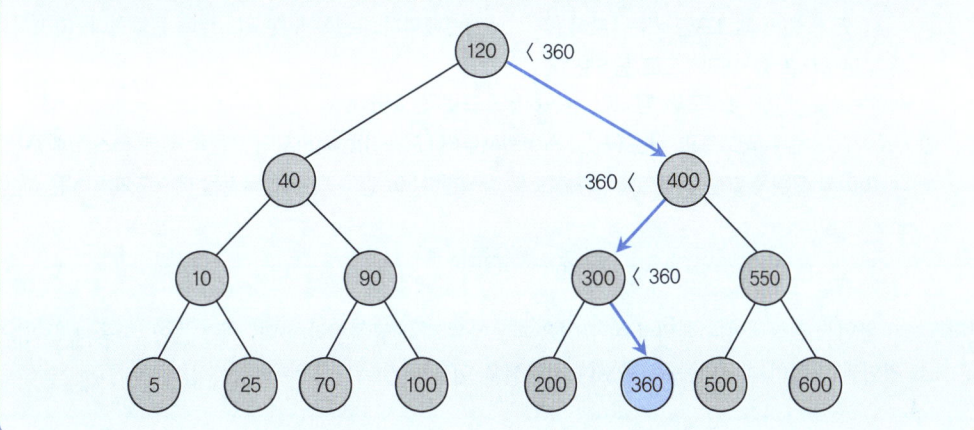

3 피보나치 탐색

피보나치 탐색(fibonacci search)은 피보나치 수열을 이용한 탐색 방법이다. 피보나치 탐색은 이진 탐색과 유사한 방식이나 탐색 대상을 피보나치 수열을 이용해 선정한다. 즉, **피보나치 수열에 따라 다음에 비교할 대상을 선정하여 탐색하는 방법**이다. 피보나치 탐색도 데이터가 반드시 정렬되어 있어야 한다. 피보나치 수열은 첫 번째는 0이고 두 번째는 1로 시작한다. 세 번째 수열의 값은 첫 번째 값과 두 번째 값을 더한 결과가 되며 나머지 수열에 대해서도 이와 같이 이전 항의 수열 두 개를 더해 얻어진다. 피보나치 수열은 0, 1, 1, 2, 3, 5, 8, 13, 21, 34, … 와 같이 각각의 항이 선행하는 두 항의 합과 같은 수열이다.

피보나치 수열은 $F_0 = 0$, $F_1 = 1$이고 $F_i = F_{i-1} + F_{i-2}$ (i ≥ 2)로 정의된다.

> $F_0 = 0$, $F_1 = 1$
> $F_i = F_{i-1} + F_{i-2}$
> (단, i는 정수 2, 3, 4, 5 …)

피보나치 탐색은 피보나치 수열을 사용하여 서브 리스트를 형성해 가면서 탐색하는 방법이며 전체 레코드를 피보나치 수열에 따라 다음에 비교할 대상을 선정하는 방식이다. 이진 탐색과 비슷하며 이미 정렬된 데이터의 집합들로부터 특정한 키를 찾는 방법이다. 그러나 이진 탐색은 나눗셈을 이용해야 하지만 **피보나치 탐색은 덧셈과 뺄셈만을 사용하면 되므로 이진 탐색보다 더 빠르다**. 그러나 최악의 경우에는 이진 탐색보다 효율적이지 못하며 부가적인 오버헤드에 의해 전체적인 효율이 떨어진다. 피보나치 탐색은 피보나치 수열의 값이 비교할 배열의 인덱스가 된다.

피보나치 탐색 방법에 대해 살펴보자. 만일 레코드의 수 n이 피보나치 수 F_k보다 하나 작은 수라고 한다면 $F_k = n + 1$이 된다. 탐색하고자 하는 키(key)에 대하여 다음과 같은 상태 중 하나가 될 수 있다. 이때 처음으로 비교되는 레코드는 F_{k-1}번째 레코드가 된다.

> ① key < F_{k-1}번째 레코드면 키는 1부터 (F_{k-1} - 1)번째까지의 왼쪽 부분 리스트에 존재한다. 따라서 왼쪽 부분 리스트를 재귀적으로 탐색한다.
> ② key = F_{k-1}번째 레코드면 탐색이 성공하였으므로 종료한다.
> ③ key > F_{k-1}번째 레코드면 키는 (F_{k-1} + 1)번째부터 (F_k - 1)번째까지의 오른쪽 부분 리스트에 존재한다. 따라서 오른쪽 부분 리스트를 재귀적으로 탐색한다. 이 경우 다음에 비교될 레코드의 위치는 (F_{k-1} + F_{k-3})이다.

이와 같은 방법으로 탐색이 수행되며 이 규칙을 피보나치 탐색 규칙이라 한다. 예를 들어, 다음과 같이 오름차순으로 정렬된 12개의 데이터들 중 피보나치 탐색을 이용하여 24를 찾는 과정을 살펴보자.

- 배열 data[ ]

[1]	[2]	[3]	[4]	[5]	[6]	[7]	[8]	[9]	[10]	[11]	[12]
21	22	23	24	25	26	27	28	29	30	31	32

피보나치 수열은 다음과 같다.

F_0	F_1	F_2	F_3	F_4	F_5	F_6	F_7	F_8
0	1	1	2	3	5	8	13	21

전체 데이터의 개수가 12이므로 F_k = 12가 되어야 한다. 그런데 피보나치 수열 중 12는 존재하지 않으므로 12보다 작은 값을 선택한다. 피보나치 수 중 F_6 = 8을 선택하며 배열의 인덱스가 8인 데이터를 첫 번째로 비교한다.

(1) F_6 = 8이므로 data[8] = 28과 key = 24를 비교한다. 28 〉 24이므로 인덱스 8의 오른쪽은 버리고 왼쪽 부분인 인덱스 1부터 인덱스 7까지를 선택하여 다시 탐색한다.

[1]	[2]	[3]	[4]	[5]	[6]	[7]	[8]	[9]	[10]	[11]	[12]
21	22	23	24	25	26	27	**28**	29	30	31	32

(2) 이제 탐색할 전체 데이터는 인덱스 1부터 인덱스 7까지 7개이므로 F_k = 7이 되어야 한다. 그런데 피보나치 수열 중 7은 존재하지 않으므로 7보다 작은 값을 선택한다. 피보나치 수 중 F_5 = 5를 선택하며 배열의 인덱스가 5인 데이터와 킷값을 비교한다. data[5] = 25, key = 24이다. 25 〉 24이므로 인덱스 5의 오른쪽은 버리고 왼쪽 부분인 인덱스 1부터 인덱스 4까지를 선택하여 다시 탐색한다.

[1]	[2]	[3]	[4]	[5]	[6]	[7]	[8]	[9]	[10]	[11]	[12]
21	22	23	24	**25**	26	27	28	29	30	31	32

(3) 이제 탐색할 전체 데이터는 인덱스 1부터 인덱스 4까지 4개이므로 F_k = 4가 되어야 한다. 피보나치 수열 중 4는 존재하지 않으므로 4 보다 작은 값인 F_4 = 3을 선택한다. data[3] = 23, key = 24이다. 23 〈 24이므로 인덱스 3의 왼쪽은 버리고 오른쪽 부분인 인덱스 4를 선택하여 다시 탐색한다.

[1]	[2]	[3]	[4]	[5]	[6]	[7]	[8]	[9]	[10]	[11]	[12]
21	22	**23**	24	25	26	27	28	29	30	31	32

(4) 이제 탐색할 전체 데이터는 인덱스 4인 데이터 하나뿐이며 24 = 24이므로 탐색에 성공한다.

[1]	[2]	[3]	[4]	[5]	[6]	[7]	[8]	[9]	[10]	[11]	[12]
21	22	23	**24**	25	26	27	28	29	30	31	32

피보나치 탐색은 피보나치 수열의 값을 배열의 인덱스로 보고 찾을 값과 비교한다. 피보나치 탐색은 비교할 데이터의 위치를 계산할 때 이진 탐색과 같이 나눗셈을 사용하지 않는다. 나눗셈보다는 실행 시간이 적게 걸리는 덧셈과 뺄셈만을 사용하므로 속도가 더 빠르다. 피보나치 탐색 방법은 이진 탐색과 마찬가지로 주기억장소를 탐색하는 내부 탐색에서 효율적이며 평균 탐색 시간은 $O(\log_2 n)$이다.

제2절 정렬 중요

데이터는 숫자, 문자로 구성되어 있고 각 구성 요소는 값의 대소 순서가 미리 정해져 있다. 예를 들어 알파벳은 a, b, c, …의 순서가 미리 정해져 있고 숫자는 0, 1, 2, …로 순서가 정의되어 있다. 한글은 ㄱ, ㄴ, ㄷ, …, ㅎ의 순서가 정해져 있다. 이와 같이 **정의된 순서를 이용하여 데이터들의 순서를 재배열하는 것을 정렬(sorting)**이라고 한다. 정렬은 순서가 없이 나열된 사물들을 일정한 순서대로 재배열하는 것이다. 예를 들어, 책장에 있는 책들을 크기나 책의 제목 순서대로 꽂아놓을 수 있는데 이것도 정렬이라 할 수 있다. 학생들의 명단을 성적순으로 정리하거나 회사에서 직원들의 명단을 회사에 입사한 순서대로 정리하는 것도 정렬에 해당된다. 정렬은 데이터를 숫자나 알파벳 순서에 따라 배열하는 것이다. 데이터의 정렬에는 오름차순 정렬과 내림차순 정렬이 있다. 오름차순 정렬은 작은 데이터에서 큰 데이터 순으로, 내림차순 정렬은 큰 데이터에서 작은 데이터 순으로 나열하는 것이다.

다음은 데이터가 오름차순으로 정렬된 예이다.

- 23, 45, 78, 81, 120, 178, 234, 300
- apple, base, cartoon, fire, moon, young
- 김철수, 나라, 바다, 사회, 안경, 한국

데이터를 탐색하기 위해 정렬은 매우 중요하다. 사전은 가나다 혹은 알파벳순으로 정렬되어 있는데 이렇게 정렬되어 있기 때문에 우리가 단어를 쉽게 찾을 수 있는 것이다. 만약 사전이 정렬되어 있지 않다면 특정 단어를 빨리 찾는 것은 불가능할 것이다. 이와 같이 컴퓨터에서도 데이터가 정렬되어 있지 않다면 탐색의 효율성이 크게 떨어질 수 있다.

> **더 알아두기**
>
> 컴퓨터에서 중요시되는 문제 중 하나가 데이터들을 정해진 순서대로 나열하는 문제이다. 실제 컴퓨터에서 사용하는 데이터의 경우 숫자나 어휘의 순서대로 정렬한 후 사용해야 하는 경우가 많이 발생한다. 그렇다면 이걸 얼마나 효과적으로 해결할 수 있느냐가 정렬 문제의 핵심이다. 데이터를 이렇게 정렬해야 하는 이유는 탐색을 위해서이다. 사람은 수십에서 수백 개의 데이터를 다루는데 그치지만 컴퓨터는 다뤄야 할 데이터가 보통 수백만 개 이상이며 데이터베이스의 경우 이론상 무한 개의 데이터를 다룰 수 있어야 한다. 탐색할 대상 데이터가 정렬되어 있지 않다면 순차 탐색 이외에는 다른 알고리즘을 사용할 수 없다. 그러나 데이터가 정렬되어 있다면 이진 탐색이라는 강력한 알고리즘을 사용할 수 있다.

일반적으로 정렬시켜야 하는 대상을 **레코드**(record)라고 한다. 레코드는 다시 **필드**(field)라는 보다 작은 단위로 구성되며 하나의 레코드는 여러 개의 필드로 이루어진다. [그림 7-5]는 학생들의 레코드를 표현한 것이다. 학생 레코드는 이름, 학번, 주소, 연락처 등이 필드로 구성된다. 하나의 레코드를 구성하는 여러 필드들 중 레코드를 식별할 수 있게 해주는 역할을 하는 것을 **키**(key)라고 한다. 학생 레코드에서는 학번이 키가 될 수 있다.

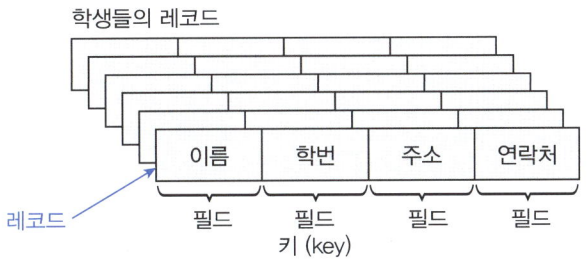

[그림 7-5] 학생 레코드

정렬은 한 번에 두 개의 데이터를 비교하여 어느 데이터가 큰지 작은지를 확인하는 과정을 여러 번 반복하여 진행한다. 데이터를 분석하기 위해서는 데이터가 일정한 순서로 정렬되어 있어야 효율적인 경우가 있다. 정렬되어 있는 데이터들은 탐색이나 처리 순서를 결정할 때 유용하게 쓰인다. 실제로 컴퓨터에서 데이터의 정렬 여부에 따라 처리 속도나 결과가 달라지기도 한다. 정렬은 컴퓨터에서 데이터 처리에 있어 가장 기본적이고 중요한 연산 중 하나이다. 정렬 알고리즘은 주어진 원소를 특정 기준에 따라 다시 나열하는 과정을 명시한 것이다.

> **정렬 알고리즘의 정의**
> 원소 집합 내의 원소들이 임의로 나열되어 있을 때 이 원소들을 일정 기준에 따라 다시 나열하는 방식

정렬은 데이터가 저장된 위치에 따라 내부 정렬과 외부 정렬로 구분한다. 내부 정렬은 정렬할 데이터의 양이 적을 때 주기억장치내에서 정렬하는 방식이다. 외부 정렬은 데이터의 양이 주기억장치 공간보다 큰 경우에 보조기억장치에 있는 데이터를 여러 번 나누어 주기억장치에 읽어 들인 후 정렬하여 보조기억장치에 다시 저장하는 과정을 반복하는 방식이다. 내부 정렬은 정렬 속도가 빠르지만 정렬할 수 있는 데이터의 양이 주기억장치의 용량에 따라 제한된다. 내부 정렬 알고리즘에는 삽입 정렬, 쉘 정렬, 퀵 정렬, 버블 정렬, 히프 정렬, 선택 정렬, 기수 정렬 등이 있다. 외부 정렬은 내부 정렬보다 속도는 떨어지지만 내부 정렬로 처리할 수 없는 대량의 데이터를 처리할 수 있다. 외부 정렬 알고리즘은 대부분 병합 정렬 기법으로 처리한다.

컴퓨터의 등장으로 인해 일련의 데이터를 필요에 의해 특정 항목별로 정렬하는 일이 보다 편리하게 되었다. 또한 이미 다양한 정렬 알고리즘들이 개발되어 있다. 이러한 다양한 정렬 알고리즘 중 문제의 종류에 따라 효과적인 정렬 알고리즘의 선택이 중요하다. 모든 경우에 대해 최적인 정렬 알고리즘은 존재하지 않는다. 따라서 각 응용 분야에 적합한 정렬 방법을 사용해야한다. 주어진 상황에 따라서 가장 적합한 정렬 알고리즘을 결정하기 위해서는 어떤 기준을 세울 필요가 있다. 즉, 데이터의 특성에 따라 여러 가지 정렬 알고리즘 중 적절한 것을 선택해야 한다. 문제 상황에 따라 가장 적합한 정렬 알고리즘을 선택하는 기준으로는 사용하는 컴퓨터의 특성과 필요한 기억 공간의 크기를 들 수 있다. 정렬할 데이터의 양이나 초기 데이터들의 배열 상태도 고려해야 한다. 킷값의 분포 상태나 비교 횟수, 이동 횟수 등도 고려해야 한다. 정렬 알고리즘에는 비교적 쉽고 간단한 삽입 정렬, 버블 정렬, 선택 정렬 등이 있고 이보다 빠른 수행 시간을 가진 쉘 정렬, 퀵 정렬, 합병 정렬, 히프 정렬 등이 있다.

> **더 알아두기**
>
> **정렬 알고리즘을 선택할 때 고려 사항**
> - 킷값들의 분포 상태
> - 소요 공간 및 작업 시간
> - 정렬에 필요한 기억 공간의 크기
> - 데이터의 양
> - 사용 컴퓨터 시스템의 특성
>
> **정렬 알고리즘의 평가 기준**
> - 비교 횟수의 많고 적음
> - 이동 횟수의 많고 적음

1 삽입 정렬

삽입 정렬(insertion sort)은 가장 간단한 정렬 알고리즘 중 하나로 새로운 데이터를 정렬된 데이터에 삽입하는 과정을 반복하여 전체 데이터를 정렬하는 방식이다. 삽입 정렬은 이미 정렬된 데이터들에 새로운 데이터 하나를 순서에 맞게 삽입시키는 것이다. 삽입 정렬은 카드를 정렬하는 과정과 유사하다. 무작위로 뒤섞인 카드들이 있고 이 카드들을 정렬하는 경우를 생각해 보자. 먼저 카드 한 장을 선택하여 손안에 쥐고 추가로 카드 한 장을 잡아 손안에 있는 기존 카드와 비교하여 추가되는 카드를 올바른 자리에 끼워 넣는다. 그러면 손안에는 정렬된 카드들이 있게 되는데 다시 새로운 카드를 한 장씩 더 선택하여 그 카드를 올바른 자리에 넣는 과정을 반복한다. 계속해서 이런 과정을 반복하다 보면 손안의 전체 카드는 정렬이 되어 있게 된다. 이와 같이 삽입 정렬은 정렬되어 있는 부분 집합에 정렬할 새로운 원소의 위치를 찾아 삽입하는 방법이다. 삽입 정렬은 데이터가 어느 정도 정렬이 되어 있을 경우 매우 효과적인 정렬 방법이다.

삽입 정렬을 수행하는 과정을 정리하면 다음과 같다. 배열 A[]에는 정렬하고자 하는 원시 데이터가 저장되어 있다고 가정하자.

① 처음 A[0]은 정렬된 데이터로 취급한다.
② 다음 데이터 A[1]은 정렬된 데이터 A[0]과 비교하여 적절한 위치에 삽입한다.
③ 다음 데이터 A[2]는 정렬된 데이터 A[0], A[1]과 비교하여 적절한 위치에 삽입한다.
④ 같은 방식으로 나머지 데이터들을 삽입하여 정렬한다.

[그림 7-6]은 삽입 정렬 과정이다. 배열의 첫 번째 데이터인 29는 정렬된 데이터로 간주하고 그다음 데이터인 10과 29를 비교한다. 10은 29보다 작으므로 29 앞에 삽입되어야 한다. 10이 있던 자리에 29를 복사한 후 29의 자리에 10을 삽입하면 된다. 나머지에 대해서도 이와 같은 과정을 반복하면 된다.

[그림 7-6] 삽입 정렬

삽입 정렬 알고리즘은 다음과 같다.

```
insertion_sort(A[ ], n)
{
    for i = 1 to n − 1 {
        CurrentElement = A[i];   /* i는 현재 원소 */
        j = i − 1;   /* 현재 원소를 정렬된 앞부분에 삽입하기 위해 */
        while (j >=0 && A[j] > CurrentElement) {
            A[j + 1] = A[j];   /* 자리 이동 */
            j = j − 1;
        }
        A[j + 1] = CurrentElement;
    }
}
```

삽입 정렬에서는 처음 A[0]은 정렬된 데이터로 취급하므로 A[0]을 제외한 나머지 A[1]부터 A[n − 1]까지의 데이터를 삽입 정렬해야 한다. 따라서 배열의 인덱스 i를 1부터 (n − 1)까지 변하게 하고 정렬이 안 된 부분의 가장 왼쪽에 있는 원소인 A[i]를 CurrentElement로 지정한다. j = i − 1은 j가 정렬된 부분의 가장 오른쪽 원소의 인덱스가 되어 왼쪽 방향으로 삽입할 곳을 탐색하기 위함이다. while 문의 조건 (j > = 0)은 배열의 인덱스로 사용되는 j가 배열의 범위를 벗어나는 것을 막기 위함이다. 두 번째 조건 (A[j] > CurrentElement)는 A[j]가 CurrentElement보다 크면 자리 이동이 되어야 하므로 A[j]를 오른쪽으로 한 칸 이동시키기 위한 조건이다.

> **더 알아두기**
>
> **삽입 정렬**
> 배열을 정렬된 부분(앞부분)과 정렬이 안 된 부분(뒷부분)으로 나누고 정렬이 안 된 부분의 가장 왼쪽 원소를 정렬된 부분의 적절한 위치에 삽입하여 정렬되도록 하는 과정을 반복한다.
>
>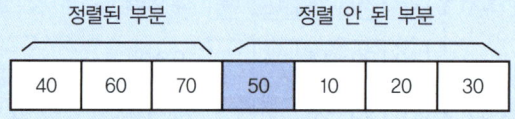

[그림 7-7]은 다음과 같이 데이터가 저장된 배열에서 삽입 정렬이 수행되는 과정을 보인 예이다.

초기배열 | 69 | 10 | 30 | 2 | 16 | 8 | 31 | 22 |

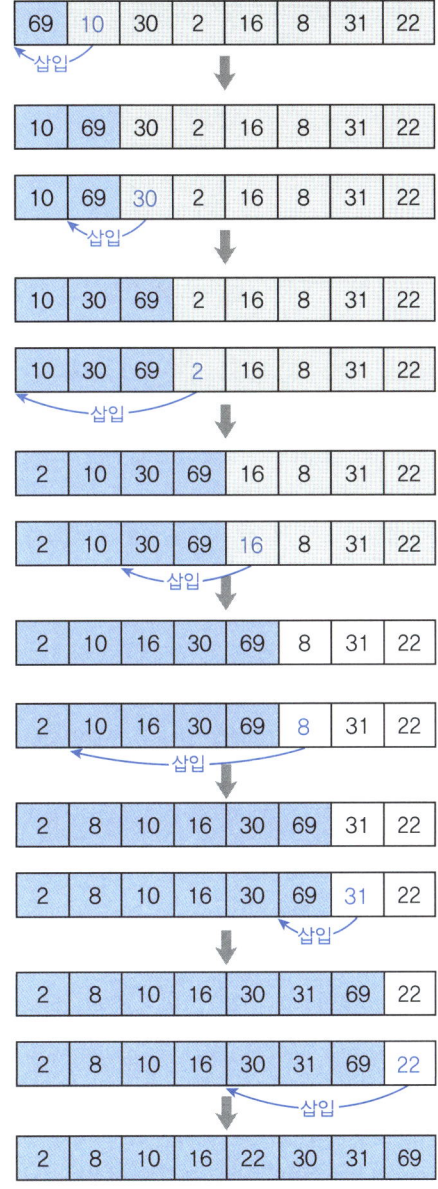

[그림 7-7] 삽입 정렬의 예

삽입 정렬은 입력 데이터의 상태에 따라 수행 시간이 달라질 수 있다. 삽입 정렬은 입력 데이터가 거의 정렬되어 있으면 정렬이 매우 빠르고 효율적이다. 입력 데이터가 이미 정렬이 되어 있는 경우에는 n-1번 비교하면 정렬이 끝나므로 이때가 최선의 경우이고 시간 복잡도는 $O(n)$이 된다. 데이터가 역으로 정렬되어 있을 경우에는 최악의 경우이며 매우 느리다. 이 경우 모든 단계에서 앞에 놓인 데이터들을 전부 이동해야 한다. 최악의 경우에는 $1 + 2 + 3 + \cdots + (n-2) + (n-1) = \frac{n(n-1)}{2}$ 이 되어 시간 복잡도는 $O(n^2)$이 된다. 삽입 정렬의 평균적인 시간 복잡도는 최악의 시간 복잡도와 같이 $O(n^2)$이다. 삽입 정렬은 정렬 시 데이터들이 많이 이동하게 된다. 따라서 데이터의 양이 많을 경우에는 적합하지 않으며 반대로 데이터의 수가 적을 경우에는 효율적이다.

2 쉘 정렬

쉘 정렬(shell sort)은 Donald L. Shell이 제안한 방법으로 **삽입 정렬의 개념을 확대하고 일반화한 것이다.** 삽입 정렬은 이웃하는 데이터들끼리의 자리를 이동하면서 정렬이 이루어진다. 그런데 만약 가장 작은 숫자가 배열의 마지막에 위치한다면 그 숫자를 배열의 맨 앞으로 이동하기 위해 다른 모든 숫자들을 한 칸씩 오른쪽으로 이동해야 한다. 쉘 정렬은 이러한 단점을 보완하기 위해서 삽입 정렬을 이용하여 배열 뒷부분의 작은 숫자를 앞부분으로 빠르게 이동시키고 동시에 앞부분의 큰 숫자는 뒷부분으로 이동시키며 가장 마지막에는 삽입 정렬을 수행한다. 쉘 정렬은 어느 정도 데이터가 정렬되어 있을 때 삽입 정렬의 속도가 빠른 것에 착안했다. 쉘 정렬은 전체 데이터를 한꺼번에 정렬하는 것이 아니다. **일정한 간격으로 떨어져있는 데이터들끼리 부분 리스트를 구성하고 각 부분 리스트에 있는 데이터들에 대해서 삽입 정렬을 수행하는 작업을 반복하면서 전체 데이터들을 정렬하는 방법이다.** 이때 각 부분 리스트는 전체 리스트에서 거리가 h만큼 떨어진 데이터들로 이루어진다. 이 h를 간격(gap)이라고 한다. 쉘 정렬은 큰 간격에서부터 시작하여 각 단계마다 간격 h를 줄여 가는데 이에 따라 하나의 부분 리스트에 속하는 데이터의 개수는 증가된다. 마지막 단계에서는 간격이 1이 된다. 간격이 1이 되면 입력 리스트는 한 개의 서브 리스트로 간주되는데 이것을 정렬하면 쉘 정렬에 의하여 정렬된 결과를 얻을 수 있다. 이와 같이 부분 리스트로 나누어 정렬하게 되면 비교 연산과 교환 연산이 감소하게 된다. 쉘 정렬은 알고리즘이 간단하여 쉽게 프로그램 할 수 있으며 수행 능력도 삽입 정렬보다는 우수한 편이라 할 수 있다.

다음과 같이 데이터가 저장된 배열이 있을 때 쉘 정렬이 수행되는 과정을 살펴보자.

| 30 | 60 | 90 | 10 | 40 | 80 | 40 | 20 | 10 | 60 | 50 | 30 | 40 | 90 | 80 |

간격은 5로 설정한다고 가정한다. 먼저 간격이 5가 되는 숫자끼리 그룹을 만든다. 전체가 15개이므로 첫 번째 그룹에는 맨 앞의 숫자인 30과 그 30에서 간격이 5만큼 떨어진 80, 그리고 80에서 간격이 5만큼 떨어진 50으로 구성된다. 따라서 첫 번째 그룹은 [30, 80, 50]이 된다. 두 번째 그룹은 두 번째 숫자인 60과 그 60에서 간격이 5인 40, 그리고 40에서 간격이 5인 30으로 구성된다. 따라서 두 번째 그룹은 [60, 40, 30]이 된다. 나머지에 대해서도 이런 식으로 그룹을 작성하면 각각 [90, 20, 40], [10, 10, 90], [40, 60, 80]이 된다.

h = 5

A	0	1	2	3	4	5	6	7	8	9	10	11	12	13	14
그룹 1	30					80					50				
그룹 2		60					40					30			
그룹 3			90					20					40		
그룹 4				10					10					90	
그룹 5					40					60					80

이제 각 그룹별로 정렬을 수행한다. 각 그룹별로 정렬된 결과를 1줄로 나열하면 다음과 같다.

30	30	20	10	40	50	40	40	10	60	80	60	90	90	80

A	0	1	2	3	4	5	6	7	8	9	10	11	12	13	14
그룹 1	30					50					80				
그룹 2		30					40					60			
그룹 3			20					40					90		
그룹 4				10					10					90	
그룹 5					40					60					80

그룹별 정렬 후

간격이 5인 그룹별로 정렬한 결과를 살펴보면 80이나 90과 같이 큰 숫자들은 뒷부분으로 이동되었고 20이나 30과 같이 작은 숫자들은 앞부분으로 이동한 것을 알 수 있다. 처음 간격을 5로 하였기 때문에 다음에는 간격을 5보다 작게 설정해야 한다. 예를 들어, 간격을 3으로 설정하는 경우 첫 번째 그룹은 [30, 10, 40, 60, 90]이 되고 두 번째 그룹은 [30, 40, 40, 80, 90]이 된다. 세 번째 그룹은 [20, 50, 10, 60, 80]이 된다. 간격이 3일 때 데이터들은 이와 같이 3개의 그룹으로 나뉘게 되고 각 그룹에는 5개의 숫자로 구성된다. 셸 정렬의 마지막에는 간격을 반드시 1로 놓고 수행해야 하는데 그 이유는 다른 그룹에 속한 숫자들이 서로 비교되지 않은 것이 있을 수 있기 때문이다. 간격이 1인 경우는 모든 원소들을 1개의 그룹으로 여기는 것이고 이는 삽입 정렬 그 자체이다. 이와 같이 셸 정렬은 주어진 입력 데이터를 적당한 매개변수의 값만큼 서로 떨어진 데이터들과 비교하여 교환하는 과정을 매개변수의 값을 바꾸어가며 되풀이하는 것이다.

셸 정렬 알고리즘은 다음과 같다.

```
shell_sort(A[ ], n)
{
   for each gap h = [h_0 > h_1 > ... > h_k = 1]  /* 큰 gap부터 차례로 지정 */
   for i = h to n - 1 {
      CurrentElement = A[i];
      j = i;
      while (j >= h && A[j - h] > CurrentElement) {
         A[j] = A[j - h];
         j = j - h;
      }
      A[j] = CurrentElement;
   }
}
```

쉘 정렬은 간격 [$h_0 > h_1 > ... > h_k = 1$]이 미리 정해져야 한다. 먼저 가장 큰 간격인 h_0을 기준으로 그룹을 나눠 정렬하며 그 다음에는 간격을 h_1으로 정렬한다. 마지막에는 간격을 반드시 1로 설정해야 한다. 이는 아직 크기 비교가 되지 않은 다른 그룹의 숫자가 있을 수 있기 때문이다.
[그림 7-8]은 주어진 입력 배열에 대해 쉘 정렬을 수행하는 과정에 대한 예를 보인 것이다.

입력 배열	10	8	6	20	4	3	22	1	0	15	16
간격 5일 때의 부분 리스트	10					3					16
		8					22				
			6					1			
				20					0		
					4					15	
부분 리스트 정렬 후	3					10					16
		8					22				
			1					6			
				0					20		
					4					15	
간격 5 정렬 후의 전체 배열	3	8	1	0	4	10	22	6	20	15	16
간격 3일 때의 부분 리스트	3			0			22			15	
		8			4			6			16
			1			10			20		
부분 리스트 정렬 후	0			3			15			22	
		4			6			8			16
			1			10			20		
간격 3 정렬 후의 전체 배열	0	4	1	3	6	10	15	8	20	22	16
간격 1 정렬 후의 전체 배열	0	1	3	4	6	8	10	15	16	20	22

[그림 7-8] 쉘 정렬의 예

쉘 정렬은 멀리 떨어진 데이터들이 하나의 서브 리스트로 구성되도록 하여 멀리 떨어진 데이터들 사이에 비교 및 교환이 수행되는 정렬 방법이다. 따라서 먼 거리의 데이터들이 이동함으로써 보다 적은 위치 교환으로 자기 자리를 찾을 가능성이 증가한다. 만약 어떤 데이터가 제 위치에서 멀리 떨어져 있다면 버블 정렬은 여러번의 교환이 발생하게 되는데 쉘 정렬은 이러한 단점을 해결할 수 있다.

쉘 정렬 초기에는 서브 리스트의 데이터 개수가 적어 정렬되는 시간이 빠르다. 쉘 정렬이 진행되면서 간격이 점차 감소하게 되는데 간격이 감소하면 서브 리스트의 데이터 개수는 증가하게 된다. 그런데 이렇게 데이터 개수가 증가하더라도 정렬하는데 드는 수행 시간은 크게 증가하지 않는다. 왜냐하면 각 단계를 거치면서 데이터들이 점진적으로 정렬된 상태가 되어가므로 삽입 정렬의 속도가 빨라지기 때문이다. 삽입 정렬은 데이터들이 어느 정도 정렬되어 있을 때 속도가 빠르며 이를 적용한 것이 쉘 정렬이다. 쉘 정렬의 수행 속도는 간격에 따라 달라진다. 쉘 정렬은 정렬할 데이터들의 특성에 따라 간격을 생성하는 함수를 사용한다. 일반적으로 간격 h는 데이터 개수의 $\frac{1}{2}$을 사용하고 한 단계가 수행될 때마다 이 h의 값을 반으로 감소시키면서 반복하여 수행한다. 쉘 정렬의 비교 횟수는 처음 데이터의 상태에 상관없이 간격에 의해 결정된다. 쉘 정렬은 최악의 경우 시간 복잡도가 $O(n^2)$이지만 평균적인 경우의 시간 복잡도는 $O(n^{1.5})$이다. 쉘 정렬은 삽입 정렬의 시간 복잡도 $O(n^2)$보다 개선된 정렬 방법이라 할 수 있다. 그러나 쉘 정렬의 시간 복잡도를 정확히 계산하기는 어렵다. 왜냐하면 가장 좋은 간격을 알아내야 하고 이 간격에 따라 시간 복잡도가 달라질 수 있기 때문이다.

3 퀵 정렬

퀵 정렬(quick sort)은 C.A.R Hoare에 의해서 개발되었으며 다른 알고리즘에 비해 평균적으로 수행 속도가 매우 빠른 정렬 방법이다. 퀵 정렬은 정렬할 전체 데이터에 대해서 정렬을 수행하지 않고 기준키를 중심으로 왼쪽 부분 리스트와 오른쪽 부분 리스트로 분할하여 정렬하는 방법이다. 이때 기준이 되는 기준키를 피벗(pivot)이라고 한다. 피벗은 전체 데이터 중 가운데 위치한 데이터를 선택하거나 첫 번째 데이터를 선택할 수도 있다. 또는 마지막 데이터로 정하거나 별도의 수식을 사용하여 정하기도 한다. 퀵 정렬을 하기 위해서는 일단 배열 안에 있는 데이터 중 하나를 피벗으로 정해야 한다. 그런 다음 이 피벗을 기준으로 왼쪽 부분 리스트에는 피벗보다 작은 데이터들을 이동시키고 오른쪽 부분 리스트에는 피벗보다 큰 데이터들을 이동시킨다. 즉, 퀵 정렬은 작은 값을 갖는 데이터와 큰 값을 갖는 데이터로 분리해가며 정렬하는 방법이다. 퀵 정렬은 정렬 방법 중에서 가장 빠른 방법이며 프로그램에서 순환 호출을 이용하기 때문에 스택이 필요하다.

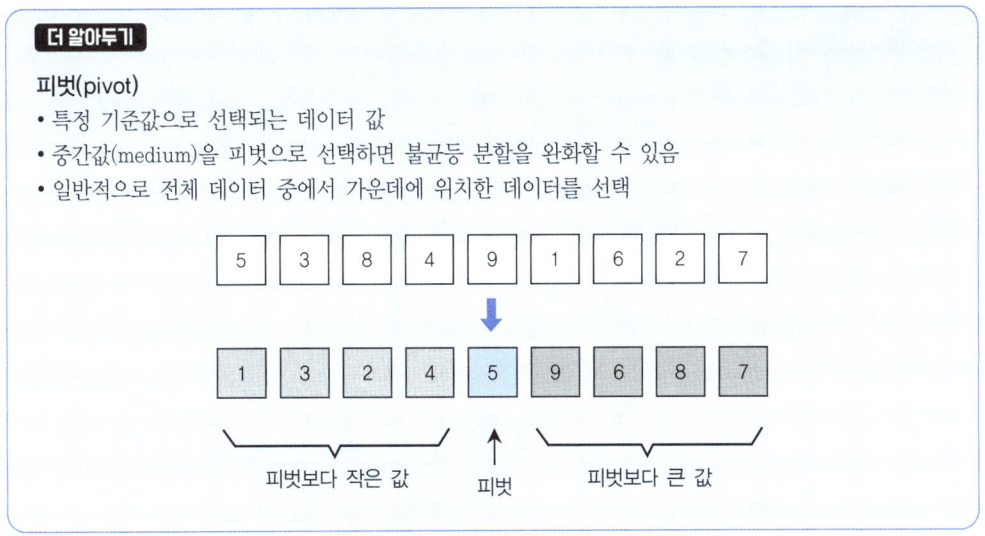

더 알아두기

피벗(pivot)
- 특정 기준값으로 선택되는 데이터 값
- 중간값(medium)을 피벗으로 선택하면 불균등 분할을 완화할 수 있음
- 일반적으로 전체 데이터 중에서 가운데에 위치한 데이터를 선택

퀵 정렬을 수행하는 과정을 정리하면 다음과 같다.

> ① 리스트의 첫 원소를 피벗으로 선택한다.
> ② 피벗의 다음 위치로부터 오른쪽으로 움직이면서 크기를 비교하여 피벗보다 큰 데이터를 찾는다.
> ③ 동시에 리스트의 마지막부터 왼쪽으로 움직이면서 피벗보다 작은 데이터를 찾아 서로 교환한다.
>
>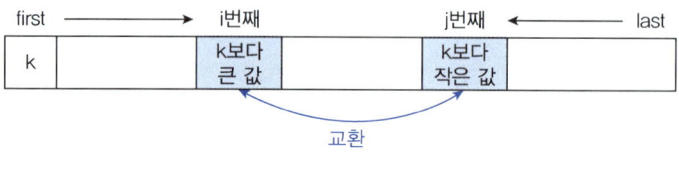
>
> ④ 피벗을 중심으로 나누어진 각 서브 리스트에서 ①부터 다시 반복한다.

다음과 같이 데이터가 저장된 배열이 있을 때 퀵 정렬이 수행되는 과정을 살펴보자. 피벗은 가장 왼쪽 숫자라고 가정하자.

| 20 | 18 | 50 | 40 | 9 | 19 | 5 | 25 |

(1) 맨 앞의 20을 피벗으로 하고 피벗 다음부터 피벗보다 큰 데이터를 찾는다. 피벗인 20보다 큰 첫 번째 데이터는 50이므로 50을 선택한다. 동시에 배열의 마지막에서부터 피벗보다 작은 데이터를 찾는다. 피벗인 20보다 작은 첫 번째 데이터는 5이므로 5를 선택한다. 이렇게 선택된 피벗보다 큰 값인 50과 피벗보다 작은 값인 5를 서로 교환한다.

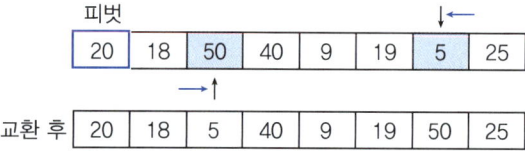

(2) 계속해서 진행하여 피벗보다 큰 데이터인 40을 선택하고, 피벗보다 작은 데이터인 19를 선택한 후 두 수를 교환한다.

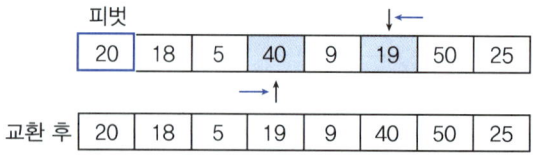

(3) 같은 방법으로 진행하면 피벗보다 큰 데이터인 40과 피벗보다 작은 데이터인 9가 선택된다. 그런데 이 경우는 피벗보다 큰 데이터와 피벗보다 작은 데이터가 서로 엇갈리게 된다. 이와 같은 경우에는 두 값을 서로 교환하지 않고 피벗인 20과 피벗보다 작은 데이터인 9를 교환한다. 또한 피벗보다 큰 데이터를 발견하지 못하는 경우에도 피벗과 피벗보다 작은 데이터를 교환한다.

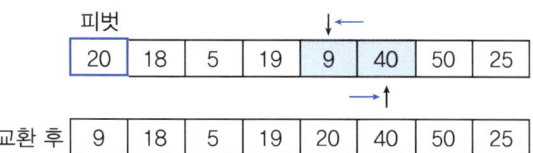

(4) 이제 배열의 데이터들을 보면 피벗 20을 기준으로 왼쪽에는 피벗보다 작은 데이터들이 위치하고 오른쪽에는 큰 데이터들이 위치함을 알 수 있다. 즉, 피벗을 중심으로 데이터들이 양분되었다.

| 9 | 18 | 5 | 19 | 20 | 40 | 50 | 25 |

이제부터는 피벗을 중심으로 나누어진 왼쪽 부분 리스트와 오른쪽 부분 리스트에 대해 같은 방법으로 퀵 정렬을 다시 반복 수행하면 된다.

(5) 피벗 20의 왼쪽 부분 리스트에 있는 데이터들에 대해 퀵 정렬을 적용하는 과정을 살펴보자. 왼쪽 부분 리스트의 데이터들 중에 다시 피벗을 선정해야 한다. 맨 앞에 위치한 데이터 9를 피벗으로 선택한다. 그런 다음 피벗 9 다음부터 9보다 큰 데이터를 찾는다. 피벗 9보다 큰 데이터는 18이므로 18을 선택한다. 왼쪽 부분 리스트의 오른쪽부터 피벗 9보다 작은 데이터를 찾는다. 피벗 9보다 작은 데이터는 5이므로 5를 선택한다. 이렇게 선택된 18과 5를 서로 교환한다.

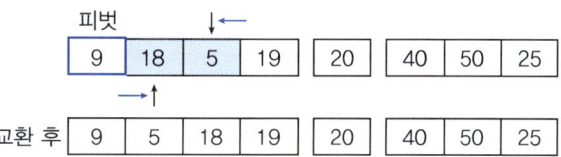

(6) 다시 같은 방법으로 퀵 정렬을 진행하면 피벗보다 큰 데이터인 18과 피벗보다 작은 데이터인 5가 선택된다. 그런데 이 경우는 피벗보다 큰 데이터와 피벗보다 작은 데이터가 서로 엇갈리게 된다. 따라서 이와 같은 경우에는 두 데이터를 서로 교환하지 않고 피벗 9와 피벗보다 작은 데이터인 5를 교환한다. 이제 배열에서 20의 왼쪽 부분 리스트들의 데이터들을 보면 피벗이었던 9를 기준으로 왼쪽에는 피벗보다 작은 데이터들이 위치하고 오른쪽에는 큰 데이터들이 위치함을 알 수 있다.

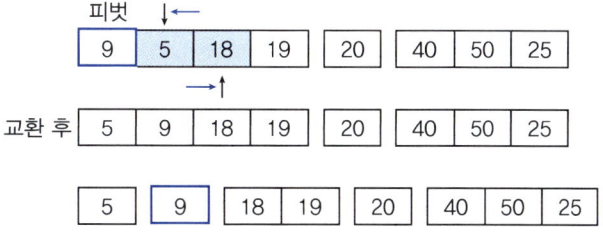

(7) 나머지에 대해서도 같은 방법으로 진행하여 정렬한다.

(8) 이와 같이 각각의 서브 리스트에 퀵 정렬을 적용하는 과정을 반복하면 다음과 같이 데이터들이 완전히 정렬된다.

> **더 알아두기**
>
> **퀵 정렬**
> - 기존의 데이터들을 분할하고 또 분할하고 또 분할하여 정렬함(연속적인 분할에 의한 정렬)
> - 평균적으로 매우 빠른 수행 속도를 갖는 정렬 방법
> - 분할 정복 알고리즘의 일종
>
> **분할 정복(divide and conquer) 알고리즘**
> - 문제를 작은 2개의 문제로 분리하고 각각을 해결한 다음 결과를 모아서 원래의 문제를 해결하는 전략
> - 분할 정복 방법은 대개 순환 호출을 이용하여 구현함
> - 분할은 순환 함수를 통해 이루어짐

퀵 정렬 알고리즘은 다음과 같다.

```
quick_sort(int first, int last)
{
    int i, j, k, temp;
    if (first < last) {
        i = first;
        j = last + 1;
        k = A[first];           /* k에 피벗 설정 */
        while (i < j) {         /* 분할을 수행하는 while문 */
            while (A[i] < k)    /* 앞에서부터 피벗보다 큰 데이터 찾기 */
                i++;
            while (A[j] > k)    /* 뒤에서부터 피벗보다 작은 데이터 찾기 */
                j--;
            if (i < j) {        /* 큰 데이터와 작은 데이터를 교환 */
                temp = A[j];
                A[j] = A[i];
                A[i] = temp;
            }
        }
        temp = A[j];            /* 피벗과 작은 데이터 교환 */
        A[j] = A[first];
        A[last] = temp;
        quick_sort(first, j - 1);  /* 피벗의 왼쪽 부분 리스트에 대한 분할 계속 */
        quick_sort(j + 1, last);   /* 피벗의 오른쪽 부분 리스트에 대한 분할 계속 */
    }
}
```

퀵 정렬의 시간 복잡도가 최선인 경우는 분할이 수행될 때마다 피벗에 의해 거의 균등한 부분 리스트로 분할되는 경우이다. 즉, 피벗에 의해서 원소들이 왼쪽 부분 리스트와 오른쪽 부분 리스트로 정확히 $\frac{n}{2}$ 개씩 2등분이 되는 경우가 반복되어 수행 단계 수가 최소가 되는 경우이다. 이때 시간 복잡도는 $O(n\log_2 n)$이다. 평균적인 시간 복잡도 또한 $O(n\log_2 n)$이다.

시간 복잡도가 최악인 경우는 피벗에 의해 원소들을 분할하였을 때 한 개와 n-1개와 같이 한쪽으로 치우쳐 분할되는 경우가 반복되어 수행 단계 수가 최대가 되는 경우이다. 즉, 피벗에 의해 극도로 불균등한 부분 리스트로 분할되는 경우이다. 따라서 n개의 데이터를 갖는 리스트에 대해 최악의 경우 수행되는 분할의 횟수는 n-1번이며 분할할 때마다 사용되는 비교 횟수는 적용되는 리스트에 포함된 데이터들의 개수에 비례한다. 그러므로 시간 복잡도는 n + (n - 1) + ⋯ + 2에 비례하게 되어 $O(n^2)$이 된다. 퀵 정렬은 정렬할 데이터의 양이 많을 경우 매우 효율적이다. 퀵 정렬은 평균적으로 가장 좋은 성능을 가져 현장에서 가장 많이 쓰이는 정렬 알고리즘이다.

4 버블 정렬

버블 정렬(bubble sort)은 이웃하는 데이터를 비교하여 작은 데이터를 앞쪽으로 이동시키는 과정을 반복하여 정렬하는 알고리즘이다. 주어진 파일에서 인접한 2개의 데이터를 비교하여 그 크기에 따라 데이터의 위치를 서로 교환하는 정렬 방식이라 할 수 있다. 첫 번째와 두 번째 데이터를 비교하여 첫 번째가 두 번째보다 크면 위치를 서로 교환하고 그 다음에는 두 번째와 세 번째 데이터를 비교하여 두 번째가 세 번째보다 크면 같은 방법으로 위치를 서로 교환한다. 이런 과정을 리스트의 마지막 데이터까지 반복하여 1회전이 끝나면 [그림 7-9]의 (a)와 같이 가장 큰 데이터인 37이 리스트의 맨 마지막에 위치하게 된다. 1회전을 통해 리스트의 데이터들 중 가장 큰 데이터가 맨 마지막 위치로 이동하여 정렬이 완료되었으므로 2회전에서는 이 마지막 데이터는 제외하고 나머지 데이터들에 대해 다시 인접한 데이터들끼리 비교와 교환하는 작업을 반복 수행한다. 2회전이 완료되면 [그림 7-9]의 (b)와 같이 전체 데이터들 중 두 번째로 큰 데이터인 29가 리스트의 맨 뒤에서 두 번째에 위치하게 된다. 버블 정렬은 전체 데이터의 개수가 n인 경우 최대 (n-1)회전을 수행해야 한다.

버블 정렬을 수행하는 과정을 정리하면 다음과 같다.

① 인접한 두 데이터 A[i]와 A[i + 1]의 값들을 비교한다.
② A[i + 1]의 값이 A[i]의 값보다 작으면 두 데이터를 교환한다.
③ 이 과정을 반복하면 큰 데이터가 배열의 끝에 오도록 정렬된다.

(a) 1회전

29	10	14	37	13
10	29	14	37	13
10	14	29	37	13
10	14	29	37	13
10	14	29	13	37

초기배열

(b) 2회전

10	14	29	13	37
10	14	29	13	37
10	14	29	13	37
10	14	13	29	37

[그림 7-9] 버블 정렬

> **더 알아두기**
>
> 버블 정렬은 첫 번째 데이터부터 인접한 데이터끼리 계속 자리를 교환하면서 맨 마지막 자리로 이동하는 정렬 방법이다. 이때 배열을 좌우가 아니라 상하로 그려보면 정렬하는 과정에서 작은 데이터가 마치 거품(bubble)처럼 위로 올라가는 모습과 비슷하다. 이처럼 정렬하는 모습이 물속에서 물위로 올라오는 물방울 모양과 같다고 하여 버블 정렬이라 한다.

버블 정렬 알고리즘은 다음과 같다.

```
bubble_sort(A[ ], n)
{
   for (i = n - 1; i >= 0; i = i - 1) {
      for (j = 0; j < i; j = j + 1) {
         if (A[j] > A[j + 1]) then {    /* 인접한 데이터 비교 */
            temp = A[j];                /* 인접한 데이터의 교환 */
            A[j] = A[j + 1];
            A[j + 1] = temp;
         }
      }
   }
}
```

다음과 같이 데이터가 저장된 배열이 있을 때 버블 정렬이 수행되는 과정을 살펴보자.

| 3 | 31 | 48 | 73 | 8 | 11 | 20 | 29 | 65 | 15 |

(1) 왼쪽부터 시작해 이웃한 데이터들을 비교해 나간다. 첫 번째 데이터인 3과 이웃하는 31을 비교하여 31이 3보다 크므로 자리를 바꾸지 않는다. 그런 다음 다시 31과 이웃하는 48을 비교하는데 48이 31보다 크므로 역시 자리를 바꾸지 않는다. 마찬가지로 48과 이웃하는 73을 비교하여 73이 크므로 자리를 바꾸지 않는다.

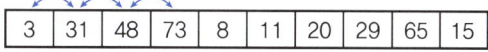

| 3 | 31 | 48 | 73 | 8 | 11 | 20 | 29 | 65 | 15 |

(2) 이렇게 인접한 두 개의 데이터를 비교하다가 크기 순서대로 되어 있지 않으면 그 위치를 서로 교환한다. 숫자 73과 인접한 8을 비교하면 8이 73보다 작으므로 순서대로 위치시키기 위해 자리를 서로 바꾼다. 이제 다시 73과 이웃하는 11을 비교하는데 11이 73보다 작으므로 자리를 바꾼다. 그런 다음 73과 20의 자리도 바꾼다. 나머지에 대해서도 이와 같은 과정을 반복한다.

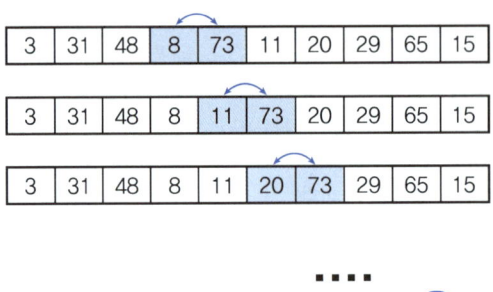

(3) 1회전이 완료되면 데이터들 중 가장 큰 수인 73이 맨 오른쪽 위치로 이동하여 정렬이 완료된다. 이제 맨 오른쪽 데이터인 73은 대상에서 제외한다.

(4) 73을 제외한 나머지 데이터들에 대해 맨 왼쪽부터 시작해 다시 인접한 데이터 쌍들을 비교해간다.

(5) 순서대로 되어 있지 않은 경우에는 그 위치를 서로 바꾼다.

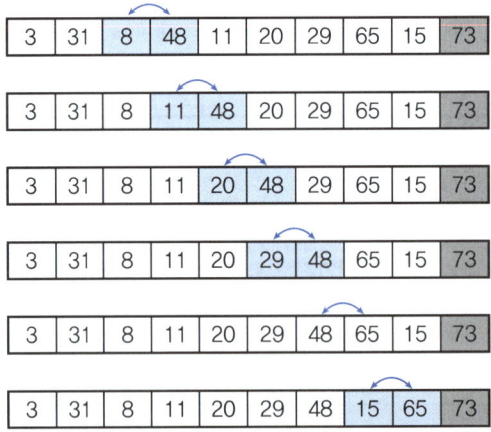

(6) 2회전이 완료되면 전체 데이터들 중 두 번째로 큰 데이터인 65가 맨 오른쪽에서 두 번째 위치로 이동하게 된다. 이제 65를 대상에서 제외한다.

(7) 앞의 과정을 계속하면서 제외해 나간다.

| 3 | 8 | 11 | 15 | 20 | 29 | 31 | 48 | 65 | 73 |

(8) 마지막으로 두 개짜리 배열을 처리하고 나면 모든 데이터에 대한 정렬이 완료된다.

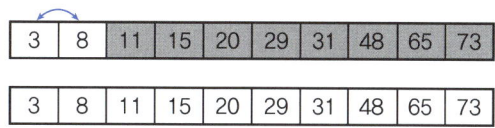

| 3 | 8 | 11 | 15 | 20 | 29 | 31 | 48 | 65 | 73 |

버블 정렬은 n개의 원소에 대하여 n개의 메모리를 사용한다. 버블 정렬의 시간 복잡도가 최선인 경우는 데이터가 이미 정렬되어 있는 경우로 1회전만으로 알고리즘이 종료된다. 이때 i번째 원소는 (n-i)번 비교하므로 전체 비교 횟수는 $\frac{n(n-1)}{2}$이 된다. 정렬이 이미 되어 있기 때문에 자리 교환은 발생하지 않는다. 버블 정렬이 최악인 경우는 데이터가 역순으로 정렬되어 있는 경우이다. 비교 횟수는 최선인 경우와 같이 i번째 원소는 (n-i)번 비교하므로 전체 비교 횟수는 $\frac{n(n-1)}{2}$이 된다. 그러나 비교할 때마다 자리교환이 발생하므로 i번째 원소는 (n-i)번 교환하므로 전체 교환 횟수는 $\frac{n(n-1)}{2}$이 된다. 따라서 평균적인 시간 복잡도는 $O(n^2)$이 된다. 버블 정렬은 매우 단순하지만 정렬할 데이터가 많은 경우에는 수행시간이 많이 걸린다는 단점이 있다.

> **더 알아두기**
>
> **버블 정렬**
> 버블 정렬은 리스트의 왼쪽 끝에서 시작하여 오른쪽 끝까지 비교와 교환을 진행한다. 만약 전체 데이터의 개수가 n이면 최대 (n-1)회전을 수행해야 하지만 어느 회전에서든 데이터의 위치 교환이 발생하지 않으면 주어진 리스트는 완전히 정렬되었음을 의미한다. 따라서 알고리즘에서 데이터의 위치 교환이 발생하는지 여부를 나타내는 특정한 플래그(flag)를 설정하면 이 플래그로 정렬의 완료 여부를 알 수 있게 되어 비교 연산의 횟수를 줄일 수 있다. 리스트를 한번 버블 정렬하여 1회전이 완료되면 오른쪽 끝에는 가장 큰 데이터가 위치하게 된다. 따라서 전체 데이터들은 오른쪽의 정렬된 부분과 왼쪽의 정렬이 안 된 부분으로 나누어진다. 이러한 정렬 과정은 더 이상 교환이 일어나지 않을 때까지 수행된다.

5 2원 합병 정렬

2원 합병 정렬(2-way merge sort)은 하나의 리스트를 두 개의 균등한 크기로 반복해서 분할한 뒤 분할된 부분 리스트를 정렬한 다음 두 리스트를 합하여 전체가 정렬된 리스트를 만드는 방법이다. 분할 과정을 거쳐 두 개로 분할된 부분 리스트를 각각 정렬하고 완전히 정렬된 서로 다른 두 개의 부분 리스트를 합병하여 완전히 정렬된 한 개의 리스트로 만드는 것이라고 할 수 있다. 두 개의 정렬된 부분 리스트를 하나로 합병하기 위해서는 먼저 각 부분 리스트에서 맨 앞의 데이터 하나를 가져다 서로 비교하여 작은 데이터를 새로운 리스트에 이동시킨다. 그런 다음 작은 데이터 뒤에 위치한 데이터와 다른 부분 리스트의 데이터를 비교한 다음 새로운 리스트에 이동시키는 과정을 반복한다. 합병 정렬은 두 개의 정렬된 부분 리스트를 합병하여 하나의 리스트로 만드는 2원 합병 정렬과 n개의 정렬된 부분 리스트를 합병하여 하나의 리스트로 만드는 n원 합병 정렬이 있다. 2원 합병 정렬은 다음과 같은 세 가지 동작을 반복 수행하면서 정렬한다.

> ① 분할(divide) : 입력 데이터를 같은 크기의 부분 리스트 두 개로 분할한다.
> ② 정복(conquer) : 부분 리스트의 데이터들을 정렬한다.
> ③ 결합(combine) : 정렬된 부분 리스트들을 하나의 리스트로 통합한다.

다음과 같이 정렬되지 않은 8개의 데이터가 저장된 배열이 있을 때 합병 정렬이 수행되는 과정을 살펴보자.

| 69 | 10 | 30 | 2 | 16 | 8 | 31 | 22 |

(1) 먼저 분할 단계이다.

전체 데이터가 있는 리스트에 대해서 최소 원소의 부분 리스트가 될 때까지 분할 작업을 반복한다. [그림 7-10]과 같이 분할 과정을 반복하다 보면 마지막에는 최소 원소인 한 개의 데이터를 가진 부분 리스트 8개가 만들어진다.

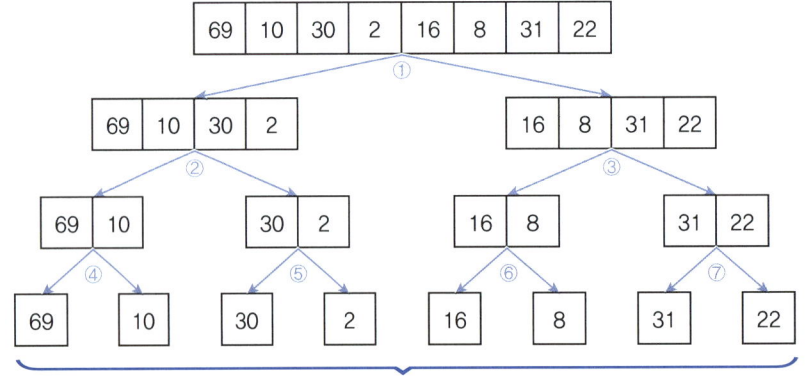

[그림 7-10] 분할하는 과정

(2) 다음으로는 정복과 결합 단계이다.

원소가 하나씩만 존재하는 부분 리스트 8개를 두 개씩 정렬하여 하나로 합병한다. 그런 다음 또 다시 부분 리스트 두 개씩을 정렬하여 하나로 합병한다. 이러한 과정을 반복해가면 마지막에는 전체 데이터가 하나의 리스트로 묶이게 된다.

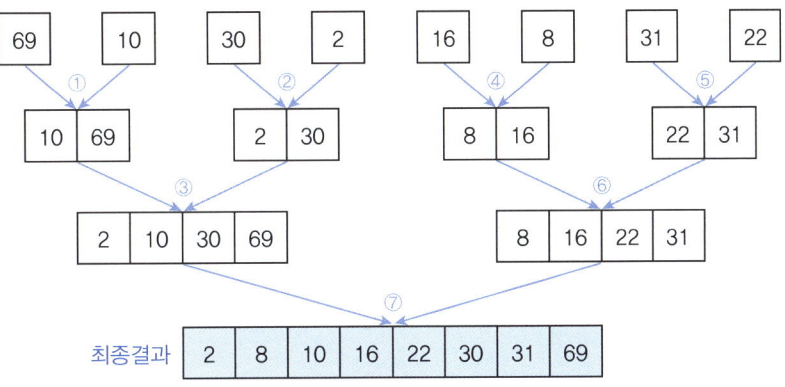

[그림 7-11] 합병하는 과정

> **더 알아두기**
>
> **8개의 데이터로 구성된 리스트의 2원 합병 정렬 방법**
> ① 전체 데이터가 있는 리스트를 최소 원소의 부분 리스트가 될 때까지 분할(한 개의 데이터를 가진 부분 리스트 8개로 분할함)
> ② 이들을 두 개씩 합병
> ③ 다시 두 개씩 합병하는 방법을 반복
> ④ 마지막으로 한 개의 리스트로 합병함으로써 정렬이 완료됨

2원 합병 정렬 알고리즘은 다음과 같다.

```
merge_sort(A[ ], m, n)
{
    if (A[m:n]의 원소수 > 1) then {
        전체 데이터를 부분 리스트 2개로 분할;
        merge_sort(A[ ], m, middle);
        merge_sort(A[ ], middle + 1, n);
        merge(A[m : middle], A[middle + 1 : n]);
    }
}
```

merge_sort( )는 배열 A[ ]를 두 개의 부분 리스트인 배열 A[m : middle]과 A[middle + 1 : n]으로 분할하고 각 부분 리스트에 대해 다시 merge_sort( )를 순환 호출하여 계속해서 두 개로 분할하는 작업을 반복한다. 분할 작업은 부분 리스트의 원소가 한 개가 될 때까지 계속한다. 리스트가 부분 리스트로 나누어지는 단계에서는 비교나 교환 연산이 수행되지 않는다. 부분 리스트가 합쳐지는 merge( ) 함수에서 비교와 교환 연산이 수행된다. 부분 리스트의 합병 알고리즘은 다음과 같다.

```
merge(A[m : middle], A[middle + 1 : n])
{
    j = m;
    j = middle + 1;
    k = m;

    while (i <= middle && j <= n) {
        if (A[i] <= A[j]) then {
            sorted[k] = A[i];
            i = i + 1;
        }
        else {
            sorted[k] = A[j];
            j = j + 1;
        }
        k = k + 1;
    }
    if (i > middle) then
        두 번째 부분 리스트에 남아있는 데이터를 합병 리스트 sorted에 복사;
    else
        첫 번째 부분 리스트에 남아있는 데이터를 합병 리스트 sorted에 복사;
}
```

분할 작업이 완료되면 merge( ) 함수에서는 두 개의 부분 리스트를 정렬하면서 합병한다. 이처럼 정렬하면서 합병하는 작업은 전체 데이터가 하나의 리스트로 합해질 때까지 반복한다. 합병 정렬은 각 단계에서 새로 합병하여 만든 부분 리스트를 저장할 sorted[ ] 공간이 추가로 필요하기 때문에 **정렬할 원소 n에 대해서 2 × n개의 메모리 공간을 사용**한다.

[그림 7-12]는 두 개의 정렬된 부분 리스트를 하나로 합병하는 과정을 보여준다. 정렬된 두 개의 배열 A와 B의 데이터를 하나씩 비교하면서 최종적으로 배열 C로 합병해 가는 과정이다.

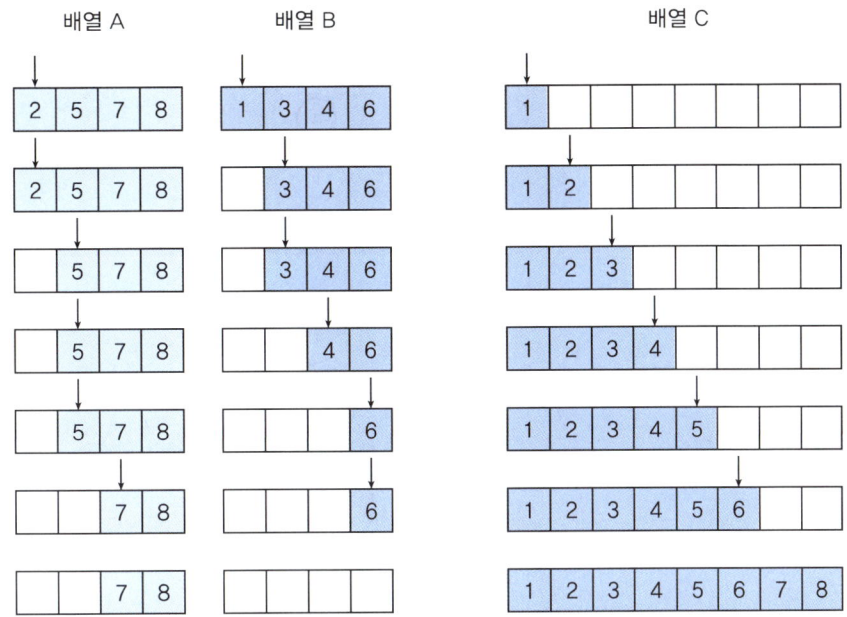

[그림 7-12] 2개의 정렬된 부분 리스트를 하나로 합병하는 과정

합병 정렬은 작은 단위부터 정렬해서 정렬된 단위들을 계속 병합해가면서 정렬하는 방식이다. 합병 정렬은 순환 호출 구조로 되어 있다. 따라서 순환 호출의 깊이만큼 합병 단계가 필요하다. n개의 데이터를 두 개로 분할하기 위해서 $\log_2 n$번 단계를 수행하고 부분 리스트의 데이터를 비교하면서 합병하는 단계에서 최대 n번의 비교 연산을 수행하므로 **전체 합병 정렬의 시간 복잡도는** $O(n\log_2 n)$이 된다. 합병 정렬은 입력 데이터의 상태와 상관없이 최악이나 평균이나 최선의 경우에도 모두 같은 시간에 정렬된다는 특징이 있다. 안정성이 있으며 상당히 좋은 성능을 나타낸다.

6 힙 정렬

힙 정렬(heap sort)은 제5장에서 살펴본 힙이라는 특수한 자료구조를 사용하는 정렬 알고리즘이다. 따라서 힙 정렬을 하기 위해서는 힙의 특징에 대해 이해해야 한다. 힙 구조는 완전 이진 트리로써 여러 값들 중에서 가장 큰 값이나 가장 작은 값을 빠르게 찾아낼 수 있도록 고안된 자료구조이다. 힙 트리의 노드는 유일한 킷값을 가지며 우선 순위 큐라고도 한다.

힙의 종류에는 최대 힙(max heap)와 최소 힙(min heap)가 있다. 최대 힙은 부모 노드의 킷값이 자식 노드의 킷값보다 항상 크거나 같은 크기 관계의 힙이다. 따라서 루트 노드에는 킷값이 가장 큰 노드가 위치하게 된다. 최소 힙은 부모 노드의 킷값이 자식 노드의 킷값보다 항상 작거나 같은 크기 관계의 힙이다. 따라서 루트 노드에는 킷값이 가장 작은 노드가 위치하게 된다. 힙가 되기 위해서는 [그림 7-13]과 같이 완전 이진 트리가 되어야 하고 최대 힙이나 최소 힙의 조건이 유지되어야 한다.

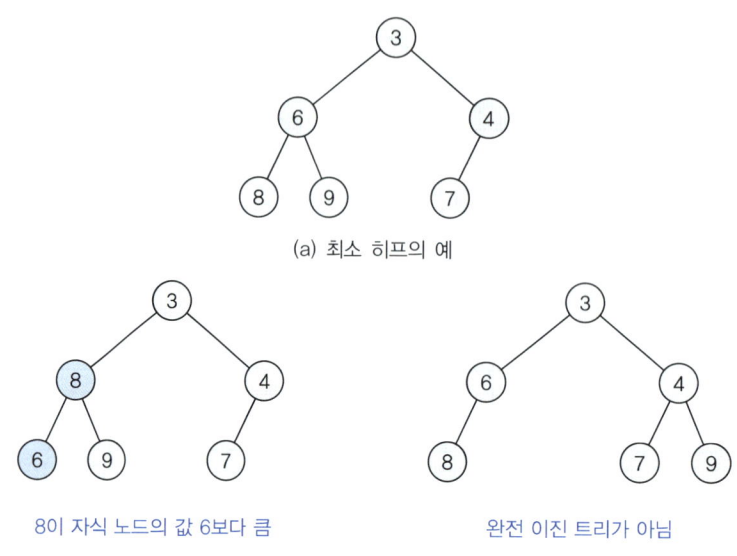

[그림 7-13] 최소 힙의 예와 아닌 예

힙 트리는 다음의 성질을 만족하는 이진 트리이며 최대 힙의 정의는 다음과 같다.

> **최대 힙의 정의**
> - 힙 트리는 완전 이진 트리이다.
> - 루트의 킷값은 서브 트리의 노드의 킷값보다 크거나 같다.
> - 왼쪽 서브 트리와 오른쪽 서브 트리 또한 힙 트리이다.

힙에서 삭제 연산은 항상 루트 노드를 삭제하여 수행된다. 만약 삭제 연산이 한번 수행되어 루트 노드가 삭제되었다면 나머지 노드들이 다시 힙의 성질을 만족해야 하므로 힙을 재구성하는 과정이 필요하다. 최대 힙에서의 삭제 연산은 최대값을 가진 요소인 루트 노드를 삭제하여 수행된다. 따라서 정렬하고자 하는 데이터들이 있다면 이 데이터들을 먼저 최대 힙으로 만든 후 최대 힙에서 하나씩 삭제 연산을 하면 가장 큰 데이터부터 순서대로 나오기 때문에 내림차순으로 정렬된다. 마찬가지로 최소 힙에서의 삭제 연산은 최소값을 가진 요소인 루트 노드를 삭제하여 수행되므로 노드의 개수만큼 삭제 연산을 반복하게 되면 최소 힙을 구성하는 데이터들이 오름차순으로 정렬된다. 이와 같이 정렬하고자 하는 데이터들이 있을 때 모든 데이터들을 힙에 삽입하여 힙을 완성한 후 하나씩 삭제하면 정렬된 순서대로 데이터들이 빠져나오게 되는데 이것이 힙 정렬이다.

> **더 알아두기**
> 힙은 배열을 이용해서 표현할 수 있다. 힙 정렬은 먼저 주어진 배열을 최대 힙으로 만든 다음 힙에서 가장 큰 값을 차례로 하나씩 제거하면서 힙의 크기를 줄여나가면 된다. 나중에 힙에 아무 원소도 남지 않으면 힙 정렬이 끝나게 되고 힙에서 정렬은 원소들이 제거된 순서가 된다.

히프 정렬은 다음과 같은 과정이 필요하다.

> ① 주어진 데이터들로 구성하는 트리를 히프로 만드는 과정
> ② 히프에서 루트 노드를 제거하고 나서 나머지를 히프로 재구성하는 과정을 반복

히프 트리는 어떤 노드의 부모가 그 노드보다 크고 자식 노드는 더 작은 성질을 만족하는 완전 이진 트리이다.

(1) 예를 들어, 입력 데이터의 킷값이 28, 7, 79, 3, 64, 15, 58로 구성된 [그림 7-14]의 (a) 이진 트리를 (b) 히프 트리로 만드는 과정을 설명하면 다음과 같다.

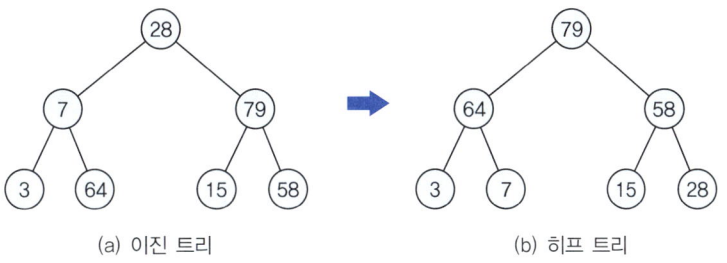

[그림 7-14] 히프 트리의 생성

① 노드 7과 노드 64를 교환하여 서브 트리의 루트 노드가 자식 노드의 킷값보다 큰 값을 갖도록 한다.

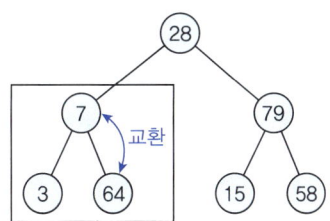

② 루트 노드 28과 오른쪽 자식 노드 79를 교환하여 루트 노드의 킷값이 큰 값이 되도록 한다.

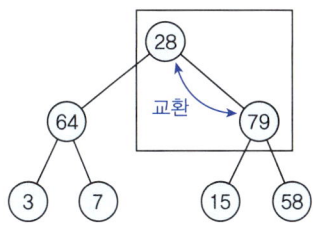

③ 오른쪽 서브 트리의 루트 노드 28과 오른쪽 자식 노드 58을 교환하여 루트 노드의 킷값이 큰 값이 되도록 한다.

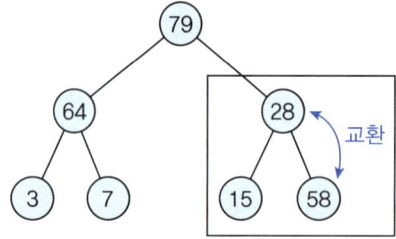

④ 균형이 있는 완전 이진 트리의 히프 트리가 만들어졌다.

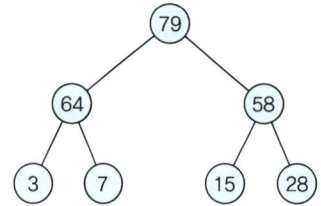

히프 트리가 생성되면 이제 히프 정렬이 수행된다. 히프 정렬 과정은 다음과 같다.

① 히프에서 루트 노드의 킷값을 출력한다.
② 히프의 마지막 노드를 루트 노드로 가정하여 나머지 노드들로 새로운 히프를 만든다.
③ 새로 만들어진 히프 트리의 루트 노드를 출력하고 앞에서 만든 히프의 마지막 노드를 루트 노드로 가정하여 새로운 히프를 만드는 과정을 반복한다.
④ ③의 과정을 모든 노드가 제거될 때까지 반복한다.

(2) 예를 들어, 정렬되지 않은 69, 10, 30, 2, 16, 8, 31, 22의 자료들을 히프 정렬로 정렬하는 과정은 다음과 같다.

① 정렬할 데이터에 대해 [그림 7-14]와 같이 히프 트리로 만드는 과정을 통해 최대 히프를 생성한다.

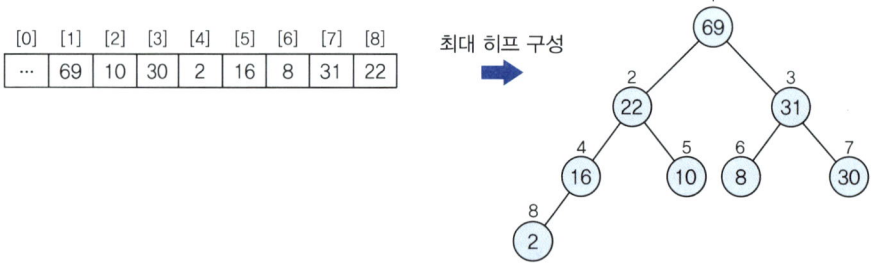

② 히프 트리에서 루트 노드 69를 삭제하여 배열의 마지막 자리에 저장한다. 이제 나머지 노드들이 최대 히프가 되도록 재구성한다. 원소를 삭제하고 히프를 재구성하는 작업은 제5장 제8절 히프 단원을 참고하기 바란다.

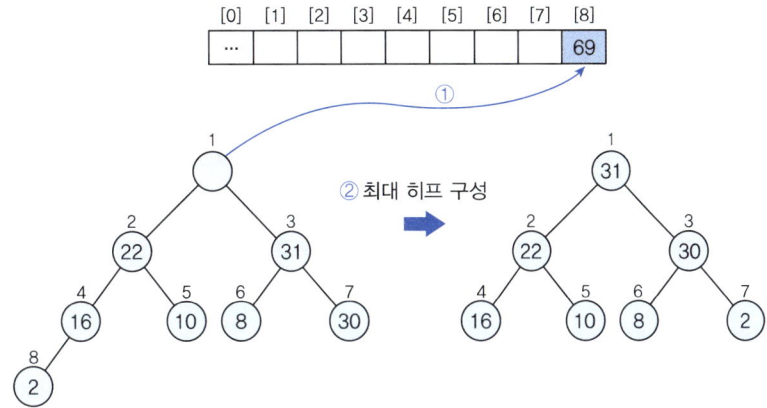

③ 새로 구성된 히프 트리에서 루트 노드 31을 삭제하여 배열의 비어 있는 마지막 자리에 저장한다. 다시 나머지 노드들이 최대 히프가 되도록 재구성한다.

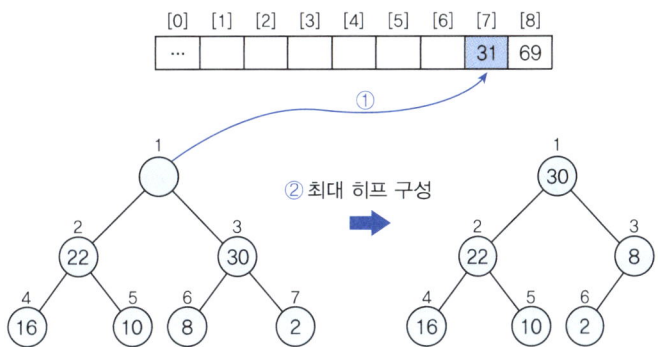

④ 새로 구성된 히프 트리에서 루트 노드 30을 삭제하여 배열의 비어 있는 마지막 자리에 저장한다. 다시 나머지 노드들이 최대 히프가 되도록 재구성한다.

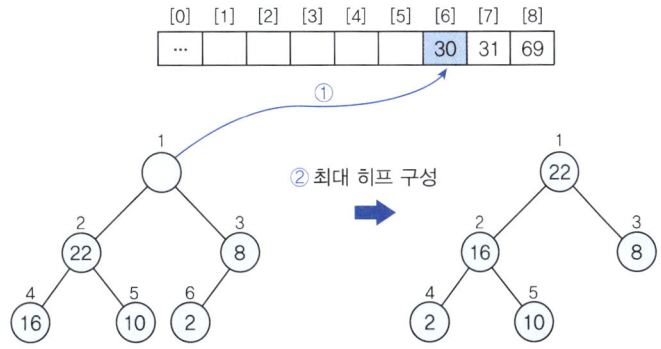

⑤ 같은 방법으로 히프 트리에서 루트 노드 22를 삭제하여 배열의 비어 있는 마지막 자리에 저장한다. 나머지 노드들이 최대 히프가 되도록 재구성한다.

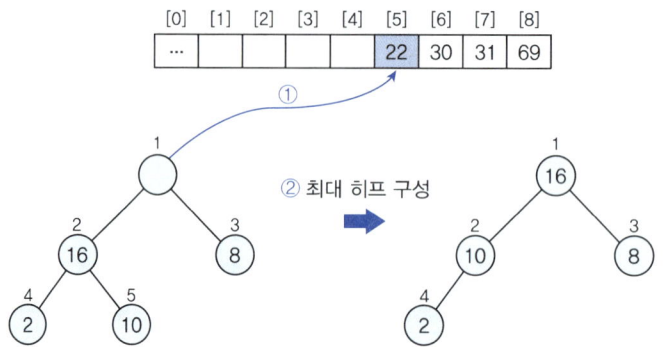

⑥ 같은 방법으로 히프 트리에서 루트 노드 16을 삭제하여 배열의 비어 있는 마지막 자리에 저장한다. 나머지 노드들이 최대 히프가 되도록 재구성한다.

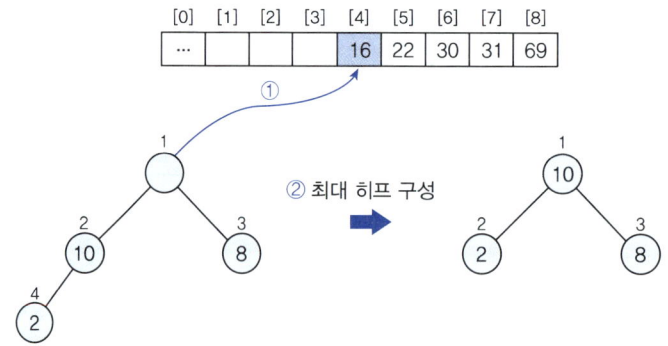

⑦ 히프 트리에서 루트 노드 10을 삭제하여 배열의 비어 있는 마지막 자리에 저장한다. 나머지 노드들이 최대 히프가 되도록 재구성한다.

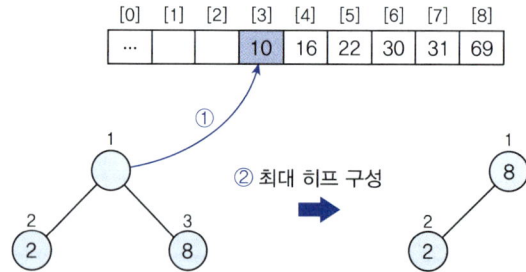

⑧ 히프 트리에서 루트 노드 8을 삭제하여 배열의 비어 있는 마지막 자리에 저장한다. 나머지 노드들이 최대 히프가 되도록 재구성한다.

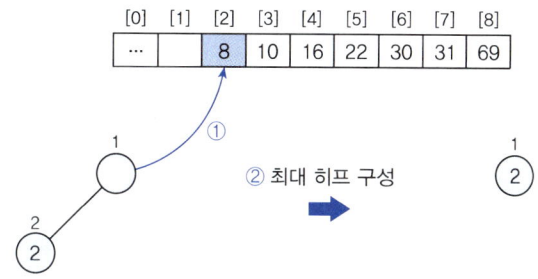

⑨ 히프 트리에서 루트 노드 2를 삭제하여 배열의 비어 있는 마지막 자리에 저장한다. 나머지 노드들이 존재하지 않는 공백 히프이므로 히프 정렬을 종료한다.

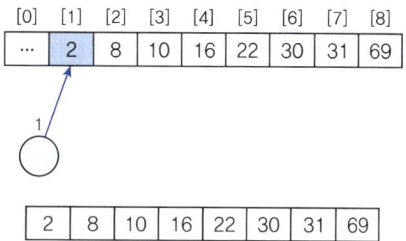

크기가 n인 배열 A[ ]의 원소를 히프 정렬하는 알고리즘은 다음과 같다.

```
heap_sort(A[ ])
{
    n = A. length - 1;    /* n은 히프 크기(원소의 수) */
    for(i = n / 2; i >= 1; i = i - 1)   /* 배열 A를 히프로 변환 */
        make_heap(A, i, n);
    for(i = n - 1; i >= 1; i = i - 1)  { /* 배열 A를 오름차순으로 정렬 */
        temp = A[1];       /* A[1]은 제일 큰 원소 */
        A[1] = A[i + 1];   /* A[1]과 A[i + 1]을 교환 */
        A[i + 1] = temp;
        make_heap(A, 1, i);
    }
}
```

히프를 재구성하는 알고리즘은 다음과 같다.

```
make_heap(A[ ], h, m)
{
    for (j = 2 * h; j <= m; j = 2 * j) {
        if (j < m) then
            if (A[j] < A[j + 1]) then j = j + 1;
        if (A[h] >= A[j]) then exit;
        else A[j / 2] = A[j];
    }
    A[j / 2] = A[h];
}
```

히프 트리는 완전 이진 트리이므로 전체 높이는 거의 $\log_2 n$이다. 따라서 하나의 데이터를 히프에 삽입하거나 삭제할 때 히프를 재구성하는 시간이 $\log_2 n$만큼 소요된다. 데이터의 개수가 n개이면 전체적으로 $O(n \log_2 n)$의 시간이 걸린다. 따라서 히프 정렬의 시간 복잡도는 $O(n \log_2 n)$이 된다. 히프 정렬은 수행 시간이 빠르다. 히프 정렬은 전체 데이터를 정렬하는 것이 아니라 일부 데이터만 정렬해야 할 경우에 유용하다.

7 선택 정렬

선택 정렬(selection sort)은 전체 데이터들 중에서 기준 위치에 맞는 데이터를 선택하여 자리를 교환하는 방식으로 정렬한다. 선택 정렬은 정렬되지 않은 데이터들에 대해 오름차순으로 정렬하고자 한다면 가장 작은 데이터를 찾아 가장 앞의 데이터와 교환해나가는 방법을 반복하면 된다. 삽입 정렬은 데이터의 이동 연산이 빈번하게 일어남으로 인해 수행 시간의 오버헤드를 초래하게 된다. 선택 정렬은 이러한 데이터의 이동을 최소화하여 정렬하는 방법이다. 선택 정렬은 실제로 많이 사용되는 쉬운 정렬 방식이다. 선택 정렬 방법은 다음과 같다.

> ① 전체 데이터 중에서 가장 작은 데이터를 찾아서 선택하여 첫 번째 위치와 자리를 교환한다.
> ② 그다음 두 번째로 작은 데이터를 찾아 선택하여 두 번째 위치와 자리를 교환한다.
> ③ 그다음에는 세 번째로 작은 데이터를 찾아서 선택하여 세 번째 위치와 자리를 교환한다.
> ④ 이 과정을 반복하면서 정렬을 완성한다.

선택 정렬은 n개의 데이터 중에서 최솟값을 찾아 첫 번째 위치에 놓고 나머지 (n − 1)개 중에서 다시 최솟값을 찾아 두 번째 위치에 놓는 방식을 반복하여 정렬하는 방식이다.

다음과 같이 데이터가 저장된 배열이 있을 때 선택 정렬이 수행되는 과정을 살펴보자.

| 40 | 70 | 60 | 30 | 10 | 50 |

(1) 첫 번째 위치를 기준 위치로 정하고 전체 데이터들 중 가장 작은 최솟값인 10을 선택한 후 기준 위치에 있는 40과 교환한다.

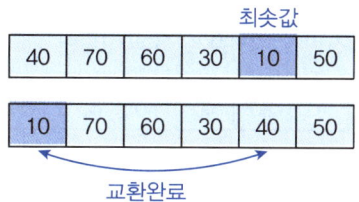

(2) 두 번째 위치를 기준 위치로 정하고 맨 왼쪽의 10을 제외한 나머지 데이터들 중 가장 작은 최솟값인 30을 선택한 후 기준 위치에 있는 70과 교환한다.

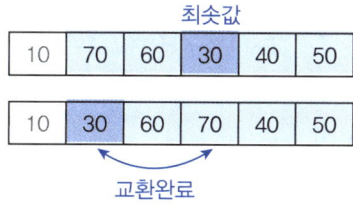

(3) 세 번째 위치를 기준 위치로 정하고 맨 왼쪽의 두 수를 제외한 나머지 데이터들 중 가장 작은 최솟값인 40을 선택한 후 기준 위치에 있는 60과 교환한다.

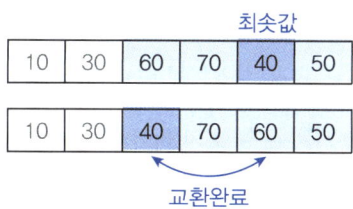

(4) 네 번째 위치를 기준 위치로 정하고 나머지 데이터들 중 가장 작은 최솟값인 50을 선택한 후 기준 위치에 있는 70과 교환한다.

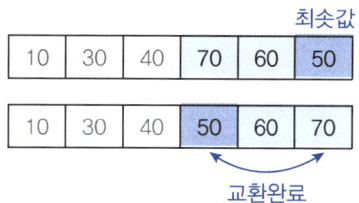

(5) 다섯 번째 위치를 기준 위치로 정하고 나머지 데이터들 중 가장 작은 최솟값인 60을 선택한 후 기준 위치에 있는 60과 교환한다. 이 경우 실제적인 자리 이동은 발생하지 않으며 60은 원래 있던 제자리에 위치하게 된다.

				최솟값	
10	30	40	50	60	70

(6) 마지막에 남은 데이터 70은 제자리에 위치하게 되고 정렬이 완료되었으므로 실행을 종료한다.

10	30	40	50	60	70

선택 정렬 알고리즘은 다음과 같다.

```
selection_sort(A[ ], n)
{
    for (i = 1; i < n; i = i + 1) {
        A[i], ..., A[n - 1] 중에서 가장 작은 원소 A[k]를 선택해 A[i]와 교환한다.
    }
}
```

선택 정렬은 1단계에서 첫 번째 데이터를 기준으로 전체 데이터 n개의 데이터를 비교한다. 2단계에서는 둘째 데이터를 기준으로 마지막 원소까지 n - 1개 데이터를 비교한다. 3단계에서는 세 번째 데이터를 기준으로 n - 2개 데이터를 비교한다. 나머지도 같은 과정으로 데이터를 비교하게 되는데 I단계에서는 I번째 데이터를 기준으로 n - i개 데이터를 비교한다. 데이터 n개를 선택 정렬하기 위해서는 (n - 1)번 정렬이 수행된다. 따라서 전체 비교 횟수는 (n - 1) + (n - 2) + ⋯ + 2 + 1 = $\frac{n(n-1)}{2}$ 이 된다.

즉, 선택 정렬은 데이터의 개수가 n일 때 총 $\frac{n(n-1)}{2}$ 번의 데이터 비교가 필요하다. 선택 정렬은 이미 정렬되어 있는 데이터라고 하더라도 총 $\frac{n(n-1)}{2}$ 회의 데이터 비교가 필요하다. 따라서 선택 정렬의 시간 복잡도는 $O(n^2)$이 된다. 선택 정렬은 입력이 거의 정렬되어 있든지, 역순으로 정렬되어 있든지, 랜덤하게 되어 있든지를 구분하지 않고 항상 일정한 시간 복잡도를 나타낸다. 즉, 입력에 민감하지 않은 알고리즘이다. 선택 정렬은 정렬을 위한 비교 횟수는 많으나 교환 횟수는 상당히 적다는 것이 장점이다. 따라서 교환이 많이 이루어져야 하는 자료 상태에서 가장 효율적으로 적용될 수 있는 정렬 방식이다.

> **더 알아두기**
>
> 선택 정렬은 주어진 데이터에서 가장 큰 값을 찾은 후 그 값을 맨 오른쪽 원소와 교환하는 방식으로 정렬할 수도 있다. 이런 경우 선택 정렬하는 과정은 다음과 같다.
>
> > ① 배열에서 가장 큰 값을 찾는다.
> > ② 그 값을 배열의 마지막 원소인 A[n – 1]의 값과 서로 교환한다.
> > ③ A[n – 1]을 제외한 나머지 값들 중에서 가장 큰 값을 찾는다.
> > ④ 그 값을 A[n – 2]의 값과 서로 교환한다.
> > ⑤ 같은 과정을 정렬이 완성될 때까지 반복한다.
>
> 예를 들어, 다음과 같은 데이터가 있을 때 위와 같은 방법으로 선택 정렬하는 과정을 살펴보자.
>
> | 8 | 31 | 48 | 73 | 3 | 65 | 20 | 29 | 11 | 15 |
> |---|----|----|----|---|----|----|----|----|----|
>
> ① 가장 큰 수인 73을 찾는다.
>
>
>
> ② 73을 맨 오른쪽 수인 15와 자리를 바꾼다.
>
>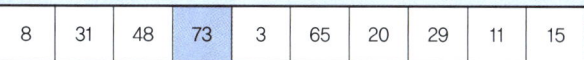
>
> ③ 맨 오른쪽 수를 제외한 나머지에서 가장 큰 수인 65를 찾는다.
>
>
>
> ④ 65를 맨 오른쪽 수인 11과 자리를 바꾼다.
>
>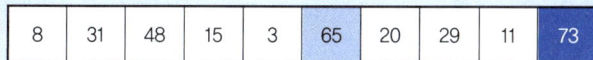
>
> ⑤ 맨 오른쪽 두수를 제외한 나머지에서 가장 큰 수인 48을 찾는다. 나머지에 대해서도 이와 같은 과정을 반복한다.
>
>
>
> ...
>
> | 8 | 3 | 11 | 15 | 20 | 29 | 31 | 48 | 65 | 73 |
> |---|---|----|----|----|----|----|----|----|----|
>
> ⑥ 정렬이 완료된 최종 배열은 다음과 같다.
>
> | 3 | 8 | 11 | 15 | 20 | 29 | 31 | 48 | 65 | 73 |
> |---|---|----|----|----|----|----|----|----|----|

8 기수 정렬

기수 정렬(radix sort)은 제한적인 범위 내에 있는 숫자에 대해서 각 자릿수별로 정렬하는 알고리즘이다. 기수 정렬은 비교 정렬이 아니며 숫자를 각 자릿수에 대해 부분적으로 비교하는 정렬 방법이다. 입력이 모두 k 자릿수 이하의 자연수인 특수한 경우에 사용할 수 있는 방법이다. 기수 정렬은 원소의 킷값을 나타내는 기수를 이용한 정렬 방법이다. 기수(radix)란 숫자의 자릿수이며 특정 진수를 나타내는 숫자들이다. 예를 들어, 328은 $3 \times 10^2 + 2 \times 10^1 + 8 \times 10^0$으로 표현할 수 있는데 이 경우 10을 기수라고 한다. 이와 같이 10진법의 기수는 10이 되고 2진법의 기수는 2가 되고 8진법의 기수는 8이 된다. 기수 정렬은 이러한 자릿수의 값에 따라서 정렬하기 때문에 기수 정렬이라고 불린다. 기수 정렬은 **정렬할 원소의 킷값에 해당하는 버킷(bucket)에 원소를 분배하였다가 버킷의 순서대로 원소를 꺼내는 방법**을 반복하면서 정렬한다. 따라서 원소의 키를 표현하는 기수만큼의 버킷이 사용된다.

기수 정렬을 수행하는 과정을 정리하면 다음과 같다.

> ① 먼저 정렬하고자 하는 숫자들을 가장 낮은 자릿수만 가지고 모든 수를 재배열(정렬)한다.
> ② 그런 다음 가장 낮은 자릿수는 제외하고 나머지 자릿수에 대해 다시 앞과 같이 반복한다.
> ③ 더 이상 자릿수가 남지 않을 때까지 계속하면 마지막에는 정렬된 배열을 갖게 된다.

기수 정렬은 데이터의 자릿수에 따라 여러 단계를 거쳐 정렬한다. 기수 정렬은 최하위 자릿수에서 시작하여 최상위 자릿수까지 각각의 자릿수 단계별로 각 버킷에 분배하여 정렬하는 방법이다. 따라서 기수 정렬의 단계 수는 데이터의 자릿수의 개수와 같다. 기수 정렬은 버킷 정렬(bucket sort)이라고도 한다. 예를 들어, 정렬되지 않은 데이터 123, 2154, 222, 4, 283, 1560, 1061, 2150이 있을 때 기수 정렬이 수행되는 과정을 살펴보자. 기수 정렬을 하기 위해서는 [그림 7-15]와 같이 먼저 1의 자리에 맞춰 데이터들을 버킷에 분배하고 순서대로 정렬한다. 1의 자릿수로 정렬이 완료되면 데이터는 1560, 2150, 1061, 222, 123, 283, 2154, 4 순서로 정렬된다.

> **더 알아두기**
>
> 기수 정렬은 어떤 자릿수에서 값이 같은 데이터가 여러 개 있을 경우 정렬 후에도 원래의 순서가 바뀌지 않는 안정성(stability)이 반드시 유지되어야 한다. 예를 들어, [그림 7-15]에서 1의 자리가 0인 숫자는 1560과 2150이 있는데 1의 자리에 대해 정렬할 때 1560이 반드시 2150보다 위에 위치해야 한다. 따라서 기수 정렬은 안정 정렬(stable sort)이다.
>
> **안정 정렬**
> 동일한 값에 대해 기존의 순서가 유지되는 정렬 방식
>
> **불안정 정렬**
> 동일한 값에 대해 기존의 순서가 유지되지 않고 뒤바뀔 수 있는 정렬 방식

1의 자릿수로 정렬이 완료된 후에는 10의 자리에 맞춰 데이터들을 버킷에 분배하고 순서대로 정렬한다. 10의 자릿수로 정렬이 완료되면 데이터는 4, 222, 123, 2150, 2154, 1560, 1061, 283 순서로 정렬된다. 그 다음에

는 100의 자릿수에 맞춰 정렬하고 마지막으로 1000의 자릿수에 맞춰 정렬하면 최종적으로 기수 정렬이 완료된다. 따라서 정렬된 결과는 4, 123, 222, 283, 1061, 1560, 2150, 2154가 된다.

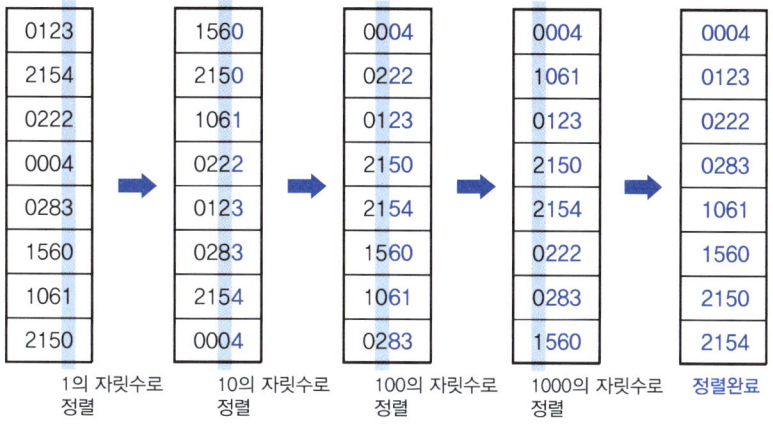

[그림 7-15] 기수 정렬의 예

> **더 알아두기**
>
> **기수 정렬**
> - 킷값의 자리 수만큼 기수 정렬을 반복
> - 킷값의 1의 자리에 대해서 기수 정렬을 수행하고, 다음 단계에서는 킷값의 10의 자리에 대해서, 그리고 그다음 단계에서는 100의 자리에 대해서 기수 정렬을 수행
> - 한 단계가 끝날 때마다 버킷에 분배된 원소들을 버킷의 순서대로 꺼내서 다음 단계의 기수 정렬을 수행해야 하므로 큐를 사용하여 버킷을 만듦
> - 10진수로 표현된 킷값을 가진 원소들을 정렬할 때에는 0부터 9까지 10개의 버킷 사용
>
>

기수 정렬 알고리즘은 다음과 같다.

```
radix_sort(A[], n)
{
   for (k = 1; k <= n; k = k + 1) {
      for (i = 0; i < n; i = i + 1) {
         enqueue(Q[k], A[i]);
      }
      p = -1;
      for (i = 0; i <= 9; i <= i + 1) {
         while (Q[i] != NULL) {
            p = p + 1;
            A[p] = dequeue(Q[i]);
         }
      }
   }
}
```

기수 정렬은 킷값의 기수가 n이면 n개의 빈 버킷이 필요하다. 즉, 정렬하려는 데이터의 개수 이외에 버킷에 대한 메모리 공간이 추가로 필요하다. 기수 정렬의 연산 시간은 정렬할 데이터의 수 n과 킷값의 자릿수 d와 버킷의 수를 결정하는 기수 r에 따라서 달라진다. 정렬할 데이터 n개를 r개의 버킷에 분배하는 작업은 (n + r)이고 이 작업을 자릿수 d만큼 반복해야 하므로 수행할 전체 작업은 d(n + r)이 된다. 따라서 시간 복잡도는 O(d(n + r))이 된다. 기수 정렬의 가장 큰 장점은 어느 비교 정렬 알고리즘 보다 빠르다는 점이다. 기수 정렬은 인터넷 주소, 계좌 번호, 날짜, 주민등록번호 등을 정렬할 때 매우 효과적이다. 즉, 정수와 같은 자료의 정렬 속도가 매우 빠르다. 그러나 기수 정렬은 정렬 대상이 되는 데이터 종류가 한정되어 있으므로 범용 정렬 알고리즘이 될 수 없다. 예를 들면 부동소수점 실수처럼 특수한 비교 연산이 필요한 데이터에는 적용할 수 없고 문자열의 경우도 문자열의 길이가 유동적이면 효율이 나빠진다.

지금까지 살펴본 여러 정렬 방법들의 성능을 비교해 보면 [표 7-2]와 같다. 어떤 문제를 해결하기 위한 가장 좋은 알고리즘은 데이터의 크기나 소요 공간, 킷값의 분포 상태 등에 따라 달라질 수 있다. 따라서 다양한 정렬 알고리즘의 특징을 이해하고 적절한 정렬 방법을 사용할 수 있어야 한다.

[표 7-2] 정렬 방법의 성능 비교

알고리즘	최선의 경우	평균적인 경우	최악의 경우
삽입 정렬	$O(n)$	$O(n^2)$	$O(n^2)$
쉘 정렬	$O(n)$	$O(n^{1.5})$	$O(n^{1.5})$
퀵 정렬	$O(n\log_2 n)$	$O(n\log_2 n)$	$O(n^2)$
버블 정렬	$O(n^2)$	$O(n^2)$	$O(n^2)$
2원 합병 정렬	$O(n\log_2 n)$	$O(n\log_2 n)$	$O(n\log_2 n)$
힙 정렬	$O(n\log_2 n)$	$O(n\log_2 n)$	$O(n\log_2 n)$
선택 정렬	$O(n^2)$	$O(n^2)$	$O(n^2)$
기수 정렬	$O(d(n+r))$	$O(d(n+r))$	$O(d(n+r))$

9 외부 정렬 기출

많은 양의 데이터들을 저장하기 위해서는 대용량의 저장 공간이 필요하다. 따라서 하드 디스크와 같은 보조 기억 장치에 저장한다. 데이터의 개수가 적은 경우 데이터를 컴퓨터의 주기억 장치에 저장하여 내부 정렬(internal sort)을 이용할 수 있다. 내부 정렬은 정렬 속도가 빠르지만 정렬할 수 있는 데이터의 양이 주기억 장치의 용량에 따라 제한된다. 대량의 데이터들은 내부 정렬을 이용하기에는 한계가 있기 때문에 이런 경우 외부 정렬을 이용한다. 외부 정렬(external sort)은 보조 기억 장치에 있는 대용량의 데이터를 정렬하는 것으로 기본적으로 병합(merge)을 사용하여 정렬을 수행한다. 외부 정렬은 보조 기억 장치에 접근하여 처리해야 하므로 주기억 장치를 접근하는 내부 정렬보다 시간이 오래 걸린다.

예를 들어 정렬해야 할 데이터가 64GB(giga byte)이고 이 데이터들은 보조 기억 장치에 저장되어 있다고 가정해 보자. 만약 주기억 장치의 용량이 1GB인 경우 보조 기억 장치에 저장된 모든 데이터를 주기억 장치에 가져와 정렬할 수가 없다. 따라서 외부 정렬을 이용할 수 있는데 외부 정렬을 하기 위해서는 먼저 보조 기억 장치에 저장된 데이터들 중 주기억 장치가 수용할 수 있는 만큼의 입력인 1GB를 읽어 들인다. 그런 다음 퀵 정렬과 같은 내부 정렬 알고리즘을 사용하여 정렬하고 그 결과를 보조 기억 장치에 다시 저장한다. 이 과정을 여러번 반복하게 되면 원래의 입력 데이터가 64개의 정렬된 블록으로 분할되어 보조 기억 장치에 저장된다. 여기서 정렬된 데이터 블록을 런(run)이라고 한다.

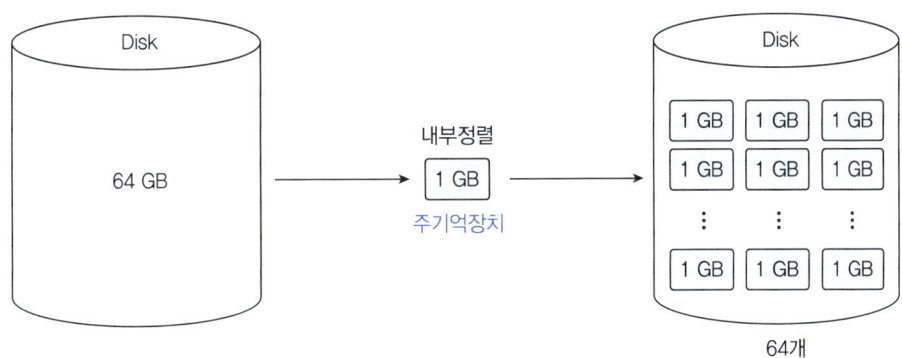

[그림 7-16] 내부 정렬로 만든 64개의 정렬된 블록

그런 다음 정렬된 블록들을 병합하는 과정을 반복하여 전체 크기가 64GB인 하나의 정렬된 블록으로 만든다. 즉, 블록들을 부분적으로 주기억 장치의 입력 버퍼에 읽어 들이고 병합하는 과정을 수행하여 부분적으로 보조 기억 장치에 저장하는 과정을 반복한다. 다음 그림은 1GB 블록들을 부분적으로 k개의 입력 버퍼로 읽어 들여 kGB 크기의 블록을 만드는 과정을 나타낸다.

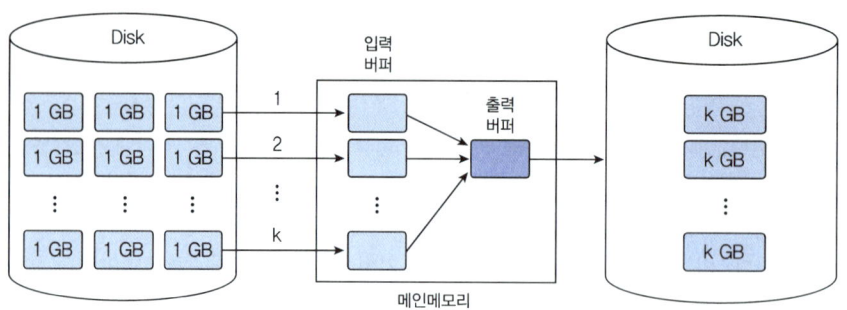

[그림 7-17] k개의 버퍼를 이용한 병합

외부 정렬은 내부 정렬에 비해 속도는 느리지만 대량의 데이터를 정렬할 수 있다는 장점이 있다.

○✕로 점검하자 | 제7장

※ 다음 지문의 내용이 맞으면 ○, 틀리면 ✕를 체크하시오. [1~10]

01 효율적인 탐색을 위해 데이터를 빠르게 탐색할 수 있도록 잘 정리하고 분류하는 것도 중요하다.
(   )

>>> 탐색이란 컴퓨터에 저장한 자료 중에서 원하는 정보를 찾는 작업이다. 따라서 원하는 자료를 빠르게 탐색하기 위해서 자료를 잘 정리하고 분류하는 것도 중요하다.

02 순차 탐색을 하기 위해서는 데이터들이 정렬되어 있어야 한다. (   )

>>> 순차 탐색은 일렬로 나열된 데이터를 처음부터 마지막까지 순서대로 탐색하는 방법이며, 정렬되어 있지 않은 경우에 주로 사용된다. 따라서 순차 탐색을 하기 위해 데이터들이 꼭 정렬되어 있어야 하는 것은 아니다.

03 이진 탐색은 한 번 탐색할 때마다 탐색 대상이 절반으로 줄어든다. (   )

>>> 이진 탐색은 정렬된 데이터 집합을 이분화하면서 탐색하는 방법이다. 가운데 있는 값을 기준으로 왼쪽과 오른쪽 두 부분으로 나누어서 탐색하므로, 한 번 탐색할 때마다 탐색 대상이 절반으로 줄어든다.

04 피보나치 탐색은 이진 탐색보다 더 느리다. (   )

>>> 피보나치 탐색은 비교할 데이터의 위치를 계산할 때 이진 탐색과 같이 나눗셈을 사용하지 않고 나눗셈보다는 실행 시간이 적게 걸리는 덧셈과 뺄셈만을 사용하므로 속도가 더 빠르다.

05 삽입 정렬은 이미 정렬된 파일에 새로운 하나의 레코드를 순서에 맞게 삽입시키는 방법이다.
(   )

>>> 삽입 정렬은 가장 간단한 정렬 알고리즘 중의 하나로서, 새로운 데이터를 정렬된 데이터에 삽입하는 과정을 반복하여 전체 데이터를 정렬하는 방식이다.

06 퀵 정렬은 일정한 간격으로 떨어져 있는 데이터들끼리 부분 리스트를 구성하고 각 부분 리스트에 있는 데이터들에 대해서 삽입 정렬을 수행하는 작업을 반복하면서 전체 데이터들을 정렬하는 방법이다. (   )

>>> 퀵 정렬은 정렬할 전체 데이터에 대해서 정렬을 수행하지 않고 기준키를 중심으로 왼쪽 부분 리스트와 오른쪽 부분 리스트로 분할하여 정렬하는 방법이다.

정답 1 ○ 2 ✕ 3 ○ 4 ✕ 5 ○ 6 ✕

07 버블 정렬의 평균적인 시간 복잡도는 $O(n\log_2 n)$이다. (   )

>>> 버블 정렬은 이웃하는 데이터를 비교하여 작은 데이터를 앞쪽으로 이동시키는 과정을 반복하여 정렬하는 알고리즘이며, 평균적인 시간 복잡도는 $O(n^2)$이다.

08 2원 합병 정렬은 하나의 리스트를 두 개의 균등한 크기로 반복해서 분할한 뒤 분할된 부분 리스트를 정렬한 다음 두 리스트를 합하여 전체가 정렬된 리스트를 만드는 방법이다. (   )

>>> 2원 합병 정렬은 분할 과정을 거쳐 두 개로 분할된 부분 리스트를 각각 정렬하고 완전히 정렬된 서로 다른 두 개의 부분 리스트를 합병하여 완전히 정렬된 한 개의 리스트로 만드는 정렬 방식이다.

09 정렬하고자 하는 데이터들을 히프에 하나씩 삽입하여 히프를 완성한 후 하나씩 삭제하는 방법으로 정렬하는 것을 히프 정렬이라 한다. (   )

>>> 히프 정렬은 히프라는 자료구조를 이용한 정렬이다. 정렬하고자 하는 데이터들을 먼저 최대 히프로 만든 후 최대 히프에서 하나씩 삭제 연산을 하면 가장 큰 데이터부터 순서대로 나오기 때문에 내림차순으로 정렬된다.

10 정렬되지 않은 데이터들에 대해 가장 작은 데이터를 찾아 가장 앞의 데이터와 교환해 나가면 오름차순으로 정렬되는 방법은 기수 정렬이다. (   )

>>> 선택 정렬에 대한 설명이다. 기수 정렬은 제한적인 범위 내에 있는 숫자에 대해서 각 자릿수별로 정렬하는 알고리즘이다. 정렬하고자 하는 숫자를 각 자릿수에 대해 부분적으로 비교하는 정렬 방법이라 할 수 있다.

정답 **7** ✕ **8** ◯ **9** ◯ **10** ✕

제 7 장 | 실전예상문제

01 순차 탐색에 대한 설명으로 잘못된 것은?

① 일렬로 나열된 데이터를 처음부터 마지막까지 순서대로 탐색하는 방법이다.
② 데이터의 양이 많으면 탐색 시간이 증가한다.
③ 시간 복잡도는 $O(\log_2 n)$이다.
④ 찾고자 하는 데이터가 리스트의 앞쪽에 있을수록 빨리 찾을 수 있다.

> **01** 순차 탐색은 찾고자 하는 데이터가 맨 앞에 있으면 비교를 1번만 하고 성공하게 된다. 두 번째에 있으면 2번만 비교하면 되고, k번째 있으면 k번 만큼의 비교가 필요하다. 따라서 시간 복잡도는 $O(n)$이 된다.

02 이진 탐색 알고리즘에 대한 설명이 <u>아닌</u> 것은?

① 탐색 효율이 좋고 탐색 시간이 적게 소요된다.
② 탐색할 데이터가 정렬되어 있어야 한다.
③ 피보나치 수열에 따라 다음에 비교할 대상을 선정하여 검색한다.
④ 비교 횟수를 거듭할 때마다 탐색 대상이 되는 대상 데이터가 절반으로 줄어든다.

> **02** 피보나치 수열에 따라 다음에 비교할 대상을 선정하여 검색하는 방법은 피보나치 탐색이다. 피보나치 탐색은 이진 탐색과 유사한 방식이나 탐색 대상을 피보나치 수열을 이용해 선정한다.

03 다음 중 이진 탐색의 특징이 <u>아닌</u> 것은?

① 자료의 가운데에 있는 항목을 킷값과 비교하여 다음 검색 위치를 결정하여 검색을 계속하는 방법이다.
② 찾는 킷값 > 원소의 킷값이면 탐색 대상 데이터의 오른쪽 부분에 대해서 탐색을 실행한다.
③ 찾는 킷값 < 원소의 킷값이면 탐색 대상 데이터의 왼쪽 부분에 대해서 탐색을 실행한다.
④ 탐색하려는 데이터들의 오른쪽 부분에 위치할수록 탐색 속도가 증가한다.

> **03** 이진 탐색은 어떤 데이터를 탐색하든 항상 가운데 원소와 가장 먼저 비교하게 된다. 데이터를 찾을 때까지 이진 탐색을 순환적으로 반복하여 수행하고 탐색 범위를 절반으로 줄여가기 때문에 빠르게 탐색할 수 있다. 탐색하려는 데이터들의 오른쪽 부분에 위치한다고 탐색 속도가 증가하는 것은 아니다.

정답 01 ③ 02 ③ 03 ④

04 이진 탐색에서 중간 레코드 번호 $m = \lfloor \frac{(l+u)}{2} \rfloor$ 이다. 이때 l은 첫 번째 레코드 번호이고 u는 마지막 레코드 번호이다. 따라서 맨 먼저 전체 데이터의 중간 레코드인 8과 찾고자 하는 14를 비교하게 되는데 14는 8보다 크므로 8의 오른쪽 데이터가 탐색 대상이 된다. 따라서 9부터 15까지의 데이터 중 중간 레코드인 12와 14를 비교한다. 14는 12보다 크므로 12의 오른쪽 데이터가 탐색 대상이 된다. 따라서 13부터 15까지의 데이터가 탐색 대상이 되며 이들 중 중간 레코드는 14가 된다. 따라서 14와 14를 비교하여 같으므로 탐색에 성공한다. 즉, 이진 탐색으로 3번 만에 탐색에 성공한다.

04 다음과 같은 데이터에서 이진 탐색으로 14를 찾고자 한다. 총 비교 횟수는 얼마인가?

> 1, 2, 3, 4, 5, 6, 7, 8, 9, 10, 11, 12, 13, 14, 15

① 2번
② 3번
③ 4번
④ 5번

05 데이터가 크기순으로 정렬되어 있는 경우에는 이진 탐색이 효과적이다. 또한 데이터의 개수가 정해져 있는 경우 사용하기 적합한 자료구조는 배열이다.

05 데이터의 개수가 정해져 있고 크기순으로 정렬되어 있다. 이 경우 데이터를 효율적으로 탐색하기 위한 방법은 무엇이며, 가장 적절한 자료구조는 무엇인가?

① 순차 탐색, 배열
② 이진 탐색, 배열
③ 순차 탐색, 단순 연결 리스트
④ 이진 탐색, 단순 연결 리스트

정답 04 ② 05 ②

06 정렬 알고리즘을 선택할 때 고려해야 할 사항으로 거리가 먼 것은?

① 오름차순 정렬 또는 내림차순 정렬인지 여부
② 킷값의 분포 상태
③ 소요 공간 및 작업 시간
④ 정렬에 필요한 기억 공간의 크기

06 정렬 알고리즘을 선택할 때 고려 사항으로는 킷값들의 분포 상태, 소요 공간 및 작업 시간, 정렬에 필요한 기억 공간의 크기, 데이터의 양, 사용 컴퓨터 시스템의 특성 등이 있다.

07 거의 정렬되어 있는 데이터들을 정렬하고자 할 때 다음 중 가장 성능이 좋은 정렬 알고리즘은 무엇인가?

① 버블 정렬
② 선택 정렬
③ 삽입 정렬
④ 합병 정렬

07 삽입 정렬은 새로운 데이터를 정렬된 데이터에 삽입하는 과정을 반복하여 정렬하는 방식이며, 이미 정렬된 파일에 새로운 하나의 레코드를 순서에 맞게 삽입시키는 것이다. 따라서 데이터가 어느 정도 정렬이 되어 있을 경우 매우 효과적이다.

08 다음과 같은 데이터들에 대해 퀵 정렬을 수행하고자 한다. 피벗이 50일 때 피벗을 중심으로 분할된 결과는 어느 것인가?

50 60 80 90 30 40 70 10 20

① 50 20 80 90 30 40 70 10 60
② 30 20 10 40 50 90 70 80 60
③ 50 20 10 40 30 90 70 80 60
④ 30 60 20 10 80 70 40 90 50

08 퀵 정렬은 기준키인 피벗을 중심으로 왼쪽 부분 리스트와 오른쪽 부분 리스트로 분할하여 정렬하는 방법이다. 피벗이 50일 때 피벗 다음부터 피벗보다 큰 데이터를 찾고 동시에 배열의 마지막에서부터 피벗보다 작은 데이터를 찾는다. 따라서 피벗보다 큰 데이터인 60과 피벗보다 작은 데이터인 20이 찾아진다. 이렇게 선택된 두 값을 서로 교환한다. 나머지에 대해서도 같은 방법으로 수행하면 다음과 같다.

50 20 80 90 30 40 70 10 60
50 20 10 90 30 40 70 80 60
50 20 10 40 30 90 70 80 60
30 20 10 40 50 90 70 80 60

따라서 피벗을 중심으로 왼쪽 부분 리스트와 오른쪽 부분 리스트로 분할된 결과는 30 20 10 40 50 90 70 80 60이다.

정답 06 ① 07 ③ 08 ②

09 입력 데이터의 수가 n인 경우 퀵 정렬의 시간 복잡도에 대한 설명으로 올바른 것은?

① 퀵 정렬의 평균 시간 복잡도는 $O(n\log_2 n)$이고, 최악의 경우 시간 복잡도는 $O(n^2)$이다.
② 퀵 정렬의 평균 및 최악의 경우 시간 복잡도는 $O(n\log_2 n)$이다.
③ 퀵 정렬의 평균 및 최악의 경우 시간 복잡도는 $O(n^2)$이다.
④ 퀵 정렬의 평균 경우 시간 복잡도는 $O(n\log_2 n)$이고, 최선의 경우 시간 복잡도는 $O(n)$이다.

10 다음 중 기수 정렬에 대한 설명으로 옳지 <u>않은</u> 것은?

① 제한적인 범위 내에 있는 숫자(문자)에 대해서 좋은 성능을 보이는 정렬 알고리즘이다.
② 기수 정렬은 데이터의 자릿수에 따라 여러 단계를 거쳐 정렬한다.
③ 기수 정렬은 선형 크기의 추가 메모리를 필요로 한다.
④ 기수 정렬은 범용 정렬 알고리즘이다.

11 다음과 같은 데이터를 선택 정렬을 적용하여 오름차순으로 정렬하고자 한다. 2단계를 수행한 후의 데이터 상태로 옳은 것은?

> 9, 4, 5, 11, 8

① 4, 5, 9, 8, 11
② 4, 5, 9, 11, 8
③ 4, 5, 8, 11, 9
④ 4, 5, 8, 9, 11

---

09 퀵 정렬의 최선의 경우와 평균적인 경우의 시간 복잡도는 $O(n\log_2 n)$이고, 최악의 경우 시간 복잡도는 $O(n^2)$이다.

10 기수 정렬은 정렬 대상이 되는 데이터 종류가 한정되어 있으므로 범용 정렬 알고리즘이 될 수 없다. 예를 들어 실수나 문자열의 경우 기수 정렬을 적용할 수 없다.

11 선택 정렬은 정렬되지 않은 데이터들에 대해 오름차순으로 정렬하고자 한다면 가장 작은 데이터를 찾아 가장 앞의 데이터와 교환해 나가는 방법을 반복하면 된다. 따라서 다음과 같은 과정으로 정렬된다. 따라서 2단계를 수행한 후의 데이터 상태는 4, 5, 9, 11, 8이 된다.

9, 4, 5, 11, 8 (초기 상태)
4, 9, 5, 11, 8 (1단계)
4, 5, 9, 11, 8 (2단계)
4, 5, 8, 9, 11 (최종 결과)

정답 09 ① 10 ④ 11 ②

12 다음 데이터에 대해 버블 정렬로 오름차순으로 정렬하고자 한다. 2회전 후의 결과는 무엇인가?

> 37, 14, 17, 40, 35

① 14, 17, 37, 35, 40
② 14, 37, 17, 40, 35
③ 14, 17, 35, 37, 40
④ 14, 17, 37, 40, 35

12 버블 정렬은 주어진 파일에서 인접한 2개의 데이터를 비교하여 그 크기에 따라 데이터의 위치를 서로 교환하는 정렬 방식이다. 1회전과 2회전을 수행한 후의 결과는 다음과 같다. 따라서 2단계가 수행한 후에는 14, 17, 35, 37, 40이 된다.

(1회전)

```
37, 14, 17, 40, 35 (초기 상태)
14, 37, 17, 40, 35
14, 17, 37, 40, 35
14, 17, 37, 40, 35
14, 17, 37, 35, 40
```

(2회전)

```
14, 17, 37, 35, 40
14, 17, 37, 35, 40
14, 17, 37, 35, 40
14, 17, 35, 37, 40
14, 17, 35, 37, 40
```

13 정렬에 대한 설명으로 잘못된 것은?

① 퀵 정렬은 스택을 이용하여 수행한다.
② 쉘 정렬은 최선의 경우에 선택 정렬보다 빠르다.
③ 힙 정렬은 배열을 이용한 포화 이진 트리를 사용한다.
④ 데이터가 10개인 경우 버블 정렬로 정렬하면 최대 45번의 비교 연산을 수행한다.

13 힙 정렬은 힙 자료구조를 이용하는 방법인데, 힙프는 완전 이진 트리이어야 한다.
① 퀵 정렬은 정렬 방법 중에서 가장 빠른 방법이며, 프로그램에서 순환 호출을 이용하기 때문에 스택이 필요하다.
② 최선의 경우 수행 시간은 쉘 정렬은 $O(n)$, 선택 정렬은 $O(n^2)$이므로, 쉘 정렬이 더 빠르다.
④ 버블 정렬의 전체 비교 횟수는 $n \times (n-1) / 2$이며, 데이터가 10개이면 비교횟수는 $10 \times (10-1) / 2 = 45$가 된다.

정답 12 ③ 13 ③

14 버블 정렬은 이웃하는 데이터를 비교하여 작은 데이터를 앞쪽으로 이동시키는 과정을 반복하여 정렬하는 알고리즘이다.

14 인접한 데이터를 비교하면서 그 크기에 따라 데이터의 위치를 바꾸어 정렬하는 방법은?

① 퀵 정렬
② 히프 정렬
③ 셸 정렬
④ 버블 정렬

15 병합 정렬은 정렬할 원소 n에 대해서 $2 \times n$개의 메모리 공간을 사용한다. 히프 정렬은 입력 받으면서 바로 히프로 구성이 가능하므로 히프에 대한 메모리 n만 사용 가능하다.

15 데이터를 정렬하는 알고리즘 중 추가로 기억 공간이 가장 많이 필요한 정렬은 무엇인가? (단, 각 정렬 방식은 일반적인 경우만 고려함)

① 병합 정렬
② 선택 정렬
③ 버블 정렬
④ 히프 정렬

16 기수 정렬은 정렬할 원소의 킷값에 해당하는 버킷에 원소를 분배하였다가 버킷의 순서대로 원소를 꺼내는 방법을 반복하면서 정렬한다. 따라서 비교가 아닌 분배를 사용하는 정렬 방식이다.

16 비교가 아닌 분배에 의한 정렬 방식으로 옳은 것은?

① 기수 정렬
② 버블 정렬
③ 퀵 정렬
④ 히프 정렬

정답 14 ④ 15 ① 16 ①

17 이진 트리의 레코드 R = (88, 74, 63, 55, 37, 25, 33, 19, 26, 14, 9)에 대하여 최대 히프를 만들 때 37의 왼쪽과 오른쪽 자식 노드의 값은?

① 55, 25
② 63, 33
③ 33, 19
④ 14, 9

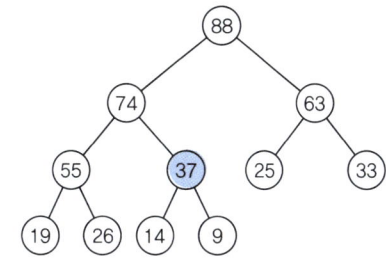

17 히프 정렬을 하기 위해서는 먼저 주어진 데이터들로 구성하는 트리를 히프로 만드는 과정이 필요하다. 히프를 만들기 위해서는 먼저 이진 트리를 히프 트리로 변환시켜야 한다. 문제에서는 이진 트리에서 37의 왼쪽 자식 노드와 오른쪽 자식 노드를 물었으므로 14와 9가 된다.
[문제 하단의 도표 참고]

18 다음과 같이 오름차순 정렬되었을 경우 사용된 정렬 기법은 무엇인가?

초기 상태 : 8, 3, 4, 9, 7
1단계 : 3, 8, 4, 9, 7
2단계 : 3, 4, 8, 9, 7
3단계 : 3, 4, 7, 9, 8
4단계 : 3, 4, 7, 8, 9

① 버블 정렬
② 선택 정렬
③ 퀵 정렬
④ 쉘 정렬

18 선택 정렬 방법은 다음과 같다.
① 전체 데이터 중에서 가장 작은 데이터를 찾아서 선택하여 첫 번째 위치와 자리를 교환한다.
② 그다음 두 번째로 작은 데이터를 찾아 선택하여 두 번째 위치와 자리를 교환한다.
③ 그다음에는 세 번째로 작은 데이터를 찾아서 세 번째 위치와 자리를 교환한다.
④ 이 과정을 반복하면서 정렬을 완성한다.

정답   17 ④   18 ②

19 히프 정렬을 하려면 주어진 데이터들로 구성하는 트리를 히프로 만들어야 한다. 그런 다음 히프에서 루트 노드를 제거하고 나서 나머지를 히프로 재구성하는 과정을 반복하면 된다. 내림차순으로 정렬하기 위해서는 최대 히프로 구성한 후 루트 노드를 삭제해 가면 된다.
[문제 하단의 도표 참고]

19 다음과 같이 배열에 저장된 데이터를 히프 정렬을 이용하여 내림차순으로 정렬하고자 한다. 첫 번째 데이터를 출력하고 히프를 재구성한 후에 배열의 여섯 번째에 있는 데이터는 무엇인가? (단, 배열의 첫 번째 인덱스는 1)

[1]	[2]	[3]	[4]	[5]	[6]	[7]	[8]	[9]
21	37	22	17	11	30	5	10	9

① 5
② 9
③ 10
④ 22

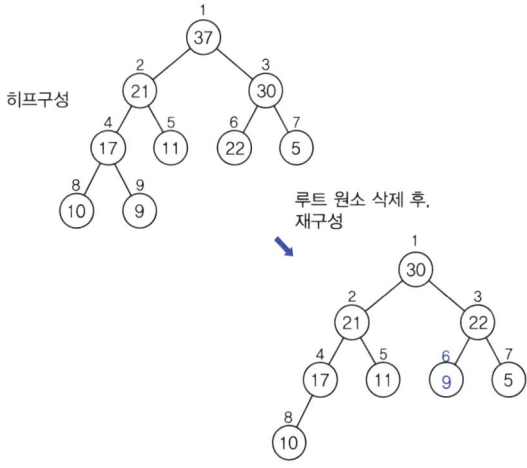

삭제한 원소 37은 배열의 9번에 저장

정답 19 ②

20 다음과 같은 데이터를 퀵 정렬하고자 한다. 퀵 정렬 1단계를 끝낸 후 피벗을 중심으로 좌측에는 피벗보다 작은 수가 위치하고, 우측에는 피벗보다 큰 수들로 데이터가 분할된 상태를 올바르게 나타낸 것은?(단, 피벗은 가장 왼쪽에 있는 값으로 함)

[초기 데이터]

[0]	[1]	[2]	[3]	[4]	[5]	[6]	[7]	[8]	[9]
8	1	4	9	6	3	5	2	7	0

	[0]	[1]	[2]	[3]	[4]	[5]	[6]	[7]	[8]	[9]
①	7	1	4	6	3	5	2	0	8	9
②	7	1	4	0	6	3	5	2	8	9
③	2	1	4	0	6	3	5	7	8	9
④	0	1	4	2	6	3	5	7	8	9

20 퀵 정렬은 먼저 리스트의 첫 원소를 피벗으로 선택한 후 피벗의 다음 위치로부터 오른쪽으로 움직이면서 크기를 비교하여 피벗보다 큰 데이터를 찾는다. 또한 동시에 리스트의 마지막부터 왼쪽으로 움직이면서 피벗보다 작은 데이터를 찾아 서로 교환하는 과정을 반복하면 된다. 가장 왼쪽에 있는 8을 피벗으로 퀵 정렬을 수행하면 다음과 같다.
[문제 하단의 표 참고]

[0]	[1]	[2]	[3]	[4]	[5]	[6]	[7]	[8]	[9]
8	1	4	9	6	3	5	2	7	0
8	1	4	0	6	3	5	2	7	9
7	1	4	0	6	3	5	2	8	9

정답 20 ②

Self Check로 다지기 | 제7장

탐색
① 컴퓨터에 저장한 자료 중에서 원하는 정보를 찾는 작업
② 삽입이나 삭제 작업에서는 원소를 삽입하거나 삭제할 위치를 찾기 위해서 탐색을 수행
③ 효율적인 탐색을 위해 데이터를 빠르게 탐색할 수 있도록 잘 정리하고 분류하는 것도 중요

탐색키
① 다른 레코드와 중복되지 않도록 각 레코드를 대표할 수 있는 필드
② 항목과 항목을 구별시켜주는 키
③ 탐색이란 탐색키와 데이터로 이루어진 여러 개의 항목 중에서 원하는 탐색키를 가지고 있는 항목을 찾는 것

순차 탐색
① 일렬로 나열된 데이터를 처음부터 마지막까지 순서대로 탐색하는 방법
② 순서화되어 있지 않은 경우 사용
③ 탐색해야 하는 데이터의 양에 따라 효율이 달라지는데 데이터의 양이 많으면 탐색 시간이 증가
④ 선형 탐색(linear search)이라고도 함
⑤ 데이터 비교 횟수는 찾고자 하는 데이터의 저장 위치에 따라 다름(맨 앞에 있으면 비교를 1번 만에 성공하고 n번째 있으면 n번만큼의 비교가 필요)
⑥ 순차 탐색의 평균 비교 횟수는 $\frac{(1+2+3+...+n)}{n} = \frac{(n+1)}{2}$ 이므로 순차 탐색의 시간 복잡도는 $O(n)$

순차 탐색 알고리즘

```
int seq_search(int list[], int key, int low, int high)
{
    for (int i = low; i <= high; i++)
        if (list[i] = key) then
            return i;   /* 탐색에 성공하면 킷값의 인덱스 반환 */
    return -1;          /* 탐색에 실패하면 -1을 반환 */
}
```

순차 탐색을 개선한 방법
① 전진 이동법
한 번 탐색된 데이터는 다음에 다시 탐색될 가능성이 높다는 가정에 따라 어떤 데이터가 한 번 탐색되고 나면 그 데이터를 데이터 집합의 가장 앞에 위치시키는 방법
② 전위법
전진 이동법과는 달리 자주 사용되면 사용될수록 점진적으로 해당 항목을 데이터 집합의 앞쪽으로 이동시킴
특정 데이터만 탐색되지 않고 모든 데이터가 균등하게 탐색될 확률을 갖는 경우에 적합
③ 빈도 계수법
데이터 집합 내의 각 항목들이 탐색된 횟수를 별도의 공간에 저장해 두고 탐색된 횟수가 높은 순으로 데이터 집합을 재구성하는 방법

이진 탐색
① 정렬된 데이터 집합을 이분화하면서 탐색하는 방법
② 자료의 가운데에 있는 항목을 킷값과 비교하여 다음 검색 위치를 결정하여 검색을 계속하는 방법
③ 가운데 있는 값을 기준으로 왼쪽과 오른쪽 두 부분으로 나누어서 탐색하고 한번 탐색할 때마다 탐색 대상이 절반으로 줄어듬
④ 데이터의 수가 많을수록 더 효율적
⑤ 데이터들이 정렬되어 있는 경우 순차 탐색보다는 탐색 속도가 훨씬 빠름
⑥ 시간 복잡도는 $O(\log_2 n)$

이진 탐색을 수행하는 과정
① 데이터 집합의 중간에 있는 값을 선택한다.
② 중간값과 찾고자 하는 목표값을 비교한다.
③ 목표값이 중간값보다 작으면 중간값의 왼편에 대해 이진 탐색을 수행하고, 목표값이 중간값보다 크면 오른편에 대해 이진 탐색을 수행한다.
④ 찾고자 하는 값을 찾을 때까지 ①~③을 반복한다.

이진 탐색 알고리즘

```
binary_search(list, low, high, key)
{
   if (low > high) return -1;
   middle = (low + high) / 2;   /* 중간 위치 계산 */

   if (key = list[middle])      /* 탐색 성공 */
      return middle;
   else if (key < list[middle])      /* 왼쪽 부분 리스트 탐색 */
      return binary_search(list, low, middle - 1, key);
   else if (key > list[middle])      /* 오른쪽 부분 리스트 탐색 */
      return binary_search(list, middle + 1, high, key);
}
```

피보나치 탐색
① 피보나치 수열에 따라 다음에 비교할 대상을 선정하여 탐색하는 방법
② 이진 탐색과 유사한 방식이나 탐색 대상을 피보나치 수열을 이용해 선정
③ 피보나치 수열을 사용하여 서브 파일을 형성해 가면서 검색하는 방법
④ 피보나치 수열은 0, 1, 1, 2, 3, 5, 8, 13, 21, 34, … 와 같이 각각의 항이 선행하는 두 항의 합과 같은 수열
⑤ 비교할 데이터의 위치를 계산할 때 나눗셈을 사용하지 않고 실행 시간이 적게 걸리는 덧셈과 뺄셈만을 사용하므로 속도가 더 빠름
⑥ 이진 탐색과 마찬가지로 주기억 장소를 탐색하는 내부 탐색에서 효율적이며 평균 탐색 시간은 $O(\log_2 n)$

정렬
① 정의된 순서를 이용하여 데이터들의 순서를 재배열하는 것
② 한 번에 두 개의 데이터를 비교하여 어느 데이터가 큰지 작은지를 확인하는 과정을 여러 번 반복하여 진행
③ 데이터의 정렬 여부에 따라 처리 속도나 결과가 달라지기도 함
④ 오름차순 정렬과 내림차순 정렬이 있음
⑤ 오름차순 정렬은 작은 데이터에서 큰 데이터 순으로, 내림차순 정렬은 큰 데이터에서 작은 데이터 순으로 나열하는 것

정렬이 수행되는 위치에 따른 분류
① 내부 정렬
  ㉠ 정렬할 데이터의 양이 적을 때 주기억장치 내에서 정렬하는 방식
  ㉡ 정렬 속도가 빠르지만 정렬할 수 있는 데이터의 양이 주기억장치의 용량에 따라 제한됨
  ㉢ 삽입 정렬, 쉘 정렬, 퀵 정렬, 버블 정렬, 히프 정렬, 선택 정렬, 기수 정렬 등
② 외부 정렬
  ㉠ 데이터의 양이 주기억장치 공간보다 큰 경우에 보조기억장치에 있는 데이터를 여러 번 나누어 주기억장치에 읽어 들인 후 정렬하여 보조기억장치에 다시 저장하는 과정을 반복하는 방식
  ㉡ 내부 정렬보다 속도는 떨어지지만 내부 정렬로 처리할 수 없는 대량의 데이터 처리 가능
  ㉢ 대부분 병합 정렬 기법으로 처리

정렬 알고리즘 선택 시 고려 사항
① 킷값들의 분포 상태
② 소요 공간 및 작업 시간
③ 정렬에 필요한 기억 공간의 크기
④ 데이터의 양
⑤ 사용 컴퓨터 시스템의 특성

정렬 알고리즘의 평가 기준
① 비교 횟수의 많고 적음
② 이동 횟수의 많고 적음

삽입 정렬
① 가장 간단한 정렬 알고리즘 중 하나
② 새로운 데이터를 정렬된 데이터에 삽입하는 과정을 반복하여 전체 데이터를 정렬하는 방식
③ 이미 정렬된 파일에 새로운 하나의 레코드를 순서에 맞게 삽입시키는 것
④ 입력 데이터가 거의 정렬되어 있을 경우 정렬이 매우 **빠르고 효율적**이며 최선의 경우 시간 복잡도는 O(n)
⑤ 입력 데이터가 역으로 정렬되어 있을 경우에는 최악의 경우이며 시간 복잡도는 $O(n^2)$
⑥ 평균적인 시간 복잡도는 $O(n^2)$

삽입 정렬을 수행하는 과정
① 처음 A[0]은 정렬된 데이터로 취급한다.
② 다음 데이터 A[1]은 정렬된 데이터 A[0]과 비교하여 적절한 위치에 삽입한다.
③ 다음 데이터 A[2]는 정렬된 데이터 A[0], A[1]과 비교하여 적절한 위치에 삽입한다.
④ 같은 방식으로 나머지 데이터들을 삽입하여 정렬한다.

삽입 정렬 알고리즘

```
insertion_sort(A[], n)
{
    for i = 1 to n - 1 {
        CurrentElement = A[i];   /* i는 현재 원소 */
        j = i - 1;   /* 현재 원소를 정렬된 앞부분에 삽입하기 위해 */
        while (j >= 0 && A[j] > CurrentElement) {
            A[j + 1] = A[j];   /* 자리 이동 */
            j = j - 1;
        }
        A[j + 1] = CurrentElement;
    }
}
```

쉘 정렬
① 삽입 정렬의 개념을 확대하고 일반화한 것
② 일정한 간격으로 떨어져있는 데이터들끼리 부분 리스트를 구성하고 각 부분 리스트에 있는 데이터들에 대해서 삽입 정렬을 수행하는 작업을 반복하면서 전체 데이터들을 정렬하는 방법
③ 멀리 떨어진 데이터들이 하나의 서브 리스트로 구성되도록 하여 멀리 떨어진 데이터들 사이에 비교 및 교환이 수행되는 정렬 방법
④ 쉘 정렬 단계를 거치면서 데이터들이 점진적으로 정렬된 상태가 되기 때문에 마지막 삽입 정렬의 속도가 빨라짐
⑤ 쉘 정렬 간격은 계속 줄여나가되 마지막에는 간격을 반드시 1로 설정해야 함(아직 크기 비교가 되지 않은 다른 그룹의 숫자가 있을 수 있기 때문)
⑥ 쉘 정렬의 시간 복잡도는 간격에 따라 다름(가장 좋은 간격을 알면 빨라짐)
⑦ 최악의 경우 시간 복잡도는 $O(n^2)$이며 평균적인 경우 시간 복잡도는 $O(n^{1.5})$

🡆 쉘 정렬 알고리즘

```
shell_sort(A[], n)
{
    for each gap h = [h_0 > h_1 > ... > h_k = 1]   /* 큰 gap부터 차례로 지정 */
    for i = h to n − 1 {
        CurrentElement = A[i];
        j = i;
        while (j >= h && A[j − h]>CurrentElement) {
            A[j] = A[j − h];
            j = j − h;
        }
        A[j] = CurrentElement;
    }
}
```

🡆 퀵 정렬

① 다른 알고리즘에 비해 평균적으로 수행 속도가 매우 빠른 정렬 방법
② 정렬할 전체 데이터에 대해서 정렬을 수행하지 않고 피벗을 중심으로 왼쪽 부분 리스트와 오른쪽 부분 리스트로 분할하여 정렬하는 방법
③ 피벗을 기준으로 왼쪽 부분 리스트에는 피벗보다 작은 데이터들을 이동시키고 오른쪽 부분 리스트에는 피벗보다 큰 데이터들을 이동시킴
④ 작은 값을 갖는 데이터와 큰 값을 갖는 데이터로 분리해가며 정렬하는 방법
⑤ 분할 정복 알고리즘의 일종
⑥ 정렬 방법 중에서 가장 빠른 방법이며 순환 호출을 이용하므로 스택이 필요
⑦ 평균적인 시간 복잡도는 $O(n \log_2 n)$

🡆 퀵 정렬을 수행하는 과정

① 리스트의 첫 원소를 피벗으로 선택한다.
② 피벗의 다음 위치로부터 오른쪽으로 움직이면서 크기를 비교하여 피벗보다 큰 데이터를 찾는다.
③ 동시에 리스트의 마지막부터 왼쪽으로 움직이면서 피벗보다 작은 데이터를 찾아 서로 교환한다.

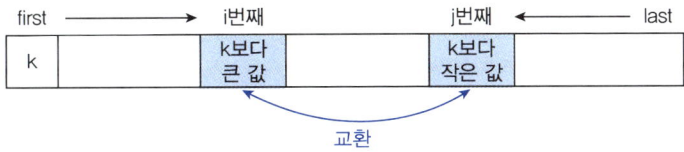

④ 피벗을 중심으로 나누어진 각 서브 리스트에서 ①부터 다시 반복한다.

버블 정렬
① 이웃하는 데이터를 비교하여 작은 데이터를 앞쪽으로 이동시키는 과정을 반복하여 정렬하는 알고리즘
② 주어진 파일에서 인접한 2개의 데이터를 비교하여 그 크기에 따라 데이터의 위치를 서로 교환하는 정렬 방식
③ 매우 단순하지만 정렬할 데이터가 많은 경우에는 수행 시간이 많이 걸림
④ 평균적인 시간 복잡도는 $O(n^2)$

버블 정렬을 수행하는 과정
① 인접한 두 데이터 A[i]와 A[i + 1]의 값들을 비교한다.
② A[i + 1]의 값이 A[i]의 값보다 작으면 두 데이터를 교환한다.
③ 이 과정을 반복하면 큰 데이터가 배열의 끝에 오도록 정렬된다.

2원 합병 정렬
① 하나의 리스트를 두 개의 균등한 크기로 반복해서 분할한 뒤 분할된 부분 리스트를 정렬한 다음 두 리스트를 합하여 전체가 정렬된 리스트를 만드는 방법
② 분할 과정을 거쳐 두 개로 분할된 부분 리스트를 각각 정렬하고 완전히 정렬된 서로 다른 두 개의 부분 리스트를 합병하여 완전히 정렬된 한 개의 리스트로 만드는 것
③ 합병 정렬의 시간 복잡도는 $O(n \log_2 n)$

2원 합병 정렬의 세가지 동작
① **분할(divide)** : 입력 데이터를 같은 크기의 부분 리스트 2개로 분할한다.
② **정복(conquer)** : 부분 리스트의 데이터들을 정렬한다.
③ **결합(combine)** : 정렬된 부분 리스트들을 하나의 리스트로 통합한다.

히프 정렬
① 히프라는 특수한 자료구조를 사용하는 정렬 알고리즘
② 최대 히프는 부모 노드의 킷값이 자식 노드의 킷값보다 항상 크거나 같은 크기 관계의 히프
③ 최소 히프는 부모 노드의 킷값이 자식 노드의 킷값보다 항상 작거나 같은 크기 관계의 히프
④ 정렬하고자 하는 데이터들이 있을 때 모든 데이터들을 히프에 삽입하여 히프를 완성한 후 하나씩 삭제하면 정렬된 순서대로 데이터들이 빠져나오게 되는데 이것이 히프 정렬이 됨
⑤ 히프 정렬의 시간 복잡도는 $O(n \log_2 n)$

히프 정렬에 필요한 과정
① 주어진 데이터들로 구성하는 트리를 히프로 만드는 과정
② 히프에서 루트 노드를 제거하고 나서 나머지를 히프로 재구성하는 과정을 반복

히프 정렬이 수행되는 과정
① 히프에서 루트 노드의 킷값을 출력한다.
② 히프의 마지막 노드를 루트 노드로 가정하여 나머지 노드들로 새로운 히프를 만든다.
③ 새로 만들어진 히프 트리의 루트 노드를 출력하고 앞에서 만든 히프의 마지막 노드를 루트 노드로 가정하여 새로운 히프를 만드는 과정을 반복한다.
④ ③의 과정을 모든 노드가 제거될 때까지 반복한다.

선택 정렬
① 전체 데이터들 중에서 기준 위치에 맞는 데이터를 선택하여 자리를 교환하는 방식으로 정렬
② 정렬되지 않은 데이터들에 대해 오름차순으로 정렬하고자 한다면 가장 작은 데이터를 찾아 가장 앞의 데이터와 교환해 나가는 방법을 반복하는 방법
③ 데이터의 이동을 최소화하여 정렬하는 방법
④ 시간 복잡도는 $O(n^2)$

선택 정렬을 수행하는 과정
① 전체 데이터 중에서 가장 작은 데이터를 찾아서 선택하여 첫 번째 위치와 자리를 교환한다.
② 그다음 두 번째로 작은 데이터를 찾아 선택하여 두 번째 위치와 자리를 교환한다.
③ 그다음에는 세 번째로 작은 데이터를 찾아서 세 번째 위치와 자리를 교환한다.
④ 이 과정을 반복하면서 정렬을 완성한다.

기수 정렬
① 제한적인 범위 내에 있는 숫자에 대해서 각 자릿수별로 정렬하는 알고리즘
② 비교 정렬이 아니며 숫자를 각 자릿수에 대해 부분적으로 비교하는 정렬 방법
③ 원소의 킷값을 나타내는 기수를 이용한 정렬 방법
④ 시간 복잡도는 O(d(n+r))

기수 정렬을 수행하는 과정
① 먼저 정렬하고자 하는 숫자들을 먼저 가장 낮은 자릿수만 가지고 모든 수를 재배열(정렬)한다.
② 그런 다음 가장 낮은 자릿수는 제외하고 나머지 자릿수에 대해 다시 앞과 같이 반복한다.
③ 더 이상 자릿수가 남지 않을 때까지 계속하면 마지막에는 정렬된 배열을 갖게 된다.

나는 내가 더 노력할수록 운이 더 좋아진다는 걸 발견했다.

– 토마스 제퍼슨 –

제 8 장

해싱

제1절 심볼 테이블과 해싱 개념
제2절 정적 해싱
실전예상문제

무언가를 시작하는 방법은 말하는 것을 멈추고 행동을 하는 것이다.

– 월트 디즈니 –

보다 깊이 있는 학습을 원하는 수험생들을 위한
시대에듀의 동영상 강의가 준비되어 있습니다.
www.sdedu.co.kr → 회원가입(로그인) → 강의 살펴보기

제 8 장 해싱

제1절 심볼 테이블과 해싱 개념

1 심볼 테이블과 해싱 개념

심볼 테이블(symbol table)은 컴파일러나 인터프리터와 같은 언어 변환기에서 사용되는 자료구조이다. 심볼 테이블은 어휘 분석기부터 최적화까지 컴파일러의 대부분의 단계에서 접근된다. 이러한 심볼 테이블은 일반적으로 해싱 테이블을 사용해서 구현된다. 해싱은 해싱 함수를 이용하여 레코드가 저장되어 있는 주소를 직접 구하여 검색하는 것이다. 즉, 키를 비교하지 않고 계산에 의해 검색하는 방법에 해당하는데 해싱의 경우 삽입과 삭제가 빈번한 자료에 적합하다. 해싱 테이블은 원소가 저장될 자리가 원소의 값에 의해 결정되는 자료구조이다. 저장된 자료와 비교하여 자리를 찾지 않고 단 한 번의 계산으로 자신의 자리를 찾기 때문에 해싱 테이블은 평균 $O(1)$의 시간 복잡도를 가진다.

2 해싱의 기본 요소

선형 탐색이나 이진 탐색의 경우 찾고자 하는 키를 저장된 데이터들과 비교하는 과정을 반복한다. 이러한 방법들은 비교하는 횟수에 따라 시간 복잡도가 커지게 된다. 해싱은 각 레코드의 킷값을 비교해서 찾는 번거로움이 없기 때문에 다른 검색 방법에 비해 속도가 빠르고 효율적이다. 해싱을 하기 위해서는 모든 레코드의 킷값을 수치 형태로 바꾸어야 한다. 또한 적절한 해싱 함수가 존재해야 한다. 또한 해싱 함수에 의해 계산된 주소가 중복되어 충돌이 발생하는 경우 이를 해결하기 위한 방법을 고려해야 한다.

제2절 정적 해싱

1 해싱 테이블 기출

해싱 테이블(hashing table)은 데이터가 저장될 위치가 데이터의 값에 의해 결정되는 자료구조이다. 해싱 테이블은 데이터가 저장되는 버킷(bucket)들의 배열로 만들어지며 한 버킷은 하나 이상의 레코드를 수용할 수 있다. 버킷은 하나의 주소를 가지면서 한 개 이상의 레코드를 저장할 수 있는 공간이다. 해싱 테이블에는 키(key)라는 인덱스로 자료를 접근하고 키와 배열 사이에서 해싱 함수를 이용하여 매핑(mapping)을 한다. 해싱 함수는 키를 전달받아 키의 해시값(hash value)을 반환하게 된다. 즉 킷값을 해싱 함수에 넣어서 계산하면 해싱 테이블의 주소 값이 나오게 된다.

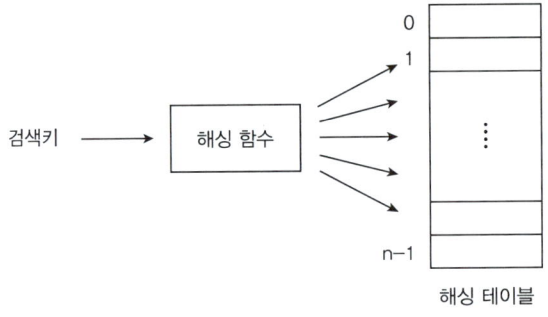

[그림 8-1] 해싱

다음은 크기가 13인 해싱 테이블에 5개의 원소가 저장된 상태를 표현한 것이다.

입력은 25, 13, 16, 15, 7이고 해싱 함수는 $h(k) = k \bmod m$이다. 해싱 테이블의 크기는 13이므로 해싱 함수는 $h(k) = k \bmod 13$이 된다.

0	13
1	
2	15
3	16
4	
5	
6	
7	7
8	
9	
10	
11	
12	25

[그림 8-2] 크기가 13인 해싱 테이블에 5개의 원소가 저장된 예

2 해싱 함수와 종류

해싱 함수(hashing function)는 입력된 킷값을 해싱 테이블의 주소로 변환시켜주는 함수이다. 즉 해싱 함수는 주어진 킷값으로부터 레코드가 저장되어 있는 주소를 직접 계산할 수 있도록 하는 수식이라고 할 수 있다. 따라서 어떤 해싱 함수를 선택하느냐에 따라 해싱의 성능이 달라진다. 해싱 함수는 레코드가 특정 버킷에 편중되지 않고 주소 공간에 균등하게 사상될 수 있도록 해야 한다.

해싱 테이블에 원소가 차 있는 비율(적재율)은 해싱 테이블의 성능에 매우 중요한 영향을 미친다. 해싱 테이블에 골고루 데이터가 존재해야 서로 다른 두 원소가 한 주소를 놓고 충돌할 확률이 작아진다. 또한 해싱 함수는 계산이 간단해야 한다. 해싱 함수의 대표적인 예는 다음과 같다.

(1) 중간 제곱(mid-square) 함수

킷값을 제곱한 후에 그 결과의 중간에 있는 적당한 수의 비트를 취하여 해싱 테이블의 버킷 주소로 만드는 방법이다. 킷값을 제곱한 결과 값의 중간의 수들은 킷값의 모든 자리들로부터 영향을 받으므로 버킷 주소가 고르게 분산될 가능성이 높다. 버킷 주소를 얻기 위해 사용되는 비트의 수는 해싱 테이블의 크기에 달려 있다.

예를 들어 해싱 함수가 $h(k) = k^2$인 경우를 살펴보자. 킷값 k는 1234567이고 해싱 테이블의 크기는 500이라고 가정한다.

$$h(k) = k^2$$

$h(k) = (1234567)^2 = 1524155677489$

먼저 킷값 k를 제곱한 수의 중간 세 자릿수인 556을 취한다. 그런데 이 값은 해싱 테이블의 크기인 500보다 크므로 이 값을 그대로 해싱 테이블의 주소로 사용할 수 없다. 이처럼 계산된 값이 주소 공간을 벗어나는 경우 조정 상수인 0.5를 곱하여 278이라는 버킷의 주소를 계산할 수 있다. (556*0.5 = 278)

(2) 나누기(division-remainder) 함수

나누기 함수는 해싱 함수로 나눗셈을 이용하는 방법으로 킷값을 해싱 테이블의 크기로 나누어서 그 나머지를 버킷 주소로 변환하는 방법이다. 나누기 함수는 해싱 테이블의 크기보다 큰 수를 해싱 테이블의 크기 범위에 들어오도록 수축시킨다. 이 방법은 제수에 의해 주소 공간이 결정되므로 최소한 제수는 버킷의 수보다 커야 하며 그 수는 충돌의 가능성이 적어야 한다. 충돌의 가능성이 적은 수를 제수로 선택하기 위해서는 버킷의 수보다 크면서 가장 작은 소수(prime number)를 사용하거나 작은 소수를 인수로 갖지 않는 수를 제수로 사용한다.

해싱 함수 h(k)는 킷값 k를 어떤 정해진 수 m으로 나눈 나머지를 해시 주소로 사용하는 것이다. 여기서 m은 해싱 테이블 크기이며 대개 소수이다.

$$h(k) = k \bmod m$$

예를 들어 k = 123, m = 13인 경우 h(k) = 123 mod 13이 되어 계산 결과는 6이 된다.
k = 100, m = 12인 경우 h(k) = 100 mod 12가 되고 계산 결과는 4가 된다.

(3) 접지(folding) 함수

종이를 접듯이 숫자를 접어 일정한 크기 이하의 수로 만드는 방법이다. 킷값을 마지막을 제외하고 같은 크기의 여러 부분으로 나누는데 각 부분들을 더하여 해시 주소를 만든다. 각 부분을 더하는 방식은 shift folding과 boundary folding 방법이 있다.

① shift folding 방법

최하위 비트가 일치하도록 맞추고 더하는 방법이다. 각 부분의 오른쪽 끝을 맞추어 더한 값을 홈 주소로 결정하는 방식이다.

예를 들어 킷값이 123203241111220인 경우 킷값을 3자리 수 5개 부분으로 나누어보자.
3자씩 분리하면 123, 203, 241, 112, 20이 된다. 킷값을 주소의 크기인 3자리로 균등하게 분할하여 나누어진 5개 부분을 오른쪽 끝자리 수를 일치시켜 다음과 같이 더해준다.

```
    123
    203
    241
    112
 +   20
 ------
    699
```

계산 결과는 699가 되며 699는 버킷의 주소가 된다.

② boundary folding 방법

각 부분을 종이 접듯이 경계에서 겹친 다음 같은 자리에 위치한 수들을 더하는 방법이다. 각 부분의 경계선을 기점으로 잡아서 역으로 정렬하여 더하는 방식이다.

킷값이 123203241111220인 경우 킷값을 3자리 수 5개 부분으로 나누면 123, 203, 241, 112, 20이 된다. shift folding 방법의 예에서 나누어진 키의 각 부분들을 접촉된 곳을 중심으로 종이를 접듯이 하여 역으로 더하여 주소를 계산하면 된다.

```
   123
   302
   241
   211
 +  20
   897
```

계산 결과 897을 버킷의 주소로 취한다.

3 충돌과 오버플로우

충돌(collision)은 해시 테이블의 한 주소를 놓고 두 개 이상의 원소가 자리를 다투는 것으로 한 원소를 해싱해서 저장하려는데 다른 원소가 이미 그 자리를 차지한 상황을 말한다. 해싱 함수를 통해 만들어진 해시 주소가 중복되면 데이터 값이 충돌한다. 즉, 두 개의 키가 동일한 해시값을 갖는 경우 '충돌이 발생했다'라고 한다. 서로 다른 두 키 k1과 k2에 대해서 h(k1) = h(k2)인 상황이다.

[그림 8-3]은 충돌의 예를 표현한 것이다. 입력이 25, 13, 16, 15, 7이고 해싱 함수는 h(k) = k mod m이다. 해싱 테이블의 크기가 13이므로 해싱 함수는 h(k) = k mod 13이 된다. 입력 데이터들이 해싱 함수를 거쳐 각각의 해싱 테이블 주소에 저장되어 있다. 이 상태에서 새로운 데이터 29를 저장하려고 하는 경우 h(29) = 29 mod 13 = 3이 된다. 따라서 29를 3번지에 저장하려고 하는데 3번지에는 이미 다른 원소인 16이 저장되어 있다. 이런 경우 충돌이 발생하게 된다.

[그림 8-3] 충돌의 예

충돌이 발생하면 탐색 시간이 길어지는 등 성능이 저하되기 때문에 해싱 함수를 수정하거나 해싱 테이블의 크기를 적절하게 조절해야 한다. 일반적으로 충돌이 발생한 경우 버킷이 여러 슬롯으로 구성되어 있다면 다른 슬롯에 저장하면 된다. 그러나 모든 슬롯이 채워지면 오버플로우가 발생한다. 이러한 경우 다른 기억 장소를 찾아 킷값을 저장해야 한다. 이러한 작업을 충돌 또는 오버플로우를 처리한다고 한다.

4 오버플로우 처리 기법

오버플로우는 더이상 슬롯에도 빈자리가 없는 경우를 의미한다. 오버플로우를 해결하는 방법을 살펴보면 다음과 같다.

(1) 개방 주소법(open addressing)

개방 주소법은 해시 충돌이 발생하면 다른 버킷에 데이터를 삽입하는 방식이다. 즉, 충돌이 생기면 정해진 규칙에 따라 다음 자리를 찾는 데 빈자리가 생길 때까지 $h_0(k)$, $h_1(k)$, $h_2(k)$, ... 와 같이 해시값을 계속 만들어낸다.

① 선형 조사(linear probing) 기출

선형 조사는 가장 간단한 충돌 해결 방법으로 충돌이 일어난 바로 뒷자리를 보는 것이다. 즉, 해시 충돌 시 다음 버킷, 혹은 몇 개 건너뛰어 데이터를 삽입한다. 다음 자리를 계산하다가 테이블의 경계를 넘어갈 경우에는 맨 앞으로 간다.

$$h_i(k) = (h(k) + i) \bmod m \quad (i = 0, 1, 2, \cdots)$$

선형 조사는 키 k의 해싱 테이블 주소는 h(k)이 되는데 만약 주소 h(k)에서 충돌이 발생한다면 다음 버킷의 주소는 h(k) + 1 번지가 된다. 그곳이 비어 있으면 h(k) + 1 번지에 입력하면 되는데 만약 그곳에 또 다른 데이터가 저장되어 있다면 다음 위치인 h(k) + 2 번지에 저장한다.
이처럼 충돌이 발생하면 i를 하나씩 증가시키면서 h(k) + i (i = 0, 1, 2, …)의 빈 버킷을 계속 찾는다. 만약 버킷의 끝까지 찾아가면 다음으로는 버킷의 처음으로 돌아와 빈 버킷을 찾는다.

예를 들어 크기가 13인 해싱 테이블에 10개의 원소가 25, 13, 16, 15, 7, 28, 31, 20, 1, 38 순으로 삽입할 때 3개의 원소에 대해 충돌이 발생한다. 그런 경우 순차적으로 다음 자리를 계산하여 비어있는 위치에 입력한다.

0	13	0	13	0	13
1		1		1	1
2	15	2	15	2	15
3	16	3	16	3	16
4	28	4	28	4	28
5		5	31	5	31
6		6		6	38
7	7	7	7	7	7
8		8	20	8	20
9		9		9	
10		10		10	
11		11		11	
12	25	12	25	12	25

$h_i(k) = (h(k) + i) \bmod 13$

[그림 8-4] 선형 조사 방법

선형 조사의 문제점은 특정 영역에 원소가 몰릴 때는 치명적으로 성능이 떨어진다는 점이다. 선형 조사는 1차 군집에 취약하다. 1차 군집은 특정 영역에 원소가 몰리는 현상이다.

0	
1	
2	15
3	16
4	28
5	31
6	44
7	
8	
9	
10	
11	37
12	

[그림 8-5] 1차 군집의 예

② **이차원 조사(quadratic probing)**

이차원 조사는 충돌 시 바로 뒷자리를 보는 대신에 보폭을 이차 함수로 넓혀가면서 찾는 방법이다. 선형 조사는 충돌이 발생한 버킷을 중심으로 가장 가까운 빈 버킷에 저장되어 1차 군집 현상이 생긴다. 이차원 조사는 선형 조사의 이러한 문제점을 해결하기 위한 방법이며 가능하면 충돌이 발생한 위치에서 먼 곳의 버킷에 저장되도록 한다. 이 방법은 해시 충돌이 발생하면 다음에 저장할 위치는 제곱만큼 떨어진 위치가 되는데 i번째 해싱 함수는 h(k)에서 i^2만큼 떨어진 자리로 삼는다. 즉, h(k), h(k) + 1^2, h(k) + 2^2, h(k) + 3^2, … 순으로 h(k) + i^2 (i = 0, 1, 2, …)의 위치에 저장하는 방법이다.

예를 들어 데이터의 입력 순서가 15, 18, 43, 37, 45, 30인 경우 이차원 조사의 예는 [그림 8-6]과 같다. 30을 제외한 모든 데이터는 자기 위치에 저장된다. 30의 경우 h(30) mod 13 = 4가 된다. 그런데 4번 위치에는 이미 다른 데이터 43이 저장되어 있으므로 i^2만큼 떨어진 위치를 찾는다. 먼저 h(k) + 1^2가 되어 5번이 계산되는데 5번 위치에는 이미 다른 데이터 18이 저장되어 있다. 따라서 i를 하나 증가시켜 h(k) + 2^2을 계산하고 4번 위치에서 2^2만큼 떨어진 위치인 8이 계산되어 그곳에 저장된다. 즉, 이차 조사는 한번 충돌이 발생할 때마다 i^2(1, 4, 9, 16, …)씩 계속 증가시키며 자리를 찾는다.

0	
1	
2	15
3	
4	43
5	18
6	45
7	
8	30
9	
10	
11	37
12	

h(k) = (h(k) + i^2) mod 13

[그림 8-6] 이차원 조사의 예

이차원 조사는 2차 군집에 취약하다. 2차 군집이란 여러 개의 원소가 동일한 초기 해싱 함수값을 갖게 되면 모두 같은 순서로 조사를 할 수밖에 없어 비효율적이다. 보폭은 점점 넓어지지만 최초의 해시값이 같은 원소들은 이 때문에 이득을 보지 못한다.

③ **더블 해싱(double hashing)**

더블 해싱은 2개의 해싱 함수를 사용하는 충돌 해결 방법이다. 해시 충돌이 발생하면 다른 해싱 함수를 한 번 더 적용한 결과를 이용한다. 두 개의 함수를 사용하며 충돌이 생겨 다음에 볼 주소를 계산할 때 두 번째 해싱 함수값만큼씩 점프한다. 첫 번째 해시값이 같더라도 두 번째 함수값이 같을 확률은 매우 작으므로 서로 다른 보폭으로 점프하게 되므로 2차 군집이 발생하지 않는다. 두 번째에 사용하는 해싱 함수는 첫 번째 해싱 함수와는 달라야 한다.

$$h_i(k) = (h(k) + if(k)) \bmod m \ (i = 0, 1, 2, \cdots)$$

이때 $h(k)$와 $f(k)$는 서로 다른 해싱 함수이다.

더블 해싱의 예를 들어 보자. 입력 순서가 15, 19, 28, 41, 67인 경우 15, 28, 41, 67의 경우는 $h(k)=2$가 되어 모두 주소 2로 해싱된다. 이런 경우 더블 해싱을 하게 되는데 두 번째 함수는 모두 달라 두 번째 조사하는 주소가 모두 달라진다.

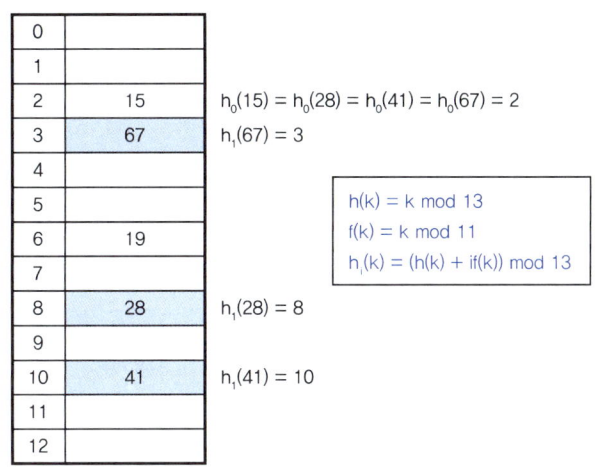

[그림 8-7] 더블 해싱의 예

(2) 폐쇄 주소법(closed addressing)

폐쇄 주소법은 키에 대한 해시값에 대응되는 곳에만 키를 저장하는 충돌 해결 방법이다. 충돌이 발생한 키들은 한 위치에 모아 저장되며 가장 대표적인 방법은 체이닝(chaining)이다. 체이닝은 동일한 주소로 해싱된 모든 키들을 하나의 연결 리스트(linked list)로 저장하는 것이다. 중복된 킷값이 있을 경우 해당 슬롯을 연결 리스트로 저장한다.

체이닝의 예를 들어보자. 크기가 13인 해싱 테이블에 데이터들이 55, 13, 42, 70, 43, 44, 3, 94, 47, 74, 39, 86, 76, 40 순으로 저장된다고 가정할 때 다음과 같은 형태로 구성된다.

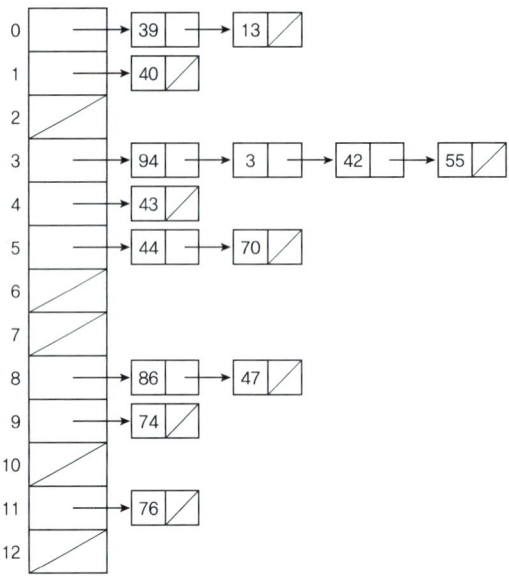

[그림 8-8] 체이닝의 예

총 13개 중에 5개는 비었고 8개는 원소가 한 개 이상 있는데 같은 주소로 들어온 데이터들은 해당 헤더 아래 연결 리스트로 연결된다. 임의의 데이터를 연결 리스트에 삽입할 때는 해당 리스트의 맨 앞에 삽입한다.

체이닝의 경우 버킷이 꽉 차더라도 연결 리스트로 계속 늘려가므로 데이터의 주소값은 바뀌지 않는다. 또한 연결 리스트만 사용하면 되므로 복잡한 계산식을 사용할 필요가 개방 주소법에 비해 적으며 적재율이 1을 넘어도 사용할 수 있다.

○X로 점검하자 | 제8장

※ 다음 지문의 내용이 맞으면 ○, 틀리면 ×를 체크하시오. [1~8]

01 심볼 테이블(symbol table)은 컴파일러나 인터프리터와 같은 언어 변환기에서 사용되는 자료구조이다. (   )
>>> 심볼 테이블은 어휘 분석기부터 최적화까지 컴파일러의 대부분의 단계에서 접근된다.

02 해싱 테이블(hashing table)은 데이터가 저장될 위치를 해당 데이터의 유형에 따라 결정하는 것이다. (   )
>>> 해싱 테이블은 데이터가 저장될 위치가 데이터의 값에 의해 결정되는 자료구조이다.

03 해싱 함수에는 대표적으로 중간 제곱(mid-square) 함수, 나누기(division-remainder) 함수, 접지(folding) 함수가 있다. (   )
>>> 해싱 함수는 주어진 킷값으로부터 레코드가 저장되어 있는 주소를 직접 계산할 수 있도록 하는 수식을 의미하며 중간 제곱(mid-square) 함수, 나누기(division-remainder) 함수, 접지(folding) 함수 등이 있다.

04 해싱 함수 중 나누기 함수는 킷값을 제곱한 후에 그 결과의 중간에 있는 적당한 수의 비트를 취하여 해싱 테이블의 버킷 주소로 만드는 방법이다. (   )
>>> 나누기 함수는 해싱 함수로 나눗셈을 이용하는 방법으로, 킷값을 해싱 테이블의 크기로 나누어서 그 나머지를 버킷 주소로 변환하는 방법이다.

05 충돌(collision)은 한 원소를 해싱해서 저장하려는데 다른 원소가 이미 그 자리를 차지한 상황을 말한다. (   )
>>> 충돌은 해싱 테이블의 한 주소를 놓고 두 개 이상의 원소가 자리를 다투는 것을 의미한다.

06 오버플로우는 해싱 테이블의 공간이 너무 많이 비어 있는 상황을 말한다. (   )
>>> 오버플로우는 더 이상 슬롯에도 빈자리가 없는 경우를 말한다.

정답 1 ○ 2 × 3 ○ 4 × 5 ○ 6 ×

07 개방 주소법(open addressing)은 해시 충돌이 발생하면 다른 버킷에 데이터를 삽입하는 방식이다. (   )

>>>🔍 오버플로우를 처리하는 방법 중 개방 주소법은 해시 충돌이 발생하면 다른 버킷에 데이터를 삽입하는 방식이다.

08 체이닝은 동일한 주소로 해싱된 모든 키들을 하나의 연결 리스트(linked list)로 저장하는 것이다. (   )

>>>🔍 체이닝은 폐쇄 주소법에 해당되며 동일한 주소로 해싱된 모든 키들을 하나의 연결 리스트로 저장하는 것이다.

정답 7 O 8 O

제 8 장 실전예상문제

01 다음 중 데이터를 검색할 때 한 번의 계산만으로도 쉽게 찾을 수 있는 자료구조에 해당하는 것은?

① 배열
② 해싱
③ 그래프
④ 트리

> 01 해싱은 각 레코드의 킷값을 비교해서 찾는 번거로움이 없고 원하는 레코드를 단 한 번의 접근으로 찾을 수 있는 장점이 있다.

02 해싱 테이블(hashing table)에 대한 설명으로 틀린 것은?

① 데이터가 저장될 위치가 데이터의 값에 의해 결정되는 자료구조이다.
② 데이터가 저장되는 버킷(bucket)들의 배열로 만들어지며 한 버킷은 하나 이상의 레코드를 수용할 수 있다.
③ 해싱 테이블에는 키(key)라는 인덱스로 자료를 접근하고 키와 배열 사이에서 해싱 함수를 이용하여 매핑한다.
④ 컴파일러나 인터프리터와 같은 언어 변환기에서 사용되는 자료구조이다.

> 02 컴파일러나 인터프리터와 같은 언어 변환기에서 사용되는 자료구조는 심볼 테이블이다.

03 입력된 킷값을 해싱 테이블의 주소로 변환시켜주는 함수를 무엇이라 하는가?

① 이차원 조사법
② 선형 함수
③ 해싱 함수
④ 더블 함수

> 03 해싱 함수는 주어진 킷값으로부터 레코드가 저장되어 있는 주소를 직접 계산할 수 있도록 하는 수식이다.

정답 01 ② 02 ④ 03 ③

04 해싱 테이블의 한 주소를 놓고 두 개 이상의 원소가 같은 자리를 다투는 것을 충돌이라 한다.

04 해싱 함수를 통해 만들어진 해시 주소가 중복되는 것을 무엇이라 하는가?
① 체이닝
② 버킷
③ 오버플로우
④ 충돌

05 해시 충돌이 발생하면 다른 버킷에 데이터를 삽입하는 방식을 개방 주소법이라 한다.

05 해시 충돌이 발생하면 다른 버킷에 데이터를 삽입하는 방식을 무엇이라 하는가?
① 개방 주소법
② 폐쇄 주소법
③ 체이닝
④ 연결 리스트

06 선형 조사(linear probing)는 가장 간단한 충돌 해결 방법으로 충돌이 일어난 바로 뒷자리를 보는 것이다.

06 해싱에서 충돌이 발생하면 충돌이 일어난 바로 뒷자리를 보는 것에 해당하는 것은?
① 이차원 조사
② 선형 조사
③ 더블 해싱
④ 체이닝

정답 04 ④ 05 ① 06 ②

07 다음 중 해싱 함수에 대한 설명으로 틀린 것은?

① 해싱 함수는 레코드가 특정 버킷에 편중되지 않고 주소 공간에 균등하게 사상될 수 있도록 해야 한다.
② 해싱 함수는 입력된 킷값을 해싱 테이블의 주소로 변환시켜 주는 함수이다.
③ 어떤 해싱 함수를 선택하느냐에 따라 해싱의 성능이 달라진다.
④ 해싱 테이블의 일부 영역에 데이터들이 집중적으로 저장되어 있을 때 충돌이 적게 발생한다.

> 07 해싱 테이블에 데이터가 골고루 저장되어 있어야 충돌이 발생할 확률이 적어진다.

08 킷값을 제곱한 후에 그 결과의 중간에 있는 적당한 수의 비트를 취하여 해싱 테이블의 버킷 주소로 만드는 방법에 해당하는 것은?

① 중간 제곱(mid-square) 함수
② 나누기(division-remainder) 함수
③ 접지(folding) 함수
④ 선형 조사(linear probing)

> 08 중간 제곱 함수는 킷값을 제곱한 후에 그 결과의 중간에 있는 적당한 수의 비트를 취하여 해싱 테이블의 버킷 주소로 만드는 방법이다.

09 해싱 함수 중 최하위 비트가 일치하도록 맞추고 더하는 방법에 해당하며 각 부분의 오른쪽 끝을 맞추어 더한 값을 홈 주소로 결정하는 방식에 해당하는 것은?

① boundary folding 방법
② shift folding 방법
③ 나누기(division-remainder) 방법
④ 선형 조사(linear probing) 방법

> 09 shift folding 방법은 최하위 비트가 일치하도록 맞추고 더하는 방법이며 각 부분의 오른쪽 끝을 맞추어 더한 값을 홈 주소로 결정하는 방식이다.

정답 07 ④ 08 ① 09 ②

10 더블 해싱은 2개의 해싱 함수를 사용하는 충돌 해결 방법이다.

10 2개의 해싱 함수를 사용하는 충돌 해결 방법은 무엇인가?
① 이차원 조사
② 선형 조사
③ 체이닝
④ 더블 해싱

11 두 개의 키에 대해 해싱 함수를 적용했을 때 h(k1) = h(k2)인 경우는 충돌이라 한다.

11 서로 다른 두 키 k1과 k2에 대해서 h(k1) = h(k2)인 상황을 무엇이라 하는가?
① 충돌
② 공유
③ 이중 함수
④ 오버플로우

12 선형 조사는 충돌이 일어난 바로 뒷자리를 보는 방법이며 해시 충돌 시 다음 버킷, 혹은 몇 개 건너뛰어 데이터를 삽입한다.

12 키가 k인 경우 해싱 테이블 주소는 h(k)가 되는데, 만약 h(k)에서 충돌이 발생하는 경우 $h_i(k) = (h(k) + i)$ mod m ($i = 0, 1, 2, \cdots$)과 같은 방법으로 다음 주소를 계산하는 방식은?
① 이차원 조사
② 체이닝
③ 선형 조사
④ 더블 해싱

정답 10 ④ 11 ① 12 ③

13 다음 중 선형 조사의 문제점에 해당하는 것은?
① 1차 군집
② 2차 군집
③ 계산 복잡도
④ 충돌

13 선형 조사는 특정 영역에 원소가 몰리는 현상인 1차 군집에 취약하다.

14 2개의 해싱 함수를 사용하는 충돌 해결 방법에 해당하는 것은?
① 해싱
② 더블 해싱
③ 폐쇄 주소법
④ 체이닝

14 더블 해싱은 해시 충돌이 발생하면 다른 해싱 함수를 한 번 더 적용한 결과를 이용하는 것이다.

15 다음 중 체이닝에 대한 설명으로 잘못된 것은?
① 버킷이 꽉 차더라도 연결 리스트로 계속 늘려가므로 데이터의 주소값은 바뀌지 않는다.
② 연결 리스트만 사용하면 되므로 복잡한 계산식을 사용할 필요가 개방 주소법에 비해 적다.
③ 적재율이 1을 넘어도 사용할 수 있다.
④ 동일한 주소로 해싱된 모든 키들을 하나의 배열에 저장하는 것이다.

15 체이닝은 동일한 주소로 해싱된 모든 키들을 하나의 연결 리스트로 저장하는 것이다.

정답 13 ① 14 ② 15 ④

16 해싱은 키에 산술적인 연산을 적용하여 항목이 저장되어 있는 테이블의 주소를 계산하므로 O(1) 시간 안에 접근할 수 있다.

17 연결 리스트를 사용하여 오버플로우 문제를 해결하는 것은 체이닝이다.

18 해싱은 속도는 가장 빠르지만 충돌 발생 시 오버플로우를 처리해야 한다.

16 해싱의 탐색 속도에 해당하는 것은?

① O(n)
② O(1)
③ O(logn)
④ O(n^2)

17 해싱(Hashing)에 대한 설명으로 옳지 않은 것은?

① 서로 다른 탐색키가 해시 함수를 통해 동일한 해시 주소로 사상될 수 있다.
② 충돌(Collision)이 발생하지 않는 해시 함수를 사용한다면 해싱의 탐색 시간 복잡도는 O(1)이다.
③ 선형 조사법(Linear Probing)은 연결 리스트를 사용하여 오버플로우 문제를 해결한다.
④ 폴딩함수(Folding Function)는 탐색키를 여러 부분으로 나누어 이들을 더하거나 배타적 논리합을 하여 해시 주소를 얻는다.

18 검색 방법 중 속도는 가장 빠르지만 충돌 현상 시 오버플로우 해결의 부담이 있으며 많은 기억 공간을 요구하는 탐색 방법은?

① 해싱(hashing)
② 블록 탐색(block search)
③ 순차 탐색(sequential search)
④ 이진 탐색(binary search)

정답 16 ② 17 ③ 18 ①

19 해싱에서 서로 다른 두 개 이상의 레코드가 같은 주소를 갖는 현상을 의미하는 것은?

① 오버플로우(overflow)
② 재귀(recursion)
③ 충돌(collision)
④ 버킷(bucket)

19 충돌이란 해시 테이블의 한 주소를 놓고 두 개 이상의 원소가 자리를 다투는 것으로, 한 원소를 해싱해서 저장하려는데 다른 원소가 이미 그 자리를 차지한 상황을 말한다.

20 해시 테이블에서 충돌(Collision)이 발생하였을 때 다음 주소의 빈 버킷을 찾아 저장하는 방법은?

① 개방 주소법
② 폐쇄 주소법
③ 재해싱
④ 무작위 주소법

20 개방 주소법은 해시 테이블에서 충돌이 발생하였을 때 다음 주소의 빈 버킷을 찾아 저장하는 방법이다. 폐쇄 주소법은 오버플로우된 레코드들을 별도의 오버플로우 영역에 저장하고 Chain으로 홈 버킷에 연결하는 방식이다. 재해싱은 충돌이 발생하면 새로운 해싱 함수로 새로운 홈 주소를 구하는 방식이다.

정답 19 ③ 20 ①

Self Check로 다지기 | 제8장

➡ **심볼 테이블(symbol table)**
컴파일러나 인터프리터와 같은 언어 변환기에서 사용되는 자료구조

➡ **해싱 테이블(hashing table)**
① 데이터가 저장될 위치가 데이터의 값에 의해 결정되는 자료구조
② 데이터가 저장되는 버킷(bucket)들의 배열로 만들어지며 한 버킷은 하나 이상의 레코드를 수용할 수 있음
③ 해싱 테이블에는 키(key)라는 인덱스로 자료를 접근하고 키와 배열 사이에서 해싱 함수를 이용하여 매핑(mapping)을 함

➡ **해싱 함수**
① 입력된 킷값을 해싱 테이블의 주소로 변환시켜주는 함수
② 주어진 킷값으로부터 레코드가 저장되어 있는 주소를 직접 계산할 수 있도록 하는 수식
③ 키를 전달받아 키의 해시값(hash value)을 반환하게 됨
④ 킷값을 해싱 함수에 넣어서 계산하면 해싱 테이블의 주소 값이 나오게 됨

➡ **해싱 함수의 대표적인 예**
① 중간 제곱(mid-square) 함수
킷값을 제곱한 후에 그 결과의 중간에 있는 적당한 수의 비트를 취하여 해싱 테이블의 버킷 주소로 만드는 방법
② 나누기(division-remainder) 함수
나누기 함수는 해싱 함수로 나눗셈을 이용하는 방법으로 킷값을 해싱 테이블의 크기로 나누어서 그 나머지를 버킷 주소로 변환하는 방법
③ 접지(folding) 함수
㉠ 종이를 접듯이 숫자를 접어 일정한 크기 이하의 수로 만드는 방법
㉡ 각 부분을 더하는 방식은 shift folding과 boundary folding 방법이 있음

➡ **충돌(collision)**
① 해싱 테이블의 한 주소를 놓고 두 개 이상의 원소가 자리를 다투는 것으로 한 원소를 해싱해서 저장하려는데 다른 원소가 이미 그 자리를 차지한 상황
② 해싱 함수를 통해 만들어진 해시 주소가 중복되면 데이터 값이 충돌함

➡ 오버플로우
더이상 슬롯에도 빈자리가 없는 경우

➡ 오버플로우 처리 기법
① **개방 주소법(open addressing)**
   해시 충돌이 발생하면 다른 버킷에 데이터를 삽입하는 방식
   ㉠ 선형 조사(linear probing)
      - 가장 간단한 충돌 해결 방법으로 충돌이 일어난 바로 뒷자리를 보는 것
      - 해시 충돌 시 다음 버킷, 혹은 몇 개 건너뛰어 데이터를 삽입함
   ㉡ 이차원 조사(quadratic probing)
      - 충돌 시 바로 뒷자리를 보는 대신에 보폭을 이차 함수로 넓혀가면서 찾는 방법
      - 이차원 조사는 선형 조사의 문제점을 해결하기 위한 방법이며 가능하면 충돌이 발생한 위치에서 먼 곳의 버킷에 저장되도록 함
   ㉢ 더블 해싱(double hashing)
      - 2개의 해싱 함수를 사용하는 충돌 해결 방법
      - 해시 충돌이 발생하면 다른 해싱 함수를 한 번 더 적용한 결과를 이용함
      - 두 개의 함수를 사용하며 충돌이 생겨 다음에 볼 주소를 계산할 때 두 번째 해시 함수값만큼씩 점프함
② **폐쇄 주소법(closed addressing)** : 키에 대한 해시값에 대응되는 곳에만 키를 저장하는 충돌 해결 방법(대표적인 방법으로는 체이닝(chaining)이 있음)

➡ 체이닝
동일한 주소로 해싱된 모든 키들을 하나의 연결 리스트(linked list)로 저장하는 것

미래가 어떻게 전개될지는 모르지만, 누가 그 미래를 결정하는지는 안다.
– 오프라 윈프리 –

부록

최종모의고사

| 최종모의고사 | 제1회 |
| 최종모의고사 | 제2회 |
| 정답 및 해설 |

당신이 할 수 있다고 생각하든, 할 수 없다고 생각하든 그렇게 될 것이다.

- 헨리 포드 -

보다 깊이 있는 학습을 원하는 수험생들을 위한
시대에듀의 동영상 강의가 준비되어 있습니다.
www.sdedu.co.kr ➜ 회원가입(로그인) ➜ 강의 살펴보기

제1회 최종모의고사 | 자료구조

제한시간: 50분 | 시작 ___시 ___분 – 종료 ___시 ___분

▶ 정답 및 해설 487p

01 자료에 대한 설명으로 바른 것은?
① 단순한 관찰이나 측정을 통해 수집된 사실이나 값
② 실제 문제에 도움이 되는 유용한 자료를 변형한 것
③ 특정 데이터를 평가한 결과
④ 단순한 값을 분석한 결과

02 컴퓨터 프로그램은 무엇으로 구성되는가?
① 자료와 자료구조
② 자료구조와 알고리즘
③ 알고리즘과 프로그래밍 언어
④ 문법과 자료형

03 다음 중 선형 자료구조가 아닌 것은?
① 배열
② 연결 리스트
③ 스택
④ 그래프

04 다음 중 알고리즘의 요구 조건에 해당하지 않는 것은?
① 출력
② 명확성
③ 유한성
④ 다양성

05 의사코드에 대한 설명으로 올바른 것은?
① 사람이 사용하는 자연어의 형태로 알고리즘을 표현하는 방법이다.
② 다양한 도형으로 알고리즘을 표현하는 방법이다.
③ 프로그램 코드와 유사한 형식을 갖는 코드를 말한다.
④ 알고리즘의 기술 방법에 해당하며 특정 프로그래밍 언어를 사용하는 방법이다.

06 다음 내용에 해당하는 알고리즘의 복잡도 표기법은?

> $f(n)$과 $g(n)$이 주어졌을 때 모든 $n \geq n_0$에 대하여 $f(n) \leq cg(n)$을 만족하는 상수 c와 n_0가 존재하면 $f(n) = O(g(n))$이다.

① 빅-오(Big-Oh) 표기법
② 빅-오메가(Big-Ω) 표기법
③ 빅-세타(Big-Θ) 표기법
④ 빅-알파(Big-α) 표기법

07 다음 중 알고리즘의 복잡도 크기 순으로 옳은 것은?

① $O(1) < O(\log n) < O(n) < O(n \log n) < O(2^n) < O(n^2) < O(n^3) < O(n!)$
② $O(1) < O(\log n) < O(n) < O(n \log n) < O(n^2) < O(n^3) < O(2^n) < O(n!)$
③ $O(1) < O(n) < O(\log n) < O(n \log n) < O(n^2) < O(n^3) < O(2^n) < O(n!)$
④ $O(1) < O(n) < O(\log n) < O(n \log n) < O(n!) < O(n^2) < O(n^3) < O(2^n)$

08 함수 $2n^2 + n \log n + 5n$을 O-표기법으로 바르게 표현한 것은?

① $O(n^2)$
② $O(\log n)$
③ $O(n)$
④ $O(n \log n)$

09 다음 알고리즘의 복잡도를 O-표기법으로 바르게 표기한 것은?

```
score (int n)
{
  x = 0;
  for i = 0 to n
    x = x + 1;
  next i
}
```

① $O(n)$
② $O(n^2)$
③ $O(\log n)$
④ $O(2^n)$

10 행렬 안의 항들이 대부분 0에 해당하는 것은?

① 희소 행렬
② 전치 행렬
③ 대칭 행렬
④ 단위 행렬

11 4행 3열의 2차원 배열에서 A[2][2]의 행우선 주소는 얼마인가? (단, 시작 주소는 100이며, 원소의 크기는 4바이트임)

① 80
② 120
③ 132
④ 185

12 다음 중 기능이 <u>다른</u> 것은?

① if 문
② for 문
③ while 문
④ do~while 문

13 다음 트리를 전위 순회로 운행할 경우 가장 먼저 탐색되는 것은?

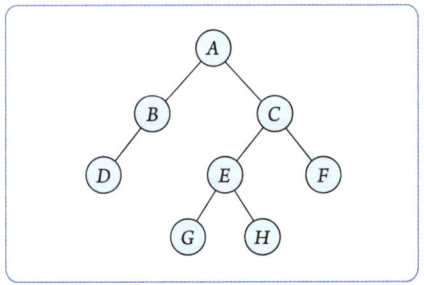

① A
② B
③ D
④ G

14 다음 중 트리에 해당하는 것은?

①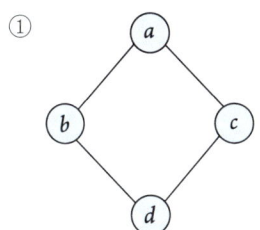

②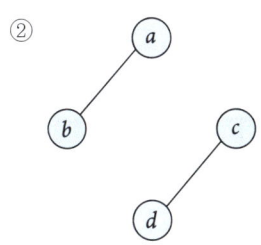

③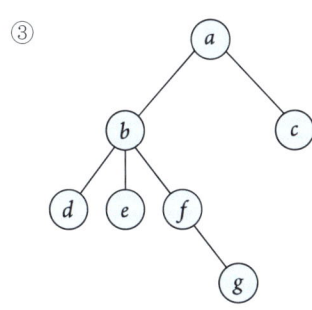

④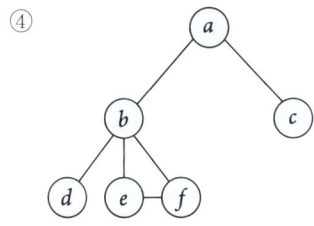

15 다음 트리에 대한 설명 중 옳지 않은 것은?

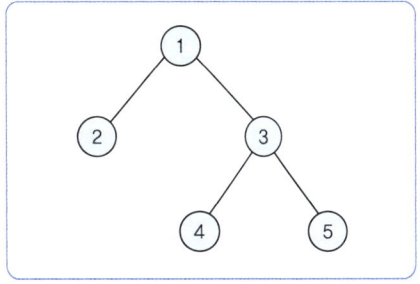

① 단말 노드는 노드 2, 4, 5이다.
② 노드 1의 자손은 노드 3이다.
③ 노드 1은 루트 노드이다.
④ 노드 3의 차수는 2이다.

16 동적 메모리를 할당하는 함수에 해당하는 것은?

① malloc()
② free()
③ return()
④ break()

17 스택에 대한 설명으로 잘못된 것은?

① 스택은 가장 나중에 입력된 데이터가 가장 먼저 출력된다.
② top의 위치에서 삽입과 삭제가 이루어진다.
③ 후입선출(LIFO) 구조이다.
④ 삽입과 삭제를 위해 2개의 포인터가 필요하다.

18 원형 큐에서 공백 상태를 의미하는 것은?

① front = 0
② front = rear
③ front = (rear + 1) mod n
④ front = (front + 1) mod n

19 다음 설명 중 잘못된 것은?

① 연결 리스트를 이용하여 구현한 스택은 크기가 제한되지 않는다.
② 큐는 먼저 들어온 데이터가 먼저 나가는 자료구조이다.
③ 큐의 삽입은 후단에서 삭제는 전단에서 이루어진다.
④ 프린터와 컴퓨터 사이의 버퍼링에 스택이 사용된다.

20 트리에 대한 설명으로 적합하지 않은 것은?

① 계층적인 조직 표현에 적합하다.
② 컴퓨터 디스크의 디렉토리 구조를 표현할 수 있다.
③ 인공지능에서의 결정 트리도 트리에 해당한다.
④ 리스트, 스택, 큐 등을 표현할 수 있다.

21 A + B * C - D / E를 후위 표기식으로 바르게 변환한 것은?

① A B C * + D E / -
② * + A B C D E / -
③ A B + C * D / E -
④ A + B C * - D E /

22 프로그램의 실행 중 필요한 정보를 저장하기 위해 사용하는 스택을 무엇이라 하는가?

① 임시 스택
② 다중 스택
③ 시스템 스택
④ 사용자 스택

23 역방향 노드에 대한 접근이 어려우며 이전 노드에 접근하기 위해서는 처음부터 새로 순회해야 하는 구조는?

① 이중 연결 리스트
② 원형 연결 리스트
③ 일반 리스트
④ 단순 연결 리스트

24 n개의 원소로 구성된 연결 리스트에서 n번째 노드를 접근하기 위해 필요한 시간 복잡도에 해당하는 것은?

① $O(n)$
② $O(1)$
③ $O(n^2)$
④ $O(n \log n)$

25 이중 연결 리스트의 장점에 해당하는 것은?

① 선행 노드를 가리키는 포인터가 있어 역방향 검색이 가능하다.
② 노드의 삽입, 삭제 시 많은 자리 이동이 필요하다.
③ 단순 연결 리스트에 비해 기억 공간이 절약된다.
④ 메모리의 연속적인 기억 공간이 필요하다.

26 마지막 레벨을 제외한 각 레벨이 노드들로 꽉 차 있고 마지막 레벨에는 노드들이 왼쪽부터 빠짐없이 채워진 트리에 해당하는 것은?

① 완전 이진 트리
② 균형 이진 트리
③ 포화 이진 트리
④ 편향 이진 트리

27 다음 중 트리에 해당하지 <u>않는</u> 것은?

①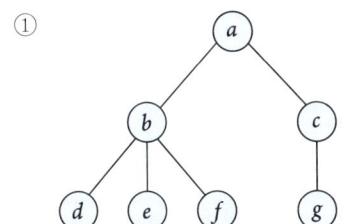

②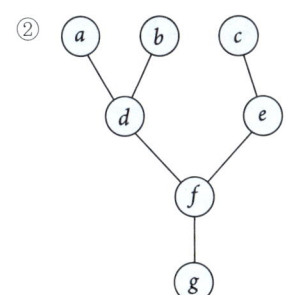

③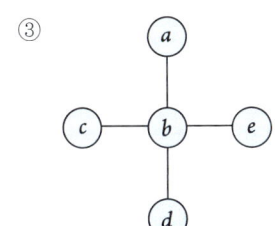

④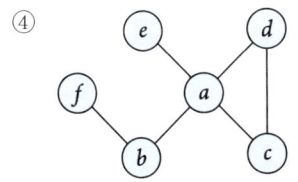

28 다음과 같은 그래프의 인접 행렬은?

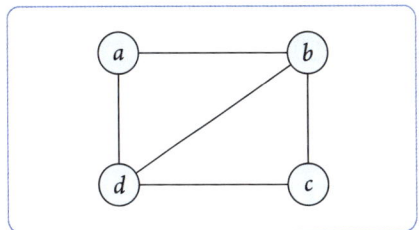

①
$$\begin{array}{c} \ \ a\ \ b\ \ c\ \ d \\ \begin{array}{c}a\\b\\c\\d\end{array}\begin{bmatrix} 0 & 1 & 0 & 1 \\ 1 & 0 & 1 & 1 \\ 0 & 1 & 0 & 1 \\ 1 & 1 & 1 & 0 \end{bmatrix} \end{array}$$

②
$$\begin{array}{c} \ \ a\ \ b\ \ c\ \ d \\ \begin{array}{c}a\\b\\c\\d\end{array}\begin{bmatrix} 0 & 0 & 1 & 1 \\ 1 & 0 & 1 & 0 \\ 0 & 1 & 1 & 1 \\ 1 & 1 & 1 & 0 \end{bmatrix} \end{array}$$

③
$$\begin{array}{c} \ \ a\ \ b\ \ c\ \ d \\ \begin{array}{c}a\\b\\c\\d\end{array}\begin{bmatrix} 0 & 1 & 0 & 1 \\ 1 & 0 & 0 & 0 \\ 0 & 1 & 1 & 1 \\ 1 & 0 & 1 & 0 \end{bmatrix} \end{array}$$

④
$$\begin{array}{c} \ \ a\ \ b\ \ c\ \ d \\ \begin{array}{c}a\\b\\c\\d\end{array}\begin{bmatrix} 0 & 1 & 0 & 0 \\ 1 & 0 & 1 & 0 \\ 0 & 0 & 1 & 1 \\ 1 & 0 & 1 & 0 \end{bmatrix} \end{array}$$

29 다음과 같은 최대 히프에서 삭제 연산을 한 번 수행한 후 재구성된 히프에서 루트 노드에 해당하는 것은?

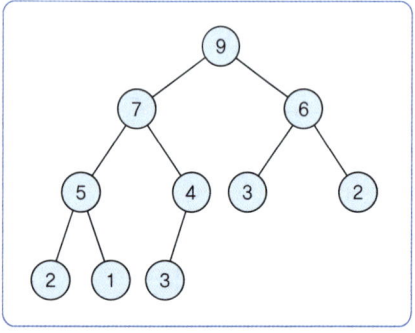

① 3
② 6
③ 5
④ 7

30 히프 정렬의 시간 복잡도에 해당하는 것은?

① $O(n^2)$
② $O(n)$
③ $O(n \log n)$
④ $O(\log n)$

31 다음 설명 중 잘못된 것은?

① 선택 정렬의 시간 복잡도는 $O(n \log n)$이다.
② 비교 횟수나 이동 횟수가 정렬 알고리즘의 평가 기준이 된다.
③ 외부 정렬은 외부기억장치에 대부분의 데이터가 있고 일부만 주기억장치에 저장된 상태에서 정렬하는 것이다.
④ 동일한 킷값을 갖는 레코드들의 상대적인 위치가 정렬 후에도 바뀌지 않는 것을 정렬 알고리즘의 안정성이라 한다.

32 정렬 알고리즘을 선택할 때 고려해야 할 사항이 아닌 것은?

① 정렬할 데이터의 양
② 킷값들의 분포 상태
③ 운영체제의 종류
④ 데이터들의 정렬 상태

33 순차 탐색의 평균 탐색 횟수는?

① n - 1
② (n + 1) / 2
③ n
④ n / 2

34 n개의 노드로 구성된 무방향 그래프의 최대 간선 수는?

① n - 1
② n(n - 1) / 2
③ n / 2
④ n(n + 1)

35 다음과 같이 후위 표기식으로 표현된 연산식의 연산 결과로 옳은 것은?

3 4 * 5 6 * +

① 42
② 35
③ 81
④ 360

36 다음 자료를 버블 정렬을 이용하여 오름차순으로 정렬할 경우 PASS 3의 결과는?

> 9, 6, 7, 3, 5

① 6, 3, 5, 8, 9
② 3, 5, 6, 7, 9
③ 6, 7, 3, 5, 9
④ 3, 5, 9, 6, 7

37 다음 그림에서 트리의 차수(degree)는?

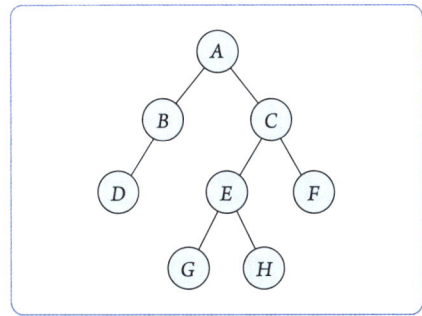

① 1
② 2
③ 3
④ 4

38 스택 알고리즘에서 top이 스택 포인터이고, m이 스택의 길이일 때, 서브루틴 'AA'가 처리해야 하는 것은?

```
top = top + 1;

if top > m then
   goto AA;
else
   STACK(top) = item;
```

① 오버플로우 처리
② 언더플로우 처리
③ 삭제 처리
④ 삽입 처리

39 해싱 함수에 대한 설명으로 옳은 것은?

① 입력 데이터를 고유한 해시 값으로 변환한다.
② 항상 동일한 크기의 출력 데이터를 생성하지 않는다.
③ 충돌이 발생하지 않도록 고유한 해시 값을 생성한다.
④ 입력 데이터의 크기에 따라 가변적인 크기의 해시 값을 생성한다.

40 해시 테이블에서 오버플로우가 발생했을 때 체이닝 방법의 주요 특징은 무엇인가?

① 충돌이 발생한 키를 삭제한다.
② 해시 테이블의 크기를 자동으로 조정한다.
③ 해시 함수를 변경하여 새로운 해시 값을 생성한다.
④ 충돌이 발생한 해시 값에 대해 연결 리스트를 사용하여 모든 충돌 항목을 저장한다.

제2회 최종모의고사 | 자료구조

제한시간: 50분 | 시작 ___시 ___분 – 종료 ___시 ___분

정답 및 해설 492p

01 선형 구조만으로 나열된 것은?

① 트리, 그래프
② 트리, 그래프, 스택, 큐
③ 트리, 배열, 스택, 큐
④ 배열, 스택, 큐

02 그래프의 특수한 형태로, 노드(node)와 가지(branch)로 되어 있고, 정점 사이에 사이클이 형성되어 있지 않으며, 자료 사이의 관계성이 계층 형식으로 나타나는 비선형 구조는?

① 트리
② 네트워크
③ 스택
④ 그래프

03 힙 정렬에 대한 설명으로 틀린 것은?

① 정렬한 입력 레코드들로 힙을 구성하고 가장 큰 킷값을 갖는 루트 노드를 제거하는 과정을 반복하여 정렬하는 기법이다.
② 평균 수행 시간 복잡도는 $O(n \log n)$이다.
③ 입력 자료의 레코드를 완전 이진 트리로 구성한다.
④ 최악의 수행 시간 복잡도는 $O(n^2)$이다.

04 희소 행렬을 연결 리스트로 표현하면 좋은 점은?

① 특정 원소의 접근 시간이 줄어든다.
② 메모리를 절약할 수 있다.
③ 행렬 연산할 때 계산 속도가 빨라진다.
④ 데이터에 대한 탐색이 용이하다.

05 다음 트리에서 깊이 우선 탐색을 이용한 경로로 옳은 것은?

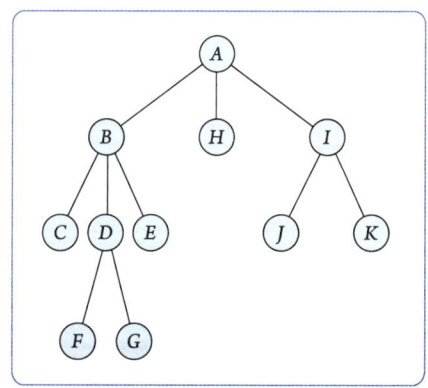

① A B C D F G E H I J K
② A B H I C D E F G J K
③ A B C D E F G H I J K
④ C B F G D E A H J I K

06 실 매개변수 값이 형식 매개변수에 복사되어 형식 매개변수 값이 변경되더라도 호출 함수의 실 매개변수 값은 변경되지 않는 매개변수 전달 방식은?

① call by value
② call by reference
③ call by name
④ call by pointer

07 자료의 양쪽 끝에서 삽입과 삭제가 가능한 구조는 어느 것인가?

① 스택
② 큐
③ 데크
④ 원형 큐

08 다음 트리에 대한 설명으로 잘못된 것은?

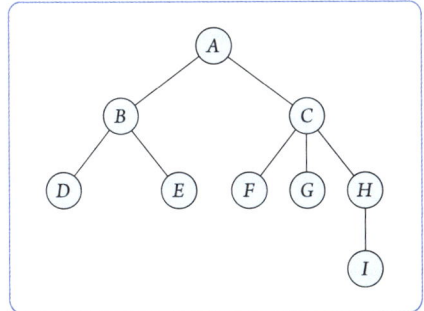

① D와 E는 B의 자식 노드이다.
② C는 B의 형제 노드이다.
③ 트리의 차수는 2이다.
④ A는 루트 노드이다.

09 후위 표기식인 AB/C+DE*-AC*+를 전위 표기식으로 바르게 표현한 것은?

① -+/AB+C*DE*AC
② +-+/ABC*DE*AC
③ A/B+C-D*E+A*C
④ AB/C+*DE-*AC+

10 정점이 5개인 방향 그래프가 가질 수 있는 최대 간선수는? (단, 자기 간선과 중복 간선은 배제함)

① 7개
② 10개
③ 20개
④ 27개

11 다음 트리에 대한 중위 순회 운행 결과는?

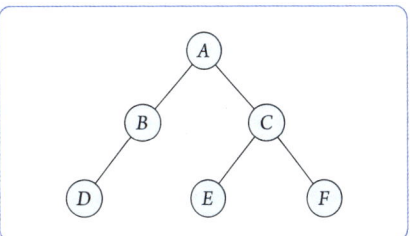

① D B A E C F
② A B D C E F
③ D B E C F A
④ A B C D E F

12 다음 자료에 대하여 삽입(insertion) 정렬 기법을 사용하여 오름차순으로 정렬하고자 한다. 1회전 후의 결과는?

> 5, 4, 3, 2, 1

① 4, 3, 2, 1, 5
② 3, 4, 5, 2, 1
③ 4, 5, 3, 2, 1
④ 1, 2, 3, 4, 5

13 순서가 A, B, C, D로 정해진 입력 자료를 스택에 입력하였다가 출력할 때, 가능한 출력 순서의 결과가 <u>아닌</u> 것은?

① D, A, B, C
② A, B, C, D
③ A, B, D, C
④ B, C, D, A

14 다음 트리의 단말 노드 수는?

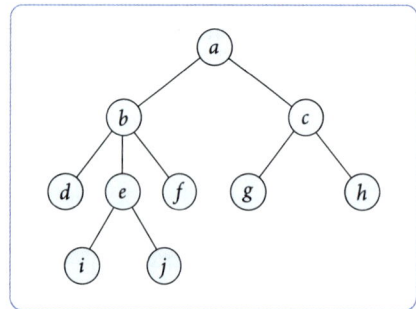

① 2
② 4
③ 6
④ 10

15 퀵 정렬에 대한 설명으로 틀린 것은?

① 순환 알고리즘을 사용해야 하므로 스택 공간을 필요로 한다.
② 첫 번째 키만을 분할 원소로 정할 수 있다.
③ 키를 기준으로 작은 값은 왼쪽에, 큰 값은 오른쪽 서브 파일로 분해시키는 방식이다.
④ 최악의 시간 복잡도는 $O(n^2)$이다.

16 다음 그래프의 인접 행렬(adjacency matrix) 표현 시 옳은 것은?

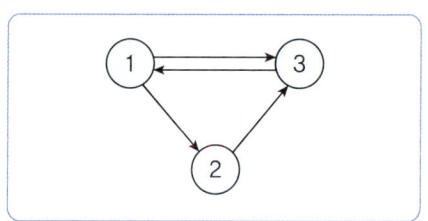

① $\begin{array}{c} 123 \\ \begin{array}{c}1\\2\\3\end{array}\begin{bmatrix} 0 & 1 & 1 \\ 0 & 0 & 1 \\ 1 & 0 & 0 \end{bmatrix} \end{array}$

② $\begin{array}{c} 123 \\ \begin{array}{c}1\\2\\3\end{array}\begin{bmatrix} 0 & 1 & 1 \\ 0 & 1 & 1 \\ 1 & 0 & 0 \end{bmatrix} \end{array}$

③ $\begin{array}{c} 123 \\ \begin{array}{c}1\\2\\3\end{array}\begin{bmatrix} 0 & 0 & 1 \\ 1 & 0 & 1 \\ 0 & 0 & 1 \end{bmatrix} \end{array}$

④ $\begin{array}{c} 123 \\ \begin{array}{c}1\\2\\3\end{array}\begin{bmatrix} 1 & 0 & 1 \\ 0 & 1 & 1 \\ 1 & 0 & 1 \end{bmatrix} \end{array}$

17 후위 표기식이 다음과 같을 때 연산 결과는?

> 4 2 4 * + 2 / 3 +

① 6
② 9
③ 12
④ 16

18 다음과 같이 오름차순 정렬되었을 경우 사용된 정렬 기법은?

> 초기 상태 : 8, 3, 4, 9, 7
> 1 PASS : 3, 8, 4, 9, 7
> 2 PASS : 3, 4, 8, 9, 7
> 3 PASS : 3, 4, 7, 9, 8
> 4 PASS : 3, 4, 7, 8, 9

① 버블 정렬
② 선택 정렬
③ 퀵 정렬
④ 쉘 정렬

19 다음 트리를 전위 순회 방법으로 순회할 경우 다섯 번째로 탐색되는 것은?

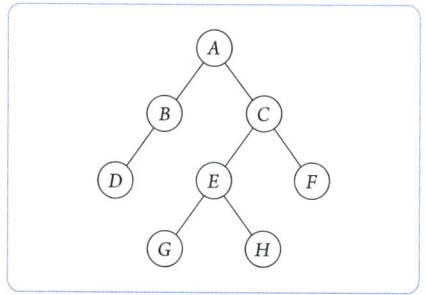

① C
② E
③ G
④ H

20 다음 자료에 대하여 선택 정렬을 이용하여 오름차순으로 정렬하고자 한다. 3회전 후의 결과로 옳은 것은?

> 37, 14, 17, 40, 35

① 14, 17, 37, 40, 35
② 14, 37, 17, 40, 35
③ 14, 17, 35, 37, 40
④ 14, 17, 35, 40, 37

21 다음 전위 표기식(prefix)을 후위 표기식(postfix)으로 옳게 표현한 것은?

> − / * A + B C D E

① A B C + * D / E −
② A B * C D / + E −
③ A B * C + D / E −
④ A B C + D / * E −

22 이진 탐색 알고리즘에 대한 설명으로 틀린 것은?

① 탐색 효율이 좋고 탐색 시간이 적게 소요된다.
② 검색할 데이터가 정렬되어 있어야 한다.
③ 피보나치 수열에 따라 다음에 비교할 대상을 선정하여 검색한다.
④ 비교 횟수를 거듭할 때마다 검색 대상이 되는 데이터의 수가 절반으로 줄어든다.

23 순서가 A, B, C, D로 정해진 입력 자료를 push, push, pop, push, push, pop, pop, pop 순서로 스택 연산을 수행하는 경우 출력 결과는?

① B D C A
② A B C D
③ B A C D
④ A B D C

24 다음 그림에서 트리의 차수는?

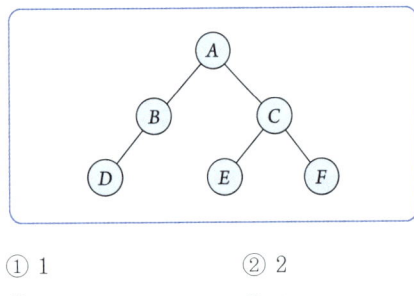

① 1
② 2
③ 3
④ 6

25 함수에서 매개변수를 전달할 때 값에 의한 자료 전달 방법을 설명한 것은?

① call by reference라고 한다.
② 실 매개변수 값이 형식 매개변수에 복사된다.
③ 형식 매개변수 값이 변경되면 호출 함수의 실 매개변수 값도 같이 변경된다.
④ 실 매개변수 값이 저장된 기억 장소를 가리키는 포인터나 실제 주소를 형식 매개변수에 전달하는 방법이다.

26 자료구조에 대한 설명으로 옳지 않은 것은?

① 스택은 Last In – First Out 처리를 수행한다.
② 큐는 First In – First Out 처리를 수행한다.
③ 스택은 서브루틴 호출, 인터럽트 처리, 수식 계산 및 수식 표기법에 응용된다.
④ 큐는 비선형 구조에 해당한다.

27 다음 트리를 전위 순회(preorder traversal)한 결과는?

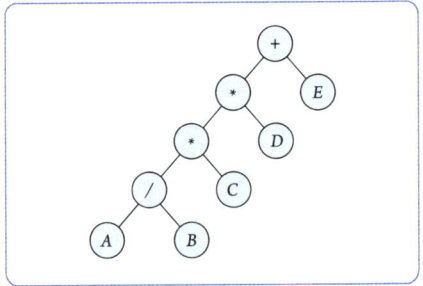

① + * A B / * C D E
② A B / C * D * E +
③ A / B * C * D + E
④ + * * / A B C D E

28 다음과 같이 레코드가 구성되어 있을 때, 이진 검색 방법으로 14를 찾을 경우 비교되는 횟수는?

1, 2, 3, 4, 5, 6, 7, 8, 9, 10, 11, 12, 13, 14, 15

① 2번
② 3번
③ 4번
④ 5번

29 다음 자료를 버블 정렬을 이용하여 오름차순으로 정렬할 경우 PASS 3의 결과는?

> 9, 6, 7, 3, 5

① 6, 3, 5, 7, 9
② 3, 5, 6, 7, 9
③ 6, 7, 3, 5, 9
④ 3, 5, 9, 6, 7

30 스택(stack)에 대한 설명 중 옳은 것은?

① FIFO 방식으로 처리된다.
② 순서 리스트의 뒤(rear)에서 노드가 삽입되며 앞(front)에서 노드가 제거된다.
③ 선형 리스트의 양쪽 끝에서 삽입과 삭제가 모두 가능한 자료구조이다.
④ 인터럽트 처리, 서브루틴 작업 등에 응용된다.

31 이진 트리의 NULL 링크를 이용하여 순환 호출 없이도 트리의 노드 순회가 가능하도록 구성한 구조는?

① 완전 이진 트리
② 포화 이진 트리
③ 스레드 이진 트리
④ 편향 이진 트리

32 어떤 데이터에 대해 순차 탐색을 수행하여 탐색에 실패하였다. 이때 평균 비교 횟수는 얼마인가?

① $n / 2$번
② $(n + 1) / 2$번
③ n번
④ $n(n + 1) / 2$번

33 다음 중 알고리즘의 조건에 대한 설명으로 잘못된 것은?

① 입력 : 0개 이상의 입력이 존재하여야 한다.
② 출력 : 0개 이상의 출력이 존재하여야 한다.
③ 명확성 : 각 명령어의 의미는 모호하지 않고 명확해야 한다.
④ 유한성 : 한정된 수의 단계 후에는 반드시 종료되어야 한다.

34 알고리즘의 복잡도 분석에 대한 설명으로 잘못된 것은?

① 직접 구현하여 수행 시간을 분석하는 것이다.
② 시간 복잡도 분석은 수행 시간에 대한 분석이다.
③ 공간 복잡도 분석은 수행 시 필요로 하는 메모리 공간에 대한 분석이다.
④ 알고리즘이 수행하는 연산의 횟수를 측정하여 비교한다.

35 어떤 알고리즘에 대해 입력의 개수 n에 대한 연산의 횟수를 다음과 같은 그래프로 표현하였다. 수행 시간 측면에서 가장 비효율적인 알고리즘은 어느 것인가?

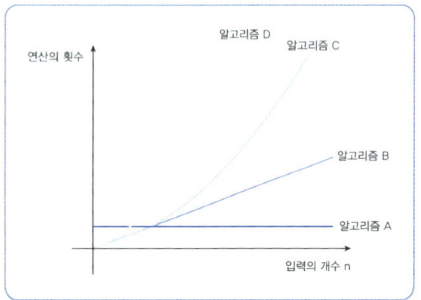

① 알고리즘 A
② 알고리즘 B
③ 알고리즘 C
④ 알고리즘 D

36 2원 합병 정렬의 시간 복잡도에 해당하는 것은?

① $O(n^2)$
② $O(\log n)$
③ $O(n)$
④ $O(n \log n)$

37 쉘 정렬에서 매개변수를 1로 하여 정렬하면 다음 중 어떤 정렬 알고리즘과 같아지는가?

① 버블 정렬
② 삽입 정렬
③ 힙 정렬
④ 퀵 정렬

38 임의의 그래프의 모든 정점을 포함하는 트리에 해당하는 것은?

① 이진 트리
② 신장 트리
③ 편향 트리
④ 최단 트리

39 해시 테이블에 대한 설명으로 옳은 것은?

① 해시 테이블은 모든 키가 고유한 해시 값을 가져야만 제대로 작동한다.
② 해시 테이블은 데이터를 정렬된 순서로 저장하기 위해 설계된 자료구조이다.
③ 해시 테이블은 항상 고정된 크기를 가지며, 데이터가 많아지면 자동으로 크기가 줄어든다.
④ 해시 테이블은 키 값을 해시 함수에 의해 계산된 해시 값에 매핑하여 데이터를 저장하는 자료구조이다.

40 해시 테이블에서 이중 해싱(Double Hashing)은 오버플로우를 어떻게 처리하는가?

① 해시 테이블의 크기를 두 배로 확장한다.
② 해시 테이블을 정렬하여 데이터를 다시 삽입한다.
③ 충돌된 데이터는 삭제하고 새로운 데이터를 삽입한다.
④ 두 번째 해시 함수를 사용하여 새로운 해시 값을 계산하고 그 위치에 데이터를 저장한다.

제1회 정답 및 해설 | 자료구조

01	02	03	04	05	06	07	08	09	10	11	12	13	14	15	16	17	18	19	20
①	②	④	④	③	①	②	①	①	①	③	①	①	③	②	①	④	②	④	④
21	22	23	24	25	26	27	28	29	30	31	32	33	34	35	36	37	38	39	40
①	③	④	①	①	①	④	①	④	③	①	③	②	②	①	②	②	①	①	④

01 정답 ①
자료는 단순한 관찰이나 사실을 수집한 것이다. 이러한 자료를 가공한 결과를 정보라고 한다.

02 정답 ②
컴퓨터 프로그램은 자료구조와 알고리즘이 결합하여 만들어진 것이다.

03 정답 ④
리스트, 연결 리스트, 스택, 큐, 데크 등은 선형 자료구조에 해당한다. 트리나 그래프는 비선형 자료구조에 해당한다.

04 정답 ④
알고리즘의 요구 조건에는 입력, 출력, 명확성, 유한성, 유효성이 있다.

05 정답 ③
의사코드는 실제 프로그램 코드는 아니지만 프로그램 코드와 비슷한 형식을 갖는 코드로, 알고리즘을 이해하기 쉽도록 기술할 수 있다.

06 정답 ①
빅-오(Big-Oh) 표기법은 n_0를 기준으로 n_0보다 오른쪽에 있는 모든 n값에 대해 함수 f(n)은 함수 cg(n)보다 작거나 같다는 의미이다. 점근적 상한선이라 할 수 있다.

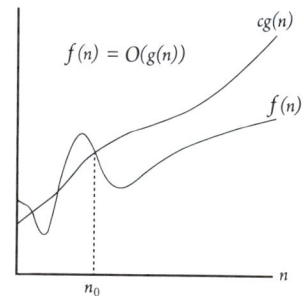

07 정답 ②
알고리즘의 연산 시간 크기 순서
$O(1) < O(\log n) < O(n) < O(n \log n) < O(n^2) < O(n^3) < O(2^n) < O(n!)$

08 정답 ①
O-표기법으로 복잡도를 표시할 때는 실행 빈도수를 구하기 위해 실행 시간 함수를 찾는다. 실행 시간 함수의 값에 가장 큰 영향을 주는 n에 대한 항을 선택하여 계수는 생략하고 표현하면 된다.

09 정답 ①
알고리즘은 0부터 n까지 반복하여 x = x + 1 문장을 수행한다. 이때 x = x + 1 문장에서 덧셈 연산은 1번 수행되는데, 반복문은 0부터 n이 될 때까지 n + 1번 수행되므로, 복잡도는 f(n) = n + 1 = O(n)이 된다.

10 정답 ①
희소 행렬은 행렬 안의 많은 항들이 0으로 되어 있는 행렬이며 메모리의 낭비가 발생한다.

11 정답 ③
시작 주소가 α이고 데이터가 kbyte의 크기일 때 배열이 행우선 방식으로 저장되었다면 m개의 행과 n개의 열을 가진 2차원 배열 A[m][n]에서 i행 j열의 원소인 A[i][j]의 행우선 주소는 α + (i × n + j) × k가 된다. 따라서 100 + (2 × 3 + 2) × 4 = 132이다.

12 정답 ①
if 문은 조건 제어문이고 for 문, while 문, do ~ while 문은 반복 제어문이다.

13 정답 ①
전위 순회는 루트-왼쪽-오른쪽 순이다. 따라서 A - B - D - C - E - G - H - F가 된다. 중위 순회하면 D - B - A - G - E - H - C - F가 되고, 후위 순회하면 D - B - G - H - E - F - C - A가 된다.

14 정답 ③
트리는 사이클이 없는 연결 그래프이며, 트리를 구성하는 두 정점 사이에는 두 정점을 연결하는 단순 경로가 존재해야 한다.

15 정답 ②
노드 1의 자손은 노드 2, 3, 4, 5이다.

16 정답 ①
동적 메모리를 할당하는 함수는 malloc()이고 메모리를 해제할 때는 free() 함수를 사용한다. malloc() 함수는 프로그래밍에서 실행 시간 동안 사용할 기억 공간을 할당할 때 사용한다.

17 정답 ④
스택은 top 포인터에서 삽입과 삭제가 이루어진다. 큐는 front와 rear 포인터가 있으며, 삽입은 rear 포인터에서, 삭제는 front 포인터에서 이루어진다.

18 정답 ②
원형 큐의 공백 상태는 front = rear이다.

19 정답 ④
큐의 응용에는 시뮬레이션의 대기열(공항에서의 비행기들, 은행에서의 대기열), 통신에서의 데이터 패킷들의 모델링에 이용, 프린터와 컴퓨터 사이의 버퍼링 등이 있다. 큐는 서로 다른 속도로 실행되는 두 프로세스 간의 상호 작용을 조화시키는 버퍼 역할을 담당하며 CPU와 프린터 사이의 프린팅 버퍼, 또는 CPU와 키보드 사이의 키보드 버퍼 등도 이에 해당한다.

20 정답 ④
트리는 계층적인 구조를 나타내는 자료구조이며 부모-자식 관계의 노드들로 이루어진다. 리스트, 스택, 큐 등은 선형 구조이다.

21 정답 ①
후위 표기식은 피연산자 - 피연산자 - 연산자 순으로 표현한다. 후위 표기법은 괄호나 연산자 우선순위를 따로 처리하지 않고 왼쪽에서 오른쪽으로 표기된 순서대로 처리할 수 있다.

22 정답 ③
시스템 스택은 수행 중인 프로그램의 함수나 서브프로그램들의 복귀 주소와 관련 정보들을 저장하기 위해 사용된다. 시스템 스택은 프로그램의 실행 중 필요한 정보를 저장하기 위해 사용하는 스택이며 프로그래머가 직접 만들어서 사용하는 스택인 사용자 스택과는 다른 기능을 수행한다.

23 정답 ④
단순 연결 리스트는 이전 노드에 대한 접근 연산을 하기 위해서는 처음부터 새로 순회해야 하며 역방향 노드를 탐색하기가 어렵다. 다음 노드의 레퍼런스만으로 노드들이 연결되어 있어서 삽입이나 삭제할 때 반드시 이전 노드를 가리키는 레퍼런스를 추가로 알아내야 한다.

24 정답 ①
배열의 경우 배열의 인덱스를 이용해 해당 원소로 직접 접근할 수 있으므로 O(1)이 되지만, 연결 리스트는 첫 번째 노드부터 순차적으로 접근해야 하므로 O(n)이 된다.

25 정답 ①
이중 연결 리스트는 2개의 포인터를 가지고 있는 구조이다. 선행 노드를 가리키는 포인터를 가지고 있기 때문에 역방향으로 리스트를 검색할 수 있으며, 노드의 삽입과 삭제가 용이하다. 이중 연결 리스트는 선행 노드를 가리키는 포인터가 있어야 하기 때문에 단순 연결 리스트에 비해 메모리가 더 많이 필요하다.

26 정답 ①
완전 이진 트리는 높이가 h일 때 레벨 1부터 (h-1)까지는 포화 이진 트리이며, 마지막 레벨 h에서는 왼쪽에서 오른쪽으로 가면서 순서대로 단말 노드가 채워진 이진 트리이다.

27 정답 ④
트리는 하나 이상의 정점들이 사이클 없이 연결되어 있는 형태이다. 트리는 비선형 자료구조이며, 정렬이나 프로그래밍 언어 구문 등에서도 다양하게 사용하고 있다. 사이클을 형성하면 트리가 아니다.

28 정답 ①
인접 행렬은 그래프의 각 정점을 행과 열의 원소로 표현한다. 두 정점을 연결하는 간선이 존재하면 행렬의 원소는 1이 되고, 간선이 존재하지 않으면 0으로 표현하면 된다.

29 정답 ④

최대 히프는 부모 노드의 킷값이 자식 노드의 킷값보다 항상 크거나 같은 크기 관계의 히프이다. 히프에서의 삭제 연산은 일단 루트 노드의 원소를 삭제하고 맨 마지막 노드를 루트 노드로 위치하게 한 후 트리가 히프가 되도록 재구성하면 된다. 히프의 삭제 연산은 다음과 같은 순서로 진행된다.

30 정답 ③

히프에 어떤 원소들을 다 넣고 pop을 하면 정렬된 순서로 원소들이 빠져나오게 되는데, 이걸 사용하는 정렬을 히프 정렬이라고 한다. 히프 정렬의 시간 복잡도는 $O(n \log n)$이다.

31 정답 ①

선택 정렬은 정렬을 위한 비교 횟수는 많으나 교환 횟수는 상당히 적다는 것이 장점이 있으며, 교환이 많이 이루어져야하는 자료 상태에서 가장 효율적으로 적용될 수 있는 정렬 방식이다. 선택 정렬의 시간 복잡도는 $O(n^2)$이다.

32 정답 ③

정렬 알고리즘을 선택할 때 고려 사항으로는 킷값들의 분포 상태, 소요 공간 및 작업 시간, 정렬에 필요한 기억 공간의 크기, 데이터의 양, 사용 컴퓨터 시스템의 특성 등을 들 수 있다.

33 정답 ②

순차 탐색에서 데이터를 비교하는 횟수는 찾고자 하는 데이터가 저장된 위치에 따라 다르다. 찾고자 하는 데이터가 맨 앞에 있으면 비교를 1번만 하면 되고, 두 번째에 있으면 2번만 비교하면 되고, k번째 있으면 k번 만큼 해야 한다. 따라서 순차 탐색에서의 평균 비교 횟수는 $\frac{(1+2+3+\ldots+n)}{n} = \frac{(n+1)}{2}$이 된다.

34 정답 ②

정점이 n개인 무방향 그래프에서는 최대 간선 수가 n(n - 1) / 2개이다. 방향 그래프에서는 두 정점에 대해서 방향이 다른 두 개의 간선을 연결할 수 있으므로, 최대 간선 수는 무방향 그래프의 최대 간선 수의 2배가 되어 n(n - 1)개가 된다.

35 정답 ①

후위 표기식 3 4 * 5 6 * +는 중위 표기식으로 변환하면 3 * 4 + 5 * 6이 되므로 3 * 4 + 5 * 6 = 42가 된다.

36 정답 ②

버블 정렬은 이웃하는 데이터를 비교하여 작은 데이터를 앞쪽으로 이동시키는 과정을 반복하여 정렬하는 알고리즘이다.

> 9, 6, 7, 3, 5

PASS 1 : 6, 7, 3, 5, 9
PASS 2 : 6, 3, 5, 7, 9
PASS 3 : 3, 5, 6, 7, 9

37 정답 ②

노드 A 차수 : 2(노드 B, C),
노드 B 차수 : 1(노드 D),
노드 C 차수 : 2(노드 E, F),
노드 E 차수 : 2(노드 G, H)
따라서 트리에서 최대 차수는 2가 된다.

38 정답 ①

top > m이면 스택 포인터 top이 스택의 길이인 m보다 큰 경우이므로 오버플로우를 처리해야 한다.

39 정답 ①

해싱 함수의 가장 중요한 특성 중 하나는 항상 동일한 크기의 출력 데이터(해시 값)를 생성한다는 것이다. 또한 해싱 함수는 고유한 해시 값을 생성하려고 노력하지만 충돌이 발생할 수 있으며, 입력 데이터의 크기와 무관하게 항상 고정된 크기의 해시 값을 생성한다.

40 정답 ④

체이닝(Chaining)은 충돌이 발생한 해시 테이블의 슬롯에 연결 리스트 등을 사용하여 여러 데이터를 저장한다. 예를 들어, 해시 테이블의 슬롯이 이미 데이터 A를 포함하고 있는데 데이터 B가 동일한 슬롯에 저장되어야 한다면, 데이터 B는 연결 리스트의 다음 노드로 추가된다.

제2회 정답 및 해설 | 자료구조

01	02	03	04	05	06	07	08	09	10	11	12	13	14	15	16	17	18	19	20
④	①	④	②	①	①	③	③	②	③	①	③	①	③	②	①	②	②	②	④
21	22	23	24	25	26	27	28	29	30	31	32	33	34	35	36	37	38	39	40
①	③	①	②	②	④	④	②	②	④	③	③	②	①	④	④	②	②	④	④

01 정답 ④
선형 구조에는 배열, 스택, 큐 등이 있고 비선형 구조에는 트리, 그래프 등이 있다.

02 정답 ①
트리는 어떤 하나의 집합으로부터 하위 레벨로 가지가 나오는 집합 관계를 갖는 계층 구조를 말하며, 사이클이 형성되면 안 된다. 비선형 구조는 트리와 그래프 등이 있다.

03 정답 ④
힙 정렬(heap sort)은 연산 시간이 최악의 경우와 평균의 경우 모두 $O(n\log n)$이며, 빠른 속도를 갖는 정렬 방법이다.

04 정답 ②
희소 행렬은 많은 항들이 0으로 구성된 행렬이다. 따라서 0이 아닌 항들만 연결 리스트로 표현하면 메모리를 절약할 수 있다.

05 정답 ①
깊이 우선 탐색은 먼저 시작점에서 인접해 있는 정점 중 아직 탐색하지 않은 정점을 방문하고, 방문한 정점에 인접해 있는 정점 중 아직 탐색하지 않은 다른 정점을 방문하는 것을 반복한다.

06 정답 ①
call by value는 값에 의한 자료 전달 방법이며 값을 복사해서 전달하므로 원본의 데이터는 변경되지 않는다.

07 정답 ③
데크는 큐의 특수한 형태로 큐의 양쪽 끝에서 원소의 삽입과 삭제가 가능하다.

08 정답 ③
트리의 차수는 트리에 있는 노드의 차수 중에서 가장 큰 값을 의미하므로 3이 된다.

09 정답 ②
전위 표기법은 연산자 - 피연산자 - 피연산자이고 중위 표기법은 피연산자 - 연산자 - 피연산자이고 후위 표기법은 피연산자 - 피연산자 - 연산자 순으로 표현한다.

10 정답 ③
완전 그래프의 최대 간선의 개수(m : 간선의 개수, n : 노드의 개수(정점의 개수))
무방향 그래프 : $m = n(n - 1) / 2$
방향 그래프 : $m = n(n - 1)$

11 정답 ①

중위 순회 방법은 왼쪽-루트-오른쪽 순이다. 따라서 D → B → A → E → C → F가 된다.

12 정답 ③

삽입 정렬은 배열을 정렬된 부분(앞부분)과 정렬이 안 된 부분(뒷부분)으로 나누고 정렬이 안 된 부분의 가장 왼쪽 원소를 정렬된 부분의 적절한 위치에 삽입하여 정렬되도록 하는 과정을 반복한다.

> 5, 4, 3, 2, 1

1회전 : 4, 5, 3, 2, 1

13 정답 ①

스택은 가장 나중에 삽입된 자료가 가장 먼저 삭제되는 후입선출(LIFO : Last In First Out)방식으로 자료를 처리한다. 순서가 A, B, C, D로 정해져 있기에 D가 먼저 출력되려면 스택에 모든 입력 자료를 입력했다가 출력해야 하므로, D가 가장 먼저 출력되는 경우는 D, C, B, A만 가능하다.
A, B, C, D가 출력되려면 A 삽입 → A 출력 → B 삽입 → B 출력 → C 입력 → C 출력 → D 입력 → D 출력하면 된다.
A, B, D, C가 출력되려면 A 삽입 → A 출력 → B 삽입 → B 출력 → C 입력 → D 입력 → D 출력 → C 출력하면 된다.
B, C, D, A가 출력되려면 A 삽입 → B 삽입 → B 출력 → C 입력 → C 출력 → D 입력 → D 출력 → A 출력하면 된다.

14 정답 ③

자식 노드가 없는 차수가 0인 노드를 잎(leaf) 노드 또는 단말 노드라고 한다. 따라서 단말 노드는 노드 d, i, j, f, g, h가 된다.

15 정답 ②

퀵 정렬은 배열에서 하나의 기준값을 선택하여 그 기준값보다 작으면 왼쪽으로 이동하고, 기준값보다 크면 기준값의 오른쪽으로 이동한다. 퀵 정렬은 계속해서 분할하여 정렬하는 방법이므로 순환 알고리즘을 사용해야 해서 스택 공간을 필요로 한다. 최악의 시간 복잡도는 $O(n^2)$이다. 퀵 정렬에서 사용하는 기준값은 첫 번째 킷값이나 전체 데이터 중에서 가운데에 위치한 킷값을 선택할 수도 있다.

16 정답 ①

인접 행렬은 그래프의 구조를 표현하기 위해서 정점들 사이의 인접 관계를 정점 수만큼의 행과 열을 갖는 행렬을 이용하여 표현하는 방법이다. 방향 그래프에서 두 정점을 연결하는 간선의 화살표에 따라 행렬의 원소가 결정된다. 한 정점에서 다른 정점으로 가는 간선이 존재하면 행렬의 원소를 1로 표현하고 존재하지 않으면 0으로 표현한다. 따라서 인접 행렬로 표현하면 $\begin{pmatrix} 0 & 1 & 1 \\ 0 & 0 & 1 \\ 1 & 0 & 0 \end{pmatrix}$이 된다.

17 정답 ②

전위 표기식은 연산자 - 왼쪽 - 오른쪽, 중위 표기식은 왼쪽 - 연산자 - 오른쪽, 후위 표기식은 왼쪽 - 오른쪽 - 연산자 순으로 표현한다.
4 2 4 * + 2 / 3 +
⇒ ((4 + (2 * 4)) / 2) + 3
⇒ 12 / 2 + 3 = 9이다.

18 정답 ②
선택 정렬은 n개의 레코드 중에서 최솟값을 찾아 첫 번째 레코드 위치에 놓고, 나머지 (n − 1)개 중에서 다시 최솟값을 찾아 두 번째 레코드 위치에 놓는 방식을 반복하여 정렬하는 방식이다.

19 정답 ②
전위 순회는 루트 – 왼쪽 서브 트리 – 오른쪽 서브 트리 순으로 노드를 방문한다. 따라서 전위 순회를 수행하면 노드들의 방문 순서는 A – B – D – C – E – G – H – F가 된다.

20 정답 ④
선택 정렬은 전체 데이터 중에서 가장 작은 데이터를 찾아서 선택하여 첫 번째 위치와 자리를 교환하고 그 다음 두 번째로 작은 데이터를 찾아 선택하여 두 번째 위치와 자리를 교환하고 그 다음에는 세 번째로 작은 데이터를 찾아서 세 번째 위치와 자리를 교환한다. 나머지에 대해서도 같은 방법으로 반복하여 정렬한다.
최초 상태 : 37, 14, 17, 40, 35
1회전 후 : 14, 37, 17, 40, 35
2회전 후 : 14, 17, 37, 40, 35
3회전 후 : 14, 17, 35, 40, 37

21 정답 ①
전위 표기식 – / * A + B C D E를 중위 표기식으로 먼저 변경하면 A * (B + C) / D – E가 된다. 다시 중위 표기식을 후위 표기식으로 변경하면 A B C + * D / E –가 된다.

22 정답 ③
피보나치 수열에 따라 다음에 비교할 대상을 선정하여 검색하는 것은 피보나치 탐색이다. 이진 탐색은 찾고자 하는 킷값을 파일의 중간 레코드 킷값과 비교하면서 검색하는 방식이다.

23 정답 ①
스택 연산은 LIFO(Last in First Out) 구조이다. 순서가 A, B, C, D로 정해진 입력 자료를 차례로 push, push, pop, push, push, pop, pop, pop 연산을 수행한다. 따라서 맨 처음 push를 하면 A가 스택에 저장되고 다시 push를 하면 스택의 A 위에 B가 놓인다. pop 연산을 하면 현재 스택의 맨 위에 놓인 B가 출력된다. 이제 스택에는 A만 남아있다. 다시 push 연산을 하면 스택의 A 위에 C가 놓인다. 또다시 push 연산을 하면 D가 맨 위에 놓인다. 현재 스택은 A, C, D 순서로 데이터가 저장되어 있다. 이제 연속해서 pop 연산을 3번 하게 되면 D, C, A가 출력된다. 따라서 최종 출력은 B, D, C, A가 된다.

24 정답 ②
차수(Degree)는 노드 중 가장 자손이 많은 노드의 자손 수이다. 노드 A의 자손은 2이고, 노드 C의 자손은 2로 최대이므로, 이 트리의 차수는 2가 된다.

25 정답 ②
call by value는 값을 복사해서 프로시저로 전달하기 때문에 원래 값을 전달한 곳에는 아무런 영향을 미치지 않으므로 원본의 데이터가 변경되지 않는다.

26 정답 ④
큐는 선형 자료구조이며, 리스트의 한쪽에서는 삽입 작업이 이루어지고 다른 한쪽에서는 삭제 작업이 이루어지도록 구성한 자료구조이다.

27 정답 ④
전위 순회 : 루트-왼쪽 서브트리-오른쪽 서브트리

28 정답 ②
이진 탐색은 데이터 집합의 중간에 있는 데이터부터 비교하여 원하는 데이터가 중간의 데이터보다 더 크면 중간의 오른쪽 부분인 뒤쪽에서 찾고 원하는 데이터가 중간의 데이터보다 작으면 중간의 왼쪽 부분인 앞쪽에서 찾는 것을 반복하는 방법이다. 먼저 첫 번째 값과 마지막 값을 이용하여 중간값을 구한 후 찾으려는 값과 비교하면 된다. 중간값은 (1 + 15) / 2 = 8이 된다. 8이 찾으려는 값과 같은지 비교한다. 8은 찾으려는 값인 14보다 작다(1회 비교). 따라서 8의 오른쪽 부분이 검색 대상이 된다. 8의 오른쪽 부분에서 첫 번째 값은 9가 되고 마지막 값은 15가 된다. 다시 중간값을 계산해야 한다. (9 + 15) / 2 = 12가 된다. 12와 찾고자 하는 값인 14를 비교한다(2회 비교). 12는 찾으려는 값인 14보다 작다. 따라서 검색 대상은 12의 오른쪽 부분이 된다. 즉, 찾으려는 값 14는 13~15 사이에 있다. 다시 중간값을 계산해야 한다. (13 + 15) / 2 = 14가 된다. 계산된 중간값 14와 찾고자 하는 값인 14와 비교한다(3회 비교). 같으므로 탐색은 성공하고 종료한다. 따라서 이진 검색 방법으로 14를 찾을 경우 비교되는 횟수는 3회가 된다.

29 정답 ②
버블 정렬은 이웃하는 데이터를 비교하여 작은 데이터를 앞쪽으로 이동시키는 과정을 반복하여 정렬하는 알고리즘이다.
초기상태 : 9, 6, 7, 3, 5
PASS 1 : 6, 7, 3, 5, 9
PASS 2 : 6, 3, 5, 7, 9
PASS 3 : 3, 5, 6, 7, 9

30 정답 ④
스택은 LIFO(Last-In First-Out) 구조이며, top에서 데이터의 삽입과 삭제가 일어난다. 큐는 FIFO 방식이며, 리스트의 뒤(rear)에서 노드가 삽입되며 앞(front)에서 노드가 제거된다.

31 정답 ③
스레드 이진 트리에서는 자식 노드가 없는 경우 링크 필드에 NULL 대신 순회 순서상의 다른 노드를 가리키도록 설정한다.

32 정답 ③
순차 탐색은 탐색 방법 중에서 가장 간단하고 직접적인 탐색 방법이며, 배열을 처음부터 마지막까지 하나씩 검사하는 방법이다. 탐색에 실패하는 경우는 찾고자 하는 킷값이 해당 배열에 존재하지 않는 경우이고, 전체 데이터 수만큼 비교가 이루어지므로 n번 비교하게 된다. 탐색에 성공하는 경우의 평균 비교 횟수는 (n + 1) / 2번 비교하게 된다.

33 정답 ②
알고리즘에 대한 요구 조건으로는 입력, 출력, 명확성, 유한성, 유효성이 있다. 알고리즘이 수행된 후 반드시 1개 이상의 출력이 존재하여야 한다.

34 정답 ①

알고리즘의 성능 분석 기법은 알고리즘의 복잡도를 분석하는 방법이며, 알고리즘을 직접 프로그램으로 구현하지 않고 알고리즘이 수행하는 연산의 횟수를 측정하여 비교한다.

35 정답 ④

x축은 데이터 입력의 개수(n)이고 y축은 연산의 횟수이다. 데이터 개수에 대한 연산 횟수의 증가 추세가 완만한 것이 효율적인 알고리즘이라 할 수 있다. 가장 비효율적인 알고리즘은 알고리즘 D가 된다.

36 정답 ④

2원 합병 정렬은 하나의 리스트를 두 개의 균등한 크기로 반복해서 분할한 뒤 분할된 부분 리스트를 정렬한 다음 두 리스트를 합하여 전체가 정렬된 리스트를 만드는 방법이다. 시간 복잡도는 $O(n \log n)$이다.

37 정답 ②

쉘 정렬은 일정한 간격으로 떨어져있는 데이터들끼리 부분 리스트를 구성하고, 각 부분 리스트에 있는 데이터들에 대해서 삽입 정렬을 수행하는 작업을 반복하면서 전체 데이터들을 정렬하는 방법이다. 간격이 1인 경우는 모든 원소들을 1개의 그룹으로 여기는 것이고, 이는 삽입 정렬 그 자체이다.

38 정답 ②

신장 트리는 모든 정점을 포함하면서 사이클을 형성하지 않아야 한다.

39 정답 ④

해시 테이블은 모든 키가 고유한 해시 값을 가지지 않아도 작동한다. 해시 충돌이 발생할 수 있으며 충돌을 처리하기 위해 충돌 해결 전략을 사용한다. 또한 해시 테이블은 키-값 쌍을 저장하며 데이터는 해시 함수에 의해 분산된 위치에 저장되기 때문에 저장 순서나 정렬된 순서가 보장되지 않는다. 해시 테이블의 초기 크기는 고정되어 있을 수 있지만, 데이터가 많아지면 크기를 동적으로 조정한다.

40 정답 ④

이중 해싱은 충돌이 발생하면 두 번째 해시 함수를 사용하여 새로운 위치를 계산하여 데이터를 저장한다. 이중 해싱은 두 개의 해시 함수를 사용하여 충돌이 발생한 경우 새로운 해시 값을 계산하고 이 값을 사용하여 데이터를 저장할 새로운 위치를 결정한다. 이를 통해 충돌을 효과적으로 분산시키고 해시 테이블의 성능을 개선할 수 있다.

독학학위제 2단계 전공기초과정인정시험 답안지(객관식)

컴퓨터용 사인펜만 사용

전공분야

성명

※ 수험생은 수험번호와 응시과목 코드번호를 표기(마킹)한 후 일치여부를 반드시 확인할 것.

답안지 작성시 유의사항

1. 답안지는 반드시 컴퓨터용 사인펜을 사용하여 다음 보기와 같이 표기할 것.
   보기) 잘된 표기: ●
   잘못된 표기: ⊗ ⊙ ◐ ○ ◑
2. 수험번호 (1)에는 아라비아 숫자로 쓰고, (2)에는 "●"와 같이 표기할 것.
3. 과목코드는 뒷면 "과목코드번호"를 보고 해당과목의 코드번호를 찾아 표기하고, 응시과목란에는 응시과목명을 한글로 기재할 것.
4. 교시코드는 문제지 전면 의 교시를 해당란에 "●"와 같이 표기할 것.
5. 한번 표기한 답은 긁거나 수정액 및 스티커 등 어떠한 방법으로도 고쳐서는 아니되고, 고친 문항은 "0"점 처리함.

[이 답안지는 마킹연습용 모의답안지입니다.]

독학학위제 2단계 전공기초과정인정시험 답안지(객관식)

독학학위제 2단계 전공기초과정인정시험 답안지(객관식)

독학학위제 2단계 전공기초과정인정시험 답안지(객관식)

참고문헌

- 김대수, 『소프트웨어와 컴퓨팅 사고』, 생능출판, 2018.
- 김용원 외 2인 공저, 『알기 쉽게 해설한 데이터구조』, 이한출판사, 2007.
- 문병로, 『쉽게 배우는 알고리즘』, 한빛아카데미, 2018.
- 박정호 외 3인 공저, 『C로 작성하는 컴퓨터 알고리즘』, 이한출판사, 2011.
- 양성봉, 『자바와 함께하는 자료구조의 이해』, 생능출판, 2017.
- 오상엽, 『Data Structure & Algorithm with C/C++』, 이한출판사, 2008.
- 이지영, 『C로 배우는 쉬운 자료구조』, 한빛아카데미, 2018.
- 주우석, 『C·C++로 배우는 자료구조론』, 한빛아카데미, 2018.
- 천인국 외 2인 공저, 『C로 쉽게 풀어쓴 자료구조』, 생능출판, 2017.
- 최영규 외 2인 공저, 『두근두근 자료구조』, 생능출판, 2018.

실패하는 게 두려운 게 아니라, 노력하지 않는 게 두렵다.

– 마이클 조던 –

시대에듀 독학사 컴퓨터공학과 2단계 자료구조

개정3판1쇄 발행	2025년 03월 05일 (인쇄 2025년 01월 21일)
초 판 발 행	2019년 05월 03일 (인쇄 2019년 03월 27일)
발 행 인	박영일
책 임 편 집	이해욱
편 저	류금한
편 집 진 행	송영진
표지디자인	박종우
편집디자인	차성미・고현준
발 행 처	(주)시대고시기획
출 판 등 록	제10-1521호
주 소	서울시 마포구 큰우물로 75 [도화동 538 성지 B/D] 9F
전 화	1600-3600
팩 스	02-701-8823
홈 페 이 지	www.sdedu.co.kr
I S B N	979-11-383-8538-1 (13000)
정 가	30,000원

※ 이 책은 저작권법의 보호를 받는 저작물이므로 동영상 제작 및 무단전재와 배포를 금합니다.
※ 잘못된 책은 구입하신 서점에서 바꾸어 드립니다.

··· 1년 만에 4년제 학위취득 ···

시대에듀와 함께라면 가능합니다!

시대에듀 전문 교수진과 함께라면 독학사 시험 합격은 더 가까워집니다!

수강생을 위한 프리미엄 학습 지원 혜택

| 최신 동영상 강의 | × | 기간 내 무제한 수강 | × | 모바일 강의 | × | 1:1 맞춤 학습 서비스 |

시대에듀 동영상 강의 | www.sdedu.co.kr

합격의 공식 **시대에듀**

시대에듀 독학사
컴퓨터공학과

왜? 독학사 컴퓨터공학과인가?

4년제 컴퓨터공학 학위를 최소 시간과 비용으로 단 1년 만에 초고속 취득 가능!

- 독학사 학과 중 **거의 유일한 공과 계열 학과**
- 컴퓨터 관련 취업에 **가장 유용한 학과**
- 전산팀, 서버관리실, R&D, 프로그래머, 빅데이터·데이터베이스 전문가, 시스템·임베디드 엔지니어, 각종 IT 관련 연구소 등 **다양한 분야로 취업 가능**

컴퓨터공학과 과정별 시험과목(2~4과정)

1~2과정 교양 및 전공기초과정은 객관식 40문제 구성
3~4과정 전공심화 및 학위취득과정은 객관식 24문제+**주관식 4문제** 구성

2과정(전공기초)
- 논리회로
- C프로그래밍
- 자료구조
- 컴퓨터구조
- 운영체제
- 이산수학
- 객체지향프로그래밍
- 웹프로그래밍

3과정(전공심화)
- 인공지능
- 컴퓨터네트워크
- 임베디드시스템
- 소프트웨어공학
- 프로그래밍언어론
- 정보보호
- 컴파일러
- 컴퓨터그래픽스

4과정(학위취득)
- 알고리즘
- 통합컴퓨터시스템
- 통합프로그래밍
- 데이터베이스

※ 시대에듀에서 개설된 과목은 굵은 글씨로 표시하였습니다.

시대에듀 컴퓨터공학과 학습 커리큘럼

기본이론부터 실전문제풀이 훈련까지!
시대에듀가 제시하는 각 과정별 최적화된 커리큘럼에 따라 학습해 보세요.

STEP 01 기본이론 — 핵심이론 분석으로 확실한 개념 이해
STEP 02 문제풀이 — 실전예상문제를 통해 문제 유형 파악
STEP 03 모의고사 — 최종모의고사로 실전 감각 키우기
STEP 04 핵심요약 — 핵심요약집으로 중요 포인트 체크

컴퓨터공학과 2단계 합격을 위한
최적의 교재!

류금한 편저

★★ 시대에듀 ★★

독학사 2단계
컴퓨터공학과
자료구조 핵심요약집

시대에듀

핵심요약집 120% 활용 방안

교수님 코칭!

독학사 시험은 매년 정해진 평가영역에서 개념 위주의 문항이 출제됩니다. 결코 어렵게 출제되는 것이 아니기에 기본적인 사항 위주로 개념을 잘 정리해 둔다면 충분히 합격 점수인 60점 이상을 획득할 수 있습니다.

정리되지 않은 학습으로는 기울인 노력 대비 좋은 결과를 얻지 못합니다. 본서에 있는 핵심요약집은 각 단원별로 중요한 내용을 한 번 더 정리한 것으로, 다음과 같이 활용한다면 효율적인 학습에 도움이 될 것입니다.

정리 노트로 활용!

핵심요약집은 기본서의 핵심 내용이 단원별로 정리·요약되어 있으므로 중요 부분을 확인하기 쉬우며, 나만의 정리 노트로 활용할 수 있습니다.

자투리 시간에 활용!

바쁜 일상에서 공부할 시간을 따로 내는 것은 어려운 일입니다. 자투리 시간을 활용하여 정리된 요약집으로 틈틈이 복습한다면, 효과적으로 학습 시간을 확보할 수 있을 것입니다.

복습에 활용!

새로운 내용을 파악할 때 예습보다는 복습의 효과가 비교적 더 큽니다. 기본서 학습 후 복습할 때 핵심요약집을 통해 중요 내용을 떠올려 본다면 보다 효과적으로 정리할 수 있습니다.

시험 직전에 활용!

시험 직전에 많은 내용을 짧은 시간 안에 확인하려면 평소 정리 및 준비를 잘 해 두어야 합니다. 핵심요약집을 활용하여 시험 직전에 중요 부분을 확인한다면 합격에 도움이 될 것입니다.

자료구조

시험장에 가져가는
핵심요약집

시/험/전/에/보/는/ 핵/심/요/약/키/워/드/

가장 큰 영광은 한 번도 실패하지 않음이 아니라 실패할 때마다 다시 일어서는 데에 있다.

- 공자 -

  보다 깊이 있는 학습을 원하는 수험생들을 위한
시대에듀의 동영상 강의가 준비되어 있습니다.
www.sdedu.co.kr → 회원가입(로그인) → 강의 살펴보기

자료구조
시험장에 가져가는 핵심요약집

제1장 기본 개념

제1절 자료구조와 알고리즘

1 자료

단순한 관찰이나 측정을 통해 수집된 사실이나 어떤 값

2 정보

자료들을 특정 목적을 위하여 가공 및 처리하여 실제 문제에 도움이 되는 유용한 형태로 변환한 것

3 자료구조

① 자료를 효율적으로 사용하기 위해서 자료의 특성에 따라서 분류하여 구성하고 저장 및 처리하는 모든 작업
② 자료의 사용 방법이나 성격에 따라 효율적으로 사용하기 위하여 조직하고 저장하는 방법
③ 알고리즘을 구성하는 일종의 부품
④ 자료가 얼마나 잘 구조화되어 있느냐에 따라 프로그램의 속도, 개발 시간, 유지 보수의 비용이 달라짐
⑤ 프로그램 = 자료구조 + 알고리즘
⑥ 동일한 알고리즘이라도 자료구조가 달라지면 전혀 다른 프로그램이 될 수 있기 때문에 자료에 알맞은 자료구조를 만드는 것이 매우 중요

4 자료의 형태에 따른 분류

(1) 단순 구조

정수, 실수, 문자, 문자열

(2) 선형 구조

① 데이터를 저장할 때 연속적인 기억 공간에 배정하는 자료구조
② 자료들 간의 앞뒤 관계가 일대일의 선형 관계임
③ 리스트, 연결 리스트, 스택, 큐, 데크

(3) 비선형 구조
① 비순차적인 성질을 지닌 자료들을 표현하는 데 적합한 구조
② 자료 간의 앞뒤 관계가 일대다 또는 다대다의 관계
③ 트리, 그래프

(4) 파일 구조
① 파일에서 자료 처리를 쉽게 하기 위하여 사용되는 자료구조
② 순차 파일, 색인 파일, 직접 파일

5 자료구조를 선택할 때 고려해야 하는 요인
① 포함된 데이터의 양
② 데이터를 사용하는 방법과 횟수
③ 데이터의 정적 혹은 동적인 특성
④ 자료구조에 의해 요구되는 기억장치의 양
⑤ 하나의 데이터를 수정하는 데 걸리는 시간, 프로그래밍의 복잡도

6 자료의 단위와 종류
① **비트(bit)** : 정보 표현의 최소 단위로 2진수 0 또는 1을 나타냄
② **니블(nibble)** : 4개의 Bit로 구성되며 $16(=2^4)$개의 정보를 표현할 수 있음
③ **바이트(byte)** : 8개의 Bit를 모아 바이트라고 하며 하나의 문자를 표현하는 기본 단위
④ **문자(character)** : 컴퓨터가 기억하거나 처리하는 기호, 숫자, 영문자, 한글 등이며 컴퓨터 내부에서의 단어 구성 요소가 되기도 함
⑤ **단어(word)** : 바이트의 모임으로 컴퓨터 내부의 명령 처리 단위
⑥ **필드(field)** : 파일을 구성하는 최소 단위로 항목(item)이라고도 하며 레코드를 구성하는 논리적 자료 단위
⑦ **레코드(record)** : 레코드는 하나 이상의 필드들이 모여서 구성된 자료 처리 단위
⑧ **파일(file)** : 파일은 여러 개의 레코드가 모여 구성되며 디스크의 저장 단위로 사용

7 알고리즘
① 주어진 문제를 해결하기 위한 문제 해결 과정을 묘사하는 것으로 절차와 방법, 명령 등을 명확하게 기술해 놓은 것
② 프로그램 내부에서 프로그램이 만들어진 목적대로 작업을 수행하도록 하는 것
③ 어떤 입력에 대해 계산을 수행하여 결과를 생성하는 역할
④ 여러 알고리즘 중 가장 효율적이고 효과적인 알고리즘을 선택하는 것이 중요

8 알고리즘의 요구조건

① **입력**: 외부에서 제공되는 0개 이상의 입력 데이터가 존재해야 함
② **출력**: 입력값으로부터 적어도 하나 이상의 결과가 출력되어야 함
③ **명확성**: 기술된 명령들이 애매모호하지 않고 명확해야 함
④ **유한성**: 제한된 수의 명령 단계를 거친 후에는 반드시 종료해야 함
⑤ **유효성**: 모든 명령들은 실행 가능해야 함

9 알고리즘의 기술 방법

(1) 자연어

① 사람이 사용하는 문장으로 설명하여 쉽고 편리하게 알고리즘을 작성할 수 있으나 알고리즘이 매우 길어질 수도 있고 의미가 애매할 수도 있음
② 명령어로 쓰이는 단어들을 명백하게 해야만 알고리즘이 될 수 있음
③ 복잡한 알고리즘을 기술하는 데는 적절하지 않음

(2) 순서도

① 알고리즘의 논리적인 흐름이나 연결 관계 등을 쉽게 파악하기 위해 다양한 도형으로 표현하는 방법
② 문제를 해결하는 데 필요한 작업들을 도형들의 관계로 표현하는 방법
③ 도형들의 관계가 작업의 논리적인 흐름을 나타냄

(3) 의사코드

① 프로그램 코드는 아니지만 프로그램 코드와 유사한 형식을 갖는 코드이며 알고리즘을 표현할 때 흔히 사용됨
② 일반적인 언어로 코드를 흉내 내어 알고리즘을 써놓은 것
③ 자연어보다 더 체계적이지만 프로그래밍 언어보다는 덜 엄격한 언어
④ 가장 선호되는 표기법
⑤ 일반적으로 C언어 형식으로 작성

제2절 자료 추상화

1 추상화

① 불필요한 부분을 삭제하거나 중요한 특징을 찾아낸 후 간단하게 표현하는 것으로 요소들의 공통 부분을 별도로 만들어서 사용하는 것
② 크고 복잡한 문제를 단순화시켜 쉽게 해결하기 위한 방법

2 추상 자료형

① 자료형의 일반화로 정의
② 데이터가 무엇이고 무슨 기능을 수행하는가만을 정의
③ 데이터 구조 및 연산의 구현 방법은 불포함(이유: 프로그램 언어마다 구현 방법이 다름)
④ 객체와 연산을 정의

제3절 SPARKS

1 개념

SPARKS(Structured Programming : A Reasonably Komplete Set)는 알고리즘을 기술하는 데 사용되는 언어의 일종

2 선언문

① 프로그램의 일반적인 특성과 그 프로그램을 다루는 데이터의 특성을 지정하는 비실행문
② 자료형을 사용하여 여러 가지 형태의 변수를 선언

3 지정문

상수나 변수 또는 연산식의 결과를 변수에 지정하는 문장

```
변수 ← 값;
```

4 조건문

① 주어진 조건이 참 또는 거짓에 따라 서로 다른 명령을 처리하도록 하는 프로그램 명령문
② 조건문으로는 if 문이 있으며, if 문은 주어진 조건이 참이냐 거짓이냐에 따라 다른 명령을 처리하도록 만든 수행문으로 대체로 참일 때만 명령을 실행하는 형태와 참과 거짓일 때 서로 다른 명령을 실행하는 형태가 있음

```
if (조건식) then
    명령문1;
else
    명령문2;
```

5 CASE 문

① 여러 조건식 중에서 해당 조건을 찾아서 그에 대한 명령문을 수행하는 문장
② 중첩 if 문으로도 표현이 가능하나 중첩 if 문보다 구문을 깔끔하게 표현 가능

```
case {
   조건식1 : 명령문1;
   조건식2 : 명령문2;
    …
   조건식n : 명령문n;
   else : 명령문n+1;
}
```

6 반복문

① 같은 명령을 반복하는 것을 지정하는 제어 구조
② 프로그래밍 언어에서 반복 구조를 작성할 수 있도록 만든 명령문
③ 반복 횟수를 지정하는 형태와 반복 조건을 제시하는 형태가 있음
④ for 문, while 문

  ㉠ for 문
   - 가장 많이 사용하며 초깃값, 조건식, 증감값 등의 세 부분으로 구성
   - 초깃값은 반복문을 시작하는 시작값이고 한번 수행할 때마다 증감값에 따라 증가 또는 감소하면서 조건식을 검사하여 참이면 명령문을 반복 수행함

```
for (초깃값; 조건식; 증감값)
   명령문;
```

  ㉡ while 문
   - 조건식이 참인 동안 명령문을 반복 수행
   - 먼저 조건식을 비교하여 참이면 해당 명령문을 수행하고 거짓이면 while 문을 벗어남

```
while (조건식)
   명령문;
```

7 Procedure 문

① 특정 동작이나 연산을 위한 명령들을 별도로 마련하고 필요할 때마다 호출하여 사용
② 일련의 반복적인 명령을 수행하는 블록을 별도의 블록으로 표현한 것

③ 전체 프로그램 중 같은 작업을 프로시저로 작성하면 프로그램 크기가 줄어들고 수정이나 관리도 쉽고 재사용 가능
④ 서브루틴이나 함수가 될 수도 있음

```
procedure NAME(parameter list)
  명령문
end
```

8 프로시저 간의 자료 전달 방법

(1) call by value
실 매개변수 값 자체를 서브 프로시저의 형식 매개변수에 전달하는 방법

(2) call by reference
실 매개변수 값이 저장된 기억 장소를 가리키는 포인터나 실제 주소를 형식 매개변수에 전달하는 방법

(3) call by name
형식 매개변수의 이름이 사용될 때마다 그에 대응되는 실 매개변수의 이름으로 대치하는 방식

9 입출력문

① 입출력에 관련 동작을 하는 문장
② read 문은 데이터 값을 입력받을 때 사용하고 print 문은 변수의 내용이나 계산 결과를 출력할 때 사용

```
read(argument list)
print(argument list)
```

10 기타 명령과 규칙

(1) 주석
① 프로그램에 영향을 주지 않으며 소스 코드의 기능이나 동작의 설명을 위해 사용되는 문장
② 2개의 슬래쉬(//)를 사용하거나 여러 문장으로 작성할 때는 /*와 */ 사이에 작성

(2) stop 문
현재 진행 중인 프로그램을 중단하는 구문

(3) SPARKS 언어의 사용 규칙
① 변수를 사용할 때는 변수의 의미를 알 수 있게 정의해야 함
② 입출력 변수는 명확히 명세해야 하며 알고리즘의 제어 흐름은 되도록 순차적으로 표현함
③ 들여쓰기를 사용
④ 주석은 짧으면서 의미는 명확히 기술해야 함

제4절 순환 알고리즘

1 순환

① 정의하려는 개념 자체를 정의 속에 포함하여 사용하는 방법
② 어떤 문제 안에 크기만 다를 뿐 성격이 똑같은 작은 형태의 문제들이 포함되어 있는 것
③ 문제 내에 문제 자체의 작은 형태가 또 존재하는 형태로 자기 자신을 다시 호출하여 문제를 해결하는 기법
④ 분할 정복의 특성을 가진 문제에 적합
⑤ 직접 순환과 간접 순환이 있으며 직접 순환은 함수가 직접 자신을 호출하는 것
⑥ 간접 순환은 다른 제3의 함수를 호출하고 그 함수가 다시 자신을 호출하는 방법
⑦ **순환의 예**: 팩토리얼, 피보나치, 수열의 점화식, 이항 계수, 하노이의 탑, 병합 정렬 등

제5절 성능 분석

(1) 하나의 문제를 해결하는 알고리즘은 여러 개 존재할 수 있음

(2) 효율적인 알고리즘이란 전체 실행 시간이 짧으면서 메모리와 같은 컴퓨터의 자원들을 적게 사용하는 알고리즘

(3) 알고리즘의 복잡도에는 시간 복잡도와 공간 복잡도가 있음
① **시간 복잡도**
  ㉠ 알고리즘을 실행시켜 완료하는 데까지 걸리는 시간
  ㉡ 알고리즘을 이루고 있는 연산들이 몇 번이나 실행되는지를 숫자로 표시

> [연산 횟수를 시간 복잡도로 계산할 경우의 장점]
> ① 실행이 필요하지 않음(즉, 코딩이 필요없음)
> ② 하드웨어, 소프트웨어가 필요하지 않음(의사 코드로 충분히 계산 가능함)
> ③ 모든 플랫폼에서 동일한 결과를 산출함

② 공간 복잡도
　㉠ 어떤 알고리즘이 수행될 때 필요한 메모리 공간(고정 공간과 가변 공간 모두 포함)
　㉡ 알고리즘을 실행시켜 완료하는 데까지 소요되는 총 저장 공간

> 공간 복잡도 = 고정 공간 + 가변 공간

(4) 연산 시간 표기법

　① 빅-오(Big-O) 표기법
　　알고리즘 수행 시간의 점근적 상한선을 의미

> f(n)과 g(n)이 주어졌을 때 모든 $n \geq n_0$에 대하여 f(n) ≤ cg(n)을 만족하는 상수 c와 n_0가 존재하면 f(n) = O(g(n))이다.

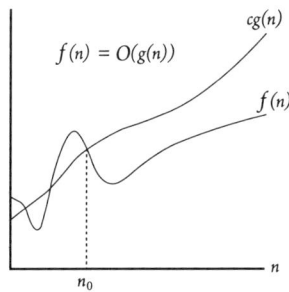

> [연산 시간의 크기 순서]
> $O(1) < O(\log n) < O(n) < O(n \log n) < O(n^2) < O(n^3) < O(2^n) < O(n!)$

　② 빅-오메가(Big-Ω) 표기법
　　알고리즘 수행 시간의 하한을 의미

> f(n)과 g(n)이 주어졌을 때 모든 $n \geq n_0$에 대하여 f(n) ≥ cg(n)을 만족하는 상수 c와 n_0가 존재하면 f(n) = Ω(g(n))

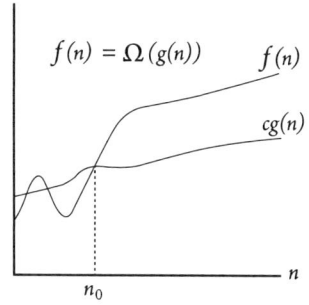

③ 빅-세타(Big-Θ) 표기법
    점근적 상한선과 점근적 하한선의 교집합

> f(n)과 g(n)이 주어졌을 때 모든 n ≥ n_0에 대하여 $c_1 g(n) \leq f(n) \leq c_2 g(n)$을 만족하는 상수 c_1, c_2와 n_0가 존재하면 f(n) = Θ(g(n))

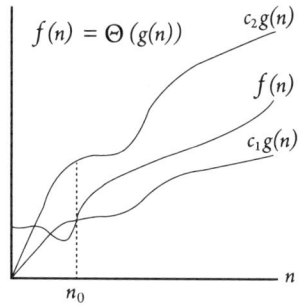

(5) 실용적인 복잡도
    ① **최선의 경우**: 실행 시간이 가장 적은 경우
    ② **평균적인 경우**: 알고리즘의 모든 입력을 고려하고 평균적인 실행 시간을 의미
    ③ **최악의 경우**: 알고리즘의 실행 시간이 가장 오래 걸리는 경우

제2장 배열

제1절 개요

1 배열

① 프로그램에서 한꺼번에 많은 자료를 표현해야 하는 경우 사용
② 여러 개의 동일한 자료형의 데이터를 한꺼번에 만들 때 사용
③ 배열은 연속적인 기억 공간에 배정함
④ 같은 자료형의 변수를 여러 개 만드는 경우에 사용
⑤ 배열의 원소를 구별하기 위해 사용하는 번호를 인덱스(index)라고 함
⑥ 구성 형태에 따라 1차원 배열, 2차원 배열, 3차원 배열, … 등

2 1차원 배열

① 가장 단순한 배열의 형태
② 배열 이름에 인덱스를 사용하여 배열 안에서 그 원소의 상대적인 위치를 나타냄

> 자료형 배열이름[배열의 개수];

예 int A[6];

3 2차원 배열

① 2개의 1차원 배열로 구성되며 첨자는 2개 사용
② 2차원 배열에서 가로 줄을 행, 세로 줄을 열이라고함
③ 2개의 첨자인 행과 열을 이용하여 각각의 원소를 나타냄

> 자료형 배열이름[행의 개수][열의 개수];

예 int A[4][3];

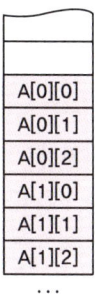

[2차원 배열]   [실제 메모리 안에서의 위치]

4 3차원 배열

① n개의 2차원 배열로 구성
② 면, 행, 열 3개의 첨자를 이용하여 각각의 원소를 대응
③ 3차원 배열을 선언하려면 2차원 배열 선언 형식에서 차수만큼 대괄호([ ])를 추가하고 그 안에 면의 개수를 지정함

> 자료형 배열이름[면의 개수][행의 개수][열의 개수];

예 int A[2][3][4];

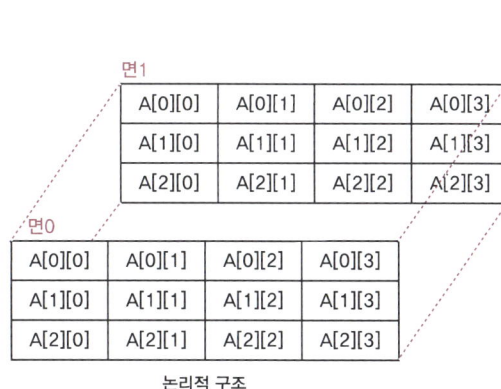

논리적 구조   물리적 구조

제2절 순서 리스트

1 리스트

① 관련된 자료들이 일정한 순서를 이루어 나열되어 있는 구조
② 리스트의 각 원소에 순서대로 번호를 붙일 수도 있으며 이 번호를 사용해서 임의의 원소를 찾을 수 있는 연산을 추가할 수도 있기 때문에 배열을 리스트의 일종으로 볼 수도 있음
③ 필요에 따라 확장이나 축소가 가능하며 어느 위치에서나 원소를 삽입하거나 삭제 가능
④ 리스트 구조는 컴퓨터 내에서 배열이나 연결 리스트로 표현 가능

2 표현 방법

① 순서 리스트는 매우 간단하고 일반적인 자료구조
② 리스트의 원소들이 연속적으로 기억 장치의 저장 공간에 있다는 것을 의미함
③ 순서 리스트에서 원소를 나열한 순서는 원소들의 순서가 됨
④ 순서 리스트는 원소들의 논리적 순서와 같은 순서로 메모리에 저장됨
⑤ 리스트의 표현 형식

> 리스트이름 = (원소1, 원소2, …, 원소n)

⑥ 공백 리스트는 원소가 하나도 없는 리스트이며 빈 괄호를 사용하여 표현

> 공백 리스트이름 = ( )

⑦ 순서 리스트는 인덱스를 사용하여 주소를 계산 가능하므로 특정 원소를 쉽게 액세스 가능
⑧ 원소의 삽입, 삭제 시 원소들을 뒤로 밀거나 앞으로 당겨서 연속 저장 순서를 유지해야 하므로 오버헤드가 발생
⑨ 삽입, 삭제 연산이 많이 필요한 문제에서는 순서 리스트가 비효율적
⑩ 연결 리스트로 구현하면 삽입, 삭제 연산이 효율적

제3절 배열의 표현

1 다차원 배열의 행우선과 열우선

다차원 배열 저장 기법은 행우선(row major) 방식과 열우선(column major) 방식이 있음

(1) 행우선 방식
① 배열의 원소들이 물리적 저장 장치에 저장될 때 1행, 2행, 3행, … 순으로 즉, 행의 순서대로 저장되는 방식
② 2차원 배열의 첫 번째 인덱스인 행 번호를 기준으로 하는 방법

(2) 열우선 방식
① 배열의 원소들이 1열, 2열, 3열, … 순으로 즉, 열의 순서대로 저장되는 방식
② 2차원 배열의 마지막 인덱스인 열 번호를 기준으로 하는 방법

(3) 2차원 배열 A[m][n]의 시작 주소가 α, 각 데이터가 k byte인 경우
① A[i][j]의 행 우선 주소는 $\alpha + (i \times n + j) \times k$
② 열 우선 주소는 $\alpha + (j \times m + i) \times k$

제4절 희소 행렬

1 행렬

① 여러 개의 숫자를 가로와 세로의 직사각형 모양으로 배열한 것
② m개의 행과 n개의 열로 이루어진 행렬을 m×n 행렬이라 함
③ 물리학에서는 전기 회로, 광학, 양자 역학 등에서 쓰이고 컴퓨터 그래픽스에서는 3차원 이미지를 2차원 평면에 투영하거나 사실적인 움직임을 그려내기 위해서 사용

[예] 행렬의 표현

$$A = \begin{bmatrix} a_{11} & a_{12} & \cdots & a_{1n} \\ a_{21} & a_{22} & \cdots & a_{2n} \\ & & \cdots & \\ a_{m1} & a_{m2} & \cdots & a_{mn} \end{bmatrix}$$

2 희소 행렬

① 행렬 안의 많은 항들이 0으로 되어 있는 행렬
② 큰 희소 행렬인 경우에는 메모리 낭비가 심해짐
③ 희소 행렬의 원소 전부를 기억 장소에 저장하는 것은 필요하지 않은 데이터인 0을 많이 저장해야 하므로 낭비가 됨

(a) 3×4 행렬 A와 배열 A[3][4]

$$B = \begin{bmatrix} 0 & 0 & 2 & 0 & 0 & 0 & 12 \\ 0 & 0 & 0 & 0 & 7 & 0 & 0 \\ 23 & 0 & 0 & 0 & 0 & 0 & 0 \\ 0 & 0 & 0 & 31 & 0 & 0 & 0 \\ 0 & 14 & 0 & 0 & 0 & 25 & 0 \\ 0 & 0 & 0 & 0 & 0 & 0 & 6 \\ 52 & 0 & 0 & 0 & 0 & 0 & 0 \\ 0 & 0 & 0 & 0 & 11 & 0 & 0 \end{bmatrix}$$

B[8][7]

	[0]	[1]	[2]	[3]	[4]	[5]	[6]
[0]	0	0	2	0	0	0	12
[1]	0	0	0	0	7	0	0
[2]	23	0	0	0	0	0	0
[3]	0	0	0	31	0	0	0
[4]	0	14	0	0	0	25	0
[5]	0	0	0	0	0	0	6
[6]	52	0	0	0	0	0	0
[7]	0	0	0	0	11	0	0

(b) 8×7 행렬 B와 배열 B[8][7]

④ 희소 행렬 배열에서 0이 아닌 원소만을 저장하게 되면 낭비되는 기억 장소를 줄일 수 있음
⑤ 0이 아닌 각 원소만을 〈행, 열, 값〉 쌍으로 배열에 저장

예 희소 행렬에 대한 2차원 배열 표현

B[8][7]

	[0]	[1]	[2]	[3]	[4]	[5]	[6]
[0]	0	0	2	0	0	0	12
[1]	0	0	0	0	7	0	0
[2]	23	0	0	0	0	0	0
[3]	0	0	0	31	0	0	0
[4]	0	14	0	0	0	25	0
[5]	0	0	0	0	0	0	6
[6]	52	0	0	0	0	0	0
[7]	0	0	0	0	11	0	0

▶ 〈0, 2, 2〉
▶ 〈0, 6, 12〉
▶ 〈1, 4, 7〉
▶ 〈2, 0, 23〉
▶ 〈3, 3, 31〉
▶ 〈4, 1, 14〉
▶ 〈4, 5, 25〉
▶ 〈5, 6, 6〉
▶ 〈6, 0, 52〉
▶ 〈7, 4, 11〉

	[0]	[1]	[2]
[0]	8	7	10
[1]	0	2	2
[2]	0	6	12
[3]	1	4	7
[4]	2	0	23
[5]	3	3	31
[6]	4	1	14
[7]	4	5	25
[8]	5	6	6
[9]	6	0	52
[10]	7	4	11

⟨0, 2, 2⟩
⟨0, 6, 12⟩
⟨1, 4, 7⟩
⟨2, 0, 23⟩
⟨3, 3, 31⟩
⟨4, 1, 14⟩
⟨4, 5, 25⟩
⟨5, 6, 6⟩
⟨6, 0, 52⟩
⟨7, 4, 11⟩

[배열에 의한 희소 행렬의 표현]

3 전치 행렬

① 행렬의 행과 열을 서로 교환하여 구성한 행렬
② 임의의 행렬 A, B의 모든 i, j에 대하여 $b_{ij} = a_{ji}$이면 B는 A의 전치 행렬
③ m×n 행렬을 n×m 행렬로 변환한 행렬 A^T는 행렬 A의 전치 행렬

$$A = \begin{bmatrix} a_{11} & a_{12} & \cdots & a_{1n} \\ a_{21} & a_{22} & \cdots & a_{2n} \\ \vdots & \vdots & \vdots & \vdots \\ a_{m1} & a_{m2} & \cdots & a_{mn} \end{bmatrix} \quad A^T = \begin{bmatrix} a_{11} & a_{21} & \cdots & a_{m1} \\ a_{12} & a_{22} & \cdots & a_{m2} \\ \vdots & \vdots & \vdots & \vdots \\ a_{1n} & a_{2n} & \cdots & a_{mn} \end{bmatrix}$$

제3장 스택과 큐

제1절 스택

1 스택

(1) 접시를 차곡 차곡 쌓아 올리듯이 자료를 하나씩 쌓아 올린 형태
(2) 가장 먼저 입력된 데이터가 맨 아래에 놓이고 그다음 입력되는 데이터가 그 위에 쌓이는 구조
(3) 후입선출(LIFO : Last-In First-Out) 구조
(4) 스택에서 입출력이 이루어지는 부분을 스택 상단(top)이라고 하고 반대쪽인 바닥 부분을 스택 하단(bottom)이라고 함

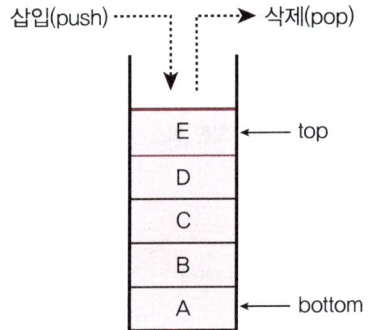

① top
   ㉠ 스택에서 데이터의 삽입과 삭제가 일어나는 곳
   ㉡ 스택의 top 포인터가 가리키는 위치의 데이터는 가장 최근에 삽입된 데이터를 의미
   ㉢ 스택의 모든 작업은 top 부근에서 제한되어 일어남
② bottom
   스택의 바닥 부분

(5) 데이터를 삽입하려면 top의 값을 하나 증가시키는 top+1 연산이 있어야 함
(6) 데이터를 삭제할 때는 삭제한 후 top의 위치를 하나 감소시키는 top-1 연산이 있어야 함
(7) 스택에 데이터가 하나도 없는 경우는 공백(empty) 상태
(8) 데이터가 꽉 차서 더 이상 데이터를 삽입할 수 없는 상태는 포화(full) 상태
(9) 스택의 크기를 벗어나는 오버플로우(overflow)와 삭제 시에 빈 스택으로 인한 언더플로우(underflow)가 발생할 수 있음
(10) 오버플로우는 데이터를 저장할 수 있는 공간이 가득 차서 더 이상 삽입할 수 없는 상태임에도 삽입 연산이 일어나는 경우 발생

(11) 언더플로우는 스택에 삭제할 데이터가 남아 있지 않은 비어 있는 상태임에도 삭제 연산이 일어나는 경우 발생
(12) 스택의 주요 동작은 push와 pop 연산
(13) push는 현재 스택의 top 바로 위에 새로운 데이터를 삽입하는 동작
(14) pop은 스택의 top이 가리키는 위치의 데이터를 삭제하는 동작
(15) push와 pop을 하기 위해서는 현재 스택이 비어 있는지 혹은 꽉 차 있는지를 확인하는 동작도 필요함
(16) 스택은 배열이나 연결 리스트로 구현 가능

예 1차원 배열을 이용한 스택의 표현(stack[n]을 사용)

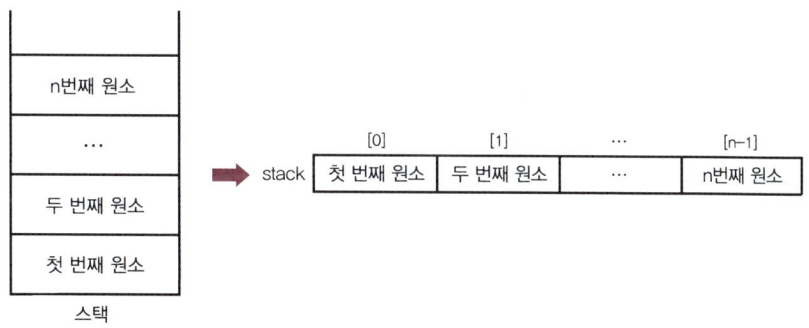

① n은 배열의 원소의 개수이며 이것은 스택의 크기가 됨
② 스택의 첫 번째 원소는 배열에서 stack[0]에 저장되고 두 번째 원소는 stack[1]에 저장됨
③ 스택의 n번째 원소는 stack[n-1]에 저장됨
④ 스택의 마지막 원소의 인덱스는 스택의 top이 됨
⑤ 스택이 공백 상태이면 top = -1이고 포화 상태이면 top = n-1

예 연결 리스트를 이용한 스택의 표현

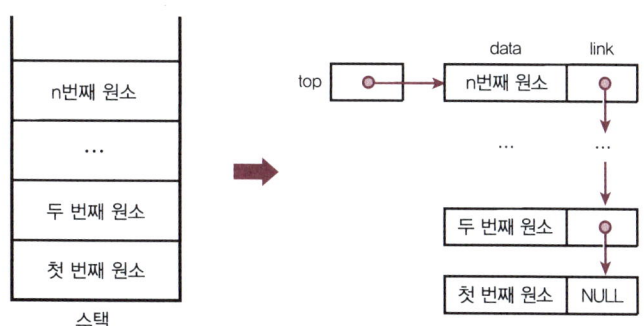

① 연결 리스트를 이용하여 스택을 구현하면 배열처럼 크기가 제한되지 않아 유연한 리스트 구현 가능
② 연결 리스트는 필요할 때마다 언제든지 중간에 추가할 수 있음
③ 연결 리스트의 스택은 삽입과 삭제 연산이 연결 방향에 따라 쉽게 이루어짐
④ 크기의 제한이 없으므로 꽉 차 있는지를 확인하는 연산도 필요없음
⑤ 연결 리스트로 구현할 때의 스택의 top은 헤드(head) 포인터가 가리키는 첫 노드가 됨
⑥ 스택에 원소를 삽입할 때마다 연결 리스트에 노드를 하나씩 연결함
⑦ 스택 원소의 순서는 연결 리스트 노드의 링크를 사용하여 표현
⑧ 연결 리스트의 시작 위치를 가리키는 헤드 포인터를 스택의 top 포인터로 정의
⑨ 스택의 초기 상태(공백 상태)는 포인터 top을 null 포인터로 설정하여 표현

2 시스템 스택

① 수행 중인 프로그램의 함수나 서브 프로그램들의 복귀 주소와 관련 정보들을 저장하기 위해 사용
② 프로그램에서 함수의 호출 순서에 따라 정보가 저장되어야 하고 복귀 시에는 호출 순서와는 반대 순서로 이루어져야 하므로 정보들이 저장된 역순으로 필요하게 되어 스택 필요
③ 시스템 스택은 프로그램의 실행 중 필요한 정보를 저장하기 위해 사용하는 스택
④ 시스템 스택은 프로그램에서의 호출과 복귀에 따른 수행 순서를 관리하기 위한 스택
⑤ 함수 호출 시 함수 수행에 필요한 지역변수, 매개변수 및 수행 후 복귀할 주소 등의 정보를 스택 프레임(stack frame)에 저장하여 시스템 스택에 삽입
⑥ 함수의 실행이 끝나면 시스템 스택의 top 원소(스택 프레임)를 삭제(pop)하면서 프레임에 저장되어 있던 복귀 주소를 확인하고 복귀

[예] 함수 호출과 복귀에 따른 전체 프로그램 수행 순서

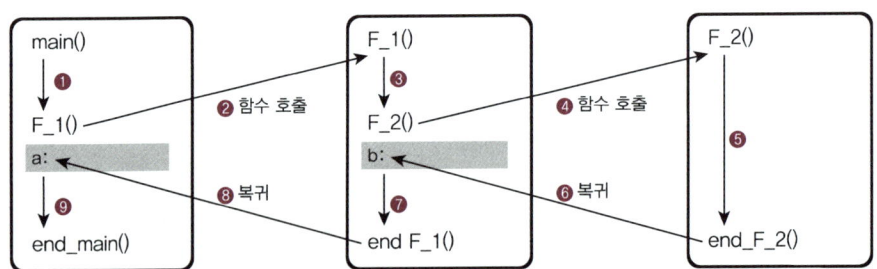

⑦ 시스템 스택에는 호출 순서대로 함수의 복귀 주소 등이 레코드의 형태로 저장되고 호출된 함수의 실행을 마친 후 시스템 스택으로부터 정보를 얻어 호출 역순으로 복귀하게 됨

3 스택의 추상화 자료구조

자료를 삽입하는 push와 삭제하는 pop

예 스택의 초기 상태에서 A 삽입

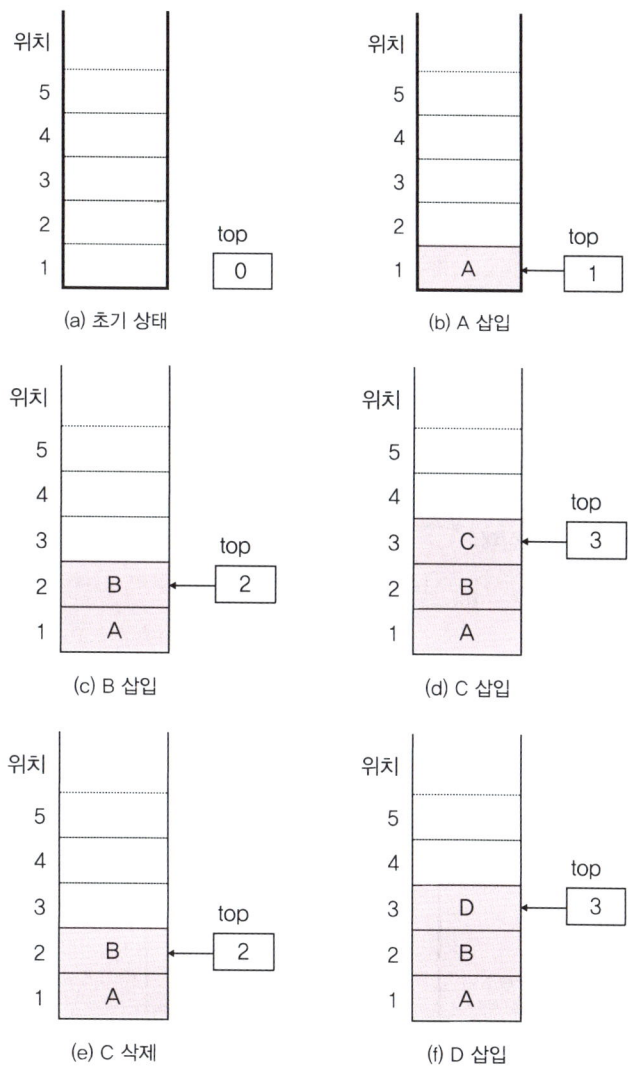

(a) 초기 상태
(b) A 삽입
(c) B 삽입
(d) C 삽입
(e) C 삭제
(f) D 삽입

① 스택이 비어있는 초기 상태에서 top 포인터는 0이 됨
② 스택에 삽입하려면 초기 상태에서 0이었던 top 포인터를 하나 증가시키고 top이 가리키는 위치에 A를 삽입함
③ 스택의 삭제 연산은 현재 top이 가리키는 위치의 데이터를 삭제하고 top을 하나 감소시킴

- 데이터 : 후입선출(LIFO)의 접근 방법을 유지하는 원소들의 모음
- 연산
  ① init() : 스택을 초기화
  ② is_empty() : 스택이 비어있으면 TRUE를 아니면 FALSE를 반환
  ③ is_full() : 스택이 가득 차 있으면 TRUE를 아니면 FALSE을 반환
  ④ size() : 스택 내의 모든 데이터들의 개수를 반환
  ⑤ push(x) : 주어진 데이터 x를 스택의 맨 위에 추가
  ⑥ pop() : 스택의 맨 위에 있는 데이터를 삭제하고 반환
  ⑦ peek() : 스택의 맨 위에 있는 데이터를 삭제하지 않고 반환

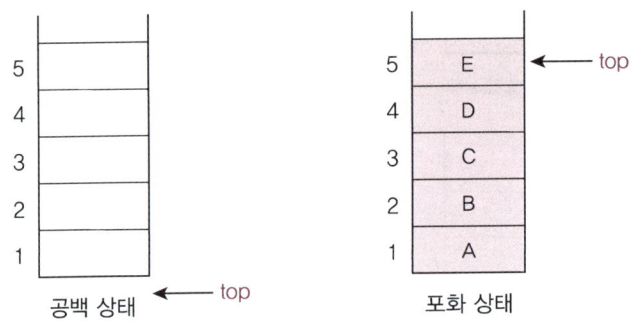

[스택의 공백 상태와 포화 상태]

4 스택의 삽입(push)

새로운 항목은 항상 스택의 맨 위에 올라가야 하며 top도 하나 증가시켜야 함

예 공백 스택에서 원소 A, B, C를 순서대로 삽입하는 과정

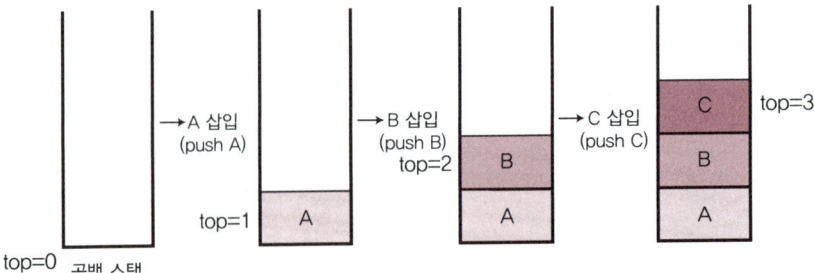

[스택의 삽입 알고리즘]
```
push(S, x)
    top = top + 1;
    if (top > stack_SIZE) then
        overflow;
    else
        S(top) = x;
end push()
```

5 스택의 삭제(pop)

① 스택의 마지막 원소, 즉 top 위치에 있는 원소를 스택에서 삭제하고 삭제한 데이터를 반환
② 만약 top이 0이라면 공백 스택이므로 삭제 연산을 수행하지 못함

예 스택에 원소 A, B, C가 저장된 상태에서 삭제하는 과정

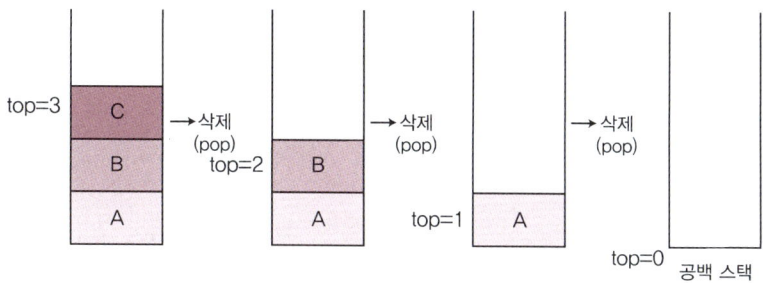

[스택의 삭제 알고리즘]
```
pop(S)
    if (top = 0) then
        underflow;
    else {
        return S(top);
        top = top - 1;
    }
end pop()
```

6 스택의 적용 분야들

스택에는 여러 가지 종류의 데이터를 저장할 수 있으며 다양한 분야에서 활용됨

[스택의 활용 분야]
① 문서 편집기에서 기능 취소나 이전 상태로 되돌아가고 싶을 때 되돌리기(undo) 기능
② 컴퓨터 프로그램의 함수 호출을 구현할 때에도 사용
③ 고급 언어의 명령문을 컴파일러가 번역 시 사용(산술식 계산 시)
④ 문자열 뒤집기와 같이 자료의 출력 순서가 입력 순서의 역순으로 표시되어야 하는 경우

예

문자열 뒤집기 예

- 문자열이 (A, B, C, D)의 순서로 들어올 때 (D, C, B, A)처럼 역순으로 출력하고 싶은 경우 스택 이용
- 주어진 문자열을 순서대로 전부 스택에 입력했다가 순차적으로 다시 꺼내면 됨
- 문자열 뒤집기는 스택의 후입선출(LIFO) 성질을 이용한 것

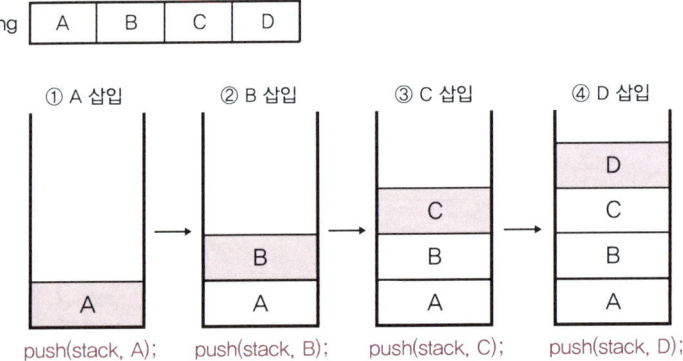

[문자열 뒤집기를 위한 push 동작]

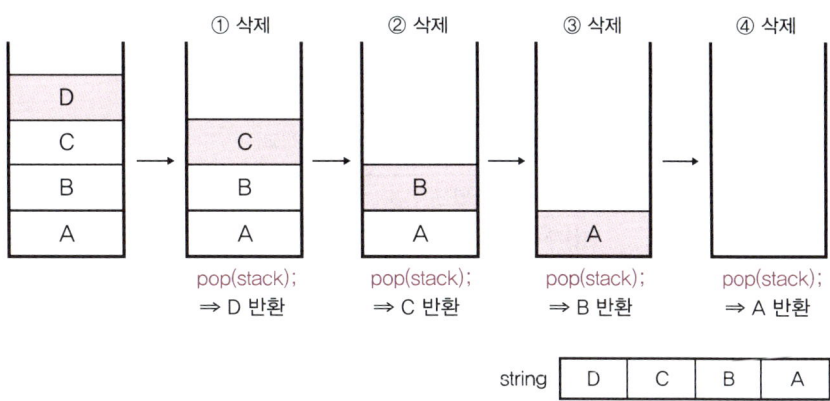

[문자열 뒤집기를 위한 pop 동작]

① 문서나 소스 코드의 괄호 닫기가 정상적으로 되었는지를 검사하는 경우
② 운영체제에서 인터럽트가 발생한 경우에 복귀 주소의 저장이나 산술 계산에도 사용
③ 데이터를 검색하는 방법 중의 하나인 백트래킹(backtracking) 기법을 구현하는 데 활용
④ 미로 탐색에서 출구를 찾기 위해서도 사용

제2절 큐

1 큐의 정의

① 병원이나 은행 등에서 서비스를 받기 위해서 줄을 서는 것과 같은 형태의 자료구조
② 데이터의 삽입은 맨 뒤에서, 삭제는 맨 앞에서 이루어짐
③ 삽입은 rear에서, 삭제는 front에서 수행
④ 선입선출(FIFO : First-In First-Out) 구조
⑤ 큐는 여러 데이터 항목을 일정한 순서로 입출력하기 위한 선형 데이터 구조

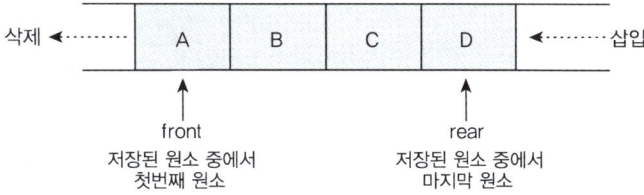

⑥ 큐에서 새로운 데이터가 삽입될 때는 rear 포인터가 가리키는 한 쪽 끝에서만 삽입이 일어나서 rear 포인터가 증가함

⑦ 큐의 특정 원소가 삭제될 때는 front 포인터에서 삭제가 수행되어 front 포인터가 증가
⑧ 삽입 연산은 enqueue이고 삭제 연산은 dequeue임

[스택과 큐의 연산 비교]

자료구조 \ 항목	삽입 연산		삭제 연산	
	연산자	삽입 위치	연산자	삭제 위치
스택	push	top	pop	top
큐	enqueue	rear	dequeue	front

2 큐의 추상화 자료 구조

① 큐의 공백 상태
　㉠ 큐를 처음 생성하여 front와 rear가 -1인 경우
　㉡ 마지막에 삽입한 원소인 rear의 원소를 삭제하여 front와 rear가 같은 위치가 된 경우
　㉢ 따라서 front = rear의 조건으로 큐가 공백 상태인지 검사할 수 있음
② 추상 자료형 큐는 큐에 가해지는 작업들을 추상적으로 나열함으로써 정의함

[큐의 추상 자료형]
- 데이터 : 선입선출(FIFO)의 접근 방법을 유지하는 요소들의 모음
- 연산
　① init() : 큐를 초기화
　② enqueue(e) : 주어진 요소를 큐의 맨 뒤에 추가
　③ dequeue() : 큐가 비어있지 않으면 맨 앞 요소를 삭제하고 반환
　④ is_empty() : 큐가 비어있으면 TRUE를, 아니면 FALSE를 반환
　⑤ peek() : 큐가 비어있지 않으면 맨 앞 요소를 삭제하지 않고 반환
　⑥ is_full() : 큐가 가득 차 있으면 TRUE를, 아니면 FALSE을 반환
　⑦ size() : 큐의 모든 요소들의 개수를 반환

3 큐의 삽입, 삭제

① 새로운 원소가 삽입(enqueue)될 때는 rear 포인터가 가리키는 한쪽 끝에서만 삽입이 일어나 rear 포인터가 증가함
② 큐의 특정 원소가 삭제(dequeue)될 때는 front 포인터에서 삭제가 수행되어 front 포인터가 증가함
③ 따라서 원소들의 삽입과 삭제 시에 포인터의 값이 증가하게 됨

예 큐에서 데이터의 삽입과 삭제가 이루어지는 과정

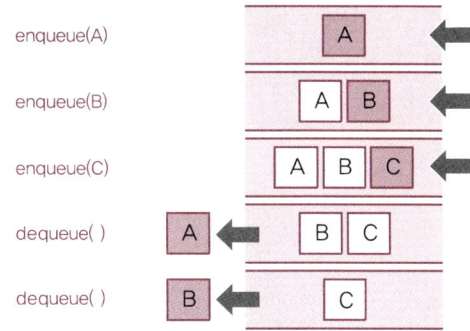

[큐의 공백 상태 검사 알고리즘]
```
isempty(Q)
  if (front = rear) then
      return true;
  else
      return false;
end isempty()
```

[큐의 포화 상태 검사 알고리즘]
```
isfull(Q)
  if (rear = n - 1) then
      return true;
  else
      return false;
end isfull()
```

[큐의 삽입 알고리즘]
```
enqueue(Q, x)
  if (isfull(Q)) then
      queue_full();    //포화 상태이면 삽입 연산 중단
  else {
      rear = rear + 1;
      Q[rear] = x;
    }
end enqueue()
```

[큐의 삭제 알고리즘]
```
dequeue(Q)
   if (isempty(Q)) then
       queue_empty();    //포화 상태이면 삭제 연산 중단
   else {
       front = front + 1;
       return Q[front];
   }
end dequeue()
```

① 큐의 삽입이나 삭제 시 front와 rear의 값이 계속 증가하기만 함
② 큐를 배열과 같은 순차 자료구조로 구현하게 되면 삽입과 삭제 연산을 여러 번 수행하면서 front와 rear의 값이 계속 증가하게 됨(반복되면 배열의 끝에 도달하게 됨)
③ 배열의 앞부분이 비어 있더라도 삽입 알고리즘의 처리 과정에서 큐가 꽉 찬 상태(queue full)로 인식하게 되어 더 이상 삽입하지 못하게 됨
④ 큐의 기억 공간이 존재하는데도 불구하고 더 이상 삽입할 곳이 없는 것으로 판단함

예

선형 큐에서 잘못 인식된 포화 상태

선형 큐에서 삽입과 삭제를 반복하면서 앞부분에 빈자리가 있지만 rear = n−1 상태이므로 포화 상태로 잘못 인식하고 더 이상의 삽입을 수행하지 않음

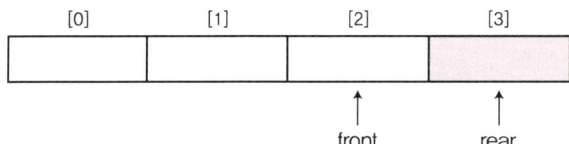

㉠ 이러한 문제점을 해결하기 위해 큐에 저장되어 있는 원소들을 배열의 앞부분으로 이동시킴
㉡ 더 이상 삽입할 곳이 없으면 사용 가능한 기억 공간을 만들기 위해 모든 원소들을 왼쪽으로 이동시켜야 함

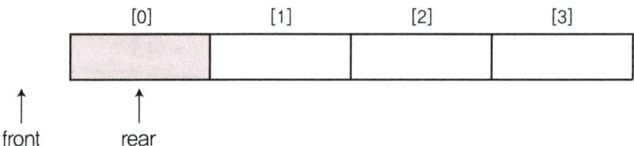

㉢ 큐의 원소들을 이동하면 오버플로우는 해결할 수 있지만 비효율적인 방법임
㉣ 이동 작업은 연산이 복잡하여 효율성이 떨어짐
㉤ 이러한 문제점을 해결하기 위해 원형 큐를 사용함

4 원형 큐

① 큐를 원형으로 표현하는 방식이며 순차 큐의 이동 방식이 갖는 단점을 보완하기 위한 방법
② 크기가 n인 1차원 배열을 사용하면서 배열의 처음과 끝을 연결해서 원형으로 구성
③ 개념상으로 원형으로 배열의 인덱스를 변화시켜주는 것임
④ 원형 큐는 오버플로우가 발생했을 때 큐의 구조가 원형으로 구성되어 있으므로 데이터의 삽입 시에 rear 포인터 값을 증가시켜 계속 새로운 가용 공간을 확보할 수 있어서 원소들을 이동시킬 필요가 없게 됨

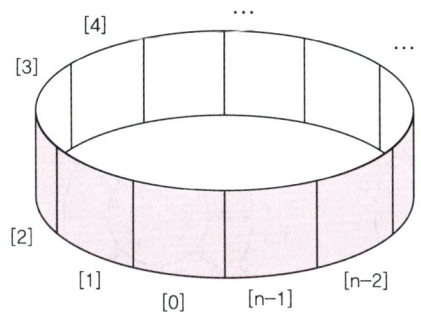

⑤ 원형 큐에서 공백 상태는 front와 rear가 같은 위치를 가리키기만 하면 됨
⑥ front는 항상 큐의 첫 번째 원소의 하나 앞을 가리키고, rear는 마지막으로 입력된 원소를 가리킴

[순차 큐와 원형 큐의 비교]

종류	삽입 위치	삭제 위치
순차 큐	rear = rear + 1	front = front + 1
원형 큐	rear = (rear + 1) mod n	front = (front + 1) mod n

[원형 큐의 공백 상태, 포화 상태]
① 공백 상태: front = rear
② 포화 상태: front = (rear + 1) % n
③ 공백 상태와 포화 상태를 구별하기 위해 front는 항상 빈자리로 남겨둠
④ 삽입과 삭제 시의 배열의 위치는 나머지 연산(% 연산)을 이용하여 계산함

예 원형 큐의 삽입과 삭제 과정

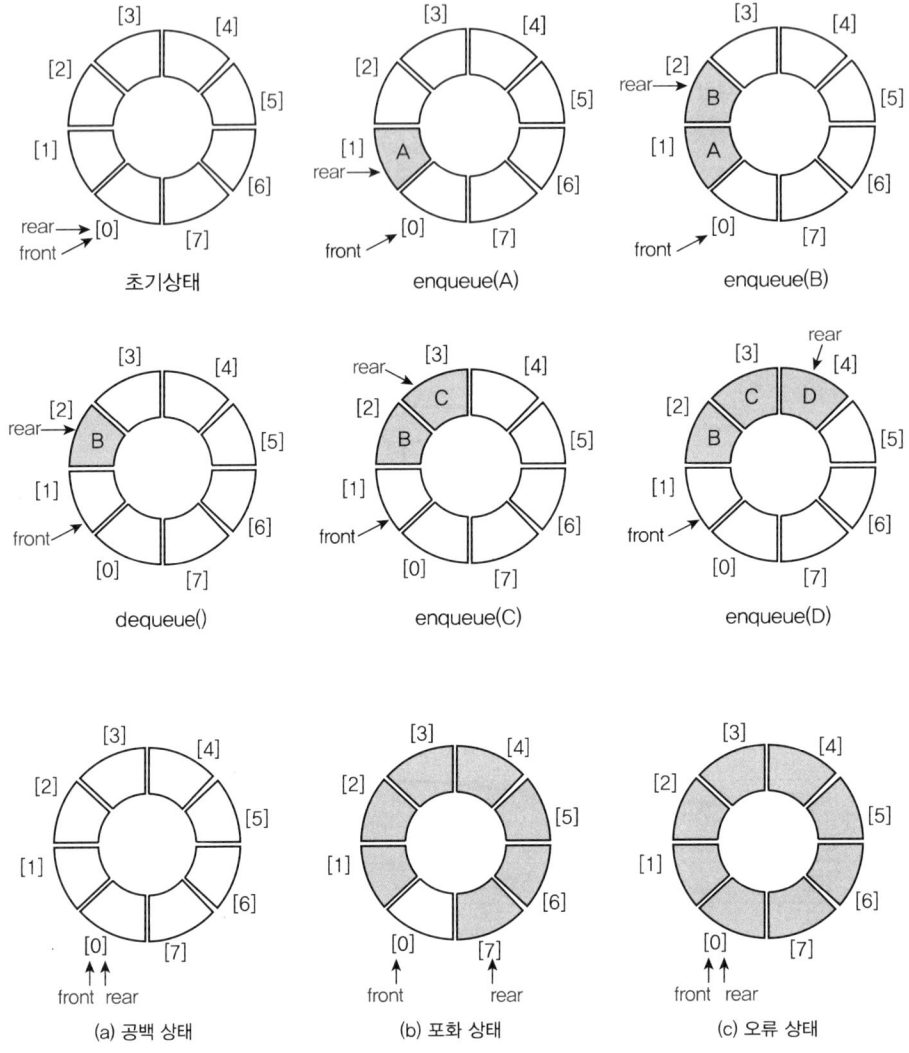

[원형 큐의 공백 상태와 포화 상태 및 오류 상태]

[원형 큐의 생성 알고리즘]
```
createqueue()
    cQ[n];
    front = 0;
    rear = 0;
end createqueue()
```

[원형 큐의 공백 상태 검사 알고리즘]
```
isempty(cQ)
    if (front = rear) then
        return true;
    else
        return false;
end isempty()
```

[원형 큐의 포화 상태 검사 알고리즘]
```
isfull(cQ)
    if (front = ((rear + 1) mod n)) then
        return true;
    else
        return false;
end isfull()
```

[원형 큐의 상태에 따른 front와 rear 관계]

구분	조건
공백 상태	front = rear
포화 상태	front = (rear + 1) mod n

[원형 큐의 삽입 알고리즘]
```
enqueue(cQ, item)
    if (isfull(cQ) then
        queue_full();
    else{
        rear = (rear + 1) mod n;
        cQ[rear] = item;
    }
end enqueue()
```

[원형 큐의 삭제 알고리즘]
```
dequeue(cQ)
    if (isempty(cQ) then
        queue_empty();
    else{
        front = (front + 1) mod n;
        return cQ[front];
    }
end dequeue()
```

예 크기가 4인 원형 큐를 생성하여 데이터의 삽입, 삭제 과정

① createqueue();

② enqueue(cQ, A);

③ enqueue(cQ, B);

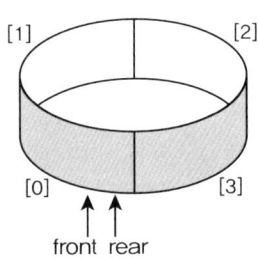

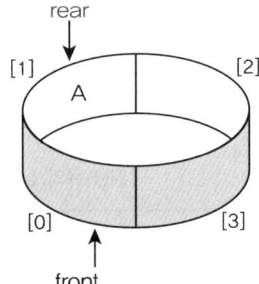

④ dequeue(cQ);

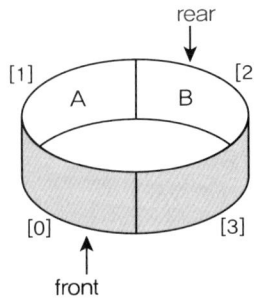

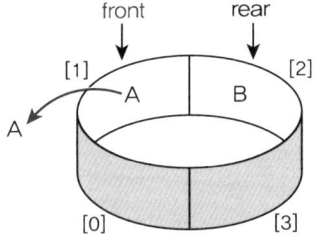

⑤ enqueue(cQ, C);

⑥ enqueue(cQ, D);

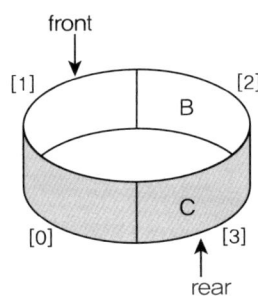

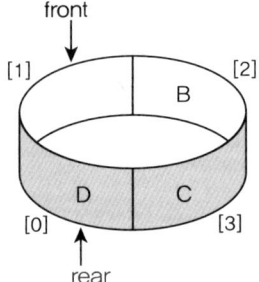

5 큐의 적용 분야들

① 큐는 매우 광범위한 분야에서 활용
② 컴퓨터를 이용하여 현실 세계의 실제 상황을 시뮬레이션하는 분야(어떤 것을 시뮬레이션을 하기 위해 대기 행렬과 대기 시간 등을 모델링하는 데 큐의 개념을 사용)
③ 컴퓨터 장치들 사이의 속도 차이 극복위한 임시 기억 장치인 버퍼(buffer) 사용
④ 인터넷을 이용하여 동영상 스트리밍 자료들을 실시간으로 다운로드하는 경우
⑤ 시뮬레이션의 대기열(공항의 비행기들, 은행에서의 대기열)

제3절 데크

(1) 큐의 특수한 형태로 원소의 삽입과 삭제가 큐의 양쪽 끝에서 모두 허용되는 구조

(2) 큐의 전단(front)과 후단(rear)에서 모두 삽입, 삭제가 가능한 큐를 의미

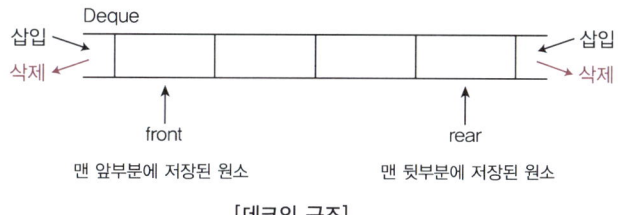

[데크의 구조]

[데크의 추상 자료형]
- 데이터 : 전단과 후단을 통한 접근을 허용하는 요소들의 모음
- 연산
  ① init() : 데크를 초기화
  ② add_front(e) : 주어진 요소 e를 데크의 맨 앞에 추가
  ③ delete_front() : 전단 요소를 삭제하고 반환
  ④ add_rear(e) : 주어진 요소 e를 데크의 맨 뒤에 추가
  ⑤ delete_rear() : 후단 요소를 삭제하고 반환
  ⑥ is_empty() : 공백 상태이면 TRUE를 아니면 FALSE를 반환
  ⑦ get_front() : 전단 요소를 삭제하지 않고 반환
  ⑧ get_rear() : 후단 요소를 삭제하지 않고 반환
  ⑨ is_full() : 데크가 가득 차 있으면 TRUE를 아니면 FALSE를 반환
  ⑩ size() : 데크 내의 모든 요소들의 개수를 반환

① 데크는 스택과 큐의 연산들을 모두 가지고 있음
② 데크의 add_front()와 delete_front()와 같이 전단과 관련된 연산들만을 사용하면 스택이 됨
③ add_front()와 delete_front() 연산은 스택의 push와 pop 연산과 같음
④ add_rear()와 delete_front()와 같이 삽입은 후단, 삭제는 전단만을 사용하면 큐가 됨
⑤ add_rear()와 delete_front() 연산은 큐의 enqueue와 dequeue 연산과 같음
⑥ 데크는 융통성이 많은 자료구조
⑦ 데크는 양방향으로 연산이 가능한 이중 연결 리스트를 사용하여 구현하는 것이 더 효율적

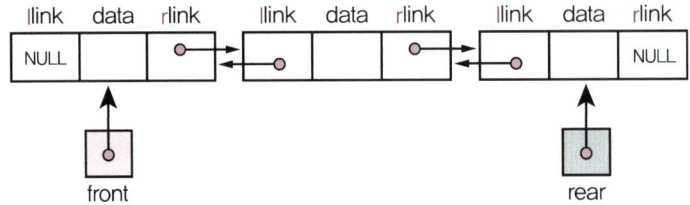

[이중 연결 리스트로 구현한 데크]

① 데크의 양쪽 끝에서 원소들의 삽입과 삭제에 제한을 두어 리스트의 어느 한쪽 끝에서만 삽입과 삭제가 가능하도록 할 수 있음
② 새로운 원소의 삽입이 리스트의 한쪽 끝에서만 가능하도록 제한한 것은 입력 제한 데크 또는 스크롤(scroll)
③ 스크롤은 새로운 데이터를 데크에 입력할 때 한쪽에서만 가능하고 출력할 때는 양쪽에서 수행되는 자료구조
④ 특정 원소의 삭제를 리스트의 한쪽 끝에서만 가능하도록 제한한 것은 출력 제한 데크 혹은 셀프(shelf)라 함
⑤ 셀프는 새로운 데이터를 데크에 입력할 때에는 양쪽에서 가능하고 출력할 때는 한쪽에서 수행되도록 알고리즘을 구성한 자료구조

제4절 스택의 응용: 수식 계산

1 연산자의 우선순위

① 연산자는 어떤 연산을 할지 지정하는 것을 의미
② 연산의 대상이 되는 것을 피연산자라고 함
③ 연산은 왼쪽에서 오른쪽 순서로 처리됨
④ 하나의 수식에 여러 개의 연산자가 사용될 때 어떤 것을 먼저 처리할지 정하는 것을 연산자의 우선순위라고 함

⑤ 연산자의 우선순위는 모호하게 해석 가능한 수식에서 어느 연산을 먼저 계산할 것인가를 결정하는 규칙
⑥ 연산자들은 우선순위에 따라 연산 순서가 결정

2 수식의 표기법

수식은 연산자와 피연산자로 구성되는데 연산자와 피연산자의 위치에 따라 수식을 표기하는 방법에는 전위 표기법, 중위 표기법, 후위 표기법 3가지로 표현

수식 표기법	표현 방법	적용 예
전위 표기법	연산자 – 피연산자 – 피연산자	+AB
중위 표기법	피연산자 – 연산자 – 피연산자	A+B
후위 표기법	피연산자 – 피연산자 – 연산자	AB+

예

수식 표기법의 예

산술식 A / B + C - D * E + A * C

- 전위 표기법 : + – + / ABC * DE * AC
- 중위 표기법 : A / B + C - D * E + A * C
- 후위 표기법 : AB / C + DE * –AC * +

산술식 5 + A * B

- 전위 표기법 : + 5 * AB
- 중위 표기법 : 5 + A * B
- 후위 표기법 : 5AB * +

산술식 2 * 3 - 4

- 전위 표기법 : – * 234
- 중위 표기법 : 2 * 3 - 4
- 후위 표기법 : 23 * 4 –

3 후위 표기식의 연산

① 중위 표기법은 사람이 이해하고 계산하기에 가장 익숙하고 자연스러운 표기법
② 컴퓨터가 중위 표기법으로 작성된 수식을 직접 계산하려면 괄호 처리와 연산자 우선순위 처리 등이 있어 복잡함
③ 컴퓨터 내부에서 수식을 처리할 때는 후위 표기법이 가장 효율적
④ 괄호와 연산자 우선순위 처리 등의 기존 중위 표기 방식이 가지고 있던 계산의 복잡성이 후위 표기법에는 없음
⑤ 후위 표기식은 괄호나 연산자 우선순위를 따로 처리하지 않고 왼쪽에서 오른쪽으로 표기된 순서대로 처리할 수 있음
⑥ 후위 표기식은 괄호나 연산자 우선순위를 따로 처리하지 않고 왼쪽에서 오른쪽으로 표기된 순서대로 처리 가능
⑦ 컴퓨터에 중위 표기법 형태의 수식을 입력하면 컴퓨터 내부에서는 효율적인 처리를 위해 스택을 사용하여 입력된 수식을 후위 표기법으로 변환함

[예] 스택을 이용하여 후위 표기 수식 82 / 3 − 32 * +의 전체 계산 과정

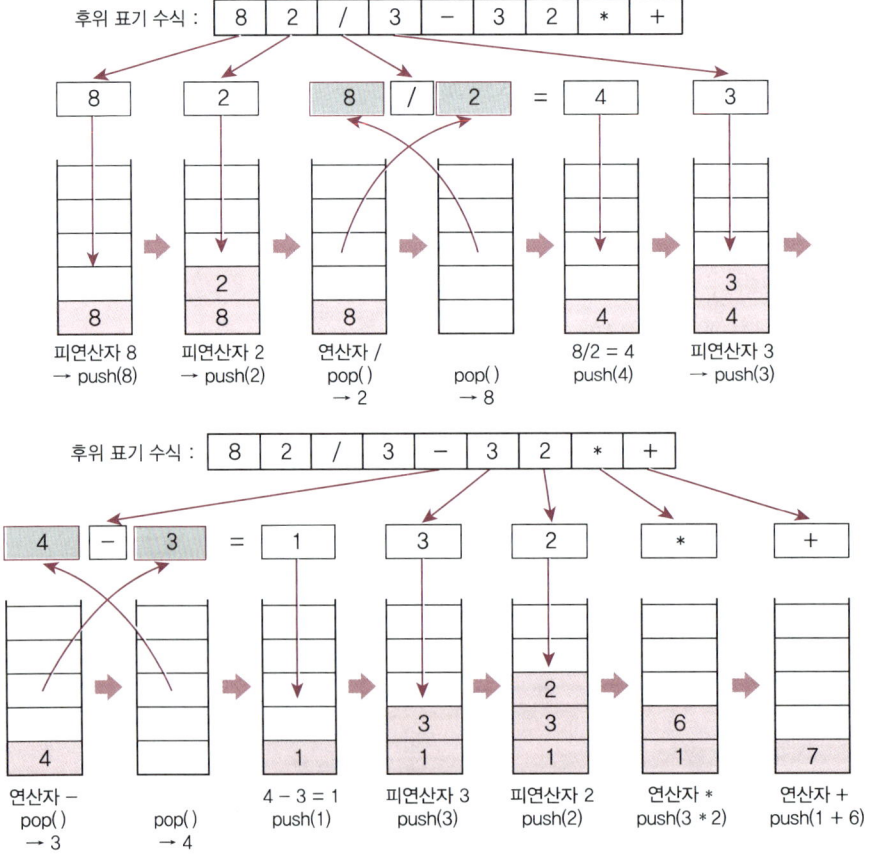

[후위 표기법 수식의 연산 알고리즘]

```
evalpostfix(exp)
{
    while (true) {
        symbol = getsymbol(exp);
        case {
            symbol = operand:
                        push(stack, symbol);
            symbol = operator:
                        opr2 = pop(stack);
                        opr1 = pop(stack);
                        result = opr1 op(symbol) opr2;
                        push(stack, result);
            symbol = null:
                        print(pop(stack));
        }
    }
}
```

4 중위 표기를 후위 표기로 변환

[중위 표기법을 후위 표기법으로 바꾸는 방법]
① 왼쪽 괄호를 만나면 무시하고 다음 문자를 읽음
② 피연산자를 만나면 출력
③ 연산자를 만나면 스택에 삽입
④ 오른쪽 괄호를 만나면 스택을 pop하여 출력
⑤ 수식이 끝나면 스택이 공백이 될 때까지 pop하여 출력

예 스택을 사용해 수식 A*B-C/D를 후위 표기법으로 바꾸는 과정

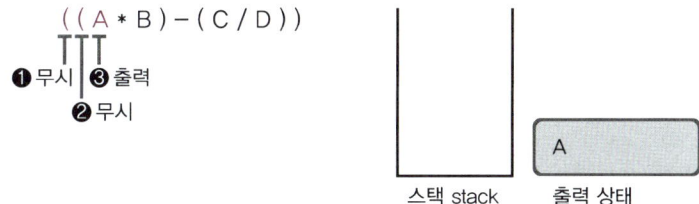

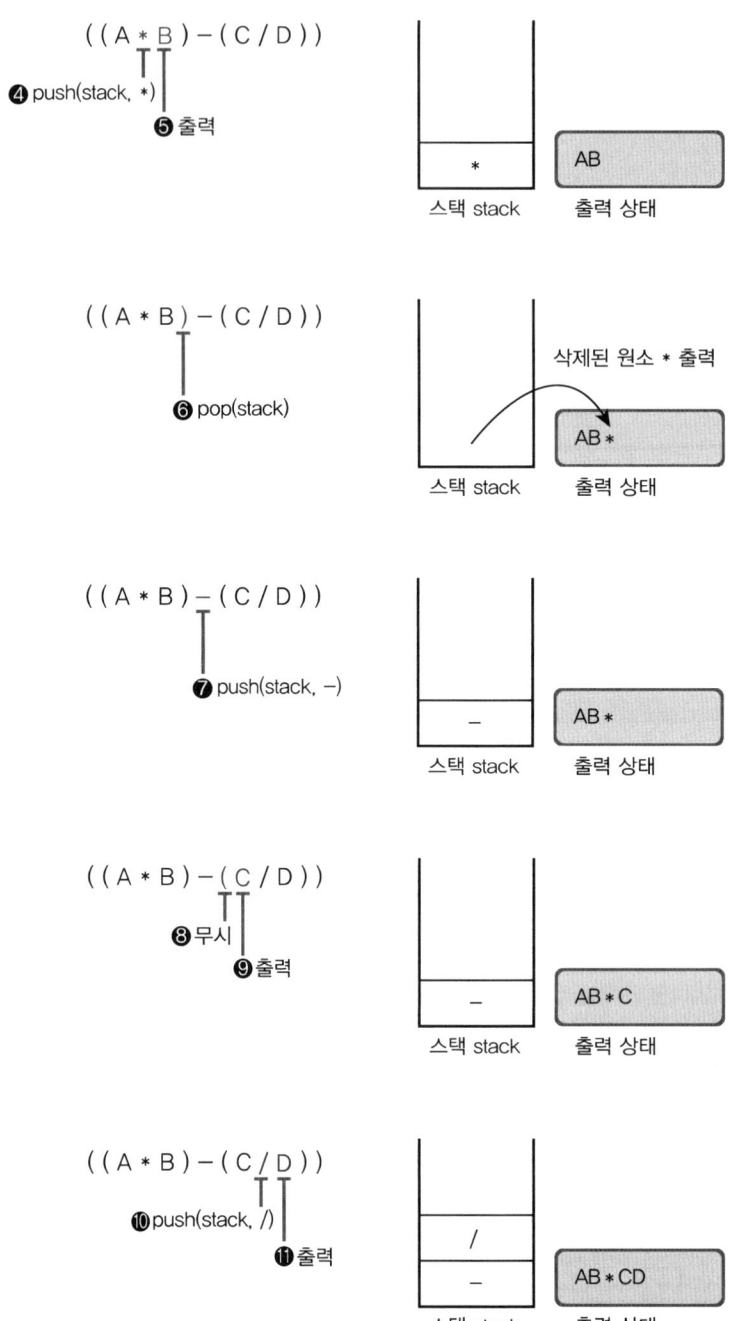

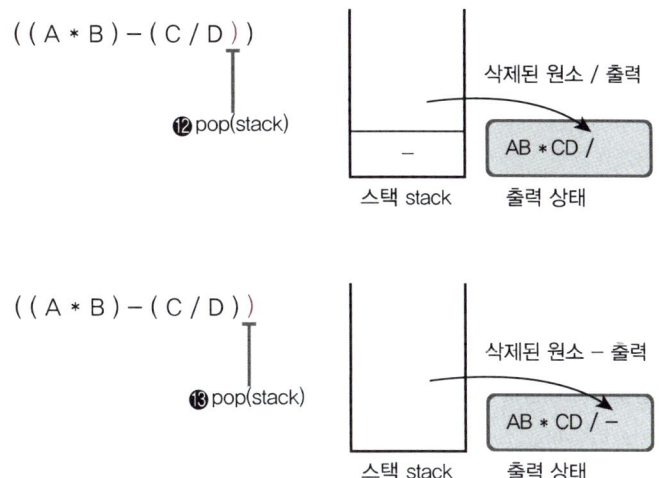

제6절 다중 스택과 큐

1 다중 스택의 정의

① 하나의 기억 장소에 두 개 이상의 스택이 들어가 있는 형태
② 하나의 1차원 배열에 여러 개의 스택을 표현할 수도 있는데 이를 다중 스택이라고 함
③ 다중 스택은 2개의 스택을 연결하여 사용하는 방법과 n개의 스택을 연결하여 사용하는 방법이 있음
④ 배열의 양쪽 끝에는 각 스택의 bottom이 위치하게 됨
⑤ 배열의 사용 가능 공간은 2개의 스택이 top 포인터를 하나씩 증가시키면서 사용함
⑥ 스택1의 top 포인터는 top1이 되고 bottom은 bottom1이 됨
⑦ 스택2의 top 포인터는 top2가 되고 bottom은 bottom2가 됨
⑧ 다중 스택에서 데이터의 삽입과 삭제 연산이 수행되는 중 top1과 top2가 같아지는 경우 기억 장소가 꽉 찬 상태임을 의미

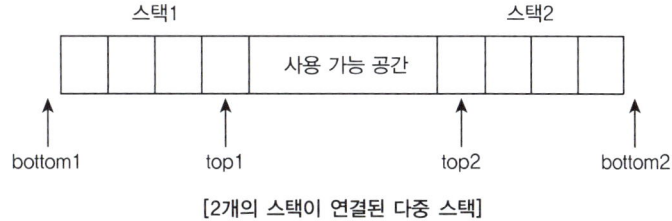

[2개의 스택이 연결된 다중 스택]

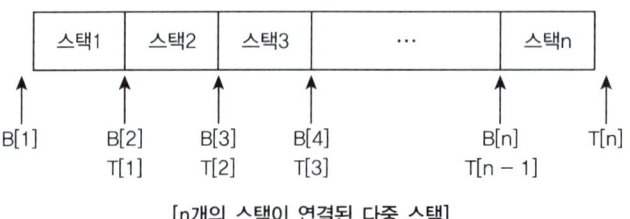

[n개의 스택이 연결된 다중 스택]

2 다중 스택의 삽입

[다중 스택의 삽입 알고리즘]
```
void multi_stackpush(i, item)    /* i번째 스택에서의 삽입 */
int i, item;
{
   if (t[i] = b[i+1]) printf("i-th Stack full");
   else {
       t[i]++;              /* i번째 스택의 top 증가 */
       stack[t[i]] = item;  /* i번째 스택의 top 위치에 데이터 증가 */
   }
}
```

3 다중 스택의 삭제

[다중 스택의 삭제 알고리즘]
```
void multi_stackpop(i, item)    /* i번째 스택에서의 삭제 */
int i, item;
{
   if (t[i] = b[i]) printf("i-th Stack Empty");
   else {
       item = stack[t[i]];  /* i번째 스택의 top에서 데이터 삭제 */
       t[i]--;              /* i번째 스택의 top 감소 */
   }
}
```

제4장 연결 리스트

제1절 연결 리스트의 필요성

① 배열의 경우 데이터의 삽입과 삭제 시에 발생하는 빈번한 이동 연산과 오버플로우를 방지하기 위해 최대 크기의 기억 공간 확보해야 하므로 기억 장소 낭비 발생
② 연결 자료구조는 기억 장소의 어디나 흩어져서 존재하며 각각의 데이터는 순서를 유지하기 위해 다음 데이터를 가리키는 포인터를 가짐

[연결 리스트와 배열의 특징]

연결 리스트	배열
• 포인터로 자료를 순차적으로 연결 • 논리적 위치에 순차적으로 연결됨 (물리적 위치는 순차적일 필요 없음) • 동적으로 자료 추가 • 필요할 때마다 추가할 수 있으므로 최대 항목 개수를 지정하는 과정이 필요 없음 • 삽입과 삭제 시 항목의 이동 연산 불필요	• 물리적 위치에 순차적으로 연결됨 • 최대 항목 개수를 지정하는 과정이 반드시 필요 • 삽입과 삭제 시 항목의 이동 연산 필요

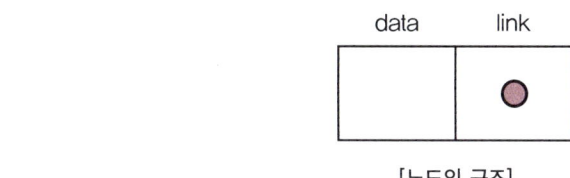

[노드의 구조]

• 각 노드는 데이터를 저장하는 데이터 필드와 다음 노드의 주소를 저장하는 링크 필드로 구성

[연결리스트의 노드 구성]

데이터 필드	리스트의 항목인 데이터 값을 저장하는 곳
링크 필드	다른 노드의 주소 값을 저장하는 장소(포인터)

③ **연결 리스트 장점**
  ㉠ 크기가 고정되지 않으며 기억 장소를 할당할 수 있는 한 계속 자료를 삽입할 수 있음
  ㉡ 중간에 데이터를 삽입하거나 삭제하는 연산이 용이함
  ㉢ 데이터 저장을 위한 기억 공간이 필요할 때마다 동적으로 만들어 쉽게 추가할 수 있음(한꺼번에 많은 공간을 할당해야 하는 배열에 비해 상당한 장점)

④ **연결 리스트 단점**
  ㉠ 구현이 복잡하고 어려움
  ㉡ 탐색 연산 비용 높음

제2절 단순 연결 리스트

1 정의

① 단순 연결 리스트는 리스트의 각 노드에 다른 노드를 가리키는 포인터가 하나씩만 있는 것
② 리스트를 구성하는 노드들이 한쪽 방향으로 연결된 구조
③ 단순 연결 리스트의 생성, 단순 연결 리스트의 삽입, 단순 연결 리스트의 삭제 연산이 있음

2 노드 생성

① 데이터 필드와 다음에 연결되는 노드를 가리키는 링크 필드
② 데이터 필드는 데이터에 대한 데이터형으로 정의되고 링크 필드는 다른 노드를 가리키는 포인터로 정의

[노드 구조의 정의]
```
struct listnode {
int data;
struct listnode *link;
};
struct listnode node_s;      /* 정의된 listnode형 노드 구조의 변수 node_s 선언 */
```

[노드의 생성]
```
struct listnode *getNode()
{
  struct listnode *temp;
  temp = (struct listnode *)malloc(sizeof(node_s));
  return temp;
}
```

[연결 리스트 생성 알고리즘]
```
struct listnode *list_Create(int value)
{
  struct listnode *temp;
  temp = getNode();           /* 노드의 생성 */
  temp→data = value;          /* 생성된 temp 노드의 데이터 필드에 값을 저장 */
  if (head = NULL)            /* 공백 연결 리스트일 경우 */
```

```
                temp→link = NULL;
     else                        /* 이미 생성된 연결 리스트일 경우 */
        temp→link = head;
     head = temp;           /* head 포인터가 생성되어 삽입된 노드를 가리킴 */
  }
```

3 노드 삽입

[단순 연결 리스트에서 노드를 삽입하는 방법]
① 삽입할 노드를 생성
② 새 노드의 데이터 필드에 값을 저장
③ 새 노드의 링크값을 지정
④ 리스트의 이전 노드에 새 노드를 연결

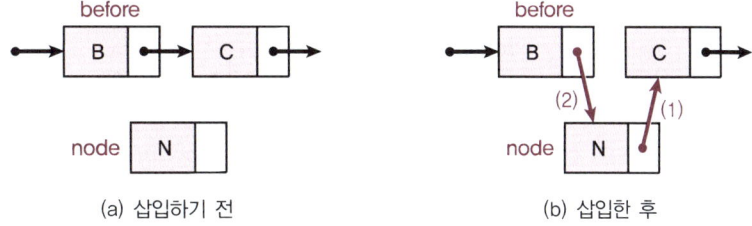

(a) 삽입하기 전   (b) 삽입한 후

[단순 연결 리스트의 노드 삽입 알고리즘]
```
  void insertNode(x, int value)
  struct listnode *x;
{
  struct listnode *temp;
  temp = getNode();
  if (temp = NULL) return(-1);    /* 노드의 미생성 */
  else if (x = NULL)              /* 연결 리스트의 맨 앞 삽입 */
  {
  temp→data = value;
  temp→link = head;
  head = temp;
  }
```

```
        else {          /* 연결 리스트에 x가 가리키는 임의의 노드 뒤에 삽입 */
            temp→data = value;
            temp→link = x→link;
            x→link = temp;
        }
    }
```

4 노드 삭제

[단순 연결 리스트에서 노드를 삭제하는 방법]
① 삭제할 노드의 앞 노드를 찾음
② 앞 노드에 삭제할 노드의 링크 필드값을 저장
③ 삭제한 노드의 앞 노드와 삭제한 노드의 다음 노드를 연결

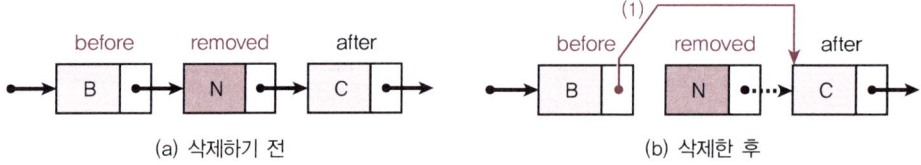

(a) 삭제하기 전   (b) 삭제한 후

[단순 연결 리스트의 노드 삭제 알고리즘]
```
    void deleteNode(x, y)
    struct listnode *x, *y;
    {
        if (y = NULL)              /* 단순 연결 리스트의 맨 앞의 노드 삭제 */
            head = x→link;
        else                       /* 단순 연결 리스트의 임의 노드 삭제 */
            y→link = x→link;
            free(x);
    }
```

5 노드 출력

① 첫 노드부터 마지막 노드까지 따라가며 해당 노드의 데이터를 출력하면 됨
② 마지막 노드에 도달할 때까지 데이터 필드의 출력과 다음 노드로의 이동을 계속하면 됨

제3절 동적 연결된 스택과 큐

1 연결된 스택의 노드 추가

① 스택과 큐는 배열이나 연결 리스트로 구현 가능
② 배열을 이용하면 간단하게 구현 가능하나 스택이나 큐의 크기가 고정적이어서 최대 크기 이상의 데이터를 삽입할 수 없고 고정된 크기로 인해 메모리의 낭비가 발생
③ 여러 개의 스택이나 큐가 동시에 있을 때 이를 순차적으로 표현할 효율적인 방법이 없음
④ 연결된 스택과 큐는 연결 리스트를 이용하여 구현한 것을 의미
⑤ **연결된 스택**
  ㉠ 크기가 제한되지 않으며 필요할 때마다 노드를 만들어 추가할 수 있음
  ㉡ 스택과 큐를 연결 리스트로 만들면 메모리를 좀 더 효율적으로 쓸 수 있고 배열로 표현했을 경우의 메모리 한계를 극복 가능
  ㉢ 크기가 고정되어 있지 않고 필요한 만큼 커질 수 있음

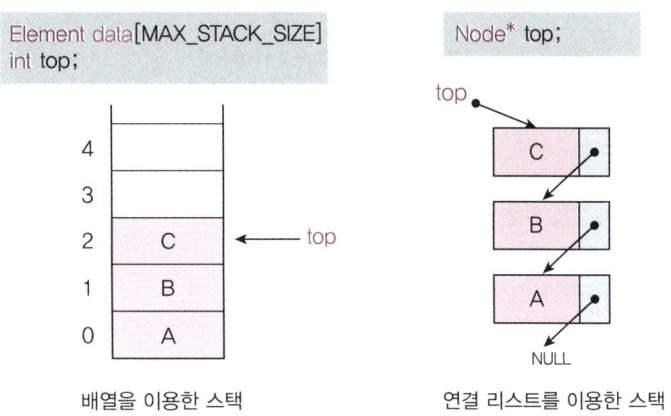

[배열을 이용한 스택과 연결 리스트를 이용한 스택의 비교]

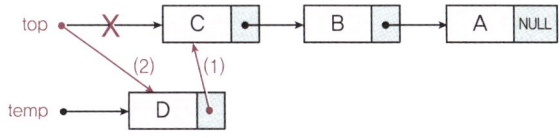

[연결된 스택에서의 노드 삽입(노드 D를 삽입)]

[연결된 스택의 삽입 알고리즘]

```
void push(Element e)
{
    Node* temp = (Node*)malloc(sizeof(Node));  /* temp 노드 동적 생성 */
    temp→data = e;        /* temp 노드의 데이터 필드에 값 저장 */
    temp→link = top;      /* temp 노드의 링크 필드에 top 포인터 값 저장 */
    top = temp;                                /* top 포인터에는 temp 값을 저장 */
}
```

2 연결된 스택의 노드 삭제

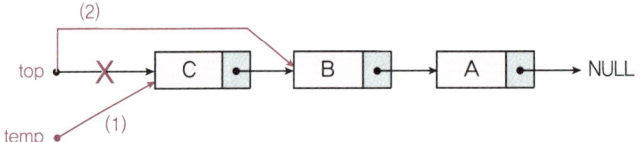

[연결된 스택에서의 노드 삭제(스택 상단의 노드 C를 삭제)]

[연결된 스택의 삭제 알고리즘]

```
Element pop()
{
    Node* temp;
    Element e;
    if (is_empty())  error("에러");
    else {
        temp = top;
        top = temp→link;   /* top 포인터는 삭제 노드의 링크 값 복사 */

        e = temp→data;     /* 삭제할 노드의 데이터를 e에 저장 */
        free(temp);        /* 삭제 노드의 동적 메모리 해제 */
    }
    return e;              /* 삭제 노드의 데이터 반환 */
}
```

3 연결된 큐의 노드 추가

① 큐도 연결 리스트를 이용하여 구현가능하며 이러한 큐를 연결된 큐라고 함
② 연결된 큐는 스택과 마찬가지로 사용 가능한 기억 공간만 존재한다면 필요한 메모리만큼 사용할 수 있음
③ 연결된 큐는 메모리 공간에서 물리적으로 흩어져 있는 노드들로 이루어지며 각 노드의 링크 필드를 이용하여 다음 노드를 가리키도록 함으로써 모두 연결 가능

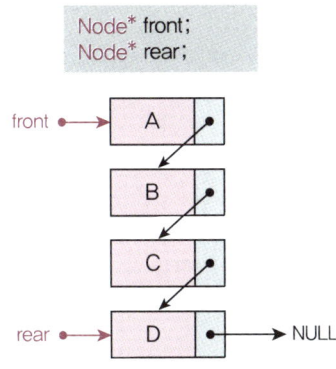

[연결 리스트를 이용한 큐]

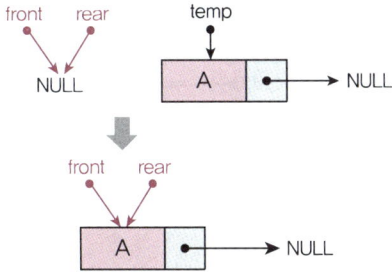

[연결된 큐가 공백 상태일 때의 삽입 연산]

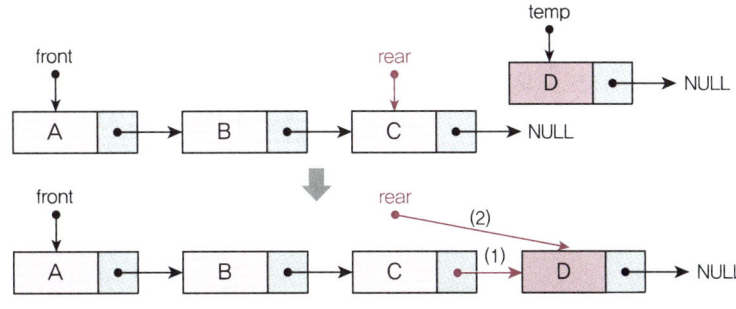

[연결된 큐가 공백 상태가 아닐 때의 삽입 연산]

[연결된 큐의 삽입 알고리즘]
```
void enqueue(Element e)
{
    Node* temp = (Node*)malloc(sizeof(Node));   /* 추가할 temp 노드 동적 생성 */
    temp→data = e;                              /* temp 노드의 데이터 필드에 값 저장 */
    temp→link = NULL;                           /* temp 노드의 링크 필드 초기화 */

    if (is_empty())  front = rear = temp;       /* 공백이면 front와 rear에 temp 저장 */
    else {
        rear→link = temp;     /* rear의 링크 필드에 temp 주소값 저장 */
        rear = temp;          /* 새 노드 추가 후 rear에 temp의 주소 저장 */
    }
}
```

4 연결된 큐의 노드 삭제

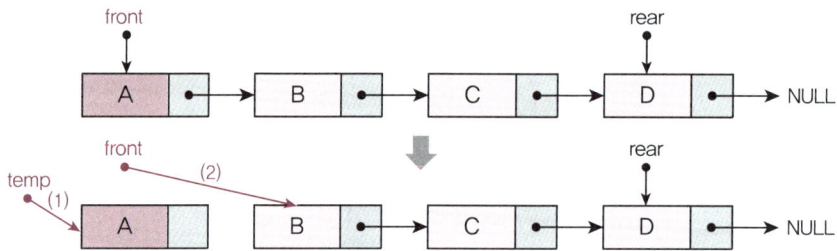

[노드가 둘 이상인 큐에서의 삭제 연산]

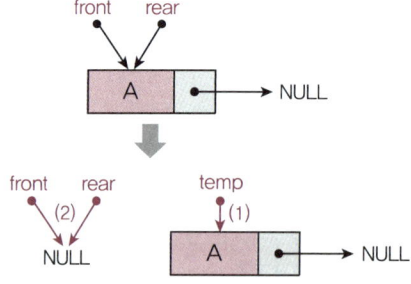

[노드가 하나 있는 연결된 큐에서의 삭제 연산]

[연결된 큐의 삭제 알고리즘]
```
Element dequeue()
{
    Node* temp;
    Element e;

    if (is_empty())
        error("큐 공백 에러");      /* 큐가 공백이면 삭제할 수 없으므로 오류 표시 */

    temp = front;
    front = front→link;

    if (front = NULL)
        rear = NULL;

    e = temp→data;                /* 삭제하고자 하는 temp의 데이터를 복사 */
    free(temp);                   /* 삭제 노드를 동적 메모리 해제 */
    return e;                     /* 삭제 노드의 데이터 반환 */
}
```

제4절 비사용 기억 공간

1 순차 가용 공간에서의 노드 획득

① **순차 가용 공간** : 사용하기 전의 메모리나 사용이 끝난 메모리의 관리를 용이하게 하기 위해 노드로 구성하여 연결한 리스트
② 순차 가용 공간을 사용하기 위해 연결 리스트를 이용하면 불연속한 메모리 공간을 효율적으로 사용할 수 있으며 다음 주소를 알기 위해 포인터를 이용
③ 가용 공간들을 연결 리스트로 관리하면 메모리를 효율적인 사용할 수 있음

2 초기 가용 공간에서의 연결 리스트 생성

① 가용 공간 리스트를 사용하기 위해서는 초기에 가용 공간 연결 리스트를 생성해 주어야 함
② 가용 공간 리스트의 포인터를 가지는 avail을 생성하고 초기값은 NULL을 가짐

3 연결 리스트 가용 공간에서의 노드 획득

새로운 노드를 삽입해야 할 때 만약 연결 리스트의 가용 공간이 존재한다면 가용 공간에서 하나의 노드를 획득하여 사용

4 연결 리스트로 된 가용 공간에 삭제 노드의 반환

노드가 더 이상 사용되지 않는 경우 이 노드가 사용하던 공간을 해제하여 시스템에 반환하지 않고 가용 공간 리스트에 반환하여 다음에 기억 공간이 필요하면 언제든지 재활용 가능

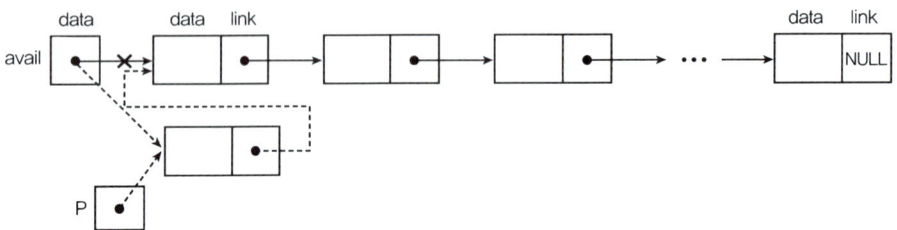

[반환된 노드가 가용 공간 리스트에 삽입되는 과정]

제6절 연결 리스트의 응용

1 다항식의 단순 연결 리스트 표현

다항식 p(x)가 다음과 같을 때 a_i를 계수(coefficient)라고 하며 i를 지수(exponent)라 부르고 p(x)의 가장 큰 차수를 그 다항식의 차수(degree)라고 함

$$p(x) = a_n x^n + a_{n-1} x^{n-1} + ... + a_1 x + a_0$$

[다항식 노드의 구조]

계수	지수	링크
coef	expo	link

계수를 저장하는 coef와 지수를 저장하는 expo 필드, 다음 항을 연결하는 포인터인 링크 필드로 구성

[노드에 대한 구조체 정의]

```
public class Node {
    float coef;   /* 계수를 저장하기 위한 변수 */
    int expo;     /* 지수를 저장하기 위한 변수 */
    Node link;    /* 링크 필드이며 다음 항을 가리키는 포인터 */
};
```

- 다항식 $A(x) = 4x^3 + 3x^2 + 5x$
- 다항식 $B(x) = 3x^4 + x^3 + 2x + 1$

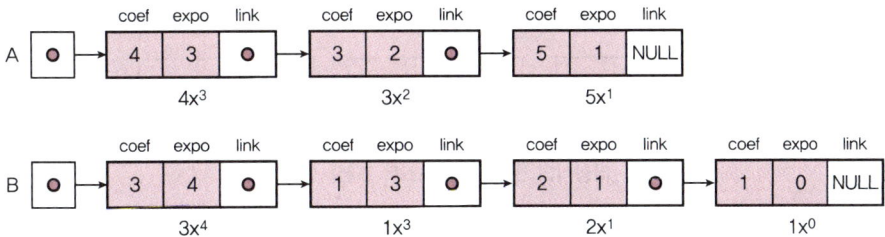

2 다항식의 덧셈

① $A(x) = 4x^3 + 3x^2 + 5x$, $B(x) = 3x^4 + x^3 + 2x + 1$
② A(x)와 B(x)를 더하여 $C(x) = 3x^4 + 5x^3 + 3x^2 + 7x + 1$를 구함

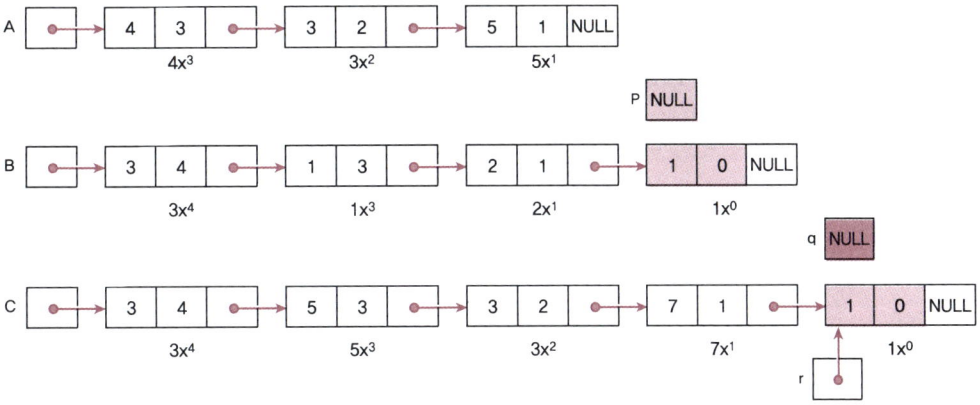

3 단순 연결 리스트로 표현된 다항식의 노드 반환

다항식은 연산이 끝나면 기억 공간을 재활용하기 위하여 노드를 반환

4 다항식의 원형 연결 리스트 표현

단순 연결 리스트의 마지막 노드가 리스트의 첫 번째 노드를 가리키게 하여 리스트의 구조를 원형으로 만든 연결 리스트

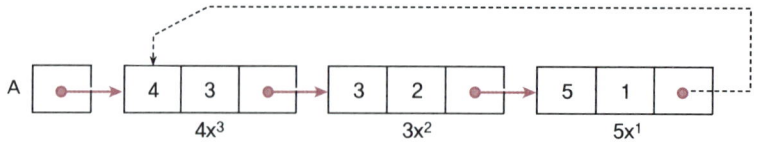

[다항식의 원형 연결 리스트 표현]

제7절 연결 리스트의 기타 연산

1 단순 연결 리스트의 역순

① 단순 연결 리스트는 노드의 순서를 역순으로 변환하여 연결할 수 있음
② 연결 리스트 $L = (a_1, a_2, ..., a_n)$을 역순 연산하면 $L = (a_n, a_{n-1}, ..., a_1)$로 변환됨

2 단순 연결 리스트의 연결

① 두개의 단순 연결 리스트는 하나로 연결할 수 있음
② 리스트 $L_1 = (a_1, a_2, ..., a_n)$이고 리스트 $L_2 = (b_1, b_2, ..., b_m)$가 있을 때 리스트 L_1과 L_2를 연결하면
$L = (a_1, a_2, ..., a_n, b_1, b_2, ..., b_m)$이 됨

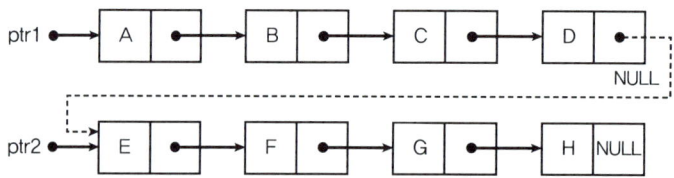

[2개의 단순 연결 리스트 ptr1, ptr2를 연결]

3 원형 연결 리스트의 앞 또는 뒤에 노드 삽입

원형 연결 리스트에서 헤드 포인터가 첫 번째 노드를 가리키도록 구성할 수도 있고 헤드 포인터가 마지막 노드를 가리키도록 구성할 수도 있음

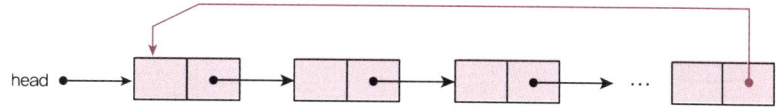

[헤드 포인터가 첫 번째 노드를 가리키도록 구성한 원형 연결 리스트]

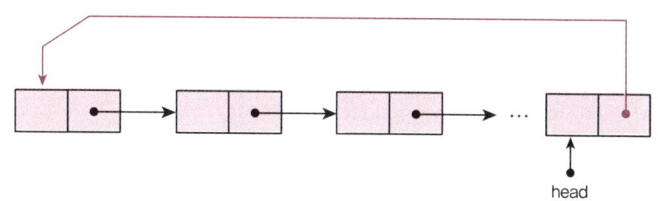

[헤드 포인터가 마지막 노드를 가리키도록 구성한 원형 연결 리스트]

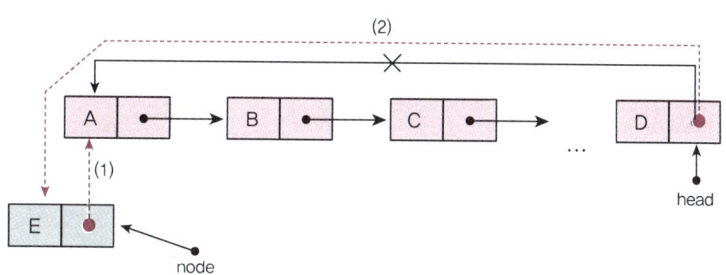

[원형 연결 리스트의 앞에 노드 삽입]

[원형 연결 리스트의 앞에 노드 삽입 알고리즘]
```
void insert_first(ListNode **phead, ListNode *node)
{
    if (*phead = NULL) { /* 원형 연결 리스트가 공백 상태인 경우 */
        *phead = node;
        node→link = node;
    }
    else {   /* 원형 연결 리스트에 기존 노드가 존재할 경우 */
        node→link = (*phead)→link;
        (*phead)→link = node;
    }
}
```

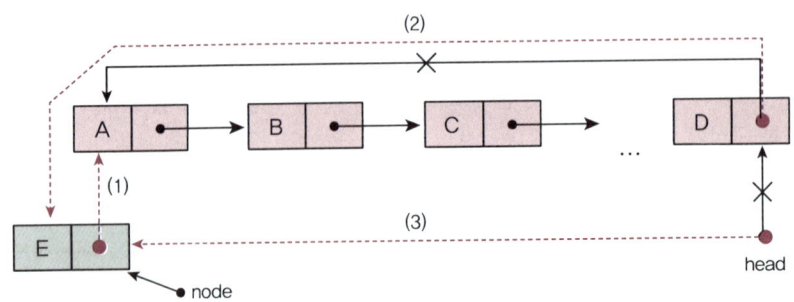

[원형 연결 리스트의 뒤에 노드 삽입]

[원형 연결 리스트의 뒤에 노드 삽입 알고리즘]
```
void insert_last(ListNode **phead, ListNode *node)
{
    if (*phead = NULL) { /* 원형 연결 리스트가 공백 상태인 경우 */
        *phead = node;
        node→link = node;
    }
    else {      /* 원형 연결 리스트에 기존 노드가 존재할 경우 */
        node→link = (*phead)→link;
        (*phead)→link = node;
        *phead = node;
    }
}
```

4 원형 연결 리스트의 길이 계산

원형 연결 리스트의 각 노드의 링크를 확인하여 다음 노드가 존재하면 길이를 1씩 증가시킴

제8절 이중 연결 리스트

① 단순 연결 리스트는 현재 노드의 반대 방향에 존재하는 선행 노드를 접근하기는 어려움
② 이중 연결 리스트는 하나의 노드가 두개의 링크 필드를 갖도록 하여 각각 이전 노드와 다음 노드를 가리키도록 하는 자료구조

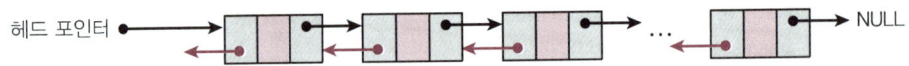

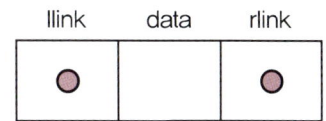

[이중 연결 리스트의 노드 구조]

[노드 구조의 정의]
```
typedef struct Dnode{
    struct Dnode *llink;
    char data[5];
    struct Dnode *rlink;
}
```

[이중 연결 리스트에서의 삭제 연산 과정]
① 삭제할 노드의 오른쪽 노드와 왼쪽 노드를 찾음
② 삭제할 노드의 오른쪽 노드의 주소(old→rlink)를 삭제할 노드의 왼쪽 노드(old→llink)의 오른쪽 링크(rlink)에 저장
③ 삭제할 노드의 왼쪽 노드의 주소(old→llink)를 삭제할 노드의 오른쪽 노드(old→rlink)의 왼쪽 링크(llink)에 저장
④ 삭제한 노드의 메모리를 반환

[이중 연결 리스트에서 노드 삭제 알고리즘]
```
deleteNode(DL, old)
{
    old→llink→rlink = old→rlink;
    old→rlink→llink = old→llink;
    returnNode(old);
}
```

[이중 연결 리스트에서의 삽입 연산 과정]
① 삽입할 노드를 준비
② 새 노드의 데이터 필드에 값을 저장
③ 새 노드의 왼쪽 노드의 오른쪽 링크(rlink)를 새 노드의 오른쪽 링크(rlink)에 저장
④ 왼쪽 노드의 오른쪽 링크(rlink)에 새 노드의 주소를 저장
⑤ 새 노드의 오른쪽 노드의 왼쪽 링크(llink)를 새 노드의 왼쪽 링크(llink)에 저장
⑥ 오른쪽 노드의 왼쪽 링크(llink)에 새 노드의 주소를 저장
⑦ 노드를 순서대로 연결

[이중 연결 리스트에서 노드 삽입 알고리즘]

```
insertNode(DL, pre, x)
{
    new = getNode();      /* 삽입할 새로운 노드 new를 생성 */
    new→data = x;         /* 새 노드 new에 데이터 필드에 값 저장 */
    new→rlink = pre→rlink;
    pre→rlink = new;
    new→llink = pre;
    new→rlink→llink = new;
}
```

제9절 일반 리스트

1 정의

0개 이상의 원소 또는 서브 리스트를 가지는 유한 선형 리스트

일반 리스트는 n〉=0개 원소의 유한 수열, 즉 $a_0, a_1, a_2, ..., a_{n-1}$ 이고 여기서 a_i는 원자값이거나 또는 리스트임. 원자가 아닌 원소 a_i는 서브 리스트라고 함

[일반 리스트의 노드 구조]

2 다중 변수 다항식의 일반 리스트 표현

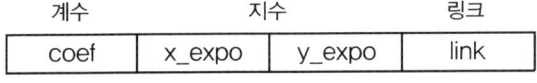

[이원 다항식의 노드 구조]

[이원 다항식의 노드에 대한 구조체 정의]

```
public class Node {
    float coef;      /* 계수를 저장하기 위한 변수 */
    int x_expo;      /* 변수 x의 지수를 저장하기 위한 변수 */
    int y_expo;      /* 변수 y의 지수를 저장하기 위한 변수 */
    Node link;       /* 링크 필드이며 다음 항을 가리키는 포인터 */
};
```

제5장 트리

제1절 트리

1 트리

① 표현하려는 대상 정보들의 각 항목들을 계층적으로 연관되도록 구조화시킬 때 사용
② 원소들 간에 일대다 관계를 가지는 비선형 자료구조
③ 루트(root)라는 특별한 노드가 하나 있는 비순환(acyclic)하며 연결된 그래프

2 용어

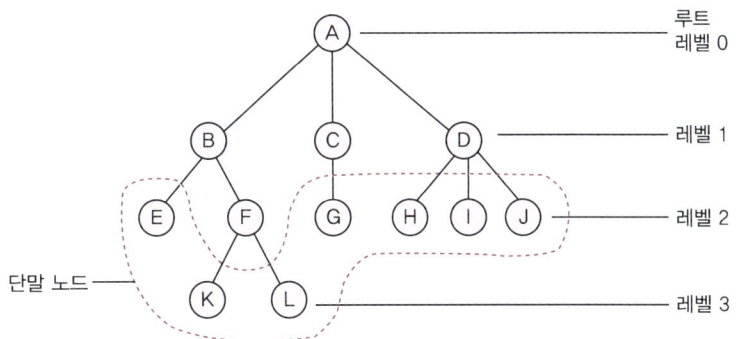

① **노드**: 노드는 트리를 구성하는 원소들
② **루트 노드**: 트리의 시작 노드
③ **간선**: 노드를 연결하는 선이며 부모 노드와 자식 노드를 연결함
④ **부모 노드**: 어느 한 노드에 대하여 이 노드의 상위에 연결된 노드
⑤ **자식 노드**: 현재 위치한 노드 아래에 연결되어 있는 노드
⑥ **형제 노드**: 같은 부모를 갖는 노드들
⑦ **조상 노드**: 간선을 따라 루트 노드까지 이르는 경로에 있는 모든 노드들
⑧ **자손 노드**: 서브 트리에 있는 하위 레벨의 노드들
⑨ **서브 트리**: 부모 노드와 연결된 간선을 끊었을 때 생성되는 트리
⑩ **노드의 차수**: 노드에 연결된 자식 노드의 수
⑪ **트리의 차수**: 트리에 있는 노드의 차수 중에서 가장 큰 값
⑫ **단말 노드(리프 노드)**: 차수가 0이며 자식 노드가 없는 노드
⑬ **비단말 노드**: 자식을 가지는 노드
⑭ **레벨(level)**: 트리의 각 층에 번호를 매기는 것으로서 루트의 레벨은 0이 되고 한 층씩 내려갈수록 1씩 증가

⑮ **노드의 높이(height)** : 루트에서 해당 노드에 이르는 간선의 수 즉, 노드의 레벨
⑯ **트리의 높이** : 트리에 있는 노드의 높이 중에서 가장 큰 값
⑰ **포리스트(forest)** : 루트를 제거하여 만든 서브 트리의 집합

3 트리의 표현

① 집합의 형태나 중첩된 괄호를 이용하여 표현 가능
② 컴퓨터에서 트리를 표현하기 위해서는 배열과 같은 순차 구조를 이용할 수도 있고 링크를 이용한 연결 리스트로 표현할 수도 있음

제2절 이진 트리

1 이진 트리

모든 노드들의 자식 노드가 2개 이하인 트리 즉, 차수가 2 이하인 트리

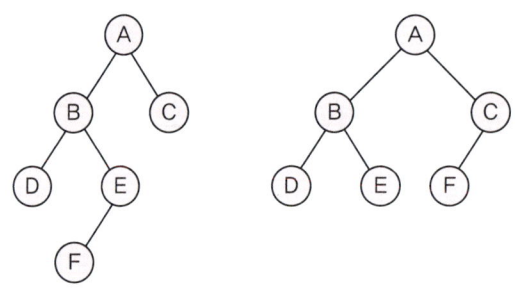

[이진 트리]

2 이진 트리의 종류

(1) **포화 이진 트리** : 트리의 모든 레벨에 노드가 꽉 차 있는 이진 트리

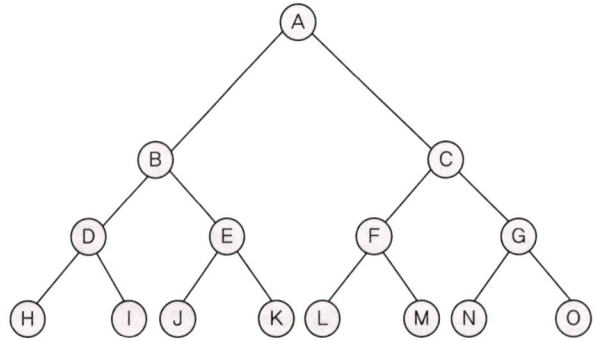

(2) **완전 이진 트리** : 마지막 레벨을 제외한 각 레벨이 노드들로 꽉 차 있고 마지막 레벨에는 노드들이 왼쪽부터 빠짐없이 채워진 트리

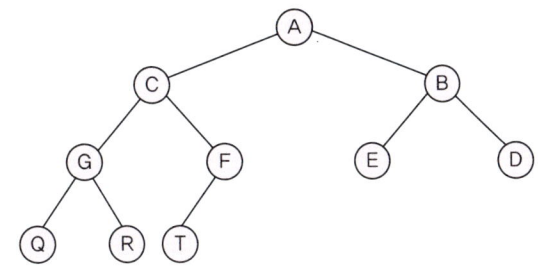

(3) **편향 이진 트리** : 왼쪽이나 오른쪽 서브 트리만 가지는 트리

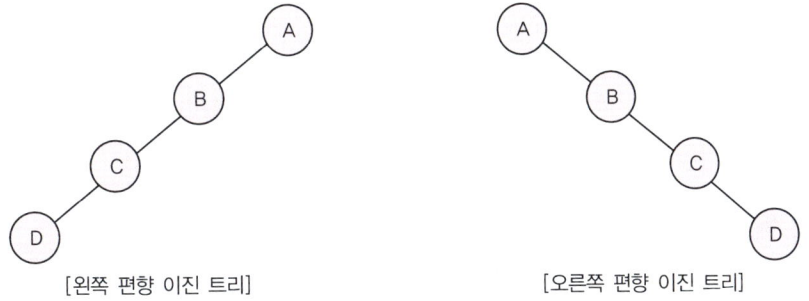

[왼쪽 편향 이진 트리]   [오른쪽 편향 이진 트리]

제3절 이진 트리의 표현 방법

1 배열 표현법

(1) 이진 트리를 포화 이진 트리라고 가정하고 각 노드에 번호를 붙여서 그 번호를 배열의 인덱스로 삼아 노드의 데이터를 배열에 저장하는 방법

(2) **이진 트리를 배열로 표현할 때의 인덱스**

루트 노드의 인덱스는 1이고 형제 노드 중 왼쪽 노드의 인덱스 순서가 오른쪽 노드보다 빠름

> ① 인덱스 0번 : 실제로 사용하지 않고 비워둠
> ② 인덱스 1번 : 루트 노드를 저장

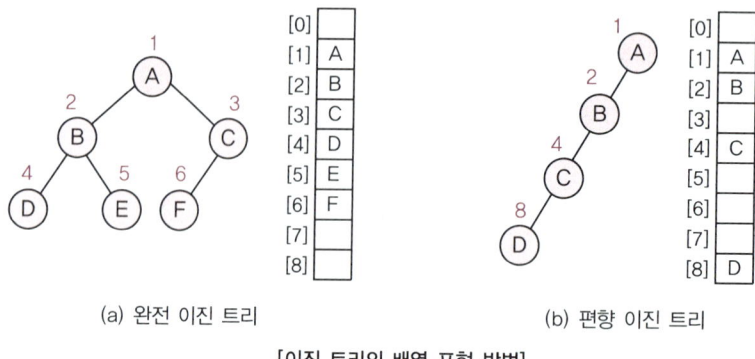

(a) 완전 이진 트리   (b) 편향 이진 트리

[이진 트리의 배열 표현 방법]

[부모와 자식의 인덱스 관계]
① 자식 노드의 인덱스가 i일 때 부모 노드의 인덱스: ⌊i/2⌋
② 부모 노드의 인덱스가 i일 때 왼쪽 자식 노드 인덱스: 2i
③ 부모 노드의 인덱스가 i일 때 오른쪽 자식 노드 인덱스: 2i+1

2 연결 리스트 표현법

연결 리스트는 부모 노드와 자식 노드를 포인터로 연결하므로 연속된 메모리 영역이 아니더라도 부모와 자식 노드를 연결 가능

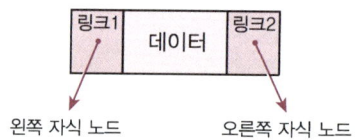

[이진 트리의 노드 구조]

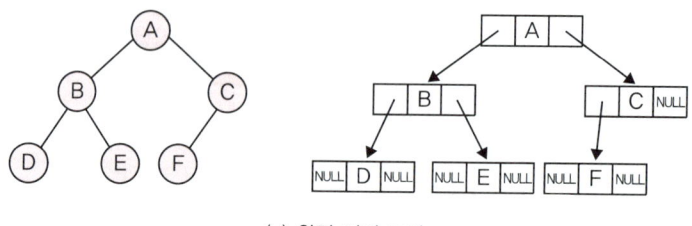

(a) 완전 이진 트리

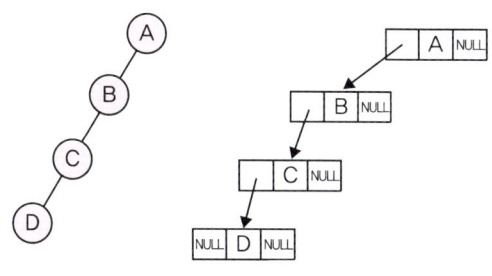

(b) 편향 이진 트리

[이진 트리의 연결 리스트 표현 방법]

[이진 트리 노드에 대한 구조체 정의]
```
typedef struct TreeNode {
    int data;                    /* 노드에 저장할 데이터 */
    struct TreeNode *left;       /* 왼쪽 자식 노드의 포인터 */
    struct TreeNode *right;      /* 오른쪽 자식 노드의 포인터 */
} TreeNode;
```

제4절 이진 트리 순회

(1) 트리를 구성하는 모든 노드들을 특정한 순서대로 한 번씩 방문하는 것

(2) 전위 순회, 중위 순회, 후위 순회

① 전위 순회

루트 노드를 방문하고 왼쪽 서브 트리를 방문한 후 오른쪽 서브 트리를 방문하는 순회 방법

[전위 순회 알고리즘]
```
void preorder(T)
{
    if (T != NULL) {
        visit T→data;
        preorder(T→left);
        preorder(T→right);
    }
}
```

② **중위 순회**

왼쪽 서브 트리를 방문하고 루트 노드를 방문한 후 오른쪽 서브 트리를 방문하는 순회 방법

[중위 순회 알고리즘]
```
void inorder(T)
{
    if (T != NULL) {
    inorder(T→left);
    visit T→data;
    inorder(T→right);
    }
}
```

③ **후위 순회**

왼쪽 서브 트리를 방문하고 오른쪽 서브 트리를 방문한 후 루트 노드를 방문하는 순회 방법

[후위 순회 알고리즘]
```
void postorder(T)
{
    if (T != NULL) {
    postorder(T→left);
    postorder(T→right);
    visit T→data;
    }
}
```

(3) **레벨 순회**

① 각 노드를 레벨 순서대로 방문하는 방법
② 가장 낮은 레벨인 루트 노드부터 아래로 내려가면서 높은 레벨 순으로 노드들을 차례대로 순회

제5절 이진 트리의 응용

1 이진 트리에 의한 정렬

루트 노드보다 작으면 왼쪽 자식 노드로 삽입하고 루트 노드보다 크면 오른쪽 자식 노드로 삽입하여 이진 트리를 완성한 후 중위 순회하게 되면 데이터들이 오름차순으로 정렬됨

2 명제 논리

논리의 기본 구성 요소이며 참이나 거짓을 명확히 판단할 수 있는 문장이나 수식

제6절 스레드 이진 트리

자식 노드가 없는 경우 링크 필드에 NULL 대신 순회 순서상의 다른 노드를 가리키도록 설정

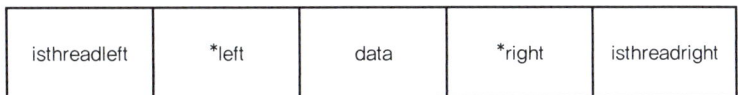

[스레드 이진 트리의 노드 구조]

```
[스레드 이진 트리의 노드 정의]
   typedef struct treenode{
      char data;
      struct treenode *left;
      struct treenode *right;
      int isthreadleft;    /* 만약 왼쪽 링크가 스레드이면 TRUE */
      int isthreadright;   /* 만약 오른쪽 링크가 스레드이면 TRUE */
   } treenode;
```

제7절 트리의 이진 트리 변환

(1) 이진 트리가 아닌 일반 트리들은 자식들의 노드 개수도 예상하기 힘들고 자료구조로 구현하는 게 어렵고 비효율적

(2) 일반 트리를 이진 트리로 변환하여 표현하면 기억 장소의 낭비를 줄일 수 있음

① 각각의 모든 형제 노드들을 수평선으로 연결

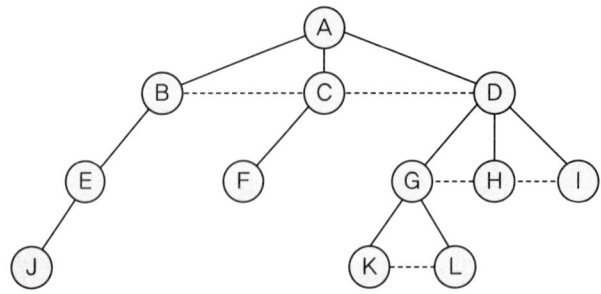

② 부모 노드에서 자식 노드로 연결된 연결선 중 맨 왼쪽 자식 노드와 연결된 연결선만 제외하고 모두 제거

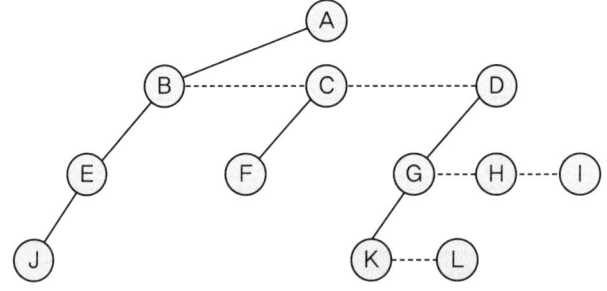

③ 마지막으로 이진 트리의 모습이 되도록 트리를 시계 방향으로 45도 정도 회전시킴
　(일반 트리에서 이진 트리로 변환 완료)

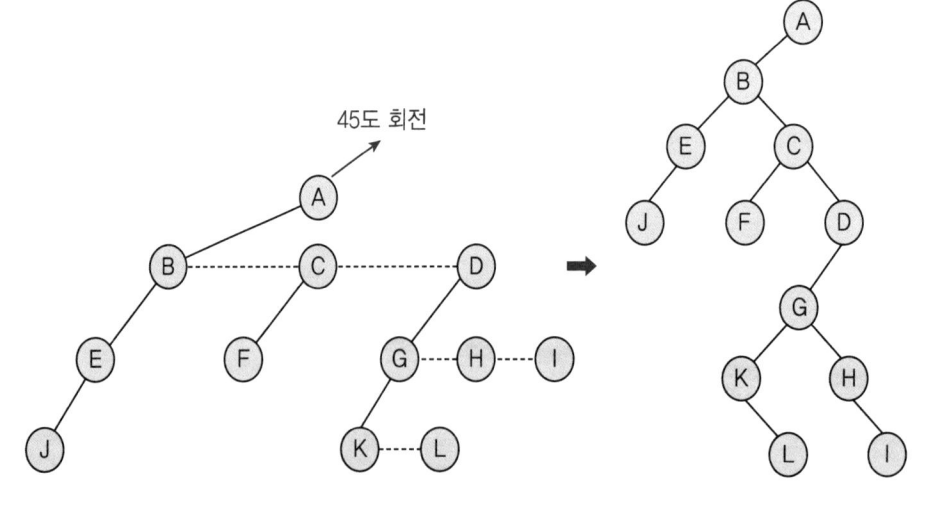

[일반 트리를 이진 트리로 변환하는 과정]

제8절 히프

1 히프 추상 데이터 타입

① 여러 값들 중에서 가장 큰 값이나 가장 작은 값을 찾아내는 연산을 빠르게 하기 위해 고안된 자료구조
② **최대 히프와 최소 히프**

[최대 히프와 최소 히프]

최대 히프	• 키값이 가장 큰 노드를 찾기 위한 완전 이진 트리 　{부모 노드의 키값 ≥ 자식 노드의 키값} • 루트 노드: 키값이 가장 큰 노드
최소 히프	• 키값이 가장 작은 노드를 찾기 위한 완전 이진 트리 　{부모 노드의 키값 ≤ 자식 노드의 키값} • 루트 노드: 키값이 가장 작은 노드

2 우선 순위 큐

① 우선 순위 개념을 큐에 도입한 자료구조
② 우선 순위를 가진 항목들을 저장하는 큐이며 각 항목들은 우선 순위를 갖음
③ 데이터가 입력된 순서와는 상관없이 우선 순위가 높은 데이터가 가장 먼저 처리됨

> **[우선 순위 큐의 추상 자료형]**
> • 데이터: n개의 우선 순위를 가진 항목들의 모임
> • 연산
> 　① create(): 우선 순위 큐를 생성
> 　② init(q): 우선 순위 큐 q를 초기화
> 　③ is_empty(q): 우선 순위 큐 q가 비어 있는지를 검사
> 　④ is_full(q): 우선 순위 큐 q가 가득 찼는가를 검사
> 　⑤ insert(q, x): 우선 순위 큐 q에 항목 x를 추가
> 　⑥ delete(q): 우선 순위 큐로부터 가장 우선 순위가 높은 항목을 삭제하고 이 항목을 반환
> 　⑦ find(q): 우선 순위가 가장 높은 항목을 반환

3 최대 히프에서의 삽입

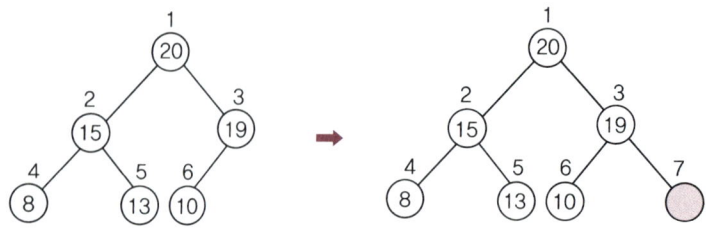

(a) 삽입 전의 히프　　　　　　　(b) 1단계: 완전 이진 트리의 다음 자리인 7번 노드 확장

① 확장한 자리에 삽입 원소 17을 임시저장　　② 현재 위치에서 부모 노드와 크기 비교 후 자리 확정

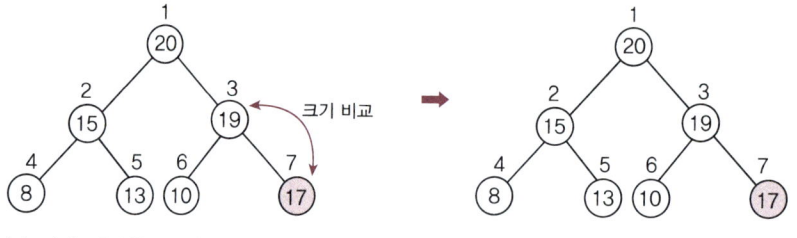

(c) 2단계: 삽입 원소 17의 자리 확정

[최대 히프에서의 삽입 연산(원소 17 삽입하기)]

① 확장한 자리에 삽입 원소 23을 임시저장　　② (부모 노드 19 < 삽입 노드 23)이므로 자리 바꾸기

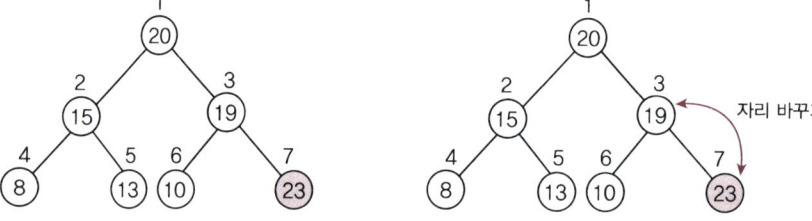

③ (부모 노드 20 < 삽입 노드 23)이므로 자리 바꾸기　　④ 더 이상 비교할 부모 노드가 없으므로 자리 확정

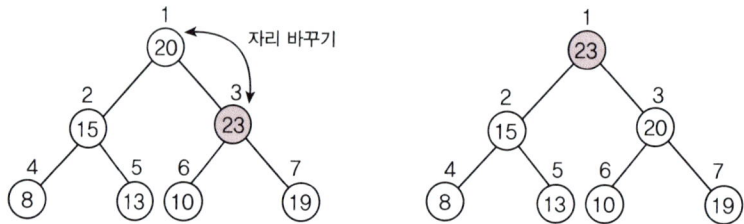

[최대 히프에서의 삽입 연산(원소 23 삽입하기)]

4 최대 히프에서의 삭제

① 루트 노드의 원소 삭제

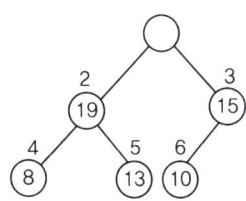

② 마지막 노드 삭제 후 원소를 루트로 이동

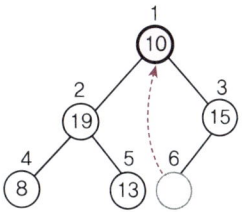

③ (삽입 노드 10 < 자식 노드 19)이므로 자리 바꾸기   ④ (삽입 노드 10 < 자식 노드 13)이므로 자리 바꾸기

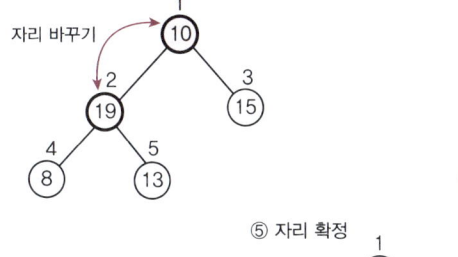

⑤ 자리 확정

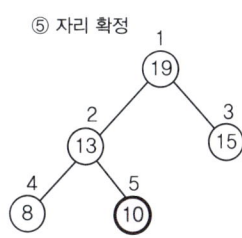

[최대 히프에서의 삭제 연산(루트 원소 삭제)]

제9절 이진 탐색 트리

1 이진 탐색 트리

① 모든 노드는 서로 다른 유일한 킷값을 가짐
② 임의의 노드의 킷값은 왼쪽 서브 트리의 킷값보다 큼
③ 임의의 노드의 킷값은 오른쪽 서브 트리의 킷값보다 작음
④ 왼쪽 서브 트리와 오른쪽 서브 트리도 이진 탐색 트리임

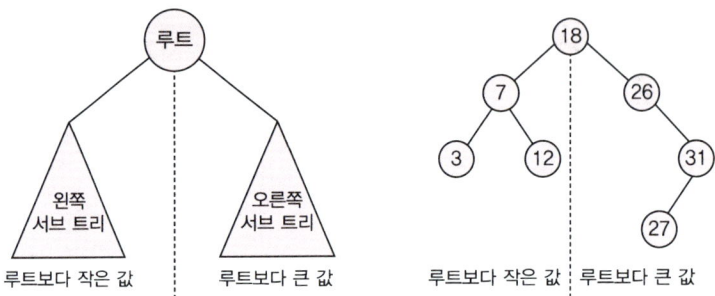

2 이진 탐색 트리의 탐색

① (킷값 x = 루트 노드의 킷값)인 경우: 원하는 원소를 찾았으므로 탐색 연산 성공
② (킷값 x < 루트 노드의 킷값)인 경우: 루트 노드의 왼쪽 서브 트리에 대해서 탐색 연산 수행
③ (킷값 x > 루트 노드의 키값)인 경우: 루트 노드의 오른쪽 서브 트리에 대해서 탐색 연산 수행

[이진 탐색 트리의 탐색 알고리즘]

```
searchbst(bst, x)
{
    p = bst;            /* 이진 탐색 트리를 포인터 p로 지정 */
    if (p = NULL) then  /* 이진 탐색 트리가 공백인 경우 */
        return NULL;
    if (x = p→key) then /* 탐색 키가 현재 트리의 루트 키값과 같은 경우 */
        return p;
    if (x < p→key) then /* 탐색 키가 현재 트리의 루트 키값보다 작은 경우 */
        return searchbst(p→rleft, x);
    else                /* 그 이외의 경우 */
        return searchbst(p→right, x);
}
```

3 이진 탐색 트리에 대한 삽입

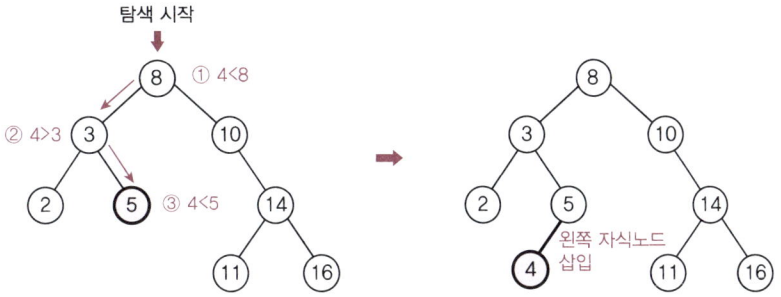

[이진 탐색 트리의 삽입 과정]

[이진 탐색 트리의 삽입 알고리즘]
```
insertbst(bst, x)
{
    p = bst;
    while (p ≠ NULL) {
        if (x = p→key) then return;
        q = p;
        if (x < p→key) then p = p→left;
        else p = p→right;
    }
    new = getNode();
    new→key = x;
    new→left = NULL;
    new→right = NULL;

    if (bst = NULL) then bst = new;
    else if (x < q→key) then q→left = new;
    else q→right = new;
    return;
}
```

4 이진 탐색 트리에서의 삭제

[이진 탐색 트리에서 단말 노드 4를 삭제]

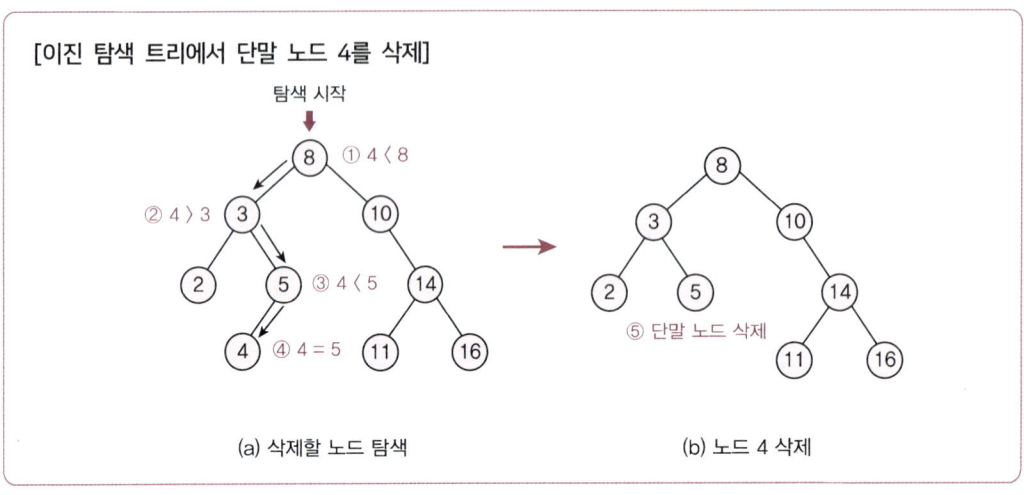

(a) 삭제할 노드 탐색   (b) 노드 4 삭제

[이진 탐색 트리에서 자식 노드가 하나인 노드 10을 삭제]

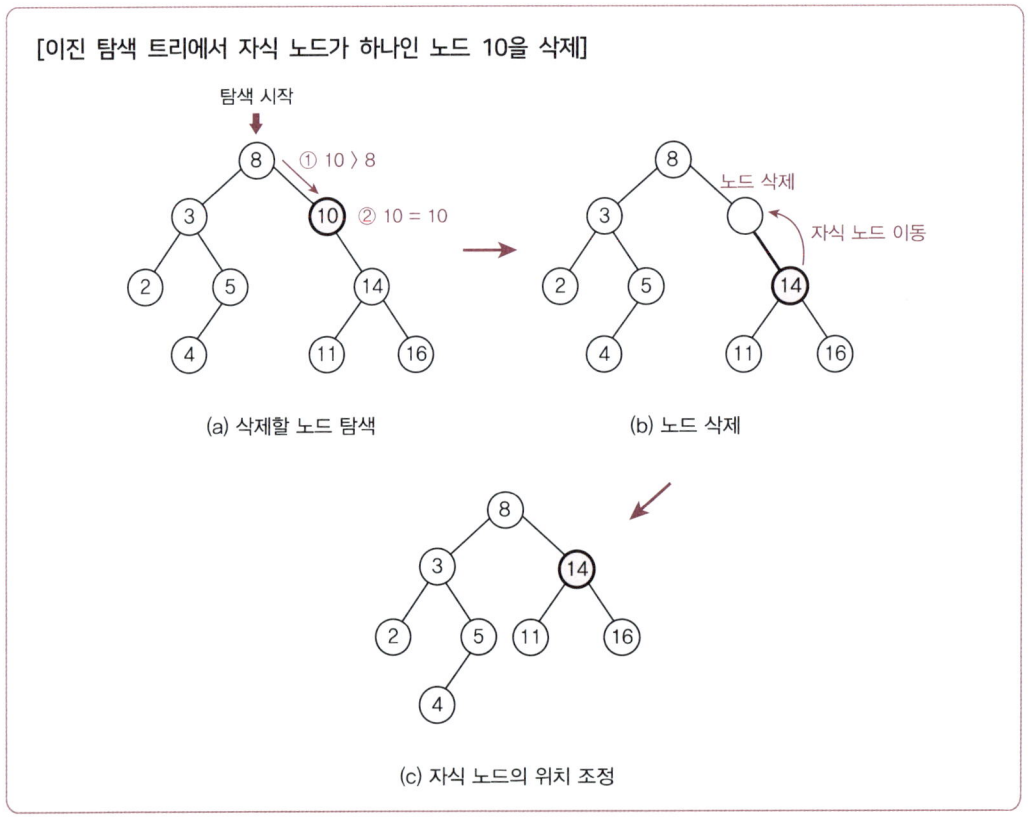

(a) 삭제할 노드 탐색   (b) 노드 삭제

(c) 자식 노드의 위치 조정

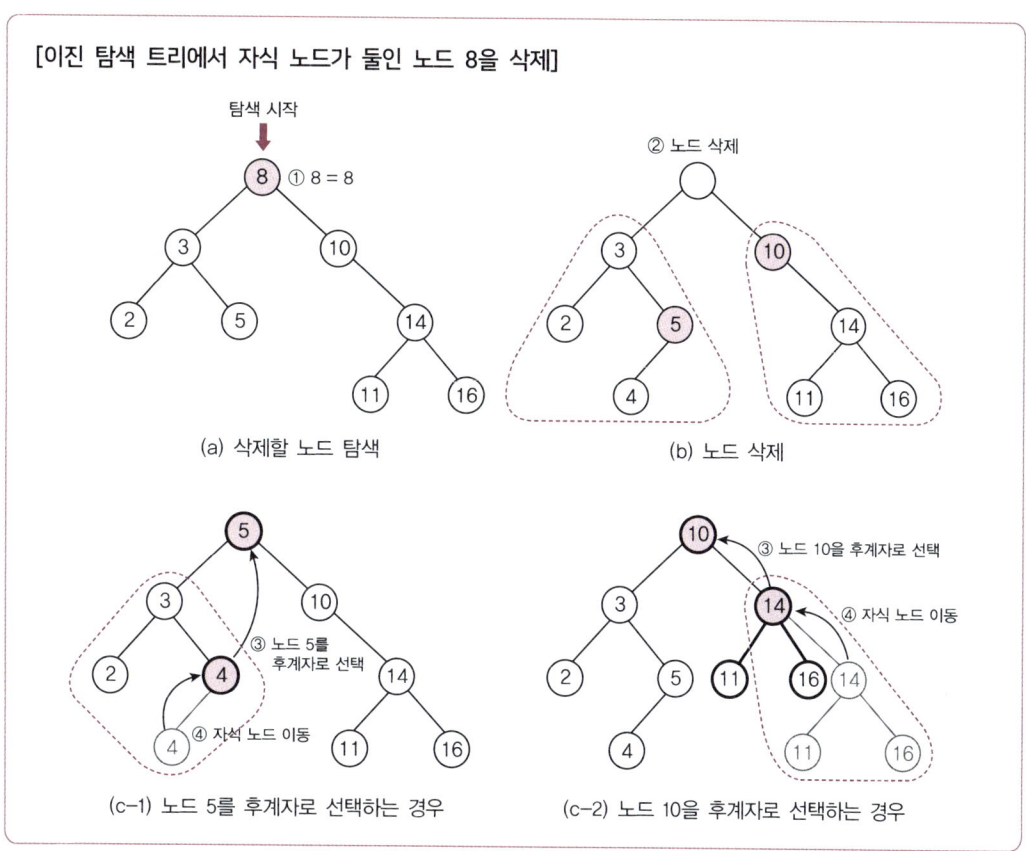

5 이진 탐색 트리의 높이

이진 탐색 트리에서의 탐색, 삽입, 삭제 연산의 시간 복잡도는 트리의 높이와 비례

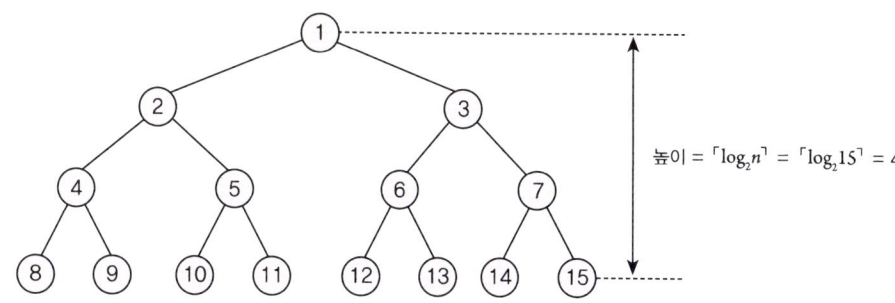

높이 = $\lceil \log_2 n \rceil$ = $\lceil \log_2 15 \rceil$ = 4

제6장 그래프

제1절 정의 및 용어

1 그래프의 정의

공집합이 아닌 정점(vertex)의 집합 V와 서로 다른 정점의 쌍 (v_i, v_j)을 연결하는 간선(edge)의 집합으로 구성되는 구조

> **[그래프의 정의]**
> 공집합이 아닌 정점(vertex)의 집합 V와 서로 다른 정점의 쌍 (v_i, v_j)을 연결하는 간선(edge)의 집합 E로 구성되는 구조 G
> - G = (V, E)
> - V = $\{v_1, v_2, ..., v_n\}$
> - E = $\{e_1, e_2, ..., e_m\}$ = $\{(v_i, v_j), ...\}$

2 그래프의 용어

① **무방향 그래프** : 두 정점을 연결하는 간선의 방향이 없는 그래프
② **방향 그래프** : 간선이 방향을 가지고 있는 그래프
③ **인접과 부속**
  ㉠ 그래프에서 두 정점 v_i와 v_j를 연결하는 간선 (v_i, v_j)가 있을 때 두 정점 v_i와 v_j를 서로 인접하다고 표현
  ㉡ 간선 (v_i, v_j)는 정점 v_i과 v_j에 부속되어 있다고 표현
④ **차수** : 정점에 연결되어 있는 간선의 수
⑤ **경로와 사이클**
  ㉠ 경로 : 그래프에서 간선을 따라 갈 수 있는 길을 순서대로 나열한 것
  ㉡ 사이클 : 단순 경로 중에서 경로의 시작 정점과 마지막 정점이 같은 경로
⑥ **연결 그래프** : 그래프를 구성하는 모든 정점 사이에 경로가 있는 그래프
⑦ **부분 그래프** : 그래프에 포함되는 일부 정점과 간선으로만 그린 그래프
⑧ **평면 그래프** : 그래프의 간선들이 정점 이외에서는 서로 교차되는 일이 없도록 평면으로 그릴 수 있을 경우
⑨ **완전 그래프** : 모든 정점들의 쌍 사이에 간선이 존재하는 그래프
⑩ **동형 그래프** : 두 그래프가 모양은 다르지만 똑같은 정점과 똑같은 간선으로 구성되어 있는 그래프
⑪ **가중 그래프** : 정점을 연결하는 간선에 비용이나 거리 등의 가중치가 할당된 그래프

제2절 그래프 표현 방법

1 인접 행렬

그래프의 표현을 위해 행렬을 이용하는 방식

[그래프 G = (V, E)에서 |V| = n일 때 n × n 행렬로 나타내는 방법]
- 그래프 G에 대한 인접 행렬 $A = [a_{ij}]$의 각 원소

$$a_{ij} = \begin{cases} 1 & (v_i, v_j) \in E \\ 0 & otherwise \end{cases}$$

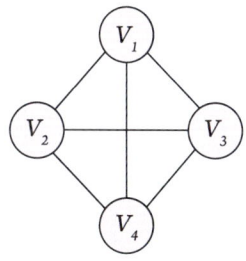

[무방향 그래프와 인접 행렬]

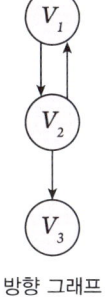

[방향 그래프와 인접 행렬]

2 인접 리스트

각각의 정점에 대해 간선으로 연결되어 있는 정점들을 연결 리스트로 표현하는 방법

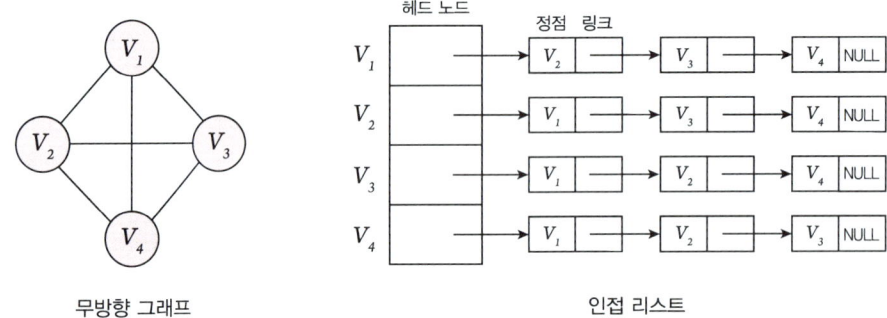

[무방향 그래프와 인접 리스트]

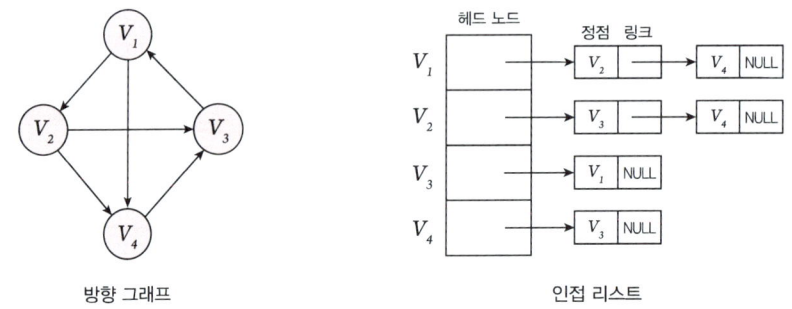

[방향 그래프와 인접 리스트]

제3절 그래프의 순회

1 깊이 우선 탐색

시작 정점에서 출발하여 한 방향으로 갈 수 있는 경로가 있는 곳까지 깊이 탐색하는 방법

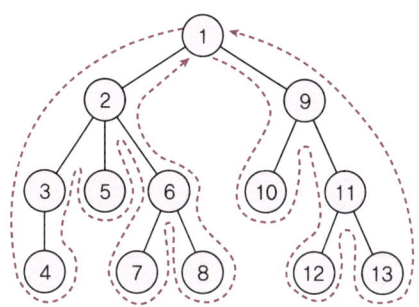

[깊이 우선 탐색 방법]
① 시작 정점 v를 정하여 방문
② 정점 v에 인접한 정점 중에서
  ㉠ 아직 방문하지 않은 정점 w가 있으면 정점 v를 스택에 push하고 w를 방문, 그리고 w를 v로 하여 다시 ②를 반복
  ㉡ 더 이상 방문하지 않은 정점이 없으면 스택을 pop하여 받은 가장 마지막에 방문한 정점을 v로 설정한 뒤 다시 ②를 수행
③ 스택이 공백이 될 때까지 ②를 반복

2 너비 우선 탐색

① 시작 정점에 가까운 정점들을 먼저 방문하고 멀리 있는 정점들은 나중에 방문하는 순회 방법
② 시작 정점으로부터 인접한 정점들을 모두 차례로 방문하고 나서 방문했던 정점을 시작으로 하여 다시 인접한 정점들을 차례로 방문하는 방식

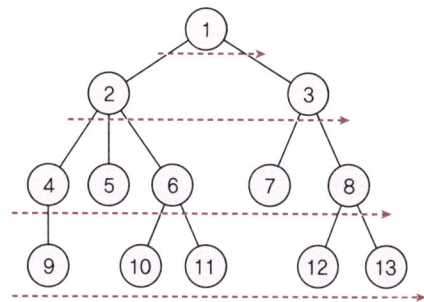

[너비 우선 탐색 방법]
① 시작 정점 v를 결정하여 방문
② 정점 v에 인접한 정점 중에서 방문하지 않은 정점을 차례로 방문하면서 큐에 삽입(enQueue)
③ 방문하지 않은 인접한 정점이 없으면 방문했던 정점에서 인접한 정점을 다시 차례로 방문하기 위해 큐에서 제거(deQueue)하여 받은 정점을 v로 설정하고 ②를 반복
④ 큐가 공백이 되면 탐색이 끝난 것이므로 큐가 공백이 될 때까지 ②~③을 반복

3 신장 트리

① 그래프 내의 모든 정점을 포함하는 트리
② 모든 정점들이 연결되어 있어야 하고 사이클을 포함해서는 안 됨

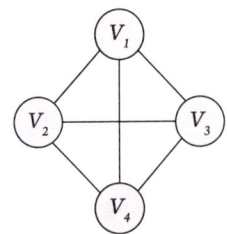

(a) 그래프 G1

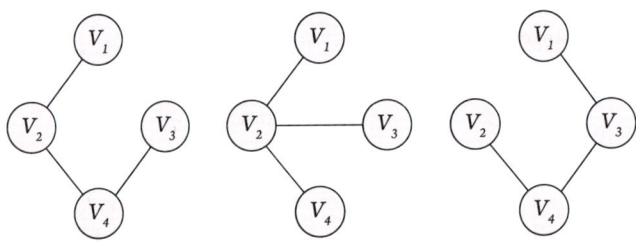

(b) 그래프 G1의 신장 트리

[신장 트리]

제4절 최소 비용 신장 트리

(1) 무방향 가중치 그래프에서 신장 트리를 구성하는 간선들의 가중치 합이 최소인 신장 트리

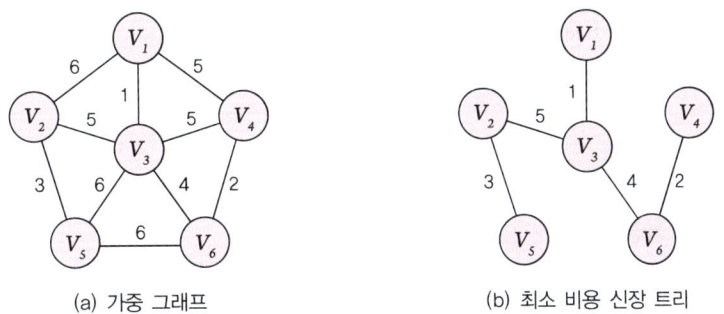

(a) 가중 그래프   (b) 최소 비용 신장 트리

[최소 비용 신장 트리]

(2) Prim 알고리즘과 Kruskal 알고리즘

① **Prim의 방법**

　　가중 그래프에서 가중치가 가장 작은 간선을 하나 선택하고 선택된 간선에 연결된 모든 간선들 중 가중치가 가장 작은 간선을 선택해가며 최소 비용 신장 트리를 구성해 나가는 방식

> [Prim 알고리즘의 적용 과정]
> ① 현재 간선들 중에서 가중치가 가장 작은 간선을 선택
> ② 선택된 간선으로 두 정점을 연결했을 때 사이클이 생기면 간선을 버리고 그렇지 않으면 신장 트리에 삽입
> ③ 기존의 신장 트리를 이루는 간선의 한 끝 정점에 연결된 간선들을 검사
> ④ 검사한 간선들 중에서 아직 트리에 들어있지 않으면서 가중치가 가장 작은 간선을 선택
> ⑤ n-1개의 간선을 삽입할 때까지 ③을 반복
> 　　(간선이 n-1개가 되면 최소 비용 신장 트리가 완성됨)

② **Kruskal의 방법**
　　㉠ 사이클을 만들지 않는 범위에서 최소 비용 간선을 하나씩 더해가면서 최소 신장 트리를 만드는 방식
　　㉡ 가중치를 기준으로 간선을 정렬한 후 최소 신장 트리가 될 때까지 하나씩 선택해 가는 방법

[Kruskal 알고리즘의 적용 과정]
① 그래프의 모든 간선을 가중치에 따라 오름차순으로 정렬
② 그래프의 가중치가 가장 작은 간선을 선택. 이때 사이클을 형성하는 간선은 삽입할 수 없으므로 이런 경우에는 그 다음으로 가중치가 작은 간선을 선택
③ n-1개의 간선을 삽입할 때까지 ②를 반복
(간선이 n-1개가 되면 최소 비용 신장 트리가 완성됨)

제5절 그래프의 응용

|T| 〉 0인 그래프 G = (V, E)에서 정점 $v_1, v_2 \in$ V 사이의 가장 짧은 거리의 경로
- 출발점(source) : 경로의 시작점
- 도착점(destination) : 경로의 목적지

[다익스트라 알고리즘의 적용 과정]
① 정점 v_1을 시작으로 정점들의 집합 S와 T를 정의
② 시작 정점 v_1과 연결된 정점 v_i의 가중치(거리)를 dist[i](1≤i≤n)로 정의. dist[1] = 0으로 초기화하고, 나머지 정점들 ($v_2 \sim v_n$)의 dist[i]는 ∞로 초기화
③ 시작 정점 v_1을 집합 S에 포함되도록 함
④ 정점 v_n을 마지막으로 모든 정점들이 집합 S에 포함될 때까지 다음의 과정을 반복
  ㉠ 집합 S에 최근 포함된 정점 v를 주축으로 연결된 집합 T의 정점 w의 가중치 cost(v, w)와 dist[v]의 합을 dist[w]의 값과 비교하여 작은 값을 dist[w]의 값으로 다시 정의
  dist[w] = min(dist[w], dist[v] + cost(v, w))
  ㉡ S에 포함되지 않은 정점들(집합 T의 정점) 중에서 가장 작은 dist[ ] 값을 갖는 정점을 선택하여 S에 포함시키고, 이 정점을 w라 함

제7장　탐색과 정렬

제1절 탐색
기억 장치에 저장되어 있는 여러 자료들 중에서 원하는 자료가 어디에 있는지 찾아내는 과정

1 순차 탐색

① 일렬로 나열된 데이터를 처음부터 마지막까지 순서대로 탐색하는 방법
② 배열이나 선형 리스트의 맨 앞에서부터 차례로 하나씩 비교해 가는데 찾고자 하는 데이터가 발견될 때까지 혹은 끝까지 검사하는 탐색 방법
③ 구현이 매우 쉽고 간단하지만 탐색이 비효율적

[순차 탐색 알고리즘]
```
/* int 배열 list의 순차 탐색 */
int seq_search(int list[], int key, int low, int high)
{
    for (int i = low; i <= high; i++)
        if (list[i] = key) then
            return i;   /* 탐색에 성공하면 키값의 인덱스 반환 */
    return -1;          /* 탐색에 실패하면 -1을 반환 */
}
```

2 이진 탐색

① 정렬된 데이터 집합을 이분화하면서 탐색하는 방법
② 데이터 집합의 중간에 있는 데이터부터 비교하여 원하는 데이터가 중간의 데이터보다 더 크면 중간의 오른쪽 부분인 뒤쪽에서 찾고 원하는 데이터가 중간의 데이터보다 작으면 중간의 왼쪽 부분인 앞쪽에서 찾는 것을 반복하는 방법

- 찾는 킷값 > 원소의 킷값: 오른쪽 부분에 대해서 검색 실행
- 찾는 킷값 < 원소의 킷값: 왼쪽 부분에 대해서 검색 실행

```
[이진 탐색 알고리즘]
binary_search(list, low, high, key)
{
    if (low > high) return -1;
    middle = (low + high) / 2;   /* 중간 위치 계산 */

    if (key = list[middle])      /* 탐색 성공 */
        return middle;
    else if (key < list[middle]) /* 왼쪽 부분 리스트 탐색 */
        return binary_search(list, low, middle-1, key);
    else if (key > list[middle]) /* 오른쪽 부분 리스트 탐색 */
        return binary_search(list, middle+1, high, key);
}
```

3 피보나치 탐색

① 피보나치 수열에 따라 다음에 비교할 대상을 선정하여 탐색하는 방법
② 데이터가 반드시 정렬되어 있어야 함
③ 이진 탐색은 나눗셈을 이용해야 하지만 피보나치 탐색은 덧셈과 뺄셈만을 사용하면 되므로 이진 탐색보다 더 빠름
④ 피보나치 수열은 $F_0 = 0$, $F_1 = 1$이고 $F_i = F_{i-1} + F_{i-2}$ ($i \geq 2$)로 정의됨

> $F_0 = 0$, $F_1 = 1$
> $F_i = F_{i-1} + F_{i-2}$
> (단, i는 정수 2, 3, 4, 5, …)

제2절 정렬

1 삽입 정렬

① 새로운 데이터를 정렬된 데이터에 삽입하는 과정을 반복하여 전체 데이터를 정렬하는 방식
② 이미 정렬된 데이터들에 새로운 데이터 하나를 순서에 맞게 삽입시키는 것
③ 평균적인 시간 복잡도는 최악의 시간 복잡도와 같이 $O(n^2)$

[삽입 정렬 방법]
① 처음 A[0]은 정렬된 데이터로 취급
② 다음 데이터 A[1]은 정렬된 데이터 A[0]과 비교하여 적절한 위치에 삽입
③ 다음 데이터 A[2]는 정렬된 데이터 A[0], A[1]과 비교하여 적절한 위치에 삽입
④ 같은 방식으로 나머지 데이터들을 삽입하여 정렬

2 쉘 정렬

① 이웃하는 데이터들끼리의 자리를 이동하면서 정렬이 이루어짐
② 일정한 간격으로 떨어져있는 데이터들끼리 부분 리스트를 구성하고 각 부분 리스트에 있는 데이터들에 대해서 삽입 정렬을 수행하는 작업을 반복하면서 전체 데이터들을 정렬하는 방법
③ 평균적인 경우의 시간 복잡도는 $O(n^{1.5})$

3 퀵 정렬

① 정렬할 전체 데이터에 대해서 정렬을 수행하지 않고 기준키를 중심으로 왼쪽 부분 리스트와 오른쪽 부분 리스트로 분할하여 정렬하는 방법
② 기준이 되는 기준키를 피벗이라고 함
③ 평균적인 시간 복잡도 또한 $O(n \log_2 n)$

[퀵 정렬 방법]
① 리스트의 첫 원소를 피벗으로 선택
② 피벗의 다음 위치로부터 오른쪽으로 움직이면서 크기를 비교하여 피벗보다 큰 데이터를 찾음
③ 동시에 리스트의 마지막부터 왼쪽으로 움직이면서 피벗보다 작은 데이터를 찾아 서로 교환함

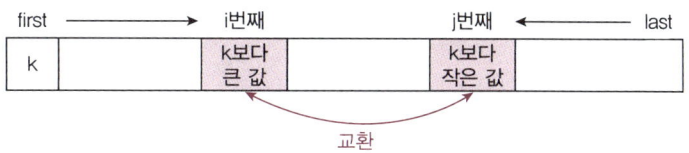

④ 피벗을 중심으로 나누어진 각 서브 리스트에서 ①부터 다시 반복

4 버블 정렬

① 이웃하는 데이터를 비교하여 작은 데이터를 앞쪽으로 이동시키는 과정을 반복하여 정렬
② 주어진 파일에서 인접한 2개의 데이터를 비교하여 그 크기에 따라 데이터의 위치를 서로 교환하는 정렬 방식

> [버블 정렬 방법]
> ① 인접한 두 데이터 A[i]와 A[i+1]의 값들을 비교
> ② A[i+1]의 값이 A[i]의 값보다 작으면 두 데이터를 교환
> ③ 이 과정을 반복하면 큰 데이터가 배열의 끝에 오도록 정렬됨

5 2원 합병 정렬

① 하나의 리스트를 두 개의 균등한 크기로 반복해서 분할한 뒤 분할된 부분 리스트를 정렬한 다음 두 리스트를 합하여 전체가 정렬된 리스트를 만드는 방법
② 분할 과정을 거쳐 두 개로 분할된 부분 리스트를 각각 정렬하고 완전히 정렬된 서로 다른 두 개의 부분 리스트를 합병하여 완전히 정렬된 한 개의 리스트로 만드는 것
③ 합병 정렬의 시간 복잡도는 $O(n\log_2 n)$

> [합병 정렬 방법]
> ① 분할(divide) : 입력 데이터를 같은 크기의 부분 리스트 2개로 분할
> ② 정복(conquer) : 부분 리스트의 데이터들을 정렬
> ③ 결합(combine) : 정렬된 부분 리스트들을 하나의 리스트로 통합

6 힙 정렬

① 힙이라는 특수한 자료구조를 사용하는 정렬 알고리즘
② 최대 힙은 부모 노드의 킷값이 자식 노드의 킷값보다 항상 크거나 같은 크기 관계
③ 최소 힙은 부모 노드의 킷값이 자식 노드의 킷값보다 항상 작거나 같은 크기 관계
④ 정렬하고자 하는 데이터들이 있을 때 모든 데이터들을 힙에 삽입하여 힙을 완성한 후 하나씩 삭제하면 정렬된 순서대로 데이터들이 정렬됨
⑤ 시간 복잡도는 $O(n\log_2 n)$

[히프 정렬 방법]
① 히프에서 루트 노드의 킷값을 출력
② 히프의 마지막 노드를 루트 노드로 가정하여 나머지 노드들로 새로운 히프를 만듦
③ 새로 만들어진 히프 트리의 루트 노드를 출력하고 앞에서 만든 히프의 마지막 노드를 루트 노드로 가정하여 새로운 히프를 만드는 과정을 반복
④ ③의 과정을 모든 노드가 제거될 때까지 반복

7 선택 정렬

① 전체 데이터들 중에서 기준 위치에 맞는 데이터를 선택하여 자리를 교환하는 방식
② 정렬되지 않은 데이터들에 대해 오름차순으로 정렬하고자 한다면 가장 작은 데이터를 찾아 가장 앞의 데이터와 교환해나가는 방법을 반복
③ 선택 정렬의 시간 복잡도는 $O(n^2)$

[선택 정렬 방법]
① 전체 데이터 중에서 가장 작은 데이터를 찾아서 선택하여 첫 번째 위치와 자리를 교환
② 그 다음 두 번째로 작은 데이터를 찾아 선택하여 두 번째 위치와 자리를 교환
③ 그 다음에는 세 번째로 작은 데이터를 찾아서 세 번째 위치와 자리를 교환
④ 이 과정을 반복하면서 정렬을 완성

8 기수 정렬

① 제한적인 범위 내에 있는 숫자에 대해서 각 자릿수별로 정렬하는 알고리즘
② 숫자를 각 자릿수에 대해 부분적으로 비교하는 정렬 방법

[기수 정렬 방법]
① 먼저 정렬하고자 하는 숫자들을 먼저 가장 낮은 자릿수만 가지고 모든 수를 재배열(정렬)
② 그런 다음 가장 낮은 자릿수는 제외하고 나머지 자릿수에 대해 다시 앞과 같이 반복
③ 더 이상 자릿수가 남지 않을 때까지 계속하면 마지막에는 정렬된 배열을 갖게 됨

[정렬 방법의 성능 비교]

알고리즘	최선의 경우	평균적인 경우	최악의 경우
삽입 정렬	$O(n)$	$O(n^2)$	$O(n^2)$
쉘 정렬	$O(n)$	$O(n^{1.5})$	$O(n^{1.5})$
퀵 정렬	$O(n\log_2 n)$	$O(n\log_2 n)$	$O(n^2)$
버블 정렬	$O(n^2)$	$O(n^2)$	$O(n^2)$
2원 합병 정렬	$O(n\log_2 n)$	$O(n\log_2 n)$	$O(n\log_2 n)$
힙 정렬	$O(n\log_2 n)$	$O(n\log_2 n)$	$O(n\log_2 n)$
선택 정렬	$O(n^2)$	$O(n^2)$	$O(n^2)$
기수 정렬	$O(d(n+r))$	$O(d(n+r))$	$O(d(n+r))$

제8장 해싱

제1절 심볼 테이블과 해싱 개념

심볼 테이블(symbol table)이란 컴파일러나 인터프리터와 같은 언어 변환기에서 사용되는 자료구조

제2절 정적 해싱

1 해싱 테이블(hashing table)

① 데이터가 저장될 위치가 데이터의 값에 의해 결정되는 자료구조
② 데이터가 저장되는 버킷(bucket)들의 배열로 만들어지며 한 버킷은 하나 이상의 레코드를 수용할 수 있음
③ 해싱 테이블에는 키(key)라는 인덱스로 자료를 접근하고 키와 배열 사이에서 해싱 함수를 이용하여 매핑(mapping)을 함

2 해싱 함수와 종류

(1) 해싱 함수
① 입력된 킷값을 해싱 테이블의 주소로 변환시켜주는 함수
② 주어진 킷값으로부터 레코드가 저장되어 있는 주소를 직접 계산할 수 있도록 하는 수식
③ 키를 전달받아 키의 해시값(hash value)을 반환하게 됨
④ 킷값을 해싱 함수에 넣어서 계산하면 해싱 테이블의 주소 값이 나오게 됨

(2) 해싱 함수의 대표적인 예
① 중간 제곱(mid-square) 함수
   킷값을 제곱한 후에 그 결과의 중간에 있는 적당한 수의 비트를 취하여 해싱 테이블의 버킷 주소로 만드는 방법
② 나누기(division-remainder) 함수
   나누기 함수는 해싱 함수로 나눗셈을 이용하는 방법으로 킷값을 해싱 테이블의 크기로 나누어서 그 나머지를 버킷 주소로 변환하는 방법
③ 접지(folding) 함수
   ㉠ 종이를 접듯이 숫자를 접어 일정한 크기 이하의 수로 만드는 방법
   ㉡ 각 부분을 더하는 방식은 shift folding과 boundary folding 방법이 있음

3 충돌과 오버플로우

(1) 충돌(collision)
① 해싱 테이블의 한 주소를 놓고 두 개 이상의 원소가 자리를 다투는 것으로 한 원소를 해싱해서 저장하려는데 다른 원소가 이미 그 자리를 차지한 상황
② 해싱 함수를 통해 만들어진 해시 주소가 중복되면 데이터 값이 충돌함

(2) 오버플로우
더 이상 슬롯에도 빈자리가 없는 경우

4 오버플로우 처리 기법

(1) 개방 주소법(open addressing)
해시 충돌이 발생하면 다른 버킷에 데이터를 삽입하는 방식
① 선형 조사(linear probing)
   ㉠ 가장 간단한 충돌 해결 방법으로 충돌이 일어난 바로 뒷자리를 보는 것
   ㉡ 해시 충돌 시 다음 버킷, 혹은 몇 개 건너뛰어 데이터를 삽입함

② 이차원 조사(quadratic probing)
　㉠ 충돌 시 바로 뒷자리를 보는 대신에 보폭을 이차 함수로 넓혀가면서 찾는 방법
　㉡ 이차원 조사는 선형 조사의 문제점을 해결하기 위한 방법이며 가능하면 충돌이 발생한 위치에서 먼 곳의 버킷에 저장되도록 함
③ 더블 해싱(double hashing)
　㉠ 2개의 해싱 함수를 사용하는 충돌 해결 방법
　㉡ 해시 충돌이 발생하면 다른 해싱 함수를 한 번 더 적용한 결과를 이용함
　㉢ 두 개의 함수를 사용하며 충돌이 생겨 다음에 볼 주소를 계산할 때 두 번째 해싱 함수값만큼씩 점프함

(2) 폐쇄 주소법(closed addressing)
① 키에 대한 해시값에 대응되는 곳에만 키를 저장하는 충돌 해결 방법[대표적인 방법으로는 체이닝(chaining)이 있음]
② 동일한 주소로 해싱된 모든 키들을 하나의 연결 리스트(linked list)로 저장하는 것

어떤 것이 당신의 계획대로 되지 않는다고 해서 그것이 불필요한 것은 아니다.

- 토마스 에디슨 -

국가평생교육진흥원 평가영역 완벽 반영!

최적의 도서, 최고의 강의로
학위취득을 위한 가장 빠른 길을 안내합니다.

독학사 시리즈 누적판매 36만 부!
(2010~2024년까지 본사 독학사 시리즈 전체 판매량 기준)

학위취득을 위한 최적의 수험서
시대에듀 독학학위연구소에서 철저히 분석하여 교재에 담았습니다.

검증된 강의력!
과목별 최고 교수진의 합격 전략 강의

학사학위를 취득하기로 결정하셨다면
지금 바로 시대에듀 독학사와 함께하세요!

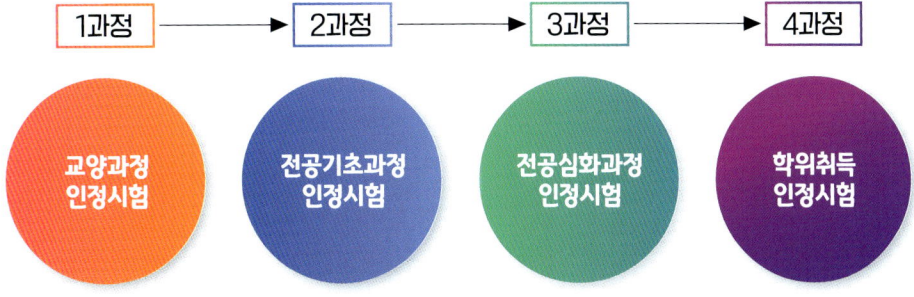

www.sdedu.co.kr

독학사 2단계
컴퓨터공학과
자료구조 핵심요약집

한번에 Pass!

독학사 시리즈
17년 연속
베스트셀러
1위

<YES24> '08년 4월(1·3주차), 5월(5주차), 7월(3주차), 9월(3주차), 10월(3-4주차) | '09년 2월(4주차), 3월(1-2주차) | '10년 2월(4주차) | '12년 12월(1주차) | '13년 5월 | '14년 5월 | '15년 4-5월, 11-12월 | '16년 1-2월 | '17년 1-2월, 4-5월 | '18년 1-2월, 4-5월, 11-12월 | '19년 1-5월, 11-12월 | '20년 1-2월, 4-5월, 11-12월 | '21년 1월 | '22년 1월, 10월 | '23년 9-12월 | '24년 1-2월, 9-12월
<알라딘> '08년 11월(4주차) | '09년 3월(3주차) | '10년 10월(5주차) | '11년 9월(2주차), 12월 | '12년 3월(3주차), 4월(2주차) | '13년 2-3월, 12월 | '14년 1월 | '16년 1-2월, 4월, 11-12월 | '17년 1-2월, 4월 | '18년 1-2월 | '19년 1-5월, 9-12월 | '20년 1-5월, 9-12월 | '21년 1월 | '22년 9월 | '23년 2월, 9-12월 | '24년 1-2월, 8-12월

(※ 공개 데이터 기준, 일부 생략)

1과정 교양과정 | 심리학과 | 경영학과 | **컴퓨터공학과** | 국어국문학과 | 영어영문학과 | 간호학과 | 4과정 교양공통

독학사 컴퓨터공학과 2~4과정 교재 시리즈

독학학위제 공식 평가영역을 100% 반영한 이론과 문제로 구성된 완벽한 최신 기본서 라인업!

START

2과정

▶ 전공 기본서 [6종]
- 논리회로
- C프로그래밍
- 자료구조
- 컴퓨터구조
- 운영체제
- 이산수학

▶ 6과목 벼락치기
논리회로 + C프로그래밍 + 자료구조 + 컴퓨터구조 + 운영체제 + 이산수학

3과정

▶ 전공 기본서 [6종]
- 인공지능
- 컴퓨터네트워크
- 임베디드시스템
- 소프트웨어공학
- 프로그래밍언어론
- 정보보호

4과정

▶ 전공 기본서 [4종]
- 알고리즘
- 통합컴퓨터시스템
- 통합프로그래밍
- 데이터베이스

GOAL!

※ 표지 이미지 및 구성은 변경될 수 있습니다.

➕ 독학사 전문컨설턴트가 **개인별 맞춤형 학습플랜**을 제공해 드립니다.

시대에듀 홈페이지 **www.sdedu.co.kr** 상담문의 **1600-3600** 평일 9~18시 / 토요일·공휴일 휴무

시대에듀 동영상 강의 | www.sdedu.co.kr